注册会计师考试辅导用书·基础进阶

打好基础·公司战略与风险管理

斯尔教育　组编

電子工業出版社
Publishing House of Electronics Industry
北京·BEIJING

图书在版编目（CIP）数据

打好基础. 公司战略与风险管理 / 斯尔教育组编. 北京 : 电子工业出版社, 2025. 2. -- (注册会计师考试辅导用书). -- ISBN 978-7-121-49708-7

Ⅰ. F23

中国国家版本馆CIP数据核字第2025C4B042号

责任编辑：张春雨
印　　刷：河北鸿运腾达印刷有限公司
装　　订：河北鸿运腾达印刷有限公司
出版发行：电子工业出版社
　　　　　北京市海淀区万寿路173信箱　　　　邮编：100036
开　　本：787×1092　1/16　　印张：39　　字数：937千字
版　　次：2025年2月第1版
印　　次：2025年2月第1次印刷
定　　价：68.00元（全3册）

凡所购买电子工业出版社图书有缺损问题，请向购买书店调换。若书店售缺，请与本社发行部联系，联系及邮购电话：（010）88254888，88258888。

质量投诉请发邮件至zlts@phei.com.cn，盗版侵权举报请发邮件至dbqq@phei.com.cn。

本书咨询联系方式：faq@phei.com.cn。

开卷必读

一、考试概况

根据最新公布的考试安排，本年专业阶段考试于2025年8月23日至24日举行。公司战略与风险管理科目考试时长为120分钟，采用闭卷、计算机化方式。公司战略与风险管理科目题型及得分规则如下表所示。

题型	得分规则
单项选择题	本题型共26小题，每小题1分，共26分。每小题只有一个正确答案，请从每小题的备选答案中选出一个你认为正确的答案
多项选择题	本题型共16小题，每小题1.5分，共24分。每小题均有多个正确答案，请从每小题的备选答案中选出你认为正确的答案。每小题所有答案选择正确的得分，不选、错选、漏选的均不得分
简答题	本题型共4小题26分
综合题	本题共24分

二、图书特色介绍

在本书的编写过程中，我们经历了无数次的“头脑风暴”，研讨、提议、否定、再否定，最终决定将对热门考点的把握、对命题规律的研究、对疑难问题的解答、对解题方法的总结都毫无保留地用文字呈现在书中。当你在学习中感到困惑之时，可能会欣喜地发现一个恰到好处的栏目。在章节中有选择地设置这些栏目的目的是，希望能够帮助你更高效、顺利地学习、备考。

为了让你更好地使用这些栏目，下面逐一进行介绍。

（1）学习提要：本栏目设置在章首页，对本章所设知识点的“重要程度”“考查分值”“考核题型”进行分析，并给出本章提示，用于帮助大家在学习该章内容前简明扼要地了解相关考情，一览重难点，了解学习方法，更好地做出学习计划。

（2）解题高手：本栏目给出命题角度并对做题方法进行分析，设置在相关知识点之后；本栏目根据考点选择性地简述常见命题陷阱、解题思路和技巧、知识点辨析等内容，帮助你不仅会学习，而且会做题。

（3）精准答疑：本栏目以“问题+解答”的形式呈现，设置在相关知识点之后；通过在总结用户真实提问的基础上，精选出高频、典型、与考试相关的问题，配以详细解答，帮助你顺利解决学习过程中可能出现的疑问，更贴心地满足日常学习需要。

（4）原理详解：本栏目对晦涩知识点进行原理剖析，挖掘知识背后更深层的原理；采用简洁明了的语言，将复杂的概念以易于理解的方式呈现，帮助你加深对知识点的理解。

（5）典例研习：本栏目列出例题配套解析或案例等内容，设置在重难点知识之后，通过经典题目或易懂案例帮助你巩固知识点。部分典例研习后面有原创的“陷阱提示”，目的在于帮助你识别题目中的“踩坑点”，由一道题推及一类题。

（6）斯考卡片：本栏目设置在每章结束页，扫码即可解锁本章配套的背诵知识卡片。斯考卡片融入核心考点，帮助你充分利用零碎时间巩固学习、加深记忆。

（7）学习进度：本栏目设置在每章结束页，帮助你清楚掌握基础阶段的学习进度，做到心中有数。

三、教材变动解读

章节名称	主要变动	变动解读
第一章 战略与战略管理概述	无实质性变化	无影响
第二章 战略分析	（1）修改“竞争对手的能力——适应变化能力”相关表述。 （2）其余内容无实质性变化	几乎无影响
第三章 战略选择	（1）新增“高效供应链”和“敏捷供应链”定义。 （2）重述“人力资源战略”薪酬激励部分内容。 （3）调整“跨国战略”部分表述。 （4）其余内容无实质性变化	重点关注人力资源战略薪酬激励的内容，预计考查客观题
第四章 战略实施	重述“数字化技术对业务流程的影响”相关内容。其余内容无实质性变化	客观题、主观题均可考查，需背记标题性内容
第五章 公司治理	（1）新增“特殊普通合伙企业”相关内容。 （2）新增公司治理相关理论：产权理论、不完全契约理论。 （3）修改“公司治理三大问题”的名称，前两大问题的具体表述有微调，第三大问题重新表述。 （4）结合《公司法》，重述“公司内部治理结构”部分内容。 （5）重新编写“第四节 管理实践发展与公司治理”。 （6）其余内容无实质性变化	本章修改幅度较大，预计对客观题和主观题均有影响，影响分值约为4分。其中，重点关注本章第四节内容，适当背记标题性内容
第六章 风险与风险管理概述	无实质性变化	无影响
第七章 风险管理的流程、体系与方法	（1）修改“风险承受度”概念。 （2）新增“穿行测试”“返回测试”举例。 （3）其余内容无实质性变化	几乎无影响

续表

章节名称	主要变动	变动解读
第八章 企业面对的 主要风险与应对	（1）修改“战略风险”“市场风险”含义与主要表现的部分措辞。 （2）新增“资产管理风险”个别表述。 （3）其余内容无实质性变化	几乎无影响

目录

第一章 战略与战略管理概述 考5~7分

第一节 公司战略的基本概念 2

第二节 公司战略管理 8

第二章 战略分析 考15~20分

第一节 企业外部环境分析 24

第二节 企业内部环境分析 49

第三节 企业内外部环境综合分析 74

第三章 战略选择 考35~40分

第一节 总体战略（公司层战略） 78

第二节 业务单位战略 106

第三节 职能战略 131

第四节 国际化经营战略 166

第四章 战略实施 考10~15分

第一节 公司战略与组织结构 186

第二节 公司战略与企业文化 204

第三节 战略控制 210

第四节 公司战略与数字化技术 220

第五章 公司治理 考5~7分

第一节 公司治理概述 232
第二节 公司治理的主要问题 236
第三节 公司内部治理结构和外部治理机制 245
第四节 管理实践发展与公司治理 255

第六章 风险与风险管理概述 考2~3分

第一节 风险的概念及风险的要素 260
第二节 风险管理的概念、特征、目标和职能 262
第三节 风险管理理论的演进和风险管理实践的发展 266

第七章 风险管理的流程、体系与方法 考6~8分

第一节 风险管理的流程 270
第二节 风险管理体系 275
第三节 风险管理的技术与方法 304

第八章 企业面对的主要风险与应对 考6~8分

第一节 战略风险与应对 318
第二节 市场风险与应对 321
第三节 财务风险与应对 325
第四节 运营风险与应对 335
第五节 法律风险和合规风险与应对 362

第一章

战略与战略管理概述

学习提要

重要程度： 次重点章节

平均分值： 5～7分

考核题型： 以客观题为主，战略创新管理相关内容可考查主观题

本章提示： 本章涉及大量战略学科的基础概念，对初学者有较高理解难度，但无须深究内涵，能够结合课上案例理解即可

考点精讲

第一节　公司战略的基本概念

一、与战略相关的概念（★★）

（一）内涵概念——战略

1. 传统概念（波特观点）——“静”

（1）观点：“战略是公司为之奋斗的终点与公司为达到它们而寻求的途径的结合物。”

（2）属性：计划性、全局性、长期性，既关注终点，也关注途径。

提示：传统概念下，战略是理性计划的产物。

2. 现代概念（明茨伯格观点）——“动”

（1）观点：“一系列或整套的决策或行动方式”，这套方式包括刻意安排的（即计划性）战略和任何临时出现的（即非计划性）战略。

（2）属性：风险性、应变性、竞争性，只关注途径。

3. 综合概念（汤姆森观点）——“动静结合”

（1）观点：“战略既是预先性的（预谋战略），又是反应性的（适应性战略）”，即战略是事先计划（波特观点）+突发应变（明茨伯格观点）的组合。

（2）其他释义：一个实际的战略是管理者在公司内外各种情况不断暴露的过程中不断规划和再规划的结果。

精准答疑

问题：传统概念与综合概念都关注终点和途径，有何区别？

解答：三种概念的核心区别如下：

概念	目标（终点）	计划（途径）	是否调整
传统概念	关注	关注，且为明确的计划	否
现代概念	不关注	关注，但不是明确的计划（安排的或临时的）	是
综合概念	关注	关注，但不是明确的计划（安排的或临时的）	是

（二）外延概念——使命与目标

原理详解

战略相关的概念相对晦涩难懂，同学们可以通过以下例子辅助理解，针对这些问题的回答，对于个人和企业都十分重要。

于小帅的面试记录表

	面试官提问	于小帅回答	对应概念
层次Ⅰ	你毕生的追求是什么？	成为一个有用的人	使命
	你为何要实现这一追求？目的是什么？	让家人过上好日子，也能对社会作出贡献	公司目的
	你打算如何实现你的追求？	认真工作，做好当前主业，也尝试一些副业	公司宗旨
	实现追求的过程中，有无做事的原则或底线？	不做违背道德的事情，不赚黑心钱	经营哲学
层次Ⅱ	具体说说，你的长期目标是什么？	五年内，通过主业和副业的共同发力，将财富积累到100万元，并成为某一领域的知名专家	长期目标（战略/财务）
	那么，你的短期目标又是什么？	主业方面，当年的年终考核排名进入前20%；副业方面，年底之前探索出具体的从事方向	短期目标（战略/财务）
层次Ⅲ	接下来，谈谈你具体打算怎么做？有什么计划、策略？	主业方面，1、2、3……；副业方面，1、2、3……	战略

1. 使命

公司的使命首先是要阐明企业组织的根本性质与存在理由。具体包括以下三个方面：

项目	内容
公司目的	组织的根本性质和存在理由的直接体现。对于公司而言（营利性质的组织），首要目的是为其所有者带来经济价值，其次目的是履行社会责任。 提示：对于非营利性质的组织（如红十字会），其首要目的是提高社会福利、促进政治和社会变革，而非营利
公司宗旨	说明公司目前和未来所从事的经营业务范围，具体包括企业的产品（或服务）、顾客对象、市场和技术等

续表

项目	内容
经营哲学	公司为其经营活动方式确立的价值观、基本信念和行为准则，具体是通过公司对利益相关者的态度、公司提倡的共同价值观、政策和目标以及管理风格等体现出来，它影响着公司的经营范围和经营效果

提示：使命的表述往往不详尽、不全面，只是展示公司主要的战略方向。

解题高手

命题角度1：使命三个方面的辨析。

客观题常考点，有一定难度，可结合关键词进行辨析：

三个方面	关键词
公司目的	营利、为股东创造价值、履行社会责任
公司宗旨	经营范围，即所从事的业务类型
经营哲学	价值观、信念、行为准则、对利益相关者的态度、政策和目标、管理风格。 提示：措辞上更倾向于精神层面和道德层面（如各类四字成语或短语）或企业内部管理（如提及“员工”）

命题角度2：分析公司宗旨或经营哲学的变化。

主观题常考点，难度不高，且案例通常会给出明确的提示词。具体作答时，无须深入分析，只需按照命题角度1中所总结的关键词，找到公司不同阶段的宗旨或经营哲学即可。

典例研习·1-1 单项选择题

甲公司的创始人在创业时就要求公司所有员工遵守一个规定：在经营活动中永远不做违背道德和法律的事情。从公司使命角度来看，此规定属于（　　）。

A.公司目的　　B.公司宗旨　　C.经营哲学　　D.公司目标

斯尔解析　本题考查的是公司使命概念的辨析。“在经营活动中永远不做违背道德和法律的事情”体现的是公司为其经营活动方式所确立的价值观、基本信念和行为准则，属于经营哲学，选项C当选。公司目的是企业存在的根本性质和存在理由，题干仅描述了员工所应遵守的规定，选项A不当选。公司宗旨是阐述企业的经营业务范围，题干并未提及业务内容，选项B不当选。公司目标是使命的具体化，包括战略目标体系和财务目标体系，题干均不符合，选项D不当选。

陷阱提示　对于公司使命三个方面的辨析，请大家务必结合【解题高手】记住对应方面的关键词。另外，同学们在答题时一定要看清楚题目的要求，当我们看到题干考查的是使命的三个方面，便应当立刻排除选项D，其属于“所答非所问”。

本题答案 C

典例研习·1-2 单项选择题

天鸣公司是全球领先的通信基础设施和智能终端提供商，该公司在网站上显著位置有如下说明：致力于把数字科技带入每个人、每个家庭、每个组织，构建万物互联的智能世界。天鸣公司的上述说明体现了该公司的（　　）。

A.目的　　B.宗旨　　C.经营哲学　　D.目标

斯尔解析 本题考查的是公司使命概念的辨析。公司宗旨旨在阐述公司长期的战略意向，其具体内容主要说明公司目前和未来所从事的经营业务范围（也可以理解为“公司是做什么的”）。“致力于把数字科技带入每个人、每个家庭、每个组织，构建万物互联的智能世界”说明天鸣公司是做互联网设施建设的，体现的是公司宗旨，选项B当选。

本题答案 B

典例研习·1-3 多项选择题

齐鹏公司是一家新能源汽车生产厂商，下列各项关于该公司的使命表述中，属于经营哲学的有（　　）。

A.满足客户需求，建立市场份额，以增加企业价值

B.开放创新、相互成就、诚信温暖

C.弘扬拼搏精神，打造狼性队伍

D.以汽车为核心，探索新能源领域的无限可能

斯尔解析 本题考查的是公司使命概念的辨析。对于公司而言（营利性质的组织），首要目的是为其所有者带来经济价值，例如通过满足客户需求、建立市场份额、降低成本等来增加企业价值，其次目的是履行社会责任，因此选项A属于公司目的，不当选（注意：选项A是教材原文，需关注）。选项B体现了公司提倡的共同价值观，属于经营哲学，当选。选项C体现了公司的管理风格，属于经营哲学，当选。选项D体现了公司目前和未来所从事的经营业务范围（新能源汽车以及其他领域），属于公司宗旨，不当选。

陷阱提示 此类考法在近年真题中频繁出现，但按照当前教材中的表述，较难形成较为行之有效的辨析方法，且相关真题也存在一定争议或不严谨的情况。因此，如果遇到此类题目，按照上述【解题高手】作答即可，但别过多纠结。

本题答案 BC

2. 目标

（1）概念。

①公司目标是公司使命的具体化。它不是一种抽象的概念，而是行动的承诺。

②公司目标是一个体系。建立目标体系的目的是将公司的使命转换成明确具体的业绩

标准，从而使得公司的进展有一个可以测度的目标。

（2）目标（体系）的分类。

第一种分类：财务目标体系和战略目标体系。

①财务目标体系：市场占有率、收益增长率、投资回报率、股利增长率、股票价格评价、现金流等。

②战略目标体系：获取足够的市场竞争优势，在产品质量、客户服务或产品革新等方面压倒竞争对手，使整体成本低于竞争对手的成本，提高公司在客户中的声誉，在国际市场上建立更强大的立足点，建立技术上的领导地位，获得持久的竞争力，抓住诱人的成长机会等。

第二种分类：短期目标体系和长期目标体系。

①短期目标体系：集中精力提高公司的短期经营业绩和经营结果。

②长期目标体系：如何使公司进入一种可以在相当长的一段时期内良性经营的状态。

精准答疑

问题：能否梳理一下战略、使命和目标这些概念之间的区别和联系？

解答：一方面，同学们可以结合上文给出的“于小帅的面试记录表”案例进行掌握；另一方面，也可以结合下图了解这几个概念之间的逻辑关系。

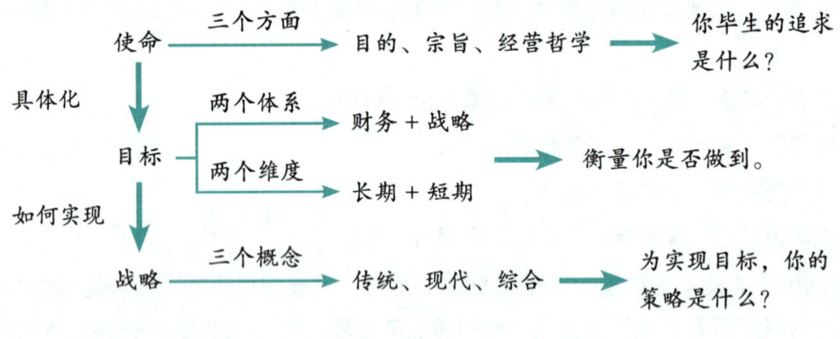

二、公司战略的层次（★）

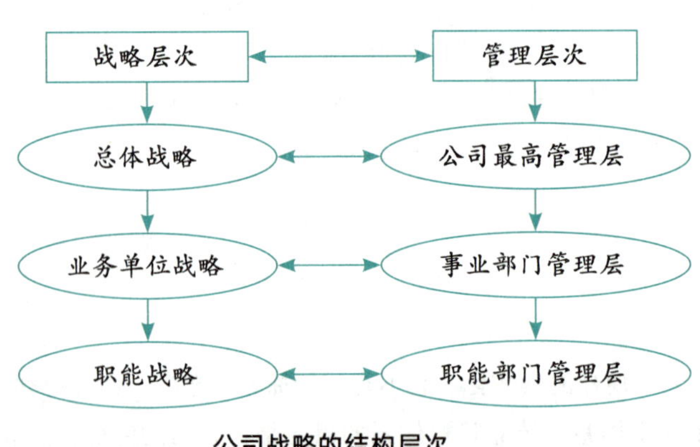

公司战略的结构层次

（一）总体战略（公司层战略）

（1）总体战略是企业最高层次的战略。

（2）它需要根据企业的目标，选择企业可以竞争的经营领域，合理配置企业经营所必需的资源，使各项经营业务相互支持、相互协调。

（3）公司层战略常常涉及整个企业的财务结构和组织结构方面的问题。

（二）业务单位战略（竞争战略）

（1）业务单位战略是公司战略的具体化，形成本业务单位具体的竞争与经营战略。

（2）业务单位战略要针对不断变化的外部环境，在各自的经营领域中有效竞争。它是企业在市场中直面竞争对手的厮杀，如何克敌制胜的战略。

（三）职能战略

（1）职能战略主要涉及企业内各职能部门，如营销、财务、生产、研发（R&D）、人力资源、信息技术等，如何更好地配置企业内部资源（职能部门级），为各级战略服务，并提高组织效率。

（2）在职能战略中，协同作用具有非常重要的意义：

①首先体现在单个的职能中各种活动的协调性与一致性。

②其次体现在各个不同职能战略和业务流程或活动之间的协调性与一致性。

解题高手

命题角度：公司战略三个层次的辨析。

客观题低频考点，可结合关键词辨析。

三个层次	关键词
总体战略	选择可以竞争的经营领域（落脚点是“经营领域”）
竞争战略	在各自的经营领域竞争（落脚点是“竞争”）
职能战略	提高组织效率、协同作用

典例研习·1-4 单项选择题

公司总体战略的构成要素是（　　）。

A.选择经营范围，发挥协同作用

B.确立竞争优势，有效地控制资源的分配和使用

C.配置企业内部资源，发挥协同作用

D.选择经营范围，合理配置企业经营所需资源

斯尔解析 本题考查的是公司战略层次的辨析。选择“经营范围”属于总体战略的要素，但“协同”作用属于职能战略，选项A不当选。“确立竞争优势”的落脚点在“竞争”，因此属于业务单位战略（竞争战略），选项B不当选。配置“内部”资源以及发挥“协同”作

用均属于职能战略的要素，选项C不当选。选择“经营范围”以及配置“企业”经营资源，属于总体战略/公司层战略，因此选项D当选。

陷阱提示 对于公司战略层次的辨析，请大家通过抓住关键词进行辨析，并且特别关注总体战略与竞争战略的落脚点不同，前者的落脚点是“经营领域”，后者的落脚点是“竞争”，如果选项中的描述是“选择竞争的经营范围”，则其落脚点依然为“经营领域”，“竞争”二字在此只是起修饰作用。

本题答案 D

典例研习 · 1-5 单项选择题

J集团是国内一家医疗器械制造公司。受疫情影响，公司进出口业务板块频繁受阻，董事会决定逐步缩减此项业务，重新配置公司的财务资源和组织结构，将重心转向国内市场，生产更符合国内医疗状况的设施设备。上述战略调整属于（　　）。

A.总体战略　　B.竞争战略

C.业务单位战略　　D.职能战略

斯尔解析 本题考查的是公司战略的层次。“受疫情影响，公司进出口业务板块频繁受阻，董事会决定逐步缩减此项业务……将重心转向国内市场”体现了公司整体经营领域的调整，“重新配置公司的财务资源和组织结构”体现了公司在配置企业经营所必需的资源，使各项经营业务相互支持、相互协调。因此，根据上述信息，上述战略调整属于总体战略，选项A当选。另外，根据定义，“公司层战略常常涉及整个企业的财务结构和组织结构方面的问题”，恰好对应案例中“重新配置公司的财务资源和组织结构”。

本题答案 A

第二节　公司战略管理

一、战略管理的内涵及特征（★）

（一）内涵

企业战略管理是为实现企业的使命和战略目标，科学地分析企业的内外部环境与条件，制定战略决策，评估、选择并实施战略方案，控制战略绩效的动态管理过程。

（二）特征

1. 综合性

（1）战略管理的对象不仅包括研究开发、生产、人力资源、财务、市场营销等具体职能，还包括统领各项职能战略的竞争战略和公司层战略。（所有层次）

（2）战略管理是一项涉及企业所有管理部门、业务单位及所有相关因素的管理活动。（所有部门）

2. 高层次

（1）战略管理是一种关系到企业长远生存发展的管理。（高瞻远瞩）

（2）战略管理必须由企业的高层领导来推动和实施。（高管）

3. 动态性

战略管理需要适应企业内外部各种条件和因素的变化进行适当调整或变更。

二、战略管理过程（★）

战略管理是一个循环往复的过程，而不是一次性的工作。

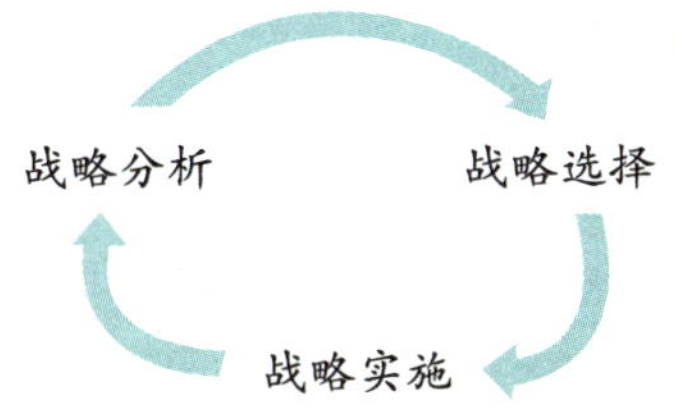

战略管理循环往复的过程

（一）战略分析——你在哪

（1）外部环境分析：宏观环境分析、产业环境分析和竞争环境分析。

（2）内部环境分析：企业的资源与能力分析、价值链分析和业务组合分析。

（二）战略选择——要去哪

1. 可选择的战略类型

三个层次	类型
总体战略	发展战略、稳定战略、收缩战略
竞争战略	基本竞争战略、中小企业的竞争战略、蓝海战略
职能战略	市场营销战略、生产运营战略、研究与开发战略、采购战略、人力资源战略、财务战略

2. 战略选择过程

（1）制定战略选择方案（战略制定方法）：自上而下、自下而上、上下结合。

提示：以上三种方法的主要区别在于在战略制定中对集权与分权程度的把握不同。

（2）评估战略备选方案的三个标准：

①适宜性标准：考虑选择的战略是否发挥了企业的优势，克服了劣势；是否利用了机会，将威胁削弱到最低程度；是否有助于企业实现目标。（SWOT）

②可接受性标准：考虑选择的战略能否被企业利益相关者所接受。

③可行性标准：评估战略收益、风险和可行性分析的财务指标。

（3）选择战略：依目标（根据企业目标选择最有利方案）、提上级（例如国企、集团公司）、请专家（更客观）。

（三）战略实施——怎么去

战略实施要解决以下几个主要问题：

（1）组织结构：调整和完善企业的组织结构，使之适合公司战略的定位。

（2）企业文化：推进企业文化的建设，使企业文化成为实现公司战略目标的驱动力和重要支撑，以及调动企业员工积极性促进战略实施的保证。

（3）战略控制：运用财务和非财务手段、方法，监督战略实施进程，及时发现和纠正偏差，确保战略实施达到预定的目标，或者对战略作出适当修改，以利于企业绩效的持续提升。

（4）数字化转型：采用先进技术尤其是数字化技术，构建新型企业组织，转变经营模式，支持企业数字化转型和数字化战略的实施。

（5）协调好企业战略、组织结构、文化建设和技术创新与变革诸方面的关系。

三、战略创新管理（★★★）

（一）战略创新的含义

企业战略创新是指企业为了获得可持续竞争优势，根据所处的内外部环境已经发生或预测会发生的变化，按照环境、战略、组织三者之间的动态协调性原则，并结合企业组织各要素同步支持性变化，对新的创意进行搜索、选择、实施、获取的系统性过程。

（二）战略创新的类型

类型	含义	举例
产品创新	组织提供的产品和服务的变化	向市场推出一款全新的智能电动车型
流程创新	产品和服务的生产和交付方式的变化	生产汽车的制造方法和设备发生变化
定位创新	通过重新定位用户对既有产品和服务的感知来实现的创新	将汽车与时尚结合，打造专属女性的粉色汽车，打造“更爱女人的汽车品牌”
范式创新	影响组织业务的思维模式和实践规范的变化（本质上是商业模式创新）	过去仅生产汽车玻璃、汽车零部件等，如今进入整车生产领域

提示：上述四种创新类型经常交织在一起，其界限并不十分清晰。

解题高手

命题角度：战略创新类型的辨析与案例分析。

客观题和主观题均可考查，可结合关键词进行辨析：

类型	关键词
产品创新	自研、研发、设计、推出新产品
流程创新	生产或服务流程变革、设备更新
定位创新	产品定位改变或市场定位改变
范式创新	（1）思维模式改变，关键词：管理者认为、公司决定。 （2）商业模式改变，关键词：盈利模式或运营模式改变

另外，提示两个解题技巧：

第一，如何找到与“创新”有关的案例线索？

“创新”意味着现在做的与过去做的不一样，所以体现“差异性”的表述则为创新，如“与××不同”“然而”“摒弃了××做法”等。

第二，定位创新与范式创新有何关系？

定位创新本身就意味着“思维模式”的变化，因此从主观题的角度，定位创新对应的案例内容通常也适用于范式创新。

典例研习·1-6 多项选择题

从事经济连锁酒店业务的优尚公司决定实施一系列变革。首先，该公司启动了“投一产多”的运营模式，除了拥有住宿业务外，还会在酒店大堂开设蛋糕店、在房间销售毛巾等，公司收入结构发生明显变化。另外，公司坚持科技赋能，运用人工智能等手段全面打造无人酒店，顾客可以在没有人工服务的情况下自行办理入住和退房。上述案例体现的战略创新类型有（　　）。

A.产品创新　　B.流程创新　　C.定位创新　　D.范式创新

斯尔解析 本题考查的是战略创新的类型。“该公司启动了‘投一产多’的运营模式，除了拥有住宿业务外，还会在酒店大堂开设蛋糕店、在房间销售毛巾等，公司收入结构发生明显变化”体现的是范式创新，即商业模式（关键词是“运营模式”和“收入结构”）的转变，以及产品创新，即推出了各项新业务，选项AD当选。“公司坚持科技赋能，运用人工智能等手段全面打造无人酒店”也体现的是产品创新，选项A当选。“顾客可以在没有人工服务的情况下自行办理入住和退房”体现的是流程创新，选项B当选。

陷阱提示 从案例材料本身，只能得出这三类创新类型，题干中没有明确的与“定位创新”相关的关键词，不应过度延伸，因此选项C不当选。

本题答案 ABD

（三）探索战略创新的不同方面（开展创新决策所需考虑的四个方面）

1. 创新的新颖程度——渐进性还是突破性

类型	特征
渐进性创新	发生在某些时点，影响企业体系当中的某些部分
突破性创新	全面性的变化过程，使企业整个体系发生改变

精准答疑

问题： 一家超市从纯“线下”业务转变为“线上+线下”业务结合，这属于渐进性创新还是突破性创新，如何判断？

解答： 首先，从这两种创新程度的特点出发。渐进性创新影响企业体系当中的某些部分，而突破性创新使企业整个体系发生改变。因此，从该维度判断，超市的业务从单纯的“线下”转为“线上+线下”，这主要是渠道上的改变，并非整个体系的改变，因此初步判定为“渐进性创新”。但这是正确的判定方法吗？渠道的改变只能影响局部，而不会影响全局吗？这是从哪里得出的信息呢？

这是初学“战略”这门学科时最容易犯下的错误——自行假设，凭想象力做题。事实上，仅凭目前的信息无法得出正确答案。

既然是判断创新程度的大小，那就应当通过与“程度”相关的形容词或者副词来判断，而非名词。这一提问的来源是一道历年真题，真题中的原表述是“该超市逐渐开设了网上销售业务，并初步建立了快速高效的物流体系”。各位同学，瞪大你的双眼，有没有看到“逐渐”和“初步”这两个词？这就是表达“程度”的词语，同时表达了命题人的意图，即创新程度应该是“渐进性创新”。

希望同学们认真阅读这一精准答疑，并逐步找到战略学科应有的做题技巧。本质上，这就是语文阅读理解的能力，说难也不难，说简单也并不简单，好好领悟吧！

2. 创新的基础产品和产品家族

（1）基础产品和产品家族的内涵。

产品家族是指在同一种核心产品的基础上，通过共用生产设备和类似的加工过程而生产或制造出来一组形态有异而功能相同或相似的产品。产品家族中的核心产品即为基础产品。

（2）如何实现创新。

依托一个稳健的基础产品或可以扩展的产品家族，为创新提供一定范围的延展空间。

提示：简言之，基础产品是“主心骨”，具有稳定性。企业可以基于基础产品延展出一系列产品，从而形成产品家族，并在延展过程中持续地创新。

（3）典型案例。

小米公司围绕其核心主业手机业务，建成了全球最大的消费类万物互联平台（也连接了多家公司，构成生态链），连接超过1亿台智能设备，构建起手机配件（如耳机、移动电源）、智能硬件（如净化器、无人机）、生活消费产品（如牙刷、行李箱）三层产品矩阵（其他生态链中的企业与小米共享客群与渠道）。小米公司也从一家手机厂商发展成为一个涵盖众多消费电子产品、软硬件和内容全覆盖的互联网企业，这就是小米的平台战略或生态战略。

3. 创新的层面——组件层面还是架构层面

（1）组件层面或架构层面创新的内涵。

组件层面的创新是指只涉及单一技术的产品、服务的局部创新；架构层面的创新则是指涉及多种技术的产品、服务的整体性、系统性创新。

（2）如何实现创新。

企业既要掌握和使用关于组件的知识，又要掌握如何将这些组件组合在一起的架构的知识。

（3）典型案例。

对于飞机制造来说，组件层面上的改变也许包括采用新的金属或者复合材料来制造机翼，或者使用新的电子控制系统来取代控制线或液压装置。但是如果在系统架构层面上对于如何连接机翼、控制系统和推动系统等知识不做更新，组件层面的这些创新可能很难实现。如果是一开始就着眼于架构层面的创新，则飞机的几乎所有重要构件都会发生相互关联的改变。

4. 创新生命周期——时机

阿伯内西（Abernathy W.）和厄特巴克（Utterback J.）开发了创新生命周期模型来描述创新模式的三个不同的发展阶段。

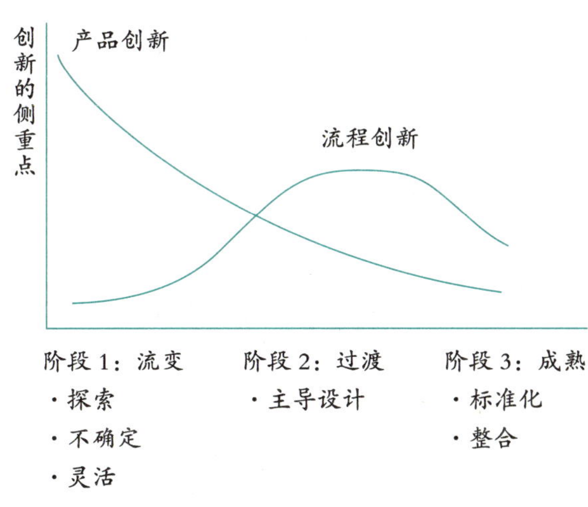

阿伯内西和厄特巴克的创新生命周期模型

创新生命周期各阶段的主要元素

创新特征	流变阶段	过渡阶段	成熟阶段
竞争重点	产品性能	产品差异化	降低成本（产品价格）
创新的驱动因素	客户需求、先驱企业的技术投入	通过扩展内部的技术能力来创造机会（制造商的技术水平）	降低成本、提高质量
创新的主要类型	产品经常性的重要变化	重大流程创新	渐进性的产品创新和流程创新

续表

创新特征	流变阶段	过渡阶段	成熟阶段
产品线	多样性，通常包括定制的设计	包括至少一种稳定或主导的设计	基本无差异的标准化
生产流程	灵活但低效，目标带有实验性，而且经常变化	变得越来越严格和明确	高效，通常形成资本集约化

典例研习 · 1-7 单项选择题

为了赢得汽车数字时代，家家智能汽车公司从2015年起便布局共享汽车领域。为了提高共享汽车的续航里程，公司探索出“增程式电动”设计模式，相较于传统的充电桩模式，该模式从源头解决了续航问题。2018年，家家智能汽车公司共享汽车车型正式发布，各项性能指标均优于领域内同类车型。根据创新生命周期相关理论，家家智能汽车公司的共享汽车业务处于（　　）。

A.流变阶段　　B.过渡阶段　　C.成熟阶段　　D.衰退阶段

斯尔解析　本题考查的是创新生命周期模型的阶段判断。“为了提高共享汽车的续航里程，公司探索出‘增程式电动’设计模式，相较于传统的充电桩模式，该模式从源头解决了续航问题”体现了该公司已经探索出主导设计；“各项性能指标均优于领域内同类车型”体现了该公司的产品更具差异化。因此，基于上述关键词可以判断出，家家智能汽车公司的共享汽车业务处于过渡阶段，选项B当选。

本题答案　B

（四）战略创新的情境（成功的战略创新赖以实现的关键情境）

1. 建立创新型组织

创新型组织的组成要素

组成要素	关键特征
共同使命、领导力和创新的意愿	（1）需要对企业共同的使命作出清晰的表述，确保全体员工高度共识并忠诚于目标。 （2）高管层的参与、长期承诺、热情和支持是成功创新的秘诀之一
合适的组织结构	需要在“有机的”和“机械的”模式之间找到平衡： （1）有机模式：适合快速变革的环境，例如电子或生物技术产业。 （2）机械模式：适合稳定的环境，例如食品包装行业
关键个体	组织发起者（如CEO）、发明者/团队领导者（如CTO）、技术把关人员（如技术创新负责人）、商业创新者（如业务创新负责人）和项目经理（如PMO）
全员参与创新	全员参与整个组织的持续改进活动

续表

组成要素	关键特征
有效的团队合作	适当地使用团队（在本部门、跨职能和组织间）来解决问题，需要在团队选择和建设上给予投入
创造性的氛围	信任和开放性、挑战和参与、组织松弛度、冲突和争论、风险承担、自由
跨越边界	外部导向意识，既要关注组织内外部的顾客和终端用户，也要与形形色色的利益相关者（如供应商、合作者、竞争者、产业集群、合作学习俱乐部等）建立联系（组织间网络）

2. 制定创新的战略

蒂德和贝赞特提出如下关于公司战略与创新之间关系的核心观点：

（1）企业特定的知识，包括探索知识的能力，是企业在竞争中取得成功的本质特征。

（2）公司战略的本质特征应该是一种创新战略，其目的就是积累这种企业特定的知识。

（3）一种创新战略必须能够应对外部复杂的千变万化的环境。

（4）内部结构和过程必须与可能的冲突性需求保持平衡。

（五）创新管理的主要过程

阶段	目标	要点
搜索阶段	如何找到创新的机会	（1）搜索环境中有关潜在变革的信号（或诱因）。 （2）利用这些诱因制订创新计划
选择阶段	要做什么以及为什么	从事三个方面研究： （1）当前可利用的技术和市场机会的信号。（外部研究） （2）与公司现有知识库相关的产品和服务，即独有能力。（内部研究） （3）如何通过创新提高企业整体业务绩效，即确保创新战略和企业整体战略紧密结合（内外结合）
实施阶段	如何实现创新	（1）围绕创新逐渐形成相关知识。 （2）持续运用更多的相关知识巩固创新
获取阶段	如何获得利益	（1）收割：通过流程创新（降本增效）获取更多收益。 （2）保持：运用知识产权保护机制维护竞争优势。 （3）引领：在“再创新”中占据主动地位，掌控和引领创新的发展方向

典例研习 · 1-8 多项选择题

皮诺公司是一家主营电子设备和电器产品的多元化经营公司，公司每年投入数亿元研发经费用于产品创新。根据创新管理过程的相关理论，下列各项业务正处于选择阶段的有（　　）。

A.政府针对业务A所处的行业出台了利好政策，公司可基于此制订创新计划

B.组织相关部门对业务B创新的可行性进行分析，确保公司现有知识能够与创新所需知识相匹配

C.深入融合公司整体战略与业务C的创新战略，测算业务C创新对于企业整体绩效的影响

D.针对业务D的专利成果申请知识产权保护，维护自身竞争优势

斯尔解析 本题考查的是创新管理的主要过程。政府推出的利好政策属于环境中的潜在变革信号，企业充分利用这些信号制订创新计划，属于搜索阶段，选项A不当选。针对公司现有知识库相关的产品和服务进行研究，确保公司现有知识能够与变革所需的知识相匹配，属于选择阶段（即第二项研究），选项B当选。开展创新和企业整体业务绩效提高相联系的研究，属于选择阶段（即第三项研究），选项C当选。企业运用知识产权保护机制来维护自身的竞争优势，属于获取阶段，选项D不当选。

本题答案 BC

（六）创新管理流程模型

1. 阶段—门模型

（1）内涵：

①阶段设置：将创新过程划分为一系列有序的阶段，包括市场研究、概念开发、定义产品、技术开发、产品设计、原型制作、测试检验、全面生产以及市场推广等。

②管理机制：每个阶段之间设置了一道决策门，由跨职能的团队或决策委员会依据有关技术、市场、财务等方面的信息，对项目的阶段活动成果进行分析和评估。

③评估结果："进入下一阶段"、"放弃"或"返工"。

（2）特点：

①及早发现和纠正问题，有效控制项目风险。

②有效控制资源的使用，确保每个阶段都有足够的资源支持。

2.3M 创新漏斗模型

阶段	阶段名称	特点
1	涂鸦式创新	（1）全员头脑风暴、自由探索（允许技术人员将15%的工作时间用于创新思考）。 （2）组织提供实验室设备、技术平台和相关人员的支持，对所有创新志愿者提供爱护和保护，容许他们犯错误，支持他们参加技术论坛
2	设计式创新	（1）通过对涂鸦式创新产生的各种创意、概念进行评价、筛选，组织将其中有重大价值和意义的创新纳入设计式创新框架。 （2）这些设计式创新会被列入加速发展计划，并得到生产、营销以及跨部门组织的支持，通过产品设计、技术开发、原型生产、测试检验和上市推广等，使创意、概念转化为产品并初步商业化。 （3）组织对设计式创新团队予以奖励
3	引领式创新	（1）组织对设计式创新成功的产品项目追加投资，邀请各方面专家进行专业化指导，业务部门主动提供营销以及供应链管理等方面的支持。 （2）随着引领式创新的开展，新产品的生产和销售逐步扩大。 （3）组织及时奖励对引领式创新作出贡献的团队和个人

3. 集成产品开发（IPD）流程

（1）摒弃“纯技术”路线。

强调市场和客户需求对于产品开发和创新的根本性作用。开发团队在产品设计时就要规划好产品成本、功能、质量、可制造性和可服务性等方面的优势，同时充分考虑产品进入市场后可能遇到的障碍。

（2）将产品开发作为投资进行管理。

在产品开发的每一个重要阶段，都不仅从技术角度，而且从商业角度进行可行性评估，以确保实现产品投资回报或尽可能减少投资失败造成的损失。

（3）强调企业内外部的沟通与协作。

在企业总体战略指导下，研发、营销、采购与供应链、服务等部门协调一致，开发团队与客户、外部合作伙伴与开发社区协同创新，从而将各方面的力量和作用汇集为一个完整的系统，极大地提高产品开发与创新的效率和成功率。

解题高手

命题角度：3M创新漏斗模型的阶段辨析。

客观题考点，结合各阶段关键词进行辨析。

阶段名称	关键词
涂鸦式创新	头脑风暴、自由探索（15%的工作时间）、组织提供各类支持、容许创新志愿者犯错
设计式创新	列入加速发展计划；获得各职能部门的支持，通过一系列流程，最终实现初步商业化
引领式创新	追加投资；邀请专家指导，并提供营销和供应链方面的支持，生产和销售规模逐步扩大

四、战略管理中的权力与利益相关者（★★）

权力与利益相关者分析是公司战略分析的重要组成部分，公司战略的制定与实施和各利益相关者利益与权力的均衡密不可分。

（一）企业主要的利益相关者

1. 内部利益相关者及其利益期望

内部利益相关者	利益期望
股东与机构投资者	资本收益——股息、红利→“图利”
经理阶层	销售额最大化→“图名”
企业员工	追求个人收入和职业稳定的极大化

2. 外部利益相关者及其利益期望

外部利益相关者	利益期望
政府	税收
购买者/供应者	各自所处阶段的价值增值
债权人	按时偿付贷款本息
社会公众	承担社会责任

（二）企业利益相关者的利益矛盾与均衡

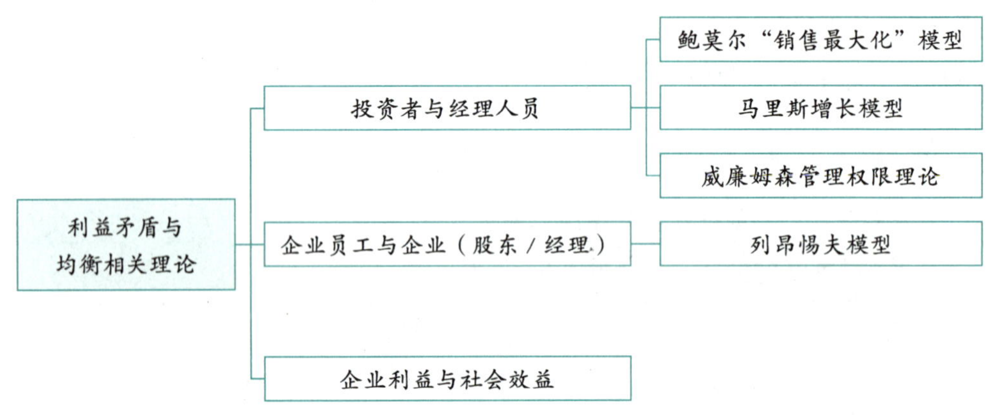

利益矛盾与均衡相关理论

1. 投资者与经理人员的矛盾与均衡

（1）鲍莫尔“销售最大化”模型。

①矛盾：经理总是期望企业获得最大化销售收益（“图名”，但此时并不一定能满足股东对红利的需求以及资本市场的需求），而股东追求的目标是利润（包括红利）的最大化（“图利”，但此时往往要求企业的经营活动低于其全部生产能力）。

②均衡：各方利益均衡的结果是企业可能在这两种产出量中选择一个中间点，这个产出量反映了代表经理人员利益的销售额最大化与代表股东利益的利润最大化的均衡结果。

（2）马里斯的增长模型。

①矛盾：企业经理人员的主要目标是公司规模的增长（即规模越大越好），但这将受到那些分享某些共同利益的股东们的利益的制约（即股东们还会考虑扩张所引致的市场评价、兼并风险等）。

②均衡：经理与股东利益均衡的结果可能会使企业的增长率确定在双方都可能接受的一个区域内。

（3）威廉姆森的管理权限理论。

①矛盾：经理们力求最大化他们自己的效用函数，从而使他们的权力和声望最大化。这主要体现在三个重要变量中：雇员开支（雇用人员的数量和质量）、酬金开支（支出账目、高质量办公服务等）和可支配的投资开支（超越严格经济动机，反映管理者权力和偏

好的投资）。

②均衡：经理们必须有一种非同寻常的理性，必须把他们的个人利益和作为经理本身所作出的决定区别开来。

2. 企业员工与企业（股东或经理）之间的利益矛盾与均衡（列昂惕夫模型）

（1）矛盾：员工追求工资收入最大化（工会出面谈判）和工作稳定（企业决定）；而企业追求利润最大化，就要选择最佳就业水平，在工资水平的约束下以实现企业利润最大化。

（2）均衡：企业员工与企业讨价还价的博弈结果将在某一点实现均衡，而最终均衡点更偏于哪一方的利益，取决于双方讨价还价的实力大小。

3. 企业利益与社会效益之间的矛盾与均衡

（1）矛盾：企业利益的目标是利润最大化，而企业外部利益相关者对企业的共同期望是企业应承担一系列社会责任（即满足社会效益）。这些社会责任包括三个方面：

①保证企业利益相关者的基本利益要求。

②保护自然环境。

③赞助和支持社会公益事业。

（2）均衡：企业如何对待社会效益，被称为“商业伦理”问题。商业伦理的实质是一个企业或组织在社会中应发挥什么作用和负什么责任的问题。

4. 各利益相关者利益博弈总结（集大成者）

（1）矛盾：企业在组织上由各种利益集团结合在一起，共同经营，由于成员们承认共存的需要，并有使他们的目标更为接近的欲望（相对于不组成该企业时的情况），从而使企业幸存下来。

（2）均衡：企业最后确定的各种目标是一种妥协，最终的有效性几乎总是低于最大值，这就是所谓的“组织呆滞”。由于承认这种低效率，上述呆滞导致的额外“支付”由各成员分摊，这个集团才能团结一致（企业经营永远没有最优解）。

（三）权力与战略过程

1. 概念辨析——权力与职权

职权是权力的子集，主要区别如下：

权力	职权
权力的影响力在各个方面	职权沿着企业的管理层次方向自上而下
受制权力的人不一定能够接受这种权力	职权一般能够被下属接受
权力来自各个方面	职权包含在企业指定的职位或功能之内
权力很难识别和标榜	职权在企业的组织结构图上很容易确定

2. 企业利益相关者的权力来源

（1）对资源的控制与交换的权力。

利益相关者由于控制着企业所需的具体资源，而存在着许多交换权力的机会。

举例：有卓越经营才能的经理人员可争取到数倍于普通劳动力的薪酬。

（2）在管理层次中的地位。

由于在管理层次中的地位而获得的权力主要有三个基础：

①法定权：我做的决策你要服从，来源于对奖励或惩罚的行使。

②奖励权：为了获得奖励，下属主动执行命令——积极且长期的关系。

③强制权（或惩罚权）：为了避免惩罚，不得不服从命令——敌对且短期的关系。

（3）个人的素质和影响。

这是一种非正式职权的权力的重要来源，具体体现为榜样权和专家权。

①专家权：来源于对其他人或作为整体组织而言有价值的特殊知识的占有。

②榜样权：为那些受人尊敬的人所拥有，他们得到尊重是因为他们具有某些特殊的能力或性格特征，或是具有能保证他人服从的个人气质或形象。

提示：上述两种权利比正式职权（如奖励权、强制权）更具有持久性，它们不仅存在于正式组织之中，企业的非正式组织中也大量存在。

（4）参与或影响企业的战略决策与实施过程。

参与或影响企业战略决策与实施也会形成一定权力。

举例：有机会接触决策制定者的人们具有一定的权力（如参与战略研讨会）。

（5）利益相关者集中或联合的程度。

团结就是力量。利益相关者影响企业决策的实力与他们自身的联合程度有关。

举例：目前通行世界的8小时工作制及法定最低工资制等，就是工人阶级坚持不懈的联合斗争的结果。

3. 在战略决策与实施过程中的权力运用

权力本身是战略管理过程中的重要基础，制定战略和有效地实施战略需要权力和影响力。下面介绍的5种策略代表了企业各方利益相关者在企业战略决策与实施过程中权力的应用。

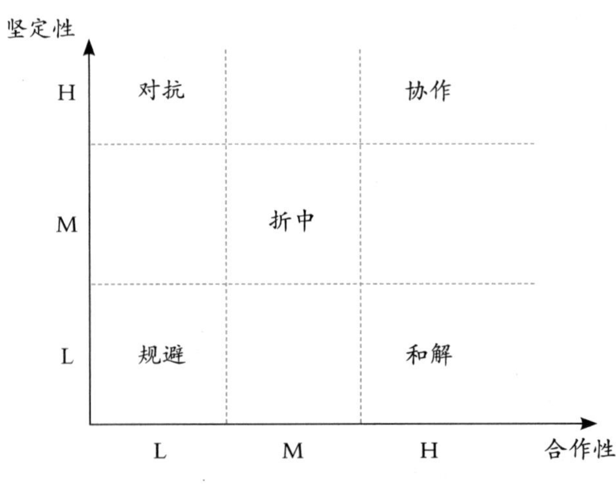

对待矛盾与冲突的行为模式

策略类型	内容
对抗	（1）坚定行为+不合作行为。 （2）目的在于使对方彻底就范，根本不考虑对方要求，并坚信自己有能力实现所追求的目标
和解 （单方让步）	（1）不坚定行为+合作行为。 （2）设法满足对方的要求以保持或改进现有关系，通常表现为默认和让步
协作	（1）坚定行为+合作行为。 （2）考虑双方利益，寻求相互利益最佳结合点，并借助合作使双方利益都得到满足
折中 （双方让步）	（1）中等程度坚定行为+中等程度合作行为。 （2）通过讨价还价互相让步，达成双方都能接受的协议。 （3）可采用积极方式（作出承诺）或消极方式（威胁、惩罚）达成
规避	（1）不坚定行为+不合作行为。 （2）预期惹不起就躲；一看苗头不对就躲

典例研习 · 1-9 单项选择题

专营化妆品销售的雅兰公司取得某外商产品的独家经销权后，发现该外商把部分产品批发给另一家化妆品公司经销，于是向该外商提出抗议并威胁将诉诸法律，对方当即表示将杜绝同类事情发生并向雅兰公司作出赔偿。雅兰公司接受了对方的意见，在本案例中，雅兰公司对待矛盾与冲突的行为方式是（　　）。

A.和解　　B.对抗　　C.协作　　D.折中

斯尔解析 本题考查的是利益相关者在企业战略决策与实施过程中权力应用类型的辨析。发生冲突时，雅兰公司向该外商提出抗议并威胁将诉诸法律，最终使对方彻底就范，符合对抗的定义，因此选项B当选。

陷阱提示 请同学们注意，如果题目提问的是外商，则根据“对方当即表示将杜绝同类事情发生并向雅兰公司作出赔偿”，属于单方面的让步，符合和解的定义。

但是，一定会有同学提出疑问，雅兰公司“接受了对方的意见”，不也是让步吗？这样一来不就应当选择折中吗？请大家冷静一下，想清楚这是否真的是让步。一方起诉，一方同意赔偿，事情就此了结，雅兰公司得到了应有的赔偿，并无让步。如果题目换一下，雅兰公司要求赔偿100万元，然而对方外商只同意赔偿50万元，而雅兰公司也对此表示同意，此时才有了“让步”一说。所以，切勿想当然啊！

本题答案 B

典例研习 · 1-10 单项选择题

大型冶金公司金通公司为获得稳定的原料来源，向某稀土开采公司提出以20亿元人民币并购该公司的规定，遭到后者回绝。后来双方经多次谈判，最后达到以部分股权互换的方式结为战略联盟的合同。金通公司在战略决策与实行过程中的行为模式属于（　　）。

A.对抗　　B.和解　　C.折中　　D.规避

斯尔解析　本题考查的是利益相关者在企业战略决策与实施过程中权力应用类型的辨析。“后来双方经多次谈判，最后达到以部分股权互换的方式结为战略联盟的合同”说明通过各方利益相关者之间的讨价还价，最终达成了双方都能接受的协议，符合“折中”的定义，选项C当选。需要注意的是，“折中”指的是双方均有让步。本题中，金通公司原本要并购开采公司（并购的目的是控制），但经过谈判后，让步至仅持有部分股权（形成战略联盟）；开采公司原本拒绝被股权控制，但经过谈判后，让步至允许部分股权互换。

本题答案　C

精准答疑

问题：折中和协作的区别是什么？

解答：涉及双方让步而达成的合作，属于折中，且折中的结果往往不是最佳的（如果各方中有任意一方对这种结果不满意，则会导致后续问题再次爆发）。

不涉及让步而达成的合作，属于协作，且协作的结果往往是最佳的（当然，这需要各方深入沟通和协调，会消耗较多的时间和精力）。

折中举例：公司打算给员工降薪20%，但遭到员工拒绝。经过谈判后，公司决定仅降薪10%，员工接受了该方案，本案例中，公司让步了10%的降薪比例，员工也从“不接受降薪”让步至“同意降薪”，双方均让步，属于折中。而且，这个结果显然并不是最佳的。哪个员工会愿意被降薪呢？

协作举例：受自然灾害影响，上下游公司之间的供货出现问题，可能会导致延期。经过谈判后，各方同意一起加班加点，保证按时交付，但产生的额外费用由供货商承担。本案例中，无论是购货商还是供货商都没有让步（供货商及时供货是天经地义，人家愿意陪你加班加点，你只是承担点费用，这并不是让步），且达成了最佳结果（保障及时供应），属于协作。注意，协作也可以经历“谈判”过程，双方可以有自己的坚持，但只要求同存异，仍然达成合作即可。

【斯考卡片】
扫码背重点

至此，公司战略与风险管理的学习已经进行了8%，继续加油呀！

8%

第二章
战略分析

学习提要

重要程度： 重点章节

平均分值： 15～20分

考核题型： 客观题和主观题均可考查

本章提示： 本章内容繁多，但层次清晰，同学们在学习时需时常定位所学内容的位置，并逐步建立知识框架。另外，本章也是主观题高频考点，要求各位准确背记所有标题类内容

考点精讲

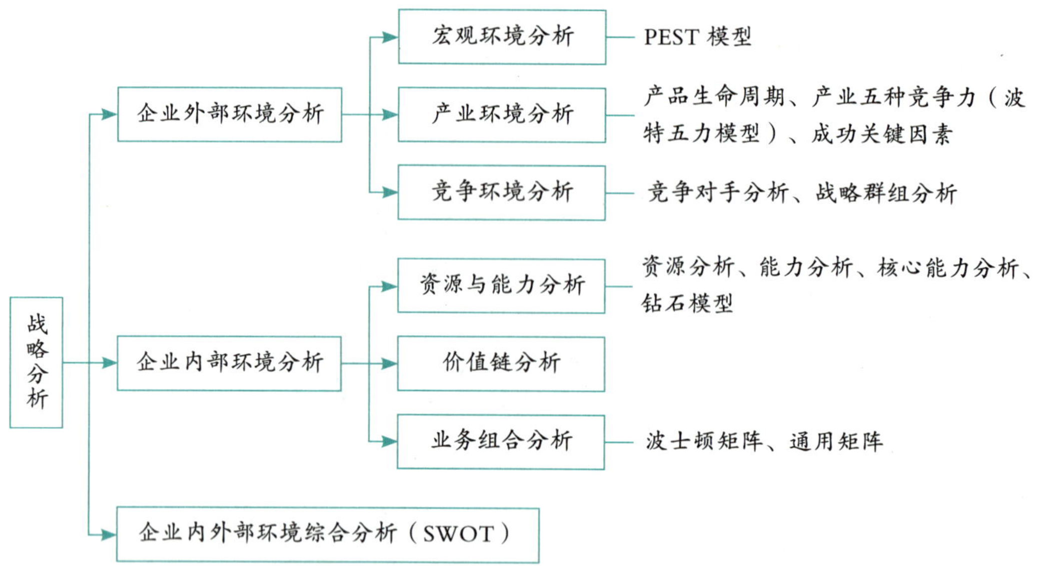

第一节　企业外部环境分析

一、宏观环境分析（PEST 模型）（★★）

1. 政治和法律环境（P）

（1）政治环境分析：

①企业所在国家和地区的政局稳定状况；

②政府行为对企业的影响；

③执政党所持的态度和推行的基本政策（例如，外交政策、人口政策、税收政策、进出口限制等），以及这些政策的连续性和稳定性；

④各政治利益集团对企业活动产生的影响。

（2）法律环境分析：

一些政治因素对企业行为有直接的影响，但一般来说，国家主要是通过制定法律法规来间接影响企业的活动。

2. 经济环境（E）

（1）社会经济结构：产业结构、分配结构、交换结构、消费结构和技术结构等。

（2）经济发展水平状况：一个国家经济发展的规模、速度和所达到的水平，如国内生产总值（GDP）、人均GDP等；其他经济影响因素包括税收水平、通货膨胀率、贸易差额和汇率、失业率、利率、信贷投放及政府补助等。

（3）经济体制：通常指国家经济组织的形式，如国有、民营等。

（4）宏观经济政策：实现国家经济发展目标的战略和策略，它包括综合性的全国发展战略和财政政策、货币政策、产业政策、国民收入分配政策等。

（5）其他经济条件：如工资水平、供应商及竞争对手产品和服务的价格变化等经济因素——站在宏观视角下。

3. 社会和文化环境（S）

（1）人口因素：地理分布、年龄、教育水平、国籍、结婚率与离婚率、出生率与死亡率等。

（2）社会流动性：社会的分层情况以及各阶层之间的差异、转换等。

提示：社会流动性的研究对于企业产品定位与调整、市场细分等策略的制定非常重要。

（3）消费心理：企业应有不同的产品类型以满足不同顾客的心理需求（如消费者追求有新鲜感的产品多于满足其实际需要的产品）。

（4）生活方式变化：人们对物质需求会越来越高，对社交、自尊、求知、审美等精神需求也会越来越强烈，从而为企业带来诸多新的机遇与挑战。

（5）文化传统：一个国家或地区在较长历史时期内形成的社会习惯（如中国的春节、西方的圣诞节为某些行业带来商机）。

（6）价值观：社会公众评价各种行为的观念和标准（如西方国家个人主义较强）。

4. 技术环境（T）

技术环境包括国家科技体制、科技政策、科技水平和科技发展趋势等。

解题高手

命题角度1：PEST模型的适用条件。

PEST模型的应用层次是外部环境分析中的宏观环境分析，如果题目中提及“国家政策”“经济发展”“行业情况”等词汇，则适用该模型。但如果题目中提及“经营思路”“战略举措”“经验技术”等词汇，则应当属于内部环境分析的范畴。

命题角度2：PEST模型的要素类型判断与案例分析。

客观题、主观题均可考查，难度适中。下面总结几个易混易错的内容：

第一，“政策”一定是P吗？

答：不一定。根据教材说法，“综合性的全国发展战略和财政政策、货币政策、产业政策、国民收入分配政策”属于经济环境（E），“科技体制、科技政策”属于技术环境（T）。若考查客观题（小概率），可按教材分类进行判断；若考查主观题（大概率），建议既分类为经济环境或技术环境，同时也分类为政治和法律环境（P）（提示：主观题的评分原则是多写不扣分）。

第二，“税收”一定是P吗？

答：不一定。税收政策可能是政治和法律环境，但税收水平（税收水平通常用税收收入占国内生产总值，即GDP的比例来衡量）一定是经济环境。

第三，“政府”一定是P吗？

答：不一定。政府补助属于经济环境，因为政府补助本质上是企业从政府无偿取得货币性资产或非货币性资产，是一种经济补偿。

另外，需要注意的是，如果在主观题中要求同学们对案例进行宏观环境分析，并逐项分析各个因素是有利影响还是不利影响，一定要先“认清自己的身份”，明确立场后再来判断。

典例研习·2-1 多项选择题

甲公司是一家民营企业，主要从事口腔医疗器械制造及相关业务，是国内的行业龙头企业。下列各项中，属于甲公司的成功原因在PEST分析中的表现有（　　）。

A.该公司近年来该业务保持着较高的市场份额

B.该公司的技术水平处于行业领先地位

C.政府对于口腔健康产业给予政策支持并提供补助

D.我国消费者对于口腔健康的重视日益加强

斯尔解析 本题考查的是PEST模型的适用条件。选项C的关键词为“政府”“政策”“补助”，属于PEST分析中的政治法律因素和经济因素，当选。选项D的关键词为“我国消费者”，属于PEST分析中的社会和文化因素，当选。选项AB均属于企业自身的发展情况，是内部环境分析，不能用PEST进行分析，选项AB不当选。

本题答案 CD

典例研习·2-2 简答题

从2010年开始，XD公司的总经理刘涛就开始为公司寻找转型的出路。一次他出国旅游，在下榻的酒店中第一次接触到了德国B滤水壶，这个外形简单、可以方便过滤自来水的产品一下子就吸引了他。经过40多年的发展，德国B滤水壶已经是壶式滤水器领域的世界第一品牌。B滤水壶产品的核心在于独有的双重滤芯技术，这种技术不仅是用于B滤水壶，众多家用电器厂商均采用B滤水壶滤芯技术过滤水质。其采用的材质如椰壳活性炭、无钠离子交换树脂等均是世界级的自有专利技术，技术水准在业内均有非常高的认可度。刘涛看到，滤水器产品在中国具备巨大的潜在需求。一方面，我国城市自来水处理的工艺及技术标准还处于一个相对不高的水平，2009年，有关部门组织的水质调查发现，有1 000余家城市自来水厂的自来水在出厂时水质不合格，农村饮用水水质状况更加令人担忧，水环境问题已经到了一个非常严重的地步。有关部门宣布，自2012年7月1日开始，《生活饮用水卫生标准》

将在中国国内强制性实施，饮用水的监测指标也将从过去的35项增加到106项。然而，由于技术原因，自来水厂供水管道的二次污染问题尚未得以解决，实现标准还需要一个比较长的时间。另一方面，经过长期的改革开放，中国的国家经济得到了迅速发展，公民生活的质量大大提高，普通消费者的生活已经从追求温饱过渡到寻求健康的新阶段，在当前的商业领域中，能够满足人民群众日益增长的对健康和品质生活追求的产品通常都会有较好的市场表现。2010年，XD公司与B滤水壶中国区总代理签订了B滤水壶产品的独家代理协议。

要求：

运用PEST模型简要分析XD公司所面临的外部宏观环境。

斯尔解析 本题考查的是PEST模型的要素类型判断与案例分析。

（1）政治和法律因素。“有关部门宣布，自2012年7月1日开始，《生活饮用水卫生标准》将在中国国内强制性实施，饮用水的监测指标也将从过去的35项增加到106项”。

（2）经济因素。“经过长期的改革开放，中国的国家经济得到了迅速发展，……在当前的商业领域中，能够满足人民群众日益增长的对健康和品质生活追求的产品通常都会有较好的市场表现”。

（3）社会和文化因素。“公民生活的质量大大提高，普通消费者的生活已经从追求温饱过渡到寻求健康的新阶段”。

（4）技术因素。“我国城市自来水处理的工艺及技术标准还处于一个相对不高的水平”“由于技术原因，自来水厂供水管道的二次污染问题尚未得以解决，实现标准还需要一个比较长的时间”“B滤水壶产品的核心在于独有的双重滤芯技术，这种技术不仅用于B滤水壶，众多家用电器厂商均采用B滤水壶滤芯技术过滤水质。其采用的材质如椰壳活性炭、无钠离子交换树脂等均是世界级的自有专利技术，技术水准在业内均有非常高的认可度”。

陷阱提示 若将本题提高难度，要求区分各个环境或因素带来的是有利影响还是不利影响，那么同学们在作答时一定要谨慎，务必要看好是站在谁的角度来看待问题。举个例子：“我国城市自来水处理的工艺及技术标准还处于一个相对不高的水平”这句话，从表述上看好像传递的是负面信息，但是对于刘涛而言，正是由于目前我国的自来水处理工艺及技术标准不高，所以才有了他引进滤水壶的市场空间。因此站在他的角度，该因素所带来的是有利影响。

二、产业环境分析

（一）产品生命周期（★★）

1. 基本原理

（1）为什么是“产品”而非“产业”？

①产业的定义：根据波特的观点，一个产业是由一群生产相似替代品的公司组成的。

提示：此处的替代品是直接替代品（如A品牌手机和B品牌手机的关系），而后续将要学习的产业五种竞争力模型中的替代品属于间接替代品（如飞机和高铁的关系）。

②产品生命周期理论的前提假设：一个产业只生产一种产品（即相似替代品），不同公司生产的这种产品有所不同（即相似），那么此时产品的兴衰成败也就是这个产业的兴衰成败。

（2）周期划分：

①四个阶段：导入期、成长期、成熟期、衰退期。

②划分依据：以产业销售额增长率曲线的拐点划分。产业的增长与衰退由于新产品的创新和推广过程而呈“S”形。

2. 产品生命周期各阶段的主要特征

维度	导入期	成长期	成熟期	衰退期
销量（用户）	用户很少，只有高收入用户尝试新的产品	销量节节攀升，用户群已经扩大	市场巨大，但基本饱和，主要靠老用户重复购买	用户对性价比要求很高
价格和利润	价格高、毛利高、净利低	价格和利润均最高	价格和利润均下降	价格低、毛利低
生产	产能过剩	产能不足，需向大批量转换	局部产能过剩	产能严重过剩
产品质量	质量有待提高	质量参差不齐	产品标准化，改进缓慢	产品出现质量问题
行业竞争	对手很少	对手增加，竞争加剧，出现资源争夺和兼并	出现挑衅性的价格竞争	只有大批量生产并有自己销售渠道的企业才有竞争力
经营风险	非常高	较高水平，但有所下降	进一步降低，中等水平	进一步降低
战略目标	扩大市场份额，争取成为“领头羊”	争取最大市场份额，并坚持到成熟期到来	在巩固市场份额的同时提高投资报酬率	防御，获取最后的现金流
战略路径	投资于研究开发和技术改进，提高产品质量	市场营销（改变价格形象和质量形象的好时机）	提高效率，降低成本	控制成本，以求能维持正的现金流量

提示：

（1）四个阶段的经营风险持续呈现下降趋势。因经营风险与财务风险错配原则，因此在产品生命周期各阶段，财务风险逐渐走高。

（2）不同阶段经营风险的大小：

①导入期（非常高）：产品和市场均存在很大的不确定性；

②成长期（较高水平，有所下降）：产品本身的不确定性在下降，但是竞争激烈，导致市场的不确定性上升；

③成熟期（进一步下降，中等水平）：主要悬念是稳定的销售额可以持续多长时间，以及总盈利水平的高低；

④衰退期（进一步下降）：主要悬念是在什么时间节点产品将完全退出市场。

3. 产品生命周期模型的局限性

（1）分不清：各阶段的持续时间随着产业的不同而显著不同，并且一个产业究竟处于生命周期的哪一个阶段通常不清楚。这就削弱了此概念作为规划工具的有用之处。

（2）有特例：产业的增长并不总是呈“S”形。有的产业跳过成熟阶段，直接从成长走向衰亡（例如共享单车）；有的产业在经历一段时间衰退之后又重新上升；还有的产业似乎完全跳过了导入期这个缓慢的起始阶段。

（3）易臆想：公司可以通过产品创新和产品的重新定位，来影响增长曲线的形状。如果公司认定所给的生命周期一成不变，那么它就成为一种没有意义的自我臆想的预言。

（4）差异大：与生命周期每一阶段相联系的竞争属性随着产业的不同而不同。例如，有些产业开始集中，后来仍然集中；而有些产业集中了一段时间后就不那么集中了。

解题高手

命题角度：基于案例描述判断产品生命周期所处阶段。

客观题高频考点，需根据各阶段的关键词进行判断：

阶段	关键词
导入期	用户少、竞争少； 战略路径：研发提质
成长期	用户或销量迅速增多、利润最高、竞争加剧、出现兼并； 战略路径：市场营销
成熟期	市场饱和（销量增长缓慢）、价格竞争、产品标准化； 战略路径：降本增效
衰退期	低价低毛利、产品有问题； 战略路径：控成本，正流量

典例研习 · 2-3 单项选择题

近年来，国产医疗器械厂商强势崛起，出口销量增长迅猛，行业整体的利润水平处于高位。但是各家厂商在技术和性能方面仍存在较大差异，且部分厂商存在生产能力不足的情况。同时，由于竞争激烈，国内较大的医疗器械厂商已经开始兼并规模较小的厂商，以快速占领市场，获取更大的市场份额。根据上述情况，国产医疗器械厂商目前所处的生命周期阶段是（　　）。

A.成长期　　B.导入期　　C.衰退期　　D.成熟期

斯尔解析　本题考查的是产品生命周期阶段的判断。抓关键词：销量增长迅猛、利润水平处于高位、技术与性能存在差异、生产能力不足、竞争激烈、出现兼并、获取更大的市场份额。因此，国产医疗器械厂商目前所处的生命周期阶段属于成长期，选项A当选。

本题答案　A

典例研习·2-4　单项选择题

近年来，为适应各种电动交通工具发展的需要，5G智能充电桩应运而生。目前5G智能充电桩产品的类型、特点、性能尚处在不断变化当中，产品质量尤其是可靠性有待进一步提高。根据产品生命周期理论，5G智能充电设备企业在现阶段的战略目标是（　　）。

A.提高效率，降低成本　　B.提高投资报酬率

C.扩大市场份额，争取成为“领头羊”　　D.巩固市场份额

斯尔解析　本题考查产品生命周期各阶段的主要特征。“目前5G智能充电桩产品的类型、特点、性能尚处在不断变化当中，产品质量尤其是可靠性有待进一步提高”体现了5G智能充电设备企业在现阶段处于导入期，导入期的战略目标是扩大市场份额，争取成为“领头羊”，选项C当选。

本题答案　C

（二）产业五种竞争力（★★★）

波特在《竞争战略》一书中提出，在每一个产业中都存在五种基本竞争力量，即潜在进入者、替代品、购买者、供应者与现有竞争者间的抗衡。在一个产业中，这五种力量共同决定产业竞争的强度以及产业利润率，最强的一种或几种力量占据着统治地位并且从战略形成角度来看起着关键性作用。

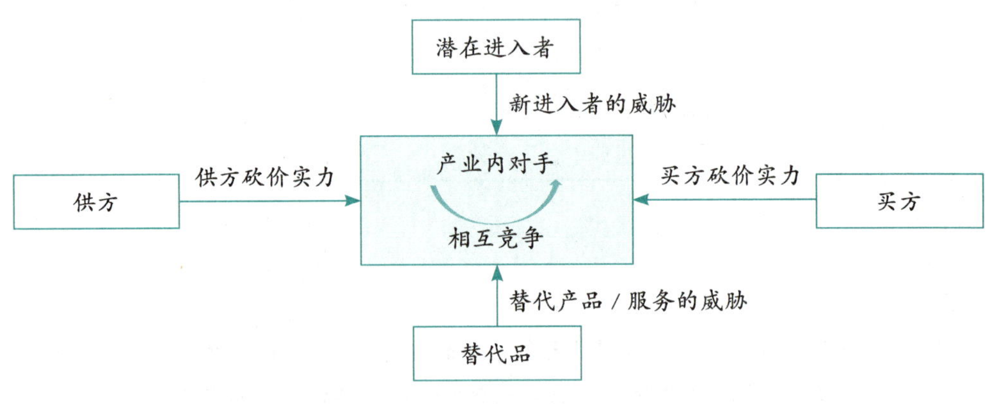

驱动产业竞争的力量

原理详解

产业五种竞争力模型的横纵分解

上图展示了五种竞争力，按照横、纵两个方向进行分解将更利于理解。

（1）横向来看：

①竞争力来源：供应商、购买者；

②影响竞争强度与产业利润的核心：讨价还价能力；

③具体解读：对某个产业而言，产业链上下游的议价能力是影响其行业利润的最关键因素。上游议价能力强，则导致行业成本上升；下游议价能力强，则导致行业收入下降。

（2）纵向来看：

①竞争力来源：潜在进入者、产业内对手、替代品；

②影响竞争强度与产业利润的核心：产品竞争（或产品的替代威胁）；

③具体解读：

第一，潜在进入者的进入威胁（“外行抢饭碗”），即潜在进入者通过生产与本行业相同的产品（即直接替代品）进行直接竞争，例如，格力电器生产手机；高端白酒龙头企业进入中低端白酒细分市场（提示：站在细分市场的角度，高端白酒和中低端白酒是相互区隔的）。

第二，产业内现有企业的竞争（“同行作内斗”），即产业内的不同企业基于直接替代品之间的竞争，例如，华为手机与小米手机之间的竞争；两家高端白酒企业的产品竞争。

第三，替代品的替代威胁（“隔山打牛”），即非本行业的产品影响了本行业产品的竞争地位，例如，智能手表部分取代了智能手机的功能等。

1. 潜在进入者的进入威胁

（1）有哪些威胁——瓜分份额、激发竞争。

第一，进入者会瓜分原有的市场份额，获得一些业务。第二，进入者减少了市场集中，从而激发现有企业间的竞争，减少价格成本差。

（2）如何应对——设置进入障碍。

进入威胁的大小取决于呈现的进入障碍与准备进入者可能遇到的现有在位者的反击。它们统称为进入障碍，前者称为“结构性障碍”，后者称为“行为性障碍”。

类型	内容
结构性障碍（产业自身的特性）	波特七分法： ①规模经济：企业所生产的产品或劳务的绝对量增加时，其单位成本趋于下降。当产业规模经济很显著时，老企业对于较小的新进入者就有成本优势，从而构成进入障碍。

续表

<table>
<tr><th>类型</th><th>内容</th></tr>
<tr><td rowspan="2">结构性障碍
（产业自身的特性）</td><td>②产品差异：在位企业具有产品商标信誉和用户忠诚度的优势，新进入者要用很大的代价（如广告投资）来树立自己的信誉以及克服现有用户对原有产品的忠诚。
③资金需求：新进入者需要持有大量资金才能进入，如购置生产设备。
④转换成本：购买者从一个供应商的产品转到购买另一个供应商的产品所付出的成本。若这些成本高，则新进入者需要为购买者在成本或服务上作出更大的改进，才能让购买者接受转换。
⑤分销渠道：行业的渠道已为在位企业服务，新进入者需通过广告合作、渠道津贴等方式才能让渠道接受它们的产品。
⑥其他优势：如经验曲线、绝对成本优势等（不展开介绍）。
⑦政府政策：政府的政策、法规和法令都会在某些产业中限制新的加入者或者清除一些不合格者，这就为在位企业造就了强有力的进入障碍</td></tr>
<tr><td>贝恩三分法：
①规模经济。
②现有企业对关键资源的控制：表现为对资金、专利或专有技术、原材料供应、分销渠道、学习曲线等资源及资源使用方法的积累与控制。
③市场优势：现有企业的市场优势主要表现在品牌优势（这是产品差异化的结果）和政府政策。
辨析：学习曲线（经验曲线）VS规模经济。
<table>
<tr><th>概念</th><th>区别</th><th>联系</th></tr>
<tr><td>学习曲线</td><td>经验积累导致单位成本下降</td><td rowspan="2">①交叉影响产品成本的下降水平；
②不具有必然关系，但在特定行业存在反向关系，例如：
a.铝罐制造（简单资本密集型）：学习曲线小，规模经济大；
b.计算机软件开发（复杂劳动密集型）：学习曲线大，规模经济小</td></tr>
<tr><td>规模经济</td><td>产量增加导致单位成本下降</td></tr>
</table></td></tr>
<tr><td rowspan="2">行为性障碍
（在位企业的行为）</td><td>限制进入定价（防守）：在位企业试图通过实施低价来告诉进入者自己是低成本的，进入将是无利可图的</td></tr>
<tr><td>进入对方领域（进攻）：一种报复行为，其目的在于抵消进入者首先采取行动可能带来的优势，避免对方的行动给自己带来的风险</td></tr>
</table>

提示：限制进入定价与规模经济的区别在于前者是企业主动实施的且具有攻击性的降价，而后者则是强调企业自身规模大、成本低，从而自然地实施降价。

典例研习·2-5 单项选择题

20世纪90年代，光美公司在国内推出微波炉产品。目前光美公司已建成覆盖全国的营销网络，包括电商销售平台、数以千计的超市专卖柜和实体店以及十几个仓储物流中心。近年来不少企业试图进入微波炉行业，均未能成功。光美公司给潜在进入者设置的进入障碍是（　　）。

A.现有企业对关键资源的控制　　B.行为性障碍

C.现有企业的市场优势　　D.规模经济

斯尔解析　本题考查的是产业五种竞争力中的潜在进入者的进入威胁。根据题目中的关键句“已建成覆盖全国的营销网络，包括电商销售平台、数以千计的超市专卖柜和实体店以及十几个仓储物流中心”可知，光美公司给潜在进入者设置的进入障碍是现有企业对资源的控制（一般表现为对资金、专利或专有技术、原材料供应、分销渠道、学习曲线等资源及资源使用方法的积累与控制），选项A当选。

陷阱提示　判断潜在进入者的进入障碍时，请同学们掌握两种方法：其一是贝恩三分法，也是教材介绍的核心方法；其二是波特七分法，个别年份会考查该分类下的障碍名称。例如，本题中的“营销网络”可直接归类于波特七分法中的“分销渠道”。

本题答案　A

典例研习·2-6 多项选择题

原力公司是一家著名的锂电池生产商，拟将业务延伸到下游的汽车制造行业。下列各项中，属于原力公司进入新产业可能面临的结构性障碍的是（　　）。

A.现有汽车制造企业进入锂电池行业

B.政府颁布汽车产业限制进入政策

C.现有汽车制造企业采用限制进入定价

D.现有汽车制造企业对销售渠道进行资源控制

斯尔解析　本题考查的是产业五种竞争力中的潜在进入者的进入威胁。选项A属于行为性障碍中的“进入对方领域”，不当选。选项B属于结构性障碍中的“现有企业的市场优势”（或者波特七分法中的政府政策），当选。选项C属于行为性障碍，不当选。选项D属于结构性障碍中的“现有企业对关键资源的控制”，当选。

本题答案　BD

典例研习·2-7 单项选择题

健翔公司是一家农用无人机研发和制造行业的龙头企业，该公司拟通过巩固市场优势来降低潜在进入者的威胁，根据产业五种竞争力分析理论，下列各项中，适合健翔公司采用的策略是（　　）。

A.降低销售价格，进一步提高市场占有率

B.扩大生产规模，提高规模经济

C.研发多功能、全天候农用无人机，加强品牌优势

D.进入上游产业，加强对原材料供应的控制

斯尔解析 本题考查的是产业五种竞争力分析。“该公司拟通过巩固市场优势来降低潜在进入者的威胁”说明本题考查的是潜在进入者的进入威胁，且设置的进入障碍为“市场优势”。市场优势主要表现在品牌优势上，因此从做题角度，找到“品牌”二字，即可锁定正确选项，即选项C当选。选项A和B均属于结构性障碍中的规模经济，不当选。选项D属于现有企业对关键资源的控制，不当选。

陷阱提示 本题有两个提示：第一，选项A的策略，并未表达出“主动进攻”的含义，因此不属于行为性障碍中的“限制进入定价”；第二，选项D的策略，也并不属于行为性障碍中的“进入对方领域”，这是因为该策略进入的是上游产业，而非对方领域。

本题答案 C

2. 替代品的替代威胁

（1）何为替代品的替代威胁？

产品替代有两类，一类是直接产品替代，另一类是间接产品替代。

①直接产品替代，即某一种产品直接取代另一种产品。如苹果计算机取代微软计算机。

②间接产品替代，即由能起到相同作用的产品非直接地取代另外一些产品。如人工合成纤维取代天然布料。

结论：波特五力模型中的替代品是间接替代品。

提示：

①替代威胁并不一定意味着新产品对老产品最终的取代，几种替代品长期共存也是很常见的情况，例如飞机和高铁就是长期共存的关系。

②直接替代品和间接替代品的界限看似清晰，但在实际案例中可能并不容易判断。若考查客观题，相信命题老师会尽可能降低争议。若考查主观题，且难以区分的情况下（如海外调味品替代国内调味品、新型调味品替代传统调味品），同学们可以将与“产品替代威胁”相关的语句既对应“替代品的替代威胁”，又对应“产业内现有企业的竞争”。

（2）如何衡量替代威胁？

老产品能否被新产品替代（或反之），主要取决于对两种产品的“性能—价格比”的比较。

（3）如何抵御替代威胁？（如何应对）

对于老产品（即被替代产品）来说，当替代产品的威胁日益严重时，老产品往往已处于成熟期或衰退期，此时，产品的设计和生产标准化程度较高，技术已相当成熟。因此，老产品提高产品价值的主要途径是降低成本与价格。

提示：可以结合产品生命周期模型成熟期或衰退期的“战略路径”来理解。

3. 供应者、购买者讨价还价的能力

一个行业平均盈利水平的高低与该行业上下游的讨价还价能力的大小密切相关。具体而言，购买者和供应者讨价还价的能力大小，取决于它们各自以下几个方面的实力（“四化”水平）：

项目	内容
集中化： 集中程度 或业务量的大小	（1）若购买者的购买数量较多（占供应方销量比例较大）或购买者比较集中，则购买者议价能力增强； （2）若供应者所在的行业由几个公司控制，且行业集中度较高，则供应者议价能力增强
差异化： 产品差异化程度 与资产专用性程度	（1）若供应者的产品存在差异或资产专用化程度较高，则其议价能力增强； （2）若供应者的产品是标准的，则其议价能力减弱
一体化： 纵向一体化程度	（1）若购买者实行或可能实行后向一体化（给供应者带来威胁），则其议价能力增强； （2）若供应者实行或可能实行前向一体化（给购买者带来威胁），则其议价能力增强
透明化： 信息掌握的程度	（1）若购买者充分了解需求、实际市场价格甚至供应商的成本等方面信息，则购买者议价能力增强； （2）若供应者充分地掌握了购买者的有关信息，了解购买者的转换成本，则供应者议价能力增强

提示：劳动力也是供应者的一部分，他们可能对许多产业施加压力。经验表明，短缺的、高技能雇员，以及紧密团结起来的劳工可以与雇主或劳动力购买者讨价还价而削减相当一部分产业利润潜力。

精准答疑

问题1：如何理解买方（或卖方）的集中程度或业务量的大小？

解答1：首先，关于集中度的理解。

行业集中度是依据一个行业中规模在前五名、前十名等企业所拥有的市场占有率来测定的。如果供应者所处行业的集中度高，则其下游行业的集中度相对较低，就代表着供应者讨价还价的能力高，相当于“店大欺客”。类似地，如果客户所处行业的集中度相较于供应者所处行业更高，则意味着客户控制和压低价格的能力更强。简言之，集中度的含义是“玩家少，占比大”。

其次，对于业务量大小的理解。

如果一个企业所采购的数量只是其供应者产量的极少部分，则该企业就很难具有与供应者讨价还价的空间或能力。相反，如果企业所采购的数量占到一个供应者产量的很大比重，那么购买企业的讨价还价能力就很大（这也是为何很多企业选择集中采购）。简言之，买得越多，话事权就越大。

问题2： 如何理解纵向一体化程度对讨价还价能力的影响？

解答2： 虽然教材区分了供应者和购买者两种情形，但本质上，上下游各主体之间议价能力的大小主要取决于一方（假定为A）进入另一方（假定为B）的难易程度，强势一方议价能力强，弱势一方议价能力弱。例如，若A更容易进入B的领域，则A议价能力更强；反之，则B议价能力更强。教材观点只是假定购买者更容易进入上游（即后向一体化的方向），供应者更容易进入下游（即前向一体化的方向），但这并不绝对。若考查客观题，按上述结论判断；若考查主观题，则需结合案例判定谁是强势方、谁是弱势方。

典例研习·2-8 单项选择题

根据波特的五种竞争力分析理论，下列各项关于供应商讨价还价能力的说法中，错误的是（　　）。

A.供应商提供的产品专用性程度越高，其讨价还价能力越强

B.供应商借助互联网平台掌握的购买者转换成本信息越多，其讨价还价能力越强

C.占市场份额80%以上的少数供应商将产品销售给较为零散的购买者时，其讨价还价能力强

D.供应商拥有足够的资源能够进行后向一体化时，其讨价还价能力强

斯尔解析 本题考查的是决定购买者与供应者讨价还价能力的“四化”水平：集中化、差异化、一体化、透明化。因为供应商实施后向一体化战略，并不影响当前作为购买者的企业的讨价还价能力，只有当供应者表现出前向一体化的现实威胁时，其讨价还价能力才会提高，因此选项D当选。

陷阱提示 对于“四化”水平，除一体化需单独记忆以外，其他“三化”都是正比例关系，例如集中度越高（提示：集中度高代表“少”），则对应方的议价能力越强。

本题答案 D

4. 产业内现有企业的竞争

（1）为何竞争。

产业内现有企业的竞争是指一个产业内的企业为市场占有率而进行的竞争。

（2）如何竞争。

通常是以价格竞争、广告战、产品引进以及增加对消费者的服务等方式表现出来。

（3）竞争强度的影响因素。

①产业内有众多的势均力敌的竞争对手；

②产业发展缓慢；（市场需求降低）

③顾客认为所有的商品都是同质的；（无法加价）

④产业中存在过剩的生产能力；（供大于求）

⑤产业进入障碍低，而退出障碍高。（进得来，出不去）

提示：产业内现有企业的竞争分析，是公司战略分析的重点部分。我们将在本节第三个大问题“竞争环境分析”中，对产业内现有企业的竞争进行更深入的阐述。

5. 应对五种竞争力的战略

（1）成本领先+差异化：公司必须自我定位，通过利用成本优势或差异优势把公司与五种竞争力相隔离，从而能够超过它们的竞争对手——对应波特提出的成本领先战略和差异化战略。

（2）集中化：公司必须识别在产业的哪一个细分市场中，五种竞争力的影响更少一点——对应波特提出的集中化战略。

（3）建联盟（“友”）+设障碍（“敌”）：公司必须努力去改变这五种竞争力。公司可以通过与供应者或购买者建立长期战略联盟，以减少相互之间的讨价还价；公司还必须寻求进入阻绝战略来减少潜在进入者的威胁等。

典例研习 · 2-9 多项选择题

奥本钢铁公司近期兼并了本国的两家钢铁企业，其钢铁产量增加了将近一倍，生产成本随之降到行业最低水平。根据波特的产业五种竞争力理论，奥本钢铁公司的上述兼并有利于该公司（　　）。

A.增强对购买者讨价还价的能力　　B.应对潜在进入者的进入威胁

C.增强对供应者讨价还价的能力　　D.增强对其他钢铁企业的竞争力

斯尔解析 本题考查的是产业五种竞争力的综合性分析。“兼并了本国的两家钢铁企业，其钢铁产量增加了将近一倍”说明奥本钢铁公司的业务量增加，整个行业集中度也会因兼并而提高，因此站在奥本钢铁公司的角度（即强势方），无论是对于供应者还是购买者，其讨价还价能力均会增强，选项AC当选。“生产成本随之降到行业最低水平”说明奥本钢铁公司具有规模经济，可以形成对潜在进入者的障碍，因此选项B当选。本题难点在于选项D，虽然直观感受上它肯定是正确的，但判断依据是什么呢？判断依据可能有二。其一，根据“生产成本随之降到行业最低水平”可推断出奥本钢铁公司拥有成本优势。根据应对五种竞争力的策略，企业可“通过利用成本优势或差异优势把公司与五种竞争力相隔离，从而能够超过它们的竞争对手”，因此选项D当选。本质上，这就是成本领先战略的优势。其二，选项D讨论的是产业内现有企业的竞争，当奥本钢铁公司实施兼并之后，竞争对手便减少了。根据同业竞争强度的影响因素，当产业内不再有众多势均力敌的竞争对手时，同业竞争会减弱。应用到本题中，即奥本钢铁公司所面临的竞争减弱，或者说，其自身的竞争力加强。另外，本题的应用场景突破了产业环境分析，是针对某一家具体企业进行分析的，虽然与教材所提出的应用层次不符，但原则上是适用的。

本题答案 ABCD

6. 五种竞争力模型的局限性

（1）静态：该分析模型基本上是静态的。然而，在现实中竞争环境始终在变化。

（2）适用性：该模型能够确定行业的盈利能力，但是对于非营利机构，有关获利能力的假设可能是错误的。

（3）理想化：该模型基于这样的假设，即一旦进行了这种分析，企业就可以制定企业战略来处理分析结果，但这只是一种理想的方式。

（4）信息不对称：该模型假设战略制定者可以了解整个行业（包括所有潜在的进入者和替代产品）的信息，但这一假设在现实中并不一定存在。对于任何企业来讲，在制定战略时掌握整个行业信息的可能性不大。

（5）忽略竞合：该模型低估了企业与供应商、客户或分销商、合资企业之间可能建立长期合作关系以减轻相互之间威胁的可能性。

（6）不全面——第六种力：该模型对产业竞争力的构成要素考虑不够全面。

①是什么？——亚非认为，任何一个产业内部都存在不同程度的互补互动（指互相配合一起使用）的产品或服务业务，即互动互补作用力。

例如，对于房地产业来说，交通、家具、电器、学校、汽车、物业管理、银行贷款、有关保险、社区、家庭服务等会对住房建设产生影响，进而影响到整个房地产业的结构。企业认真识别具有战略意义的互补互动品，并采取适当的战略，会使企业获得重要的竞争优势。

②怎么做？——根据亚非教授提出的互补互动作用力理论：

a.在产业发展初期阶段——供应互补品：企业在对其经营战略定位时，可以考虑控制部分互补品的供应（可能是出于成本效益的考量），这样有助于改善整个行业结构，包括提高行业、企业、产品、服务的整体形象，提高行业进入壁垒，降低现有企业之间的竞争程度。

b.随着行业的发展——反哺互补品：企业应有意识地帮助和促进互补行业的健康发展，如为中介代理行业（如地产中介）提供培训（提技能）、共享信息（促销售）等，还可考虑采用捆绑式经营或交叉补贴销售等策略。

解题高手

命题角度1：产业五种竞争力的威胁与应对策略。

建议按照如下思路进行掌握：有哪五种竞争力→带来的威胁是什么→如何应对。

有哪五种竞争力	威胁是什么	如何应对
潜在进入者	瓜分份额、激发竞争	设置障碍：结构性障碍、行为性障碍
（间接）替代品	替代威胁：性价比之争	老产品：提高价值（降低成本和价格）
供应者、购买者	讨价还价	建立联盟或从“四化水平”出发（如提高产品差异化）
现有企业	争夺市场占有率：价格战、广告战等	基本竞争战略

命题角度2：讨价还价能力大小的辨析。

（1）影响讨价还价能力大小的“四化”水平：集中化、差异化、一体化、透明化；

（2）如何理解集中化？——“玩家少，占比大”；

（3）除了一体化，其他均为正比关系；

（4）一体化：购买者→后向一体化、供应者→前向一体化。

（三）成功关键因素（KSF）分析（★★）

1. 概念

成功关键因素（KSF）是指公司在特定市场获得盈利必须拥有的技能和资产。成功关键因素是产业和市场层次的特征。但即使是处于同一产业中的各个企业，也可能对该产业的成功关键因素有不同的侧重。

2. 不同产业的成功关键因素

成功关键因素随着产业的不同而不同，甚至在相同的产业中，也会因产业驱动因素和竞争环境的变化而变化。

不同产业中的成功关键因素

部门类别	成功关键因素
铀、石油	原料资源
船舶制造、炼钢	生产设施
航空、高保真音响	设计能力
纯碱、半导体	生产技术
百货商场、零部件	产品范围、选址
大规模集成电路、微机	工程设计和技术能力
电梯、汽车	销售能力、售后服务
啤酒、家电	销售网络
服装生产	设计和色彩、低成本制造能力
铝罐行业	工厂与用户的距离（影响装运成本）

提示：在啤酒行业，成功关键因素除了销售网络，还包括酿酒能力和上乘的广告。

3. 不同周期的成功关键因素

随着产品寿命周期的演变，成功关键因素也会发生变化。

产品寿命周期各阶段中的成功关键因素				
方面	导入期	成长期	成熟期	衰退期
市场	广告宣传，了解需求，开辟销售渠道	建立商标信誉，开拓新销售渠道	保护现有市场，渗入别人的市场	选择市场区域，改善企业形象
生产经营	提高生产效率，开发产品标准	改进产品质量，增加花色品种	加强与顾客的关系，降低成本	缩减生产能力，保持价格优势
财力	利用金融杠杆	集聚资源以支持生产	控制成本	提高财务管理和控制系统的效率
人力资源	使员工适应新的生产和市场	发展生产和技术能力	提高生产效率	面向新的增长领域
研究开发	掌握技术秘诀	提高产品的质量和功能	降低成本，开发新品种	面向新的增长领域

典例研习·2-10 单项选择题

目前，量子材料产业不断推出新产品，但质量和可靠性有待提高。企业虽可以采用高价格、高毛利的政策，但因为产品销量小且营销成本、生产成本高，所以净利润较低。下列各项中属于量子材料产业生命周期现阶段在财力方面的成功关键因素的是（　　）。

A.提高财务管理和控制系统的效率　　B.集聚资源以支持生产

C.控制成本　　D.利用金融杠杆

斯尔解析 本题考查的是成功关键因素（KSF）分析。首先要判断产业生命周期，“质量和可靠性有待提高”“高价格、高毛利……净利润较低”表明该产业处于导入期。根据成功关键因素相关理论，企业处于导入期时，财力方面的成功关键因素是“利用金融杠杆”，选项D当选。选项A属于衰退期的KSF，选项B属于成长期的KSF，选项C属于成熟期的KSF，均不当选。

本题答案 D

4. 不同职能领域的成功关键因素

职能领域	成功关键因素
技术	（1）科学研究技能； （2）在产品生产工艺和过程中进行有创造性的改进的技术能力； （3）产品革新能力； （4）在既定技术上的专有技能； （5）运用互联网发布信息、承接订单、送货或提供服务的能力。 关键词：研究、技术、革新、互联网

续表

职能领域	成功关键因素
制造	（1）低成本生产效率（获得规模经济，取得经验曲线效应）； （2）固定资产很高的利用率（在资本密集型/高固定成本的产业中尤为重要）； （3）低成本的生产工厂定位； （4）能够获得足够的娴熟劳动力； （5）劳动生产率很高（对于劳动力成本很高的商品来说尤为重要）； （6）成本低的产品设计和产品工程（降低制造成本）； （7）能够灵活地生产一系列的模型和规格的产品照顾顾客的订单。 关键词：低成本、高效率+生产/劳动
分销	（1）强大的批发分销商/特约经销商网络； （2）能够在零售商的货架上获得充足的空间； （3）拥有公司自己的分销渠道和网点； （4）分销成本低； （5）送货很快。 关键词：与“渠道”相关
市场营销	（1）快速准确的技术支持； （2）礼貌的客户服务； （3）顾客订单的准确满足（订单返回很少或者没有出现错误）； （4）产品线和可供选择的产品很宽； （5）商品推销技巧； （6）有吸引力的款式/包装； （7）顾客保修和保险； （8）精明的广告。 关键词：与“4P”相关（不包含渠道）、客服
技能	（1）劳动力拥有卓越的才能（对于专业型服务机构尤为重要）； （2）质量控制诀窍； （3）设计方面的专有技能（对于时装和服装产业尤为重要）； （4）在某一项具体的技术上的专有技能； （5）能够开发出创造性的产品和取得创造性的产品改进； （6）能够使最近构想出来的产品快速地经过研究与开发阶段到达市场上的组织能力； （7）卓越的信息系统（对于航空旅游业、汽车出租业、信用卡行业和住宿业尤为重要）； （8）能够快速地对变化的市场环境作出反应（快速推出新产品）；

续表

职能领域	成功关键因素
技能	（9）能够娴熟地运用互联网和电子商务的其他侧面来做生意； （10）拥有比较多的经验和诀窍。 关键词：技能、才能、诀窍、卓越
其他	（1）在购买者中间拥有有利的公司形象/声誉； （2）总成本很低； （3）便利的设施选址（对于零售业务尤为重要）； （4）公司的职员在与所有顾客打交道的时候都很礼貌、态度和蔼可亲； （5）能够获得财务资本（对那些最新出现的有着高商业风险的新兴产业和资本密集型产业来说尤为重要）； （6）专利保护

典例研习·2-11 单项选择题

近年来，越来越多的消费产品生产企业采用互联网与大数据分析技术及时准确地了解消费者的需求，承接客户订单，发布新产品信息，建立高效、完善的物流配送和售后服务平台，取得良好的经营业绩。上述行为涉及消费产品行业（　　）。

A.与技术相关的成功关键因素　　B.与市场营销相关的成功关键因素

C.与技能相关的成功关键因素　　D.与分销相关的成功关键因素

斯尔解析 本题考查的是不同职能领域的成功关键因素。“采用互联网与大数据分析技术及时准确地了解消费者的需求，承接客户订单，发布新产品信息，建立高效、完善的物流配送和售后服务平台”体现该企业运用互联网发布信息、承接订单、送货或提供服务的能力（教材原文举例），属于与技术领域相关的成功关键因素，选项A当选。但若同学们没有记住上述复杂表格的结论，仍可以通过阅读理解能力应对此题。如果对题干进行缩句，可以提炼为“（因为）企业采用……技术，（所以）实现了……一系列成果”，即重点强调的是该企业的“技术”过硬，而非通过“营销”取得良好的经营业绩。

本题答案 A

三、竞争环境分析

作为产业环境分析的补充，竞争环境分析的重点集中在与企业直接竞争的每一个企业（不是自己，而是别人）。竞争环境分析又包括两个方面：一是从个别企业视角去观察分析竞争对手的实力（竞争对手分析）；二是从产业竞争结构视角观察分析企业所面对的竞争格局（战略群组分析）。

（一）竞争对手分析——分析单个对手（★）

竞争对手分析包括四个方面：

（1）假设——对内外部环境的判断/分析；

（2）未来目标——战略目标；

（3）现行战略——实施战略；

（4）能力——竞争优势。

1. 竞争对手的假设

（1）为什么？

①知其所以：假设往往是企业各种行为取向的根本动因，了解竞争对手的假设（即竞争对手对自己、对产业或对产业中其他企业的假设），有利于正确判断竞争对手的战略意图。

②乘胜追击：竞争对手关于其公司情形的假设可能正确也可能不正确。不正确的假设可造成本企业或其他企业的战略契机。

③袭击盲点：对竞争对手假设的检验能发现其管理人员在认识环境的方法中所存在的偏见及盲点。

（2）怎么做？

分析竞争对手的假设可以考虑如下几个方面：

①竞争对手的公开言论，领导层和销售队伍的宣称及其他暗示。

②在产品设计方法、产品质量要求、制造场所、推销方法、分销渠道等方面的坚持。

③竞争对手根深蒂固的价值观和观察、分析事物方法。

④竞争对手对产品的未来需求和产业发展趋势的看法。

⑤竞争对手对其竞争者们的目标和能力的看法。

2. 竞争对手的未来目标

（1）为什么？

①有利于预测竞争对手对其目前的市场地位及财务状况的满意程度，从而推断其改变现行战略的可能性，以及对其他企业战略行为的敏感性。

②使本公司找到在市场中既能达到目的又不威胁竞争对手的位置，或者通过明显的优势迫使竞争对手让步以实现自己的目标。

（2）怎么做？

分析对象	考虑因素
竞争对手本身	分析竞争对手未来竞争战略的目标，可以考虑以下因素： ①竞争对手的财务目标。 ②竞争对手对于风险的态度。 ③竞争对手的价值观。 ④竞争对手的组织结构。 ⑤竞争对手的会计系统、控制与激励系统。 ⑥竞争对手领导阶层的情况。 ⑦对竞争对手行为的各种政府或社会限制

续表

分析对象	考虑因素
竞争对手的母公司（若涉及）	①母公司的总体目标和经营现状。 ②母公司对子公司及其业务的态度。 ③母公司招聘、激励、约束子公司经理人员的方法。 提示：不包括母公司自身招聘、激励、约束经理人员的方法

典例研习·2-12 单项选择题

信通公司是国内一家医疗检测仪器生产商，该公司的主要竞争对手是一家德国企业。信通公司分析发现，该德国企业非常重视生产和产品质量，不惜以提高单位产品成本和市场营销费用为代价把产品质量提高到无懈可击的程度。根据竞争对手分析的相关理论，信通公司分析的是该德国企业的（　　）。

A.现行战略　　B.未来目标　　C.假设　　D.潜在能力

斯尔解析　本题考查的是竞争对手分析的假设。分析竞争对手的假设可以考虑如下几个方面：（1）竞争对手的公开言论、领导层和销售队伍的宣称及其他暗示。（2）在产品设计方法、产品质量要求、制造场所、推销方法、分销渠道等方面的坚持（选项C当选）。（3）竞争对手根深蒂固的价值观和观察、分析事物方法。（4）竞争对手对产品的未来需求和产业发展趋势的看法。（5）竞争对手对其竞争者们的目标和能力的看法。本题是教材原文案例，需适当关注。

本题答案　C

典例研习·2-13 多项选择题

博通公司是一家橡胶轮胎生产商，该公司的主要竞争对手是某跨国公司旗下的艾菲公司。近来博通公司对艾菲公司未来竞争战略的目标进行了分析。下列各项中，属于博通公司在上述分析中应考虑的因素有（　　）。

A.艾菲公司的会计系统、控制和激励系统

B.艾菲公司如何看待橡胶轮胎行业的发展趋势

C.艾菲公司母公司对子公司及其业务的态度

D.艾菲公司母公司领导阶层的情况

斯尔解析　本题考查的是竞争对手的未来目标分析。分析竞争对手未来战略的目标时，需要区分两个层次，其一是分析竞争对手自身，其二是分析竞争对手的母公司。对于前者，从应试角度，只要给出的选项不太离谱，就当选，但要注意与竞争对手假设的区分，例如选项A当选，但是选项B却属于竞争对手的假设，不当选。对于后者，仅涉及三种情况，除了分析母公司自身的目标和经营现状，其余两项均为母公司对子公司的态度或方法，因此选项C当选，选项D不当选。

本题答案　AC

3. 竞争对手的现行战略

（1）为什么？

对竞争对手现行战略的分析，目的在于揭示竞争对手正在做什么、能够做什么和想要做什么。

（2）怎么做？

了解竞争对手在其各项业务和各个职能领域采用的关键性经营方针，以及它如何寻求各项业务之间及各个职能之间的相互联系。

4. 竞争对手的能力（含优势与劣势分析）

（1）为什么？

竞争对手的目标、假设和现行战略会影响其反击的可能性、时间、性质及强烈程度。而其优势与劣势将决定战略行动力以及应对、处理所处环境变化和各类重大突发事件的能力（即优势与劣势决定能力）。

（2）怎么做？

①第一步：分析竞争对手的优势与劣势。

竞争对手在主要业务领域优势和劣势的分析框架（或维度）包括：产品、分销渠道、营销与销售、运营、研究和工程能力、总成本、财务实力（现金流、筹融资）、组织、综合管理能力、公司业务组合、其他。

②第二步：分析竞争对手的能力。

竞争对手的能力取决于其在主要业务领域中的优势和劣势。具体分析时，应着重分析其下列能力：

能力项	含义	典型举例或决定因素
核心能力	企业在某项或某些职能活动方面独有的长处或优势	行业领先的研发能力、客户服务能力、组织及文化优势等
成长能力	企业在所处产业中发展壮大的潜力	企业人员、技术开发与创新、生产能力、财务状况等
快速反应能力	企业对所处环境变化的敏感程度和迅速采取正确应对措施的能力	自由现金储备（扣除了资本性支出）、留存借贷能力、厂房设备的余力、定型的但尚未推出的新产品等
适应变化的能力 !变	企业随着外部环境的改变适时调整资源配置、经营方式和采取相关行动，以顺应环境变化的趋势、实现自身长期生存和持续发展的能力	固定成本与可变成本的情况；是否与母公司的其他业务单位共用生产设施、销售队伍或其他设备、人员；适应成本竞争的能力；管理更复杂的产品系列或增加新产品和服务的能力；营销活动升级的能力；应对外部事件的能力（如持续的高通货膨胀、技术革命、经济衰退、工资率上升、政府出台的条例、竞争对手发动进攻或退出竞争等）

续表

能力项	含义	典型举例或决定因素
持久力	企业在处于不利环境或收入、现金流面临压力时，能够坚持以待局面改变的时间的长短	现金储备、管理人员的协调统一、长远的财务目标等

解题高手

命题角度：竞争对手能力类型的辨析。

客观题高频考点，重点掌握如下两组辨析：

第一组：快速反应能力VS适应变化能力。

快速反应能力强调“迅速”，适应变化能力强调“顺应”。

第二组：自由现金储备VS现金储备。

“自由现金储备”属于快速反应能力的决定因素之一，是管理层实际可动用的现金，自由现金储备越多，越能够快速应对外界变化；“现金储备”属于持久力的决定因素之一，是企业资金的总盘子。例如，部分现金储备以厂房、设备的形态存在，当企业遇到不利情况时，这些储备可以被变卖以保证持续经营。

典例研习·2-14 单项选择题

随着人民生活水平日益提高，我国消费者对家电产品的选择不仅关注价格，更注重产品的智能属性。家电生产企业甲公司预计其最大的竞争对手乙公司在积极运用智能控制、红外线感应、定位系统等技术开发新一代智能家电产品，以适应消费者的升级需求，并提升该公司在高端家电领域的市场份额。甲公司对乙公司进行的上述分析属于（　　）。

A.财务能力分析　　B.快速反应能力分析

C.成长能力分析　　D.适应变化能力分析

斯尔解析　本题考查的是竞争对手能力类型的辨析。本题中，甲公司针对其竞争对手乙公司进行分析，而乙公司面对环境的反应是“开发新一代智能家电产品，以适应消费者的升级需求”，关键词是“适应消费者的升级需求”，符合适应变化能力的内涵，选项D当选。

本题答案　D

（二）产业内的战略群组——分析一组对手（★★★）

1. 概念

一个战略群组是指某一个产业中在某一战略方面采用相同或相似战略，或具有相同战略特征的各公司组成的集团。

如果产业中所有的公司基本认同了相同的战略，则该产业中就只有一个战略群体；就另一极端而言，每一个公司也可能成为一个不同的战略群体。一般来说，在一个产业中仅有几个群组，它们采用特征完全不同的战略。

2. 战略群组的划分

战略群组是依据战略群组特征的变量进行划分的，例如产品差异化程度、所使用的分销渠道、品牌的数量、价格水平等。为了识别战略群组，必须选择这些特征中的2～3项，并且将该产业的每个公司在“战略群组分析图”上标出来。

提示：选择划分产业内战略群组的特征要避免选择同一产业中所有公司都相同的特征。

3. 战略群组分析

战略群组分析有助于企业了解相对于其他企业而言，本企业的战略地位以及公司战略的变化可能引起的对竞争的影响。

（1）从单一战略群组来看：有助于了解战略群组内企业竞争的主要着眼点。

（2）从多个战略群组之间来看：

①有助于很好地了解战略群组间的竞争状况，主动地发现近处和远处的竞争者，也可以很好地了解某一群组与其他群组间的不同。

②有助于了解各战略群组之间的“移动障碍”。

（3）从整个竞争市场来看：利用战略群组图还可以预测市场变化或发现战略机会。

解题高手

命题角度：战略群组案例分析。

高频考点，客观题、主观题中均可能考查。难点在于，主观题中如何区分第一句（主要着眼点）和第二句（竞争状况）。可按照以下两点进行辨析：

第一，“主要着眼点”侧重于表述战略群组内的各个企业是为了什么而竞争，因为只有明确这一点，他们才能确定自己的战略方向，例如国际大牌（群组1）更加关注产品外观，而普通品牌（群组2）则只关注实用性。

第二，“竞争状况”侧重于表述战略群组之间的竞争态势是否激烈，关键词通常为“激烈的竞争”。

需要注意的是，从应试角度，这两句话可能会对应同一句案例原文，例如“某公司对市场竞争格局有了清晰的把握”，这句话既可以指各个群组内的竞争着眼点，也可以指群组之间的竞争格局。

典例研习·2-15 单项选择题

广元牛奶公司对所处竞争环境进行分析后，决定将与其产品价格和销售区域覆盖率相近的牛奶企业作为主要竞争对手。根据上述情况，广元牛奶公司采用的竞争环境分析方法是（　　）。

A.成功关键因素分析　　B.五种竞争力分析

C.竞争对手分析　　D.战略群组分析

斯尔解析 本题考查的是竞争环境分析的工具。竞争环境分析包括两部分：一是竞争对手分析，二是产业内的战略群组分析。“广元牛奶……将与其产品价格和销售区域覆盖率相近的牛奶企业作为主要竞争对手”，说明广元牛奶将“产品价格”和“销售区域覆盖率”作为两个战略群组特征的变量，并以此进行战略群组分析，因此选项D当选。

本题答案 D

典例研习 · 2-16 简答题

D公司为一家食品生产企业。2006年，D公司拟扩大生产经营范围，投资饮料行业。D公司管理层在对当时国内的饮料行业进行深入调研后发现：已有一批大中型饮料企业从事各类饮料的生产和销售。有关情况如下：

（1）N公司生产饮用水的历史最长，其生产的矿泉水的市场综合占有率多年位列行业前三。

（2）L公司实施相关多元化战略，已形成瓶装水、高档玻璃瓶装水、碳酸饮料、茶饮料、果汁饮料等几大系列十几种产品，全方位地进入饮料市场。

（3）W公司从儿童营养液起步，已形成奶制品、水、茶、可乐、八宝粥五大战略业务单元。

（4）C公司以长期经营的多种饮料产品为基础，近年来开发了新产品果蔬饮料，短短两三年时间，就在全国各地成立了20家分公司，链接了60多个优质果蔬原料基地，建立了基本覆盖全国的营销服务网络，在果蔬饮料的开发、生产、销售及市场占有率等方面，具有绝对优势。

（5）K公司和B公司是两大国际知名外资企业，其产品集中于碳酸饮料。它们资金雄厚、研发能力强，依靠庞大的渠道网络和低成本的产量扩张，在饮料市场占据了最大的份额，在碳酸饮料市场的占有率超过80%。

通过对饮料市场的深入调研，D公司管理层对市场竞争格局有了清晰的把握。鉴于开发上述公司已经占据优势地位的饮料产品市场的难度太大，D公司管理层决定：着手开发当时国内市场上尚属空白的功能性饮料，而且选择高端市场，注重品质和功能。这部分市场虽然目前市场需求量有限，但发展前景良好。2008年，D公司生产的第一批功能性饮料下线试销，受到消费者的广泛认同。

要求：

（1）运用“产品多样化程度”和“新产品程度”两个战略特征，各分为“高”“低”两个档次，将案例中D公司所调研的国内饮料生产企业进行战略群组划分。

（2）简要分析D公司的战略决策如何体现战略群组分析的思想。

斯尔解析 （1）本案例中，运用“产品多样化程度”和“新产品程度”两个战略特征，各分为“高”“低”两个档次，可将D公司所调研的国内饮料生产企业进行如下战略群组划分：

①产品多样化程度高、新产品程度低的群组，包括W公司、L公司；

②产品多样化程度低、新产品程度低的群组，包括N公司、K公司、B公司；

③产品多样化程度高、新产品程度高的群组，包括C公司。

（2）本案例中，D公司的战略决策体现了战略群组分析的思想：

①D公司通过对饮料市场进行战略群组分析，了解了战略群组间的竞争状况和战略群组内企业竞争的主要着眼点。“对市场竞争格局有了清晰的把握”。

②了解了各战略群组之间的“移动障碍”。“开发上述公司已经占据优势地位的饮料产品市场的难度太大”。

③利用战略群组图还可以预测市场变化或发现战略机会。“着手开发当时国内市场上尚属空白的功能性饮料”。

第二节　企业内部环境分析

在对企业进行详尽而全面的外部环境分析之后，战略分析的另一个方面是进行企业内部环境分析。通过内部环境分析，企业可以决定“能够做什么”，即企业所拥有的独特资源与能力所能支持的行为。

一、资源与能力分析

2-2-1

（一）企业资源分析（★★★）

1. 概念

企业资源，是指企业所拥有或控制的有效因素的总和。按照竞争优势的资源基础理论，企业的资源禀赋是其获得持续竞争优势的重要基础。

2. 类型

类型	主要内容
有形资源	（1）指可见的、能用货币直接计量的资源。 （2）通常包括物质资源（地理位置、企业的土地、厂房、生产设备、原材料等）和财务资源（应收账款、有价证券等）
无形资源	（1）指企业长期积累的、没有实物形态的，甚至难以用货币精确度量的资源。 （2）通常包括品牌、商誉、技术诀窍、专利、商标、企业文化、社会网络、组织模式和组织经验以及信息、数据（长期来看，数据是决定企业竞争力的战略性资源）
人力资源	（1）指企业员工以及员工相关的各种因素，是推动企业持久发展的第一资源（或最重要资源）。 （2）通常包括员工的数量和结构（如年龄结构、受教育结构）；员工拥有的知识、能力和素质；有效地组织、管理、培育、发展人力资源的体制和机制

3. 决定企业竞争优势的企业资源判断标准

判断标准		含义	典型举例
稀缺性		如果某种资源是其他竞争者难以轻易取得的，那么这种资源具有稀缺性	—
不可模仿性	物理上独特的资源	有些资源的不可模仿性是物质本身的特性所决定的	企业所拥有的房地产处于极佳的地理位置，拥有矿物开采权或是拥有法律保护的专利生产技术等
	具有路径依赖性的资源	指那些必须经过长期积累才能获得的资源	海尔公司在售后服务环节不但拥有训练有素的售后服务人员，还有其多年来不断完善的营销体制建设

续表

判断标准		含义	典型举例
不可模仿性	具有因果含糊性的资源	企业对有些资源的形成原因并不能给出清晰的解释	（1）美国西南航空公司以拥有“家庭式愉快，节俭而投入”的企业文化； （2）优越的人力资源、组织经验
	具有经济制约性的资源	指企业的竞争对手已经具有复制其资源的能力，但因市场空间有限不能与其竞争的情况	特定市场由于空间太小，不能支撑两个竞争者同时盈利，若某企业已处于领导者地位（如垄断优势），则其竞争对手即使有很强的能力，也只好放弃竞争
不可替代性		企业的资源如果能够很容易地被替代，那么即使竞争者不能拥有或模仿企业的资源，它们也仍然可以通过获取替代资源而改变自己的竞争地位	旅游景点的独特优势就很难被其他景点的资源所替代
持久性		有形资源往往都有自己的损耗周期，而无形资源和人力资源则很难确定其贬值速度	一些品牌资源随着时代的发展实际上在不断地升值

精准答疑

问题：某企业近年来在国内市场占有率一直位居第一，是否属于“具有经济制约性的资源”呢？因为这表明了一种垄断？

解答：此说法并不严谨。“具有经济制约性的资源”与市场空间有关，即在一个特定的市场空间下，某家企业由于某种优势，其所占据的市场空间较大，导致其他企业没有“蛋糕”可分，于是退出竞争，这与“市场占有率”大小本身并无直接关系。如果某企业市场占有率稳居第一，但只要其他企业仍可以在自己的份额内正常经营，甚至可以与该企业进行竞争去获得更大的市场份额，则该企业就不“具有经济制约性的资源”。

典例研习·2-17 单项选择题

西江公司是一家拥有100多年历史的医药公司，其使用国家级保密配方配制的某种药品，从20世纪初推出以来疗效显著，一直深受患者欢迎。西江公司拥有的具有不可模仿性的资源属于（　　）。

A.物理上独特的资源　　B.具有因果含糊性的资源

C.具有路径依赖性的资源　　D.具有经济制约性的资源

斯尔解析 本题考查的是不可模仿性的辨析。抓关键词："100多年历史""国家级保密配方"，初步判断答案应该在AC两个选项中产生，但是到底是哪个呢？我们需要判断一下题干主旨要表达什么——药品的疗效显著。那么这个药品之所以疗效好是因为历史悠久还是保密配方呢？答案是显而易见的。本案例中，"100多年历史"只是一个背景铺垫，真正让药品疗效显著的还是保密配方本身，这与是否长期积累无必然关联，因此不属于具有路径依赖性的资源，根据排除法，选项A当选。

陷阱提示 本题有一定的难度，同学们容易被"100多年历史"这个字眼所迷惑，但是分析问题一定要抓住核心，要仔细分析题干的措辞，从字里行间体会出题人的意图。

本题答案 A

典例研习 · 2-18 多项选择题

陶陶居是广东具有百年历史的粤菜馆，由于其制作的广式茶点做工精细、口味纯正，深受广大食客的喜爱，早在1993年就被授予业内难得的"中华老字号"称号。近年来，陶陶居在全国各地开店，并选址在繁华地段，客流充足，其品牌知名度也获得了进一步提升。根据企业竞争优势判断标准，陶陶居的上述资源属于（　　）。

A.具有稀缺性的资源　　B.具有经济制约性的资源

C.具有持久性的资源　　D.物理上独特的资源

斯尔解析 本题考查的是决定企业竞争优势的企业资源判断标准。"早在1993年就被授予业内难得的'中华老字号'称号"属于具有稀缺性的资源，选项A当选。"陶陶居在全国各地开店，并选址在繁华地段"属于物理上独特的资源，即极佳的地理位置，选项D当选。"其品牌知名度也获得进一步提升"属于具有持久性的资源（品牌资源等无形资源属于具有持久性的资源），选项C当选。本题未提及与"市场空间"有关的关键词，选项B不当选。

本题答案 ACD

（二）企业能力分析（★★★）

1. 概念

企业能力，是指企业配置资源，发挥其生产和竞争作用的能力。企业能力来源于企业有形资源、无形资源和人力资源（即组织资源）的整合，是企业各种资源有机组合的结果。

2. 类型

类型	要点
研发能力	（1）研发计划；（2）研发组织；（3）研发过程；（4）研发效果
生产管理能力	（1）生产过程；（2）生产能力；（3）库存管理；（4）人力资源管理；（5）质量管理

续表

类型	要点
营销能力	（1）产品竞争能力。具体包括： ①产品的市场地位：可以通过市场占有率、市场覆盖率等指标来衡量； ②产品的收益性：可以通过利润空间和量本利进行分析； ③产品的成长性：可以通过销售增长率、市场扩大率等指标进行比较分析。 （2）销售活动能力。具体包括： ①销售组织分析：对销售机构、销售人员和销售管理等基础数据的评估； ②销售绩效分析：以销售计划完成率和销售活动效率分析为主要内容； ③销售渠道分析：分析销售渠道结构（例如，直接销售和间接销售的比例）、中间商评价和销售渠道管理。 （3）市场决策能力。 市场决策能力是以产品竞争能力、销售活动能力的分析结果为依据的，是领导者对企业市场进行决策的能力
财务能力	（1）筹集资金的能力； （2）使用和管理资金的能力
组织管理能力	（1）职能管理体系的任务分工； （2）岗位责任； （3）集权和分权的情况； （4）组织结构（直线职能、事业部等）； （5）管理层次和管理范围的匹配

解题高手

命题角度：企业能力类型的判断。

主观题高频考点，其难点在于对营销能力与组织管理能力的判断。可结合下表进行辨析：

能力分类	关键词
营销能力–产品竞争能力	产品质量好、成本低、销量高、口碑好、利润高
营销能力–销售活动能力	渠道广、物流快、销售队伍强、渠道管理好、持续推品牌
营销能力–市场决策能力	积极推行、战略布局、管理层决定、某领导认为
组织管理能力	某企业实施跨国并购、进军国际市场、开设了多家门店、设立新的品牌，完善战略布局、集团管控模式

提示：“组织管理能力”和“市场决策能力”的对应案例原文可能会有重叠。

典例研习 · 2-19 单项选择题

天海公司是一家咖啡机制造企业，该公司2022年产品销售收入为33.01亿元，同比增长77.9%，市场占有率为23%，同比提高35%。从企业营销能力分析角度看，上述数据体现了天海公司的（　　）。

A.产品竞争能力　　B.销售活动能力

C.销售组织能力　　D.市场决策能力

斯尔解析　本题考查的是企业能力类型的辨析。企业的营销能力包括产品竞争能力、销售活动能力、市场决策能力，选项C不当选。其中，产品竞争能力具体包括：（1）产品的市场地位：可以通过市场占有率、市场覆盖率等指标来衡量；（2）产品的收益性：可以通过利润空间和量本利进行分析；（3）产品的成长性：可以通过销售增长率、市场扩大率等指标进行比较分析。“该公司2022年产品销售收入为33.01亿元，同比增长77.9%，市场占有率为23%，同比提高35%。”指出了市场占有率和销售增长率两项指标，体现了产品竞争能力，选项A当选。

本题答案　A

典例研习 · 2-20 简答题

日升公司是1995年注册登记的企业，1996年公司在国内设立生产基地，建设了五个制造厂房。日升公司最初主要从事OEM代工业务，为M国的客户FG公司贴牌生产家具配套及小巧家具组件。之后，公司业务扩展至餐厅及卧房家具，成为国内首家投入生产卧房家具的企业。1998年，日升公司单月货柜出货量从100个货柜大幅提升至300个货柜，制造能力已经远远超过昔日家具业的龙头老大。

1999年以前，日升公司的家具几乎全部外销，只做OEM代工业务而没有自己的品牌。公司在低附加值的经营中认识到打造自身品牌的重要性。1999年3月，日升公司在M国组建公司并创立公司品牌“LC”，主要从事中低端家具产品的生产和销售。然而，日升公司在M国自创品牌的成效并不显著。于是，公司先后实施四次跨国并购，获取了欧美知名企业的品牌、渠道、研发设计及制造能力等战略性资产，实现了从OEM向OBM的升级。

2001年，日升公司斥资完成对原委托方FG公司的收购，直接进入M国中高档家具市场。2005年日升公司成功上市。上市后，股东资金从2004年的1.37亿美元跃升至2005年的3.69亿美元，增长约达2.69倍。

在强大的资金和产能支持下，日升公司于2006—2008年先后收购了国际三大品牌家具制造商。四次跨国并购使日升的产品组合由单一的中低端木制家具拓展为包含中低端、高端、顶级木制家具，以及沙发、酒店家具的组合；销售市场由M国扩展到欧洲等地。2000年和2008年，在国内设立研发中心的基础上，日升公司又分别在M国和欧洲设立了研发中心。

2007年以来，全球经济环境发生了很大的变化。出于对国内市场潜力巨大的判断，日升公司适时调整经营策略，决定在巩固海外市场的同时，进军国内市场。多年的国际化经验使日升公司在生产、设计、销售方面储备了大量的人才和经验。2008年，日升公司在国内展会上全面亮相，展出了专门针对国内市场开发的三大品牌——“日升家居”“日升家园”“日升屋”，2009年9月在国内建成了日升国际风尚馆。

日升公司在原有多个知名品牌的基础上，运用特许经营品牌、针对细分客户设立新品牌等策略，进一步巩固日升公司的OBM业务。2010年，开展酒店家具业务，并在J国和N国设立生产基地。2009年、2012年，先后推出特许经营品牌“PDH”和“PDK”；2011年，推出青年家具品牌“SM”；2012年，推出特许经营品牌“MH”；2013年，推出特许经营品牌“WB”；2014年，推出婴儿家具品牌“SB”。日升公司的OBM业务约占总业务的90%。

目前，日升公司在国内18个城市23家门店销售产品。国际市场仍然是日升公司的主要市场。

要求：

简要分析日升公司“从OEM向OBM升级”所显示的企业能力。

斯尔解析 本题考查的是企业能力类型的判断。

（1）研发能力。“公司先后实施四次跨国并购，获取了欧美知名企业的品牌、渠道、研发设计及制造能力等战略性资产，实现了从OEM直接向OBM的升级”“2000年和2008年，在国内设立研发中心的基础上，日升公司又分别在M国和欧洲设立了研发中心”。

（2）生产管理能力。“1996年公司在国内设立生产基地，建设了五个制造厂房”“公司业务扩展至餐厅及卧房家具，成为国内首家投入生产卧房家具的企业。1998年，日升公司单月货柜出货量从100个货柜大幅提升至300个货柜，制造能力已经远远超过昔日家具业的龙头老大”。

（3）企业的营销能力。

①产品竞争能力。“1998年，日升公司单月货柜出货量从100个货柜大幅提升至300个货柜，制造能力已经远远超过昔日家具业的龙头老大”“四次跨国并购使日升的产品组合由单一的中低端木制家具拓展为包含中低端、高端、顶级木制家具，以及沙发、酒店家具的组合；销售市场由M国扩展到欧洲等地”。

②销售活动能力。“多年的国际化经验使得日升公司在生产、设计、销售方面储备了大量的人才和经验”“2008年日升公司在国内展会上全面亮相，展出了专门针对国内市场开发的三大品牌——‘日升家居’‘日升家园’‘日升屋’。2009年9月，在国内建成了日升国际风尚馆”“2009年、2012年，先后推出特许经营品牌‘PDH’和‘PDK’；2011年，推出青年家具品牌‘SM’；2012年，推出特许经营品牌‘MH’；2013年，推出特许经营品牌‘WB’；2014年，推出婴儿家具品牌‘SB’”。

③市场决策能力。“公司在低附加值的经营中认识到打造自身品牌的重要性”“然而，日升公司在M国自创品牌的成效并不显著。于是，公司先后实施四次跨国并购”“出于对国内市场潜力巨大的判断，日升公司适时调整经营策略，决定在巩固海外市场的同时，进军国内市场”。

（4）财务能力。“2005年日升公司成功上市，上市后，股东资金从2004年的1.37亿美元跃升至2005年的3.69亿美元，增长约达2.69倍。在强大的资金和产能支持下……”。

（5）组织管理能力。“公司先后实施四次跨国并购”“出于对国内市场潜力巨大的判断，日升公司适时调整经营策略，决定在巩固海外市场的同时，进军国内市场”“日升公司在原有多个知名品牌的基础上，运用特许经营品牌、针对细分客户设立新品牌等策略”“日升公司在国内18个城市23家门店销售产品”。

（三）企业的核心能力（★★）

1. 概念

核心能力又称核心竞争力，是指企业在具有重要竞争意义的经营活动中能够持续比其竞争对手做得更好的能力。核心能力的概念打破了以往企业的管理人员把企业看成是各项业务组合的思维模式，认识到企业是一种能力的组合，它可以使企业获得稳定、持续的竞争优势和超额利润。

2. 核心能力的特征

（1）价值性。

核心能力具有战略价值，能够帮助企业在创造价值的活动中做得比竞争对手更优秀，包括向顾客提供超出期望的利益，以及为企业创造长期竞争优势和超过行业平均水平的利润。

（2）独特性。

核心能力是企业所独有的，同行竞争者不会拥有相同的核心能力。核心能力往往是在企业创始人或企业的成长过程中逐渐形成的，是企业的资源和能力长期积累、优化的结果。核心能力难以通过市场交易获取，也难以通过复制或模仿获得。

（3）可延展性。

核心能力是整个企业业务的基础，既能够不断衍生出新的核心产品和最终产品，也可以溢出、渗透、辐射、扩散到企业经营的其他相关产业，从而使企业在原有业务领域保持竞争优势的同时，在其他相关业务领域获得持续竞争优势。

（4）不可替代性。

企业的核心能力是其他能力不可替代的。

（5）动态性。

企业的核心能力不是静止不变的。随着时间和环境的变化，企业的核心能力也会发生变化和调整。

（6）整合性。

核心能力是企业将多个领域的多种优势资源融合在一起，从而产生协同作用的结果。

举例：企业在客户服务方面的核心能力，往往是通过不同业务部门、不同职能领域的人员或团队密切协作而形成的；企业在技术创新方面核心能力的形成，一般是以企业战略、研发、营销、人力资源等职能发挥出合力为前提的。

3. 核心能力的识别与评价

企业如何才能知道自己的核心能力是否强于竞争对手？以下是可以用来比较的几种方法：

（1）企业的自我评价；

（2）产业内部比较；

（3）基准分析（下文详细展开）；

（4）成本驱动力和作业成本法；

（5）收集竞争对手的信息。

4. 基准分析

（1）概念：基准分析是企业之间进行业绩比较的一种重要方法，其目的是发现竞争对手的优点和不足，针对其优点，补己之短；根据其不足，选择突破口，从而帮助企业从竞争对手的表现中获得思路和经验，冲出竞争者的包围，超越竞争对手。

（2）基准对象：能够衡量业绩的活动都可以成为基准对象。企业可以主要关注以下几个领域：占用较多资金的活动；能显著改善与顾客关系的活动；能最终影响企业结果的活动等。

（3）基准类型：基准对象的不同决定了基准类型的不同。基准类型主要包括内部基准、竞争性基准、过程或活动基准、一般基准、顾客基准五种类型。

类型	内容
内部基准	企业内部各个部门之间互为基准进行学习与比较
竞争性基准	直接以竞争对手为基准进行比较
过程或活动基准	以具有类似核心经营业务的企业为基准进行比较，但是二者之间的产品和服务不存在直接竞争的关系。这类基准分析的目的在于找出企业做得最突出的方面，例如，生产制造、市场营销、产品工艺、存货管理以及人力资源管理等方面（偏向管理职能）
一般基准	以具有相同业务功能的企业为基准进行比较
顾客基准	以顾客的预期为基准进行比较

解题高手

命题角度：基准分类的辨析。

客观题高频考点，需重点辨析竞争性基准、过程或活动基准、一般基准：

类型	关键信息
竞争性基准	同一行业有竞争（碧桂园、万达）
一般基准	同一行业无竞争（西南航空、海南航空）
过程或活动基准	不同行业无竞争（碧桂园、宝洁）
内部基准	集团内部各公司比、公司内部各部门比
顾客基准	与用户调研问卷的结果比

多数情况下，同学们可以基于上述方法判断，但教材还提供了几个相对难以理解的举例。从应试角度，无须纠结教材举例是否得当，只要能够做好匹配关系即可。

过程或活动基准的特殊举例：一家电冰箱制造商以一家生产空调的企业为基准对象进行比较。这两家企业生产的产品不具有直接竞争的关系，但是两家企业都具有家电技术研发、制造、营销等类似的核心经营业务。

一般基准的特殊举例：金融业和酒店业都是服务行业，具有相同的业务功能，因此，一家金融企业就可以以一家酒店为基准对象进行比较。

典例研习·2-21 单项选择题

欧洲T国的国内城际铁路存在运营成本居高不下的问题，而我国的高铁系统成熟，以较低的运营成本起到了重要的运载作用。专营T国国内城际铁路的L公司，在派驻专业人员来我国学习后，也采用低成本战略，运用类似的成本控制措施，在T国竞争激烈的铁路市场取得了良好的业绩。L公司基准分析的类型是（　　）。

A.内部基准　　B.竞争性基准

C.过程或活动基准　　D.一般基准

斯尔解析 本题考查的是基准分类的辨析。一般基准是指具有相同业务功能的企业为基准进行比较。判断一般基准的关键点是"同一行业无竞争"。题干中两家公司虽属于同一行业，但处于不同国家，没有构成直接竞争关系，因此属于一般基准，选项D当选。

本题答案 D

典例研习·2-22 单项选择题

2016年，多年成功经营的啤酒生产企业宝泉公司投资新建了一家果蔬饮料生产企业，但因管理不善出现持续亏损。最近宝泉公司组织果蔬饮料生产企业的管理人员到本公司的啤酒生产企业调研、学习，收效良好。宝泉公司所实施的基准分析的类型属于（　　）。

A.一般基准　　B.顾客基准　　C.竞争性基准　　D.内部基准

斯尔解析 本题考查的是基准分类的辨析。内部基准即企业内部各个部门之间互为基准进行学习与比较。"宝泉公司组织果蔬饮料生产企业的管理人员到本公司的啤酒生产企业调研、学习"，关键词是"本公司的"，属于同一企业内不同业务类型的部门进行比较，因此属于内部基准，选项D当选。

本题答案 D

（四）产业资源配置分析框架——钻石模型（★★）

钻石模型本身是一个研究宏观环境的模型，对能够加强国家在产业中的竞争优势的因素进行分析——即国家竞争优势。

原理详解

钻石模型的两种适用情形：

（1）分析某公司是否应当在某个国家/地区建立生产基地时需要考虑的四个因素；

（2）某个国家某个产业为何具有竞争力的四个决定要素。

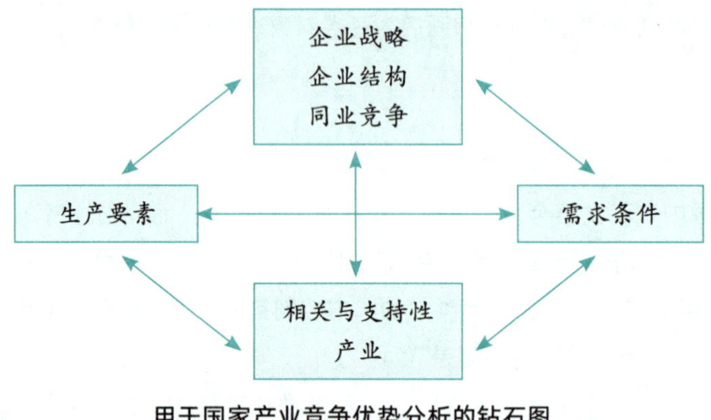

用于国家产业竞争优势分析的钻石图

1. 生产要素

（1）分类。

分类依据	要素名称	要素举例
获得方式	初级生产要素（可被动继承）	天然资源、气候、地理位置、非技术工人、资金等
	高级生产要素（靠后天培养）	现代通讯、信息、交通等基础设施，以及受过高等教育的人力、研究机构等
专业程度	一般生产要素（可广泛运用）	公路系统、资本、受过大学教育且上进心强的员工（补充举例，无须掌握）
	专业生产要素（应用于专业领域）	高级专业人才（技术型人力）、专业研究机构和教育机构、专用的软、硬件设施（先进的基础设施）等

（2）重要观点。

①初级生产要素重要性越来越低，但对农业和以天然产品为主的产业仍非常重要。

②高级生产要素对获得竞争优势具有不容置疑的重要性，但它很难从外部获得，必须自己投资创造。

③一个国家如果想通过生产要素建立起强大而又持久的产业优势，就必须发展高级生产要素和专业生产要素。

④一个国家的竞争优势也可以在不利的生产要素中形成。

2. 需求条件

（1）国内需求市场是产业发展的动力。

（2）内行而挑剔的客户激发国内企业的竞争优势。

（3）前卫的需求引导企业满足预期性需求。

3. 相关与支持性产业

（1）相关和支持性产业与优势产业是一种休戚与共的关系。一个优势产业不是单独存在的，它一定是同国内相关强势产业一同崛起。

（2）本国供应商是产业创新和升级过程中不可缺少的一环。因为产业要形成竞争优势，就不能缺少世界一流的供应商，也不能缺少上下游产业的密切合作关系。

（3）有竞争力的本国产业通常会带动相关产业的竞争力。即使下游产业不在国际上竞争，但只要上游供应商具有国际竞争优势，对整个产业的影响仍然是正面的。

4. 企业战略、企业结构和同业竞争

（1）企业的战略取向是影响国家竞争力的重要因素。

举例：美国企业高管多为财务背景，缺乏对产品设计、制造和改进过程的重视（例如，美国汽车工业竞争力相对较弱）。而德国和日本企业高管多为具有工程师背景的人，因此有效地提高了它们在相关产业中的国际竞争力。

（2）创造与持续产业竞争优势的最大关联因素是国内市场强有力的竞争对手。

（3）在国际竞争中，成功的产业必然先经过国内市场的搏斗，迫使其进行改进和创新，海外市场则是竞争力的延伸。

解题高手

命题角度：钻石模型的要素类型辨析。

客观题和主观题高频考点。建议同学们掌握各个要素的内涵，并结合以下关键词应对主观题：

要素	关键词
生产要素	初级要素：天然资源、气候、地理位置、非技术工人、资金； 高级/专业要素：现代通讯、信息、交通、受过高等教育的人力、高级专业人才、研究机构、专用的软硬件设施+各类企业能力（如创新能力、技术实力）。 提示：本质上，生产要素的关键词可以类比“资源类型”，即有形资源、无形资源和人力资源
需求条件	某个国家某个产业能否满足消费者的需求，或者存在预期的需求变化（如成为消费热点）
相关与支持性产业	上游供应商、下游渠道商、配套产业或业态
企业战略、企业结构和同业竞争	某个国家某个产业整体的“管理意识形态”“经营策略”“经营状况”以及“同业之间的企业合作与竞争”

提示：从应试角度，如果在考试中看到与“政策”相关的表述，可直接判定其不属于钻石模型的四要素，而是属于宏观环境分析（PEST）中的政治和法律要素。

典例研习·2-23 多项选择题

华泰医药公司拟在J国建立一个药品研发和生产基地，并对该国的相关情况进行了调查分析。下列各项中，符合钻石模型四要素分析要求的有（ ）。

A. J国近年来经济增长较快，对高质量药品需求与日俱增

B. J国政府近期颁布了多项支持医药产业发展的政策

C. J国药品研发人才不足，尚无一项药品专利

D. J国本土医药企业虽然数量较多，但规模小，竞争主要围绕价格进行

斯尔解析 本题考查的是钻石模型四要素的辨析。选项A属于需求条件；选项B是一项政府政策，不是钻石模型的四要素之一；选项C属于生产要素；选项D属于同业竞争。因此，选项ACD当选。

本题答案 ACD

精准答疑

问题：A国彩电企业准备到B国投资彩电生产业务，经调查，B国市场上生产质量高、价格适中的彩电厂家较少。请问，该分析对应哪一个钻石模型要素？

解答：估计有不少同学会认为是“需求条件”，理由是生产彩电厂家少，所以市场需求应该大。但这是哪里来的信息呢？题干并没有提及与消费者需求相关的字眼。所以，该分析应当对应“同业竞争”要素，这是最直接的对应关系。但问题是，“需求条件”就真的错了吗？其实并没有，但延伸答案不能作为最佳答案。本质上，四个要素之间并非“泾渭分明”的关系，某一个因素当然会影响另外一个或几个因素，但客观题需要的只是最佳答案。

典例研习·2-24 简答题

W镇是一个有1 300年建镇史的江南水乡古镇，因其历史街区保留了大量经典明清建筑群，被称为“江南六大古镇”之一。1999年6月，当地政府组建W镇旅游公司，开始了W古镇保护和旅游开发历程。然而，W镇的起步条件相对落后，旅游资源与其他江南水乡古镇雷同，且同一地区Z庄和X镇已小有名气，W镇旅游如果不能另辟蹊径，很难满足日益挑剔的旅游消费者的品味。

在吸收借鉴其他古镇旅游开发经验教训的基础上，W镇旅游公司走出了一条创新发展的路径，实现了古镇旅游转型升级和遗产活化保护的协调发展。

（1）多元化的产品、业态和盈利模式：观光+休闲度假+商务+会展+文化。W镇的旅游开发定位在商务和休闲市场，设计开发出W镇戏剧节、木心美术馆、现代艺术展、互联网大会等新产品，多业态复合经营已成为增加营业收入的主力。

（2）脱胎换骨式基建改造和整体风貌保护。W镇进行了大规模的脱胎换骨式的基建改造，实现了给排水系统、水电气系统的全面升级。景区保护基于街区风貌的整体打造，对建

筑外立面和空间、周边环境进行系统整治，使古建筑更适合居住。

（3）外来资本和本土专业化管理相结合。W镇与一家上市旅游公司合作，后者既是战略投资者，又是旅游产品推介的渠道商。同时，政府和投资者之间达成共识，全权委托深谙当地文脉的本土专业团队开展经营管理工作，形成“内容商+渠道商+资本+政府”的经营管理模式。

（4）社区重构和部分空心化。W镇将全部居民迁出，再将部分商铺返租给原来的部分住户。这样“部分空心化”的社区重构，使得居民与游客的矛盾不复存在，也便于整体产权开发和集中统一管理，有效遏制过度商业化的问题。

自2001年开放迎客以来，W镇旅游开发获得的惊人发展受到专家和同行的肯定，被誉为中国古镇保护之“W镇模式”。

要求：

（1）依据钻石模型四要素，简要分析W镇旅游业发展的优势。

（2）依据企业资源的主要类型，简要分析W镇旅游业发展的优势。

斯尔解析 （1）①生产要素。

初级生产要素。“W镇是一个有1 300年建镇史的江南水乡古镇，因其历史街区保留了大量经典明清建筑群，被称为‘江南六大古镇’之一”“外来资本”。

高级生产要素。“脱胎换骨式基建改造”“全权委托深谙当地文脉的本土专业团队开展经营管理工作”。

专业生产要素。“多元化的产品、业态和盈利模式”“脱胎换骨式基建改造和整体风貌保护”“外来资本和本土专业化管理相结合”“社区重构和部分空心化”“全权委托深谙当地文脉的本土专业团队开展经营管理工作”。

提示：2020年官方答案将生产要素进行了类型拆分，但结合其他年份答案来看，无须作此区分。

②需求条件。“W镇旅游如果不能另辟蹊径，很难满足日益挑剔的旅游消费者的品味”。

③相关与支持性产业。“多元化的产品、业态和盈利模式：观光+休闲度假+商务+会展+文化”“W镇进行了大规模的脱胎换骨式基建改造，实现了给排水系统、水电气系统的全面升级……周边环境进行系统整治，使古建筑更适合居住”。

④企业战略、企业结构和同业竞争。“W镇的起步条件相对落后，旅游资源与其他江南水乡古镇雷同，且同一地区的Z庄和X镇已小有名气，W镇旅游如果不能另辟蹊径，很难满足日益挑剔的旅游消费者的品味”。

（2）①有形资源。“W镇是一个有1 300年建镇史的江南水乡古镇，因其历史街区保留了大量经典明清建筑群，被称为‘江南六大古镇’之一”“外来资本”“脱胎换骨式基建改造”。

②无形资源。“多元化的产品、业态和盈利模式：观光+休闲度假+商务+会展+文化”“脱胎换骨式基建改造和整体风貌保护”“外来资本和本土专业化管理相结合”“社区重构和部分空心化”“被誉为中国古镇保护之‘W镇模式’”。

③人力资源。“全权委托深谙当地文脉的本土专业团队开展经营管理工作”。

二、价值链分析（★★★）

波特认为，企业每项生产经营活动都是其创造价值的经济活动。那么，企业所有的互不相同但又相互关联的生产经营活动，便构成了创造价值的一个动态过程，即价值链。

价值链分析把企业活动进行分解，通过考虑这些单个活动本身及其相互关系来确定企业的竞争优势。

（一）价值链的两类活动

	公司基础设施（如财务、企划）				利润
支持活动			人力资源管理		
			技术开发		
			采购管理		
基本活动	内部后勤	生产经营	外部后勤	市场销售	服务	利润

价值链

1. 基本活动

又称主体活动，是指生产经营的实质性活动。这些活动与商品实体的加工流转直接有关，是企业的基本增值活动。

名称	定义	示例
内部后勤（进货物流）	指与产品投入有关的进货、仓储和分配等活动	原材料的装卸、入库、盘存、运输及退货等
生产经营	指将投入转化为最终产品的活动	加工、装配、包装、设备维修、检测等
外部后勤（出货物流）	指与产品的库存、分送给购买者有关的活动	最终产品的入库、接受订单、送货等
市场销售	指促进和引导购买者购买企业产品的活动	广告、定价、销售渠道等
服务	指与保持和提高产品价值有关的活动	培训、修理、零部件的供应和产品的调试等

2. 支持活动

支持活动又称辅助活动，是指用以支持基本活动而且内部之间又相互支持的活动。

名称	示例
采购管理	既包括原材料的采购，也包括其他资源投入的购买和管理，如企业聘请咨询公司为企业进行广告策划、市场预测、管理信息系统设计，法律咨询等

续表

名称	示例
技术开发	既包括生产性技术，如生产方面的工程技术、通信方面的信息技术，也包括非生产性技术，如领导的决策技术
人力资源管理	职工招聘、雇用、培训、提拔和退休等
企业基础设施	组织结构、惯例、控制系统以及文化等，高层管理人员也是其中的一部分

提示：支持活动可以支持基本活动，支持活动内部也可以相互支持，甚至有些支持活动可以支撑整个价值链的运行（如企业基础设施）。

解题高手

命题角度：价值链活动的类型判断。

客观题高频考点，个别年份在主观题中考查，需重点掌握以下易混易错内容：

（1）进货物流的“货”是原材料，出货物流的“货”是产成品；

（2）设备维修是生产经营，（产品）修理是服务；

（3）零部件的供应和产品的调试是服务（可通俗理解为：手机屏幕坏了，需要去维修店换屏，换好后再做调试以确认修好）；

（4）高管是基础设施，领导的决策技术是技术开发；

提示：这一点在主观题中略有特殊，通常将与“领导”“高管”等相关的内容，归类在“基础设施”，且案例的关键词为“××认为”“××意识到”等，而不再去区分是否是“决策技术”。

（5）“厂房”不是企业基础设施，不属于价值链活动，但“建厂房”属于生产经营；

（6）狭义采购管理包括“提出采购申请（PR）——询价——筛选供应商——下订单（PO）”，而内部后勤衔接在采购管理后，包括“装卸——入库——仓储”。

典例研习·2-25 多项选择题

甲公司是一家复印机生产企业。下列关于甲公司的价值链表述中，当选的有（　　）。

A.进货材料搬运、部件装配、订单处理、广告、售后服务等活动属于基本活动

B.原材料采购、信息系统开发、招聘等活动属于支持活动

C.价值链的每项活动对甲公司竞争优势的影响是不同的

D.公司的基础设施包括厂房、建筑物等

斯尔解析　本题考查的是价值链活动的类型判断。进货材料搬运属于内部后勤（进货物流），部件装配属于生产运营，订单处理属于外部后勤（出货物流），广告属于市场销售，售后服务属于服务，上述均属于基本活动，选项A当选。原材料采购属于采购管理，信息系统开发属于技术开发，招聘属于人力资源管理，上述均属于支持活动，选项B当选。虽

然价值链的每项活动，包括基本活动和支持活动，都是企业成功所必经的环节，但是这些活动对企业竞争优势的影响是不同的。在关键活动的基础上建立和强化这种优势很可能使企业获得成功（这句话我们将在价值链分析的相关内容中学习），选项C当选。公司的基础设施包括企业的组织结构、惯例、控制系统及文化活动，选项D不当选。

陷阱提示 公司的厂房属于固定资产，并不是一种价值活动。

本题答案 ABC

典例研习 · 2-26 单项选择题

受疫情影响，音乐行业在2020年迎来了重大拐点，大量行业人士转战线上音乐分享平台。海鸥公司是一家专业乐器和设备的生产商，该公司希望借由行业趋势提高线上渗透率。根据波特的价值链分析理论，下列各项中，属于企业支持活动（或称辅助活动）的是（　　）。

A.该公司聘请咨询公司对乐器线上销售渠道提出改进方案

B.该公司通过短视频平台投放对其乐器进行广告宣传

C.该公司改进物流配送方式以确保乐器在运输中不被损坏

D.该公司优化原材料仓储管理效率

斯尔解析 本题考查的是价值链活动的类型判断。支持活动中的采购管理是广义的，既包括原材料的采购，也包括其他资源投入的购买和管理，例如，企业聘请咨询公司为企业进行策划活动等。“该公司聘请咨询公司对乐器线上销售渠道提出改进方案”是购买了咨询公司的服务，属于采购管理，因此选项A当选。“该公司通过短视频平台投放对其乐器进行广告宣传”属于市场销售活动，选项B不当选。“该公司改进物流配送方式以确保乐器在运输中不被损坏”属于外部后勤，选项C不当选。“该公司优化原材料仓储管理效率”属于内部后勤，选项D不当选。

本题答案 A

（二）价值链的确定（分解与归类）

（1）价值链的分解：价值链中的每一项活动都能进一步分解为一些相互分离的活动。如生产或营销这样一些广义的职能应该进一步细分为一些活动。

公司基础设施（如财务、企划）

人力资源管理

技术开发

采购管理

内部后勤　生产经营　外部后勤　市场销售　服务

利润

利润

营销管理；广告；销售队伍管理；销售业务；技术文献；促销

一条价值链再分解

价值链分解的适当程度依赖于这些活动的经济性和分析价值链的目的。分离这些活动的基本原则是：

①具有不同的经济性（与众不同）；

②对产品差异化产生很大的潜在影响（对实现产品差异化影响大）；

③在成本中所占比例很大或所占比例在上升（对实现成本领先影响大）。

（2）价值活动的归类：将某一活动归类需要进行判断。各项活动应分别归入能最好地反映它们对企业竞争优势贡献的类别中。例如，订单处理可以作为外部后勤的一部分，也可作为市场销售的一部分来进行归类。同样，若订单处理是一个企业与其买方相互作用的一个方面，则它应被归入市场销售这一类别。

（三）价值链分析（三个步骤）

价值链分析的关键是，要认识企业不是机器、货币和人员的随机组合，如果不将这些资源有效地组织起来，生产出最终顾客认为有价值的产品或服务，那么这些资源将毫无价值。

企业资源能力的价值链分析要明确以下几点：

（1）企业内——单个活动（点）：**确认那些支持企业竞争优势的关键性活动**。

（2）企业内——多个活动（线）：**明确价值链内各种活动之间的联系**。

（3）企业间——价值系统（链）：**明确价值系统内各项价值活动之间的联系**。

解题高手

命题角度：运用价值链分析方法分析企业的竞争优势。

主观题高频考点，也是难点，需掌握价值链分析“三句话”的做题技巧：

分析要点	做题技巧	典型示例
关键性活动	可以是基本活动，也可以是支持活动，且该活动能够帮助企业形成竞争优势	“某企业核心优势在于科研与技术支持”“某企业将自身业务聚焦在营销环节上”“要想实现战略目标，必须从提高质量入手”
活动间联系	技巧一：找“支持活动”，因为它支持着企业全部活动以及整个价值链。 提示：此时，支持活动也属于关键性活动	“某公司在某领域的研发费用在销售收入中的占比相较于同类企业偏高”
	技巧二：案例中连续出现多个价值活动	“某公司在某领域的专有技术，增强了该公司在某方面的研发能力和生产能力”“某公司通过建设新工厂，实现一站式生产，既能保证产能，也能更好地对产品进行质量管理”

续表

分析要点	做题技巧	典型示例
活动间联系	技巧三：案例出现收购，收购后增强了自身能力或实现了很好的整合	“某公司收购了A公司，增强了公司在汽车组装方面的能力”
价值系统	技巧一：案例出现收购，增强了自身能力或与上下游建立联系	“某公司收购了A公司，增强了公司在汽车组装方面的能力”“某公司与客户和供应商的无缝信息化对接也在积极推进”
	技巧二：企业拥有良好的周边配套产业	“某企业设立在某个园区，该园区拥有物流、电商园等配套产业”
	技巧三：案例出现“平台战略”“生态战略”等	“以网络效应吸引生产企业、客户等多方加入，搭建起跨企业、跨区域、跨行业的医疗设备资源合作、共享的专业化平台”

典例研习·2-27 简答题

2003年，“电池大王”环亚公司收购了一家汽车制造公司，成立了环亚汽车公司。环亚汽车公司将其电池生产技术优势与汽车制造技术相结合，迅速成为国内新能源汽车领域的龙头企业。

新能源汽车生产的关键在于掌握三大核心：电机、电控与电池生产制造技术以及具有完备的整车组装能力。环亚汽车公司下大力气增强企业在这些关键性活动方面的竞争优势。

环亚汽车公司在包括电机、电控与电池生产领域投入的研发费用占销售收入的比例达4.13%，远高于国内同类汽车生产企业的研发投入占比，与国际知名汽车品牌企业相当。环亚汽车公司自主研发的磷酸铁锂电池（锂电池的一种）及管理系统安全性能好、使用寿命长；环亚汽车公司的锂电池专利数量名列国内第一。环亚汽车公司自主研发的永磁同步电动机功率大、扭矩大，足够满足双模电动汽车（拥有燃油驱动与电能驱动两种动力系统，驱动力可以由电动机单独供给，也可以由发动机与电动机耦合供给，与混合动力汽车并无差别）与纯电动汽车的动力需求。环亚汽车公司自主研发的动力系统匹配技术能够保证动力电池、驱动电机及整车系统的匹配，保证整车运行效率。此外，2008年环亚汽车公司以近2亿元的价格收购了半导体制造企业中达公司，此次收购使环亚汽车公司拥有了电动汽车驱动电机的研发能力和生产能力。2011年环亚汽车公司与国际知名老牌汽车制造企业D公司成立合资公司，借助D公司掌握的汽车结构以及安全领域的专有技术，增强了公司在汽车整车组装方面的研发能力和生产能力。

为了进一步扩大公司新能源汽车生产制造规模，环亚汽车公司又将其在新能源轿车制造的优势延展至新能源客车制造。2009年环亚汽车公司以6 000万元的价格，收购国内美泽客车公司，获得客车生产许可证；2014年环亚汽车公司又与国内广贸汽车集团分别按51%和49%持股比例合资设立新能源客车公司，注册资本3亿元人民币。

近年来，环亚汽车公司开启了向产业上下游延展的战略新举措。2015年环亚汽车公司收购专门从事盐湖资源综合利用产品的开发、加工与销售的东州公司，这一收购整合了环亚汽车公司汽车零部件的生产。2016年环亚汽车公司以49%的持股比例，与青山盐湖工业公司及深域投资公司共同投资成立合资企业，注册资本5亿元人民币。此次合作实现了环亚汽车公司的动力锂电池优势与盐湖锂资源优势相结合。2015年环亚汽车公司与广安银行分别以80%和20%的持股比例合资成立环亚汽车金融公司，注册资本为5亿元人民币。这是环亚汽车公司向汽车服务市场延伸的一个重大事件。

到目前为止，环亚汽车公司是全球少有的同时掌握新能源汽车电池、电机、电控及充电配套、整车制造等核心技术以及拥有成熟市场推广经验的企业之一，环亚新能源汽车的足迹已遍布全球的50个国家和地区。

要求：

运用价值链分析方法，简要分析环亚汽车公司如何利用自身的资源和能力构筑竞争优势。

斯尔解析 本案例中，环亚汽车公司运用价值链分析自身的资源和能力而构筑其竞争优势体现如下：

（1）确认那些支持企业竞争优势的关键性活动。“新能源汽车生产的关键在于掌握三大核心零部件电机、电控与电池生产制造技术以及具有完备的整车组装能力。环亚汽车公司下大力气增强企业在这些关键性活动的竞争优势”。

（2）明确价值链内各种活动之间的联系。“环亚汽车公司在包括电机、电控与电池生产领域投入的研发费用占销售收入的比例达4.13%，远高于国内同类汽车生产企业的研发投入占比，与国际知名汽车品牌企业相当”“2008年环亚汽车公司以近2亿元的价格收购了半导体制造企业中达公司，此次收购使环亚汽车公司拥有了电动汽车驱动电机的研发能力和生产能力。2011年环亚汽车公司与国际知名老牌汽车制造企业D公司成立合资公司，借助D公司掌握的汽车结构以及安全领域的专有技术，增强了公司在汽车整车组装方面的研发能力和生产能力”“2009年环亚汽车公司收购国内美泽客车公司，获得客车生产许可证；2014年环亚汽车公司又与国内广贸汽车集团分别按51%和49%持股比例合资设立新能源客车公司”。

（3）明确价值系统内各项价值活动之间的联系。“近年来，环亚汽车公司开启了向产业上下游延展的战略新举措”“2015年环亚汽车公司收购专门从事盐湖资源综合利用产品的开发、加工与销售的东州公司，这一收购整合了环亚汽车公司汽车零部件的生产”“2016年环亚汽车公司以49%的持股比例，与青山盐湖工业公司及深域投资公司共同投资成立合资企业，……此次合作实现了环亚汽车公司的动力锂电池优势与盐湖锂资源优势相结合”“2015年环亚汽车公司与广安银行……合资成立环亚汽车金融公司，……向汽车服务市场延伸”。

三、业务组合分析

对于多元化经营的公司来说，需要将企业的资源和能力作为一个整体来考虑。因此，公司战略能力分析的另一个重要部分就是对公司业务组合进行分析，保证业务组合的优化是公司战略管理的主要责任。波士顿矩阵与通用矩阵分析就是公司业务组合分析的主要方法。

（一）波士顿矩阵（★★★）

1. 核心理念——适应市场需求、资源合理配置

解决如何使企业的产品品种及其结构适合市场需求的变化，并如何将企业有限的资源有效地分配到合理的产品结构中去，以保证企业收益，是企业在激烈竞争中能否取胜的关键。

2. 基本原理——市场引力与企业实力决定了企业的产品结构

项目	内容
市场引力 （外在因素）	包括市场增长率、目标市场容量、竞争对手强弱及利润高低等，其中最主要的是反映市场引力的综合指标——市场增长率，它是决定企业产品结构是否合理的外在因素
企业实力 （内在因素）	包括企业市场占有率以及技术、设备、资金利用能力等，其中市场占有率是决定企业产品结构的内在要素，它直接显示出企业竞争实力

3. 业务组合划分

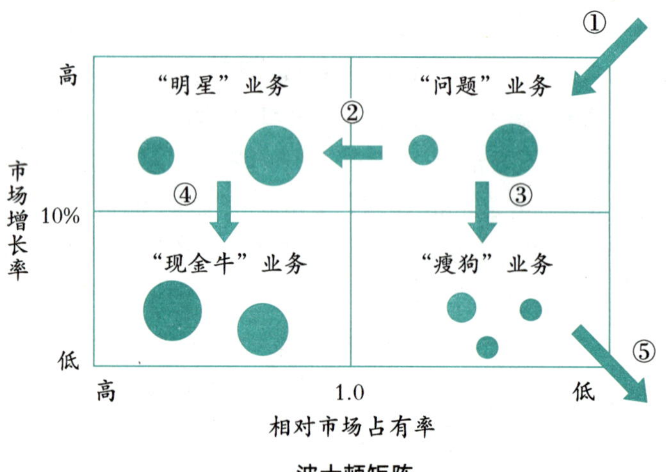

波士顿矩阵

矩阵要素	含义	分界线
纵轴 （反映市场引力）	市场增长率，指企业所在产业某项业务前后两年市场销售额增长的百分比	10%
横轴 （反映企业实力）	相对市场占有率，指以企业某项业务的市场份额与这个市场上最大竞争对手的市场份额之比	1.0

续表

矩阵要素	含义	分界线
交叉点与圆圈面积	纵坐标与横坐标的交叉点表示企业的一项经营业务或产品，而圆圈面积的大小表示该业务或产品的收益与企业全部收益的比	—

精程答疑

问题： 波士顿矩阵的纵轴（市场增长率）反映外在因素，横轴（相对市场占有率）反映内在因素，那么波士顿矩阵是属于内部环境分析工具还是外部环境分析工具呢？

解答： 波士顿矩阵诞生之初所需要解决的只是资源配置问题，但并未明确指出其是用于内部环境分析还是外部环境分析，这是后人对于其应用场景的一种归类方式而已，并非发明者的本意。由于波士顿矩阵的运用对象往往是企业内部的各类项目或者产品，因此通常将其归类为内部环境分析工具。

4. 不同业务组合下的特点、战略及管理组织选择

（1）问题业务（高增长—弱竞争）。

项目	具体阐述
特点	①最差的现金流量状态； ②需要企业大量投资以支持其生产经营活动；但能够生成的资金很少
应对战略	采取选择性投资战略： ①对于短期内通过改进可转化为“明星”的业务：重点投资——发展； ②对于有希望成为“明星”的业务：纳入长期计划，持续改进与扶持——发展； ③对于没希望成为“明星”的业务——收割/放弃
管理组织选择	组织：智囊团或者项目组织等形式； 人才：选拔有规划能力、敢于冒风险的人负责

（2）明星业务（高增长—强竞争）。

项目	具体阐述
特点	①处于迅速增长的市场，具有很大的市场份额； ②增长和获利极好； ③需要大量的投资，企业需在短期内优先供给它们所需的资源，支持它们继续发展
应对战略	采取发展战略：积极扩大经济规模和市场机会，以长远利益为目标，提高市场占有率，加强竞争地位——发展
管理组织选择	组织：事业部； 人才：由对生产技术和销售两方面都很内行的经营者负责

（3）现金牛业务（低增长—强竞争）。

项目	具体阐述
特点	处于成熟的低速增长的市场中，市场地位有利，盈利率高，本身不需要投资，反而能为企业提供大量资金，用以支持其他业务的发展
应对战略	采用收割或保持战略： ①对不再增长的业务——收割： 把设备投资和其他投资尽量压缩，采用榨油式方法，争取在短时间内获取更多利润，为其他产品提供资金； ②对仍有所增长的业务——保持： 进一步进行市场细分，维持现存市场增长率或延缓其下降速度
管理组织选择	组织：事业部； 人才：最好是市场营销型人物

（4）瘦狗业务（低增长—弱竞争）。

项目	具体阐述
特点	处于饱和的市场当中，竞争激烈，可获利润很低，不能成为企业资金的来源
应对战略	采用收割或放弃战略： ①减少批量，逐渐撤退： a.对于还能自我维持的业务：缩小经营范围，加强内部管理——收割； b.对市场增长率和企业市场占有率均极低的业务，立即淘汰——放弃； ②其次是将剩余资源向其他业务转移
管理组织选择	整顿产品系列，最好将“瘦狗”产品并入其他事业部，统一管理

5. 波士顿矩阵的启示

（1）波士顿矩阵是最早的组合分析方法之一，被广泛运用于产业环境与企业内部条件的综合分析、多样化的组合分析、大企业发展的理论依据等方面。

（2）波士顿矩阵将企业不同的经营业务综合在一个矩阵中，具有简单明了的效果。

（3）该矩阵指出了每个业务经营单位在竞争中的地位、作用和任务，从而使企业能够有选择地和集中运用有限的资金。每个业务经营单位也可以从矩阵中了解自己在总公司中的位置和可能的战略发展方向。

（4）利用波士顿矩阵可以帮助企业推断竞争对手对相关业务的总体安排。其前提是竞争对手也使用波士顿矩阵分析方法。

6. 波士顿矩阵的局限性

（1）在实践中，企业要确定各业务的市场增长率和相对市场占有率是比较困难的。

（2）波士顿矩阵过于简单。

（3）波士顿矩阵暗含了一个假设：企业的市场份额与投资回报是呈正相关的。但在有些情况下这种假设是不成立或不全面的。

（4）波士顿矩阵的另一个假设：资金是企业的主要资源。但在许多企业内，要进行规划和均衡的重要资源不是现金，而是时间和人员的创造力。

（5）波士顿矩阵在实际运用中有很多困难。

解题高手

命题角度1：波士顿矩阵的基本原理以及业务类型的判断。

客观题高频考点。从考查方式来看，既可以是根据题干描述，判断业务类型；也可以是题目直接或间接给出业务类型，判断选项描述的特点是否符合该业务类型。具体来说，建议同学们按照如下要点进行掌握：

（1）关于基本原理的考查。

纵轴：市场增长率，代表市场前景——提示：产业，而非企业；

横轴：相对市场占有率，代表竞争地位——提示：相对，何为最大竞争对手。

（2）关于业务类型的判断。

紧盯题目中的“形容词”和“关键词”，体会出题人的意图，判断象限位置，例如：

①市场增长率：界限是10%，考试时有2种命制方式。

第一，给出数据，直接判断；

第二，没有数据，仅有定性描述，则抓取关键词（如形容词）来体会出题人的意图。

分类	常见关键词
市场增长率高	“市场发展迅猛”“发展前景广阔”“市场处于成长期”
市场增长率低	“市场发展缓慢”“发展前景堪忧”“市场处于成熟期”

②相对市场占有率：界限是1，考试时也有2种命制方式。

第一，给出市场份额排名，通过简单计算即可得出；

第二，没有数据，仅有定性描述，则抓取关键词来体会出题人的意图。

分类	常见关键词
相对市场占有率高	“保持较高的市场份额”“处于行业领先地位” “竞争优势显现”“一线主流品牌”
相对市场占有率低	“市场逐渐萎缩”“在某领域竞争优势不足” “没有获利/处于亏损状态”

命题角度2：波士顿矩阵的运用战略。

业务类型	发展	保持	收割	放弃
问题业务	√	—	√	√
明星业务	√	—	—	—
现金牛业务	—	√	√	—
瘦狗业务	—	—	√	√

典例研习·2-28 单项选择题

环美公司原以家电产品的生产和销售为主业，近年来逐渐把业务范围扩展到新能源、房地产、生物制药等行业。依据波士顿矩阵分析法，下列各项环美公司对其业务所做的定位的描述中，错误的是（　　）。

A.新能源行业发展潜力巨大、前景广阔，公司在该领域竞争优势不足，公司应当对新能源业务进行重点投资，以提高市场占有率

B.房地产业进入“寒冬”期，公司的房地产业务始终没有获利，公司应当果断地从该业务中撤出

C.生物制药行业近年来发展迅猛，公司收购的一家生物制药企业由弱到强，竞争优势日益显现。公司应当在短期内优先供给其所需资源，支持该业务继续发展

D.家电业务的多数产品进入成熟期，公司在家电行业竞争优势显著，公司应当对该业务加大投资力度，以维持公司在行业中的优势地位

斯尔解析 本题考查的是波士顿矩阵的业务类型判断。“行业发展潜力巨大、前景广阔”说明市场增长率高，“该领域竞争优势不足”说明相对市场占有率低，属于问题业务，后续举措描述合理，选项A不当选。“产业进入‘寒冬’期”说明市场增长率低，“房地产业务始终没有获利”说明相对市场占有率低，属于瘦狗业务，后续举措描述合理，选项B不当选。“行业近年来发展迅猛”说明市场增长率高，“竞争优势日益显现”说明相对市场占有率高，属于明星业务，后续举措描述合理，选项C不当选。“家电业务的多数产品进入成熟期”说明市场增长率低，“在家电行业竞争优势显著”说明相对市场占有率高，属于现金牛业务，应采用收割/保持战略，而非加大投资力度，选项D当选。

陷阱提示 有些同学会认为选项A（问题业务）的后续策略应当是选择性投资战略，而非“重点投资”，这个理解没错，但所谓的“选择性投资战略”本质上是“具体问题具体分析”，如果公司存在一个既定的问题业务，那管理层就应该对该业务明确下一步方向，是发展、收割还是放弃等。从做题角度，同学们需要体会出题人的意图。选项中，出题人已经明确暗示了“新能源行业发展潜力巨大、前景广阔”，这意味着管理层对于此类业务所应采取的态度就该是“发展”，即重点投资。通过这道题，再次证明了，体会出题人意图是件多么

重要的事情，虽然有一定难度，但通过一定量题目的训练，相信我们每一个同学都可以培养出“读心术”。

本题答案 D

典例研习·2-29 多项选择题

凯阳公司拥有发电设备制造、新能源开发、电站建设和环保4部分业务，这些业务的市场增长率依次为5.5%、11%、5%和13%，相对市场占有率依次为1.3、1.1、0.8和0.2。根据波士顿矩阵原理，上述4部分业务中，可以视情况采取收割战略的有（　　）。

A.发电设备制造业务　　B.电站建设业务

C.环保业务　　D.新能源开发业务

斯尔解析 本题考查的是波士顿矩阵的运用战略类型。根据市场增长率（10%）和相对市场占有率（1.0）的界限，可以判断：发电设备制造业务属于“现金牛”业务，新能源开发业务属于“明星”业务，电站建设业务属于“瘦狗”业务，环保业务属于“问题”业务。而收割战略对处境不佳的“现金牛”业务、没有发展前途的“问题”业务和“瘦狗”业务应视具体情况采取收割战略，选项ABC当选。

本题答案 ABC

典例研习·2-30 单项选择题

海晨公司是一家从事多元化经营的企业，于2021年开展水产品养殖业务，目前市场占有率位居行业第五。近年来水产品养殖行业进入高速增长阶段。根据波士顿矩阵原理，下列各项中，对海晨公司的水产品养殖业务表述正确的是（　　）。

A.该业务应选拔有规划能力、敢于冒风险的人负责

B.该业务应由对生产技术和销售两方面都很内行的经营者负责

C.该业务应为企业提供大量资金，用以支持其他业务的发展

D.该业务的经营者最好是市场营销型人物

斯尔解析 本题考查的是波士顿矩阵的业务类型判断。“目前市场占有率位居行业第五”说明相对市场占有率低（相对于市场上最大竞争对手的市场份额小于1），“近年来水产品养殖行业进入高速增长阶段”说明市场增长率高，由此判断海晨公司的水产品养殖业务属于“问题”业务，对待“问题”业务应选拔有规划能力、敢于冒风险的人负责，因此选项A当选。选项B属于“明星”业务的管理组织选择，选项C属于“现金牛”业务的特点，选项D属于“现金牛”业务的管理组织选择，均不当选。

本题答案 A

（二）通用矩阵（★）

1. 基本原理

（1）通用矩阵改进了波士顿矩阵过于简化的不足。

（2）坐标轴增加了中间等级。纵轴用多个指标反映产业吸引力，横轴用多个指标反映企业竞争地位。

（3）交叉点和圆圈面积：产业吸引力和竞争地位的值决定着企业某项业务在矩阵上的位置。矩阵中圆圈面积的大小与产业规模成正比，圆圈中的扇形部分（画线部分）表示某项业务的市场占有率。

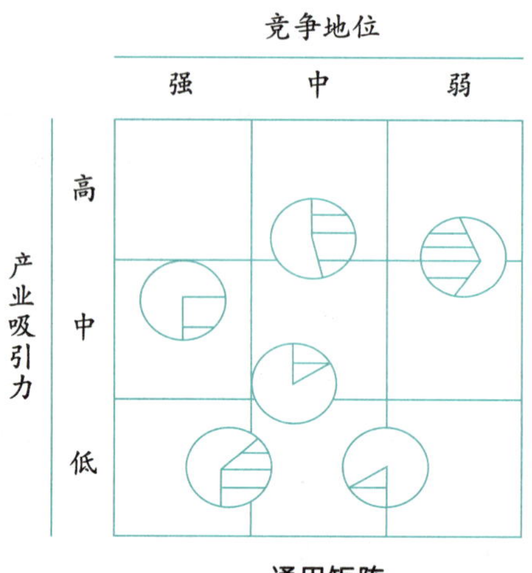

通用矩阵

2. 通用矩阵的应用

业务位置	应对战略
处于左上方三个方格的业务	采取增长与发展战略，企业应优先分配其资源
处于右下方三个方格的业务	一般应采取停止、转移、撤退战略
处于对角线三个方格的业务	采取维持或有选择地发展的战略，维持原有的发展规模，同时调整其发展方向

3. 通用矩阵的局限

（1）有偏差：用综合指标来测算产业吸引力和企业的竞争地位，这些指标在一个产业或一个企业的表现可能会产生不一致，评价结果也会由于指标权数分配的不准确而存在偏差。

（2）较繁杂：划分较细，对于业务类型较多的多元化大公司来说必要性不大，且需要更多数据，方法比较繁杂，不易操作。

第三节　企业内外部环境综合分析

一、基本原理

SWOT分析是一种综合考虑企业内部条件和外部环境的各种因素，进行系统评价，从而选择最佳战略的方法。S是指企业内部的优势（strengths），W是指企业内部的劣势（weakness），O是指企业外部环境的机会（opportunities），T是指企业外部环境的威胁（threats）。

二、SWOT 分析的应用（★★）

通过SWOT分析可以将企业战略分析过程中总结出的企业内部的优势与劣势、外部环境的机会与威胁转换为企业下一步的战略开发方向。因此，SWOT分析成为战略分析与战略选择两个阶段的连接点。

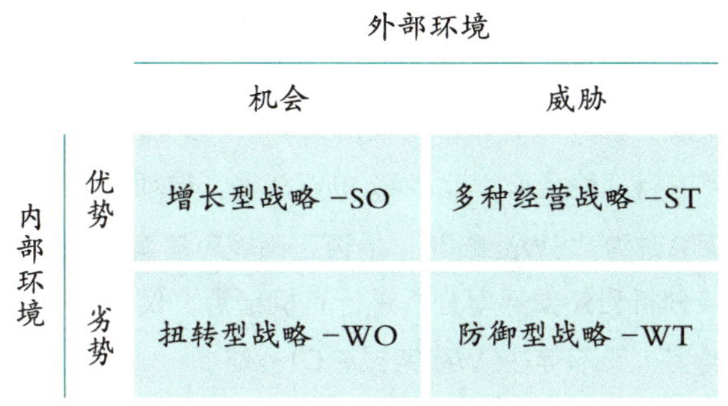

SWOT分析

（一）SO 增长型战略

企业具有很好的内部优势以及众多的外部机会，应当采取增长型战略，如开发市场、增加产量等。

（二）WO 扭转型战略

企业面临着良好的外部机会，却受到内部劣势的限制，应采用扭转型战略，充分利用环境带来的机会，设法清除劣势。

（三）WT 防御型战略

企业内部存在劣势，外部面临威胁，应采用防御型战略，进行业务调整，设法避开威胁和消除劣势。

（四）ST 多种经营战略

企业具有内部优势，但外部环境存在威胁，应采取多种经营战略，利用自己的优势，在多样化经营上寻找长期发展的机会；或进一步增强自身竞争优势，以对抗威胁。

典例研习 · 2-31 多项选择题

甲公司是国内一家印刷机制造企业，主要产品是胶印机。为了开发“印后设备”（即折页装订、模切、包装等设备），该公司进行了SWOT分析。在以下表述中，符合该公司SWOT分析要求的有（　　）。

A.甲公司产品在国内具有较高的品牌知名度和完善的销售渠道，但在短期内印后设备研发能力不足，甲公司寻求与一家有印后研发能力的企业进行战略合作，此战略为WT战略

B.甲公司产品在国内具有较高的品牌知名度和完善的销售渠道，国家政策鼓励优势企业进行产品和技术开发进入市场需求旺盛的印后设备领域，甲公司决定借政策东风，迅速进入印后设备领域，此战略为SO战略

C.由于甲公司短期内印后设备研发能力不足，国外印后设备制造商竞争对手实力强大，因此，甲公司决定与一家国外印后设备制造商进行战略合作，此战略为ST战略

D.由于甲公司短期内印后设备研发能力不足，面对国内对印后设备日益强劲的市场需求，甲公司寻求一家有印后研发能力的企业进行战略合作，此战略为WO战略

斯尔解析 本题考查的是SWOT分析的应用。甲公司具有较高的品牌知名度和完善的销售渠道属于自身优势（S），在短期内印后设备研发能力不足属于劣势（W），均属于内部环境分析，未涉及外部环境分析，不符合SWOT分析的要求，选项A不当选。由于甲公司短期内印后设备研发能力不足，国外印后设备制造商竞争对手实力强大，因此，甲公司决定与一家国外印后设备制造商进行战略合作，此战略为WT战略，选项C不当选。

陷阱提示 若选项A改为“SW战略”，是否正确呢？答案是否定的。因为SWOT分析的底层逻辑是把内部环境分析和外部环境分析进行有机结合，仅分析内部环境或外部环境，均无法得出合理的战略类型，即不存在SW战略或者OT战略。

本题答案 BD

典例研习·2-32 单项选择题

互联公司是一家从事焊接业务的企业。该公司为满足快速增长的市场需求，近期引入具有多种传感功能、能够自动制定焊接姿态和焊接参数的智能焊接机器人，建立了高效、优质的焊接新工艺，取得行业领先的经营业绩。根据企业内外部环境综合分析理论，在上述情况下，互联公司应采用的最佳战略是（　　）。

A.ST战略　　B.SO战略　　C.WO战略　　D.WT战略

斯尔解析 本题考查的是SWOT分析的应用。“快速增长的市场需求”说明外部面临机会（O），“建立了高效、优质的焊接新工艺，取得行业领先的经营业绩”说明内部具有优势（S）。因此，互联公司应采用的最佳战略是SO增长型战略，选项B当选。

本题答案 B

【斯考卡片】
扫码背重点

至此，公司战略与风险管理的学习已经进行了25%，继续加油呀！

25%

第三章 战略选择

学习提要

重要程度： 重点章节

平均分值： 35～40分

考核题型： 客观题和主观题均可考查

本章提示： 本章整体学习难度不高，但记忆压力略大，需结合背记技巧掌握本章内容。另外，本章内容繁多，建立知识框架也是有益的学习方法

考点精讲

第一节　总体战略（公司层战略）

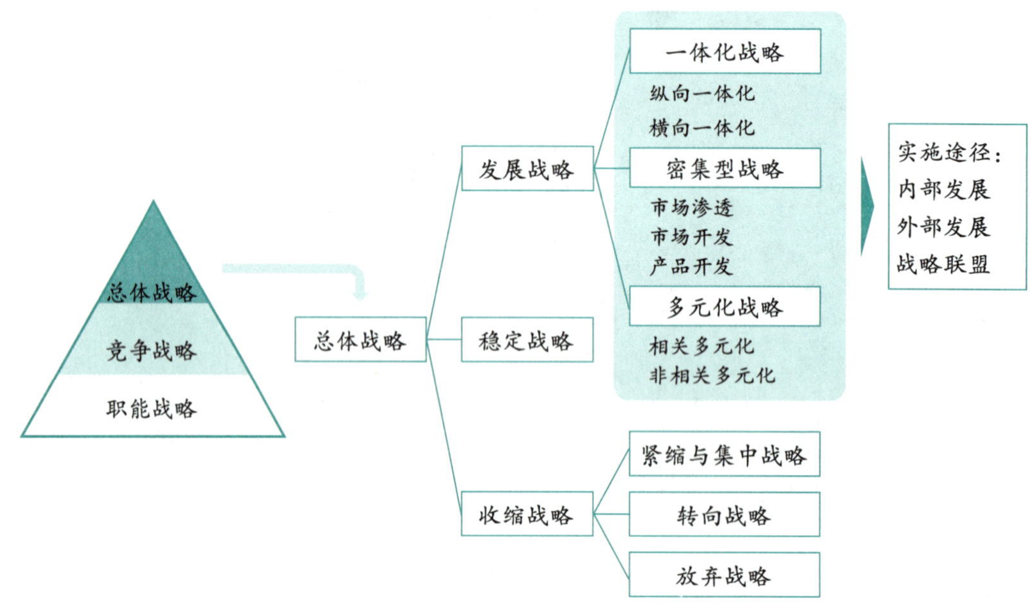

总体战略主要类型

一、发展战略（★★★）

企业发展战略强调充分利用外部环境的机会（O），充分发掘企业内部的优势资源（S），以求得企业在现有的基础上向更高一级的方向发展。

发展战略主要包括三种基本类型：一体化战略、密集型战略和多元化战略。

（一）一体化战略

一体化战略是指企业对具有优势和增长潜力的产品或服务，沿其经营链条的纵向或横向延展业务的深度和广度，扩大经营规模，实现企业成长。一体化战略按照业务拓展的方向分为纵向一体化和横向一体化。

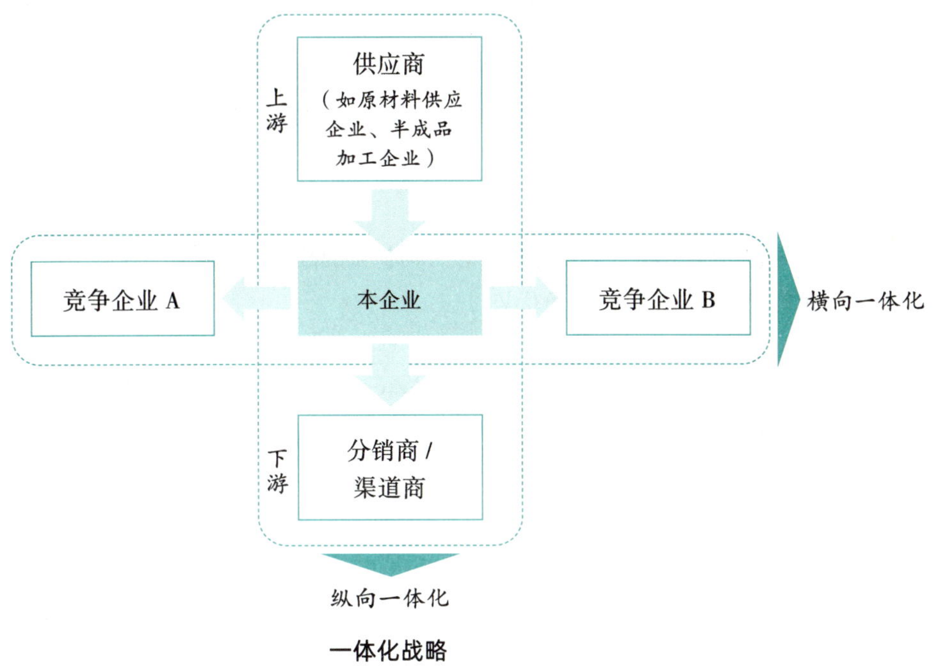

一体化战略

1. 纵向一体化

（1）含义：指企业沿着产品或业务链向前或向后，延伸和扩展企业现有业务的战略。

（2）优点：有利于节约与上下游企业在市场上进行购买或销售的交易成本，控制稀缺资源，保证关键投入的质量或者获得新客户。

（3）缺点：增加企业的内部管理成本。

（4）分类：前向一体化战略和后向一体化战略。

类型	含义	动因/优点	适用条件
前向一体化	获得分销商或零售商的所有权或加强对他们的控制权的战略	通过控制销售过程和渠道，有利于企业控制和掌握市场，增强对消费者需求变化的敏感性，提高企业产品的市场适应性和竞争力	①企业具备前向一体化所需的资金、人力资源等； ②企业所在产业的增长潜力较大； ③销售环节的利润率较高； ④企业现有销售商的销售成本较高或者可靠性较差而难以满足企业的销售需要
后向一体化	获得供应商的所有权或加强对其控制权的战略	有利于企业有效控制关键原材料等投入的成本、质量及供应可靠性，确保企业生产经营活动稳步进行	①企业具备后向一体化所需的资金、人力资源等； ②企业所在产业的增长潜力较大； ③供应环节的利润率较高； ④企业现有供应商的供应成本较高或者可靠性较差而难以满足企业对原材料、零部件等的需求； ⑤有利于控制原材料成本，确保价格稳定； ⑥供应商数量较少而需求方竞争者众多

（5）风险：

①不熟悉新业务领域所带来的风险；

②纵向一体化，尤其是后向一体化，一般涉及的投资数额较大且资产专用性较强，增加了企业在该产业的退出成本。

2. 横向一体化

（1）含义：指企业向产业价值链相同阶段方向扩张的战略。企业采用横向一体化战略的主要目的是实现规模经济以获取竞争优势。

（2）适用条件：

①企业具备横向一体化所需的资金、人力资源等；

②企业的横向一体化符合反垄断法律法规，能够在局部地区获得一定的垄断地位；

③企业所在产业的增长潜力较大；

④企业所在产业的规模经济较为显著；

⑤企业所在产业竞争较为激烈。

解题高手

命题角度1：一体化战略的类型判断。

客观题、主观题高频考点，难度适中。可结合其内涵与关键词进行判断：

战略类型	内涵	关键词（与“动因”的关键词类似）
前向一体化	向产业链下游延伸	渠道、市场、消费者、产品竞争力
后向一体化	向产业链上游延伸	原材料、投入成本、质量、供应可靠性
横向一体化	向同类产业延伸	规模经济、获取竞争优势

命题角度2：一体化战略的动因案例分析。

主观题考点，考试中可能表述为“动因”或“优势”，可按照以下三个技巧来寻找案例线索：

技巧1：案例背景往往是“动因”，关键词：为了、随着等；

技巧2：实施战略之后达到的效果往往为“优势”，关键词：提高、改善等；

技巧3：“比较优势”也是“优势”，即如果题目中有表达A企业在某方面比B企业做得好，则视为“优势”。

命题角度3：一体化战略的适用条件案例分析。

主观题考点，案例线索相对直接，但有一定背记难度。可结合下表的结构进行背记。需要注意的是，鉴于这三种细分一体化战略的适用条件有一些相似之处，因此案例中的同一句线索可能会重复出现在不同答案中，同学们在答题时需要提前建立预期。

维度	前向一体化	后向一体化	横向一体化
S：资源能力+其他	企业具备前向/后向/横向一体化所需的资金、人力资源等		
	—	—	企业的横向一体化符合反垄断法律法规，能够在局部地区获得一定的垄断地位
O：“虚虚实实”	虚：企业所在产业的增长潜力较大		
	实：销售环节的利润率较高	实：供应环节的利润率较高	实：企业所在产业的规模经济较为显著
T：利益相关者（供应商+渠道商的成本与可靠性、竞争者）	企业现有销售商的销售成本较高或者可靠性较差而难以满足企业的销售需要	（1）企业现有供应商的供应成本较高或者可靠性较差；（2）后向一体化有利于控制原材料成本，确保价格稳定；（3）供应商数量较少而需求方竞争者众多	企业所在产业竞争较为激烈

典例研习 · 3-1 简答题

2010年，规模位列国内钢铁行业第13位的SZ钢铁公司已连续3年盈利能力低于6%。究其原因，SZ钢铁公司长期采用的“集中式”战略（即生产组织仅局限于钢铁冶炼流程）已不能适应近年来国内外钢铁产业由企业竞争转换为产业链竞争态势之需要。

一方面，世界钢铁企业通过对原料企业的整合使得钢铁原料矿石、煤粉等资源处于被垄断地位，进口铁矿石价格连年暴涨，带动国内铁矿石价格不断攀升，导致SZ钢铁公司原料供应受制于人。另一方面，钢铁市场的需求虽然依旧十分旺盛，但下游客户面临的选择越来越多，对用料的要求也越来越高。SZ钢铁公司固守于钢铁冶炼阶段，对客户需求的变化缺乏敏感性，导致公司结构性产能过剩。

目前钢铁产业链中的上游原料的销售利润率可以达到15%，而下游产品的销售利润率可以达到7%～10%。SZ钢铁公司在以往的经营过程中，与上下游企业业务联系密切，因而可以在现有人才和技术不需要做大的投入和调整的前提下，实现纵向一体化的整合。

SZ钢铁公司纵向一体化战略的实施正在从以下两个方面展开：

（1）前向整合。与Q公司等石油公司签订集研发、生产、销售为一体的合作协议，待条件成熟，进行合资生产；收购Y造船厂；参股G造船厂；与D窗帘线制造厂签订合作协议。

（2）后向整合。SZ钢铁公司开始着手在远东地区建立铁矿资源生产企业，确保公司铁矿资源的长期稳定供应；与L煤炭集团建立长期合作协议，解决煤炭资源供应问题。

要求：

（1）简要分析SZ钢铁公司实施纵向一体化战略的动因（或优势）。

（2）简要分析SZ钢铁公司实施纵向一体化战略的适用条件。

斯尔解析 （1）本案例中，分析SZ钢铁公司实施纵向一体化战略的动因（或优势）如下：

①前向一体化战略通过控制销售过程和渠道，有利于企业控制和掌握市场，增强对消费者需求变化的敏感性，提高企业产品的市场适应性和竞争力。“下游客户面临的选择越来越多，对用料的要求也越来越高。SZ钢铁公司固守于钢铁冶炼阶段，对客户需求的变化缺乏敏感性，导致公司结构性产能过剩”。

②后向一体化有利于企业有效控制关键原材料等投入的成本、质量及供应可靠性，确保企业生产经营活动稳步进行。“……导致SZ钢铁公司原料供应受制于人”“确保公司铁矿资源的长期稳定供应”“解决煤炭资源供应问题”。

（2）本案例中，分析SZ钢铁公司实施纵向一体化战略的适用条件如下：

前向一体化战略的主要适用条件包括：

①企业现有销售商的销售成本较高或者可靠性较差而难以满足企业的销售需要。“下游客户面临的选择越来越多，对用料的要求也越来越高”。

②企业所在产业的增长潜力较大。“钢铁市场的需求虽然依旧十分旺盛”。

③企业具备前向一体化所需的资金、人力资源等。“SZ钢铁公司在以往的经营过程中，与上下游企业业务联系密切，因而可以在现有人才和技术不需要做大的投入和调整的前提下，实现纵向一体化的整合”。

④销售环节的利润率较高。“下游产品的销售利润率可以达到7%～10%（SZ钢铁公司已连续3年盈利能力低于6%）”。

后向一体化战略主要适用条件包括：

①企业现有的供应商供应成本较高或者可靠性较差而难以满足企业对原材料、零件等的需求。“导致SZ钢铁公司原料供应受制于人”。

②供应商数量较少而需求方竞争者众多。“使得钢铁原料矿石、煤粉等资源处于被垄断地位”。

③企业所在产业的增长潜力较大。“钢铁市场的需求虽然依旧十分旺盛”。

④供应环节的利润率较高。“上游原料的销售利润率可以达到15%（SZ钢铁公司已连续3年盈利能力低于6%）”。

⑤企业具备后向一体化所需的资金、人力资源等。“SZ钢铁公司在以往的经营过程中，与上下游企业业务联系密切，因而可以在现有人才和技术不需要做大的投入和调整的前提下，实现纵向一体化的整合”。

⑥企业产品价格的稳定对企业而言十分关键，后向一体化有利于控制原材料成本，从而确保产品价格的稳定。“进口铁矿石价格连年暴涨，带动国内铁矿石价格不断攀升，导致SZ钢铁公司原料供应受制于人”。

（二）密集型战略

研究企业密集型战略的基本框架，是安索夫的“产品—市场战略组合”矩阵。

产品—市场战略组合矩阵

		产品	
		现有产品	**新产品**
市场	现有市场	市场渗透：在单一市场，依靠单一产品，目的在于大幅度增加市场占有率	产品开发：在现有市场上推出新产品；延长产品生命周期
	新市场	市场开发：将现有产品推销到新地区；在现有实力、技能和能力基础上发展，改变销售和广告方法	多元化：以现有业务或市场为基础的相关多元化；与现有产品或市场无关的非相关多元化

1. 市场渗透

项目	内容
含义	强调发展单一产品，试图通过更强的营销手段（如提供折扣或增加广告、改进销售和分销方式、改进产品或包装等）来获得更大的市场占有率
适用情况	（1）企业拥有强大的市场地位，并且能够利用经验和能力来获得强有力的独特竞争优势； （2）企业决定将利益局限在现有产品或市场领域； （3）整个市场正在增长； （4）市场渗透战略对应的风险较低、高级管理者参与度较高，且需要的投资较少； （5）其他企业由于各种原因离开了市场

2. 市场开发

项目	内容
含义	将现有产品或服务打入新市场，主要途径包括开辟其他区域市场和细分市场
适用情况	（1）企业拥有扩大经营所需的资金和人力资源； （2）企业在现有经营领域十分成功； （3）企业存在过剩的生产能力（否则无法交付）； （4）存在未开发或未饱和的市场； （5）可得到新的、可靠的、经济的和高质量的销售渠道； （6）企业的主业属于正在迅速全球化的产业

3. 产品开发

项目	内容
含义	在原有市场上，通过技术改进与开发研制新产品

续表

项目	内容
优点	（1）延长产品的生命周期，提高产品的差异化程度，满足市场新的需求，从而改善企业的竞争地位； （2）有利于企业利用现有产品的声誉和商标，吸引用户购买新产品； （3）由于企业对现有市场较为了解，产品开发的针对性较强，因而较易取得成功
适用情况	（1）企业具有较强的研究与开发能力； （2）企业产品具有较高的市场信誉度和顾客满意度； （3）企业所在产业属于适宜创新的高速发展的高新技术产业； （4）企业所在产业正处于高速增长阶段； （5）主要竞争对手以近似价格提供更高质量的产品

（三）多元化战略

1. 含义

多元化战略指企业进入与现有产品和市场不同的领域。

2. 分类

类型	含义	动因
相关多元化（同心多元化）	企业以现有业务或市场为基础进入相关产业或市场的战略	有利于企业利用原有产业的产品知识、制造能力、营销渠道、营销技能等优势来获取融合优势，即两种业务或两个市场同时经营的盈利能力大于各自经营时的盈利能力之和
非相关多元化（离心多元化）	企业进入与当前产业和市场均不相关的领域的战略	主要目标不是利用产品、技术、营销渠道等方面的共同性，而是从财务上考虑平衡现金流或者获取新的利润增长点，规避产业或市场的发展风险

3. 优点与风险

维度	优点	风险
原有业务	（1）利用未被充分利用的资源； （2）运用盈余资金； （3）运用企业在某个产业或某个市场中的形象和声誉来进入另一个产业或市场	来自原有经营产业的风险
新业务	（1）能更容易地从资本市场中获得融资； （2）当企业在原产业无法增长时找到新的增长点； （3）获得资金或其他财务利益（如累计税项亏损）	（1）产业进入风险； （2）产业退出风险
整体业务	分散风险	（1）市场整体风险； （2）内部经营整合风险

解题高手

命题角度1：多元化战略优点与风险的案例分析。

客观题和主观题考点，难度适中。首先，多元化战略优点或动因的案例分析方法与“一体化战略动因”基本一致，再结合多元化战略优点的含义即可锁定案例线索；其次，多元化战略的风险需结合关键信息进行判断，但需要注意的是，“来自原有经营产业的风险”与“市场整体风险”“内部经营整合风险”可能对应同样的案例线索，同学们需要提前建立预期。

教材表述	关键线索
来自原有经营产业的风险	资源有限或管理层精力有限，导致原有业务做不好
产业进入风险	不懂新业务、无经验；不知竞争者的策略
产业退出风险	前期投入太高，导致退出成本太高
市场整体风险	外部环境影响下，各项业务都做不好
内部经营整合风险	新旧业务在财务流、物流、决策流、人事流上有冲突，导致各项业务做不好；企业文化无法融合

命题角度2：密集型战略的类型判断。

客观题和主观题高频考点，也是难点。同学们可以综合运用以下两种方法进行判断，其中更推荐第二种方法。

方法1：依据安索夫矩阵判断，即结合案例材料，分析产品和市场的“新”与“旧”。其中，“产品”的判断相对容易，难点在于如何判断是否存在“新市场”。具体而言，“新市场”有2个标志：第一，新的“地理区域”；第二，新的“渠道”（例如从单纯的线下业务转为“线上+线下”双渠道业务）。

方法2：依据各种类型的“目的”判断，这是最有效的方法。注意，战略举措本身不构成类型判断的要件，战略举措的目的才是判断核心。例如，“改变产品包装”的举措属于“产品开发”战略吗？答案是不一定。如果是为促销而改变包装，属于市场渗透，例如春节限定包装。如果是为满足顾客其他需求而改变包装，属于产品开发。例如，普通瓶装水变为会议专用小瓶装水。

以下为各密集型战略的“目的”：

<table>
<tr><th>战略类型</th><th colspan="2">目的</th></tr>
<tr><td>市场渗透</td><td>通过促销，扩大市场份额</td><td rowspan="2">提示：这两者的区别主要在“手段”，而非目的</td></tr>
<tr><td>市场开发</td><td>通过开辟新市场，扩大市场份额</td></tr>
<tr><td>产品开发</td><td colspan="2">满足客户新需求或延长产品生命周期</td></tr>
<tr><td>多元化</td><td colspan="2">获取新的利润增长点（如进入新领域）或规避风险</td></tr>
</table>

另外，无论客观题还是主观题，与“目的”相关的关键词通常出现在“为了”之后，因此同学们看到“为了”就要保持警觉，抓住“为了”之后的真正目的，更有利于判断战略类型。

提示：该方法适用于所有战略类型的判断。

精准答疑

问题1： 企业推出新产品之后，会吸引新的用户群体，从而扩大了市场，这属于产品开发还是多元化呢？

解答1： 首先，基于上文【解题高手】可知，单纯凭借企业的行为（推出新产品）是无法确定战略类型的，因为没有与“目的”相关的关键词。另外，产品开发往往与市场开发同时存在，例如当年小米公司看准当时国内高质低价的大屏幕智能手机市场是一个空白，本土品牌尚没有开发此类高性价比手机，苹果、三星等外来品牌价格普遍偏高，大众消费者无法承受，一时难以普及。于是，小米公司及时研究开发，改进技术，不失时机地填补了这一空白，终于取得了成功。这一案例说明，哪怕同时出现了新产品、新市场，也并不必然就是多元化战略，产品开发和市场开发是可以并行存在的（新产品带动了新市场）。总之，同学们要把握住判断战略类型的基本方法，绝不能单凭行为或举措来判断类型，而是要找到与“目的”有关的关键词才行。

问题2： 密集型战略和一体化战略有何关系？

解答2： 本质上，这是基于不同理论依据所提出来的战略类型划分方式，并非彼此独立的关系，会有概念上的重叠。例如，某个肉类加工厂甲公司收购了上游的养殖场和下游的肉类超市，这究竟属于何种战略类型呢？是纵向一体化战略还是多元化战略呢？其实都是正确的！如上文【解题高手】所述，战略举措本身不构成类型判断的要件，战略举措的目的才是判断核心。如果甲公司收购的目的是加强对于上下游的控制，从而确保自身利润最大化，则判定为一体化战略。如果甲公司收购是为了获取新的利润增长点，则判定为多元化战略（相关多元化）。

典例研习·3-2 多项选择题

下列各项中，属于企业采取市场渗透战略的有（　　）。

A.某酒店收购一家旅游公司，进入新的业务领域

B.甲公司通过与国外经销商合作的方式将其生产的智能手机出口至拉美国家

C.甲银行与乙航空公司发行联名卡，刷该银行信用卡客户可累积航空里程积分

D.某超市为提高牙膏的销量，采用美化产品包装、买赠等促销措施

斯尔解析 本题考查的是密集型战略类型的判断。市场渗透战略的目的是“通过促销扩大市场份额”。“进入新的业务领域”可能是多元化战略，也可能是一体化战略，因题干无其他信息，故模糊判断即可，但从出题人的意图出发，由于本题考查的是密集型战略类型的判断，因此优先判断为多元化战略，选项A不当选。“出口至拉美国家”是“通过开辟新市场扩大市场份额”，属于市场开发战略，选项B不当选。“发行联名卡”是两个公司的合作促销，符合“通过促销扩大市场份额”，属于市场渗透战略，选项C当选。有明确的“目的”提示词“为”字出现，因此目的是“美化产品包装、买赠等促销措施”，符合“通过促销扩大市场份额”，属于市场渗透战略，选项D当选。

本题答案 CD

典例研习 · 3-3 多项选择题

天水饮料生产企业成立于2018年，由于其营销得当，在甲省具有很高的知名度。经过几年的发展，天水饮料生产企业成功地并购了其最大的竞争对手润内饮料生产企业，一举成为甲省最大的饮料生产商。下列各项中，属于天水饮料生产企业采用上述战略适用情形的有（　　）。

A.饮料产业竞争较为激烈

B.价格稳定对天水饮料生产企业十分关键

C.天水饮料生产企业存在过剩的生产能力

D.饮料产业的规模经济较为显著

斯尔解析 本题考查的是发展战略的适用条件。“天水饮料生产企业成功地并购了其最大的竞争对手润内饮料生产企业，一举成为甲省最大的饮料生产商”说明天水饮料生产企业采用的战略是横向一体化战略。选项AD属于横向一体化战略的适用情形，当选。选项B属于后向一体化战略的适用情形，选项C属于市场开发战略的适用情形，不当选。

本题答案 AD

典例研习 · 3-4 多项选择题

芭蕉公司是一家中国优质城市户外品牌，自上线第一款产品——小黑伞后，该公司通过直播带货等措施取得了傲人的品牌影响力，并相继推出了袖套、帽子、防晒服、口罩等防晒产品。考虑到防晒产品主要适用于气温较高的春夏季节，2021年芭蕉公司又推出马丁靴、保暖服装等其他非防晒产品，以弥补公司的秋冬业绩。芭蕉公司的上述做法属于（　　）。

A.一体化战略　　B.市场渗透战略

C.产品开发战略　　D.多元化战略

斯尔解析 本题考查的是发展战略类型的辨析。“通过直播带货等措施取得了傲人的品牌影响力”体现的是通过营销手段来获得更大的市场占有率，即市场渗透战略，选项B当

选。"相继推出了袖套、帽子、防晒服、口罩等防晒产品"体现的是在现有防晒用品市场推出新产品，即产品开发战略，选项C当选。"考虑到……以弥补公司的秋冬业绩"体现的是在非防晒用品市场推出新产品，即多元化战略（此外，"以弥补公司的秋冬业绩"说明企业通过该举措实现新的利润增长点，符合多元化战略的动因），选项D当选。

本题答案 BCD

典例研习·3-5 多项选择题

靓衣公司创建于1979年，总部位于东海之滨宁波市，逐步发展成全国纺织服装行业龙头企业。服装领域的成功给靓衣公司带来了充裕的资金，同时培养了一批具有拼搏精神的高素质管理人才，然而在不断发展壮大的过程中，由于边际效益递减，已经远没有初期的增长态势。在极大的生存压力下，董事会不得不考虑多元化发展，最终靓衣公司确立了以纺织、服装、房地产、国际贸易为主体的多元经营战略。根据上述信息，靓衣公司采用的多元化战略的动因有（　　）。

A.利用未被充分利用的资源

B.运用盈余资金

C.获得规模经济效应

D.当企业在原产业无法增长时找到新的增长点

斯尔解析 本题考查的是多元化战略的动因。"充裕的资金"体现的是运用盈余资金，选项B当选。"同时培养了一批具有拼搏精神的高素质管理人才"体现的是利用未被充分利用的资源，选项A当选。"在不断发展壮大的过程中，由于边际效益递减，已经远没有初期的增长态势。在极大的生存压力下，董事会不得不考虑多元化发展"体现的是当企业在原产业无法增长时找到新的增长点，选项D当选。选项C属于干扰选项。

陷阱提示 与"规模经济"有关的发展战略主要是横向一体化战略。

本题答案 ABD

典例研习·3-6 简答题

1994年，CL公司成为国内最大的空调生产基地，公司积累了大量的资金，急需找到新的投资渠道。为了最大限度地利用市场机会和公司在家电行业的优势地位，CL公司陆续上马了电冰箱、洗衣机、电视机、电脑等产品项目，希望利用公司的品牌优势，为企业获取更多的利润。

然而，1994年后，CL公司领导层不再看好家电行业，认为家电行业已经面临行业生命周期的衰退期，因此，公司必须开拓新的领域，建立新的经济增长点。

1995年年初，CL公司开始向机动车领域发展。到1995年底，CL公司投资1.5亿元兴建了年产100万辆摩托车的生产线，投资2.5亿元兴建年产100万台摩托车发动机的生产线。CL公司的摩托车产品凭借先进的技术和新颖的外观，1997年上半年就实现了6万台的销量，销售收入近10亿元。但好景不长，由于CL公司的摩托车单价较高，其主要消费对象是大中城市中收入较高的人群，而主要的大中城市都于1997年前后相继实行“禁摩令”，封闭了CL摩托车的消费市场。2005年CL公司不得不将摩托车业务低价转让给其他公司。

1997年，CL公司斥资7.2亿元收购了国内一家汽车厂，上马中型卡车项目，成为首家非汽车企业入主汽车行业的企业。但是，CL公司在汽车制造方面缺乏高素质的管理人员，对相关业务流程的监管及持续改进能力不足，同时没有对汽车市场需求与行业发展状况进行深入的调研和分析，其生产经营的中型卡车的载重量都在15吨以下，与市场需求脱节较大，且关键零部件都需外购，尤其是动力配置须向竞争对手采购，企业的发展受到竞争对手制约。2012年CL公司不得不将中型卡车业务出售。

从1998年开始，国内加大对新能源行业的政策支持，CL公司领导层认为这一领域发展潜力巨大、前景广阔。1999年CL公司对高能动力镍氢电池项目进行了立项。2002年，CL公司召开了“高能动力镍氢电池及应用发布会”，标志着新能源这个跨度更大的行业成为CL公司的又一个主营领域。至2013年，CL公司是国内仅有的掌握镍氢电池自主专利技术的厂家，技术优势明显，但国内整个镍氢电池市场规模还不大，企业从新能源产业上的获利不足以支撑整个企业的发展。

2009年CL公司的领导人力排众议，坚持成立CL房地产开发有限公司，宣布进入房地产行业，希望高回报率的房地产行业能给企业发展带来新的转机。然而，之后不久政府对房地产行业进行宏观调控，房地产行业已进入了一个“寒冬期”，资金链紧张，房地产销售面积大降。而作为一个没有房地产开发经验的行业“新手”，要想在宏观政策收紧的情况下，从众多经验丰富、实力雄厚、拥有良好品牌的房地产企业中夺取市场份额无疑难度极大。2010年CL公司房地产业务亏损近百万元。

CL公司将大量人力、财力、物力转向与主业完全不相关的领域，对其主业发展带来了极大的负面影响，原有的核心能力基本丧失殆尽。CL公司家电业几大产业的经营状况如下：

（1）空调器业务。由于CL公司的领导层未充分利用企业资源对空调业务进行扩大投资，公司生产的空调逐渐失去了市场优势，其市场份额逐年下降，已沦为国内空调器三类品牌。

（2）洗衣机业务。CL公司的洗衣机业务只有在投产的第一年实现基本盈亏平衡，其余年份都是亏损，CL公司试图通过调整产品结构，不断推出新产品来打开市场局面，但效果一直不理想，洗衣机业务的经营状况未得到根本扭转。

（3）电冰箱业务。CL品牌冰箱的发展不尽如人意。在2003年CL公司将电冰箱业务全部出售给另一家公司。

要求：

简要分析CL公司实施的战略类型、动机（优点）与风险。

斯尔解析 CL公司主业是空调器，生产电冰箱、洗衣机、电视机、电脑等产品是相关多元化，生产摩托车、中型卡车、房地产、高能动力镍氢电池产品是非相关多元化。

CL公司实施多元化战略的动机（优点）包括：

（1）分散风险。“认为家电行业已经面临行业生命周期的衰退期”。

（2）在企业无法增长的情况下找到新的增长点。“认为……公司必须开拓新的领域，建立新的经济增长点”。

（3）利用未被充分利用的资源。“为了最大限度地利用市场机会和公司在家电行业的优势地位”。

（4）运用盈余资金。“公司积累了大量的资金，急需找到新的投资渠道”。

（5）运用企业在某个产业或某个市场中的形象和声誉来进入另一个产业或市场。“希望利用公司的品牌优势，为企业获取更多的利润”。

CL公司实施多元化战略面临的风险：

（1）来自原有经营产业的风险。多元化经营往往意味着原有经营的产业要受到削弱。“公司生产的空调逐渐失去了市场优势，其市场份额逐年下降，已沦为国内空调器三类品牌”。

（2）市场整体风险。市场经济中的广泛相互关联性决定了多元化经营的各产业仍面临共同的风险。“公司生产的空调逐渐丧失了市场优势”“洗衣机业务只有在投产的第一年实现基本盈亏平衡，其余年份都是亏损”“冰箱的发展不如人意”“不得不将摩托车业务低价转让给其他公司”“中型卡车业务的发展受到竞争对手制约”“房地产业务亏损近百万元”。

（3）产业进入风险。企业在进入新产业之后还必须不断地注入后续资源，竞争者的策略也是一个未知数。“作为一个没有房地产开发经验的行业‘新手’，从众多经验丰富、实力雄厚、拥有良好品牌的房地产企业中夺取市场份额无疑难度极大”。

（4）内部经营整合风险。新投资的业务会通过财务流、物流、决策流、人事流给企业以及企业的既有产业经营带来全面的影响。“公司的领导层未充分利用企业资源对空调业务进行扩大投资”“缺乏高素质的管理人员”“将大量人力、财力、物力转向与主业完全不相关的领域，对其主业发展带来了极大的负面影响”。

二、稳定战略

（一）含义

稳定战略又称维持战略，指限于经营环境和内部条件，企业在战略期所期望达到的经营状况基本保持在战略起点的范围和水平上的战略。

采用稳定战略的企业不需要改变自己的宗旨和目标，而只需要集中资源于原有的经营范围和产品，以增加其竞争优势。

（二）适用条件

稳定战略适用于对战略期环境的预测变化不大，而在前期经营相当成功的企业。

（三）优点

（1）采用这种战略的风险比较小，因为企业可以充分利用原有生产经营领域中的各种资源。

（2）避免开发新产品和新市场所必需的巨大资金投入和开发风险。

（3）避免资源重新配置和组合的成本。

（4）防止由于发展过快、过急造成的失衡状态。

（四）风险

（1）一旦企业外部环境发生较大变动，企业战略目标、外部环境、企业实力三者之间就会失去平衡，企业就会陷入困境。

（2）稳定战略还容易使企业减弱风险意识，甚至会形成惧怕风险、回避风险的企业文化，降低企业对风险的敏感性和适应性。

三、收缩战略（★★★）

3-1-3

（一）含义

收缩战略也称撤退战略，指企业缩小原有经营范围和规模的战略。

（二）实施原因

（1）主动原因：满足企业战略重组的需要。

（2）被动原因：

①外部原因：例如宏观经济形势、产业周期、技术变化、政策变化、社会价值观或时尚等方面发生重大变化，市场达到饱和、竞争行为加剧或改变等外部环境危机。

②内部原因：例如内部经营机制不顺、决策失误、管理不善等内部环境危机。

（三）收缩战略的方式

项目	内容
紧缩与集中战略	紧缩与集中战略往往集中于短期效益，主要涉及采取补救措施制止利润下滑。具体做法有： （1）机制变革。如调整管理层领导机构；制定新的政策和管理控制系统；改善激励机制与约束机制； （2）财政和财务战略。如建立有效的财务控制系统，严格控制现金流量；与关键的债权人协商，重新签订偿还协议，甚至把需要偿付的利息和本金转换成其他的财务证券（如把贷款转换成普通股或可转换优先股等）； （3）削减成本战略。如削减人工成本、材料成本、管理费用以及资产（如内部放弃或改租、售后回租等）；缩小分部和职能部门的规模
转向战略	转向战略更多涉及企业经营方向或经营策略的改变。具体做法有： （1）重新定位或调整现有的产品和服务； （2）调整营销策略。在价格、促销、渠道等环节推出新的举措
放弃战略	放弃战略是将企业的一个或若干个部门出售、转让或停止经营。这个部门可以是一个经营单位（如子公司、事业部）、一项业务、一条流水线等。与前面两种战略相比，放弃战略是比较彻底的撤退方式。具体做法有： （1）特许经营：企业将其拥有的名称、商标、企业标志、专有技术、管理经验等经营资源特许给被特许企业使用；

续表

项目	内容
放弃战略	（2）分包：企业作为分包方，通过招标方式让其他企业即承包方生产、经营本企业的某种产品或业务，并要求承包方按约定的时间、价格和数量向分包方提供产品或服务； （3）卖断：母公司将其所属的业务单位卖给另一家企业，从而与该业务单位断绝一切关系，实现产权的彻底转移； （4）管理层杠杆收购：企业管理层将收购目标即本企业的资产作为债务抵押进行融资，买断本企业股权，从而达到控制、重组企业并获得产权收益的目的； （5）拆产为股/分拆：母公司通过将其在子公司中所拥有的股份，按比例分配给母公司的股东，以多元持股的形式形成子公司的所有权，使子公司成为战略性的法人实体。 提示： ①本质上，（1）（2）均不涉及产权变更，但教材仍归类为"放弃战略"； ②管理层（杠杆）收购的通俗理解：管理层原本是股东们的"丫鬟"，但后来打算揭竿而起，自己花钱或借钱（即杠杆）把公司的股权买下来，从"丫鬟"变成了"家主"，控制了整个公司，即控制权发生了转换

（四）采用收缩战略的困难

（1）对企业或业务状况的判断。

收缩战略效果如何，取决于对公司或业务状况判断的准确程度。而这是一项难度很大的工作。以下考虑因素对于增强判断企业或其业务状况的能力有一定帮助（汤普森，1989）：

①企业产品所处的生命周期以及今后的盈利情况和发展趋势。

②企业或者产品的当前市场状况，以及重新获取竞争优势的机会。

③腾下来的资源应如何运用。

④寻找一个愿出合理价格的买主。

⑤放弃一部分获利的业务或者活动，转而投资其他可能获利较大的业务是否值得。

⑥关闭一家企业或者一家工厂，是否比在微利下仍然维持运转合算。

⑦准备放弃的那部分业务在整个公司中所起的作用和协同优势。

⑧用其他产品和服务来满足现有顾客需求的机会。

⑨企业降低分散经营的程度所带来的有形和无形的效益。

⑩寻找合适的买主。

（2）退出障碍（波特，《竞争战略》）。

①固定资产的专用性程度。当资产涉及具体业务或地点的专用性程度较高时，其转移及转换成本就较高，从而难以退出现有产业。

②退出成本。包括劳工协议、重新安置的成本、备件维修能力等。

③内部战略联系。企业内某经营单位与公司其他业务单位在市场形象、市场营销能力、利用金融市场及设施共享等方面的内部相互联系。

④感情障碍。指管理人员和职工的抵触情绪。

⑤政府与社会约束。政府考虑到失业问题和对地区经济的影响，有时会出面反对或劝阻企业退出的决策。

解题高手

命题角度：收缩战略类型的判断。

客观题、主观题高频考点，同学们需要精准掌握三种细分战略类型的内涵，并通过抓准关键线索进行辨析：

收缩方式		关键线索
紧缩与集中战略	机制变革	换领导、改政策、改机制
	财政和财务战略	建财务系统、改偿债协议（本质上都是改善现金流）
	削减成本战略	降成本、缩规模（注意与“放弃战略”区别）
转向战略		调整定位；调整营销组合（即4P）
放弃战略		出售、转让或停止经营；5种具体措施

典例研习·3-7 单项选择题

泰瑞公司原是一家提供管理咨询服务的企业。2020年以来，该公司采用收缩战略以应对利润下滑局面，调整了管理层领导班子，采用了更具有激励作用的薪酬制度。泰瑞公司采用的收缩战略的方式是（　　）。

A.机制变革　　B.财政和财务战略

C.削减成本战略　　D.拆产为股

斯尔解析 本题考查的是收缩战略的方式。“调整了管理层领导班子，采用了更具有激励作用的薪酬制度”体现了紧缩与集中战略中的机制变革，选项A当选。财政与财务战略的关键词是“建财务系统、换偿债协议”等，削减成本战略的关键词为“减人工、减材料、减费用、减资产、砍部门、砍规模”等，均不符合题干描述，选项BC不当选。拆产为股指通过企业之间交换资产来实现所有权的转让，属于放弃战略的一种类型，不符合题干描述，选项D不当选。

本题答案 A

典例研习·3-8 多项选择题

百利公司是一家生产以皮革、尼龙、合成革为材料的多种日用品的企业。面对人们消费结构的升级和市场趋冷，该公司拟采用收缩战略，但不确定收缩战略的效果如何。下列各项中，有利于增强对企业状况判断准确性的因素有（　　）。

A.分析企业产品今后的盈利情况和发展趋势

B.寻找一个愿出合理价格的买主

C.关闭一家下设的工厂

D.评估如何运用腾下来的资源

斯尔解析 本题考查的是采用收缩战略的障碍（对企业或业务状况的判断）。收缩战略效果如何，取决于对公司或业务状况判断的准确程度。根据汤普森提出的理论，选项ABD均有利于增强对企业或业务状况的判断，当选。选项C的错误在于表述的绝对化，企业应当分析如果关闭一家企业或者一家工厂，结果是否比在微利下仍然维持运转合算，而非直接选择关闭工厂，故不当选。本题属于黑马考点，从未在历年真题中考查过，适当关注即可。

本题答案 ABD

典例研习 · 3-9 多项选择题

滦河公司是一家大型能源集团，拥有分别从事煤矿开采、炼焦、发电等业务的多家子公司。面对煤炭产能过剩、销售困难的局面，该公司管理层提出放弃煤矿开采业务，但此举将使大量煤炭采掘设备废弃，下岗工人生活和重新安置费用短期内难以解决，炼焦、发电等业务原料来源的稳定性将受到影响，因此遭到各个子公司员工的质疑、不满甚至反对。滦河公司的煤矿开采业务面临的退出障碍有（　　）。

A.感情障碍　　B.退出成本

C.内部战略联系　　D.固定资产的专用性程度

斯尔解析 本题考查的是采用收缩战略的障碍（退出障碍）。“遭到各个子公司员工的质疑、不满甚至反对”属于感情障碍，选项A当选。“下岗工人生活和重新安置费用短期内难以解决”属于退出成本，选项B当选。“炼焦、发电等业务原料来源的稳定性将受到影响”属于内部战略联系，选项C当选。“使大量煤炭采掘设备废弃”属于固定资产的专用性程度，选项D当选。

本题答案 ABCD

四、发展战略的主要途径（★★★）

（一）并购战略

1. 并购的类型

分类标准	并购类型	特点
按并购双方所处的产业分类	横向并购	并购方与被并购方处于同一产业
	纵向并购	并购双方在经营对象上有密切联系，但处于不同产销阶段的企业之间的并购

续表

分类标准	并购类型	特点
按并购双方所处的产业分类	多元化并购	并购双方处于不同产业、在经营上也无密切联系的企业之间的并购
按被并购方的态度分类	友善并购	并购方与被并购方通过友好协商确定并购条件，在双方意见基本一致的情况下实现产权转让的一类并购
	敌意并购	情形1——“不同意”：当友好协商遭到拒绝后，并购方不顾被并购方的意愿采取强制手段，强行收购对方企业的一类并购；情形2——“不知道”：不与被并购方进行任何接触，而在股票市场上收购被并购方股票
按并购方的身份分类	产业资本并购	并购方为非金融企业
	金融资本并购	并购方为投资银行或非银行金融机构（如金融投资企业、私募基金、风险投资基金等）
按并购资金来源分类	杠杆并购	并购方的主体资金来源是对外负债（即70%及以上为外债）
	非杠杆并购	并购方的主体资金来源是自有资金

2. 并购的动机

（1）避开进入壁垒，迅速进入，争取市场机会。

（2）获得协同效应。

（3）克服企业负外部性，减少竞争，增强对市场的控制力。

精准答疑

问题：如何理解“克服企业负外部性”？

解答：“负外部性”是一个经济学概念，指的是一项经济活动对这项活动参与者以外的人造成负面影响。比如某化工公司与A市签订协议，要在市郊建一个化工厂。如果工厂不能消除对外的污染排放，那么就会损害A市市民的利益，所以建化工厂这件事就有负外部性。而在市场博弈中，企业的经营行为往往以自身利益最大化为目标，这种策略安排本是一种理性选择，但这种理性选择并不一定总能实现自身收益最大化，例如企业实施的某项策略引发了更为激烈的市场竞争，行业内的企业纷纷开启价格战，削减了行业整体利润，“多败俱伤”。这就是典型的个体理性导致集体非理性的结局。但是并购可以解决这个问题，纠正这种行为，只要发生一起并购，便可以让行业原本有N个玩家变为有（N−1）个，从而降低企业间的非理性竞争，即减少竞争。

解题高手

命题角度：并购战略动机的案例分析。

客观题、主观题高频考点，难度不高，教材原文表述的“三句话”基本就是案例线索。但额外提示以下三点：

第一，第一句话和第三句话在主观题中可不作明确区分，其内涵基本相似。但在客观题中，这两者有细微差别，需要选择最优选项：第一句话的重点是“争取市场机会”，第三句话的重点是“增强对市场的控制力”。因此，前者更适用于“小吃大”，后者更适用于“大吃小”。

第二，虽然第三句话中有“克服企业负外部性”，但对于这一表述在历年考试中从未出现过与之完全匹配的关键词。建议在答题时寻找与“增强对市场的控制力”相关的表述即可。例如“进一步巩固了其行业领先地位”“在新能源电池领域更具号召力”等。

第三，协同效应指的是“1+1>2”，其对应的案例线索有三类：

（1）并购方在某一方面有优势；

（2）被并购方在另一方面有优势；

（3）双方并购后更具优势，如生产、营销和人员方面的统一调配；企业资源互补与共享等。

典例研习 · 3-10 单项选择题

佳美公司是一家全国性家电零售连锁企业，在国内一、二线城市拥有近百家大型连锁商城，是国内外众多家电品牌厂家在中国的最大销售商。2019年，该公司并购了国内另一家著名的家电零售连锁企业恒兴公司，销售网络扩展到全国三分之二以上的城市和部分乡镇，市场占有率提高了20%，进一步巩固了其行业领先地位。佳美公司实施上述并购的动机是（　　）。

A.避开进入壁垒，迅速进入，争取市场机会

B.克服企业负外部性，增强对市场的控制力

C.避免经营风险

D.实现资源互补

斯尔解析 本题考查的是并购的动机。“销售网络扩展到全国三分之二以上的城市和部分乡镇，市场占有率提高了20%，进一步巩固了其行业领先地位”表明佳美公司进行并购的动机是“增强对市场的控制力”，选项B当选。选项CD均为战略联盟的动因，答非所问，故不当选。

陷阱提示 本题的关键是“进一步巩固了其行业领先地位”，这意味着作为中国最大的家电品牌厂家销售商，其并购的动机一定不会是争取市场机会，因此选项A不当选。

本题答案 B

3. 并购失败的原因

（1）事前：决策不当。

（2）事中：支付过高的并购费用。

（3）事后：并购后不能很好地进行企业整合。

（4）特殊情形：跨国并购面临政治风险。

防范东道国的政治风险的具体措施可以考虑以下几点：

①加强对东道国的政治风险的评估，完善动态监测和预警系统；

②采取灵活的国际投资策略，构筑风险控制的坚实基础；

③实行企业当地化策略，减少与东道国之间的矛盾和摩擦。

解题高手

命题角度：并购失败原因的案例分析。

客观题、主观题高频考点，难度不高，可结合以下总结的关键词或案例线索进行定位：

教材原文	关键词或案例线索
决策不当	并购前，被并购方存在的隐患或风险；聘请专业的顾问进行调查（以避免决策不当）
支付过高的并购费用	并购价格或溢价过高；聘请专业的顾问进行估值（以避免支付过高的并购费用）
并购后不能很好地进行企业整合	并购前，被并购方存在的隐患或风险（导致并购后不能很好地整合）；并购后，双方在经营、财务、技术、人员、文化等方面的整合情况
跨国并购面临政治风险	国际投资并购下的政治风险、国家之间的冲突等

典例研习·3-11 简答题

HG公司是中国最大的肉类加工企业，在屠宰和肉制品加工方面均居于国内第一位。

S公司是美国排名第一的猪肉制品供应商，拥有十几个美国领先品牌。S公司拥有从饲养到宰杀，再到分装鲜猪肉和制作火腿、培根等产品的一整套生产链，拥有行业领先的食品安全体系，世界级的生物安全系统与科学记录，全供应链的质量控制，卓越的产品追踪能力。但是，近年来由于企业内部管理存在诸多问题，导致公司经营一直处于举步维艰的境地。

HG公司和S公司在2002年就已经开始业务上的接触，S公司国际一流的品牌、技术、渠道，以及其规模和市场地位，都令HG公司极为感兴趣。特别是S公司拥有两座完全无“瘦肉精”的猪肉生产基地，HG公司通过并购可以取得消费者的信赖，占据更多的国内外市场份额。

为慎重起见，HG公司聘用了在跨国并购方面有着丰富经验的国际知名会计师事务所和律师事务所担任财务顾问和法律顾问，对S公司的经营、财务、法律进行全面调查，充分地了解S公司目前的经营业绩、财务状况及是否有潜藏的财务风险等相关重要信息，以降低因信息不对称造成的价值评估风险。

HG公司于2013年5月29日发表声明与S公司达成收购要约。根据美国股市信息估算S公司市价约为36亿美元，而HG公司以每股34美元的价格收购所有股东股票的收购价款为47亿美元，溢价31%，支付对价偏高。评估专家认为，综合考虑到未来的资产协同效应价值及共同分享国内外巨大的市场，还有表外无形资产价值（如商誉等），如HG公司溢价收购S公司100%的股权，收购价格还属于正常范围。

HG公司收购S公司，采用了杠杆融资的模式。参与此次银团贷款的银行包括8家信誉很高的中外资银行，这种模式让银行可以分散一些风险，降低自己的压力。但高额利息支付使HG公司短期内的财务压力增加，对未来企业的现金流量需求会很大，减弱了企业应对未来不可预见风险的能力。

对于HG公司来说最大的挑战就是如何处理好并购后的整合问题。HG公司曾发表声明：一是承诺收购后不裁员不关厂；二是S公司独立运营公司的原管理团队和职工队伍将继续保有原位；三是S公司的经营管理方式依旧，在美国以及其他国家的管理都不会发生改变。HG公司期望通过这些政策措施防止技术人员及客户的流失，降低在管理、文化、经营方面的整合风险。

但是，也有专家指出，HG公司在收购协议中承诺不裁员不关厂，但随着整合的进行，后期HG公司若要裁员则会面临重大阻力，会造成S公司方面的人力成本居高不下。

要求：

（1）简要分析HG公司并购S公司所属的并购类型与动机。

（2）简要分析HG公司并购S公司遇到的风险以及应对措施。

斯尔解析 （1）HG公司并购S公司的类型为横向并购、友善并购、产业资本并购、杠杆收购。杠杆收购方式只需以较少的资本代价即可完成收购，但也是一种风险很高的企业并购方式，“这种模式让银行可以分散一些风险，降低自己的压力”，但“高额利息支付使HG公司短期内的财务压力增加，对未来企业的现金流量需求会很大，减弱了企业应对未来不可预见风险的能力”。

HG公司并购S公司的动机如下：

①争取市场机会。“S公司国际一流的渠道和市场地位，令HG公司极为感兴趣”“HG公司通过并购可以取得消费者的信赖，占据更多的国内外市场份额”。

②获得协同效应。“S公司拥有从饲养到宰杀，再到分装鲜猪肉和制作火腿、培根等产品的一整套生产链，拥有行业领先的食品安全体系，世界级的生物安全系统与科学记录，全供应链的质量控制，卓越的产品追踪能力。但是近年来由于企业内部管理存在诸多问题导致公司经营一直处于举步维艰的境地”“S公司拥有两座完全无‘瘦肉精’的猪肉生产基地，HG公司通过并购可以取得消费者的信赖”。

③增强对市场的控制力。“S公司国际一流的渠道和市场地位”“HG公司通过并购可以占据更多的国内外市场份额”。

（2）分析HG公司并购S公司所面临的主要风险如下：

①并购决策不当。为避免这一风险，“HG公司聘用了在跨国并购方面有着丰富经验的国际知名会计师事务所和律师事务所担任财务顾问和法律顾问，对S公司的经营、财务、法律进行全面的调查，充分地了解S公司目前的经营业绩、财务状况及是否有潜藏的财务风险等相关重要信息，以降低因信息不对称造成的价值评估风险”。

②并购后不能很好地进行企业整合。为避免这一风险，“HG曾发表声明，一是承诺收购后不裁员不关厂；二是S公司独立运营公司的原管理团队和职工队伍将继续保有原位；三是S公司的经营管理方式依旧，在美国以及其他国家的管理都不会发生改变。HG公司期望通过这些政策措施防止技术人员及客户的流失，降低在管理、文化、经营方面的整合风险”。但是，也出现了新的整合问题，“随着整合的进行，后期HG若要裁员则会面临着重大阻力，会造成S公司方面的人力成本居高不下”。

③支付过高的并购费用。为避免这一风险，“HG公司聘用了国际知名会计师事务所和律师事务所担任财务顾问和法律顾问，以降低因信息不对称造成的价值评估风险”，虽然“支付对价偏高”，“综合考虑到未来的资产协同效应价值及共同分享国内外巨大的市场，还有表外无形资产价值（如商誉等），如HG公司溢价收购S公司100%的股权，收购价格还属于正常范围”。

（二）内部发展（新建）战略

内部发展也称内生增长，是企业在不收购其他企业的情况下利用自身的规模、利润、活动等内部资源来实现扩张（这是广义的内部发展）。对于许多企业来说，特别是对那些需要以高科技设计或制造产品的企业来说，内部发展已经成为主要的战略发展方式。

1. 实施原因（动因）

（1）开发新产品的过程使企业能深刻地了解市场及产品；

（2）保持统一的管理风格和企业文化；

（3）为管理者提供职业发展机会；

（4）这可能是唯一合理的、实现真正技术创新的方法；

（5）可以有计划地进行，容易从企业资源获得财务支持，并且成本可以按时间分摊；

（6）内部发展的成本增速较慢；

（7）不存在合适的收购对象；

（8）代价较低，因为获得资产时无须为商誉支付额外的金额；

（9）并购通常会产生隐藏的或无法预测的损失，而内部发展不太可能产生这种情况；

（10）风险较低。

2. 内部发展的缺点

（1）在市场上增加了竞争者，这可能会激化某一市场内的竞争；

（2）从一开始就缺乏规模经济或经验曲线效应；

（3）进入新市场可能要面对非常高的障碍；

（4）企业不能接触到其他企业的知识及系统；

（5）当市场发展得非常快时，内部发展会显得过于缓慢。

3. 内部发展战略的应用条件

（1）进得去：产业处于不均衡状况，结构性障碍还没有完全建立起来；产业内现有企业的行为性障碍容易被制约。

（2）抗得过：企业有能力克服结构性与行为性障碍，或者企业克服障碍的代价小于企业进入后的收益。

典例研习 · 3-12 多项选择题

南丰美术出版公司采用内部发展战略，开展了书画鉴定、画廊经营等业务。采取上述战略的动因包括（　　）。

A.开展新业务的成本增速较慢

B.为管理者提供职业发展机会

C.能深刻了解书画管理、画廊市场及产品

D.从一开始就取得规模经济或经验曲线效应

斯尔解析 本题考查的是内部发展（新建）战略的动因。根据题干可知，南丰美术出版公司采取的是内部发展（新建）战略。选项ABC均为内部发展战略的动因，当选。选项D是内部发展战略的缺点，不当选。

本题答案 ABC

（三）企业战略联盟

1. 企业战略联盟的基本特征

（1）战略联盟是介于企业与市场之间的一种“中间组织”，是通过事先达成协议而结成的一种平等的合作伙伴关系。这既不同于组织内部的行政隶属关系，也不同于组织与组织之间的市场交易关系。

（2）联盟企业之间的协作关系主要表现为：

①相互往来的平等性。

②合作关系的长期性。

③整体利益的互补性。

④组织形式的开放性。

2. 企业战略联盟形成的动因

（1）促进技术创新。

（2）避免经营风险。

（3）避免或减少竞争。

（4）实现资源互补。

（5）开拓新的市场。

（6）降低协调成本（与并购相比的优势）。

提示：对于上述（1）～（5）条企业实施战略联盟的动因，通过并购方式也能够实现；而与并购方式相比，战略联盟的方式不需要进行企业的整合，因此可以降低协调成本。

3. 企业战略联盟的主要类型及特点

<table>
<tr><th colspan="2">类型</th><th colspan="2">内容</th></tr>
<tr><td rowspan="2">股权式联盟</td><td>合资企业</td><td>各自不同的资产组合在一起进行生产，共担风险和共享收益</td><td rowspan="2">（1）优点：
①有利于扩大企业的资金实力；
②通过部分“拥有”对方的形式，增强双方的信任感和责任感，因而更有利于长久合作。
（2）缺点：灵活性差</td></tr>
<tr><td>相互持股投资</td><td>（1）联盟成员之间通过交换彼此的股份而建立的一种长期相互合作的关系；
（2）与合资企业比：相互持有股份不需要将彼此的设备和人员合并；
（3）与并购比：这种投资性的联盟仅持有对方少量的股份，联盟企业之间仍保持着相对独立性，而且股权持有往往是双向的</td></tr>
<tr><td>契约式联盟</td><td>功能性协议</td><td>企业之间决定在某些具体的领域进行合作，常见形式包括：技术交流协议、合作研究开发协议、生产营销协议、产业协调协议等</td><td>（1）优点：
①更强调协调与默契，更具有战略联盟的本质特征；
②经营灵活性、自主权和经济效益等方面更为优越。
（2）缺点：
①企业对联盟的控制能力差；
②组织松散、缺乏稳定性和长远利益；
③联盟内成员之间的沟通不充分；
④组织效率低下等</td></tr>
</table>

4. 战略联盟的管控

（1）订立协议。

战略联盟通过契约或协议关系生成时，联盟各方能否遵守所签署的契约或协议主要靠企业的监督管理，发生纠纷时往往不会选择执行成本较高的法院判决或第三方仲裁，而是联盟成员之间自行商议解决。因此，订立协议需要明确一些基本内容。

①严格界定联盟的目标；

②周密设计联盟结构；

③准确评估投入的资产；

④规定违约责任和解散条款。

（2）建立合作信任的联盟关系。

联盟企业之间必须相互信任，并且以双方利益最大化为导向，而不是以自身利益最大化为导向。一旦合作双方相互信任，那么正式的联盟契约就显得不那么重要了，联盟关系还将因为信任而更加稳固。

5. 战略联盟的新发展——网络合作联盟

（1）概念。

除了战略联盟的创立企业以外，所有愿意参与并且符合标准的企业都能够通过直接或者间接的方式进入多重合作关系之中，以网络的方式实现相互关联。网络合作联盟就是由一群企业组成的合作体，旨在通过建立多重关系共享资源来实现共同目标。

（2）联盟新成员的引入。

网络合作联盟成员企业选取的重要原则是新成员企业的资源能够被有效地整合，与网络中现有的企业能够优势互补、互相协调。

对于新成员企业的具体评估与判断标准：

①对相关业务领域的理解、优势和潜力（如关注新企业的资源状况与战略）；

②与现有联盟成员企业的业务内容的重叠度；

③与现有联盟成员企业战略的相容性；

④与现有联盟成员企业的合作历史。

（3）网络合作联盟的类型。

类型	适应条件	特点
稳定网络合作联盟	成熟行业，创新发生不频繁，竞争优势存续时间较长，顾客需求相对固定且可预测	①保持领先：通过网络合作延伸自身的竞争优势，从而保证竞争优势的领先性。 ②规模经济：通过实现规模经济或者范围经济，持续地在相对成熟的核心业务中创造价值，提升自己的经济效益，获得利润
动态网络合作联盟	产品创新频繁、产品生命周期较短的行业	①灵活聚散：实现更敏捷、更灵活的聚散。 ②实现创新：通过资源的共享不断地探索新想法，实现产品与服务的创新

（4）网络合作联盟的优势与风险。

项目	具体内容
优势	①不断形成更大的网络合作联盟，让更多成员企业共同实现联盟。 ②分享更多资源，实现优势互补，增加了获得额外竞争优势的可能性。 ③通过共享资源和能力，推动创新的产生。 ④改变了原来只有物理集聚才能实现的资源与能力的共享，提高了额外获得资源与能力的可能性。 提示：上述优势的表述基本可以类比“战略联盟的动因”

续表

项目	具体内容
风险	①企业可能会因为联盟的存在而仅仅局限于与现有合作者合作，而放弃与其他公司发展联盟的机会，为企业的资源共享和创新设置了障碍（对外不合作）。 ②联盟内部的负面事件和矛盾冲突也有可能给企业带来种种不利影响，甚至使联盟成为企业的负担，从而拖累公司的业绩与未来发展（对内有冲突）

解题高手

命题角度1：战略联盟类型的判断。

客观题和主观题高频考点，难度适中。提示以下三个要点：

第一，合资企业是联盟双方共同设立一家企业，涉及资产或人员的合并；但相互持股投资不涉及资产或人员的合并，仅涉及持股。

第二，相互持股投资必须是“双向持股”，如果仅有单方面持股，可能是并购（大量持股，实现控制），也可能是契约式联盟（少量持股，促进合作）。

第三，并非只要涉及“持股”，就一定是股权式联盟，因为契约式联盟也可以涉及少量的股权投资，从而有利于双方开展更加深入的合作。

命题角度2：战略联盟动因的案例分析。

主观题高频考点，难度适中。提示以下三个要点：

第一，准确背记这六句话，口诀是“开拓互补，一提三降”。

第二，此类主观题的解题思路与“一体化战略动因”基本一致，即“背景材料（为了、随着）+成效（提高、改善）”。

第三，从案例分析角度，这六句话的字面含义很明确，很容易找到关键词，但需要注意的是，这六句话并非独立关系，其内涵上存在较大重合。最典型的是，“开拓新的市场”和“促进技术创新”均可视为“实现资源互补”，即分别是客户资源和技术资源的互补。因此，在作答时存在同一句案例原文对应多个动因的情况。

典例研习 · 3-13 单项选择题

海达股份主要产品为轨道交通、汽车、建筑、航运等领域用的橡胶制品，福耀玻璃则是专注于汽车安全玻璃的大型跨国集团。海达股份与福耀玻璃已有十多年的业务合作关系，双方互为供应商或客户关系，2021年双方通过签订合作框架协议建立长期战略合作关系，共同提高综合实力和市场影响力，实现共赢。下列关于海达股份与福耀玻璃形成的战略联盟的表述正确的是（　　）。

A.此联盟更有利于长久合作

B.此联盟需要各自不同的资产组合在一起进行生产

C.此联盟灵活性较差

D.此联盟更强调相关企业的协调与默契

斯尔解析 本题考查的是战略联盟的类型与特点。“双方通过签订合作框架协议建立长期战略合作关系”属于契约式战略联盟，契约式战略联盟更强调相关企业的协调与默契，选项D当选。选项ABC均为股权式战略联盟的特点，不当选，其中选项B是股权式战略联盟中合资企业的特点。

本题答案 D

典例研习·3-14 多项选择题

甲客运公司与乙旅行社于2016年开启深度战略合作，联合推出“车票+地接”打包旅游产品。其中，甲客运公司提供用于打包产品的“低价票”，乙旅行社则提供比以往更为丰富、优质的旅游目的地和地接服务。该产品的推出明显提升了合作双方的竞争力。本案例中，甲客运公司与乙旅行社进行战略合作的动因有（　　）。

A.保持统一的管理风格和企业文化　　B.防范信任危机

C.开拓新的市场　　D.实现资源互补

斯尔解析 本题考查的是战略联盟的动因。“甲客运公司提供用于打包产品的‘低价票’”，而这本身是旅行社较难提供的服务，因此对于旅行社而言是一种资源互补，选项D当选。“乙旅行社则提供比以往更为丰富、优质的旅游目的地和地接服务”则帮助甲客运公司拓展了新的市场，选项C当选。选项A是内部发展（新建）的动因，不当选。选项B是干扰选项，不当选。

本题答案 CD

典例研习·3-15 简答题

天胜公司是国内知名汽车品牌企业，多年来在电动汽车领域坚持自主研发，掌握了电池、电机和电控等核心技术，并在电动汽车领域全线布局，在电动汽车车体框架安全、做工性能以及生产制造管理等方面积累了丰富的经验。

为了应对电动汽车产业快速发展中的各种不确定性风险，实现优势互补，经过几轮谈判，天胜公司与国际高端汽车品牌制造商BZ公司于2010年就联手研发新型电动汽车签署协议，开展电池技术等相关领域的创新合作研究。经过一年多卓有成效的交流与合作，双方增进了彼此的信任。2012年，在进一步完善合作协议的基础上，双方以50%：50%的比例出资6亿元成立合资企业BB公司，开发主要在国内销售的电动汽车。

BB公司的运营充分发挥出双方的优势。天胜公司承担了电池和驱动技术的研发工作，BZ公司承担了整车的技术开发工作。BB公司建造了专门的车间，运行BZ公司标准的生产流水线，由BZ公司的工程师支持调试。2013年，天胜公司与BZ公司联合发布BB公司生产的新型电动汽车品牌。该品牌于2014年上市以后，各项性能指标表现出色，市场销量持续增长，得到了市场的认可。

两家公司在电动汽车市场上由竞争对手成为合作伙伴。天胜公司本土市场的优势为BZ公司进入中国电动汽车市场铺平了道路；BZ公司的技术品牌优势也助力天胜公司进入高端汽车品牌市场。由于双方签订的协议周密严谨，充分考虑了合作过程中可能发生的各种问题，双方的合作项目持续稳健运行，进一步增进了两家公司之间的相互信任。

要求：

简要分析天胜公司和BZ公司所缔结的战略联盟类型、动因以及管控手段。

斯尔解析 （1）天胜公司和BZ公司所缔结的战略联盟的类型有两类：

①功能性协议（或契约式战略联盟）。“天胜公司与BZ公司于2010年就联手研发新型电动汽车签署协议，开展电池技术等相关领域的创新合作研究”。

②合资企业。“2012年，在进一步完善合作协议的基础上，双方以50%：50%的比例出资6亿元成立合资企业BB公司”。

（2）天胜公司和BZ公司缔结战略联盟的动因如下：

①促进技术创新。“联手研发新型电动汽车签署协议，开展电池技术等相关领域的创新合作研究”。

②避免经营风险。“为了应对电动汽车产业快速发展中的各种不确定性风险”。

③避免和减少竞争。“两家公司在电动汽车市场上由竞争对手成为合作伙伴”。

④实现资源互补。“实现优势互补”“BB公司的运营充分发挥出双方的优势。天胜公司承担了电池和驱动技术的研发工作，BZ公司承担了整车的技术开发工作，BB公司建造了专门的车间，运行BZ公司标准的生产流水线，由BZ公司的工程师支持调试”“天胜公司本土市场的优势为BZ公司进入中国电动汽车市场铺平了道路；BZ公司的技术品牌优势也助力天胜公司进入高端汽车品牌市场”。

⑤开拓新的市场。“天胜公司本土市场的优势为BZ公司进入中国电动汽车市场铺平了道路；BZ公司的技术品牌优势也助力天胜公司进入高端汽车品牌市场”。

（3）天胜公司和BZ公司所缔结的战略联盟在战略联盟管控要求方面体现如下：

①订立协议。“经过几轮谈判，天胜公司与BZ公司于2010年就联手研发新型电动汽车签署协议，开展电池技术等相关领域的创新合作研究……2012年，在进一步完善合作协议的基础上，双方以50%：50%的比例出资6亿元成立合资企业BB公司，开发主要在国内销售的电动汽车”“由于双方签订的协议周密严谨，充分考虑了合作过程中可能发生的各种问题，双方的合作项目持续稳健运行”。

②建立合作信任的联盟关系。“经过一年多卓有成效的交流与合作，双方增进了彼此的信任。2012年，在进一步完善合作协议的基础上，双方以50%：50%的比例出资6亿元成立合资企业BB公司，开发主要在国内销售的电动汽车”“进一步增进了两家公司之间的相互信任”。

第二节　业务单位战略

业务单位战略也称竞争战略，业务单位战略涉及各业务单位的主管以及辅助人员。这些经理人员的主要任务是将公司战略所包括的企业目标、发展方向和措施具体化，形成本业务单位具体的竞争与经营战略。

一、基本竞争战略（★★★）

波特将“竞争战略”描述为：采取进攻性或防守性行动，在产业中建立起进退有据的地位，成功地对付五种竞争力，从而为公司赢得超常的投资收益。包括：成本领先战略、差异化战略和集中化战略。

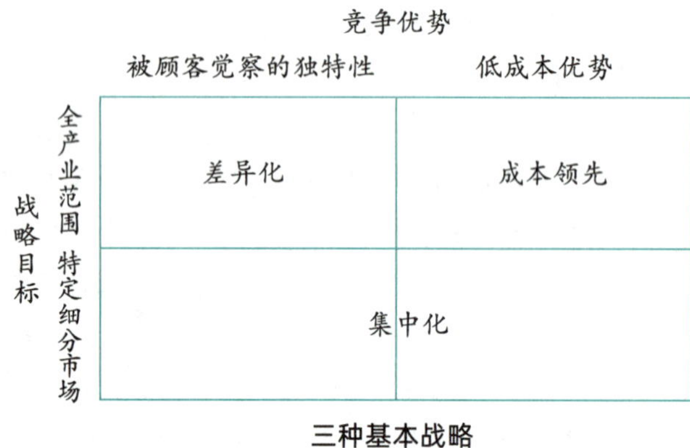

三种基本战略

（一）成本领先战略

1. 含义

企业通过在内部加强成本控制，在研究开发、生产、销售、服务和广告等领域把成本降到最低限度，成为产业中的成本领先者的战略。

2. 优势或动因

（1）形成进入障碍；

（2）增强讨价还价能力；

（3）降低替代品的威胁；

（4）保持领先的竞争地位。

3. 实施条件

（1）市场情况：

①消费者：

a.关心价格：产品具有较高的价格弹性，市场中存在大量的价格敏感用户；

b.不关心品牌：购买者不太关注品牌；

c.转换成本较低。

②竞争者：价格竞争是市场竞争的主要手段。

③产品：产业中所有企业的产品都是标准化的产品，产品难以实现差异化。

（2）资源和能力：

①选择适宜的交易组织形式（自制或外购中，选择成本更低的方案）；

②降低各种要素成本；

③资源集中配置；

④在规模经济显著的产业中装备相应的生产设施来实现规模经济；

⑤提高生产能力利用程度；

⑥提高生产率；

⑦改进产品工艺设计。

4. 风险

（1）消费者：市场需求从注重价格转向注重产品的品牌形象，使得企业原有的优势变为劣势。

（2）竞争者：产业的新进入者或追随者通过模仿或者以更高技术水平设施的投资能力，达到同样甚至更低的产品成本。

（3）成本：技术的变化可能使过去用于降低成本的投资（如扩大规模、工艺革新等）与积累的经验一笔勾销。

（二）差异化战略

1. 含义

企业向顾客提供的产品和服务在产业范围内独具特色，这种特色可以给产品带来额外的加价，如果一个企业的产品或服务的溢出价格超过因其独特性所增加的成本，那么，拥有这种差异化的企业将获得竞争优势。

2. 优势或动因

（1）形成进入障碍；

（2）增强讨价还价能力；

（3）抵御替代品威胁；

（4）降低顾客对价格的敏感程度。

3. 实施条件

（1）市场情况：

①消费者：顾客的需求是多样化的；

②竞争者：企业所在产业技术变革较快，创新成为竞争的焦点；

③产品：产品能够充分地实现差异化，且为顾客所认可。

（2）资源和能力：

①有能够确保激励员工创造性的激励体制、管理体制和良好的创造性文化；

②具有强大的研发能力和产品设计能力；

③具有很强的市场营销能力；

④具有从总体上提高某项经营业务的质量、树立产品形象、保持先进技术和建立完善分销渠道的能力。

4. 风险

（1）消费者：市场需求发生变化。

（2）竞争者：竞争对手的模仿和进攻使已建立的差异缩小甚至转向。

（3）成本：企业形成产品差别化的成本过高。

（三）集中化战略

1. 含义

针对某一特定购买群体、产品细分市场或区域市场，采用成本领先或产品差异化来获取竞争优势的战略。分为两类：集中成本领先战略和集中差异化战略。

2. 优势或动因

（1）能够抵御产业五种竞争力的威胁；

（2）可以增强相对的竞争优势。

3. 实施条件

（1）市场情况：

①消费者：购买者群体之间在需求上存在着差异。

②竞争者：在目标市场上，没有其他竞争对手采用类似的战略。

③产品（或市场）：目标市场在市场容量、成长速度、获利能力、竞争强度等方面具有相对的吸引力。

（2）资源和能力：

企业资源和能力有限，难以在整个产业实现成本领先或差异化，只能选定个别细分市场。

4. 风险

（1）消费者：购买者群体之间需求差异变小。

（2）竞争者：竞争对手的进入与竞争。

（3）成本：狭小的目标市场导致高成本。

解题高手

命题角度：三种基本竞争战略的案例分析。

客观题、主观题高频考点，考法多样，记忆量大，但难度适中。以下总结了若干种具体的考核方式以及掌握要点。

（1）考查三种基本竞争战略的优势。

①记忆技巧：结合波特五力分析模型记忆。

②解题技巧：与“一体化战略的动因”的解题技巧类似，此处更强调获取“比较优势”。

（2）考查三种基本竞争战略的实施条件。

①市场情况：

从“消费者”“竞争者”“产品/市场”三个维度进行记忆。

类型	消费者	竞争者	产品/市场
成本领先	关心价格、不关心品牌、转换成本低	价格战是主要手段	标准化
差异化	需求多样化	创新是主要焦点	差异化
集中化	群体之间需求多样化	没有其他竞争对手	有吸引力

②资源和能力：

a.成本领先战略：结合不同的记忆方法来背记。

b.差异化战略：有一定辨析难度，特别是第4条“具有从总体上提高某项经营业务质量、树立产品形象、保持先进技术和建立完善分销渠道的能力”，此句在案例中较为隐晦。具体而言，有两类关键线索可对应这句话：

第一，“管理层的理念正确、决策正确或者公司实施了一项重要战略或措施”；

第二，“业务质量”“产品形象”“先进技术”“分销渠道”等。

（3）考查三种基本竞争战略的类型辨析。

核心方法就是结合上述优势、实施条件的关键词进行辨析。另外，注意以下三点：

第一，差异化战略的关键词还有“率先”，集中化战略的关键词还有“专注/聚集于某个细分市场”。

第二，在主观题中，优先将类型锁定在成本领先战略和差异化战略，除非案例中有特别明显的与集中化战略相匹配的关键词。

（4）考查三种基本竞争战略的风险。

从“消费者”“竞争者”“成本”三个维度进行记忆：

类型	消费者	竞争者	成本
成本领先	需求变化	进入/模仿	技术变化导致投资泡汤
差异化	需求变化	进攻/模仿	投资过高
集中化	需求变化	进入/模仿	市场狭小导致高成本

典例研习 · 3-16 单项选择题

20世纪90年代，U国航空业市场结构已经形成，龙头企业控制市场，正值行业笼罩在萧条的环境中，一家名不见经传的小企业——西南航空公司却突破阴云，一飞冲天，在1992年取得了营业收入增长25%的佳绩。西南航空公司的成功得益于其始终坚守短航线、低价格的战略定位，力争成为短途航运领域的标志性企业。根据上述材料，西南航空选择的竞争战略是（　　）。

A.集中化战略　　B.多元化战略

C.成本领先战略　　D.差异化战略

斯尔解析 本题考查的是基本竞争战略的类型判断。集中化战略是指针对某一特定购买群体、产品细分市场或区域市场，采用成本领先或产品差异化来获取竞争优势的战略。“西南航空公司的成功得益于其始终坚守短航线、低价格的战略定位，力争成为短途航运领域的标杆性企业”符合集中化战略的定义（具体为集中成本领先战略），关键词为“始终坚守”“力争成为短途航运领域的标志性企业”，选项A当选。

陷阱提示 选项B属于总体战略，属于答非所问。

本题答案 A

典例研习 · 3-17 多项选择题

万通公司是一家从事中西药研发与生产的企业。2023年，该公司开始实施一项新战略，凭借已有业务积累起来的资金实力，进入医疗设备的研发与制造领域，一方面模仿市场上已有的成功产品，以较低的成本进行生产，另一方面通过技术研发与创新，率先向市场推出新技术医疗设备。本案例中，万通公司采用的总体战略和竞争战略的类型包括（　　）。

A.一体化战略　　B.多元化战略　　C.成本领先战略　　D.差异化战略

斯尔解析 本题考查的是公司战略的层次与类型。“万通公司是一家从事中西药研发与生产的企业……凭借已有业务积累的资金实力，进入医疗设备的研发与制造领域”体现了万通公司采用的总体战略是多元化战略，选项B当选。“通过技术研发与创新，率先向市场推出新技术医疗设备”体现了万通公司采用的竞争战略是差异化战略，选项D当选。

陷阱提示 严格来讲，成本领先战略是指企业通过在内部加强成本控制，在研究开发、生产、销售、服务和广告等领域把成本降到最低限度，成为产业中的成本领先者的战略。题干中表述“以较低的成本进行生产”，并没有充分体现把成本降低至最低限度，故官方答案未选择“成本领先战略”。但在实际考试中，当考生看到“较低的成本”时，无法判断这能否构成成本领先战略，且按照多选题的命题思路来看，“一方面，模仿市场上已有的成功产品，以较低的成本进行生产”这句话并没有其他可以对应的选项。这意味着，若按照官方答案来看，此句属于干扰信息，但这属实是难为考生了。综上，本题有一定争议，无论是否选择“成本领先战略”，均可视为正确。

本题答案 BD

典例研习 · 3-18 简答题

TL厨具有限公司创办于1996年，20多年来，TL公司运用成本领先战略，迅速扩大市场占有率，在国内外享有较高的知名度。

TL公司集中全部资源，重点发展厨具行业，利用与发达国家企业OEM合作方式搬来的设备，进行大批量生产，从而获得规模经济优势。在此基础上，TL公司多次主动大幅度降低产品价格，在市场上既淘汰了高成本的企业，又淘汰了劣质企业，也令新进入者望而却步。

国内家电行业每亿元资产占有的劳动力比国外同类企业高3～6倍，但是由于TL公司实行24小时轮班制，使设备的利用率很高，因而其劳动生产率与后者基本持平。同时，由于国内劳动力成本低，公司销售收入中的劳动报酬比例大大低于国外制造业的平均水平。

对于一些成本高且TL公司自身有生产能力的上游资源，如集成电路等，TL公司通过多种形式进行后向一体化。通过自行配套生产，一方面可以大幅度降低成本、确保质量、降低经营风险，另一方面公司还可以获得核心元器件的生产和研发技术。而对于一些成本高、自身还不具备生产能力的上游资源，由于公司在其他各环节上成本低于竞争对手，也能够应付和消化这些高成本投入物的价格。

近几年来，国内厨具小家电的销售数量以每年30%的速度递增，吸引了众多国内外家电大型企业的加入。这些企业放弃了原有在大家电市场走的高端产品路线，大都以中低端的价格进入市场。这些企业认为，在厨具小家电市场，企业的产品都是标准化的产品，消费者大都对价格比较敏感，价格竞争仍然是市场竞争的主要手段。

要求：

（1）简要分析TL公司在厨具小家电市场采用成本领先战略的优势。

（2）简要分析TL公司在厨具小家电市场实施成本领先战略的条件。

斯尔解析 （1）TL公司在厨具小家电市场采用成本领先战略的优势如下：

①形成进入障碍。“TL公司多次主动大幅度降低产品价格……也令新进入者望而却步”。

②增强讨价还价能力。“而对于一些成本高、自身还不具备生产能力的上游资源，由于公司在其他各环节上成本低于竞争对手，也能够应付和消化这些高成本投入物的价格”。

③保持领先的竞争地位。“在市场上既淘汰了高成本的企业，又淘汰了劣质企业”。

（2）TL公司在厨具小家电市场实施成本领先战略的条件如下：

第一，市场情况方面。

①产品具有较高的价格弹性，市场中存在大量的价格敏感用户。“消费者大都对价格比较敏感”。

②产业中所有企业的产品都是标准化的产品，产品难以实现差异化。“在厨具小家电市场，企业的产品都是标准化的产品”。

③价格竞争是市场竞争的主要手段。“价格竞争仍然是市场竞争的主要手段”。

第二，资源和能力方面。

①在规模经济显著的产业中建立生产设备来实现规模经济。“利用与发达国家企业OEM合作方式搬来的设备，进行大批量生产，从而获得规模经济优势”。

②降低各种要素成本。“由于国内劳动力成本低，公司销售收入中的劳动报酬比例大大低于国外制造业的平均水平”“TL公司通过多种形式进行后向一体化。通过自行配套生产，可以大幅度降低成本”。

③提高生产率。“TL公司实行24小时轮班制，因而其劳动生产率与后者基本持平”。

④提高生产能力利用程度。“TL公司实行24小时轮班制，使设备的利用率很高”。

⑤选择适宜的交易组织形式。“对于一些成本高且TL公司自身有生产能力的上游资源，如集成电路等，TL公司通过多种形式进行后向一体化”。

⑥资源集中配置。“TL公司集中全部资源，重点发展厨具行业”。

典例研习·3-19 简答题

2003年，从国内名牌大学毕业的李轩开始以“眼镜肉店”老板的身份在X市农贸市场卖猪肉，成为备受关注的“最有文化的猪肉佬”。多年的教育背景让李轩把卖猪肉这个生意做到了很高的水准，他从来不卖注水肉，品质不好的肉坚决不进货，也从不缺斤少两，慢慢地积攒了诚信经营的口碑，他的肉铺一天能卖出十几头猪。

2008年，李轩与同是经营猪肉生意的本校校友张生相识。张生于2007年在Z市创办猪肉连锁店，同样因为“国内名牌大学”和“猪肉”的名号，引起众人关注。

李轩和张生开始联手打造“特号土猪”的猪肉品牌。他们自己养猪、自己卖猪。他们选择口感颇受国内百姓喜爱的优良土猪品种；猪场采用半开放式的大空间，让猪自由活动；猪场里设有音响，专门给猪听音乐。他们认为，猪和人一样，只有心情愉悦，才会长得又肥又壮，肉质也会更加鲜美。

“特号土猪”公司日益发展壮大。从2010年5月开始，李轩和张生凭着自己多年经营猪肉的经验，开办了培训职业屠夫的“屠夫学校”，培养目标是“通晓整个产业流程的高素质创新型人才”。“特号土猪”公司每年都会招聘应届大学生，经过“屠夫学校”40天培训，再派往各店铺工作。

2015年，“特号土猪”销量超过10亿元，成为国内土猪肉第一品牌。2016年，在互联网的大潮引领下，“特号土猪”登陆国内最大电商平台，成为第一个面向大众消费者的“互联网+”猪肉品牌。线上与线下同时发力，“特号土猪”品牌影响力进一步扩展，销量也更上一层楼。

2019年，“特号土猪”品牌连锁店开到了全国20多个城市，共有2 000多家门店。十几年来，李轩和张生专心致志，将“特号土猪”这个高端品牌做到了极致。

要求：

从差异化战略实施条件（资源能力）角度，简要分析李轩和张生将“特号土猪”高端品牌做到极致的原因。

斯尔解析 （1）具有强大的研发能力和产品设计能力。“开办了培训职业屠夫的‘屠夫学校’，培养目标是‘通晓整个产业流程的高素质创新型人才’”“他们自己养猪、自己卖猪。他们选择口感颇受国内百姓喜爱的优良土猪品种猪场采用半开放式的大空间，让猪自由活动；猪场里设有音响，专门给猪听音乐。他们认为，猪和人一样，只有心情愉悦，才会长得又肥又壮，肉质也会更加鲜美”。

（2）具有很强的市场营销能力。“从未不卖注水肉、品质不好的肉坚决不进货，也从不缺斤少两，慢慢地积攒了诚信经营的口碑，他的肉铺一天能卖出十几头猪”“在互联网的大潮引领下，‘特号土猪’登陆国内最大电商平台，成为第一个面向大众消费者的‘互联网+’猪肉品牌。线上与线下同时发力，‘特号土猪’品牌影响力进一步扩展，销量也更上一层楼”。

（3）有能够确保激励员工创造性的激励体制、管理体制和良好的创造性文化。“开办了培训职业屠夫的‘屠夫学校’，培养目标是‘通晓整个产业流程的高素质创新型人才’”。

（4）具有从总体上提高某项经营业务的质量、树立产品形象、保持先进技术和建立完善分销渠道的能力。“李轩和张生开始联手打造‘特号土猪’的猪肉品牌”“选择口感颇受国内百姓喜爱的优良土猪品种，猪场采用半开放式的大空间，让猪自由活动，猪场里设有音响，专门给猪听音乐”“开办了培训职业屠夫的‘屠夫学校’，培养目标是‘通晓整个产业流程的高素质创新型人才’”“在互联网的大潮引领下，‘特号土猪’登陆国内最大电商平台，成为第一个面向大众消费者的‘互联网+’猪肉品牌”“专心致志，将‘特号土猪’这个高端品牌做到了极致”。

（四）“战略钟”——基本战略的综合分析

当企业试图用基本竞争战略的概念解决实际战略选择时会遇到很多问题。企业遇到的实际情况比较复杂，并不能简单地归纳为应该采取哪一种基本战略。克利夫·鲍曼（Cliff Bowman）将这些问题收入到一个体系内，并称这一体系为“战略钟”，可以对波特的许多理论进行综合。

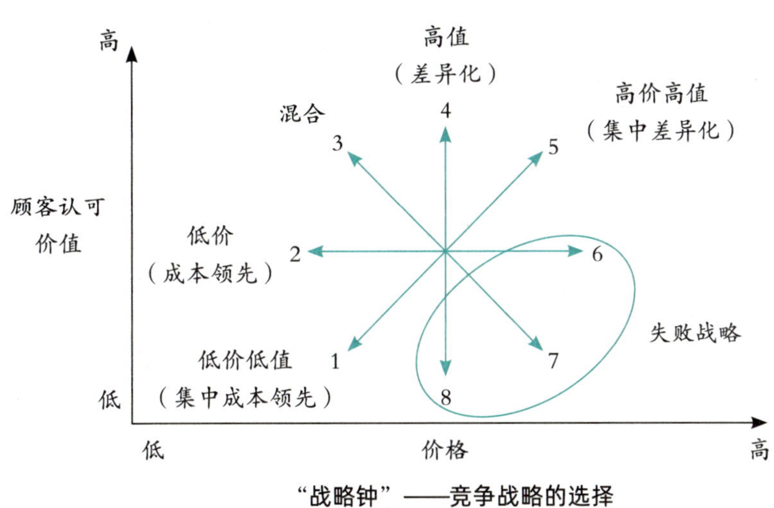

“战略钟”——竞争战略的选择

1. 成本领先战略

途径	解释	
途径1	低价低值战略	（1）企业关注的是对价格非常敏感的细分市场，在这些细分市场中，虽然顾客认识到产品（或服务）的质量很低，但他们买不起或不愿买更好质量的商品； （2）是一种很有生命力的战略，尤其在面对收入水平较低的消费者群体的企业，很适合采用该战略； （3）可以看成是一种集中成本领先战略
途径2	低价战略	企业寻求成本领先战略时常用的典型途径，即在降低价格的同时，努力保持产品（或服务）的质量不变

2. 差异化战略

途径		解释
途径4	高值战略	以相同或略高于竞争者的价格向顾客提供高于竞争对手的顾客认可价值
途径5	高价高值战略	（1）以特别高的价格为顾客提供更高的认可价值； （2）这种战略在面对高收入消费者群体时很有效； （3）可以看成是一种集中差异化战略

3. 混合战略

途径	解释
途径3	在为顾客提供更高的认可价值的同时，获得成本优势（物美价廉）
可行原因	（1）产品质量高→市场份额大→规模经济→降低成本； （2）产品质量高→学习经济（或经验曲线）→降低成本； （3）产品质量高+提高生产效率→降低成本

4. 失败战略

途径	解释
途径6	提高价格，但不为顾客提供更高的认可价值
途径7	（1）降低产品或服务的顾客认可价值，同时却在提高相应的价格； （2）除非企业处于垄断地位，否则不可能维持这样的战略
途径8	保持价格不变的同时降低顾客认可的价值，在短期内具有一定隐蔽性，但终将会败露

解题高手

命题角度：战略钟模型下的战略类型判断以及概念辨析。

客观题考点，难度不高，但有不少易混易错的内容，需提醒大家关注：

（1）混合战略不是任意两种竞争战略的混合，而是仅有一种组合：成本领先+差异化；

（2）低值低价战略是一种很有生命力的战略，而不是属于失败战略；

（3）有低价战略，但没有低值战略；有高值战略，但没有高价战略（违背基本的商业逻辑）；

（4）战略钟体系与基本竞争战略的对应关系：

①成本领先战略包括低价低值战略（集中成本领先战略）和低价战略（成本领先战略）；

②差异化战略包括高值战略（差异化战略）和高价高值战略（集中差异化战略）。

典例研习·3-20 单项选择题

北星咖啡馆通过精选原料和优化操作、服务流程，使顾客只需付出同种咖啡最低的价格就能享受顶级口味的咖啡。根据“战略钟”分析，北星咖啡馆采取的竞争战略是（　　）。

A.低价战略　　B.混合战略　　C.高值战略　　D.集中差异化战略

斯尔解析 本题考查的是战略钟理论下的战略类型。混合战略是指企业可以在为顾客提供更高的认可价值的同时，获得成本优势。“使顾客只需付出同种咖啡最低的价格就能享受顶级口味的咖啡”属于“战略钟”理论中的混合战略，既实现了低成本，又实现了差异化，因此选项B当选。

本题答案 B

典例研习·3-21 多项选择题

千寻公司是一家日用品生产企业。该公司始终坚持让顾客以最划算的价格购买到最舒适的产品，其产品无论是设计、性能还是质量，均达到行业上游水平。根据“战略钟”理论，下列属于千寻公司成功实施该战略的原因有（　　）。

A.坚持提供高质量的产品

B.注重提高生产效率

C.避开了在大范围内与对手的直接竞争

D.获取到了经验曲线

斯尔解析 本题考查的是混合战略可行的原因。从理论角度看，以下三个因素会导致一个企业同时获得两种优势：（1）提供高质量产品的公司会增加市场份额，而这又会因规模经济而降低平均成本（选项A当选）。（2）生产高质量产品的经验累积和降低成本的速度比生产低质量产品快（选项D当选）。（3）注重提高生产效率可以在高质量产品的生产过程中降低成本（选项B当选）。选项C属于实施集中化战略的优势，不当选。

本题答案 ABD

二、中小企业竞争战略（★★）

波特在《竞争战略》中对几个重要的产业环境类型进行了更具体的战略分析。他的分析主要是依据产业集中程度、产业成熟情况等角度展开的。其中零散产业和新兴产业大多是以中小企业为主体，所以从某种意义上讲，也可以说是对中小企业竞争战略的研究。

提示：零散产业是从产业结构角度出发，新兴产业是从发展阶段角度出发，二者存在逻辑上的重叠。

（一）零散产业中的竞争战略

1. 概念

零散产业是一种重要的结构环境，在这种产业中，产业集中度很低，没有任何企业占有显著的市场份额，也没有任何一个企业能对整个产业的发展产生重大的影响。例如，快餐业、洗衣业、照相业等。

2. 造成产业零散的原因

（1）进入障碍低或存在退出障碍——进入障碍低是造成产业零散的前提。

（2）市场需求多样化导致高度产品差异化——需求多样化（日常消费，如餐馆、理发店、服装店）和消费地点零散化（如快餐、超市、农贸市场等）。

（3）不存在规模经济或难以达到经济规模。

3. 零散产业的战略选择

类型	途径
克服零散——获得成本优势	（1）连锁经营或特许经营（如711、麦当劳）； （2）技术创新以创造规模经济（如工业4.0、直播带货）； （3）尽早发现产业趋势（顾客的偏好、渠道的变化、政府的政策等）
增加附加值——提高产品差异化程度	许多零散产业的产品或服务是一般性的商品，提高差异化主要靠增加商品附加值（如海底捞火锅）
专门化——目标集聚	（1）产品类型或产品细分的专门化（如地方菜系、专做护发）； （2）顾客类型专门化（如儿童摄影、大码服装）； （3）地理区域专门化（如广式凉茶）

4. 谨防潜在的战略陷阱

（1）避免寻求支配地位。

零散产业的基本结构决定了寻求支配地位是无效的，除非可以从根本上出现变化。

（2）保持严格的战略约束力。

易变的战略可能在短期内产生效果，但在长期发展中，会削弱自身竞争力。（关键词：战略频繁调整）

（3）避免过分集权化。

零散产业中的竞争本质在于人员服务、当地联系、营业的近距离控制、对波动及式样变化的反应能力等。集权化影响生产效率，延缓反应时间，人员主动性小。

（4）了解竞争者的战略目标与管理费用。

家族式的企业与股份制企业的目标往往不同。

（5）避免对新产品作出过度反应。

由于零散产业需求的多样性与缺乏规模经济，企业对新产品做出的大量投资在该产品的成熟期并不容易收回，也难以获得较高的回报。（关键词：新产品）

典例研习·3-22 单项选择题

甲地区有很多小型洗衣店，但没有一家洗衣店占据较大的市场份额或对市场有显著影响。造成该现象的原因是（　　）。

A.洗衣市场竞争激烈，服务价格和利润水平低

B.洗衣市场要求差异较小导致服务同质化

C.洗衣业进入障碍低

D.洗衣业技术进步比较缓慢

斯尔解析 本题考查的是造成产业零散的原因。本题中，洗衣店属于零散产业。造成产业零散的原因包括：（1）进入障碍低或存在退出障碍；（2）市场需求多样导致高度产品差异化；（3）不存在规模经济或难以达到经济规模。因此选项C当选、选项B不当选。选项AD均属于干扰选项，不符合零散原因的表述。但若把选项D修改为“该产业中还没有企业掌握足够的技能和能力以占据重要的市场份额”则是正确表述，这属于造成零散原因中的“其他原因”。但实际考试中，大概率不会出现这么偏门的选项，适当关注即可。

本题答案 C

典例研习·3-23 多项选择题

靓影公司是一家经营照相、冲印、彩扩的企业。靓影公司应当采用的竞争战略有（　　）。

A.聚焦细分市场需求，如婚庆大尺寸照片的拍摄、冲印、美化等

B.适应多样化的顾客需求，开发多种服务品种

C.增加服务的附加价值，如在顾客等候时提供茶水、杂志等

D.连锁经营或特许经营，将服务点分散在居民生活区中

斯尔解析 本题考查的是零散产业的竞争战略。靓影公司属于零散产业，其战略选择的方式主要有三种：克服零散（获得成本优势）、增加附加值（提高产品差异化程度）、专门化（目标聚集）。选项A是专门化的体现，选项C则为增加附加值，选项D属于克服零散，选项ACD当选。而选项B属于产品开发战略（目的是满足顾客需求），属于总体战略，因此不属于该公司应当采用的竞争战略，选项B不当选。

本题答案 ACD

典例研习·3-24 多项选择题

万丰公司是一家经营连锁汽车修理店的企业，自2017年起通过快速扩张将店面数量增加了一倍以上，市场份额一度跃居行业首位，同时将业务扩展到汽车零部件加工、二手车交易等领域，但由于管理滞后和相关技术人才短缺，该公司的业绩表现不佳。2021年，万丰公司入不敷出，被其竞争对手兼并。从零散产业谨防潜在的战略陷阱角度看，万丰公司在进行战略选择时未能（　　）。

A.避免寻求支配地位　　B.保持严格的战略约束力

C.避免过分集权化　　D.了解竞争者的战略目标

斯尔解析 本题考查的是零散产业谨防潜在的战略陷阱。“自2017年起通过快速扩张将店面数量增加了一倍以上，市场份额一度跃居行业首位……但由于管理滞后和相关技术人才短缺，该公司的业绩表现不佳”体现了万丰公司进行战略选择未能避免寻求支配地位，选项A当选。“同时将业务扩展到汽车零部件加工、二手车交易等领域，但由于管理滞后和相关技术人才短缺……万丰公司入不敷出，被其竞争对手兼并”体现万丰公司进行战略选择未

能保持严格的战略约束力，选项B当选。本题中，未有体现“集权化”的关键词，选项C不当选。本题的难点在于选项D，因为案例中万丰公司“被其竞争对手兼并”这一表述会让同学们误以为这是由于万丰公司未能了解竞争者的战略目标所导致，但这个逻辑成立吗？因为不了解对手的目标，所以被对手兼并？这太牵强了，而且这句话本身强调的是小型私营企业与股份制企业在战略目标上有很大差异，前者可能对较低的赢利水平就感到满意，因而对价格变动或其他产业事件的反应与股份制企业极不相同，选项D不当选。

本题答案 AB

（二）新兴产业中的竞争战略

从战略制定的观点看，新兴产业的基本特征是没有游戏规则。缺乏游戏规则既是风险又是机会的来源。

1. 新兴产业内部结构的共同特征

新兴产业在内部结构上彼此差异很大，但是仍有一些共同的结构特征：

（1）技术的不确定性；

（2）战略的不确定性；

（3）成本的迅速变化；

（4）萌芽企业和另立门户（已立足企业中的雇员创立自己的新企业）；

（5）首次购买者（初次消费者多，但更多潜在消费者持观望态度，因此需要诱导购买）。

2. 新兴产业发展障碍与机遇

（1）发展障碍：从产业的五种竞争力角度分析，新兴产业发展障碍主要表现在新兴产业的供应者、购买者与被替代品三个方面，其根源还在于产业本身的结构特征。常见的发展障碍有：

①专有技术选择、获取与应用的困难；

②原材料、零部件、资金与其他供给的不足；

③顾客的困惑与等待观望；

④被替代品的反应；

⑤缺少承担风险的胆略与能力。

（2）发展机遇：

①进入障碍：新兴产业进入成本相对较低；

②产业内现有企业的竞争：竞争结构还没有完全建立起来，竞争代价小。

3. 新兴产业的战略选择

在新兴产业中，发展风险与机遇共存，而风险与机遇都来源于产业的不确定性。所以新兴产业中的战略制定过程必须处理好这一不确定性。

（1）塑造产业结构：在新兴产业中占压倒地位的战略问题是考虑企业是否有能力促进产业结构趋于稳定而且成型。

（2）正确对待产业发展的外在性：产业整体利益与企业自身利益的平衡。

（3）注意产业机会与障碍的转变，在产业发展变化中占据主动地位。

（4）选择适当的进入时机与领域。

①适宜早期进入情形：

a.企业的形象和声望对顾客至关重要，企业可因先驱者而发展和提高声望；

b.产业中的学习曲线很重要，经验很难模仿，早期进入企业可以较早地开始这一学习过程；

c.顾客忠诚非常重要，那些首先对顾客销售的企业将获得较高的收益；

d.早期与原材料供应、分销渠道建立的合作关系对产业发展至关重要。

②不适宜早期进入情形：

a.产业发展成熟后，早期进入的企业面临过高的转换成本；

b.为了塑造产业结构，需付出开辟市场的高昂代价，其中包括顾客教育、法规批准、技术开拓等；

c.技术变化使早期投资过时，并使晚期进入的企业因拥有最新产品和工艺而获益。

解题高手

命题角度1：新兴产业内部结构的共同特征和发展障碍的案例分析。

主观题高频考点，且能够一并考查。作如下几点提示：

第一，“共同特征”和“发展障碍”有以下三组对应关系：

（1）“技术的不确定性”完全对应“专有技术选择、获取与应用的困难”；

（2）“首次购买者”完全对应“顾客的困惑与等待观望”；

（3）“成本的迅速变化”可能对应“原材料、零部件、资金与其他供给的不足”；

第二，“缺少承担风险的胆略与能力”在案例中通常较为隐晦。根据历年答案，对应的案例线索通常为“某企业作出了一项较为冒险的决定，或者鼓足勇气做了某件事情（而其他新兴产业的企业都不敢这样做）”。

命题角度2：新兴产业战略选择的案例分析。

主观题高频考点，有一定难度，可结合以下关键词或案例线索进行分析：

教材表述	关键词或案例线索
塑造产业结构	在新兴行业中实施了某些关键举措；引领了××/完善了××；占据主导地位/率先推出××
正确对待产业发展的外在性	企业与所在产业（如上下游企业）、其他产业（如金融业）、其他机构（如医院、大学、政府机构等）之间的关系；企业推动了产业或其他利益主体的发展；企业引导或改变了客户的认知

续表

教材表述	关键词或案例线索
注意产业机会与障碍的转变，在产业发展变化中占据主动地位	与“塑造产业结构”的案例线索相同；积极应对供应者、购买者、竞争者在产业发展过程中对自身态度和行为的变化
选择适当的进入时机与领域	进入时机正确，获得市场支配地位

典例研习·3-25 简答题

短短几年间，近百家企业扎堆涌入共享单车新兴市场。合阳公司入场时，一线城市共享单车市场基本被瓜分完毕。合阳公司只能避开竞争激烈的一线城市，深耕二、三线城市市场，并一口气与近70个二、三线城市签订了独家引进协议。而在一线城市激烈竞争中消耗了太多资源的第一梯队企业很难再实施市场下沉策略。这给了合阳公司生存的机会和反超的可能，合阳公司在接下来的一系列战略新举措实施过程中，逐步逆袭突破一线城市，成功跻身第一梯队，并在行业发展的关键转折中起到引领作用。

（1）将产品定位于公交运力的补充，助力完善城市公共交通体系。为了解决城市管理者对共享单车的管理难题，合阳公司重新调整产品定位，将共享单车从商业属性拓展至公益属性，既满足了市民“最后一公里”的出行需求，也为政府管理城市和服务市民提供了支持。

（2）开启健康盈利模式，实施免押金策略。大多数共享单车企业通过收取99元、299元不等的押金来回收资金。合阳公司在成立不足两年时，以第三方支付平台信用体系为支撑，实施免押金策略，直接摒弃了资金池模式。本着“长久发展依赖运营效率”的思路，合阳极力推动共享单车全链条的闭环管理，对废旧单车进行报废、回收及再生处理，维护了城市的绿色可持续发展，也守住了共享经济本身对闲置资源有效利用的要义。

（3）精细化运营，大幅降低成本。多数共享单车企业的主营业务只是投放车辆、抢占市场，一些“头部”企业都把运营维护做了外包。而合阳公司则坚持自主运营维护，通过不断升级硬件、优化算法，将数据精细化到城市的每一个网格。精细化运营大幅度降低了运营成本，实现了共享骑行本身的盈利。

（4）结合用户骑行体验中潜心专注研发。合阳公司将自身定位于硬件公司，认为单车本身是共享经济的先决条件。经过500多人的研发团队不断改进，合阳将单车从1.0密码解锁版本进化到5.0智能扫码解锁版本，打造坐感舒适、骑行省力、极速解锁、故障无忧的完美工业品，在众多竞争产品中脱颖而出。

合阳公司的逆袭，除了自身的实力外，也离不开大公司AL的青睐和相助。AL公司不仅以雄厚资本为合阳公司提供运营资金保障，更重要的是亿级流量入口和信用体系支撑所带来的对市场争夺的支撑。

要求：

（1）简要分析合阳公司在共享单车新兴产业中是如何克服发展障碍的。

（2）简要分析合阳公司在共享单车新兴产业中的战略选择。

斯尔解析 （1）①专有技术选择、获取与应用的困难。“合阳公司通过不断升级硬件、优化算法，将数据精细化到城市的每一个网格”“合阳公司将自身定位于硬件公司，认为单车本身是共享经济的先决条件。经过500多人的研发团队不断改进，合阳将单车从1.0密码解锁版本进化到5.0智能扫码解锁版本，打造坐感舒适、骑行省力、极速解锁、故障无忧的完美工业品，在众多竞争产品中脱颖而出”。

②原材料、零部件、资金与其他供给的不足。“合阳的逆袭，除了自身的实力，也离不开大公司AL的青睐和相助。AL公司不仅以雄厚资本为合阳公司提供运营资金保障，更重要的是亿级流量入口和信用体系支撑所带来的对市场争夺的支撑”。

③顾客的困惑与等待观望。“合阳公司重新调整产品定位，将共享单车从商业属性拓展至公益属性，既满足了市民‘最后一公里’的出行的需求，也为政府管理城市和服务市民提供了支持”。

④被替代产品的反应。在面临新产品替代威胁时，老产品防范新产品的最佳战略可能是进一步降低成本，这也给新兴产业的发展增添了难度。“开启健康盈利模式，实施免押金策略”。

⑤缺少承担风险的胆略与能力。新兴产业早期的发展障碍更多地源于缺少承担风险的胆略与能力、技术上的创造性以及作出前瞻性的决策以储备投入人力、物资与分销渠道的能力等。“避开竞争激烈的一线城市，深耕二、三线城市市场”“合阳公司在接下来的一系列战略新举措实施中……在行业发展的关键转折中起到引领作用”“合阳重新调整产品定位，将共享单车从商业属性拓展至公益属性”“合阳的逆袭，除了自身的实力，也离不开大公司AL的青睐和相助。AL公司不仅以雄厚资本为合阳公司提供运营资金保障，更重要的是亿级流量入口和信用体系支撑所带来的对市场争夺的支撑”。

（2）①塑造产业结构。“逐步逆袭突破一线城市，并在行业发展的关键转折中起到引领作用”“将产品定位于公交运力的补充，助力完善城市公共交通体系”“开启健康盈利模式，实施免押金策略”“精细化运营，大幅降低成本”“合阳将自身定位于硬件公司，认为单车本身是共享经济的先决条件”。

②正确对待产业发展的外在性。“合阳重新调整产品定位，将共享单车从商业属性拓展至公益属性，既满足了市民‘最后一公里’的出行的需求，也为政府管理城市和服务市民提供了支持”“合阳在成立不足两年时，以第三方支付平台信用体系为支撑，实施免押金策略，直接摒弃了资金池模式”。

③注意产业机会与障碍的转变，在产业发展变化中占据主动地位。“逐步逆袭突破一线城市，并在行业发展的关键转折中起到引领作用”“将产品定位于公交运力的补充，助力完善城市公共交通体系”“开启健康盈利模式，实施免押金策略”“精细化运营，大幅降低成本”“合阳将自身定位于硬件公司，认为单车本身是共享经济的先决条件”。

④选择适当的进入时机与领域。“合阳公司单车入场时，一线城市共享单车市场基本被瓜分完毕。合阳公司单车只能避开竞争激烈的一线城市，深耕二、三线城市市场，并一口气与近70个二、三线城市签订了独家引进协议。而在一线城市激烈竞争中消耗了太多资源的第一梯队企业很难再实施市场下沉策略，这给了合阳公司生存的机会和反超的可能”。

三、蓝海战略（★★★）

自波特教授的《竞争战略》和《竞争优势》两部战略专著问世后，“竞争”就成了战略管理领域的关键词。在基于竞争的战略思想指导下，企业常常在“差异化”和“成本领先”战略之间选择其一。但在今天，无论采取“差异化”还是“成本领先”战略，企业取得获利性增长的空间都越来越小。在这种情况下，企业如何才能从血腥的竞争中脱颖而出？如何才能启动和保持获利性增长？蓝海战略（Blue Ocean Strategy）为企业指出了一条通向未来增长的新路。

“红海”战略主要是立足当前业已存在的行业和市场，采取常规的竞争方式与同行业中的企业展开针锋相对的竞争。“蓝海”战略是指不局限于现有产业边界，而是极力打破这样的边界条件，通过提供创新产品和服务，开辟并占领新的市场空间的战略。

提示：“蓝海”既可以出现在现有产业疆域之外，也可以萌生在产业现有的“红海”之中。

（一）蓝海战略的内涵

蓝海的开拓者并不将竞争作为自己的标杆，而是遵循另一套完全不同的战略逻辑，即“价值创新”，这是蓝海战略的基石。之所以称为价值创新，原因在于它并非着眼于竞争，而是力图使客户和企业的价值都出现飞跃，由此开辟一个全新的、非竞争性的市场空间。

（二）蓝海战略与红海战略关键性差异

红海战略	蓝海战略
在已经存在的市场内竞争	拓展非竞争性市场空间
参与竞争	规避竞争
争夺现有需求	创造并攫取新需求
遵循价值与成本互替定律	打破价值与成本互替定律
根据差异化或低成本的战略选择，把企业行为整合为一个体系	同时追求差异化和低成本，把企业行为整合为一个体系

（三）蓝海战略的制定原则和执行原则

类型	具体原则	要点	降低的风险因素
制定原则	重建市场边界	必备的分析工具和框架	↓搜寻的风险
	注重全局而非数字	超越小步改进价值的境界	↓规划的风险
	超越现有需求	强调审视非顾客之间强大的共同点需求，而非顾客间的差别	↓规模的风险
	遵循合理的战略顺序	效用、价格、成本、接受	↓商业模式风险

续表

类型	具体原则	要点	降低的风险因素
执行原则	克服关键组织障碍	跨越认知、资源、动力和组织政治方面的障碍	↓组织的风险
	将战略执行建成战略的一部分	鼓舞人们行动起来，去执行蓝海战略	↓管理的风险

（四）重建市场边界的基本法则

蓝海战略总结了六种重建市场边界的基本法则，被称为六条路径框架，从而帮助企业从一大堆机会中准确地挑选出具有蓝海特征的市场机会。

1. 路径一：审视他择产业

他择品的概念要比替代品更广。形式不同但功能或者核心效用相同的产品或服务，属于替代品（substitutes）。而他择品（alternatives）则还包括了功能和形式都不同而目的却相同的产品或服务。例如，为了达到休闲的目的，人们可以选择的休闲方式有多种，可以看电影，也可以打电动，因此打电动便是看电影的他择品。

2. 路径二：跨越产业内不同的战略群组

本书第二章阐述战略群组分析的第四个角度，就是“利用战略群组图还可以预测市场变化或发现战略机会”，这是重建产业边界的又一路径。

3. 路径三：重新界定产业的买方群体

在一个产业中的企业通常会都集中于某一类购买群体。举例来说，医药行业主要将目光放在有影响力的群体，即医生身上；办公用品行业主要关注采购者，即企业的采购部门；而服装行业主要直接向使用者销售产品。

挑战产业有关目标买方群体的常识成规，就可以引领我们发现新的蓝海。

4. 路径四：放眼互补性产品或服务

产品或服务很少会被单独使用。很多情况下，他们的价值会受到别的产品或服务的影响。但是，在大多数情况下，企业生产的产品或提供的服务都局限于产业范围内。事实上，在互补产品或服务背后常常隐藏着巨大的价值。

5. 路径五：重设客户的功能性或情感性诉求

一些产业主要通过价格和功能来竞争，关注的是给客户带来的效用，客户的诉求是功能性的；其他一些产业主要以客户感觉为竞争手段，客户的诉求是情感性的。当企业关注挑战产业中已经存在的功能或情感诉求时，常常会发现新的市场机会。

6. 路径六：跨越时间，参与塑造外部潮流

随着时间的推移，很多产业都会受到外部趋势变化的影响，例如，互联网迅速崛起和全球环保运动的兴起。如果企业能够正确预测到这些趋势，就可能会找到蓝海市场机会。

解题高手

命题角度：蓝海战略特征与重建市场边界基本法则的案例分析。

主观题高频考点，近两年也有“客观化”趋势，有一定难度。结合教材例题以及历年真题答案，总结如下解题技巧：

（1）考查蓝海战略的特征。

教材原文	关键线索
规避竞争，拓展非竞争性市场空间	没有竞争或竞争较少；“我与你不同”
创造并攫取新需求	消费者（提示：观众、游客、学生、患者都是消费者，不同案例背景，消费者有所不同）
打破价值与成本互替定律，同时追求差异化和低成本	成本

提示：答题时可将原文五句话中的前两点和后两点分别合并，即按照3个特点来总结蓝海战略。

（2）考查重建市场边界的基本法则。

教材原文	关键词或案例线索
审视他择产业	A产业/产品与B产业/产品相结合，前者更强调不同产业，后者更强调产业内的不同细分市场
跨越产业内不同的战略群组	
放眼互补性产品或服务	A产业/产品与B产业/产品相结合，且A、B之间存在功能互补，实现1+1>2
重设功能性或情感性诉求	A产业/产品与B产业/产品结合或分离，导致顾客所感知的功能或情感发生转换（更多或更少）
跨越时间	顺应潮流、适应趋势
重新界定买方群体	客户群体发生变更（提示：客户群体扩大并不等同于变更）

典例研习 · 3-26 （简答题）

学朗书吧位于某大学城内，主要顾客是学生和教师。该书吧的主人在创建该项目之前进行了市场调查。调查结果显示，该大学城现有书店两家，书店内空间狭小，书籍种类较少，以各种考试辅导用书为主。由于商品严重同质化，两家书店的竞争异常激烈；该大学城还有若干饮品店，它们只外卖各种冷饮和奶茶，没有给顾客留出休憩的位置。学朗书吧的创建者决定将书店和饮品店具有的两类互补性功能结合起来，建立一个集读书、休闲、生活为一体的综合性服务书吧。

现有的一些书吧往往注重营造高雅的环境，通过豪华装修来吸引顾客，比如在书架旁放置高大的古董瓷瓶，在墙壁上挂上油画等，但这并不是大学城附近消费者关注的重点，反而会产生高昂的成本。学朗书吧抛弃这些流行的理念和做法，只在墙壁上描绘一些山水画来创造意境，舍去了昂贵的摆设，大大降低了成本，进而降低了饮品和图书的售价，提升了竞争力。

随着电子商务的普及，饮品的网上销售日益火爆，许多网站均提供网售平台。学朗书吧与时俱进，也提供网上点单、送货到门的服务。另外，现在大学中自习室紧张，抢位现象愈发严重，学朗书吧计划打造自习位出租系列，并且提供午餐，为学生们提供理想的学习和休息场所。

学朗书吧以创新的理念和定位，进入竞争激烈的文化和生活服务领域，开创了新的生存与发展空间。

要求：

（1）依据红海战略和蓝海战略的关键性差异，简要分析学朗书吧所体现的蓝海战略的特征；

（2）依据蓝海战略重建市场边界的基本法则（开创蓝海战略的路径），简要分析学朗书吧在竞争激烈的文化和生活服务领域中开创新的生存与发展空间的路径。

斯尔解析 （1）①规避竞争，拓展非竞争性市场空间。“两家书店竞争异常激烈”“学朗书吧的创建者决定将书店和饮品店具有的两类互补性功能结合起来，建立一个集读书、休闲、生活为一体的综合性服务书吧”。

②创造并攫取新需求。“现在大学中自习室紧张，抢位现象愈发严重，学朗书吧计划打造自习位出租系列业务，并且提供午餐，为学生们提供理想的学习和休息场所”。

③打破价值与成本互替定律，同时追求差异化和低成本，把企业行为整合成一个体系。“现有的一些书吧往往注重营造高雅的环境，通过豪华装修来吸引顾客”“学朗书吧抛弃这些流行的理念和做法，只在墙壁上描绘一些山水画来创造意境，舍去了昂贵的摆设，大大降低了成本，进而降低了饮品和图书的售价，提升了竞争力”。

（2）①审视他择产业或跨越产业内不同的战略群组。“学朗书吧的创建者决定将书店和饮品店具有的两类互补性功能结合起来，建立一个集读书、休闲、生活为一体的综合性服务书吧”。

②放眼互补性产品或服务。“学朗书吧的创建者决定将书店和饮品店具有的两类互补性的功能结合起来，建立一个集读书、休闲、生活为一体的综合性服务书吧”。

③重设客户功能性或情感性诉求。“现有的一些书吧往往注重营造高雅的环境，通过豪华装修来吸引顾客，比如在书架旁放置高大的古董瓷瓶，在墙壁上挂上油画等，但这并不是大学城附近消费者关注的重点，反而会产生巨大的成本。学朗书吧抛弃这些流行的理念和做法，只在墙壁上描绘一些山水画来创造意境，舍去了昂贵的摆设，大大降低了成本，进而降低了饮品和图书的售价，提升了竞争力”。

④跨越时间参与塑造外部潮流。“随着电子商务的普及，饮品的网上销售日益火爆，许多网站均提供网售平台。学朗书吧与时俱进，也提供网上点单、送货到门。另外，现在大学中自习室紧张，抢位现象愈发严重，学朗书吧计划打造自习位出租系列业务，并且提供午餐，为学生们提供理想的学习和休息场所”。

四、商业模式（★★）

（一）内涵

商业模式是一种超越产品和服务的价值创造方式，包含为顾客提供产品或服务的“Who”“What”“When”“Why”“Where”“How”“How much”。

商业模式是为了实现客户价值最大化，把能使企业运行的内外各要素整合起来，形成完整的、高效率的、具有独特核心竞争力的运行系统，并通过提供产品和服务使系统持续达成赢利目标的整体解决方案。

（二）商业模式画布

商业模式画布是一种用来描述、可视化、评估和创新商业模式的通用语言。

企业以顾客为核心，根据细分市场客户需求提出价值主张，并运用各种核心资源和关键业务与合作将价值主张以产品或服务的形式表达出来，最后通过沟通、分销渠道与客户建立关系，成功满足客户需求，创造价值。

商业模式具有四个板块、九个要素：

（1）客户板块（价值创造）：客户细分、客户关系、渠道通路。

（2）供给板块（价值主张）：价值主张。

（3）基础设施板块（价值获取）：核心资源、关键业务、重要合作。

（4）财务板块（价值实现）：成本结构、收入来源。

1. 价值主张

（1）含义：价值主张是指通过针对某个群体的需求定制一套新的元素组合来为该群体创造价值。

（2）类型：

①数量上的价值主张，如价格、服务响应速度。

②质量上的价值主张：如设计、客户体验等。

（3）常见因素：需求创新；性能改进；定制产品或服务；提供保姆式服务；改进设计；提升品牌/地位；优化定价；改进便利性/实用性。

2. 客户细分

（1）含义：客户细分是指企业对想要接触和服务的客户或市场所进行的划分。

（2）类型：

①大众市场：大范围的客户具有大致相同的需求（如消费类电子行业）。

②利基市场：某一小群客户的共同需求（如汽车零部件制造商依赖于主流汽车制造商的采购）。

③区隔化市场：客户需求相似却略有不同（如个人资产10万元以下和50万元以上的群体）。

④多元化市场：客户需求不同且相互独立（如亚马逊同时支持IT云服务和零售业务）。

⑤多平台或多边市场：客户需求不同却相互依存（如信用卡公司的客户既包括持卡人群体，也包括接受卡片的商家群体）。

3. 渠道通路

（1）含义：渠道通路是指企业将能够带来价值的产品或服务传递给目标客户的途径。

（2）类型：

①自有渠道：自建销售队伍、在线销售。

②合作伙伴渠道：合作伙伴店铺、批发商。

③混合渠道。

4. 客户关系

（1）含义：客户关系是指为了进行信息的反馈交流，企业与客户间所建立的联系。

（2）类型：

①个人助理，即人与人之间的互动，可以通过呼叫中心、电子邮件或其他销售方式进行。

②自助服务，即为客户提供自助服务所需要的全部条件（如自助超市）。

③专用个人助理，即为单一客户安排专门的客户代表，通常是向高净值个人客户提供服务。

④自动化服务，即整合了更加精细的自动化过程，用于帮助客户实现自助服务（如智能客服、信息自动推送）。

⑤社区，即利用用户社区与客户或潜在客户建立更为深入的联系，如建立在线社区（如企业微信社群）。

⑥共同创作，即与客户共同创造价值，鼓励客户参与创新产品的设计和制作（如豆瓣点评、耐克定制鞋）。

5. 重要合作

（1）含义：重要合作指企业选择其他组织作为合作伙伴，建立合作关系网络。

（2）类型：

①非竞争者之间的战略联盟关系。

②竞争者之间的战略合作关系。

③为开发新业务而构建的合资关系。

④为确保获得供应品而与供应商建立的合作关系。

6. 成本结构

（1）含义：成本结构是指商业模式运转引发的所有成本。

（2）类型：

①成本驱动型，指创造和维持最经济的成本结构，如采用低价的价值主张、最大程度地采用自动化和外包。

②价值驱动型，指专注于创造价值的成本结构，如增值型的价值主张和高度个性化服务。

7. 收入来源

（1）含义：收入来源是企业从客户获取的收入。

（2）类型：

①资产销售，即销售实体产品的所有权（如销售商品或服务）。

②使用收费，即通过提供特定的服务收费（如电信运营商收费、客房收费）。

③订阅收费，即通过销售重复使用的服务收费（如各类视频网站会员费）。

④租赁收费，即通过暂时性排他使用权的授权收费（如神州租车的租车费）。

⑤授权收费，即通过知识产权授权使用收费（如影视出品方持有版权，但是将使用权提供给第三方平台）。

⑥经纪收费，即通过提供中介服务收取佣金（如信用卡发卡机构针对每一笔交易向商家和持卡人按交易额度收取的费用、房产中介成单后收取的佣金）。

⑦广告收费，即通过提供广告宣传服务获得收入（如分众传媒按曝光时长收费、各类App开屏广告收费）。

8. 关键业务

（1）含义：关键业务涉及业务流程安排和资源配置，是企业确保商业模式运行最核心的活动。

（2）类型：

①制造产品，即与设计、制造及发送产品有关的活动（如制造业企业）。

②平台/网络，即与平台管理、服务提供和平台推广相关的活动（如微软需要对其他商家的软件和Windows操作系统的交互界面进行管理）。

③问题解决，即为客户提供新的解决方案（如咨询公司、医院）。

9. 核心资源

（1）含义：核心资源是企业实现商业模式所必需的资源及能力。

（2）类型：

①实体资产，包括生产设施、不动产、系统、销售网点和分销网络等。

②知识资产，包括品牌、专有知识、专利和版权、合作关系和客户数据库等。

③人力资源，在知识密集产业和创意产业中人力资源至关重要。

④金融资产，即金融资源或财务担保。

（三）商业模式创新

商业模式创新是企业探索创造与获取价值的新方法、新逻辑，主要包括四个构成要素：

（1）价值主张：对客户价值即客户真实需求的深入描述，包括两部分内容，即目标客户、产品和服务的内容。

（2）价值创造：企业创造客户价值的方式。

（3）价值获取：企业生产、供应满足目标客户需要的产品或服务的一系列业务活动以及支撑业务活动的核心资源与合作伙伴。

（4）价值实现：企业通过正确的机制在有吸引力的价值定位上产生利润，主要涉及企业成本结构与收入来源。

（四）商业模式创新类型

1. 平台商业模式

（1）含义：

平台商业模式是一种基于外部供应商和顾客之间价值创造互动的商业模式。平台连接两个或两个以上的特定群体，为其提供互动机制和交流平台，满足所有人的需求，并从中获利。

典型代表：淘宝、抖音、小红书、滴滴、支付宝、拼多多等。

（2）商业模式画布（以多边平台商业模式为例）：

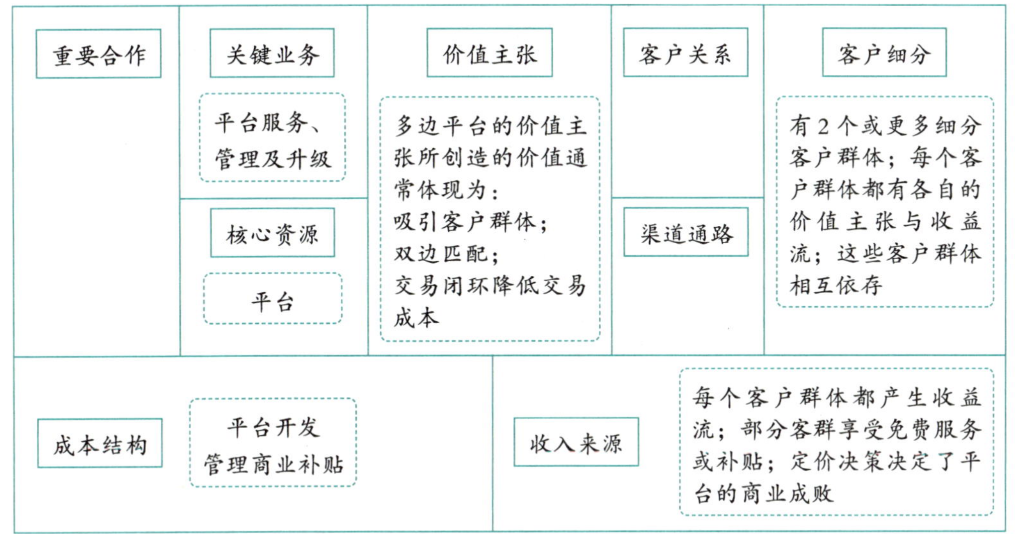

平台商业模式画布

2. 长尾商业模式

只要产品存储、流通和展示的渠道足够宽广，需求不旺或销量不佳的产品所共同占据的市场份额可以和那些少数热销产品所占据的市场份额相匹敌甚至更大，即众多小市场的汇聚可产生与主流市场相匹敌甚至更多的收益。

典型举例：亚马逊网络图书业务。

一家大型书店通常可摆放4万本图书，但亚马逊网络书店的图书销售额中，有四分之一来自这4万之外的书籍。这些"冷门"书籍的销售比例正在高速成长，预估未来可占整个书市的一半。而亚马逊这一商业模式的核心就是依靠网络技术，通过建立无数个自有或者第三方商家的仓库（即可以容纳无限库存的平台），并运用精准推荐技术，向用户推荐滞销商品（例如，基于用户在亚马逊的购买记录或搜索记录等），让用户轻松地与滞销品相遇，以实现长尾商品的高额营收。

3. 免费商业模式

（1）含义：

免费模式的实施就是由市场中"一边"补贴"另一边"完成的。免费商业模式的实质是单方免费，多方收费，免费是为了给商家带来人气、声誉和销量，最终目的是扩张地盘，赚取利润。

（2）盈利模式：

类型	具体模式	典型举例
增值服务收费模式	商家提供免费的基础服务，让尽可能多的用户使用产品，然后将其中少数需要个性化服务或高端稀缺资源的用户转化为付费用户，向他们提供更高级的服务	①淘宝网的用户可以免费建立自己的店铺，但天猫网的用户就需要具备品牌并缴纳一定费用。如果新上架的商品需要树立和拓展知名度，淘宝也会提供收费的推广服务。 ②奇虎360公司推出永久免费的杀毒软件，但向企业客户提供的安全存储器及一对一远程服务等则收取费用。 ③搜索引擎商Google、百度等依托海量的免费网络用户，将搜索结果的排名向企业进行竞价销售，赚取服务费
广告模式（三方市场模式）	用户可以免费使用网站，当网站吸引到足够的用户量后，再以用户资源为筹码向企业收取广告费	电视广告，所有消费者免费观看，但根据不同时段不同节目的收视率向投放广告的企业收费（最终付费者是购买投放广告企业产品的消费者）
交叉补贴模式（基本品免费、互补品收费模式）	企业免费提供一款产品或服务，但对该产品或服务的互补品收取费用，或者企业免费提供商品，但对后续服务收费	①剃须刀架的使用寿命比较长，免费送给客户，而刀片属于易耗品，按价向客户出售，公司通过用销售刀片的收入补贴剃须刀架来获得持续盈利。 ②通讯运营商往往推出赠送手机活动，客户通过购买特定的话费套餐“免费”获得一部手机。在正常使用话费的条件下，客户省去购买一部手机的费用，而通信运营商绑定了客户，可以长期收取话费、赚取通讯利润，同时手机生产商通过向通信运营商销售手机赚取了利润
非货币市场模式	企业用免费产品和服务换取用户的相关劳务	①有些企业利用用户的创造性，鼓励用户参与改进产品或服务的活动，如内容创作、插件开发、提供反馈等，并以免费产品、服务或特权回报用户。 ②有些网站规定用户要免费获取某些更高级别的浏览权限，就需要在各种论坛或用户群里发布推广网站的信息

典例研习·3-27 多项选择题

某在线视频平台提供了免费和付费两种服务模式。对于免费用户，平台通过在视频播放前插入广告来获取收入；对于付费用户，平台提供无广告、高清晰度的视频内容。该平台的收入来源有（　　）。

A.经纪收费　　B.订阅收费　　C.授权收费　　D.广告收费

斯尔解析 本题考查的是商业模式画布的要素。对于免费用户，平台通过在视频播放前插入广告来获取收入，即这一场景下的收入来源是广告收费，选项D当选。对于付费用户，则通过收取订阅费提供无广告服务，即这一场景下的收入来源是订阅收费，选项B当选。

本题答案 BD

典例研习 · 3-28 单项选择题

某款手机游戏可供用户免费下载使用，但若要使用武力值更强的虚拟道具和角色，则需要支付额外费用。这种免费商业模式的盈利模式是（　　）。

A.增值服务收费模式　　B.广告模式

C.交叉补贴模式　　D.非货币市场模式

斯尔解析 本题考查的是免费商业模式的盈利模式。根据案例，商家提供免费的基础服务，然后将其中少数需要个性化服务或高端稀缺资源的用户转化为付费用户，向他们提供更高级的服务，属于典型的“增值服务收费模式”，选项A当选。

本题答案 A

第三节　职能战略

职能战略，又称职能层战略，主要涉及企业内各职能部门，如营销、财务、生产、研发、人力资源、信息技术等，确保更好地配置企业内部资源，为各级战略服务，提高组织效率。

一、市场营销战略（★★★）

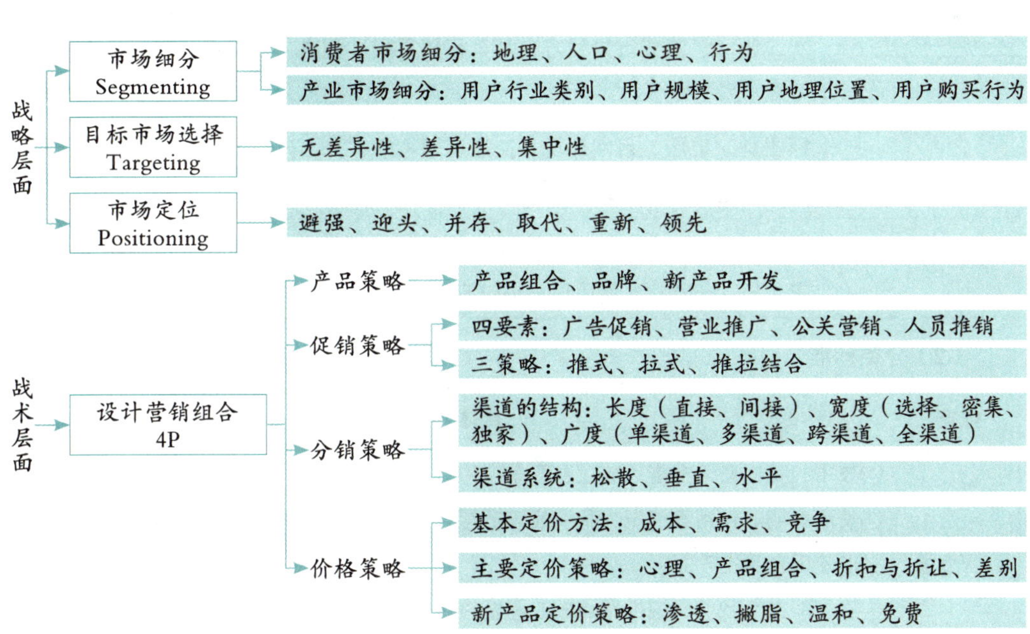

（一）市场细分（Market Segmenting）

市场细分是指根据整体市场上用户的差异性，以影响用户需要和欲望的某些因素为依据，将一个整体市场划分为两个或两个以上的用户群体，每一个需求特点相类似的用户群体就构成一个细分市场（或子市场）。各个不同的细分市场，即用户群体之间存在明显的需求差异。

1. 消费者市场细分

依据	具体变量
地理因素	国家、地区、城市农村、地形气候、交通运输条件等
人口因素	年龄、性别、收入水平、职业、受教育程度、家庭规模、家庭生命周期阶段、社会阶层、宗教信仰、民族及国籍等
心理因素	个性、爱好、价值观念、生活方式、购买动机、追求的利益等
行为因素	消费者购买或使用某种产品的时机、消费者对某种产品的使用率、消费者进入市场的程度和消费者对品牌或企业的忠诚度等

2. 产业市场细分

（1）分类标准一：

依据	具体变量
用户的行业类别	在产业市场上，不同的最终用户对同一种产业用品的市场营销组合往往有不同的要求。举例：飞机制造商所需要的轮胎必须达到的安全标准比农用拖拉机制造商所需轮胎必须达到的安全标准高得多；智能手机、电脑制造商采购产品时最重视的是产品质量和性能，而不是价格等
用户规模	公司规模可以是大型、中型和小型，不同规模的用户，其购买力、购买批次、频率、购买行为和方式都有可能不同，要求供应商提供的服务水平也可能不同
用户的地理位置	除国别、地区、自然环境、交通运输等条件外，产业布局、自然环境、资源等也是很重要的细分变量
用户购买行为	购买行为包括用户追求的利益、使用频率、品牌忠诚度、使用者地位（如重点户、一般户、常用户、临时户等）和购买方式等

（2）分类标准二：

依据	具体变量
经营变量	①技术：我们应该把重点放在顾客重视的哪些技术上？ ②使用者或非使用者情况：我们应该把重点放在大量、中量、少量使用者身上，还是非使用者身上？ ③顾客能力：我们应该把重点放在需要很多服务的顾客身上，还是需要很少服务的顾客身上？

续表

依据	具体变量
采购方法变量	①采购职能组织：我们应该把重点放在采购组织高度集中的公司，还是采购组织高度分散的公司？ ②权力结构：我们应该把重点放在技术主导型公司，还是财务主导型公司？ ③现有关系的性质：我们应该把重点放在现在与我们有牢固关系的公司，还是追求最理想状态的公司？ ④总采购政策：我们应该把重点放在乐于采用租赁或服务合同、系统采购的公司，还是乐于采用密封投标等贸易方式的公司？ ⑤采购标准：我们应该把重点放在追求质量、重视服务的公司，还是注重价格的公司？
情境因素变量	①紧急：我们应该把重点放在要求迅速和突然交货的公司，还是要求提供服务的公司？ ②特别用途：我们应该把重点放在本公司产品的某些用途上，还是同等关注各种用途？ ③订货量：我们应该把重点放在大宗订货上，还是少量订货上？
企业特征变量	①购销双方的相似点：我们是否应该把重点放在那些人员及其价值观念与本公司相似的公司？ ②对待风险的态度：我们应该把重点敢在敢于冒险的顾客，还是规避风险的顾客？ ③忠诚度：我们是否应该把重点放在那些对供应商非常忠诚的公司？
其他变量	①行业：我们应该把重点放在哪些行业？ ②公司规模：我们应该把重点放在多大规模的公司？ ③地理位置：我们应该把重点放在哪些地区？

典例研习·3-29 多项选择题

新年前夕，某出版商推出反映不同民族生活习俗特点的系列年画，深受目标市场的消费者喜爱。该出版商进行市场细分的依据有（　　）。

A.人口因素　　B.地理因素　　C.心理因素　　D.行为因素

斯尔解析 本题考查的是市场细分的依据。“不同民族”体现的是人口因素，选项A当选。“生活习俗特点”体现的是心理因素，选项C当选。

本题答案 AC

典例研习·3-30 单项选择题

某办公用品公司将顾客细分为两类：一类是大客户，这类客户由该公司的全国客户经理负责联系；另一类是小客户，由外勤推销人员负责联系。该公司进行市场细分的依据是（　　）。

A.用户规模　　B.用户的地理位置

C.用户购买行为　　D.用户的行业类别

斯尔解析 本题考查的是市场细分的依据。“一类是大客户，这类客户由该公司的全国客户经理负责联系；另一类是小客户，由外勤推销人员负责联系”体现了按照用户规模进行市场细分，选项A当选。

本题答案 A

典例研习 · 3-31 单项选择题

为了更好地满足客户需求，全球领先的重型机械制造商普利集团决定对其目标市场进行细分。通过深入调研，普利公司发现客户在选择重型机械时，主要关注产品的质量和定制化服务。基于上述信息，普利公司开展市场细分的主要变量是（　　）。

A.经营变量　　B.采购方法变量

C.情境因素变量　　D.企业特征变量

斯尔解析 本题考查的是产业市场细分的主要变量。“普利公司发现客户在选择重型机械时，主要关注产品的质量和定制化服务”说明公司应当把重点放在追求质量、重视服务的公司，这是采购方法变量中的“采购标准”，选项B当选。

本题答案 B

典例研习 · 3-32 单项选择题

青山能源公司是一家领先的可再生能源技术提供商，专注于开发高效率的太阳能板。公司在市场调研时发现，虽然大多数潜在客户对新技术持观望态度，但仍有一部分敢于冒险的顾客愿意尝试前沿产品，并成为早期使用者。为了更加精准地定位这类客户，青山能源公司应采用的市场细分依据是（　　）。

A.企业特征变量　　B.经营变量

C.情境因素变量　　D.采购方法变量

斯尔解析 本题考查的是产业市场细分的主要变量。“公司在市场调研时发现，虽然大多数潜在客户对新技术持观望态度，但仍有一部分敢于冒险的顾客愿意尝试前沿产品，并成为早期使用者”说明企业应该把重点放在敢于冒险的顾客，而非规避风险的顾客。这体现的是企业特征变量中的“对待风险的态度”，选项A当选。

本题答案 A

（二）目标市场选择（Market Targeting）

市场细分的目的是恰当地选择并进入目标市场。所谓目标市场，就是企业拟为之服务的具有相同或相似需要的顾客群。对市场进行细分后，企业就要根据自身的资源、能力，在众多的细分市场中，选择一个或多个有利于发挥企业优势、能够达到最佳经济效益的细分市场作为目标市场。

1. 目标市场选择策略

（1）无差异性营销策略。

项目	具体表述
含义	企业在市场细分之后，只考虑各个细分市场的共性，而不考虑细分市场的差异性，因此把整个市场作为自己的目标市场，用一种产品、一种营销组合，吸引并服务于尽可能多的消费者
优点	①规模经济：产品品种、规格、款式单一，有利于标准化及大规模生产和销售，发挥规模经济的优势； ②节约成本：有利于降低生产、存货、运输、研发的成本；有利于节省大量的市场调查以及广告宣传、渠道维护等方面的费用
缺点	①少满足：单一产品难以满足所有消费者的需要； ②竞争强：当同一行业中有几家公司都实行无差异性营销策略时，竞争会异常激烈，不利于企业利润的增加； ③应变差：应变能力较差，一旦市场需求发生变化，特别是在产品生命周期进入成熟阶段后，企业难以及时调整生产结构和营销组合，会面临很大的经营风险

（2）差异性营销策略。

项目	具体表述
含义	企业选择两个或两个以上，直至所有的细分市场作为目标市场，并根据不同细分市场的需求特点，分别设计生产不同的产品，制定和实施不同的营销组合策略，有针对性地满足不同细分市场顾客的需求
优点	①多满足：面向广阔的市场，可以满足不同消费者的不同需要，有利于扩大销售量； ②竞争少：有利于阻止竞争对手进入，增强企业竞争力； ③应变强：小批量、多品种，生产机动灵活，富有回旋余地，在一定程度上分散或减少了经营风险； ④增复购：企业的不同产品品类如果同时在几个细分市场上占有优势，就会提高顾客对企业的信任感和忠诚度，进而提高重复购买率
缺点	①难管理：产品品种、价格、销售渠道、促销手段的多样化，给企业经营管理增加了难度； ②成本高：使生产成本、研发成本、存货成本、销售费用、市场调研费相应增加

（3）集中性营销策略。

项目	具体表述
含义	企业集中全部资源，以一个或少数几个性质相似的子市场作为目标市场，试图在较少的子市场上占领较大的市场份额
优点	①特定优势：企业对一个或少数几个特定细分市场容易取得比较深入的了解，采取更为有效的营销组合，从而在特定市场取得优势地位；

续表

项目	具体表述
优点	②更有名气：在特定市场上竞争优势的确立，有利于提高产品和企业知名度以及顾客的忠诚度； ③降本增效：企业集中运用有限的资源，实行专业化的生产和销售，有利于节省营销费用，提高投资收益率
缺点	应变差：对单一、窄小的目标市场依赖性大，一旦目标市场情况发生变化，如顾客消费偏好改变或出现了强有力的竞争对手，企业经营就会面临极大的风险

典例研习·3-33 多项选择题

调研发现，消费者的肤质主要分为干性肌肤、油性肌肤和混合性肌肤。因此，润世化妆品公司推出了三大系列产品：针对干性肌肤的保湿系列，油性肌肤的控油系列和混合性肌肤的平衡系列，并在社交媒体上针对不同肤质消费者的需求开展了个性化营销。根据目标市场营销策略，这一策略的优点有（　　）。

A.有利于节省大量的市场调查以及广告宣传、渠道维护等方面的费用

B.有利于阻止竞争对手进入，增强企业竞争力

C.更容易在特定市场取得优势地位

D.在一定程度上分散或减少了经营风险

斯尔解析 本题考查的是目标市场营销策略的优缺点。“润世化妆品公司推出了三大系列产品……并在社交媒体上针对不同肤质消费者的需求开展了个性化营销”说明该公司采用的是差异性营销策略。选项BD属于差异性营销策略的优点，当选。选项A是无差异性营销策略的优点，选项C是集中性营销策略的优点，不当选。

本题答案 BD

2. 选择目标市场需考虑的因素

考虑因素	策略选择
市场同质性	市场需求类似程度高，无差异性营销策略； 市场需求类似程度低，差异性营销策略或集中性营销策略
产品同质性	同质性产品，无差异性营销策略； 差异性产品，差异性营销策略或集中性营销策略
企业资源和能力	资源能力强，无差异性营销策略或差异性营销策略； 资源能力弱，集中性营销策略
产品所处的生命周期阶段	导入期，无差异性营销策略； 成长期和成熟期，差异性营销策略或集中性营销策略
竞争对手的战略	竞争者实行无差异性竞争策略，企业应采取差异性营销策略； 竞争者实行差异性竞争策略，企业应考虑在进一步细分的基础上，采取差异性营销策略或集中性营销策略

（三）市场定位（Market positioning）

市场定位就是根据竞争对手产品在市场上所处的位置，针对消费者对产品的需求状况，结合企业现有条件，确定本企业及其产品在目标市场上的位置，塑造本企业产品与众不同的个性或形象，进而通过特定的营销模式让消费者接受产品。

1. 避强定位

（1）含义：企业主动回避与目标市场上强有力的竞争对手直接对抗，抢占或填补市场空位的市场定位。（“旗鼓相当，避开干”）

（2）优点：

①迅速地在市场上站稳脚跟，并在消费者心目中树立起企业与产品的形象。

②市场风险较小，成功率较高。

（3）典型案例：七喜（百事可乐）vs可口可乐。

2. 迎头定位

（1）含义：企业将自己的产品定位于与现有竞争者产品重合的市场位置，争夺同样的顾客群体。（“旗鼓相当，对着干”）

（2）优点：激励自己奋发向上，一旦成功就会获得巨大的竞争优势。

（3）典型案例：麦当劳vs肯德基；淘宝vs京东。

3. 并存定位

（1）含义：企业将自己的产品定位在目标市场上现有竞争者的产品附近，力图与竞争对手共同满足同一个目标市场的需求。这种策略往往被一些实力不强的中小企业所采用。（“稍不如你，跟着干”）

（2）优点：

①企业一般无须开发新产品，而是可以仿制竞争者的产品，因而节省了大量研究开发费用，向市场销售自己品牌的产品。

②由于竞争者已经为产品进行了推广宣传，所以本企业能够节省推广费用，且可减少不适销的风险。

③由于产品已经在市场上畅销，所以本企业可以避免产品不适销对路的风险。

（3）定位成功的基本条件：

①目标市场还有未被满足的需求，能够吸纳新进入的产品。

②企业推出的产品要能够与竞争产品相媲美，并突出自己的特色。

4. 取代定位

（1）含义：企业将竞争对手赶出原有位置，并取而代之。（“远强于你，你别干”）

（2）定位成功的前提：必须比竞争对手有明显的优势，提供比竞争者更加优越和更有特色的产品，还要在价格、渠道及促销等方面采取行之有效的措施，以提高本企业产品的形象和知名度，冲淡顾客对竞争者产品的印象和好感。

5. 重新定位

（1）含义：企业变更自己产品的特色，从而使目标顾客群重新认识原有产品的个性和形象。

（2）适用条件：

①产品的原有定位不适合目标市场的需求。

②竞争对手将其产品定位在本企业产品定位附近。

③顾客的消费偏好发生变化。

④本企业产品已走向产品生命周期的衰退期。

（3）典型案例：本田公司汽车车型的重新定位。

6. 领先定位

（1）含义：企业通过开辟一个新的细分市场或者对已有产品进行再创造而成为市场领先者。

（2）具体做法：

①对顾客需求重新进行市场细分。

②依据某一新生概念进行市场细分，以最终找到一个利基市场，并成为该市场的领先者。

（3）典型案例：王老吉（既属于重新定位，也属于领先定位）、喜之郎果冻。

典例研习·3-34 单项选择题

七喜汽水面世之初，面对百事可乐、可口可乐两个“超级大哥”，它标新立异地用“非可乐”定位把自己与“可乐”区分开来，试图向消费者传达：碳酸饮料有两种类型，一种是“可乐”，另一种是“非可乐”。根据市场定位策略，七喜汽水面世之初的市场定位策略是（　　）。

A.避强定位　　B.迎头定位　　C.并存定位　　D.重新定位

斯尔解析　本题考查的是市场定位策略类型的辨析。“标新立异地用‘非可乐’定位把自己与‘可乐’区分开来”说明七喜汽水面世之初将企业产品定位在目标市场的空白处，生产销售目标市场上尚没有的某种特色产品，避开与目标市场上竞争者的直接对抗，因此选项A当选。

本题答案　A

（四）设计营销组合（4P）

营销组合是指企业综合运用产品、价格、分销和促销等要素，制定并实施有效的策略，以实现营销战略目标的过程。

1. 产品策略

（1）产品组合策略。

①相关概念。

概念	通俗释义	示例
宽度	企业的产品组合中产品大类或产品线的数量	食品公司包括两条业务线：糕点和饮料，即宽度=2

续表

概念	通俗释义	示例
长度	所有产品大类中包含的产品项目总数	糕点包括中式糕点和西式糕点，饮料包括果汁饮料和茶饮，即长度=4
深度	所有产品项目中包含的花色、品种、规格的数量	上述所有产品项目中所包含的不同品种的总数
关联度	产品大类在最终使用或目标市场、生产条件、分销渠道等方面的密切程度	生产的糕点和饮料在目标市场、生产条件和分销渠道等方面彼此关联的程度

②策略类型。

类型	具体内容
扩大产品组合	包括拓展产品组合的宽度（增加产品线和产品大类）、长度（在原有产品大类内增加新的产品项目）、加强产品组合的深度（产品组合中每种产品的花色、品种、规格）、加强产品组合关联度
缩减产品组合	当市场不景气或原料、能源供应紧张时，从产品组合中剔除那些获利很小甚至亏损的产品大类或产品项目，可以使企业节省生产、储运、销售及其他相关费用，将资源集中用于发展获利多的产品大类和产品项目
产品延伸	指全部或部分地改变公司原有产品的市场定位。具体包括：向下延伸（高档→低档）、向上延伸（低档→高档）、双向延伸（低档←中档→高档）

（2）品牌策略。

类型	细分类型	具体含义
品牌归属策略	企业品牌、生产者品牌或自有品牌	使用自己的品牌
	中间商品牌	企业将产品出售给中间商，中间商再用自己的品牌将产品转卖出去
	贴牌生产	企业使用其他生产者的品牌
品牌统分策略	统一品牌	企业所有的产品都使用一个品牌名称（如飞利浦）（节省推广费用、增强品牌影响力和传播力）
	个别品牌	企业各种不同的产品分别使用不同的品牌名称（不同产品、不同品牌；避免负面株连效应，吸引具有多种需求的客户群）
	分类品牌	在对企业所有产品进行分类的基础上，各类产品使用不同的品牌（不同类产品，不同品牌；清晰分类，避免混淆，如按档次或质量分类）
	复合品牌策略	企业所生产的同一种产品同时采用两个或两个以上品牌名称（公司+品牌、品牌+产品、自有品牌+他人品牌等）（一种产品，多个品牌；品牌之间相互协同、借势，提升影响力和知名度）

（3）新产品开发策略。

①新产品的类型。

类型	含义	特点
全新产品	运用新原理、新技术、新材料研制出来的市场上从未有过的产品	开发难度大、成本高，企业效益高
替代产品	采用新技术、新材料、新元件，使原有产品的性能有重大改进的产品	开发难度低，能快速取得效益
改进产品	从造型、结构、质量、性能等不同方面对原有产品作出适当改进的产品	开发难度低、成本低，对企业效益有积极作用
模仿性新产品	模仿市场上已有的产品制造出来的产品	迅速提高企业竞争实力，增加销售收入

②新产品开发成功的条件。

a.具有独特性的优质产品。

b.与顾客保持密切的沟通，深入了解他们真正的需求。

c.采用开放式新产品开发模式。

d.合理配置资源。

2. 价格策略

（1）基本定价方法。

定价方法	细分策略
成本导向定价法	成本加成定价法、目标利润定价法、固定报酬定价法和收支平衡定价法
需求导向定价法	感知价值定价法、反向定价法（根据消费者可接受价，计算成本和利润，逆算批发价、零售价）
竞争导向定价法	行业平均价、通行价格定价、低于市场平均价、高于市场平均价、拍卖投标定价

（2）主要定价策略。

定价方法	细分策略
心理定价策略	①尾数定价（零头数或吉利数）。 ②整数定价。 ③声望定价（高定价）。 ④招徕定价（暂时性的低定价）
产品组合定价策略	①系列产品定价（不同规格或外观，定价不同，如华为Mate 60和Mate 60 Pro）。 ②副产品定价（主要产品定价高，副产品定价低，如肥皂和甘油）。 ③关联产品定价（主要产品定价低、关联产品定价高，如复印机和墨盒）。

续表

定价方法	细分策略
产品组合定价策略	④产品捆绑定价（组合销售比单独销售更便宜，促进消费者购买本来不会购买的产品）。 ⑤备选产品定价（既提供主产品，也提供备选产品，如餐食和酒水）。 ⑥分部定价（固定费用+额外使用费用）
折扣与折让定价策略	①现金折扣（提前付款给予奖励优惠）。 ②数量折扣（根据不同购买数量，给予不同折扣）。 ③功能折扣（或交易折扣，生产商给分销商的折扣）。 ④季节折扣（过季商品的折扣、提前预定的折扣）。 ⑤折让（以旧换新、促销折让）
差别定价策略	①顾客差别定价（不同顾客不同价格，如工业电价、民用电价；老年票、儿童票和军人票）。 ②地点差别定价（不同位置不同价格，如繁华地段物价、一般地段物价；电影院不同位置的票价）。 ③时间差别定价（不同时间不同价格，如节假日降价促销；电力供应不同时段收费不同）。 ④样式差别定价（不同式样、包装图案或批号不同价格）

（3）新产品定价策略。

定价方法	掌握要点
渗透定价策略（低价）	适用条件：产品的需求弹性较大；规模效应显著；不会导致市场过度竞争
撇脂定价策略（高价）	适用条件：市场有足够需求；销量减少，但不会抵消高价的利润；使顾客产生高质高档的印象；不影响市场优势地位
温和定价策略（中间价）	适用条件：价格符合消费者预期；正常经营能够产生收益；价格存在调整空间；产品独特性和定位差异性不会受到较大影响
免费定价策略（数字化产品）	①限制使用免费（一定使用期限和使用次数内免费）。 ②产品部分免费（部分功能免费）。 ③捆绑式免费（买产品，送其他产品）。 ④完全免费

典例研习 · 3-35 单项选择题

吉松公司是一家生产各种滑雪装备的企业。该公司规定：凡同时购买滑雪板、滑雪杖和滑雪衣的顾客，比分别购买上述产品的顾客享受一定价格优惠。下列各项中，属于吉松公司采用的定价策略是（　　）。

A.产品捆绑定价　　B.关联产品定价

C.折让定价　　D.功能折扣定价

斯尔解析　本题考查的是主要定价策略。“同时购买滑雪板、滑雪杖和滑雪衣的顾客，比分别购买上述产品的顾客享受一定价格优惠”体现了组合销售比单独销售更便宜，属于产品捆绑定价的特征，选项A当选。

陷阱提示　关联产品定价指的是主要产品定价低、关联产品定价高，如刀架和刀片之间的定价关系，与本题题意不符，因此选项B不当选。

本题答案　A

3. 分销策略

分销策略是确定产品和服务从生产者向消费者转移的最佳方式。

（1）分销渠道结构。

内容	掌握要点
长度	①直接渠道：包括直接销售（如上门推销、家庭展示、办公室推销等）、直复营销（如电话营销、电视直销、网络直销、目录营销和邮购等）、生产者自营店（如生产商开设的连锁商店、工厂的零售门市部等）。 ②间接渠道：一级渠道、二级渠道、三级渠道以及更多的渠道（如代理商、批发商、零售商等）
宽度	①独家分销：仅一家中间商，适宜技术含量较高，需要售后服务的专门产品，如机械产品、耐用消费品、特殊产品等。 ②选择分销：几家精心挑选的中间商，适宜消费品中的选购品和特殊品。 ③密集分销：尽可能多的经销商，适宜日用消费品
广度	单渠道、多渠道、跨渠道（强调多种渠道的交叉）、全渠道（包括实体商铺、网上商场、信息媒体等，强调渠道多）

（2）基于成员关系的渠道系统。

类型	含义	特点
松散型渠道系统	由各自独立的生产者、批发商、零售商和消费者组成的分销渠道，渠道成员各自为政、各行其是，没有一个成员能够完全控制其他成员	比较灵活，易于变革，但成员之间缺乏密切的协作，渠道效率较低
垂直渠道系统	纵向的由生产者、批发商和零售商等中间商组成的联合体	增强了对渠道的控制以及获得规模效益
水平渠道系统	两个或两个以上企业进行横向联合，企业之间可以互相利用对方的渠道，也可以共同开发新的渠道	优势互补，分担渠道成本，扩大产品销售的范围

4. 促销策略

促销的目的在于赢得潜在客户的注意、激发客户的购买欲望和购买行为，须通过多种促销方式实施促销策略。企业对各种促销方式进行合理选择和恰当搭配，称为促销组合。

（1）促销组合要素构成。

要素	释义
广告促销	企业以付费的方式，通过电视、报纸、广播、户外广告等传统媒体以及手机短信、微信、微博、短视频、数字报纸、数字广播、数字电视等各类新兴媒体，对其产品或服务进行宣传，以影响、诱导消费者实施购买行动
营业推广	企业采用非媒体手段而进行的产品推广活动。常见的营业推广办法有： ①以打折、抽奖、优惠、赠品、满减、团购等手段吸引消费者前来购买。 ②通过店铺的装饰和陈列，营造出吸引消费者的环境和氛围
公关营销	通过有效的公共关系策略和手段，将企业和产品的信息传播给消费者，并通过为企业及其产品建立良好的公众形象和关系来促进销售。公关营销的手段和方式通常包括媒体宣传、事件营销、口碑营销、公益事业和危机公关等
人员推销	企业销售人员直接与潜在购买者进行面对面的交流，说服对方购买某种产品或服务的过程

（2）促销组合策略。

①**推式策略**：通过销售人员（即人员推销）直接与潜在购买者进行面对面的交流，说服他们购买某种产品或服务，以及举办产品演示等活动来实施。

②**拉式策略**：通过开展直接针对消费者的促销活动，吸引、激励他们主动购买产品或服务。企业通过广告、电视、网络等媒体传播产品信息，以及通过折扣、满减、赠品等活动刺激消费者的购买欲望，都可以有效实施拉式策略（营业推广、广告促销）。

③**推拉结合策略**：企业综合采用推式策略和拉式策略，以更有效地增加消费者需求和产品、服务的销售量。

典例研习 · 3-36 多项选择题

主营体育用品生产和销售的云济公司开发出一款智能家用跑步机。为了使该产品迅速占领市场，公司销售人员在主要销售商场举办促销活动，宣传该产品能够根据使用者的年龄、身高、体重、脉搏频率等生理指标，自动显示使用者应选择的最佳步速和运动时间，同时宣布前20名购买者，可获得产品免费保修期从3年延长至6年的优惠，云济公司采用的促销组合策略要素有（　　）。

A.广告促销　　B.公关营销　　C.营业推广　　D.人员推销

斯尔解析 本题考查的是促销组合策略的四个要素。“公司销售人员在主要销售商场举办促销活动，宣传该产品……”属于人员推销，选项D当选。“同时宣布前20名购买者，可获得产品免费保修期从3年延长至6年的优惠”属于营业推广，选项C当选。

本题答案 CD

典例研习·3-37 多项选择题

新业影视公司于2019年底推出一档贺岁片。该片公映前，公司召开新片发布会，全体创作人员、导演和阵容强大的主要演员集体在媒体和影视界嘉宾前亮相，宣称此片将“进军奥斯卡”。公司在会上散发了该片的精彩剧照，透露了令人捧腹的拍摄花絮，并请与会人员免费观看了该片的首映。新业影视公司采用的促销策略组合要素有（　　）。

A.广告促销　　B.公关营销　　C.人员推销　　D.营业推广

斯尔解析 本题考查的是促销组合策略的四个要素。“公司召开新片发布会”是宣传企业和产品形象的一种方式，属于公关营销（媒体宣传），选项B当选。“主要演员集体在媒体和影视界嘉宾前亮相，宣称此片将‘进军奥斯卡’”属于人员推销，选项C当选。“公司在会上散发了该片的精彩剧照，透露了令人捧腹的拍摄花絮，并请与会人员免费观看了该片的首映”属于营业推广，选项D当选。广告促销是在媒体中投放广告，使潜在客户对企业产品和服务产生良好印象。需要注意的是，题干中只是提及在媒体前亮相，而不是投放广告，选项A不当选。

本题答案 BCD

二、研究与开发战略（★★）

（一）研发的层次

研究层次	具体内容
基础性研究 （基础和源头）	对科学概念、原理和理论进行的研究，为后续的应用研究奠定基础
应用型研究 （重要阶段）	对实际问题进行的研究，将基础性研究的成果（科学理论知识）转化为可应用的技术、产品构思或解决方案
开发型研究	在应用型研究的基础上进行的研发活动（强调实际操作和工程实践，涉及设计、制造、测试和推广等环节），将应用型研究成果转化为实际的产品、服务或解决方案

（二）研发的类型

类型	具体内容
产品研发	（1）含义：研制、开发新产品或改进现有产品。 （2）评价：产品研发是采用差异化竞争战略的生产企业取得竞争优势的一项关键性措施，也是制造型企业研发的主要环节
技术研发	（1）含义：探索、发现、采用新的技术或改进现有技术。 （2）评价：企业研发的核心内容，是企业提高生产效率、降低生产成本的主要手段。技术研发会有效促进产品研发以及其他类型的研发

续表

类型	具体内容
工艺研发	（1）含义：指对产品生产过程的研究和改进，包括对生产设备的研发、更新和改造以及材料的选择、加工方法的优化和对工艺参数的调整等。 （2）评价：有效提高产品质量和生产效率
流程研究	（1）含义：对生产、管理过程的各个环节及其相互关系进行分析和评估，识别和解决流程中存在的问题，并提出改进或重组方案。 （2）评价：节约资金和时间，提高生产效率和管理效率

（三）研发的流程

（1）调研阶段（第一阶段，也是最为关键的一个阶段）。

（2）产品设计阶段。

（3）开发和测试阶段（核心阶段之一）。

（4）产品制造和发布阶段（核心阶段之一）。

（5）维护和升级阶段。

（四）研发的动力来源

（1）市场需求。

举例：随着健康观念的普及和提升，消费者对健康食品的需求增加，这就拉动了企业对健康食品的研发。

（2）技术进步。

举例：随着电池储能技术的进步，电动汽车的续航里程得到大幅提升，这就推动了企业对电动汽车的研发。

（3）市场竞争。

举例：家电市场的竞争异常激烈，这就促使家电企业不断加大研发力度，力求通过推出性能更佳、成本更低的新产品，以吸引消费者，保持或扩大市场份额。

（4）法规政策。

举例：政府对新能源汽车的政策支持，推动了企业对新能源汽车的研发；政府对高能耗、高污染水泥生产作出的法规性限制，可以促使企业加强对低能耗、低污染的水泥生产技术和产品的研发。

（5）创新文化。

倡导、鼓励创新的企业文化是研发动力的重要来源，创新文化能够激励员工研发的积极性和创造性，支持他们主动探索、尝试新的研发路线、方法和解决方案，为研发活动深入开展提供强大动力、良好氛围和适宜条件。

（6）社会责任。

企业研发新的技术和产品，可以为降低社会生产成本和推进产业结构升级作出贡献。同时，通过研发绿色技术和产品，企业可以在打造低碳供应链或产业链、保护环境等方面有效履行社会责任。

（五）研发的模式

（1）自主研发。

①优点：一旦研发成功，在行业内容易做到技术产品领先；产品差异化程度高，可以避免行业产品同质化现象；有利于技术秘密和知识产权的保护。

②缺点：企业对研发资金的投入量较大，担负的研发成本较高；研发周期较长；研发失败的风险较大；研制成功的新产品有可能被同业竞争对手仿制。

③适用条件：具有强大的研发能力、期望取得并长期占据行业主导地位的企业。

（2）合作研发。

①优点：合作成员可以发挥各自的优势，完成单个企业难以承担的难度较大的项目；减轻企业研发在资金、人力等方面的压力和负担；减少并分散研发失败的风险；缩短研发周期。

②缺点：合作成员之间可能由于利益不一致或沟通不畅、协调不力而导致研发效率低下甚至失败；立项企业在行业内难以取得技术产品独家领先的地位；技术秘密和知识产权的保护存在一定的困难。

③适用条件：具有一定的资源实力、期望在较短时期内迅速提升研发能力和行业地位的企业。

（3）委托研发。

①优点：企业不需要对研发投入太多的精力；依靠具有研发优势的单位或机构开发、研制新技术或新产品，企业可以较快地提升市场竞争力和行业地位。

②缺点：对提高企业自身研发能力帮助不大；企业在获得或保护技术秘密和知识产权方面存在较大困难。

③适用条件：研发能力有限、期望在较短时期内提升市场竞争地位的企业。

（4）开放研发。

开放研发是指企业通过搭建网络平台与外部各种合作者共享研发过程和成果。其特点包括：

①实现了知识共享，加速了知识的传播和扩散。

②鼓励跨组织、跨领域的合作与协作。

③研发项目和研发过程十分透明。

④由于资源如劳动力、设备等可以由参与者共享，降低了研发成本。

⑤通过采用各种知识保护措施，确保研发成果得到认可和保护。

（六）研发的战略作用

项目	内容
基本竞争战略	技术创新和产品创新是产品差异化的来源。流程创新和工艺创新使企业能够采用成本领先战略或差异化战略
价值链	研发被纳入价值链的支持性活动

续表

项目	内容
安索夫矩阵	通过产品成本的降低和产品的改进、创新实现市场渗透或市场开发，通过产品创新实现产品开发或多元化
产品生命周期	产品研发会加速现有产品的衰退，并且催生新一代产品以替代现有产品

（七）研发定位

类型	内容
成为向市场推出新技术产品的企业	富有魅力的、令人兴奋的战略，但同时也是一个风险较大的战略
成为成功产品的创新模仿者	必须有先驱企业开发第一代新产品并证明存在该产品的市场；企业需拥有优秀的研发人员和优秀的营销部门
成为成功产品的低成本生产者	由于产品已被客户接受，价格变得更为重要；规模营销成为主要的销售战略
成为成功产品低成本生产者的模仿者	对于收入水平和技术水平较低国家的企业具有很强的吸引力；要能够以更低的投入获得更高的产出

三、生产运营战略（★★）

生产运营战略是企业根据目标市场和产品特点构造其生产运营系统时所遵循的指导思想，以及在这种指导思想下的一系列决策规划、内容和程序。

（一）生产运营战略涉及的主要因素

因素	内容
批量	生产批量大，更偏向资本密集型生产（系统化程度高），单位成本较低； 生产批量小，更偏向劳动密集型生产（系统化程度低），单位成本较高
种类	产品种类多，生产流程复杂，单位成本较高； 产品种类少，生产流程简单，单位成本较低
需求变动	需求波动，产能利用率低，单位成本高； 需求稳定，产能利用率高，单位成本低
可见性	流程可见性高，与客户的沟通技巧、人际关系很重要，运营费用较高； 流程可见性低，与客户的沟通技巧、人际关系不重要，运营费用较低

典例研习 · 3-38 单项选择题

智达公司是一家计算机制造企业。为了减少库存，公司对生产过程实施订单管理。生产部门依据销售部门提供的客户订购的产品数量安排当期生产。智达公司的生产运营战略所涉及的主要因素是（　　）。

A.种类　　B.批量　　C.需求变动　　D.可见性

斯尔解析 本题考查的是生产运营战略涉及的主要因素。“生产部门依据销售部门提供的客户订购的产品数量安排当期生产”体现了需求变动对于生产运营的影响，即“以销定产”，选项C当选。

本题答案 C

（二）生产运营战略的内容

<table>
<tr><th>内容</th><th colspan="4">具体释义</th></tr>
<tr><td>产品（或服务）的选择</td><td colspan="4">需要考虑的因素包括：
（1）市场条件。
（2）企业内部的生产运营条件。
（3）财务条件。
（4）企业各部门工作目标的差异性</td></tr>
<tr><td>自制或外购选择</td><td colspan="4">（1）自制：完全自制；外购+自制。
（2）外购：成立经销公司。
提示：对于产品工艺复杂、零部件繁多的生产企业，那些非关键、不涉及核心技术的零部件，如果外购价格合理，市场供应稳定，企业会考虑外购或以外包的方式来实现供应</td></tr>
<tr><td rowspan="3">生产运营方式与供应链的选择 变</td><td>生产运营方式</td><td>供应链模式</td><td>适用的产品</td><td>目标</td></tr>
<tr><td>品种少、产量高、可预见的市场环境</td><td>高效供应链</td><td>共性产品，如紧固件、轴承、方便面、饮料等</td><td>降低“实物成本”（增加利润）</td></tr>
<tr><td>品种多、产量低、难以预见的环境</td><td>敏捷供应链</td><td>个性产品，如专用设备、太阳镜等</td><td>降低“市场协调成本”（高效运作）</td></tr>
<tr><td>配送网络的选择</td><td colspan="4">（1）制造商存货加直送（厂家直送）。
（2）制造商存货、直送加在途并货（厂家直送——不同地点订单合并）。
（3）分销商存货加承运人交付（淘宝模式）。
（4）分销商存货加到户交付（京东模式）。
（5）制造商或分销商存货加顾客自提（社区团购模式）。
（6）零售商存货加顾客自提（普通超市模式）</td></tr>
</table>

典例研习 · 3-39 单项选择题

启兴公司是一家专为工业加工设备企业提供管理咨询服务的企业，该公司建议其客户在制定生产运营战略时选择高效供应链以取得更好的收益。下列各项中，属于启兴公司为客户提出上述建议的依据是（　　）。

A.工业加工设备属于个性化需求产品

B.工业加工设备企业处于产品的品种多、产量低、难以预见的环境中

C.高效供应链追求降低“实物成本”

D.高效供应链适用于厂家较少、对价格不太敏感的行业

斯尔解析 本题考查的是供应链的选择。选项AB属于敏捷供应链的特征，与高效供应链的表述恰好相反，不当选。高效供应链适合于共性需求产品，这类产品的生产厂家多、竞争激烈，对价格敏感，需要严格控制实物成本（此段是教材细节表述，适当关注即可），因此选项D不当选。

本题答案 C

典例研习 · 3-40 单项选择题

米家公司在成立之初，仅支持自家官网预订，即顾客在官网下单，确定所需产品的型号，并留下姓名和住址，米家公司根据订单信息直接将产品邮寄到顾客家中。米家公司在成立之初采用的配送网络类型是（　　）。

A.制造商存货加直送　　B.分销商存货加承运人交付

C.制造商或分销商存货加顾客自提　　D.零售商存货加顾客自提

斯尔解析 本题考查的是生产运营战略中的配送网络选择。“仅支持自家官网预订，即顾客在官网下单，确定所需产品的型号，并留下姓名和住址，米家公司根据订单信息直接将产品邮寄到顾客家中”体现的是产品直接从制造商发送到最终顾客，即制造商存货加直送，因此选项A当选。

本题答案 A

（三）生产运营战略的竞争重点（TQCF）

1. 交货期（Time）

（1）快速交货：对争取订单意义重大。

（2）按约交货：对顾客满意度有重要影响。

2. 质量（Quality）

质量既包括产品本身的质量（满足顾客需求），也包括生产过程的质量（产品质量零缺陷）。

3. 成本（Cost）

成本包括生产成本、制造成本、流通成本和使用成本等。

4. 制造柔性（Flexibility）

企业面临市场机遇时在组织和生产方面体现出来的快速而又低成本地适应市场需求，反映了企业生产运作系统对外部环境作出反应的能力。

（四）产能计划

1. 基本概念

（1）产能：企业在指定时间内能够完成的最大工作量。

（2）产能计划：确定企业所需的生产能力以满足其产品不断变化的需求的过程。

2. 产能计划类型

类型	产能VS需求	特点
领先策略（进攻型）	产能＞需求	（1）根据需求增长的预期来增加产能； （2）目标是将客户从竞争者手中吸引过来； （3）通常会产生过量产能
匹配策略（稳健型）	产能=需求	少量增加产能来应对市场需求的变化
滞后策略（保守型）	产能＜需求	（1）需求增加倒逼产能增长； （2）降低产能过剩风险； （3）可能导致潜在客户流失

3. 平衡产能与需求的方法

方法	适用情况	流程	典型举例
库存生产式生产	需求稳定且能提前预测	采购→生产→接单	玩具生产商预计在圣诞节前订单会有15%～20%的增长，因此在第三季度就开始生产各种玩具，以减少在第四季度不能满足市场需求的压力
资源订单式生产	客户需求不确定，难以预测	接单→采购→生产	建筑企业可能会收到承建新的道路桥梁的大订单。该建筑企业将仅在签订了合同之后才开始采购必需的资源
订单生产式生产	对未来需求有较大信心	采购→接单→生产	餐馆需要的员工数量是可变的，因此它会有一批兼职员工，在餐馆举办大型活动或宴会的时候随叫随到。此外，全职员工还可能在需要时加班工作或进行轮班

解题高手

命题角度：平衡产能与需求的方法辨析。

客观题高频考点，建议通过以下举例对其进行理解和辨析：

（1）库存生产式生产：类比学生食堂，先大致预估就餐学生的总量，并按照固定菜谱提前把菜炒好，学生点什么菜，盛什么菜；

（2）资源订单式生产：类似电视里的厨艺比拼大赛，评委现场给出一些出其不意的主题和要求，各位主厨根据规则购买食材并完成制作；

（3）订单生产式生产：类比现炒外卖，提前购买好菜单上所需的各类食材并完成清洗、改刀等工序，待客户点单后，直接下锅烹饪即可。

典例研习 · 3-41 单项选择题

甲公司是一家高科技环保企业，其自主研发的智能呼吸窗刚一推向市场，即受到消费者欢迎，产品供不应求，企业一直处于满负荷生产状态。为满足持续增长的订单要求，公司决定增加一条生产流水线。甲公司所实施的产能计划属于（　　）。

A.滞后策略　　B.匹配策略　　C.维持策略　　D.领先策略

斯尔解析　本题考查的是产能计划的类型。“产品供不应求”“为满足持续增长的订单要求，公司决定增加一条生产流水线”说明该企业的产能明显小于需求，属于典型的滞后策略。滞后策略是指仅当企业因需求增长而满负荷生产或超额生产后才增加产能。该策略是一种相对保守的策略，它能降低生产能力过剩的风险但也可能导致潜在客户流失，因此选项A当选。

本题答案　A

典例研习 · 3-42 单项选择题

甲公司是一家国际船舶制造企业。甲公司在与其客户签订船舶制造合同后，才向各主要部件供应商发出采购订单。甲公司采用的平衡产能与需求的方法是（　　）。

A.订单生产式生产　　B.资源订单式生产

C.库存生产式生产　　D.滞后策略式生产

斯尔解析　本题考查的是平衡产能与需求的方法辨析。“甲公司在与其客户签订船舶制造合同后，才向各主要部件供应商发出采购订单”说明甲公司是先接单，再采购，最后生产，属于典型的资源订单式生产，而这类生产方式主要是为了应对定制化的客户需求，选项B当选。其实，同学们看到“船舶制造企业”这个公司的属性，基本就可以锁定答案了。

本题答案　B

四、采购战略（★★）

（一）货源策略

1. 货源策略的类型

类型	优点	缺点
少数或单一货源的策略	（1）与供应商建立较为稳固的关系； （2）有利于企业信息的保密； （3）产生规模经济，享受价格优惠； （4）随着与供应商关系的加深，企业可能获得高质量的供应品	（1）若无其他供应商，则单一供应商的议价能力就会增强； （2）企业容易遭受供应中断的风险
多货源少批量策略	（1）企业可以与较多的供应商建立和保持联系，以保证稳定的供应；	（1）企业与供应商的联系不够稳固，相互信任程度较低；

续表

类型	优点	缺点
多货源少批量策略	（2）有利于与多个供应商合作从而获得更多的知识和技术； （3）供应商之间的竞争使企业的议价能力增强（可以从供应商集中度低的角度来理解）	（2）不利于产生规模经济，不能享受大批量购买的价格优惠； （3）不利于企业获得质量和性能不断提高改进的供应品
平衡货源策略	平衡货源策略就是在以上两种货源策略之间寻求一个比较均衡的点，使企业既能获得集中于少数货源的好处，又充分利用多货源的优点	

2. 货源策略的选择

企业采用何种货源策略，取决于下列因素：

（1）市场上供应商的数量。

（2）供应商的规模实力、经营状况、信誉、产品或服务价格、交易条件等。

（3）企业对供应品的价格、质量、数量、交货期、相关服务等的要求或态度。

（4）企业与供应商的议价能力对比（企业强，采用少数或单一货源策略；企业弱，采用多货源少批量策略）。

典例研习·3-43 单项选择题

高图科技是一家半导体材料生产商，产品的主要原材料为蓝宝石，平片由两家供应商集中供应。从采购战略角度看，下列各项中，属于高图科技采用的货源策略的优点是（　　）。

A.与其他货源策略相比更有利于与供应商知识共享

B.与供应商建立较为稳固的关系

C.企业对供应商议价能力强

D.与其他货源策略相比更有利于保证蓝宝石平片稳定的供应

斯尔解析　本题考查的是货源策略的类型。“平片由两家供应商集中供应”体现了高图科技采用的货源策略是少数或单一货源策略，该策略的优点包括：（1）与供应商建立较为稳固的关系（选项B当选）；（2）有利于企业信息的保密；（3）产生规模经济，享受价格优惠；（4）随着与供应商关系的加深，企业可能获得高质量的供应品。选项ACD均属于多货源少批量策略的优点，故不当选。

本题答案　B

（二）交易策略

交易策略是指企业通过一定方式与供应商进行交易获取供应品的策略。

1. 策略分类

类型	含义	适用条件或特点
市场交易策略	与供应商签订买卖合同在市场上取得所需供应品的策略	（1）供应品的技术含量较低或生产技术相对成熟； （2）供应品在企业产品的生产和销售中不具有重要性； （3）企业不需要供应商提供售后服务； （4）供应商所处的市场较为成熟； （5）供应商数量较多； （6）竞争比较激烈
短期合作策略	应对一定的市场需求对供应商采取短期合作的策略	（1）企业的产品面临急剧变化的市场机会和变化很灵活的客户需求； （2）供应品的供给具有较高的适应性； （3）有的供应品有较高的技术含量，对企业产品的设计生产、销售都有重要影响
功能性联盟策略	与供应商通过订立协议结成联盟的策略	（1）供应品在企业产品的生产经营中起着重要作用； （2）企业对供应品的需求量比较大； （3）供应品的生产技术成熟，可替代性较高； （4）供应商拥有较强的生产能力和实现规模经济的能力
创新性联盟策略	为了产品、业务的创新并取得长期竞争优势而与供应商结成联盟的策略	（1）从某种新产品概念的提出就开始与供应商合作，其产品的设计、试制、改进、定型、生产与供应商的产品和技术创新基本上同步进行、相互契合。 （2）双方需要进行紧密和持久的合作，包括双方发展战略的相互配合以及资金、人员等重要资源的协调使用，必要时双方还可建立共同基金、合资企业或进行股权式合作

2. 各类策略的目标

类型	降成本	做创新	追求长期利益	追求短期利益
市场交易策略	√			√
短期合作策略		√		√
功能性联盟策略	√		√	
创新性联盟策略		√	√	

典例研习 · 3-44 多项选择题

佳家公司是知名家居品牌，与多家供应商建立了长期、稳定的合作关系，规避、减少了双方的经营风险。同时，由于佳家公司业务需求量较大，其合作的供应商也因此产生了规模效益，进一步降低了供应品价格，下列关于佳家公司采用的交易策略的说法中，正确的有（　　）。

A.该策略侧重于降低成本　　B.该策略侧重于实现创新

C.该策略追求短期利益　　D.该策略追求长期利益

斯尔解析 本题考查的是采购战略中的交易策略。“与多家供应商建立了长期、稳定的合作关系，规避、减少了双方的经营风险，同时，由于佳家公司业务需求量较大，其合作的供应商也因此产生了规模效益，进一步降低了供应品价格”体现出佳家公司的交易策略是功能性联盟策略。从管理的侧重点来看，功能性联盟策略侧重于降低采购成本的考虑，选项A当选，选项B不当选。从与供应商的关系中所追求的目标来看，功能性联盟策略追求的是长期利益，选项D当选，选项C不当选。

本题答案 AD

（三）采购模式

1. 传统采购模式

（1）含义：

企业采购部门在每个月末或者每个季末，根据库存情况制订下个月或下个季的采购计划，经主管经理或企业负责人审批后，向供应商发出采购信息，供应商接收后向企业报价，再经过双方谈判、协商，最终签订交易合同。

（2）特点：

①企业与供应商之间的信息沟通不够充分、有效，甚至双方有时为了各自在谈判中占据有利地位，有意隐瞒一些信息；

②企业和供应商之间只是简单的供需关系，缺少其他方面的合作；

③以补充库存为目的，缺少对生产需求及市场变化的考虑，因而经常造成库存积压或供不应求，影响企业生产经营正常进行；

④管理简单、粗放，采购成本居高不下。

2.MRP 采购模式

（1）含义：

企业以生产为导向，根据生产计划中的产品数量、结构和库存情况，计算推导出需要购买的各种原材料、零部件的数量以及进货时间，据此编制采购计划，按照采购计划向供应商发出订单。

（2）特点：

①生产计划和采购计划十分精细，从产品到原材料、零部件，从需求数量到需求时间，从生产进度到进货顺序，都无一遗漏地作出明确规定；

②采购计划的计算、编制非常复杂，尤其在产品种类繁多、产品结构复杂的情况下，对各种所需原材料和零部件及其进货时间的计算量是十分巨大的，因而需要借助计算机技术进行。

3.JIT 采购模式

（1）含义：

JIT采购又称准时化采购，该模式是指企业根据自身生产需要对供应商下达订单，要求供应商把适当数量、适当质量的物品在适当的时间送达适当的地点。

（2）特点：

①供应商数量少甚至是单一供应商；

②企业与供应商建立长期稳定的合作关系；

③采购批量小，送货频率高；

④企业与供应商都关心对方产品的改进和创新，并主动协调、配合；信息共享快速可靠。

4.VMI 采购模式

（1）含义：

企业和供应商签订协议，规定由供应商管理企业库存，确定最佳库存量，制定并执行库存补充措施，合理控制库存水平，同时双方不断监督协议执行情况，适时修订协议内容，使库存管理得到持续改进。

（2）特点：

①企业与供应商建立了的长期稳定的深层次合作关系；

②供应商通过共享企业实时生产消耗、库存变化、消耗趋势等方面的信息，及时制定并实施正确有效的补货策略，不仅以最低的成本满足了企业对各类物品的需要，而且尽最大可能地减少了自身由于独立预测企业需求的不确定性造成的各种浪费，极大地节约了供货成本；

③企业与供应商之间按照利益共享、风险共担的原则，协商确定对相关管理费用和意外损失的分担比例以及对库存改善带来的新增利润的分成比例，从而为双方的合作奠定了坚实的基础。

5. 数字化采购模式

（1）含义：

通过人工智能、物联网、云端协同等技术，实现对采购全流程的智慧管理，在选择和管理供应商、采购需求和费用分析、决策审批、订单生成、进货物流、对账结算、开票付款等各个环节都实现自动化、可视化、标准化和可控化，并通过实时监测和定期评估使之不断优化。

（2）特点：

①企业和供应商以数字化平台为基础建立了自动识别、彼此认知、直接交易、高度契合的新型合作关系；

②自动化技术淘汰了以往大量的人工操作，创新、优化了采购流程甚至企业全部业务流程；

③采购管理的科学性、便捷性、精细性、准确性空前提高，“降本增效”极为显著；适应新技术发展趋势，推广前景十分广阔。

五、人力资源战略（★★）

（一）人力资源规划

1. 人力资源规划内容（略）

2. 人力资源供需平衡策略

供需状态	平衡策略
供给=需求 但结构不匹配	（1）进行人员内部的重新配置； （2）对现有人员进行有针对性的专门培训； （3）进行人员的置换
供给＞需求	（1）扩大经营规模，或者开拓新的增长点； （2）永久性地裁员或者辞退员工； （3）鼓励员工提前退休； （4）冻结招聘； （5）缩短员工的工作时间； （6）对富余的员工进行培训，为未来的发展做好准备
供给＜需求	（1）从外部雇用人员，包括返聘退休人员； （2）采取多种方法提高现有员工的工作效率； （3）延长工作时间，让员工加班加点； （4）降低员工的离职率； （5）将企业的某些业务进行外包

（二）人力资源获取

人力资源获取是通过员工招聘来实现的。招聘包括招募、甄选与录用三部分。

1. 招募的渠道

招募渠道	优势	劣势
内部招募（如晋升、调换或降职）	（1）有利于提高员工的士气和发展期望； （2）对组织工作的程序、企业文化、领导方式等比较熟悉，能够迅速地展开工作； （3）对企业目标有认同感，辞职可能性小，有利于个人和企业的长期发展； （4）风险小，对员工的工作绩效、能力和人品有基本了解，可靠性较高； （5）节约时间和成本	（1）容易引起同事间的过度竞争，产生内耗； （2）竞争失利者感到心理不平衡，难以安抚，容易降低士气； （3）新上任者是“老人”，难以建立起领导声望； （4）容易出现近亲繁殖问题，思想观念因循守旧，思考范围狭窄，缺乏创新和活力
外部招募	（1）为企业注入新鲜“血液”，能够给企业带来活力； （2）避免企业内部相互竞争所造成的紧张氛围； （3）给企业内部人员以压力，激发他们的工作动力； （4）选择的范围比较广，可以招聘到优秀的人才	（1）对内部人员是一个打击，感到晋升无望，会影响工作热情； （2）外部人员对企业情况不了解，需要较长的时间来适应； （3）对外部人员不是很了解，不容易作出客观的评价，可靠性比较差； （4）外部人员不一定认同企业的价值观和企业文化，会给企业稳定造成影响

2. 甄选与录用

员工甄选是指通过运用一定的工具和手段来对已经招募到的求职者进行鉴别和考察，区分他们的人格特点与知识技能水平，预测他们的未来工作绩效，从而最终挑选出企业所需要的、恰当的职位空缺填补者。

员工甄选工具一般包括面试、评价中心、心理测试、工作样本和知识测试等。

3. 与企业竞争战略匹配的人力资源获取策略

获取策略	成本领先	差异化	集中化
员工来源	外部	内部	两者兼顾
晋升阶梯	狭窄、不宜转换	广泛、灵活	狭窄、不宜转换
甄选决策	人力资源部	业务部门	结合两者
甄选方法	简历和面试为主	多重方法	心理测试
甄选标准	强调技能	强调与文化契合	结合两者
社会化过程	正式的雇佣 和社会化过程	非正式的雇佣 和社会化过程	结合两者

典例研习 · 3-45 单项选择题

特瑞公司是一家生产易拉罐的企业。该公司近期通过采用一项新技术，大幅降低了生产成本，使其产品售价达到行业最低水平。目前特瑞公司因业务发展需要招聘新员工。从人力资源获取策略看，该公司甄选新员工的方法应是（　　）。

A.多重方法　　　　B.简历和面试为主

C.心理测试　　　　D.面试和心理测试

斯尔解析 本题考查的是与企业竞争战略匹配的人力资源获取策略。“该公司近期通过采用一项新技术，大幅降低了生产成本，使其产品售价达到行业最低水平”表明特瑞公司采用的基本竞争战略是成本领先战略。与成本领先战略相匹配的人力资源获取策略甄选方法为“简历和面试为主”，选项B当选。选项A是差异化战略的人力资源获取策略，选项C是集中化战略的人力资源获取策略，选项D为干扰选项，选项ACD不当选。

本题答案 B

（三）人力资源培训与开发

1. 培训与开发流程

员工培训的流程包括：培训需求分析、培训计划设计、培训实施和培训效果评估。

2. 培训与开发类型

（1）按照培训对象的不同：新员工培训和在职员工培训。按照员工所处的层次不同，在职员工培训又可以进一步划分为基层员工培训、中层员工培训和高层员工培训。

（2）按照培训形式的不同：在岗培训和脱产培训。

（3）按照培训性质的不同：传授性培训和改变性培训。

（4）按照培训内容的不同：知识性培训、技能性培训和态度性培训。

3. 与竞争战略相匹配的人力资源开发与培训

战略类型	侧重点	培训与开发的形式
成本领先	强调范围有限的知识和技巧	设立企业大学或者定期培训
差异化	要求具有广泛的知识、技巧和创造性	传递外部新颖信息、购买所需技能或者利用外部培训机构
集中化	强调应用范围适中的知识和技巧（专门领域）	在职培训或者外部培训

（四）人力资源绩效评估

1. 绩效计划

绩效计划是整个绩效管理系统的起点，是指在绩效周期开始时，由上级和员工一起就员工绩效考核期内的绩效目标、绩效过程和手段等进行讨论并达成一致。

在实践中，企业普遍使用的绩效计划工具主要有关键绩效指标法（KPI）、平衡计分卡（BSC）、目标管理法、360度评估法。

2. 绩效监控

绩效监控是指在整个绩效期间内，通过上级与员工之间持续的沟通（正式或非正式）来预防或解决员工实现绩效时可能发生的各种问题的过程。

与正式的沟通相比，非正式的沟通更容易让员工开放地表达自己的想法，沟通的氛围也更加宽松。

3. 绩效考核

绩效考核是指确定一定的考核主体，借助一定的考核方法，对员工的工作绩效作出评价。

4. 绩效反馈

绩效反馈是指绩效周期结束时在上级和员工之间进行绩效考核面谈，由上级将考核结果告知员工，指出员工在工作中存在的不足并和员工一起制订绩效改进的计划。

5. 绩效管理与企业基本竞争战略的匹配

战略类型	管理目标	特征
成本领先	以控制成本为目的，强调结果导向	评估范围狭窄，评估的信息来源单一（上级作为考核的主要考官）
差异化	关注创新和新颖性，既评估结果，也评估行为	评估范围宽广，评估信息丰富
集中化	上述两者结合	

（五）人力资源薪酬激励 要

1. 薪酬激励的原则

（1）战略性原则。薪酬激励应以企业总体战略为指导，通过设计、实施合理的薪酬体系，激励、引导员工为实现企业战略目标作出贡献。

（2）公平性原则。公平是薪酬激励的核心原则。企业应确保员工的薪酬与其能力、贡献等相匹配，避免内部或外部的不公平现象。

（3）合法性原则。薪酬激励必须严格遵守相关法律法规的规定和政策的要求。

（4）竞争性原则。薪酬激励应在同行或人才市场中有一定的吸引力和竞争力，能够在人才招聘、激励和保留等方面比竞争对手具有一定的优势。

（5）经济性原则。企业的薪酬激励需要与自身的经济实力和财务状况相适应。

2. 薪酬结构策略

类型	含义	作用
基本薪酬	根据员工所承担的工作或者所具备的技能而支付给他们的较为稳定的经济收入	在吸引、保留人员方面效果比较显著，在激励人员方面效果一般
可变薪酬	根据员工、部门、团队自身的绩效或额外付出而支付给他们的具有变动性的经济收入，例如奖金、销售收入提成和津贴等	在吸引、激励人员方面效果比较显著，在保留人员方面效果中等
间接薪酬	给员工提供的各种福利，如五险一金、补充商业保险、免费员工宿舍、带薪休假、节日福利、员工培训机会、健康体检、团建活动等	在保留人员方面效果比较显著，在吸引、激励人员方面效果一般

提示：广义的薪酬还包括股权激励收入和期权激励收入。

3. 薪酬水平策略

（1）领先型策略（薪酬水平＞市场平均水平）：吸引和留住高素质的人才，并有助于企业树立良好的雇主形象，在竞争激烈的人才市场中脱颖而出。

（2）匹配型策略（薪酬水平=市场平均水平）：既能保证企业在劳动力市场上的竞争力，又能够有效控制人力成本。

（3）滞后型策略（薪酬水平＜市场平均水平）：初创企业或资金比较紧张的企业可能采用这种策略，但它们往往通过提供较好的工作条件、更多的培训机会等方式来吸引和激励员工。

（4）混合型策略：针对企业内部不同的职位类别、业务单元或员工群体确定不同的薪酬水平。

4. 企业基本竞争战略与薪酬策略

战略类型	薪酬基础	薪酬构成	薪酬水平	公平性	薪酬决策
成本领先	岗位工资或年资	基本薪酬	滞后型	对外公平	集权，高层作出
差异化	能力或绩效	可变薪酬	领先型或混合型	对内公平	中层或子公司决策
集中化	能力与绩效	基本+可变	滞后型；领先型或混合型	对内公平	视市场情况和企业实力采用不同方式

典例研习·3-46 单项选择题

太奇公司是一家生产饮料的外资企业，该公司薪酬结构由基本工资、奖金、津贴和福利构成，其薪酬水平是国内饮料行业平均薪酬的3倍左右。太奇公司采用的薪酬水平策略是（　　）。

A.混合型策略　　B.滞后型策略　　C.匹配型策略　　D.领先型策略

斯尔解析　本题考查的是人力资源战略中的薪酬水平策略。“其薪酬水平是国内饮料行业平均薪酬的3倍左右”体现了薪酬水平高于市场平均水平，属于领先型策略，选项D当选。

本题答案　D

精稚答疑

问题：人力资源策略与竞争战略的关系汇总。

解答：请参见下表。

战略类型	获取	培训	绩效	薪酬
成本领先战略	外部+重技能+人力资源部+简历和面试	企业大学或定期培训（内训）	结果导向+评估范围窄	对外公平+岗位或年资+基本薪酬+滞后型+集权决策
差异化战略	内部+重文化契合+业务部门+多重方法	外部机构培训（外训）	结果和行为导向+评估范围广	对内公平+能力或绩效+可变薪酬+领先型/混合型+分权决策
集中化战略	结合+结合+结合+心理测试	结合	结合	对内公平+能力与绩效+结合+结合+结合

六、财务战略（★★）

（一）财务战略的确立

1. 融资方式

融资方式	优点	缺点
内部融资	直接由管理层进行决策，节约融资成本	内部融资无法为并购等提供充足的资金来源；对于陷入财务危机的企业，资金压力大
股权融资	资金量需求较大时优势明显，无须支付本金和利息	容易导致恶意收购从而丧失控制权，融资成本较高
资产销售融资	简单易行，并且不用稀释股东权益	比较激进，如果销售的时机选择不准，销售的价值就会低于资产本身的价值

续表

融资方式	优点	缺点
债权融资	（1）与股权融资相比，融资成本较低、速度较快、方式较隐蔽； （2）租赁能够节约为购买运输工具进行融资的成本、获得更多税收优惠、增加资本回报率	（1）还款压力增加了企业的经营风险； （2）使用租赁资产的权利有限

2. 融资成本与资本结构

（1）为了评价上述各种不同的融资方式，需要考察它们给企业带来的融资成本，包括股权资本成本、债权资本成本和加权平均资本成本。

（2）分析资本成本的最终目的是为企业作出最优的资本结构决策提供帮助。具体来讲，资本结构是权益资本与债务资本的比例。

3. 股利政策的选择

股利政策	特征
固定股利政策	股利额固定或稳定增长
固定股利支付率政策	股利支付率保持不变
零股利政策	不分配股利
剩余股利政策	满足投资项目需求后的剩余盈余用于支付股利

（二）财务战略的选择

1. 基于产品生命周期的财务战略选择

分析角度	产品生命周期阶段			
	导入期	成长期	成熟期	衰退期
经营风险	非常高	高	中等	低
财务风险	非常低	低	中等	高
资本结构	股东权益	主要是股东权益	股东权益+债务	股东权益+债务
资金来源（筹资战略）	风险资本	权益投资增加	保留盈余+债务	债务
股利（分配战略）	不分配	分配率很低	分配率高	全部分配
市盈率	非常高	高	中	低
股价	迅速增长	增长并波动	稳定	下降并波动
总体财务战略	低财务风险战略		中等财务风险战略	

提示：经营风险和财务风险共同决定了企业的总风险，因此两种风险的“反向搭配”是财务战略制定的一项战略性原则。即高经营风险搭配低财务风险，或者低经营风险搭配高财务风险。

典例研习·3-47 单项选择题

根据企业在不同发展阶段的特征，下列各项中正确的是（　　）。

A.衰退期财务风险、经营风险都高，股利全部分配给股东，股价呈下降并波动趋势

B.成熟期财务风险、经营风险和股利分配率都是中等，资本结构为权益资本加债务资本

C.导入期经营风险很高而财务风险很低，资金来源主要是风险资本，随着企业的发展股价迅速增长

D.成长期经营风险高而财务风险低，权益资本在资金来源中所占的比重增加，股利分配率低且股价也较低

斯尔解析 本题考查的是产品生命周期不同阶段的财务战略。衰退期是经营风险低，财务风险高，选项A不当选。成熟期的股利分配率高，选项B不当选。成长期的股价增长并波动，选项D不当选。因此选项C当选。

本题答案 C

典例研习·3-48 单项选择题

春华公司是一家球类制品生产企业，主要生产足球、网球、高尔夫球等。目前该公司与业内其他企业一样，生产稳定，产品价格疲软，经营战略的重点是在巩固市场份额的同时提高投资报酬率。春华公司应采取的股利分配战略是（　　）。

A.不分配　　B.分配率高　　C.分配率很低　　D.全部分配

斯尔解析 本题考查的是产品生命周期不同阶段的财务战略。“目前该公司与业内其他企业一样，生产稳定，产品价格疲软，经营战略的重点是在巩固市场份额的同时提高投资报酬率”说明该企业属于成熟期，对应的股利分配战略是分配率高，选项B当选。

本题答案 B

典例研习·3-49 单项选择题

近年来，射频识别设备逐渐进入人们的生活和越来越多的产业。随着市场的扩大，竞争者涌入，企业都以取得最大市场份额为战略目标。各个企业的产品在技术和性能上有较大差异。为了在竞争中胜出，企业之间开始争夺人才和资源。下列各项中，适合目前射频识别设备生产企业在资本结构上的经营特征是（　　）。

A.权益融资　　B.主要是债务融资

C.权益+债务融资　　D.主要是权益融资

斯尔解析 本题考查的是企业在产品生命周期不同发展阶段的财务战略。“各个企业都以取得最大市场份额为战略目标。各个企业的产品在技术和性能上有较大差异。”说明射频识别设备企业处于成长期，因此企业的资本结构表现为“主要是权益融资”，选项D当选。选项A是导入期的特征，选项C是成熟期或衰退期的特征，选项B是干扰选项，选项ABC不当选。

本题答案 D

2. 基于创造价值或增长率的财务战略选择

（1）影响财务战略选择的因素。

影响因素	衡量方式	具体释义
是否创造价值	投资资本回报率－资本成本>0，价值创造； 投资资本回报率－资本成本<0，价值减损	①投资资本回报率：反映企业的盈利能力，由投资活动和运营活动决定。 ②资本成本：反映权益投资人和债权人的期望报酬率，由股东和债权人的期望以及资本结构决定
是否需要筹资	增长率－可持续增长率>0，现金短缺； 增长率－可持续增长率<0，现金剩余	①增长率：用预期销售增长率来计量，由外部环境和企业的竞争能力决定。 提示：提高增长率对价值的影响，要看“投资资本回报率－资本成本”的正负情况，增长率可以使好的更好、差的更差。 ②可持续增长率：指不增发新股并保持目前经营效率和财务政策条件下公司销售可以实现的最高增长率（即凭借当前财务资源所能实现的增长率）

（2）财务战略矩阵。

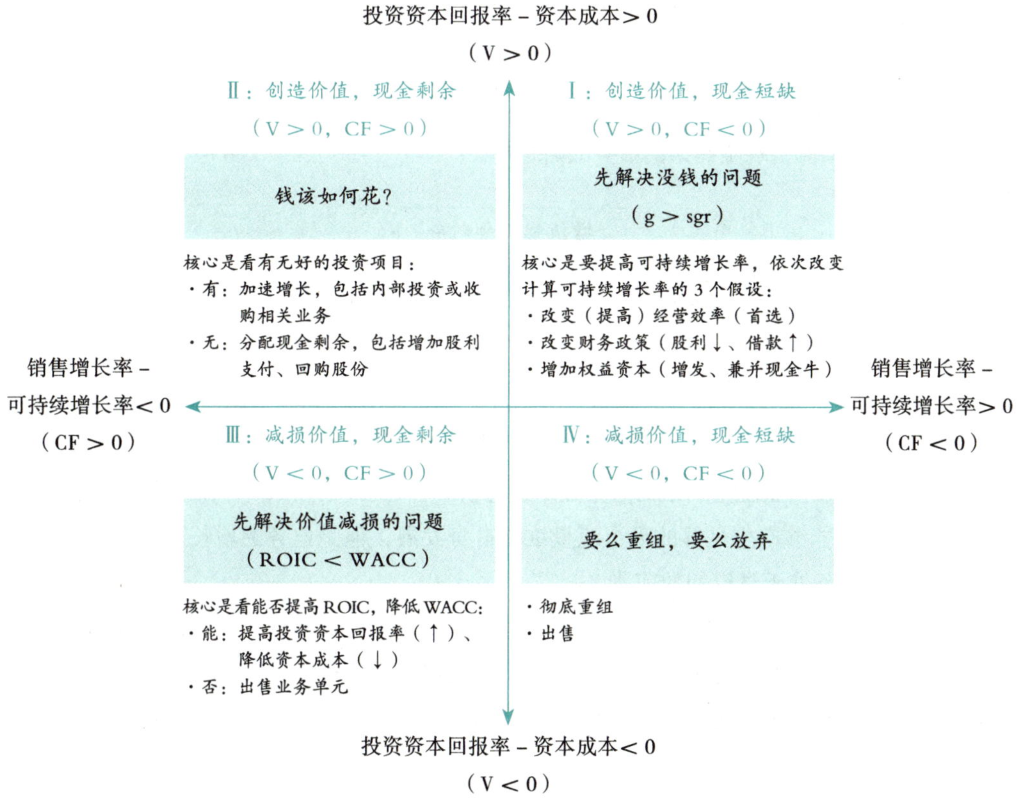

投资资本回报率－资本成本＞0
（V＞0）

Ⅱ：创造价值，现金剩余
（V＞0，CF＞0）

钱该如何花？

核心是看有无好的投资项目：
·有：加速增长，包括内部投资或收购相关业务
·无：分配现金剩余，包括增加股利支付、回购股份

Ⅰ：创造价值，现金短缺
（V＞0，CF＜0）

先解决没钱的问题
（g＞sgr）

核心是要提高可持续增长率，依次改变计算可持续增长率的3个假设：
·改变（提高）经营效率（首选）
·改变财务政策（股利↓、借款↑）
·增加权益资本（增发、兼并现金牛）

销售增长率－可持续增长率＜0
（CF＞0）

销售增长率－可持续增长率＞0
（CF＜0）

Ⅲ：减损价值，现金剩余
（V＜0，CF＞0）

先解决价值减损的问题
（ROIC＜WACC）

核心是看能否提高ROIC，降低WACC：
·能：提高投资资本回报率（↑）、降低资本成本（↓）
·否：出售业务单元

Ⅳ：减损价值，现金短缺
（V＜0，CF＜0）

要么重组，要么放弃

·彻底重组
·出售

投资资本回报率－资本成本＜0
（V＜0）

财务战略矩阵

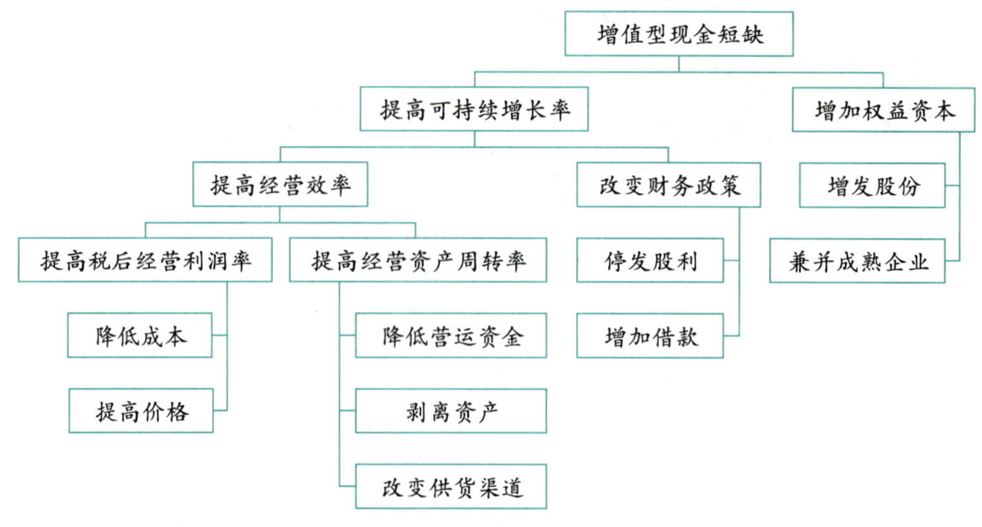

增值型现金短缺的战略选择

第Ⅰ象限：增值型现金短缺的财务战略选择。

在实务中，首先应判明这种高速增长是暂时性的还是长期性的。

①如果高速增长是长期性的，其资金问题的解决途径包括：

一是提高可持续增长率，具体是指提高经营效率，这是应对现金短缺的首选战略，使之向销售增长率靠拢；

二是增加权益资本，提供增长所需的资金。

②如果高速增长是暂时性的，其资金问题的解决途径包括：改变财务政策，如停止支付股利、增加借款比例等。

第Ⅱ象限：增值型现金剩余的财务战略选择。

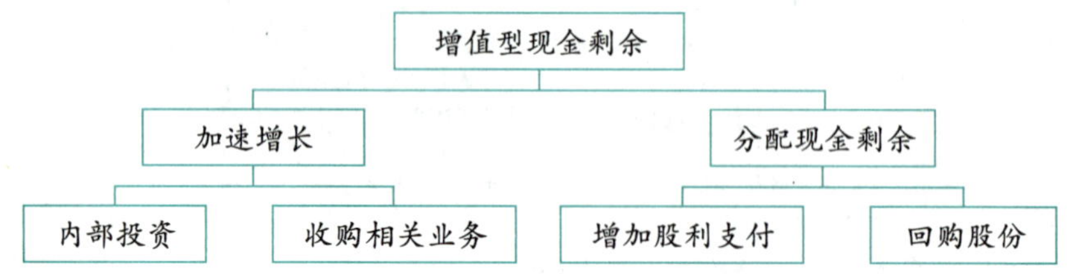

增值型现金剩余的战略选择

第Ⅲ象限：减损型现金剩余的财务战略选择。

①业务虽然能够产生足够的现金流量维持自身发展，但是业务的增长反而会降低企业的价值。这是业务处于衰退期的前兆。

②减损型现金剩余的主要问题是盈利能力差，而不是增长率低，简单的加速增长很可能有害无益。首先应分析盈利能力差的原因，寻找提高投资资本回报率或降低资本成本的途径，使投资资本回报率超过资本成本。

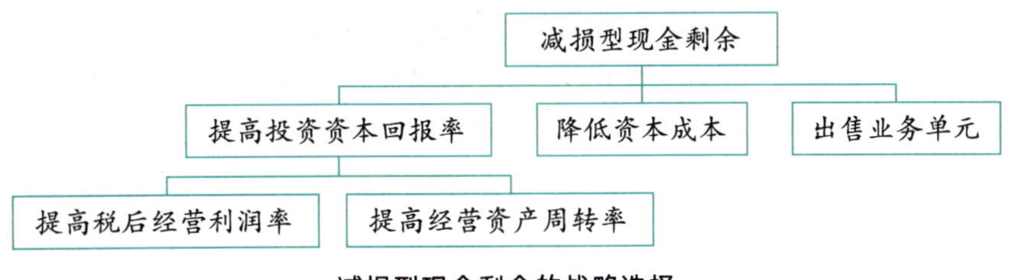

减损型现金剩余的战略选择

第Ⅳ象限：减损型现金短缺的财务战略选择。

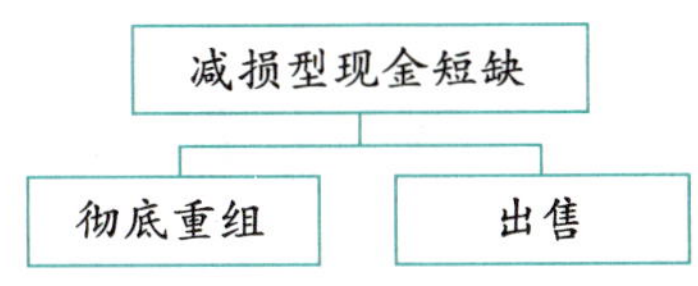

减损型现金短缺的战略选择

如果盈利能力低是本企业的独有问题，应在仔细分析经营业绩、寻找价值减损和不能充分增长的内部原因后，对业务进行彻底重组。如果盈利能力低是整个行业的衰退引起的，企业无法对抗衰退市场的自然结局，应尽快出售以减少损失。即使是企业独有的问题，由于缺乏核心竞争力，无法扭转价值减损的局面，也需要选择出售。

典例研习 · 3-50 多项选择题

维力公司管理层根据该公司的经营业绩决定采用新的财务战略，该战略包括使用内部资金、实行前向一体化并购、增加股利支付和回购部分股东股份等。下列各项中，属于维力公司管理层采用新财务战略依据的有（　　）。

A.销售增长率为11%，可持续增长率为8%

B.投资资本回报率为7%，资本成本为10%

C.投资资本回报率为8%，资本成本为6%

D.销售增长率为9%，可持续增长率为10%

斯尔解析 本题考查的是基于创造价值或增长率的财务战略选择。根据“使用内部资金、实行前向一体化并购、增加股利支付和回购部分股东股份”，可判断出该企业处于财务战略矩阵中的第二象限（增值型现金剩余），因为其战略选择分别对应了“内部投资、收购相关业务、增加股利支付和回购股份”。在第二象限中，需满足“投资资本回报率–资本成本>0、销售增长率–可持续增长率<0”。因此选项CD当选。

本题答案 CD

典例研习 · 3-51 单项选择题

日丰公司是一家家电生产企业，该公司的投资资本回报率为8%，投资成本为5%，同时销售增长率为9%，可持续增长率为7%。日丰公司预计上述情况将持续较长时间，因此决定采用新的财务战略。下列各项中，适合日丰公司采用的财务战略是（　　）。

A.增发股份，增加权益资本

B.增加股利支付

C.增加内部投资

D.对家电业务进行彻底重组

斯尔解析 本题考查的是基于创造价值或增长率的财务战略选择。“该公司的投资资本回报率为8%，投资成本为5%”说明“投资资本回报率−资本成本>0”，属于价值创造，“同时销售增长率为9%，可持续增长率为7%”说明“销售增长率−可持续增长率>0”，属于现金短缺。根据财务战略矩阵，定位在第一象限，属于增值型现金短缺。增发股份，增加权益资本属于增值型现金短缺的财务战略选择，选项A当选。增加股利支付与增加内部投资属于增值型现金剩余的财务战略选择，选项BC不当选。彻底重组属于减损型现金短缺的财务战略选择此选项D不当选。

本题答案 A

第四节 国际化经营战略

一、企业国际化经营动因（★★★）

动机	详解
寻求市场	基于各国之间市场差异（即区位优势）与竞争对手分布情况，企业会选择对外直接投资的国家和地区，去寻求更大的市场机会
寻求效率	（1）主要路径：较先进（因而劳动力成本较高）的发展中国家→次先进的发展中国家。 （2）原因：母经济体生产成本上涨；来自低成本生产商的竞争压力
寻求资源	（1）主要路径：资源短缺的发展中国家→资源丰富的发展中国家。 （2）原因：发展中大国（特别是中国和印度），增长迅猛、资源紧缺
寻求现成资产	（1）主要路径：发展中国家企业向发达国家投资。 （2）原因：获取发达国家企业的垄断优势，即品牌、先进技术与管理经验、资金、规模经济等现成资产

解题高手

命题角度：企业国际化经营动因的辨析。

客观题、主观题高频考点。可结合关键线索进行辨析：

教材原文	关键线索
寻求市场	销售大涨、订单增多、开拓新的区域
寻求效率	（劳动力）成本； 路径：较先进发展中国家→次先进的发展中国家
寻求资源	自然资源、原材料供给； 路径：资源短缺的发展中国家→资源丰富的发展中国家
寻求现成资产	管理经验、品牌、先进技术、资金、规模经济； 路径：发展中国家→发达国家

典例研习 · 3-52 （多项选择题）

顺驰公司是国内一家汽车玻璃制造商。面对国内生产要素成本不断上涨和产品订单日趋减少，该公司把一部分资金和生产能力转移至生产综合成本相对较低的汽车产销大国M国。通过独立投资设厂和横向并购M国一家拥有国际知名品牌的企业，顺驰公司在M国不仅很快站稳脚跟，而且获得M国汽车制造商的大量订单，业务量大幅增长。在顺驰公司向M国投资的动机有（　　）。

A.寻求效率　　B.寻求市场　　C.寻求现成资产　　D.寻求资源

斯尔解析 本题考查的是国际化经营的动因。顺驰公司把一部分资金和生产能力转移至生产综合成本相对较低的汽车产销大国M国，关键词“成本”，体现了寻求效率，选项A当选。获得M国汽车制造商的大量订单，业务量大幅增长，体现了寻求市场，选项B当选。横向并购M国一家拥有国际知名品牌的企业，体现了寻求现成资产，选项C当选。题干中并未提及“自然资源”相关的字眼，选项D不当选。

本题答案 ABC

二、国际化经营的主要方式（★★）

企业国际化经营的方式一般有**出口贸易、对外直接投资、非股权安排**等几种。

（一）出口贸易

1. 目标市场的选择——目标市场的区域路径

路径	详解
传统方式（连续方式）	（1）高新技术产品： ①发展中国家→类似发展中国家→发达国家； ②发达国家→类似发达国家→发展中国家。 （2）初级产品和劳动密集型低端产品： 发展中国家（例：矿石初加工）→发达国家（例：矿石深加工）
新型方式（不连续方式）	高新技术产品：发达国家（特别是美国）→发展中国家

典例研习 · 3-53 （单项选择题）

永熙公司主营钨矿的开采和销售，该公司将大部分产品销往海外，并选择传统方式作为目标市场的区域路径，下列表述正确的是（　　）。

A.产品主要出口到发达国家

B.产品先出口到发达国家，再出口到发展中国家

C.产品主要出口到发展中国家

D.产品先出口到发展中国家，再出口到发达国家

斯尔解析 本题考查的是出口贸易方式下目标市场的区域路径。传统方式的区域路径需要分情况讨论。若为高新技术产品，则路径包括两种，即发展中国家→类似发展中国家→

发达国家，或者发达国家→类似发达国家→发展中国家。若为初级产品和劳动密集型低端产品（如矿石初加工），则路径仅有一种，即发展中国家→发达国家。本题中，永熙公司从事的钨矿的开采和销售，即初级产品和劳动密集型低端产品，因此选项A当选。

本题答案 A

2. 分销渠道的选择

（1）环节多：国际分销渠道比国内分销渠道更复杂，涉及更多的中间环节。

（2）成本高：国际分销渠道的成本通常比国内分销渠道的成本高。

（3）走不同：出口商有时必须通过与国内市场不同的分销渠道向海外市场进行销售。

（4）有反馈：国际分销渠道通常为公司提供海外市场信息，包括产品在市场上的销售情况及其原因。

3. 出口贸易定价

（1）定价偏高，以期获得大于国内市场的收益。

（2）制定使海外市场与国内市场收益水平接近的价格。

（3）在短期内定价较低，即使收益偏低甚至亏损也在所不惜。这种策略把海外市场看成有发展前途的市场（渗透定价法）。

（4）只要在抵消变动成本之后还能增加利润，就按能把超过国内市场需求量的产品销售出去的价格定价，这种策略是把海外市场看成解决过剩生产能力的倾销场所（变动成本+利润）。

（二）对外直接投资

1. 对外直接投资的含义

企业将管理、技术、营销、资金等资源以自己控制企业的形式转移到目标国家（地区），以便能够在目标市场更充分地发挥竞争优势。

2. 对外直接投资的分类

类型	详解	
独资经营（全资子公司）	优点	（1）强控制：管理者可以完全控制子公司在目标市场上的日常经营活动，并确保有价值的技术、工艺和其他一些无形资产都留在子公司； （2）易协调：可以避免合资经营各方在利益、目标等方面的冲突问题，从而使国外子公司的经营战略与企业的总体战略融为一体
	缺点	（1）投资大：这种方式可能得耗费大量资金，公司必须在内部集资或在金融市场上融资以获得资金； （2）支持少：由于没有东道国企业的合作与参与，全资子公司难以得到当地的政策与各种经营资源的支持，规避政治风险的能力也明显小于合资经营企业
合资经营	动因	（1）加强现有业务（现有产品+现有市场）； （2）将现有产品打入国外市场（现有产品+新市场）； （3）将国外产品引入国内市场（新产品+现有市场）； （4）经营一种新业务（新产品+新市场）

续表

<table>
<tr><th>类型</th><th colspan="2">详解</th></tr>
<tr><td rowspan="2">合资经营</td><td>优点</td><td>（1）投资少：可以减少国际化经营的资本投入；
（2）支持多：有利于弥补跨国经营经验不足的缺陷，有利于吸引和利用东道国合资方的资源</td></tr>
<tr><td>缺点</td><td>难协调：由于合资企业由多方参与投资，因而协调成本可能过大；协调问题主要表现为合资各方的目标差异和文化差异</td></tr>
</table>

（三）非股权形式

（1）非股权形式被视为对外直接投资与贸易两种方式的中间道路。（战略联盟在国际经营背景下的应用）

（2）非股权形式的包含范围：合约制造、服务外包、订单农业、特许经营、许可经营、管理合约及其他类型的合约关系，跨国企业通过这些关系协调其在全球价值链的活动并影响东道国公司的管理，而并不拥有其股份。

（3）在某些情况下，非股权形式可能比对外直接投资更为适宜。例如，在农业领域，订单农业比大规模土地收购更易于解决负责任投资的问题——尊重本地权利、农民的生计和资源的可持续利用等。

典例研习·3-54 简答题

1999年，以家电产品为主的多元化经营企业天达公司开始了国际化进程。通过市场调查与分析，天达领导层认为，先进入最为严苛的欧美发达国家市场，能够在消费者高标准的质量要求和激烈的市场竞争中获得市场相关经验和领先技术，尽快提升企业在世界市场的竞争优势。为了成功进驻发达国家市场，天达公司倾注了巨大的财力、人力以及物力来促进其技术与质量水平的提升。短短数年天达公司陆续通过了15个种类、48个国家的国际认证。1999年4月，天达公司在发达国家U国建立生产厂，在随后几年内相继在U国建立销售中心和设计中心；随后天达的产品开始在全球布局；2004年，天达公司首次将电脑销售到发展中国家F国市场；2005年3月，天达公司投资发展中国家D国工业园，以当地生产当地销售的方式，打开D国市场。2006年5月，天达公司的手机产品销售进入亚洲发展中国家E国市场；2008年4月，天达公司在亚洲发展中国家B国，以生产外包的方式在该国生产加工天达公司的产品，以获得天达公司的产品在全球的低成本优势。

要求：

（1）简要分析天达公司在目标市场选择上所采用的方式。

（2）简要分析天达公司国际化经营的方式。

（3）简要分析天达公司国际化经营的动因。

斯尔解析 （1）天达公司在目标市场选择上采用了新型方式（或不连续方式）。“天达领导层认为，先进入最为严苛的欧美等发达国家的消费市场，能够在消费者高标准的质量要求和激烈的市场竞争中获得市场相关经验和领先技术，尽快提升企业在世界市场的竞争优势”。

（2）①出口贸易。“2004年，天达首次将电脑销售到发展中国家F国市场”“2006年5月，天达手机产品销售进入亚洲发展中国家E国市场”。

②对外直接投资。“1999年4月，天达公司在发达国家U国建立生产厂，在随后几年内相继在U国建立销售中心和设计中心”“2005年3月，天达投资发展中国家D国工业园，以当地生产当地销售的方式，打开D国市场”。

③非股权形式。“2008年4月，天达公司在亚洲发展中国家B国，以生产外包的方式在该国生产加工天达公司的产品，以获得天达产品在全球的低成本优势”。

（3）①寻求市场。“在发达国家U国建立生产厂”“将电脑销售到发展中国家F国市场”“投资发展中国家D国工业园”。

②寻求效率。“在亚洲发展中国家B国，以生产外包的方式在该国生产加工天达公司的产品，以获得天达公司的产品在全球的低成本优势”。

③寻求现成资产。“能够在消费者高标准的质量要求和激烈的市场竞争中获得市场相关经验和领先技术，尽快提升企业在世界市场的竞争优势”。

三、全球价值链中的企业国际化经营（★★★）

（一）全球价值链的含义

2002年联合国工业发展组织（UNIDO）给出了一个具有代表性和综合性的定义：“全球价值链是指在全球范围内为实现商品或服务价值而连接生产、销售、回收处理等过程的全球性跨国企业网络组织，涉及从原料采集和运输、半成品和成品的生产和分销，直至最终消费和回收处理的过程。它包括所有参与者和生产销售等活动的组织及其价值利润分配，并且通过自动化的业务流程和供应商、合作伙伴以及客户的链接，以支持机构的能力和效率”。

（二）企业国际化经营与全球价值链构建

1. 全球价值链中企业的角色定位

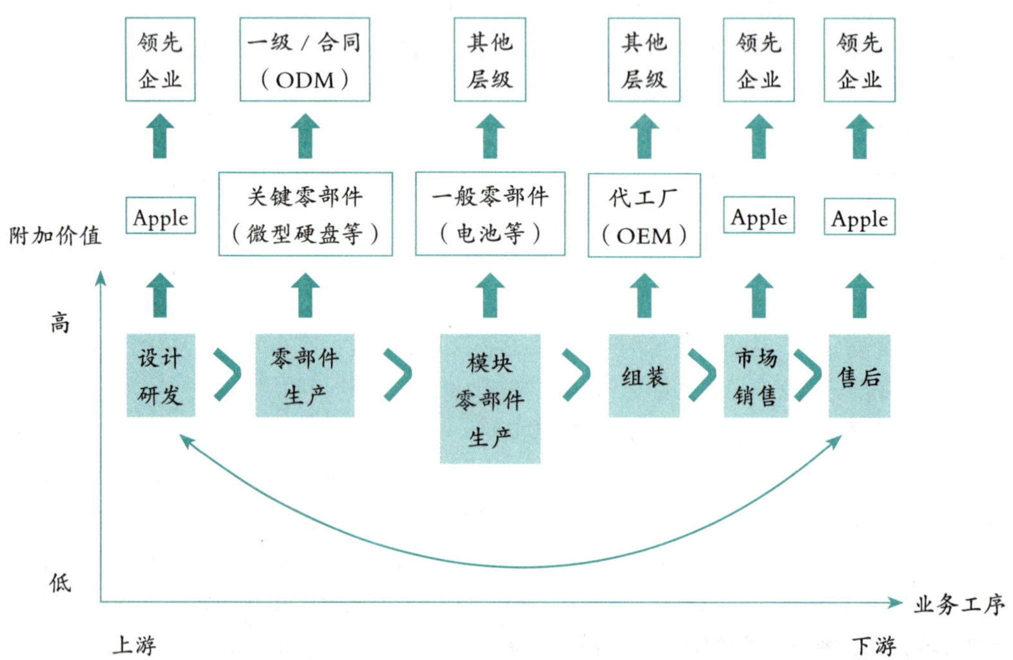

（1）领先企业。

①定位：主导地位（最高地位与价值增值），担负全球价值链战略制定、组织领导以及管理工作，在全球生产网络中拥有绝对的控制力和影响力。

②评价：拥有产品、技术、品牌、营销渠道、规模经济等垄断优势。

（2）一级供应商。

①定位：从属地位（较高地位与价值增值），能够起到在领先企业和本地供应商之间的桥梁作用。

②评价：缺乏技术、品牌等关键资源的优势。除了必须由领先企业承担的核心技术研发和营销渠道构建等功能，还能够承担诸如部件的生产、组装、物流等外围管理工作。

（3）其他层级供应商。

①定位：一级供应商的从属地位（较低地位和价值增值）。

②评价：微弱比较优势，与一级供应商相联系，承接价值网络中非关键环节的非核心生产活动，如进行简单组装、初始设备制造（OEM）等。

（4）合同制造商。

①定位：与一级供应商相类似，但对领先企业的依赖度较低，也较少承担对领先企业和其他层级供应商的连接桥梁作用。

②评价：具备一定的技术能力，能够为领先企业提供除关键环节设计和营销以外的配套服务，承接领先企业对技术有一定要求的产品的生产，也可以独立完成产品部分结构的生产。如初级设计制造商（ODM）就能够为领先企业提供部分设计服务。

解题高手

命题角度：全球价值链企业角色定位的辨析。

客观题和主观题考点，有一定难度。同学们可结合各个角色定位的关键线索进行辨析。

角色定位	关键线索
领先企业	处于主导地位的核心企业（垄断优势），拥有技术、营销渠道优势
一级供应商	从属于领先企业，不具备技术和营销渠道优势，仅做生产、组装、物流等外围管理工作
其他层级供应商	从属于一级供应商，从事非核心活动，如简单组装、OEM
合同制造商	不依赖于领先企业、技术专家，可独立完成产品部分结构的生产，如ODM

典例研习·3-55 单项选择题

安平公司是一家实施国际化经营的风电设备制造企业，具有较强的技术能力和较大的成本优势。该公司为在全球风电设备价值链中具有产品、技术、品牌等垄断优势的跨国公司提供塔筒、机舱罩等零部件的生产、组装、物流等业务的外围管理工作。下列各项中，符合安平公司在全球风电设备价值链中的角色定位的是（　　）。

A.领先企业　　B.其他层级供应商

C.合同制造商　　D.一级供应商

斯尔解析 本题考查的是全球价值链中企业的角色定位。“风电设备制造企业，具有较强的技术能力和较大的成本优势”“该公司为……跨国公司提供塔筒、机舱罩等零部件的生产、组装、物流等业务的外围管理工作”表明安平公司从属于领先企业，技术能力较强、成本优势较高，不具备技术和营销渠道优势，仅做生产、组装、物流等外围管理工作，符合一级供应商的定位，选项D当选。

本题答案 D

2. 全球价值链的分工模式

对比项目	分工模式				
	市场交易	对外直接投资	非股权形式		
	市场型	科层型	模块型	关联型	俘获型
产品特征	标准化产品、产品结构简单	产品结构复杂，但价值很高	产品结构复杂，但可模块化、标准化	产品结构复杂，需双方沟通解码	产品结构复杂，但不想自己做
交易模式	直接购买	让儿子做	找专家做	找亲朋做	找小弟做
协作基础	合约关系	雇佣关系	能力互补	家族关系、空间距离等	市场势力
交易基础	价格	公司规章	网络关系	网络关系	网络关系
组织氛围	彼此独立、互不信任	从属关系、依附上级	分工明确、专业交流	相互依赖、交流密切	大企业强势、小企业依赖
对供应商的影响	（1）交易伙伴间没有正式合作； （2）客户转换成本低； （3）受到市场力量的影响； （4）技术扩展和知识转移仅限于贸易渠道	（1）供应商是被垂直整合的，受到全面的管理控制； （2）能够快捷地获得领先企业的现成资产； （3）技术扩展和知识转移通过内部商业联系进行	（1）企业间联系范围广； （2）信息流动量较高； （3）对领先企业的依赖度较低，供应商往往参与多个价值链	（1）合作伙伴间相互依存度较高、交易和交流频繁； （2）供应商更容易生产差异化产品； （3）技术扩展和知识转移的程度相对较高； （4）领先企业和供应商转换成本较高，供需更加稳定	（1）相对较小的供应商受到领先企业的高度监管和控制； （2）对领先企业依赖度较高； （3）技术扩展和知识转移侧重于提高效率与部分产品改进的知识共享

提示：

（1）在科层型价值链中，领先企业通过构建涵盖人力资源、财务和运营管理等职能的“总部功能”，来有效地整合、协调、管理各个子公司和分支机构在全球开展的各种复杂的生产及交易活动。

（2）在俘获型价值链中，领先企业要对供应商提供清晰、成文的指示，并在必要时提供技术支持，供应商才能生产出满足复杂规格要求的产品。而供应商的生产活动通常被限制在一个狭窄的范围内，如简单组装、贴牌生产等。

典例研习·3-56 单项选择题

U公司是一家总部位于西班牙的全球性服装企业，该企业57%的供应商都在附近的邻国，如葡萄牙、摩洛哥和土耳其。借助地缘优势，U公司可随时根据最新的流行元素设计产品，并第一时间与邻国多家供应商沟通不同款式的设计思路与工艺细节，确保信息传递的准确性和及时性。根据全球价值链分工模式的相关理论，U公司与供应商所形成的分工模式是（　　）。

A.科层型价值链　　B.市场型价值链

C.俘获型价值链　　D.关联型价值链

斯尔解析 本题考查的是全球价值链的分工模式辨析。在关联型价值链下，产品规格难以编码，买卖双方必须要对那些难以编码的知识进行传递，且合作伙伴间相互依存度较高（“第一时间与邻国多家供应商沟通不同款式的设计思路与工艺细节，确保信息传递的准确性和及时性”）；两者之间可能基于声誉、社会团体、家族、民族关系等因素产生相互依赖（“该企业57%的供应商都在附近的邻国，如葡萄牙、摩洛哥和土耳其。借助地缘优势……”）。因此，上述案例符合关联型价值链的含义，选项D当选。

本题答案 D

典例研习·3-57 单项选择题

科力公司是全球领先的数控加工设备生产企业，数控加工设备的规格和结构非常复杂，为了减少交易复杂化，该公司在全球寻求并锁定一些自身能力不强的供应商进行交易，从而获得电路板、显示器、键盘以及相应的软件等零配件稳定的货源，科力公司为这些供应商提供清晰的书面指示，以保证供应商生产的产品符合要求，下列各项中，属于科力公司与其供应商结成的全球价值链分工模式对供应商的主要影响是（　　）。

A.能够快捷地获得领先企业的现成资产

B.对科力公司依赖度高

C.供应商更容易生产差异化产品

D.供应商是被垂直整合的，受到全面的管理控制

斯尔解析 本题考查的是全球价值链的分工模式。“数控加工设备的规格和结构非常复杂，为了减少交易复杂化……科力公司为这些供应商提供的书面指示，以保证供应商生产的产品符合要求”表明全球价值链的分工模式属于俘获型价值链，因此选项B当选。选项AD属于科层型价值链对供应商的主要影响，选项C属于关联型价值链对供应商的主要影响，不当选。

本题答案 B

（三）全球价值链与发展中国家企业升级

1. 企业升级的类型

（1）工艺升级，即通过对生产技术的改进和生产组织管理效率的提升而实现的升级。

（2）产品升级，即通过改进产品设计（甚至开发突破性的产品）提高产品的竞争力而实现的升级。

（3）功能升级，即通过占领价值链更高附加值的环节而实现升级。例如，企业从初始设备制造商（OEM）到初始设计制造商（ODM）。

（4）价值链升级，即通过进入技术壁垒或资本壁垒更高的价值链或获取价值链中更高的地位，以提升盈利能力和竞争力而实现的升级。例如，汽车零部件供应商进入整车制造产业；企业从初始设备制造商（OEM）到初始设计制造商（ODM）再到自有品牌制造商（OBM）。

2. 全球价值链分工模式与企业升级

分工模式	工艺升级	产品升级	功能升级	价值链升级
科层型	易	易	难	难
俘获型	易	易	难	难
关联型	易	易	难	难
模块型	难	难	易	易
市场型	难	难	易	易

提示：协作弹性越强，越容易实现高阶的企业升级；协作弹性越弱，越容易实现低阶的企业升级。

解题高手

命题角度：企业升级类型的辨析。

客观题和主观题考点，有一定难度。同学们可结合各个升级类型的关键线索和典型实践进行辨析。

类型	关键线索	典型实践
工艺升级	增强生产效率	提升OEM（委托加工）效率
产品升级	增强产品附加值	提供更高品质的产品或服务
功能升级	增强环节附加值	从OEM到ODM（初级设计制造商）； 从生产制造到设计、营销
价值链升级	转换价值链	从OEM到ODM到OBM（自有品牌制造商）； 从汽车零部件供应商到整车制造产业

四、国际化经营的战略类型（★★★）

企业国际化经营的战略基本上有四种类型，可通过“全球协作”的程度和“本土（注：东道国）独立性和适应能力”的程度所构成的两维坐标体现出来。

国际化的战略类型

提示：此处的“本土”不是本国，是国际化所前往的东道国。

类型		内容
国际战略	特征	企业将其具有价值的产品与技能转移到国外的市场以创造价值。 （1）母国“动脑”：产品开发职能，控制产品和市场战略的决策权； （2）东道国“干活”：制造和营销职能
	适用条件	企业的特殊竞争力在国外市场上拥有竞争优势，而且在该市场上降低成本的压力较小
	缺点	（1）提供的产品与服务难以做到因地制宜； （2）形成重复建设，加大了经营成本
多国本土化战略	特征	根据不同国家的不同的市场，提供更能满足当地市场需要的产品和服务
	适用条件	当地市场强烈要求根据当地需求提供产品和服务，并降低成本
	缺点	（1）生产设施重复建设并且成本结构高； （2）过于本土化使得每个国家的子公司过于独立； （3）战略的成本结构较高，无法获得经验曲线效益和区位效益
全球化战略	特征	（1）标准产品：向全世界的市场推销标准化的产品和服务； （2）多地经营：在较有利的国家集中地进行生产经营活动（但不一定在同一个国家）
	适用条件	成本压力大且当地特殊要求小
	缺点	不适宜在要求提供当地特色的产品的市场上实施该战略

续表

类型		内容
跨国战略 变	特征	（1）全球协作程度高：具有成本效益和区位效益。 （2）本土独立性和适应能力高：能够关注当地市场的需要。 提示：既要集中资源在母国运营以实现规模经济和保护核心竞争力（不能太分散），也要将部分资源分散在母国以外的地方以降低成本和建立竞争优势（也不能太集中）。 （3）公司间（母&子，子&子）的关系是双向且紧密的
	适用条件	目前为止，跨国公司的最佳战略选择
	缺点	地区适应性和全球化效率的最优平衡是主观且经常变动的（难以平衡）

解题高手

命题角度：国际化经营战略类型的辨析。

客观题高频考点，建议同学们参考以下两种方法来判断：

（1）象限法：根据横纵轴高低综合判断，题干通常会提供明确的提示词。

（2）关键词法：根据各个类型的基本战略特征或关键线索判断。

战略类型	关键线索
国际战略	母国负责产品开发职能+东道国负责制造和营销职能
多国本土化战略	满足当地市场需求
全球化战略	全世界销售标准化产品+在有利国家/地区开展不同的生产经营活动（多地经营）
跨国战略	兼具全球化战略和多国本土化战略的特点，公司间关系是双向的

典例研习·3-58 单项选择题

世界服装生产巨头Z公司开创了新的生产模式，该公司通过遍布全球各地的信息网络迅速捕获服装流行趋势和流行元素，总部的设计师团队随即以最快的速度仿制、修改。为了保证生产效率，采购和生产都在欧洲进行，亚洲、南美洲等低成本地区只生产基本款，一件服装从设计到摆上货架最长不超过20天。该公司全球所有门店几乎每周都会收到两次新货品。若以“全球协作”的程度和“本土独立性和适应能力”的程度两个维度来考察，Z公司采取的是（　　）。

A.国际战略　　　　B.多国本土化战略

C.全球化战略　　　　D.跨国战略

斯尔解析　本题考查的是国际化经营类型的判断。根据题干，采购和生产在欧洲，总部设计师团队设计，亚洲、南美洲生产基本款，体现了全球协作程度高（典型的“多地经营”），但是全球门店都只是收到总部发来的新货负责销售，说明全球门店的销售的是同款产品（标准化产品），说明本土适应性和独立性低，因此采取的是全球化战略，选项C当选。

本题答案 C

典例研习 · 3-59 单项选择题

贝恩公司是著名的电子商务企业，下设5大商务区和分布在100多个国家的子公司。商务区经理负责为各自商务区制定国际化经营战略，各国子公司经理则根据所在国市场需求对该子公司的经营活动行使经营权和管理权。商务区经理需要各国子公司经理的合作，当商务区经理和子公司经理的意见或决策发生冲突时，可提交总公司裁决。贝恩公司采用的国际化经营的战略类型是（　　）。

A.国际战略　　B.全球化战略　　C.跨国战略　　D.多国本土化战略

斯尔解析　本题考查的是国际化经营类型的判断。“各国子公司经理则根据所在国市场需求对该子公司的经营活动行使经营权和管理权。商务区经理需要各国子公司经理的合作，当商务区经理和子公司经理的意见或决策发生冲突时，可提交总公司裁决”，根据象限法，此部分说明贝恩公司全球协作程度高、本土独立性和适应能力高，符合跨国战略的类型特征。同时，也可用定义法来判断：母子公司之间是一种双向关系，这是跨国战略的典型特征，因此选项C当选。

本题答案 C

五、新兴市场的企业战略（★★★）

新兴市场是指一些市场发展潜力巨大的发展中国家（东道国）。全球化竞争中，众多实力雄厚的跨国公司进入新兴市场，对当地本土企业带来巨大市场压力。因此，新兴市场中本土企业的战略选择非常重要，即东道国企业如何应对发达国家公司国际化经营的冲击！

将产业所面临的全球化压力和新兴市场本土企业拥有的优势的资源作为两个变量，可以用来指导公司战略性思考。

产业的全球化程度	适合本国市场	可以向海外移植
高	“躲闪者” 通过转向新业务或缝隙市场避开竞争	“抗衡者” 通过全球竞争发动进攻
低	“防御者” 利用国内市场的优势防卫	“扩张者” 将企业的经验转移到周边市场

新兴市场本土企业优势资源

本土企业的战略选择

提示：

（1）此处的“本土”是新兴市场所在的本国，而非国际化所前往的东道国。

（2）“产业的全球化程度”可通俗地理解为产业内的国外竞争对手是否能够进入本土市场，并受到本土市场的欢迎（即实现真正意义上的全球化）。“新兴市场本土企业优势资源”可通俗地理解为本土企业的优势能否向其他国家转移。综上，形成以下四种战略类型：

①对手可以进入+优势无法转移→躲闪者；

②对手无法进入+优势无法转移→防御者；

③对手无法进入+优势可以转移→扩张者；

④对手可以进入+优势可以转移→抗衡者。

（3）从业务所在市场范围来看，四种战略类型的市场范围逐渐扩大：

①躲闪者：相对被动，需要放弃自身原有业务市场，重起炉灶。

②防御者：保持稳定，利用本土优势，巩固本国市场。

③扩张者：相对主动，把自身优势转移到周边市场。

④抗衡者：更为主动，通过不断革新，提升自身优势，获得更大市场。

（一）“躲闪者”战略

（1）含义。

如果全球化压力大，企业就会面临更大的挑战。如果企业优势资源只能在本土发挥作用，企业就必须围绕仍有价值的本土资源，对其价值链的某些环节进行重组，以躲避外来竞争对手的冲击，从而保持企业的独立性。

（2）战略定位。

避开跨国公司的冲击。

（3）战略举措。

在全球化压力很大的产业中，“躲闪者”不能仅仅指望公司的本土资源，还必须重新考虑自身的商业模式。在这种情况下，如果这些企业的资源仅仅在本土才有价值，企业最好的选择可能是以下几个：

①“A+B”：与跨国竞争对手建立合资、合作企业。

②“A→B”：将企业出售给跨国公司。

③“A→新A”：重新定义自己的核心业务，避开与跨国公司的直接竞争。

④“A→A1”：根据自身的本土优势专注于细分市场，将业务重心转向价值链中的某些环节。

⑤“A→a”：生产与跨国公司产品互补的产品，或者将其改造为适合本国人口味的产品。

提示：躲闪者战略举措的基本思路为“认怂+重塑”。认怂的方式可以是与对手合作，让渡自己一部分市场份额，也可以是直接把业务的一部分变卖给对手。重塑则是要重新设计自身业务，选择细分市场，或积极配合对手。

（4）需要注意的问题。

①躲闪者战略是四种战略中最难付诸实施的一种。因为“躲闪者”必须要对其战略进行大手术，而且必须在跨国公司将其淘汰出局前完成。

②只要“躲闪者”能够谨慎选择突破口，并专心攻克，还是能够利用本土资源拥有一片立足之地。

典型案例1：捷克S汽车公司的重组。

1989年苏联解体后，捷克S汽车公司经营举步维艰。东欧市场开放后，S公司在东欧市场的位置摇摇欲坠。捷克政府将S公司卖给了德国一家著名汽车公司D公司，后者随即对S公司的业务进行了重组，大力投资于新产品和新技术，并将S公司的产品定位为D公司全球产品中的重要品牌。

典型案例2：俄罗斯V公司重新定义自己的核心业务。

俄罗斯经济市场化后，俄罗斯个人电脑生产商V公司管理人员认识到，如果与发达国家跨国公司正面交锋，无疑是鸡蛋碰石头。然而，他们既没有出售企业，也没有寻求建立合资企业，而是重新定义自己的核心业务，避开了与跨国公司的直接竞争。V公司不再把自己看作是一家个人电脑生产商，而是逐渐把重心向公司的下游业务转移，加强在电脑销售、服务和维修方面的力量。

典型案例3：国内厂商从操作系统转型应用程序。

微软进入中国后，中国国内的软件商纷纷放弃开发视窗类操作系统，转而生产适应中国市场的视窗系统应用程序。

（二）“防御者”战略

（1）含义。

如果企业面临的全球化压力较小，而其拥有的优势资源只适合于本国市场，那就需要集中力量保护已有的市场份额不被跨国竞争对手侵占。

（2）战略定位。

利用国内市场的优势防卫。

（3）战略举措。

①服务本国：把目光集中于喜欢本国产品的客户，而不考虑那些崇尚国际品牌的客户。

②调整产品：频繁调整产品和服务，以适应客户特别的甚至独一无二的需求。

③强化渠道：加强分销网络的建设和管理，缓解国外竞争对手的竞争压力。

提示：防御者战略举措的基本思路是“人不犯我，我不犯人”，仅把目光放在本土市场，通过更优质的产品和服务，巩固本国市场份额。

（4）需要注意的问题。

①不要试图赢得所有顾客。

②不要一味模仿跨国竞争对手的战略。

典型案例1：上海J化妆品公司定位本土市场的战略。

上海J公司是一家在中国最悠久的化妆品生产企业，明智地采取了定位本土市场的战略，更是凭借其对中国消费者特殊喜好的了解，取得了长足的发展。

由于不同文化的标准千差万别，化妆品产业的跨国公司比较难以进入新兴市场，因而该产业的全球化压力较小。尽管如此，中国化妆品产业有相当大的一块市场被国际品牌占据着。上海J公司没有与跨国公司在这部分市场上进行角逐，而是将目光投向了仍旧眷顾传统产品的巨大消费群体。该公司了解到中国消费者大都相信中药，于是围绕这一传统观念开发出价格低廉的大众品牌。

“六神”就是一种由珍珠粉和麝香等六种原料混合而成的传统中药，用来祛痱止痒、清热解毒并医治其他一些夏日疾病。J公司利用人们对传统医学的认识，推出了一种含有“六神”原液在夏季使用花露水，这种产品很快占有了60%的市场份额。随后，公司又将花露水延伸至沐浴液。而进入中国市场的同行业的跨国公司则缺乏对本土消费者偏好的了解，其产品主要吸引那些追求时尚的城市居民。

典型案例2：墨西哥G公司借助分销网络保住市场份额。

多年来，G公司建立了广泛的销售和配送网络，将产品送到遍布各地的人们至今仍然最喜欢光顾的便利店。为此，G公司总共雇用了1.4万名司机，配送范围覆盖全国，每天向35万客户送货多达42万次。

在墨西哥市场刚刚开放时，G公司的经理们曾经考虑过减少送货次数以降低成本。然而，当1991年百事可乐大举进入墨西哥市场后，G公司经理们开始深刻思考能够给企业带来竞争优势的资源。G公司的薄利销售非但没有影响公司运作，相反，正是这套送货网络为跨国公司进入这一市场设置了巨大的障碍，从而帮助G公司保住了自己的市场份额，满足了墨西哥消费者对新鲜面包的喜好，同时也符合他们每天就近购物的习惯。

（三）“扩张者”战略

（1）含义。

如果企业面临的全球化压力不大，而其自身的优势资源又可以被移植到海外，那么企业就可以将本土市场的成功经验推广到若干国外的市场。

（2）战略定位。

向海外延伸本土优势。

（3）战略举措。

在某种情况下，本土企业可以不仅仅局限于保住现有市场，它们还可以通过合理运用可移植的优势资源，并以其在本地市场的成功为平台，向其他（周边）市场扩张。

（4）需要注意的问题。

在向海外延伸本土优势时应当注意寻找在消费者偏好、地缘关系、分销渠道或政府管制方面与本国市场相类似的市场，以最有效地利用自己的资源。

典型案例：菲律宾K公司将“触角”伸到身在其他国家的菲律宾人。

菲律宾K公司是一家家族快餐食品公司。公司首先挡住了麦当劳对菲律宾国内市场的冲击。他们采用的方法是一方面提升服务和送货质量，另一方面针对菲律宾人的口味开发出具有竞争力的菜单。除了鱼肉面和鱼肉饭以外，K公司还发明了一种用大蒜和酱油调味的汉堡，这让他们夺取了菲律宾75%的汉堡市场和56%的快餐业务。

在与跨国公司交手了几个回合并获取了一些经验后，K公司充满信心地向海外出击了。他们运用自己经过竞争考验的配方，在中国香港、中东和美国加州等菲律宾移民较多的地方开设了几十家餐馆。

（四）“抗衡者”战略

（1）含义。

如果全球化压力大，而企业优势资源可以转移到其他市场，企业有可能与发达国家跨国公司在全球范围内展开正面竞争。

（2）战略定位。

在全球范围内对抗。

提示：此处的对抗并非“硬碰硬”，毕竟新兴市场本土企业的实力还是相对较弱的，所以对抗要讲究方法和策略。

（3）战略举措。

①比领先：不要拘泥于成本上竞争，而应该比照行业中的领先公司来衡量自己的实力。

②获资源：学习从发达国家获取资源，以克服自身技能不足和资本的匮乏。

③找市场：找到一个定位明确又易于防守的市场。

④找突破：在一个全球化的产业中找到一个合适的突破口。

典型案例1：印度尼西亚I造纸公司大肆进军出口市场。

印度尼西亚I造纸公司凭借其在原木供应上的优势大肆进军出口市场。印度尼西亚适宜的气候环境，低廉的采伐成本以及政府保证的林木采伐特许权，使得I公司的原木供应十分充足。在其核心业务——造纸业上，I公司的生产成本差不多只有北美和瑞典竞争对手的一半，这无疑为其出口提供了巨大的优势。

I公司的成本优势并不完全源于其地理和资源因素，公司还大力投资于先进的生产设备，以提高生产效率。这对于所有想凭借廉价资源或劳动力获利的企业有着重要的借鉴意义。

典型案例2：韩国X公司在美国硅谷建立研发中心。

韩国X公司是一家从事电子信息产品制造的公司。这家公司在美国硅谷建立了研发中心，然后将在那里获得的技术转移到首尔的总部，从而走上了内存芯片技术的前沿阵地。

典型案例3：印度S汽车公司加入美国G汽车公司主导的战略联盟。

当美国G汽车公司决定将在北美地区销售的汽车散热器盖外包生产时，印度S汽车公司及时抓住了这个走向世界的机会。S公司向G公司购买了一整条生产线并运回印度，一年之后就成为G公司北美分部唯一的散热器盖供应商。除了每年500万只散热器盖销量保证这一明显的好处之外，加入G公司的供应网络还使S公司更容易增强自身能力，并能够学习新的技术标准，了解日益变化的客户需求，还能把在生产联盟中获得的技能直接移植到核心业务中。S公司是第一批获得QS9000标准的印度企业之一，G公司要求其零部件供应商必须获得这一认证。在争取认证过程中学习到技能，对于S公司的核心业务——紧固件生产也十分有益，使得S公司能够将目光投向欧洲和日本市场。与跨国公司的本地供应商不同，S公司的印度工厂有能力向全球的相关厂家供货。

典型案例4：匈牙利R汽车公司在全球竞争中业务重组。

匈牙利R汽车公司过去不仅生产发动机和车轴等不同零部件，还生产客车、卡车和拖拉机等不同类型的车辆。东欧市场开放后，公司面临着需求的大规模滑坡。然而，随着汽车制造业在全球范围内迅速整合，R公司已经非常接近跨国竞争者标准的车轴业务成为跨国公司整合的主要对象。R公司的业务重组取得了良好的效益，尤其是在美国，R公司获得了重型拖拉机车轴市场25%的巨大市场份额。R公司的车轴销售额超过其总销售额的2/3，而且几乎全部出口到国外。

相比之下，在发动机和整车等更为广阔的市场，R公司的业务仅仅局限于东欧地区，正面临着大型跨国公司的挑战。尽管R公司有着巨大的服务网络，但是它也许承受不了该产业整个价值链中无处不在的巨大的全球化压力。

解题高手

命题角度1：新兴市场企业战略的辨析。

客观题高频考点，难度较大。建议综合采用以下三种方法进行辨析：

（1）象限法：原则上可以采用这一方法，但该方法容易出错，且历年真题的出题思路并不统一，不建议使用。

（2）定义法：根据四种战略选择的“战略定位”和“市场范围”判断。

①躲闪者：避开跨国公司的冲击+市场范围变小；

②防御者：利用本土优势进行防御+市场范围不变，驻守本国；

③扩张者：向海外延伸本土优势+市场范围延伸到周边地区；

④抗衡者：在全球范围内（有策略地）对抗+市场范围更大，甚至全球。

（3）关键词法：最推荐的解题方法，即结合“战略举措”的关键线索进行判断。

战略类型	关键线索
防御者	服务本国消费者、调整产品服务满足需求、加强渠道建设
扩张者	将经验向周边海外移植
躲闪者	“认怂”：合作、出售；“重塑”：重新定义、细分市场、互补产品
抗衡者	比领先、获资源、找市场、找突破（具体线索详见“命题角度2”）

命题角度2：“抗衡者”战略举措的案例分析。

主观题高频考点，难度较高。建议深刻理解原文这四项举措，并结合关键线索和解题技巧进行辨析。

教材原文（简略版）	关键线索和解题技巧
不要拘泥于成本上竞争	与先进企业比，某公司×××；某公司决心与发达国家企业进行竞争；某公司的优势不仅在于成本，而是在于其他因素
学习从发达国家获取资源	某公司在全球拥有×××；某公司在发达国家建立了×××；某公司实现了全球数据的互联；某公司收购了发达国家A企业或其生产设备

续表

教材原文（简略版）	关键线索和解题技巧
找到一个定位明确又易于防守的市场	（1）“定位明确”的案例表述：面对全球化产业的竞争，企业在产业价值链中找到了更加有利于实现自我价值的环节或位置（更聚焦）； （2）“易于防守”的案例表述：企业与国外公司进行合作或加入其联盟，成为“一家人”，从而不会被攻击
找到一个合适的突破口	企业根据外部的竞争环境分析之后，对自身的业务、流程等进行重组（如外包业务、投资新产品等），通过“改变自己”成为“更好的自己”

典例研习 · 3-60 单项选择题

金力公司是国内一家风力发电设备制造企业。2015年，金力公司取得世界最大的风力发电机组制造商麦尔公司的叶轮生产外包项目，并从对方引进一整条先进生产线，成为麦尔公司唯一的叶轮供应商。之后，金力公司通过引进麦尔公司的先进技术，不断提高产品性能和生产效率，并把引进的新技术移植到核心业务齿轮增速器的生产中，成为欧美多家相关企业的齿轮增速器供应商。作为新兴市场国家本土企业，金力公司采用的战略类型是（　　）。

A.防御者战略　　B.抗衡者战略　　C.扩张者战略　　D.躲闪者战略

斯尔解析　本题考查的是新兴市场本土企业的战略选择。“金力公司……从对方引进一整条先进生产线，成为麦尔公司唯一的叶轮供应商……通过引进麦尔公司的先进技术，不断提高产品性能和生产效率”体现了金力公司学习从发达国家获取资源，“并把引进的新技术移植到核心业务齿轮增速器的生产中，成为欧美多家相关企业的齿轮增速器供应商”说明了金力公司在全球化产业中找到了一个合适的突破口（持续提升自己），且找到了一个定位明确又易于防守的市场（成为外国公司的供应商）。因此，根据以上关键词，可判断金力公司所采用的战略类型为“抗衡者”，故选项B当选。或者，本题也可以用排除法来做，金力公司并未放弃或缩减市场（不属于躲闪者，选项D不当选），也并非巩固本土市场（不属于防御者，选项A不当选），且并未强调周边市场（不属于扩张者，选项C不当选），因此只能选择抗衡者，即进入了欧美市场。

本题答案　B

典例研习 · 3-61 单项选择题

面对国外品牌牙膏不断涌入国内市场的不利局面，建华牙膏厂独创了完全用中草药提取物制造，具有生津健齿功效的牙膏，并通过强化销售网络的建设和管理，赢得了越来越多国内消费者的好评，作为新兴市场的本土企业，建华牙膏厂采用的战略属于（　　）。

A. “扩张者”战略　　B. “防御者”战略

C. “抗衡者”战略　　D. “躲闪者”战略

斯尔解析 本题考查的是新兴市场本土企业的战略选择。“独创了完全用中草药提取物制造，具有生津健齿功效的牙膏”是在调整产品服务满足需求，“强化销售网络的建设和管理”是加强渠道建设，“赢得了越来越多国内消费者的好评”是服务本国消费者，因此符合“防御者”的战略选择，选项B当选。此外，本题也可以通过市场范围来判断，题干表述为“赢得了越来越多本国消费者的好评”，即市场范围就是本国市场，属于防御者战略。

本题答案 B

典例研习 · 3-62 单项选择题

面对国外著名医药公司在中国市场上不断扩张，多年从事药品研发、生产和销售的康达公司为了自身的长期发展，把药品的生产和销售业务转让给其他公司，同时与国外某医药公司合作，专注于新药品的研发业务。从本土企业战略选择的角度看，康达公司扮演的角色可称为（　　）。

A.防御者　　B.扩张者　　C.抗衡者　　D.躲闪者

斯尔解析 本题考查的是新兴市场本土企业的战略选择。“为了自身的长期发展，把药品的生产和销售业务转让给其他公司”说明康达公司将企业的部分业务出售给跨国公司，“同时与国外某医药公司合作专注于新药品的研发业务”说明康达公司与跨国竞争对手开展合作（对应躲闪者举措中的“建立合资、合作企业”），上述表述均符合躲闪者的战略举措。或者，本题也可以根据市场范围来判断，“把药品的生产和销售业务转让给其他公司”相当于企业让渡了自身的市场份额给其他企业，仅有躲闪者具有这一特征，因此选项D当选。

本题答案 D

【斯考卡片】
扫码背重点

至此，公司战略与风险管理的学习已经进行了55%，继续加油呀！

55%

第四章 战略实施

学习提要

重要程度： 重点章节

平均分值： 10～15分

考核题型： 客观题和主观题均可考查

本章提示： 本章属于典型“入门偏难、得分容易”的章节，尤其是对于缺乏实务工作经验的同学们而言，无须过分纠结知识本身的内涵，只要能够借助关键词或做题技巧得分即可

考点精讲

开篇总述：战略实施的相关支持要素。

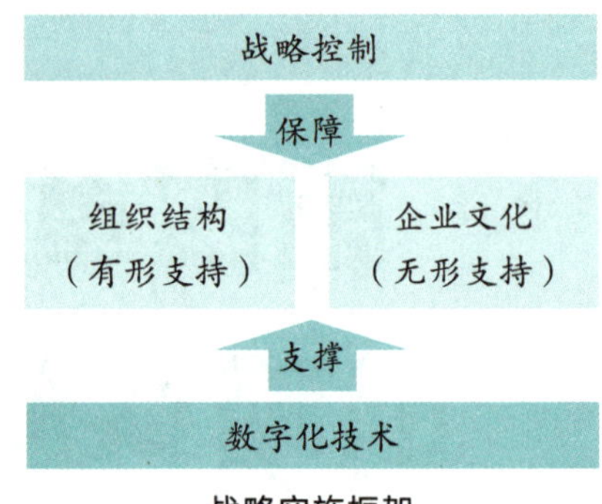

战略实施框架

第一节　公司战略与组织结构

一、组织结构的构成要素

组织结构是组织为实现共同目标而进行的各种分工和协调的系统。它可以平衡企业组织内专业化与整合两个方面的要求，运用集权和分权的手段对企业生产经营活动进行组织和控制。因此，组织结构的基本构成要素是分工与整合。

（一）分工——定义各事业部、职能、人员的工作职责

（1）分工指企业为创造价值而对其人员和资源的分配方式。

（2）企业在组织分工上包括两个方面：

①横向分工（同级分工）。

企业高层管理人员必须在如何分配人员、职能部门以及事业部方面作出选择，以便增加企业创造价值的能力。

②纵向分工（上下级分工，涉及权力分配的问题）。

企业高层管理人员必须在如何分配组织的决策权上作出选择，以便很好地控制企业创造价值的活动。

（二）整合——明确各事业部、职能、人员之间的工作关系（协作）

整合是指企业为实现预期的目标而用来协调人员与职能的手段。为了实现企业目标，企业必须建立组织结构，协调不同职能与事业部的生产经营活动，以便有效地执行企业的战略。

例如，为了开发新产品，企业可以建立跨职能的团队，使不同部门不同职能的员工一起工作，这就是一般意义上的整合。

总之，分工是将企业转化成不同职能及事业部的手段，而整合是要将不同的部门结合起来。

二、纵横向分工结构（★★）

（一）纵向分工结构

1. 纵向分工结构的基本类型

（1）纵向分工是指企业高层管理人员为了有效地贯彻执行企业的战略，选择适当的管理层次和正确的控制幅度，并说明连接企业各层管理人员、工作及各项职能的关系。

（2）纵向分工基本有两种形式：

①高长型组织结构——控制强、反应慢。

②扁平型组织结构——控制弱、反应快。

高长型与扁平型组织结构

2. 纵向分工结构组织内部的管理问题——集权与分权

（1）集权（对应高长型结构）。

集权型结构一般拥有多级管理层，并将决策权分配给顶部管理层，其管理幅度较窄。

优点	缺点
①易于协调各职能间的决策； ②易于对上下沟通的形式进行规范； ③能与企业的目标达成一致； ④危急情况下能够作出快速决策； 提示：集权模式下的日常决策较慢。 ⑤有助于实现规模经济； ⑥适用于由外部机构实施密切监控的企业，因为所有的决策都能得以协调	①高级管理层可能不会重视个别部门的要求； ②决策时间过长； ③对级别较低的管理者而言（前提），其职业发展有限

（2）分权（对应扁平型结构）。

分权型结构一般包含更少的管理层次，并将决策权分配到较低的层级，其管理幅度较宽。

分权型结构减少了信息沟通的障碍，提高了企业反应能力，能够为决策提供更多的信息并对员工产生激励效应（因为员工所拥有的决策权更大了）。

提示：

（1）高长型结构和扁平型结构的特点也分别属于集权型结构和分权型结构的特点。实际考试中，会把这两类特点合并考查。

（2）纵向分工结构类型（即集权与分权）的定量判定标准。

①拥有10 000名员工的企业，管理层次≥10，则为高长型（集权），反之为扁平型（分权）。

②拥有3 000名员工的企业，管理层次≥8，则为高长型（集权），反之为扁平型（分权）。

③拥有1 000名员工的企业，管理层次≥5，则为高长型（集权），反之为扁平型（分权）。

解题高手

命题角度：集权与分权特点的辨析。

客观题高频考点，部分观点在判断时易产生混淆，因此总结如下具有对比性的关键结论：

（1）集权日常决策慢，但危急情况下的决策速度较快。

（2）集权对基层管理者的职业发展有限；分权可以对基层员工产生激励。

（3）集权控制力强，有助于实现规模经济；分权控制力弱，容易造成管理失控。

（4）集权沟通层级较多，对市场变化的反应较慢；分权可减少信息沟通障碍，反应能力快。

典例研习 · 4-1 多项选择题

创维公司是一家拥有3 000多名员工的高科技企业，该公司的组织结构从上至下分为总经理、部门经理、一些管理人员和基层员工4个层次。根据组织纵向分工结构理论，创维公司采用的组织结构通常具有的特点有（　　）。

A.可以及时反映市场的变化

B.容易造成管理的失控

C.企业战略难以实施

D.企业管理费用会大幅度增加

斯尔解析 本题考查的是纵向分工结构的特点。“创维公司是一家拥有3 000多名员工的高科技企业，该公司的组织结构从上至下分为总经理、部门经理、一些管理人员和基层员工4个层次”属于扁平型组织结构，这种结构可以及时地反映市场的变化，并作出相应的反应，但容易造成管理的失控，因此选项AB当选。选项CD属于高长型组织结构的特点，不当选。

本题答案 AB

典例研习 · 4-2 多项选择题

建平公司专注于铁路、电力、矿产、石油、机场、港口等行业的工程总承包业务，拥有3 000多名员工，设有业务员、部门经理，总经理等三个管理层级，各层级被充分授权。下列各项中，属于该公司组织类型优点的有（　　）。

A.易于协调各职能间的决策

B.危急情况下能够作出快速决策

C.有利于减少信息沟通障碍，提高企业反应能力

D.有利于调动管理人员的积极性

斯尔解析　本题考查的是纵向分工的基本类型。“拥有3 000多名员工，设有业务员、部门经理，总经理等三个管理层级”属于扁平型组织结构，即分权型结构。分权型结构减少了信息沟通的障碍，提高了企业反应能力，选项C当选。分权型结构更能调动管理人员积极性，选项D当选。选项AB对应的是集权型结构的特点，不当选。

本题答案　CD

（二）横向分工结构

各类横向分工组织结构类型的关系可结合下图理解（除国际化经营企业的组织结构）：

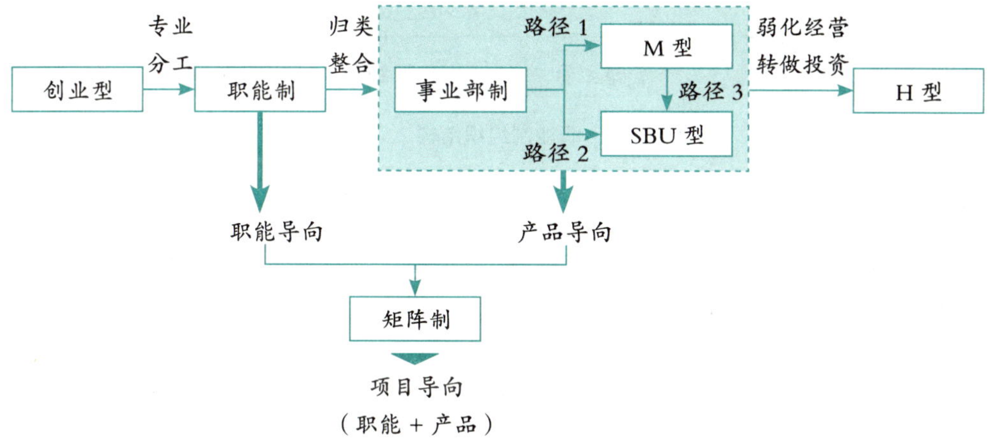

1. 创业型组织结构

项目	内容
特征	（1）多数小型企业的标准组织结构模式； 提示：从一定意义上说，该结构并无正式意义上的组织结构。 （2）战略计划由中心人员（如创始人）完成，且要负责所有重要的经营决策
优点	所有者或管理者可对若干下属实施直接控制
缺点	弹性较小并缺乏专业分工，其成功主要依赖于该中心人员的个人能力
适用范围	小型企业

2. 职能制组织结构

项目	内容
特征	（1）职权和责任分派给专门单元的管理者； （2）不同的部门有不同的业务职能； （3）各部门间相互独立，又相互作用和影响
优点	（1）能够通过集中单一部门内所有某一类型的活动来实现规模经济； （2）有利于培养职能专家； （3）有利于提高工作效率； （4）有利于董事会监控各个部门
缺点	（1）由于对战略的重要流程进行了过度细分，可能导致职能协调问题； （2）难以确定各项产品盈亏； （3）职能间的冲突和各自为政，而非出于整体利益进行相互合作； （4）集权化的决策制定机制会放慢反应速度
适用范围	单一业务企业

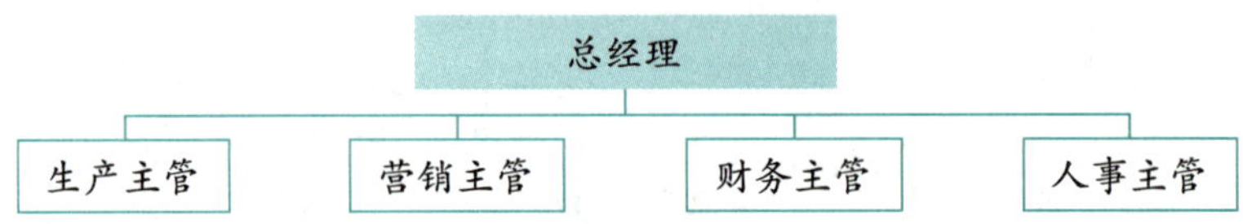

职能制组织结构

3. 事业部制组织结构

（1）区域事业部制结构。

项目	内容
特征	按照特定的地理位置来对企业的活动和人员进行分类，如本地区域或国家区域
优点	①能实现更好更快的地区决策； ②有利于削减成本费用，例如削减差旅费； ③有利于在海外经营的企业应对各种环境变化
缺点	①管理成本的重复； ②难以处理跨区域的大客户的事务
适用范围	在不同地理区域开展业务的企业

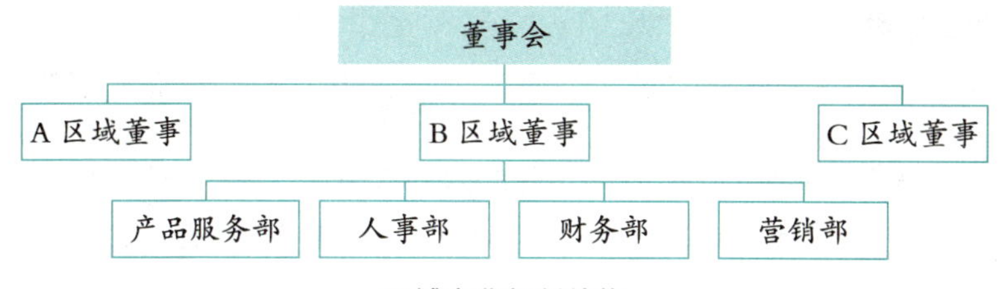

区域事业部制结构

（2）产品/品牌事业部制结构。

项目	内容
特征	以产品的种类或品牌为基础设立若干产品部
优点	①生产与销售产品的不同职能活动可以通过事业部经理来协调； ②更具灵活性，有助于企业实施产品差异化战略； ③易于出售或关闭经营不善的事业部； ④各个事业部可以集中精力于自身负责的产品的经营
缺点	①各事业部会为了争夺有限资源而产生冲突； ②各事业部间会存在管理成本重叠和浪费； ③若产品事业部数量较多，则难以协调； ④若产品事业部数量较大，事业部的高级管理层会缺乏整体观念
适用范围	具有若干生产线的企业

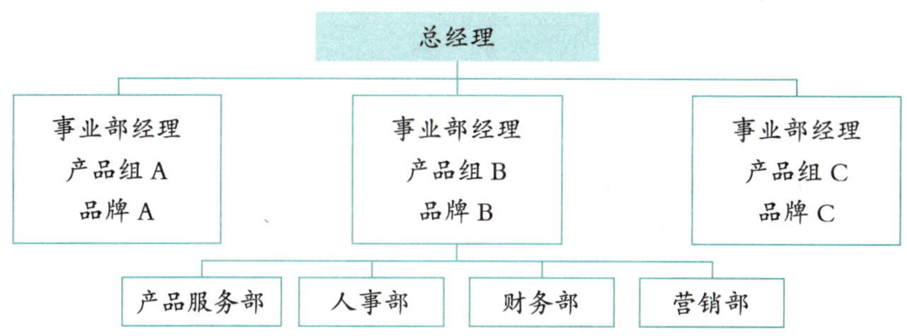

产品 / 品牌事业部制结构

（3）客户细分或市场细分事业部制结构。

通常与销售部门和销售工作相关，批销企业或分包企业也可能采用这种结构（比如企业客户、零售客户或个人客户等）。

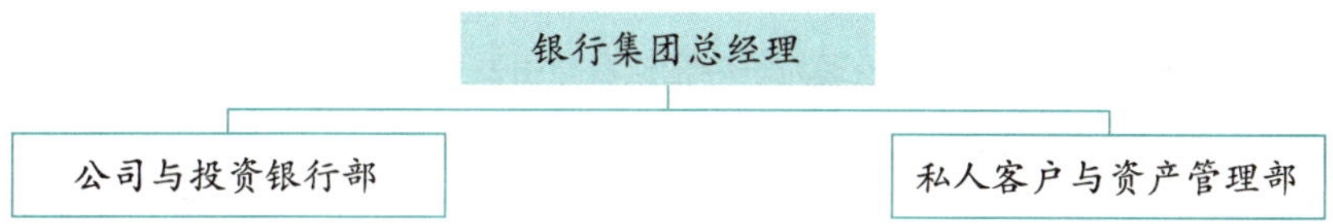

某银行集团市场细分事业部制结构

4.M 型组织结构

项目	内容
特征	原来的事业部一般由拥有更大经营权的公司代替；每个公司比以前的事业部负责更多的产品线；有的公司下设若干事业部分别管理不同的产品生产线
优点	（1）有利于企业持续成长； （2）有利于总经理分析各个公司的经营情况并进行资源配置； （3）有利于调动各层管理者的积极性； （4）能够使用诸如资本回报率等指标对各个公司的绩效进行财务评估和比较
缺点	（1）管理成本在事业部间的分配比较困难； （2）各事业部会为了争夺有限资源而产生摩擦； （3）事业部间因确定产品转移价格而产生冲突
适用范围	具有多个产品线的企业

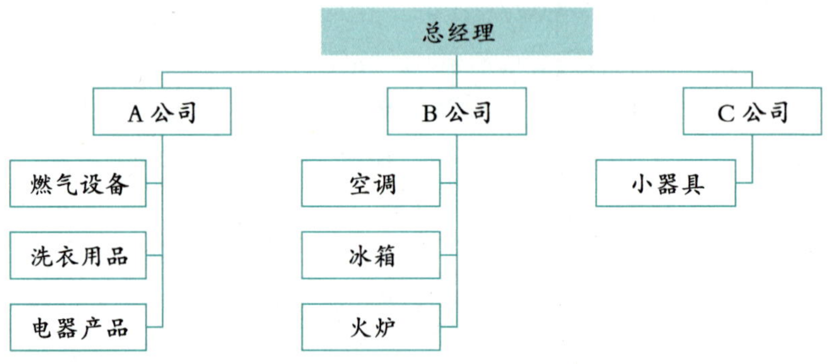

M 型组织结构

5. 战略业务单位组织结构（SBU）

项目	内容
特征	相关产品线归类为事业部，并将事业部归类为战略业务单位
优点	（1）降低了总部的控制跨度； （2）减轻了总部的信息过度； （3）促进了事业部间的协调； （4）易于监控每个战略业务单位的绩效
缺点	（1）总部与事业部和产品层的关系变得更疏远； （2）战略业务单位经理为争夺企业资源引发竞争和摩擦，影响企业总体绩效
适用范围	规模较大的多元化经营的企业

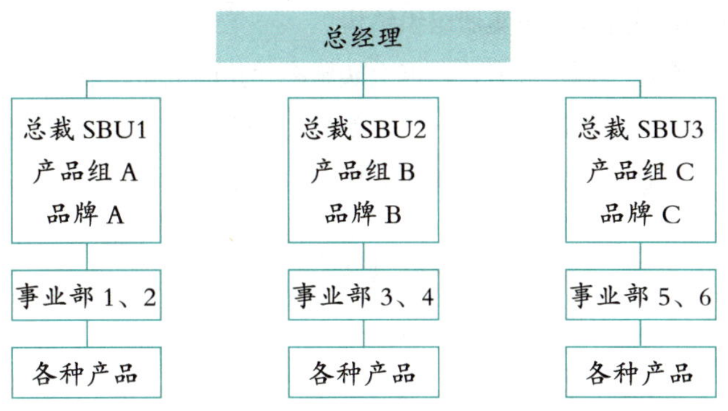

战略业务单位组织结构

6. 矩阵制组织结构

项目	内容
特征	建立了职能和产品或项目之间的联系，员工拥有两个直接上级，一名上级负责产品或服务，另一名上级负责职能活动
优点	（1）更多参与、更高关注：项目经理更高的产品战略参与度，激发其成功动力；对关键项目更加有效地优先考虑，加强了对产品和市场的关注； （2）跨部门交融：各部门间的协作使各项技能和专门技术相互交融； （3）决策质量：项目组与产品主管和职能主管间更直接的联系，提高了决策质量； （4）双重权力：双重权力导致多重定位，使职能专家不只关注自身的业务范围
缺点	（1）跨部门冲突：可能导致权力划分不清晰，并产生职能工作和项目工作之间的冲突； （2）决策时间：时间和财务成本增加，导致制定决策的时间过长； （3）双重权力：双重权力容易使管理者间产生冲突，且管理层可能难以接受双重权力结构，产生危机感
适用范围	需处理非常复杂的项目控制问题的企业

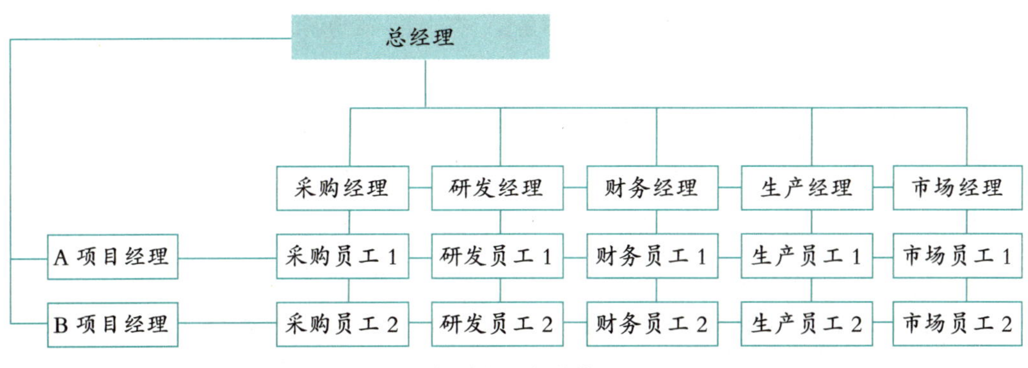

矩阵制组织结构

7.H 型结构（控股企业 / 控股集团组织结构）

（1）含义：当企业不断发展时，可能会实施多元化的战略，业务领域涉及多个方面，甚至上升到全球化竞争层面上，这时企业就会成立控股企业。其下属子企业具有独立的法人资格，此时组织结构称之为控股企业/控股集团组织结构（Holding company）。

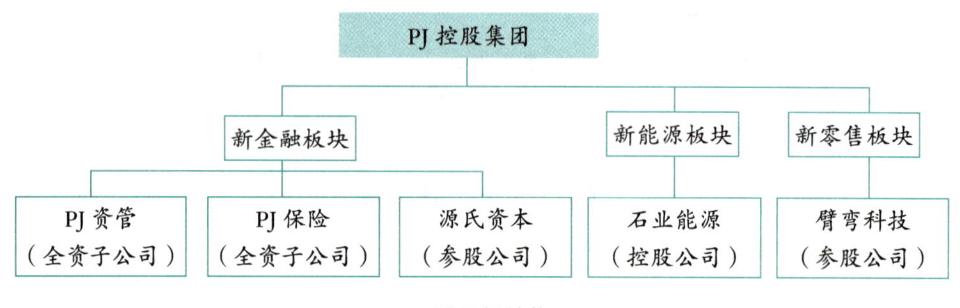

H 型组织结构

（2）特征：

①业务单元：下属业务单元具有自主性，尤其是业务单元对战略决策的自主性；业务单元自负盈亏且可从母企业取得较便宜投资成本及可能的节税收益。

②控股企业：控股企业员工和服务非常有限，企业中央管理费较低；中央可将风险分散到多个企业中，容易撤销对个别企业的投资。

解题高手

命题角度：横向分工结构的辨析。

客观题高频考点，存在一定的辨析难度。建议同学们先以理解为主，并根据每种组织结构的关键词进行辨析。

结构类型	关键词
创业型	直接控制；缺乏分工
职能制	专业化、规模经济、提高效率；产品盈亏难以确定
事业部	灵活、决策快；管理成本重复、有冲突、难协调。 提示：组织基本单元为“1个事业部～1个产品线”
M型	减轻总部工作量、有助于比较各BU绩效；管理成本较高、有冲突。 提示：组织基本单元为“1个事业部～N个产品线”
SBU型	减轻总部工作量、有助于比较各SBU绩效；更疏远、有冲突。 提示：组织基本单元为“1个SBU～N个事业部～M个产品线”
矩阵式	项目团队、职能+产品；双重权力有冲突、决策成本高且耗时长
H型	控股企业、下属企业是独立法人、独立经营、总部干预较少

精程答疑

问题： M型结构和SBU型结构有什么区别？

解答： 首先，企业究竟该采取怎样的组织结构其实并无定论。也正因如此，出题人在命制与组织结构相关题目时，通常都会给出明显提示，尽可能避免争议选项的出现。

其次，M型结构和SBU型结构之间并无明确界限。按照教材的逻辑，这两种结构都是从事业部结构演变而来，具体形成过程如下图所示：

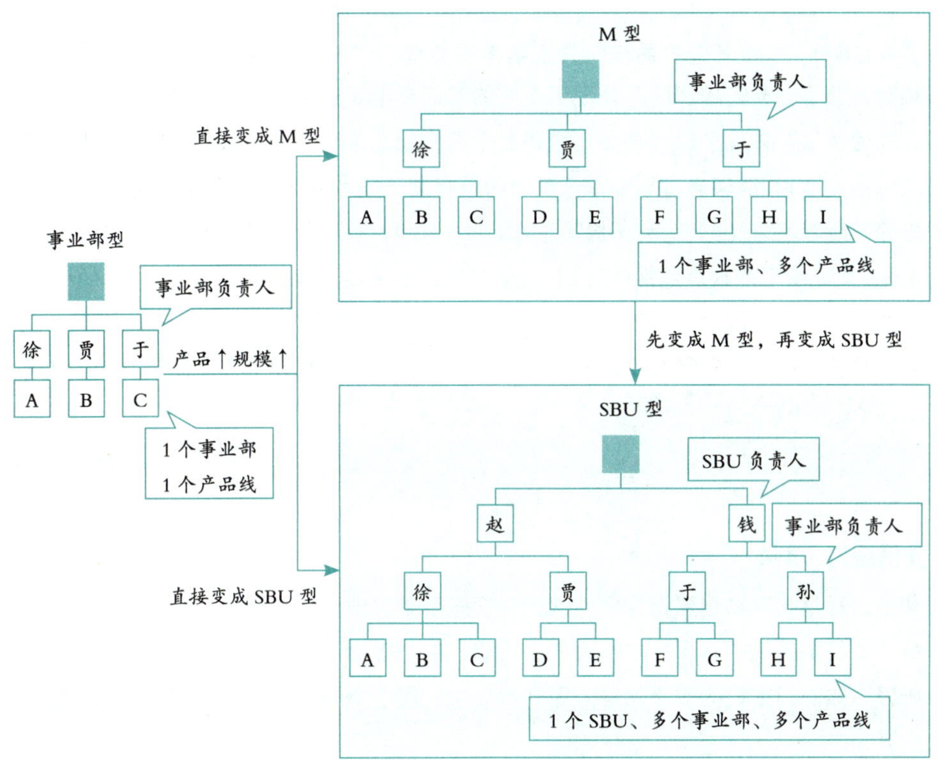

由上图可知：

（1）事业部型：1个事业部～1个产品线；

（2）M型：1个事业部～多个产品线；

（3）SBU型：1个SBU～多个事业部～多个产品线。

从图示角度，似乎很容易辨析，但在实际考试中，很少会给出特别明确的关键词。根据历年真题的出题模式，存在以下三个规律：

第一，几乎未在同一个选择题中，同时将M型和SBU型设置为选项；如果同时出现，则意味着这两个选项都不当选。

第二，如若答案为M型，两个典型的关键词是“每个事业部下设多个产品线”或题目描述了很多产品线，且需要整合。

第三，无论是客观题还是主观题，尚未出现以SBU型作为正确答案的题目，因为这个结构非常复杂，需要更为详尽的描述才能定义清楚，除非关键词充分，否则谨慎判断。

典例研习·4-3 单项选择题

锦绣农场是一家从事果蔬种植、水产养殖的企业，设有种植部、养殖部、采购部、销售部和财务部等业务管理部门。各部门主管直接对农场总经理负责。下列各项中，属于锦绣农场采用的组织结构的优点是（ ）。

A.职能之间易于协调和合作

B.易于确定各项产品产生的盈亏

C.集权化的决策机制会加快反应速度

D.有利于培养职能专家

斯尔解析 本题考查的是横向分工结构的类型。“设有种植部、养殖部、采购部、销售部和财务部等业务管理部门”体现了不同的部门有不同业务职能，且“各部门主管直接对农场总经理负责”体现了总经理负责协调各个细化职能单元，属于职能制组织结构。该结构的优点包括：（1）能够通过集中单一部门内所有某一类型的活动来实现规模经济；（2）有利于培养职能专家；（3）有利于提高工作效率；（4）有利于董事会监控各个部门。因此选项D当选。该结构下的缺点包括：（1）由于对战略的重要流程进行了过度细分，因而在协调不同职能时可能出现问题；（2）难以确定各项产品产生的盈亏（选项B不当选）；（3）职能之间容易发生冲突，各自为政（选项A不当选）；（4）集权化的决策制定机制会放慢反应速度（选项C不当选）。

本题答案 D

典例研习·4-4 单项选择题

华通公司是一家铁路建造企业。该公司把施工单位划分为轨道、桥梁、涵洞等若干项目组，每个项目组都包括从事技术、采购、运输、生产等活动的人员；每个人员都受项目组主管和所属职能部门主管的双重领导。下列各项中，属于华通公司采用的组织结构的优点的是（ ）。

A.权力划分比较清晰

B.实现了各个部门之间的协作

C.容易协调管理者之间的关系

D.职能专家更加关注自身的业务范围

斯尔解析 本题考查的是横向分工结构的类型。“该公司把施工单位划分为轨道、桥梁、涵洞等若干项目组……每个人员都受项目组主管和所属职能部门主管的双重领导”说明该公司采用的组织结构是矩阵制组织结构，关键词为“项目组”和“双重领导”。选项B属于矩阵制结构的优点，当选。矩阵制结构下，双重权力容易使管理者间产生冲突（选项C不当选），可能导致权力划分不清晰（选项A不当选），但是双重权力可以使职能专家不只关注自身的业务范围（选项D不当选）。

本题答案 B

典例研习 · 4-5 单项选择题

甲公司是一家内河航运公司，原主要经营水路客货运输业务。为抓住沿岸经济规模扩张和市场领域开放竞争的机遇，公司决定将水路客货运输业务上市筹集的资本金，主要投向已经涉及的物流、仓储、码头、旅游、宾馆、餐厅、航道工程、船舶修造、水难救生等多个业务领域。通过采取兼并收购、战略联盟和内部开发的方式，实现一体化和多元化发展战略，形成规模，建树品牌。为使公司发展战略得以协调实施，公司原有组织结构应当调整为（　　）。

A.区域事业部结构　　　B.产品/品牌事业部结构

C.客户细分/市场细分事业部结构　　　D.M型企业组织结构

斯尔解析　本题考查的是组织结构的辨析。本题题干看似很长，但本质上表达的是：甲公司的产品线在不断增长。而具有多个产品线的企业应采用M型企业组织结构。另外，题干最后指出“为使公司发展战略得以协调实施”，即需要在多个产品线的基础上进行一定整合，才能更有利于企业协调管理，因此不适宜采用产品/品牌事业部结构，选项B不当选，选项D当选。

本题答案　D

典例研习 · 4-6 单项选择题

JP公司是一家集团型企业，业务涵盖金融、科技、医疗、汽车等多个领域，旗下拥有五家全资子公司，两家控股子公司。集团总部较少参与子公司的产品或市场战略，各个子公司独立经营，并保留其原本的企业名称。JP公司采用的组织结构是（　　）。

A.战略业务单位组织结构　　　B.M型企业组织结构

C.控股企业组织结构　　　D.事业部制结构

斯尔解析　本题考查的是横向分工结构的类型。“旗下拥有五家全资子公司，两家控股子公司。集团总部较少参与子公司的产品或市场战略，各个子公司独立经营，并保留其原本的企业名称”符合控股企业组织结构的含义，即下属子企业具有独立的法人资格，业务领域涉及多个方面，主要通过各子公司开展业务，各个子公司独立经营。控股企业很少参与其子公司的产品或市场战略，因此选项C当选。

本题答案　C

8. 国际化经营企业的组织结构

战略类型	对应结构类型	本质
国际战略	国际部结构	（国际）事业部制组织结构
多国本土化战略	全球区域分部结构	（地区/国家）事业部制/战略业务单位组织结构
全球化战略	全球性产品分部结构	（产品）事业部制/战略业务单位组织结构
跨国战略	跨国结构	（全球性产品—地区）矩阵制组织结构

9. 横向分工结构的基本协调机制（整合）

（1）相互适应，自行调整。

组织成员直接通过非正式的、平等的沟通达到协调，相互之间不存在指挥与被指挥的关系，也没有外部干预。适合于最简单或最复杂的组织结构。

提示：教材并未明确此处“最简单或最复杂的组织结构”具体是指什么，以及是否分别指创业型结构和矩阵制结构。从应试角度，建议同学们按照教材表述掌握。

（2）直接指挥，直接控制。

组织的所有活动都按照一个人的决策和指令行事。这位负责人发布指示，监督工作。

（3）工作过程标准化。

组织通过预先制定的工作标准，来协调生产经营活动，据此标准进行检查和调整。

举例：企业在制定好自动生产流水线的标准以后，工人在生产过程中便根据这个标准进行生产和检验产品。一旦生产出现问题，管理人员便用这个标准来检查和调整。

（4）工作成果标准化。

组织通过预先制定工作成果标准，实现组织中各种活动的协调。这种协调只规定最终目标，不限定达到目标的途径、方法、手段和过程。

举例：在书籍装订业务中，出版社只要求印刷厂按照一定的质量标准完成任务，而不限制书的内页和封皮在什么地方印刷。

（5）技艺（知识）标准化。

组织对其成员所应有的技艺、知识加以标准化。这种协调机制主要是依靠组织成员在任职以前就接受了必要的、标准化的训练，成为具有标准化知识和技能的人才。在实际工作中，他们便可以根据自己的知识和技艺，相互配合和协调。这是一种超前的间接协调机制。

举例：外科大夫在给病人进行手术时，需要麻醉师的配合。在手术前配合方案可能已经制订好，但外科大夫在手术台上所遇到的情况往往难以预料，又没有过多时间与麻醉师讨论，只有凭借他们各自所掌握的知识及经验自行处理所遇到的情况。

（6）共同价值观。

组织内全体成员要对组织的战略、目标、宗旨、方针有共同的认识和共同的价值观念，充分了解组织的处境和自己的工作在全局中的地位和作用，互相信任、彼此团结，具有使命感，使组织内的协调和控制达到高度完美的状态。鉴于内部条件和外部环境都是在不断变化的，企业对内要及时调整，发挥创新精神、协同效果和整体优势；对外要灵活适应，快速行动。

提示：这不是一种简单的循环，而是螺旋式上升。企业不可能在一段时间内只依靠一种协调机制，而往往是根据不同任务的不同侧重点，混合使用这六种协调机制。

典例研习 · 4-7 单项选择题

育英公司是一家英语培训机构，定位于高端培训。该公司实行纯英文教学，全部课程由外籍教师进行授课，另外配备一名中文教师担任助教。所有教师都须有5年以上的教学经验，育英公司培训活动中的组织协调机制是（　　）。

A.技艺（知识）标准化　　B.工作过程标准化

C.工作成果标准化　　D.相互适应，自行调整

斯尔解析 本题考查的是横向分工结构的基本协调机制。所有教师都有五年以上的教

学经验，属于典型的技艺（知识）标准化。在实务中，研究院、医院、学校等类似的专业机构都会采用这样的组织协调机制。这种协调机制主要是依靠组织成员在任职以前就接受了必要的、标准化的训练，成为具有标准化知识和技能的人才，因此选项A当选。

本题答案 A

典例研习·4-8 单项选择题

壹元公司是一家口罩生产企业。工人在生产之前，企业先制定好自动生产流水线的标准，然后工人按照这个标准，进行生产和检验口罩产品。一旦生产环节出现问题，工厂负责人可以按照制定好的标准检查和调整。该公司采用的基本协调机制是（　　）。

A.相互适应，自行调整　　B.直接指挥，直接控制

C.工作过程标准化　　D.工作成果标准化

斯尔解析 本题考查的是横向分工结构中的基本协调机制。工作过程标准化是指组织通过预先制定的工作标准，来协调生产经营活动。在生产之前，企业向职工明确工作的内容，或对工作制定出操作规程及其规章制度，然后要求工作过程中所有活动都要按这些标准进行，以实现协调。本题案例表述符合该机制的含义，因此选项C当选。

本题答案 C

典例研习·4-9 单项选择题

生产智能家电产品的凯威公司适应外部环境的不断变化，及时调整内部资源和组织结构，发挥协同效果和整体优势，激发员工的创新精神和使命感，对社会需求作出灵活、快速的反应。该公司采取的组织协调机制是（　　）。

A.直接指挥直接控制　　B.工作过程标准化

C.共同价值观　　D.工作成果标准化

斯尔解析 本题考查的是横向分工结构中的基本协调机制。“适应外部环境的不断变化，及时调整内部资源和组织结构，发挥协同效果和整体优势，激发员工的创新精神和使命感，对社会需求作出灵活、快速的反应”体现了企业在面对内外部环境变化时，对内及时调整，发挥创新精神、协同效果和整体优势，对外灵活适应，快速行动，属于共同价值观的协调机制，关键词是“创新精神和使命感”，选项C当选。

本题答案 C

三、与公司战略相适应的组织结构（★★）

（一）组织结构与战略的关系

在探索战略与组织结构的关系方面，艾尔弗雷德·钱德勒在其经典著作《战略和结构》中，首次提出组织结构服从战略的理论。

钱德勒的组织结构服从战略理论可以从以下两个方面展开：

1. 战略的前导性与组织结构的滞后性

（1）战略前导性。

这是指企业战略的变化快于组织结构的变化。企业一旦意识到外部环境和内部条件的变化提供了新的机会和需求时，首先会在战略上做出反应，以此谋求经济效益的增长。

（2）组织结构滞后性。

这是指企业组织结构的变化常常慢于战略的变化速度。特别是在经济快速发展时期里更是如此。造成滞后性的原因有两种：第一，新、旧组织结构交替有一定的时间过程（原有组织结构的惯性）；第二，管理人员的抵制。

2. 企业发展阶段与组织结构

钱德勒认为，企业的成长模式基本遵循以下逻辑：先从数量扩大，然后地域扩散，再来整合市场（纵向一体化），最后拓展多元。而这一系列的成长模式决定了其组织结构的形态。

阶段	企业特征	战略类型	结构类型
1	企业创立初期，着重发展单一产品，试图通过更强的营销手段来获得更大的市场份额	市场渗透（数量扩大）	简单结构，即创业型组织结构
2	企业发展后，需要将产品或服务扩展到其他地区中去，并进一步实现产品和服务的标准化、专业化	市场开发（地域扩散）	职能制组织结构
3	进一步发展后，拥有了多个产品线，销售市场迅速扩张，需要增强管理协调能力；同时，为了提高竞争力，需要拥有一部分原材料的生产能力或销售产品的渠道	纵向一体化（市场整合）	事业部制组织结构
4	企业高度发展并进入成熟期，为了避免投资或经营风险，需要开发与企业原有产品不相关的新产品系列	多元化经营（多元经营）	战略业务单位组织结构（经营规模）、矩阵制组织结构（业务结构）或H型组织结构（市场范围）

典例研习·4-10 多项选择题

经过多年的发展，中浩公司成为一家从事冶金、机械制造、化工、保险、外贸等多种业务的大型企业。从企业发展阶段与组织结构的关系看，该公司的组织结构类型不适宜采用的有（　　）。

A.职能制组织结构　　B. H型组织结构

C.创业型组织结构　　D.矩阵制组织结构

斯尔解析 本题考查的是组织结构与企业发展阶段的关系。“经过多年的发展，中浩公司成为一家从事冶金、机械制造、化工、保险、外贸等多种业务的大型企业”说明该企业实施的是多元化经营战略。此时，企业应根据经营规模、业务结构和市场范围，分别采用更为复杂的组织结构，如战略业务单位组织结构、矩阵制组织结构（选项D不当选）或H型组织结构（选项B不当选）。若企业处于创立不久的阶段，采用市场渗透战略，只需采用创业型组织结构（选项C当选）。若企业需要将产品或服务扩展到其他地区中去，采用市场开发战略，则要求建立职能制组织结构（选项A当选）。

本题答案 AC

典例研习·4-11 多项选择题

当企业发展至一定阶段后，需要将产品或服务扩展到其他地区中去，并进一步实现产品或服务的标准化和专业化。相较于其他类型的组织结构，这一阶段组织结构的优点包括（　　）。

A.有利于确定产品产生的盈亏　　B.有利于实现规模经济

C.有利于培养职能专家　　D.有利于提高工作效率

斯尔解析 本题考查的是企业发展阶段与组织结构以及对应结构的特点。根据企业发展阶段与组织结构的关系，这一阶段应采用的组织结构为职能制组织结构。职能制组织结构的优点包括：（1）能够通过集中单一部门内所有某一类型的活动来实现规模经济（选项B当选）；（2）有利于培养职能专家（选项C当选）；（3）由于任务为常规和重复性任务，因而工作效率得到提高（选项D当选）；（4）董事会便于监控各个部门。但是职能制组织结构难以确定各项产品产生的盈亏（选项A不当选）。

本题答案 BCD

（二）组织的战略类型（即组织结构适应内外部环境及战略变化的四种方式）

战略的一个重要特性就是适应性。它强调企业组织要运用已有的资源和可能占有的资源去适应组织外部环境和内部条件的变化。这种适应是一种复杂的动态的调整过程，要求企业在加强内部管理的同时，不断推出适应环境的有效组织结构。

1. 防御型组织

（1）战略目标：创造一个稳定的经营领域，占领一部分产品市场，即生产有限的一组产品，占领整个潜在市场的一小部分（追求一种稳定的环境）。

（2）关键举措或能力：采用竞争性定价或高质量产品等经济活动来阻止竞争对手进入它们的领域，保持自己的稳定。

（3）关键技术：创造出一种具有高度成本效率的核心技术（提高技术效率是组织成功的关键）。

（4）运行组织与机制：采取“机械式”结构机制（保证严格地控制效率），这种机制是由生产与成本控制专家形成的高层管理。

（5）风险：不可能对市场环境做重大的改变。

2. 开拓型组织

（1）战略目标：寻求和开发产品与市场机会（追求一种更为动态的环境）。

（2）关键举措或能力：寻求新机会的过程中必须具有一种从整体上把握环境变化的能力。

（3）关键技术：如何避免长期陷于单一的技术过程，常常通过开发机械化程度很低和例外性的多种技术和标准技术来解决这一问题。

（4）运行组织与机制：奉行灵活性原则，采取“有机的”机制。这种机制包括由市场、研究开发方面的专家组成的高层管理。

（5）风险：缺乏效率性，很难获得最大利润。

3. 分析型组织

（1）战略目标：寻求新的产品和市场机会的同时，保持传统的产品和市场。

（2）关键举措或能力：通过模仿开拓型组织已开发成功的产品或市场完成。

（3）关键技术：保持技术的灵活性与稳定性之间进行平衡，形成双重技术核心。

（4）运行组织与机制：由分析型组织的矩阵结构解决。

（5）风险：稳定性与灵活性并存的状态在一定程度上限制了组织的应变能力，最大的危险就是既无效能又无效率。

4. 反应型组织

（1）含义：反应型组织在对其外部环境的反应上采取一种动荡不定的调整模式，缺少在变化的环境中随机应变的机制，从而永远处于不稳定的状态。

（2）一个企业组织成为反应型组织的主要原因：

①决策层没有明文表达企业战略。

②管理层次中没有形成可适用于现有战略的组织结构。

③只注重保持现有战略与结构的关系，忽视外部环境条件的变化。

（3）适用条件：

①反应型战略在战略中是一种下策，只有在上述3种战略都无法运用时，企业才可以考虑使用这种方法。

②一个企业组织如果不是存在于经营垄断或被高度操纵的产业里，就不应采取反应型组织形态。

解题高手

命题角度：组织战略类型的辨析。

客观题高频考点，有一定难度，建议通过关键词来区分：

组织战略类型	关键词
防御型	创造稳定的经营领域（现有产品、现有市场）、竞争性定价或高质量产品、机械式组织（功能清晰、程序规范）、生产与成本专家主导。 提示：该类型的企业一般为处于成熟期的企业

续表

组织战略类型	关键词
开拓型	寻求和开发产品与市场机会（新产品、新市场）、有机的机制（鼓励部门间合作）、市场和研究专家主导。 提示：该类型的企业一般为处于导入期和成长期的企业，致力于发现新产品或新市场
分析型	寻求新产品和市场同时保持传统产品和市场（现有产品和市场+新产品和市场）、技术的灵活性与稳定性相平衡、矩阵结构。 提示：该类型的企业一般靠模仿生存，希望通过复制开拓型的思想取得成功

典例研习 · 4-12 单项选择题

华蓓公司是Y市一家生产婴幼儿用品的企业。多年来公司在Y市婴幼儿用品市场拥有稳定的市场占有率。为了巩固其竞争优势，华蓓公司运用竞争性定价阻止竞争对手进入其经营领域，并实施有利于保持高效率的“机械式”组织机制。华蓓公司所采取的组织的战略类型属于（　　）。

A.防御型组织　　B.开拓型组织　　C.反应型组织　　D.分析型组织

斯尔解析　本题考查的是组织战略类型的辨析。根据题干，“为了巩固其竞争优势，华蓓公司运用竞争性定价阻止竞争对手进入其经营领域，并实施有利于保持高效率的‘机械式’组织机制”，本句所对应的关键词包括：创造稳定的经营领域（为了巩固其竞争优势）、竞争性定价或高质量产品、机械式组织，均属于防御型组织的关键词。除此之外，“拥有稳定的市场占有率”，说明该公司是一家处于成熟期的公司，再次确认符合防御型组织的特征，因此选项A当选。

本题答案　A

典例研习 · 4-13 多项选择题

MT公司是一家科技零售公司。该公司成立之初，提出了“吃喝玩乐，尽在MT”的使命，并围绕“吃”这一场景为消费者提供了各类服务入口。随着业务规模扩张，公司将使命更改为“帮大家吃得更好、生活更好”，即仍以“吃”为核心业务支柱，同步向娱乐、出行、生鲜、零售等其他高频服务探索。下列有关MT公司组织的战略类型说法中，错误的有（　　）。

A.常采用竞争性定价的方法来阻止竞争对手进入

B.全部工程技术问题是如何避免长期限于单一的技术过程

C.为了实行总体的协调工作，应采取“有机的”机制

D.稳定性与灵活性并存，在一定程度上限制了组织的应变能力

斯尔解析 本题考查的是组织的战略类型。“随着业务规模扩张，公司将使命更改为‘帮大家吃得更好、生活更好’，即仍以‘吃’为核心业务支柱，同步向娱乐、出行、生鲜、零售等其他高频服务探索”说明该公司既寻求新的产品和市场机会，同时保持传统的产品和市场，属于分析型组织。选项D为分析型组织的风险，不当选。选项A是防御型组织的表述，选项BC是开拓型组织的表述，当选。

本题答案 ABC

第二节 公司战略与企业文化

什么是企业文化？企业界和学术界对于这一概念有多种定义。尽管如此，查尔斯 · 汉迪（Charles Handy）在1976年提出的关于企业文化的分类至今仍具有相当重要的参考价值。他将文化类型从理论上分为四类：即权力导向型、角色导向型、任务导向型和人员导向型。

一、企业文化的类型（★★）

类型	核心	优点	缺点	适用的机构组织
权力导向型	掌权人试图对下属保持绝对控制，具有中心权力，要求相信个人（崇拜主义）	决策快（但质量取决于经理的能力）	专横、滥用权力、低士气、高流失率	家族式企业和刚开创企业
角色导向型	应尽可能追求理性和秩序，分歧由规章和制度解决，但权力仍在上层	稳定、持续、高效率（按部就班下的熟练）	不太适合动荡的环境	国有企业和政府机构
任务导向型	以成功解决问题、实现目标为导向，对不同职能和活动的评估完全依据它们对企业目标作出的贡献；采用矩阵式（临时抽调资源形成项目团队），具有无连续性；专长是个人权力和职权的来源	强调速度和灵活性；适应性强，动态环境也能成功	依赖不断地试验和学习，建立并长期保持这种文化的成本高	新兴产业中的企业，特别是一些高科技企业
人员导向型	为成员的需要服务，企业是员工的下属、职权多余，员工通过示范和助人精神来互相影响。决策中的意见一致是企业所需要的，角色分配的依据是个人的爱好及学习和成长的需要	—	不易管理	俱乐部、协会、专业团体和小型咨询公司

解题高手

命题角度：企业文化类型的辨析。

客观题高频考点，可通过各种类型的关键词以及“适用组织”来辅助判断：

类型	关键词	适用组织
权力导向型	绝对控制、中心权力	初创、家族企业
角色导向型	理性逻辑、规章制度、权力上层	国企、公务员机构
任务导向型	解决问题、实现目标、矩阵式（项目团队）、专长	新兴企业、科技企业
人员导向型	企业是员工的下属	俱乐部、协会、小型咨询公司

典例研习·4-14 单项选择题

蓝星公司是一家大型信息设备制造企业，该公司依据对公司目标职能的贡献评价职能的活动，根据员工的专长，给他们安排相应的职位和职能，这体现的企业文化的（　　）类型。

A.任务导向型　　B.人员导向型　　C.角色导向型　　D.权力导向型

斯尔解析 本题考查的是企业文化类型的辨析。任务导向型文化中，管理者关心的是不断地和成功地解决问题，对不同职能和活动的评估完全是依据它们对企业目标作出的贡献。本题中，蓝星公司依据对公司目标职能的贡献评价职能的活动，给员工安排相应的职位和职能，符合“任务导向型”企业文化描述，选项A当选。本题有一定难度，需要考生对于教材上“任务导向型”企业文化的原文表述熟悉才能作出正确判断，否则很容易错选人员导向型。

本题答案 A

典例研习·4-15 单项选择题

格朗公司是一家从事环境艺术的企业，该公司的业务以创意为核心，员工根据个人的爱好、专长和成长需要，自主选择从事建筑设计、室内装潢、城市雕塑和壁画制作等工作，公司则为员工的工作需要提供必要的服务。格朗公司企业文化的特征是（　　）。

A.具有稳定性、持续性的优点，企业变更往往是循序渐进的

B.实现目标是这一文化类型企业的主导思想

C.企业对这类文化中的员工施加的影响很小

D.这种文化依赖于不断地试验和学习，可能会给企业带来很高的成本

斯尔解析 本题考查的是企业文化类型的特点。“员工根据个人的爱好、专长和成长需要，自主选择从事建筑设计、室内装潢、城市雕塑和壁画制作等工作，公司则为员工的

工作需要提供必要的服务”说明格朗公司的企业文化类型是人员导向型，选项C是其特征之一，当选。选项A是角色导向型的特点，选项BD是任务导向型文化的特点，均不当选。

本题答案 C

二、文化与绩效

企业管理者们对文化与战略关系的研究最注重的是组织文化是否会影响组织的绩效。但是，要揭示两者的直接关系并非易事。文化可能与高绩效相联系，但它又不一定是高绩效的必然原因。

（一）积极影响：企业文化为企业创造价值的途径

（1）文化简化了信息处理。

（2）文化补充了正式控制。

（3）文化促进合作并减少讨价还价成本。

（二）消极影响：文化、惯性和不良绩效

（1）当战略符合其环境的要求时，文化则支持企业的定位并使之更有效率，而当企业所面对的环境产生了变化，并显著地要求企业对此适应以求得生存时，文化对绩效的负面影响就变得重要起来。

（2）在一个不利的商业环境中，文化的不可管理性将使之成为一种惯性或阻碍变化的来源。这种惯性的产生来自多方面的原因：在企业中任职很长的行政人员，可以在企业繁荣时期熟悉他们的工作，却可能对处理变化毫无经验，他们所选择的规划和所运行的工作程序对突然的变化可能是保守的；企业中的权力基础可能使企业中受威胁的团体去阻碍变化等。

（三）如何做：企业文化成为维持竞争优势源泉的条件

（1）文化必须为企业创造价值。

（2）公司文化必须是企业所特有。

（3）企业文化必须很难被模仿。

三、战略稳定性与文化适应性（★★）

考查战略与文化的关系，除了文化与绩效的关系外，还有一个重要的内容是分析企业战略的稳定性与文化适应性。

（1）战略的稳定性：反映企业在实施一个新的战略时，企业的结构、技能、共同价值、生产作业程序等各种组织要素所发生的变化程度，即通过“组织要素的变化”体现。

（2）文化适应性：反映企业所发生的变化与企业目前的文化相一致的程度，即通过文化“潜在的一致性”体现。

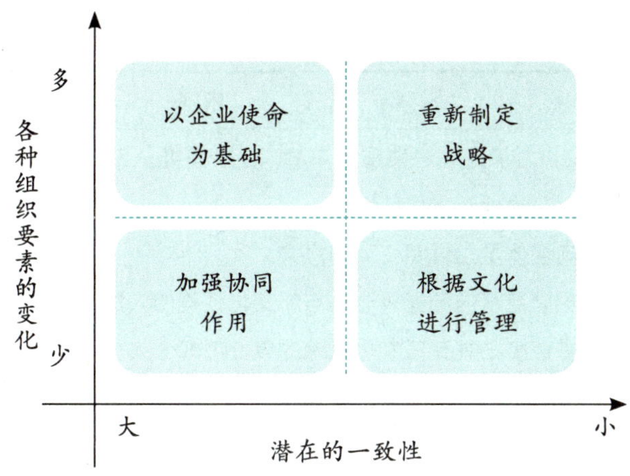

战略稳定性与文化适应性

情形	内容
组织要素变化少+潜在一致性大：加强协同作用（稳步前进）	（1）通常发生在企业采用稳定战略时。 （2）处在这种地位的企业应考虑两个主要问题： ①利用目前的有利条件，巩固和加强企业文化； ②利用文化相对稳定的这一时机，解决企业生产经营中的问题
组织要素变化多+潜在一致性大：以企业使命为基础（不忘“初”心）	（1）这种企业多是那些以往效益好的企业，可以根据自己的实力，寻找可利用的重大机会，或者试图改变自己的主要产品和市场，以适应新的要求。 提示：企业开展规模较大转型时采用的处理方式。 （2）这种情况下，企业处理战略与文化关系的重点有以下几项（基本原则：保持文化不变）。 ①必须考虑与企业基本使命的关系； ②进行与当前文化相适应的变革，不要破坏已有的行为准则； ③发挥企业现有人员在战略变革中的作用； ④企业奖励系统要与目前的奖励行为保持一致
组织要素变化少+潜在一致性小：根据文化进行管理（求同存异）	如果实施新的战略有利于企业的成功和发展，在不影响企业总体文化一致的前提下，对新的经营方式实行不同的文化管理。 提示：企业开展部分业务变革时采用的处理方式
组织要素变化多+潜在一致性小：重新制定战略或进行文化管理（从头再来）	（1）企业首先要考察是否有必要推行这个新战略： ①如果没有必要，需要考虑重新制定战略； ②如果确有必要（即从长远利益出发，必须实施不能迎合企业现有文化的重大变革），则需要对企业文化也作出重大变化（组织发生变革，文化也要变革）。

续表

情形	内容
组织要素变化多+潜在一致性小：重新制定战略或进行文化管理（从头再来）	（2）为了处理这种重大变革，企业需要从四个方面采取管理行动（基本原则：确保新文化落地）： ①向全体员工讲明变革的意义； ②招聘或从内部提拔一批与新文化相符的人员； ③重点奖励具有新文化意识的事业部或个人； ④倡导并形成新的行为规范

解题高手

命题角度：处理战略稳定性与文化适应性关系的方法辨析。

客观题高频考点，且有一定难度，建议同学们分步骤判断：

第一步：判断横、纵坐标的大小或多少。

（1）组织要素变化多/少：考题中常涉及的组织要素包括：组织结构、业务范围、生产作业程序等。需要注意的是，题干中若出现"实施新战略"等字眼，并不能直接等同于组织要素变化多，还需要结合题目中的其他信息综合判断。

（2）（文化的）潜在一致性大/小：常见的命题套路为"企业推行了某项新制度，是否得到了员工的支持"。若支持，则为一致性大；若反对，则为一致性小。因为"制度是文化的落地"，所以制度变革可视为文化变革。除了"制度"之外，企业使命、行为准则、服务理念等都可视为企业文化的范畴。

第二步：定位象限。

（1）组织要素变化少，潜在一致性大：说明"业务没变，文化没变"，两者都没变，那就继续好好经营，加强协同作用。

（2）组织要素变化多，潜在一致性小：说明"业务变了，文化变了"，两者都变了，很难继续好好经营，重新制定战略。

（3）组织要素变化多，潜在一致性大：说明"业务变了，文化没变"，由于大方向改变，企业需找到发展的支柱，只有不忘初心，才能"以不变应万变"，以企业使命为基础。

（4）组织要素变化少，潜在一致性小：说明"（总体）业务没变，（新业务）文化变了"，只要大方向不变，就可以选择求同存异，根据文化进行管理。

典例研习·4-16 单项选择题

家电制造商东岳公司于2015年并购了一家同类企业，在保留被并购企业原有组织的同时实行了新的绩效考核制度，结果遭到被并购企业大多数员工反对。本案例中，东岳公司在处理被并购企业战略稳定性与文化适应性关系时正确的做法是（　　）。

A.加强协调作用　　　　B.以企业使命为基础

C.重新制定战略　　　　D.根据文化进行管理

斯尔解析　本题考查的是战略稳定性与文化适应性。“在保留被并购企业原有组织的同时实施新的绩效考核制度，结果遭到被并购企业大多数员工反对”体现的是组织要素变化少（关键句为“保留被并购企业原有组织”，即业务没变），潜在的一致性小（关键句为“实施新的绩效考核制度，结果遭到被并购企业大多数员工反对”，即文化变了），因此应该根据文化进行管理，选项D当选。

本题答案　D

典例研习·4-17　多项选择题

民天公司是一家经营连锁餐馆的企业。多年来该公司秉承“为顾客提供贴心服务”的宗旨，效益显著。2020年新冠疫情期间，民天公司启动了一项新战略，在保留堂食业务的同时，抽调部分员工按照订单要求，走入顾客的厨房，提供家庭餐饮服务，同时对公司组织作出较大调整。根据战略稳定性与文化适应性的相关理论，该公司在实施上述新战略时，应当重点处理的事项有（　　）。

A.进行与当前文化相适应的变革，不要破坏已有的行为准则

B.相对稳定的这一时机，解决企业生产经营中的问题

C.奖励系统要与目前的奖励行为保持一致

D.向全体员工讲明变革的意义

斯尔解析　本题考查的是战略稳定性与文化适应性。“同时对公司组织作出较大调整”说明组织要素变化大（注意：“启动了一项新战略”并不等同于组织要素变化大），“民天公司多年来秉承‘为顾客提供贴心服务’的经营理念”说明与现有文化的潜在一致性大（注意：经营理念是企业文化的体现，秉承不变的理念说明文化的潜在一致性强），因此根据战略稳定性与文化适应性矩阵，该公司应当“以企业使命为基础”。这种情况下，企业处理战略与文化关系的重点有以下几项：（1）必须考虑与企业基本使命的关系；（2）进行与当前文化相适应的变革，不要破坏已有的行为准则（选项A当选）；（3）发挥企业现有人员在战略变革中的作用；（4）企业奖励系统要与目前的奖励行为保持一致（选项C当选）。选项B是“加强协同作用”象限下需要考虑的问题，选项D是“重新制定战略”象限下需要采取的管理行动，均不当选。

本题答案　AC

第三节　战略控制

一、战略失效与战略控制的概念（★）

（一）战略失效

（1）概念。

企业战略实施的结果偏离了预定的战略目标或战略管理的理想状态。

（2）导致战略失效的主要原因。

①企业内部缺乏沟通，企业战略未能成为全体员工的共同行动目标，企业成员之间缺乏协作共事的愿望。

②战略实施过程中各种信息的传递和反馈受阻。

③战略实施所需的资源条件与现实存在的资源条件之间出现较大缺口。

④用人不当，主管人员、作业人员不称职或玩忽职守。

⑤公司管理者决策错误，使战略目标本身存在严重缺陷或错误。

⑥企业外部环境出现了较大变化，而现有战略一时难以适应。

（3）类型。

①早期失效（跑偏）：在战略实施初期，由于新战略还没有被全体员工理解和接受，或者战略实施者对新的环境、工作还不适应，导致战略失效。

②偶然失效（意外）：在战略实施过程中，因为一些意想不到的偶然因素导致的战略失效。

③晚期失效（越跑越偏）：当战略实施一段时间之后，之前对战略环境的预测与现实之间的差距，随着时间的推移变得越来越大，战略所依赖的基础越来越糟，从而造成战略失效。

典例研习 · 4-18　单项选择题

诺力公司曾是一家著名的手机及相关设备制造企业，其生产的手机曾是世界第一品牌，占据将近一半的市场份额。2013年该公司启动战略转型，将业务聚焦于模拟机业务上，而越来越多的消费者更青睐不断改进的智能手机。后来在智能手机制造巨头的竞争挤压下，诺力公司的经营跌入谷底并一蹶不振，最终在手机市场上被淘汰出局。诺力公司实施战略转型失效的原因是（　　）。

A.战略实施过程中各种信息的传递和反馈受阻

B.战略实施所需要资源条件与现实存在资源条件间出现了较大缺口

C.企业外部环境出现了较大变化，现有战略一时难以适应

D.企业内部缺乏沟通，企业成员之间缺乏协作共事的愿望

斯尔解析　本题考查的是战略失效的原因。首先，选项ABCD都可能导致战略失效，本题的关键在于选择符合题干描述的公司战略失效的原因。经分析题干，“越来越多的消费者更青睐不断改进的智能手机”“智能手机制造巨头的竞争挤压”是战略失效的原因，这两句话均属于企业外部环境中发生的变化（客户偏好转换，市场竞争加剧）给企业带来了危机，

因此选项C当选。本题实质上是一道阅读理解题，与是否学习过这个知识点无关，关键是要读懂题，并梳理清楚题干信息的逻辑关系。

本题答案 C

（二）战略控制

战略控制是指企业在战略实施过程中，检测环境变化，检查业务进展，评估经营绩效，把检查和评估结果与既定的战略目标相比较，发现战略实施出现的偏差，分析产生偏差的原因，采取有效措施及时纠正偏差，使战略实施结果符合预期战略目标。

战略控制	预算控制
期间比较长，从几年到十几年以上	期间通常为一年以下
定性方法和定量方法	定量方法
重点是内部和外部	重点是内部
不断纠正行为	通常在预算期结束之后采用纠正行为

二、战略控制过程

（1）设定战略控制的目标。

（2）选择战略控制的方法。

（3）实施战略控制措施。

（4）反馈战略控制效果。

三、战略控制方法（★★）

（一）预算

	增量预算	零基预算
特征	在以前期间的预算或实际业绩进行预算编制	不受以往预算安排的影响，不考虑过去的预算项目和收支水平，以零为基点编制预算
优点	（1）预算编制工作量较少，相对容易操作； （2）预算变动较小且循序渐进，为各个部门的经营活动提供了一个相对稳定的基础； （3）有利于避免因资金分配规则改变而引起各部门之间产生冲突； （4）比较容易对预算进行协调	（1）有利于根据实际需要合理分配资金； （2）有利于调动各个部门和员工参与预算编制的积极性； （3）增强员工的成本效益意识； （4）鼓励企业管理层和部门经理根据环境变化进行创新； （5）增加预算的科学性和透明度，提高预算管理水平

续表

	增量预算	零基预算
缺点	(1)没有考虑经营条件和经营情况的变化; (2)容易使企业管理层和部门经理产生维持现状的保守观念,不利于企业创新; (3)与部门和员工的业绩没有联系,没有提供降低成本的动力; (4)鼓励各部门用光预算以保证下一年的预算不减少; (5)随着业务活动及其开支水平的变化而失去合理性、可行性	(1)预算编制比较复杂,工作量大,费用较高; (2)如果过度强调眼前预算项目的需要,容易导致追求短期利益而忽视长期利益; (3)预算规则和业务项目开支标准的改变可能引起部门之间的矛盾和冲突

解题高手

命题角度:增量预算与零基预算的特点辨析。

客观题高频考点,辨析难度不大,某一种预算的优点基本对应另一种预算的缺点。同学们可结合下表的总结进行辨析:

对比项目	增量预算	零基预算
编制工作量	少	大
对经营稳定性的影响	提供稳定基础	强调眼前,追求短期利益
是否易导致冲突	否	是
是否更合理、更贴近实际	否	是(合理分配资金且科学透明)
是否鼓励创新	否	是
是否鼓励降本	否(鼓励用光)	是(增强成本效益意识)

典例研习·4-19 单项选择题

2020年底,主营办公用品业务的永豪公司预计随着新冠疫情的持续和居家办公人数的增加,对小型便捷打印机、复印机的需求量将会增长,因此根据以往同类项目的收支水平,将下一年的预算增加8%,以购置新的生产设备,将小型便捷打印机、复印机的产能提高12%。下列各项中,属于永豪公司采用的预算类型的优点的是(　　)。

A.预算编制工作量较少,相对容易操作

B.有利于管理层及部门经理积极进取和企业创新

C.与相关部门和员工的业绩联系起来,提供了降低成本的动力

D.有利于根据实际需要合理分配资金

斯尔解析 本题考查的是战略控制方法——预算。“根据以往同类项目的收支水平，将下一年的预算增加8%”说明该企业是基于以前期间的预算或实际业绩进行预算编制，即采用的增量预算，因此选项A当选。选项BCD均属于零基预算的优点，不当选。

本题答案 A

（二）企业业绩衡量

1. 企业业绩的类型

类型	含义	典型指标
战略性业绩	与企业战略地位和战略目标相关的绩效（整体性、长期性）	市场竞争力、行业地位、企业成长性、企业声誉、重大创新
经营性业绩	与企业日常经营活动相关的业绩（局部性、短期性）	月度或年度的销售额、净利润额、资产回报率、质量合格率（“两额+两率”）

典例研习 · 4-20 多项选择题

春霞公司是一家单晶硅太阳能板生产企业，该公司所取得的业绩中，属于战略性业绩的有（　　）。

A.产品销售额和资产回报率处于领先水平

B.产品质量合格率达到100%

C.公司获得政府部门颁发的国家级优秀创新型企业称号

D.多电池片研发取得创新，获发明专利

斯尔解析 本题考查的是企业业绩的类型。企业业绩包括两类：一类是战略性业绩，即与企业战略地位和战略目标相关的绩效，比如市场竞争力、行业地位、企业成长性、企业声誉、重大创新等。这类业绩具有整体性和长期性。另一类是经营性业绩，即与企业日常经营活动相关的业绩，如月度或年度的销售额、净利润额、资产回报率、质量合格率等。选项CD属于战略性业绩，当选。选项AB属于经营性业绩，不当选。从解题技巧出发，经营性业绩指标往往与“额”或“率”有关，因此可以快速锁定选项AB为经营性业绩，从而运用排除法得出剩余选项为战略性业绩指标。

本题答案 CD

2. 企业业绩衡量之财务衡量指标

（1）常见的财务衡量指标。

指标类型	指标
盈利能力和回报率指标	毛利率、净利润率、已动用资本报酬率（ROCE）
股东投资指标	每股盈余、股息率、市净率、市盈率
流动性指标	速动比率、流动比率、存货周转期、应收账款周转期、应付账款周转期
负债和杠杆指标	负债率、现金流量比率

（2）使用财务比率评价的原因（优点）。

①通过比较不同时期的比率可以很容易地发现它们的变动。

②相对于实物数量或货币的绝对数值，比率对企业业绩的衡量更为适合。

③比率适合用作业绩目标。

④比率提供了总结企业业绩和经营成果的工具、方法，并可在同类企业之间进行比较。

（3）使用财务比率评价的局限性。

①信息获取存在困难。

②信息的使用存在局限性。

③比率在各个行业的理想标准不同，而且理想标准也并非一成不变。

④比率有时不能准确反映真实情况。

⑤比率有时体现的是被扭曲的结果。

⑥可能鼓励短期行为。

⑦忽略其他战略要素。

⑧激励、控制的人员范围有限。

3. 企业业绩衡量之非财务衡量指标

（1）常见的非财务衡量指标。

评价领域	指标
服务	投诉数量；客户等待时间
人力资源	员工周转率；旷工时间；每个员工的培训时间
市场营销	销量增长；市场份额；客户数量
生产	工艺、流程先进性；质量标准
研发	技术专利数量和等级；设计创新能力
物流	设备利用能力；服务水平
广告	属性等级；成本水平
管理信息	及时性；准确度

（2）使用非财务指标衡量的原因（优点）。

①能够反映和监控非财务方面的经营业绩。

②通常比使用财务衡量指标提供企业业绩信息更为及时。

③容易被非财务管理人员理解并使用。

④有利于激励企业高管关注财务因素之外的因素甚至决定企业成败的战略因素。

⑤一些衡量企业长期业绩的非财务指标有利于避免短期行为。

⑥往往需要同时采用定性和定量分析、衡量，因此更能反映企业业绩的真实情况。

⑦激励、控制的人员范围较广，覆盖了对财务结果无任何责任的人员。

(3)使用非财务指标衡量的局限性。

①不能使用统一的比率标准，因此不能容易地发现业绩变化或进行业绩比较。

②指标通常产生于各个经营部门并被它们分别使用，不能作为所有部门的共同业绩目标即企业整体性业绩目标。

③难以避免外部环境中某些因素的变化，造成不能客观、真实地衡量和反映企业业绩。

解题高手

命题角度：财务指标与非财务指标的特点辨析。

客观题高频考点，有一定辨析难度，同学们可结合下表，对比辨析：

对比项目	财务指标	非财务指标
是否便于比较（自身、同业）	√	×
是否适合衡量整体业绩	√	×
信息获取是否及时	×	√
是否反映真实情况	×	√ 提示：若外部环境变化，仍无法客观、真实
是否鼓励短期行为	√	×
是否考虑其他战略要素	×	√
激励、控制的人员范围	有限	较广

典例研习 · 4-21 多项选择题

建筑玻璃生产商英利公司采用销售量及其年增长率、市场份额、主要客户数量及其年增长率等指标衡量该公司的市场营销业绩。下列各项中，属于英利公司采用上述做法的原因的有（　　）。

A.比使用财务衡量指标提供企业业绩信息更为及时

B.有利于避免短期行为

C.能够激励、控制对财务结果无任何责任的人员

D.能够避免外部环境中某些因素的变化造成不能真实衡量和反映企业业绩

斯尔解析 本题考查的是企业业绩衡量的财务指标和非财务指标。题干中给出的指标均属于非财务指标。使用非财务指标衡量企业业绩的主要原因有：（1）能够反映和监控非财务方面的经营业绩；（2）通常比使用财务衡量指标提供企业业绩信息更为及时（选项A当选）；（3）容易被非财务管理人员理解并使用；（4）有利于激励企业高管关注财务因素之外的因素甚至决定企业成败的战略因素；（5）一些衡量企业长期业绩的非财务指标有利于

避免短期行为（选项B当选）；（6）往往需要同时采用定性和定量分析、衡量，因此更能反映企业业绩的真实情况；（7）激励、控制的人员范围较广，覆盖了对财务结果无任何责任的人员（选项C当选）。选项D属于使用非财务指标衡量的局限性，不当选。

本题答案 ABC

（三）ESG绩效衡量

1. 概念和内涵

ESG是环境（environmental）、社会（social）和治理（governance）的英文单词首字母缩写，是一种关注环境变化影响、社会效益和公司治理绩效综合表现的发展理念，也是企业可持续发展的核心内容和评价标准。

目前，ESG概念不断深化，逐渐形成了包括ESG披露标准、ESG评价体系和ESG投资三大关键环节的完整体系。

2.ESG披露标准

类型	评价
GRI标准	编制一套全球各类组织共享的可持续发展报告框架
ISO 26000标准	开发适用于包括政府在内的所有社会组织的“社会责任”指南标准
SASB标准	为不同行业量身定制企业可持续性会计准则
CDP标准	通过制定统一的碳信息披露框架，反映气候变化带来的碳成本、风险、机遇以及碳交易等信息
TCFD标准	设计一套与气候相关的财务信息披露架构

3.ESG评价体系

（1）ESG评价原则。

类型	具体内容
客观性	评价人员秉持诚实正直的职业道德和操守，以事实为依据，以资料和数据为客观证明，对企业ESG表现作出公正、公平、规范的评价
独立性	评价人员独立开展评价活动，并且在任何情况下都应不带偏见，没有利益上的冲突。评价方法、过程和结果公开透明，不受被评价企业的影响
一致性	使用一致的时间维度、评价方法、评价过程和统计方法，使数据信息能为利益相关方提供有意义的比较
适宜性	评价方案应符合特定应用场景的特点和需求。对于有显著区别的应用场景，应选用不同的评价指标和评价方法

（2）ESG评价指标体系。

类型	具体内容
环境维度	废物污染及管理政策、清洁制造、能源使用/消费、可再生能源、碳及温室气体排放、节能减排措施、水资源使用与管理、物料使用和管理、自然资源使用和管理、生物多样性、员工环境意识、绿色采购、环境成本核算、环境信息披露、碳交易与定价、绿色产品及绿色技术等
社会维度	国家战略响应、产业链协同、合作机制和平台、客户服务与权益保障、企业招聘政策、员工多元化与平等、员工满意度和流动率、员工权益、员工培训与发展、工作条件、职业健康安全、生产规范、产品安全与质量、供应商及供应链责任管理、应对公共危机、数据安全与隐私保护、社区参与和发展、精准扶贫、公益慈善等
治理维度	公司治理结构、股东权益保护、董事会独立性与多样性、高管薪酬、信息披露、组织结构、企业文化、ESG管理、反贪污受贿政策、纳税透明度、商业道德和行为规范、反不公平竞争、风险管理、创新发展、利益相关者关系等

（3）ESG评价方法。

①收集信息数据。

②筛选指标。

③确定指标权重。

④综合评分及评价等级。

提示：确定指标权重的考虑因素。

a.行业特定性。

b.公司战略目标。

c.利益相关方期望。

d.投资者偏好。

e.法规和标准。

（四）平衡计分卡的企业业绩衡量

1. 平衡计分卡的业绩衡量角度及主要指标

角度	主要衡量指标
财务角度	（1）衡量角度：财务指标能够显示企业战略及其实施对提高企业盈利能力和股东价值作出的贡献； （2）主要指标：营业收入、销售增长率、利润增长率、资产回报率、股东回报率、现金流量、经济增加值等
顾客角度	（1）衡量角度：顾客指标用来衡量和反映企业在满足顾客需求、提高顾客价值方面的业绩； （2）主要指标：顾客满意度、顾客投诉率、投诉解决率、准时交货率、市场份额、客户保留率、新客户开发率、客户收益率等

续表

角度	主要衡量指标
内部流程角度	（1）衡量角度：内部流程指标用于衡量和确认企业在哪些业务流程上表现优异，需要加强或改进哪些业务流程才能保证战略落地； （2）主要指标：数字化信息系统覆盖率、计划准确率、设备利用率、订单准时交付率、采购成本和周期、项目进度及完成率、废物减排及利用率、安全事故率、接待客户的时间和次数、对客户诉求的反应时间以及员工建议采纳率和员工收入等
创新与学习角度	（1）衡量角度：创新与学习指标衡量和体现企业在人力资源管理以及建设创新型、学习型组织和文化方面的业绩； （2）主要指标：研发费用占销售额的比例、新产品销售额占总销售额的比例、专利等级和数量、数字化技术采用率、员工流动率、员工培训费用及次数、员工满意度等

2. 平衡计分卡的特点

平衡计分卡四个角度指标所包含的内容体现了五个方面的平衡：

（1）财务指标和非财务指标的平衡；

（2）长期目标（如创新与学习指标）和短期目标（如财务指标）的平衡；

（3）结果性指标（如财务指标）与动因性指标（如内部流程指标、创新与学习指标）之间的平衡；

（4）内部利益相关者（员工）与外部利益相关者（股东、客户）的平衡；

（5）领先指标（即预期性指标）与滞后指标（即结果性指标）之间的平衡。

3. 平衡计分卡的作用

（1）为企业战略管理提供强有力的支持。

（2）提高企业整体管理效率和效果。

（3）促进部门合作，完善协调机制。

（4）完善激励机制，提高员工参与度。

（5）促进企业立足实际、着眼未来，实现长期可持续发展。

解题高手

命题角度：平衡计分卡指标的辨析。

客观题考点，有一定辨析难度，作如下几点重要提示：

（1）顾客角度中，易忽略的指标是“准时交货率”和“市场份额”；

（2）从大类角度，财务指标是结果性指标，内部流程指标和创新与学习指标是动因性指标；从小类角度，部分内部流程指标与部分顾客指标、创新与学习指标之间也存在因果关系，例如：

①内部流程角度VS顾客角度：

内部流程角度（因）	顾客角度（果）
接待客户的时间和次数、对客户诉求的反应时间	顾客满意度、顾客投诉率

②内部流程角度VS创新与学习角度：

内部流程角度（因）	创新与学习角度（果）
员工建议采纳率、员工收入	员工满意度

（3）创新与学习指标中，既包括创新类指标，且通常与“研发”“新产品”“技术”有关，也包括“学习类”指标，且通常与“员工”有关。

（4）某一指标可以划归在多个指标类型中，例如“销售增长率”既可以是财务指标，也可以纳入顾客指标；“数字化信息系统覆盖率”既可以是内部流程指标，也可以是创新与学习指标。

典例研习·4-22 单项选择题

下列平衡计分卡的各项指标中，分别属于结果性指标和动因性指标的是（　　）。

A.数字化技术采用率和员工培训率　　B.股东回报率和利润增长率

C.营业收入和员工收入　　D.市场占有率和现金流量

斯尔解析 本题考查的是平衡计分卡的企业业绩衡量。结果性指标对应的是财务指标，动因性指标对应的是内部流程指标和创新与学习指标。选项A，数字化技术采用率和员工培训率均为创新与学习指标（动因性指标），不当选。选项B，股东回报率和利润增长率均为财务指标（结果性指标），不当选。选项C，营业收入为财务指标（结果性指标），员工收入为内部流程指标（动因性指标），当选。选项D，市场占有率为顾客指标（教材未明确属于结果性指标或动因性指标，但倾向于归为结果性指标），现金流量为财务指标（结果性指标），不当选。

本题答案 C

（五）统计分析与专题报告

1. 统计分析报告

统计分析报告是统计分析结果的一种表现形式。统计分析结果可以通过表格、图形和文章等多种形式表现出来。其中，通过文章形式表现的统计分析结果就是统计分析报告。

统计分析报告具有如下特点：

（1）以统计数据为主体。

（2）以科学的指标体系和统计方法来进行分析研究和说明。

（3）具有独特的表达方式和结构特点。（叙述事实、数字说话、不用夸张、虚构、想象等修辞手法）

（4）逻辑严密、脉络清晰、层次分明。（先摆数据/事实，再分析根源，最后提出解决办法、措施和建议）

2. 专题报告

专题报告是企业管理人员指定专人对特定问题进行深入、细致的调查研究，形成包括现状与问题、对策与建议等内容的研究报告。专题报告有助于企业对某一重要而具体的问题进行深入研究，有助于企业管理者开阔战略视野，有助于企业内外的信息沟通。

第四节　公司战略与数字化技术

一、数字化技术（★）

（一）数字化技术的发展历程

1. 信息化、数字化、智能化的内涵

发展阶段	内涵	功能	通俗解释
信息化	指现代信息技术应用，特别是促成应用对象或领域发生转变的过程	反映性功能，如记录、传输、存储、显示	业务数据化；具体应用：ERP、OA系统
数字化	指利用数学量化、统计分析方法和数字数据技术以提高人们的认识能力和实践能力、提高产品或工作系统功效的过程或活动	执行性功能，如计算、分析、综合、控制	数据业务化；具体应用：BI系统
智能化	指在产品、工具和工作系统中协同应用人类智能和人工智能，以提高其功效的过程	交互性功能，如决策支持、学习、创新	人机交互；具体应用：Kimi、豆包

2. 信息化、数字化、智能化的关系

信息化、数字化、智能化联系紧密，相互衔接，推动产业升级。数字化是信息化的高阶阶段，是信息化的广泛深入运用。智能化是信息化、数字化的最终目标，也是发展的必然趋势。

（二）数字化技术应用领域

1. 大数据

大数据所涉及的资料规模巨大，无法通过目前常规的软件工具，在合理时间内达到撷取、管理、处理、整理成为有用信息的数据集合。

大数据的主要特征为：

主要特征	内涵
大量性	指大数据的数量巨大；数据量增长发生了质的飞跃
多样性	指数据类型繁多。大数据不仅包括结构化数据，还包括半结构化数据和非结构化数据，且以半结构化和非结构化数据为主
高速性	指大数据处理时效性高。大数据产生速度快，有价值信息存在时间短，时效性强，在海量的数据面前，处理数据的效率关乎数据是否有使用价值。能迅速有效地提取大量复杂数据中的有价值信息显得非常重要
价值性	指大数据价值巨大，但价值密度低。如何通过强大的机器算法迅速高效地完成数据的价值"提纯"，成为大数据时代亟须解决的难题

2. 人工智能

人工智能是一门新兴的边缘学科，是自然科学和社会科学的交叉学科，也是一门综合性学科。人工智能的应用领域广泛，包括专家系统、博弈、定理证明、自然语言理解、图像理解和机器人等。

3. 移动互联网

移动互联网是移动通信和互联网融合的产物，继承了移动随时、随地、随身和互联网开放、分享、互动的优势。

4. 云计算

云计算是分布式计算的一种，指的是通过网络"云"将巨大的数据计算处理程序分解成无数个小程序，然后通过多部服务器组成的系统处理和分析这些小程序得到结果并返回给用户。通过这项技术，可以在很短的时间内完成对数以万计的数据的处理，从而形成强大的网络服务。

云计算包括以下几个层次的服务：

层级	内涵
IaaS（Infrastructure as a Service）	基础设施级服务，是把数据中心、基础设施等硬件资源通过Web分配给用户的商业模式
PaaS（Platform as a Service）	平台级服务，是指将软件研发的平台作为一种服务，以软件级服务的模式提交给用户
SaaS（Software as a Service）	软件级服务，是一种通过Internet提供软件的模式，用户无须购买软件，而是向提供商租用基于Web的软件，来管理企业经营活动

5. 物联网

物联网（IoT，Internet of Things）即"物物相连的互联网"。它将各种信息传感设备与互联网结合起来形成一个巨大的网络，实现在任何时间、任何地点，人、机、物的互联互通。

物联网应用中的以下三项关键技术融合了信息化、数字化和智能化的内容：

（1）传感器技术：传感器把模拟信号转换成计算机能够处理的数字信号；

（2）射频识别（RFID）技术：这是把无线射频技术和嵌入式技术融合为一体的综合技术，主要应用于自动识别、物品物流管理；

（3）嵌入式系统技术：这是综合了计算机软硬件、传感器技术、集成电路技术、电子应用技术的复杂技术。

6. 区块链

区块链就是由一个又一个保存了一定的信息，按照它们各自产生的时间顺序连接而成的链条，它是分布式数据存储、点对点传输、共识机制、加密算法等计算机技术的新型应用模式。

从科技层面看，区块链涉及数学、密码学、互联网和计算机编程等很多科学技术问题。从应用视角看，区块链是一个分布式的共享账本和数据库，具有去中心化、不可篡改、全程留痕、可以追溯、集体维护、公开透明等特点。这些特点保证了区块链的"诚实"与"透明"，使其能够解决信息不对称问题，实现多个主体之间的信任协作与一致行动。

二、数字化技术对公司战略的影响（★★★）

（一）数字化技术对组织结构的影响

1. 组织结构向平台化转型

在数字经济时代，组织形态趋于柔性化、扁平化和网络化，并呈现出大平台、小前端的特征，从而更敏捷地应对动态市场环境的变化。

2. 构建传统与数字的融合结构

构建传统与数字的融合结构是现阶段的核心变革举措，是实现传统中人才、观念、流程等要素向互联网转变的重要机制。融合结构只是一种过渡性的结构，而非最终的形式。

3. 以新型组织结构为主要形式

在数字化技术的支持下，一些新型的组织结构能够增强组织竞争力，其中最为重要的是团队结构（team structure）和虚拟组织（virtual organization）。

（1）团队结构（打破企业内的边界），是以团队作为协调组织活动的主要方式。

（2）虚拟组织（打破企业间的边界），是组织扁平化在企业之间的形式，是当市场出现新机遇时，具有不同资源与优势的企业为了共同开拓市场，共同对付其他的竞争者而组织、建立在信息网络基础上的共享技术与信息，分担费用，联合开发的、互利的企业联盟体。

（二）数字化技术对经营模式的影响

1. 互联网思维的影响

互联网思维颠覆了我们对传统企业经营的固有认知，我们需要对传统企业的战略、业务、运营及管理等各个方面重新审视。最为显著和重要的变化是信息技术的飞速发展使得传统的销售与传播环节变得不再重要。

2. 多元化经营的影响

在数字技术的促进下，随着“互联网+流通”的快速发展，实体零售企业加快线上线下O2O全渠道布局，通过线上线下融合对全渠道范围零售要素（店铺、产品、服务、渠道、技术、营业模式、业态）进行重新整合，从而推动实体零售业态多元化发展。

提示：此处“多元化经营”并非“多元化战略”，而是指经营渠道上的多元。

3. 消费者参与的影响

新一代数字技术不仅通过信息的透明降低了企业与消费者的信息不对称程度，而且通过信息的即时交互使消费者广泛介入企业的运作过程中，使松散的消费者个体凝聚成为有价值的群体，形成消费者增权。

随着消费者增权程度的提升，逐步形成以企业与消费者互动为基础的各种新型商业模式。这些商业模式的出现使企业与消费者之间的协同比以前更为迫切和重要。

解题高手

命题角度：数字化技术对经营模式的影响。

主观题高频考点，同学们需要准确背记数字化技术对经营模式影响的三个方面，并能够基于案例进行分析。同学们可按照以下总结定位案例线索：

原文	内涵或关键词
互联网思维的影响	依托数字化技术，企业实施了各类举措，如构建了×××或形成了×××，或以更好的产品和服务满足消费者的个性化需求
多元化经营的影响	依托信息技术，实现全渠道布局（或O2O）、上下游整合、合作伙伴共赢等
消费者参与的影响	消费者参与企业的运作过程中，企业能与消费者互动，了解真实的市场需求

（三）数字化技术对产品和服务的影响

数字化技术对产品和服务的影响主要体现在以下四个方面：

1. 个性化

数字化时代，消费者的需求发生了显著变化。消费者诉求已经由传统的价格、质量、实用等功能性诉求转向服务、社交、分享、沟通、参与等体验性诉求。这就倒逼企业要具备较强的信息挖掘、整理和使用能力，充分提取消费者的偏好信息，发现消费者的隐性需求和个性化需求。

2. 智能化

通过大量的传感器、处理器、存储器等电子元器件，智能产品实现了对使用数据的实时抓取，这些数据被企业用于分析消费者的使用行为，或者用于智能产品的自主学习，以便为消费者提供更好的使用体验。

3. 连接性

数字化环境下产品的另一重要特征是不断增强的连接性。事实上，这种连接不但发生在产品之间，而且发生在所有事物之间，即所谓的万物互联。通过智能产品之间的连接，将看似不相关的活动主体连接起来，能够创造出更多的商业机会。

4. 生态化

通过依靠科技促进低碳化发展，实现数字化赋能生态发展。通过数字化赋能，提高效率、节约资源，实现降低能耗，加快重铸产业结构、生产方式、生活方式、空间格局。

解题高手

命题角度：数字化技术对产品和服务影响的辨析。

客观题和主观题考点，难度适中，建议同学们抓住关键词进行辨析：

影响	关键词
个性化	通过提取消费者的偏好信息，发现消费者隐性需求和个性化需求
智能化	通过电子元器件抓取数据并进行分析，为消费者提供更智能化的产品（例如，产品具有自主感知、学习、决策等功能）
连接性	万物互联，创造更多商业机会
生态化	低碳化发展，提高效率、节约资源、降低能耗

典例研习 · 4-23 单项选择题

每日鲜是一家以技术驱动的创新型社区零售企业。该公司通过对消费者的停留时长、购买记录以及与客服的对话内容等数据进行收集、处理，充分提取消费者的偏好信息，发现消费者的隐性需求和个性化需求，定制化推送新品，有效提升了销售业绩。上述案例体现的数字化技术对每日鲜产品和服务的影响是（　　）。

A.个性化　　B.智能化　　C.连接性　　D.生态化

斯尔解析 本题考查的是数字化技术对产品和服务的影响。“该公司通过对消费者的停留时长、购买记录以及与客服的对话内容等数据进行收集、处理，充分提取消费者的偏好信息，发现消费者的隐性需求和个性化需求”体现了个性化（匹配了对应的关键词，即通过提取消费者的偏好信息，发现消费者隐性需求和个性化需求），因此选项A当选。

本题答案 A

典例研习 · 4-24 简答题

2003年起，主营家具生产与销售的伊美公司依托数字化技术，搭建该公司与用户、供应商的交互平台——伊美网，创新生产、营销和供应链管理，促进了业务发展。

首先，伊美网作为用户定制平台，是一套涵盖不同家具品种、质地、样式、规格的大数据处理系统，用户可以随时进入系统，按照自身需求自主选择，也可以提供自己的家具设计要求、照片或图片，由平台向公司反馈相关信息并确认后，自动生成订单。用户通过平台可以知晓订单产品的生产和物流信息，等待系统的送货通知，同时可以提出催单、变更收货地址以及改进产品的要求或意见。伊美网改变了家具企业与用户的传统交易方式，有效降低了双方的交易成本，提升了企业的服务效益。

其次，为解决个性化定制和规模化生产之间的矛盾，伊美网对生产数据进行实时抓取、分析和处理，员工通过电脑识别终端扫描产品上的电子磁卡，获得选择材料和工艺的提示，从而确保按时按质完成用户订单。统计结果显示：伊美公司通过伊美网开展的业务，准时交货率达到100%；用户对产品质量的满意率达到99%以上，均较以前线下业务有明显提高。

再次，伊美网与上游企业对接，汇集了国内外数以万计的木材、工具与设备、化工品的供应商，通过对各种供应品性能、质量、价格、销量、用户评价等历史和现实数据的记录、收集和对比，确定采购对象和采购量，并即时向对方发出订单，采购成本大大低于线下采购，采购效率明显提高。

最后，伊美网通过对家具全产业链和相关产业进行数据搜集与分析，为伊美公司拓展业务范围提供依据。自2005年开始，伊美公司在加强原有业务的基础上，逐渐开展了绿色家装、智能家居等业务，并通过伊美网实现了各种产品、服务的互联以及对技术、品牌、渠道、营业模式的整合，取得了良好的综合效益。

要求：

（1）简要分析伊美网所体现的数字化技术对伊美公司经营模式的影响。

（2）简要分析伊美网所体现的数字化技术对伊美公司产品和服务的影响。

斯尔解析 （1）伊美网所体现的数字化技术对经营模式的影响有：

①互联网思维的影响。“伊美公司依托数字化技术，搭建该公司与用户、供应商的交互平台——伊美网”“用户可以随时进入系统，按照自身需求自主选择，也可以提供自己的家具设计要求、照片或图片，由平台向公司反馈相关信息并确认后，自动生成订单。用户通过平台可以知晓订单产品的生产和物流信息，等待系统的送货通知，同时可以提出催单、变更收货地址以及改进产品的要求或意见”“伊美网改变了家具企业与用户的传统交易方式，有效降低了双方的交易成本，提升了企业的服务效益”“伊美网与上游企业对接……采购成本大大低于线下采购，采购效率明显提高”。

②多元化经营的影响。“伊美网通过对家具全产业链和相关产业进行数据搜集与分析，为伊美公司拓展业务范围提供依据。自2005年开始，伊美公司在加强原有业务的基础上，逐渐开展了绿色家装、智能家居等业务”。

③消费者参与的影响。“伊美公司依托数字化技术，搭建该公司与用户……的交互平台——伊美网”“用户可以随时进入系统，按照自身需求自主选择，也可以提供自己的家具设计要求、照片或图片。……用户通过平台可以知晓订单产品的生产和物流信息，等待系统的送货通知，同时可以提出催单、变更收货地址以及改进产品的要求或意见”。

（2）伊美网所体现的数字化技术对产品和服务的影响有：

①个性化。“伊美网作为用户定制平台，是一套涵盖不同家具品种、质地、样式、规格

的大数据处理系统，用户可以随时进入系统，按照自身需求自主选择，也可以提供自己的家具设计要求、照片或图片，由平台向公司反馈相关信息并确认后，自动生成订单”。

②智能化。“用户可以随时进入系统，按照自身需求自主选择，也可以提供自己的家具设计要求、照片或图片，由平台向公司反馈相关信息并确认后，自动生成订单”“伊美网对生产数据进行实时抓取、分析和处理，员工通过电脑识别终端扫描产品上的电子磁卡，获得选择材料和工艺的提示”“伊美网与上游企业对接，汇集了国内外数以万计的木材、工具与设备、化工品的供应商，通过对各种供应品性能、质量、价格、销量、用户评价等历史和现实数据的记录、收集和对比，确定采购对象和采购量，并即时向对方发出订单”“伊美网通过对家具全产业链和相关产业进行数据搜集与分析，为伊美公司拓展业务范围提供依据”。

③连接性。“伊美公司依托数字化技术，搭建该公司与用户……的交互平台——伊美网”“用户可以随时进入系统，按照自身需求自主选择，也可以提供自己的家具设计要求、照片或图片。……用户通过平台可以知晓订单产品的生产和物流信息，等待系统的送货通知，同时可以提出催单、变更收货地址以及改进产品的要求或意见”“伊美网与上游企业对接，汇集了国内外数以万计的木材、工具与设备、化工品的供应商，通过对各种供应品性能、质量、价格、销量、用户评价等历史和现实数据的记录、收集和对比，确定采购对象和采购量，并即时向对方发出订单”“通过伊美网实现了各种产品、服务的互联以及对技术、品牌、渠道、营业模式的整合，取得了良好的综合效益”。

（四）数字化技术对业务流程的影响 新

1. 促进了业务流程重组

数字化技术可以帮助企业梳理现有的业务流程，深入地了解各个环节的作用和它们之间的相互关系，发现其中的缺陷、障碍和瓶颈，进而推动业务流程重组。

2. 提高了企业信息和知识存储、传播的能力

数字化信息系统的出现，推动了大量基于云端的协作工具和软件的出现。比如企业云盘，可以帮助企业更好地完成知识沉淀，并且便于管理者基于云的办公场景构建具有更高效率的内部管理和外部协同体系。

3. 促进了业务流程创新

数字化技术可以使企业打破传统的规则，建立全新的工作方式，如采用自动化软件或机器人智能系统执行数据录入、订单处理等工作任务；结合智能控制技术和管理方法对生产过程进行全面监控和改进；通过可视化工具、快速原型制作和用户反馈循环迅速实现产品创意的验证和迭代；帮助企业探索新的商业模式和市场机会，从而开辟新的业务领域和增长路径。

4. 增强了数据驱动决策的能力

数字化技术（如大数据分析和商业智能工具）使企业能够更准确地收集和分析各种业务数据，从而产生更深刻的业务洞见并为正确决策提供更优的支持。

5. 加强了沟通与协作

通过数字化平台（如企业社交网络、在线文档共享和项目管理软件等），企业各个部

门的员工可以随时随地访问业务系统和相关信息，彼此之间进行实时沟通和协作，减少乃至消除了信息孤岛现象，提高了各项业务工作的协调性、连续性和效率。

三、数字化战略（★★）

4-4-3

（一）数字化战略的定义

数字化战略就是全面评估企业数字资产，制定持续改进计划并积极服务于企业业务增长目标的战略举措。

（二）数字化战略转型的主要方面

1. 技术变革

5G、工业互联网等新一代信息技术的发展促使企业对基础条件如网络、通信设备和原有系统等进行重构与变革，为企业的创新行为提供技术资源的支撑，加速企业产品与服务的创新，探索新的市场机遇。

细分领域	主要评价指标
数字化基础设施建设	（1）主干网与互联网接口带宽； （2）主干网网络覆盖率； （3）数据安全措施应用率
数字化研发	（1）新产品产值率； （2）R&D投入强度； （3）员工人均专利数
数字化投入	（1）数字化投入占比； （2）数字化设备投入占比； （3）数字化运维投入占比； （4）数据安全投入占比

2. 组织变革

消费需求日益个性化，迫使企业利用数字化技术变革组织结构，以增强对市场的反应速度，同时也需要员工之间加强直接沟通与信息获取，提高数字化技能与管理能力，进而拉动企业对数字化应用人才的需求。

组织变革	主要评价指标
组织架构	（1）数字化部门领导者地位； （2）企业管理层级数量
数字化人才	（1）数字化人才比重； （2）数字化技能员工覆盖率； （3）初级数字化技能人才培训支出比

3. 管理变革

企业通过数字化转型打通生产与管理全流程的数据链，促进业务流程变革、生产变革和财务变革，提高产品质量和生产效率。

管理变革	主要评价指标
业务数字化管理	（1）电子商务采购比率； （2）数字化仓储物流设备占比； （3）订单准时交付率； （4）数据可视化率
生产数字化管理	（1）作业自动化编制及优化排程比例； （2）与过程控制系统（PCS）或生产执行系统（MES）直接相连的数字化设备占比； （3）数字化检测设备占比； （4）在线设备管理与运维比例
财务数字化管理	（1）ERP系统覆盖率； （2）资金周转率； （3）库存资金占有率
营销数字化管理	（1）更大、更多元的客群（运用数字化技术）； （2）更完整的客户信息； （3）精准营销、内容营销、数字化客户生命周期管理等

典例研习·4-25 单项选择题

传统汽车制造企业华阳公司实施数字化战略转型，提高电子商务采购金额与总采购金额的比例以及ERP系统的覆盖率。根据上述情况，属于华阳公司数字化转型主要方面的是（　　）。

A.技术变革　　B.组织变革　　C.管理变革　　D.流程变革

斯尔解析　本题考查的是数字化战略转型主要方面的辨析。管理改革强调企业通过数字化转型打通生产与管理全流程的数据链，促进业务流程变革、生产变革和财务变革，提高产品质量和生产效率。“提高电子商务采购金额与总采购金额的比例以及ERP系统的覆盖率”，其中，电子商务采购比率体现的是业务数字化管理，提高ERP系统的覆盖率体现的是财务数字化管理，业务数字化管理和财务数字化管理都属于管理变革，因此选项C当选。

本题答案　C

典例研习·4-26 单项选择题

百丽公司是一家女鞋生产企业。为进一步挖掘潜在客户，更好地服务女性消费者，该公司运用客户管理系统、数据仓库和商业智能等技术，全面获取了客户信息，有效实现交叉销售和客户生命周期管理。上述案例体现的数字化管理变革的方面是（　　）。

A.业务数字化管理　　B.生产数字化管理

C.财务数字化管理　　D.营销数字化管理

斯尔解析 本题考查的是数字化转型的主要方面。“为进一步挖掘潜在客户，更好地服务女性消费者，该公司运用客户管理系统、数据仓库和商业智能等技术，全面获取了客户信息，有效实现交叉销售和客户生命周期管理”说明该企业利用数字化技术有效拓展客群范围，通过数字挖掘发现客户的行为模式和动态需求，发展潜在客户，符合营销数字化管理的内涵。判断关键词包括“客户”“交叉销售”“客户生命周期管理”等，因此选项D当选。

本题答案 D

四、数字化战略转型的困难和任务（★★）

（一）企业数字化战略转型面临的困难

（1）网络安全与个人信息保护问题。

（2）数据容量问题。

（3）“数据孤岛”问题。

提示：数据孤岛指的是系统数据相互独立、隔离，无法实现数据共享的问题。

（4）核心数字技术问题。

（5）技术伦理与道德问题。

①算法偏见与歧视；

②学术伦理规范；

③技术的误用滥用。

（6）法律问题。

①侵犯知识产权；

②泄露用户隐私；

③新型侵财类行为（如虚拟货币）。

（二）企业数字化战略转型的主要任务

（1）构建数字化组织设计，转变经营管理模式：

①制定数字化转型战略；

②建立数字化企业架构；

③推动数字化组织变革。

（2）加强核心技术攻关，夯实技术基础。

（3）打破“数据孤岛”，打造企业数字化生态体系。

（4）加快企业数字文化建设。

（5）利用新兴技术，提升公司网络安全水平。

（6）重视数字伦理，提升数字素养。

典例研习·4-27 多项选择题

五匹狼公司是一家男装生产企业。由于公司内部各个系统尚未打通，销售团队无法有效整合客户信息，并为其提供个性化服务。而且，有些不法分子通过技术手段入侵了公司客户信息储存平台，并私自进行售卖或篡改。上述案例体现的数字化转型面临的困难有（　　）。

A.数据孤岛问题　　B.数据容量问题

C.技术伦理与道德问题　　D.网络安全与个人信息保护问题

斯尔解析　本题考查的是数字化转型面临的困难。“由于公司内部各个系统尚未打通，销售团队无法有效整合客户信息，并为其提供个性化服务”体现的是数据孤岛问题，选项A当选。“有些不法分子通过技术手段入侵了公司客户信息储存平台，并私自进行售卖或篡改”体现的是网络安全与个人信息保护问题，选项D当选。需要注意的是，技术伦理与道德问题包括算法偏见与歧视、学术伦理规范和技术误用滥用。本题中，并非五匹狼公司误用或滥用的技术，而是没有做好用户个人信息的保护，因此选项C不当选。

本题答案　AD

【斯考卡片】
扫码背重点

至此，公司战略与风险管理的学习已经进行了65%，继续加油呀！

65%

第五章 公司治理

学习提要

重要程度： 次重点章节

平均分值： 5～7分

考核题型： 客观题和主观题均可考查

本章提示： 本章理论性很强，但难度适中。重点内容为公司治理的主要问题、内部治理结构和外部治理机制，预计新增的内容（第四节）也将成为考查重点，需准确背记标题，并加以灵活运用

第一节　公司治理概述

一、企业制度演进与现代公司发展

（一）古典企业制度时期

维度	业主制	合伙制
基本特征	（1）不具有法人资格； （2）承担无限责任	
优点	（1）组织形式简单，经营管理的制约因素少，经营管理灵活； （2）企业的资产所有权、控制权、经营权、收益权均归业主所有，业主享有完全自主权； （3）业主自负盈亏	（1）扩大了资金来源，有助于企业扩大规模、生产发展； （2）多个产权主体有利于整合发挥合伙人的资源优势； （3）合伙人共同经营企业、共担风险，分散了经营压力
缺点	（1）企业资产规模小，资金筹集困难； （2）企业存续受制于业主的经营意愿、生命期、继承者能力等因素； （3）经营者=所有者，可能会影响组织决策的质量； （4）风险较大，为规避风险而缺乏动力创新	（1）普通合伙人对企业债务承担无限责任，风险较大； （2）合伙人间缺乏有效制约机制，可能产生"搭便车"行为； （3）在经营管理决策中合伙人之间产生的分歧带来很多的组织协调成本，降低了决策效率； （4）合伙人的退伙会影响企业的生存和寿命

提示：特殊的普通合伙企业的相关内容。新

（1）类型：

通常是以专业知识和专门技能为客户提供有偿服务的专业机构，如会计师事务所、律师事务所、设计师事务所、税务师事务所等。

（2）责任承担：

①一个或数个合伙人在执业活动中因故意或者重大过失造成合伙企业债务的，应当承担无限责任或者无限连带责任，其他合伙人以其在合伙企业中的财产份额为限承担责任。

②合伙人在执业活动中非因故意或者重大过失造成的合伙企业债务以及合伙企业的其他债务，由全体合伙人承担无限连带责任。

（3）优点：

①吸引领域内专业人士的参与，提高企业的专业水平和行业竞争力。

②受到行业监管和职业资格的要求，客户对其专业性和信任度较高，有利于企业推广市场和维护客户关系。

③合伙人的利润分配方式更为灵活，可以自行协商设定利润的分配方式。

（4）缺点：

①合伙人的个人过错或过失需承担无限责任，这可能导致个别合伙人面临重大财务风险。

②合伙人更换或退出需要其他合伙人的共同同意，股权转让受到限制。

③通常仅适用于特定行业，限制了合伙企业的业务拓展和多元化经营。

（二）现代企业制度时期——公司制

（1）股东承担有限责任。

（2）股东财产所有权与企业控制权分离。

（3）规模增长和永续生命。

二、现代企业发展的重要趋势

（一）第一个趋势：股权结构分散化

1. 优点

（1）明确、清晰的财产权利关系为资本市场的有效运转奠定了牢固的制度基础；

（2）高度分散化的个人产权制度是资本市场得以维持和发展的润滑剂。

提示：当股票的买卖者数量越多，股票的交易就越活跃，股票的转让就越容易，规模发展就越快，公司通过资本市场投融资越便捷。

2. 缺点

（1）股东们无法在集体行动上达成一致，提高了治理成本；

（2）对公司经营者的监督弱化（特别是大量存在的小股东，他们缺乏监督的积极性，也不具备这种能力）；

（3）股东和公司其他利益相关者（如供应商）处于被机会主义行为损害、掠夺的风险之下。

（二）第二个趋势：所有权和经营权分离

股东利益目标有可能与经营者的利益目标发生偏离，甚至冲突。

三、公司治理的概念

（一）狭义概念

（1）含义：通过一种制度安排（设置股东会、董事会、监事会、经理层所构成的公司内部治理结构），合理地配置所有者和经营者之间的权力和责任关系。

（2）目标：保证股东利益的最大化，防止经营者对所有者利益的背离。

（二）广义概念

（1）含义：通过一套包括正式或非正式的、内部或外部的制度或机制来协调公司与所有利益相关者之间的利益关系。

（2）目标：保证公司决策的科学性与公正性（而非局限于权力制衡），从而最终维护各方面的利益。

四、公司治理相关理论

（一）委托代理理论

1. 主要观点

委托代理关系是随着生产力大发展和规模化大生产的出现而产生的，因为：

（1）生产力发展使得分工进一步细化，权利的所有者由于知识、能力和精力的原因不能行使所有的权利；

（2）专业化分工产生了一大批具有专业知识的代理人，他们有精力、有能力代理行使好被委托的权利。

2. 委托代理问题的产生原因

（1）从委托人（如股东）来看：

①股东缺乏有关知识和经验，或太繁忙没有时间和精力；

②对于众多中小股东来说，由股东监控带来的经营业绩改善是一种公共物品。

（2）从代理人（如经理人）来看：

①代理人和股东的利益和目标不同；

②代理人谋求自身收益的最大化。

（二）资源依赖理论

1. 主要观点

（1）企业需要通过获取环境中的资源来维持生存；

（2）帮助企业获得稀缺性资源的利益相关者能在企业中获得更多的话语权，即资源的依赖状况决定企业内部的权力分配状况。

2. 理论意义——解释企业董事会的功能

（1）董事会的规模和构成影响董事会为公司提供核心资源的能力。而董事会的规模是对外部环境条件的理性反应，随着环境的改变，董事会的构成也应随之改变。

（2）董事会成员可以为公司带来资源，包括：①为企业带来忠告、建议形式的信息；②为企业获得与外部环境之间的信息通道；③为企业带来获取资源的优先条件；④提升企业的合法性。

（3）不同生命周期的企业对董事的资源依赖也不同。小公司，衰退、破产期公司更依赖于董事会的资源提供功能。

（三）利益相关者理论

企业的经营管理者为综合平衡各个利益相关者的利益要求而从事管理活动。与传统的股东至上主义相比较，该理论认为任何一个企业的发展都离不开各利益相关者的投入或参与，企业追求的是利益相关者的整体利益，而不仅仅是某些主体的利益。

（四）产权理论 新

1. 主要观点

明确的产权界定能够促进资源的有效配置，减少交易成本，提高经济效率。

2. 产权的四个特征

明确性（权利归属清晰）、专有性（所有者独享收益并承担损失）、可转让性（产权可通过市场交易转移）、可操作性（权利可通过法律或契约执行）。

3. 产权理论的应用

（1）激励机制。明确产权可以为公司经理层和其他利益相关者提供适当的激励，促使他们为公司的利益最大化而努力。

（2）约束机制。明确产权有助于约束公司经理层的行为，防止其滥用职权，损害公司和其他利益相关者的利益。

（3）决策效率。明确产权可以减少公司内部的冲突和不确定性，提高决策的效率和效果。

（4）资源配置。通过产权的交易和重组，可以促进资源在公司内部和市场上的有效配置。

（5）风险分配。明确产权有助于在公司的利益相关者之间合理分配风险，提高公司对风险的管理能力。

（五）不完全契约理论 新

1. 理论背景

（1）不完全契约：由于有限理性、信息不完全以及交易事项的不确定性，当事人无法预见所有未来可能发生的情况，因此无法在契约中对所有可能的状态和相应的权利义务作出明确规定。

（2）关系专用性投资：企业为了一个特别的合作项目而投入的专用资产，这项资产只能为这一合作项目使用，当该合作项目终止时，此专用资产会失去价值。

（3）敲竹杠风险：由于契约不完全，在双方各自的关系专用性投资完成后，出现缔约时未预见的事件时，需要签约双方重新谈判，这就有可能在事后谈判中出现参与一方侵占另一方关系专用性投资制造的准租金的机会主义行为，从而造成专用性投资的激励不足，形成效率损失。

2. 核心观点（剩余控制权理论）

不完全契约的世界里，在无法详细描述未来偶然状态的情况下，除了契约已规定的特定控制权外，剩余控制权的事前配置（通过财产的所有权实现配置）是必需的。

3. 不完全契约理论与公司治理的关系（治理问题的产生与解决）

（1）如果出现代理问题（即企业成员之间存在利益冲突）并且契约不完全（即交易成本过高使代理问题不可能通过完全契约解决），则会产生公司治理问题，因此公司治理结构至关重要。

（2）公司治理结构体现了剩余控制权的配置，因为控制权是公司治理的基础，公司治理结构是控制权的实现形式。

第二节　公司治理的主要问题

一、股东与经理层之间的利益冲突（或内部人控制问题）（★★★）变

（一）问题成因

（1）所有权和经营权分离的公司制度下，委托人（股东）和代理人（经理层）的目标不一致；

（2）公司治理机制的不完善为经理层侵害股东利益提供了有利条件。

（二）主要表现

类型	主要表现
违背忠诚义务	（1）过高的在职消费；盲目过度投资，经营行为的短期化； （2）侵占资产，转移资产； （3）工资、奖金等收入增长过快，侵占利润； （4）会计信息作假、财务作假； （5）建设个人帝国
违背勤勉义务	（1）经营过于求稳、缺乏创新； （2）财务杠杆过度保守； （3）信息披露不完整、不及时； （4）敷衍偷懒不作为

（三）应对策略

（1）完善公司治理体系，加大监督力度。

（2）强化监事会、审计委员会等的监督职能。

（3）加强内部审计工作。

（4）完善和加强公司的外部监督体系。

典例研习 · 5-1 简答题

四水集团是一家专门从事基础设施研发与建造、房地产开发及进出口业务的公司，1996年11月21日在证券交易所正式挂牌上市。2014年8月8日，四水集团收到证监局《行政监管措施决定书》，四水集团一系列违规问题被披露出来。

（1）未按规定披露重大关联交易，四水集团监事刘某同时担任F公司的董事长、法定代表人；刘某的配偶李某担任H贸易公司的董事、总经理、法定代表人。2012年度，四水集团与F公司关联交易总金额6 712万元，与H贸易公司的关联交易总金额87 306万元；2013年度，四水集团与H贸易公司的关联交易总金额为215 395万元。这些关联交易均超过3 000万元且超过四水集团最近一期经审计净资产的5%。根据中国证监会的规定，这些交易属于应当在年报中披露的重大关联交易。但是，四水集团均未在这两年的年度报告中披露上述重大关联交易。

（2）违规在关联公司间进行频繁的资金拆借，非法占用上市公司资金，四水集团无视证监会关于禁止上市公司之间资金相互拆借的有关规定，2012年4月至2014年8月，向关联公司H贸易公司、F公司拆借和垫付资金6笔，共27 250万元。

（3）通过派发高额工资等方式变相占用上市公司非经营性资金。四水集团近年来效益很不佳，连续多年没有分红，公司股价也一直处于低迷状态。然而，2011—2013年，包括董事长在内的公司高管人数分别为17名、19名和16名，合计从公司领走1 317万元、1 436万元和1 447万元薪酬，均超过同期四水集团归属于母公司股东的净利润水平。

（4）连续多年向公司董事、监事和高级管理人员提供购房借款。截至2013年12月31日，四水集团向公司董事、监事和高级管理人员提供购房借款金额达到610万元。上述行为违反了《公司法》关于“公司不得直接或通过子公司向董事、监事、高级管理人员提供借款”的相关规定。

四水集团管理层频繁的违规行为，导致四水集团的发展陷入举步维艰的地步。公司2011—2014年的经营状况不佳，扣除非经常性损益后的净利润出现连续大额亏损的状况，公司连续多年资产负债率高达70%以上，且流动资产和流动负债相差无几，财务风险很大。四水集团的每股收益连续多年走低，远低于上市公司平均水平，反映四水集团股东的获利水平很低。

要求：

依据“公司治理的主要问题”简要分析四水集团存在的公司治理问题的类型与主要表现。

斯尔解析 本题考查的是公司治理的主要问题。

四水集团存在的公司治理问题的类型是股东与经理层之间的利益冲突。主要表现有：

（1）信息披露不完整、不及时。“未按规定披露重大关联交易……，根据中国证监会的规定，这些交易属于应当在年报中披露的重大关联交易。但是，四水集团均未在这两年的年度报告中披露上述重大关联交易”。

（2）工资、奖金等收入增长过快，侵占利润。“通过派发高额工资等方式变相占用上市公司非经营性资金。四水集团近年来效益很不佳，连续多年没有分红，公司股价也一直处于低迷状态。然而，2011—2013年，包括董事长在内的公司高管人数分别为17名、19名和

16名，合计从公司领走1 317万元、1 436万元和1 447万元薪酬，均超过同期四水集团归属于母公司股东的净利润水平”。

（3）侵占资产、资产转移。“违规在关联公司间进行频繁的资金拆借，非法占用上市公司资金”“连续多年向公司董事、监事和高级管理人员提供购房借款”。

二、大股东与中小股东之间的利益冲突（或隧道挖掘问题）（★★★）变

提示：考试中，对于“中小股东”的表述往往有两种方式。第一，直接告知某类人属于中小股东；第二，大股东所控制的上市公司。因此，如果看到案例中的大股东侵犯了上市公司的利益，也属于“隧道挖掘”问题（又名“剥夺型公司治理问题”）。

（一）问题成因

（1）“隧道挖掘”行为的产生，在于控股股东“隧道挖掘”的收益大于成本：

①收益来源于控股股东所掌控的权力；

②成本反映了控股股东对其行为所承担的责任。

（2）“隧道挖掘”问题的成因就是，许多企业都存在着一个或几个具有绝对影响力的大股东，对于那些数量上占绝大多数的中小股东而言，他们只拥有名义上的控制权，这与其所承担的实际风险并不对等。

（二）主要表现

<table>
<tr><th>类型</th><th>关键要点</th></tr>
<tr><td>滥用企业资源—违背勤勉义务</td><td>（1）含义：并非以占有企业资源为目的，但也未按照公司整体目标为行动导向的行为。
（2）举例：终极股东是家族企业，为了家族荣耀等目标采取过度保守的经营策略</td></tr>
<tr><td>占用企业资源—违背忠实义务</td><td>（1）含义：控股股东通过各种方法将公司的利益输送至自身的行为，即“隧道挖掘”行为。
（2）类型：
<table>
<tr><th>大类</th><th>小类</th><th>具体释义</th></tr>
<tr><td rowspan="3">直接占用资源</td><td colspan="2">直接借款、利用控制的企业借款、代垫费用、代偿债务、代发工资、利用公司为终极股东违规担保、虚假出资</td></tr>
<tr><td colspan="2">预付账款（上市公司预付给大股东）</td></tr>
<tr><td colspan="2">占用企业商标、品牌、专利等无形资产、抢占公司的商业机会</td></tr>
</table>
</td></tr>
</table>

续表

<table>
<tr><th>类型</th><th>关键要点</th></tr>
<tr><td>占用企业资源——违背忠实义务</td><td>
续表
<table>
<tr><th>大类</th><th>小类</th><th>具体释义</th></tr>
<tr><td rowspan="3">关联性交易（前提：以非市场价格进行的交易）</td><td>商品服务交易活动</td><td>大股东对于商品或服务的“高卖低买”</td></tr>
<tr><td>资产租用和交易活动</td><td>大股东对于资产的“高卖低买”</td></tr>
<tr><td>费用分摊活动</td><td>上市公司和控股母公司常共同分担费用，终极股东可能会利用费用分摊活动从上市公司获取利益</td></tr>
<tr><td rowspan="3">掠夺性财务活动</td><td>掠夺性融资</td><td>①通过财务作假骗取融资资格、虚假包装及过度融资。
②向终极股东低价定向增发股票</td></tr>
<tr><td>内幕交易</td><td>大股东利用所知悉、尚未公开的重大信息来进行内幕交易，谋取不当利益</td></tr>
<tr><td>掠夺性资本运作</td><td>大股东对于股权的“高卖低买”</td></tr>
</table>
</td></tr>
</table>

精准答疑

问题1：“直接借款、利用控制的企业借款、代垫费用、代偿债务、代发工资、利用公司为终极股东违规担保、虚假出资”，为何属于“直接占用资源”，无法理解？可以通俗地解释一下吗？

解答1：（1）直接借款：大股东在缺少资金时，向其所控制的上市公司借款，占用上市公司资金，从而把利益输送给自身；

（2）利用控制的企业借款：大股东让其控制的上市公司去进行借款，并让其进行还本付息；

（3）代垫费用、代偿债务、代发工资：本应由大股东支付的费用、债务、工资等，均让其所控制的上市公司进行垫付，利用自身便利占用上市公司的资金；

（4）利用公司为终极股东违规担保：大股东对外借款，但是借款合同上署名的担保人却是“上市公司”，即大股东将偿债的风险转嫁给上市公司；

（5）虚假出资：大股东本该向上市公司注资，却与代收股款的银行串通，由银行出具伪造的出资证明，并未实际支付，变相地占用了本该属于上市公司的资金。

问题2：如何区别掠夺性融资和掠夺性资本运作？

解答2：（1）掠夺性融资主要有两种情形：第一，终极股东利用上市公司平台进行不当地或虚假地融资、圈钱；第二，上市公司向终极股东低价定向增发股票。需要注意的是，上市公司本身是可以低价向终极股东定向增发股票的，但价格不能过低且频率不能过于频繁，否则会持续压低公司股价，从而损害中小股东的利益。

总之，掠夺性融资是通过发行股票等融资手段对中小股东进行侵害，关键词是“融资”。

（2）掠夺性资本运作是指上市公司高价购买终极股东所持的本公司或其他公司股权，其本质类似于资产租用和交易活动，只不过掠夺性资本运作的标的物是公司的股权。

总之，掠夺性资本运作是通过股权交易（买卖）的手段对中小股东进行侵害，关键词是“交易”（也就是“运作”的意思）。

典例研习 · 5-2 简答题

太阳公司是G省的一家于2013年挂牌上市的公司，其主营业务是从事水泥及水泥制品的生产和销售。2018年5月，某财经媒体深度报道了太阳公司存在的多种经营违规行为。该报道在微博等网络平台上成为热门话题后，G省证监局迅速反应，对其进行立案调查。

根据证监局的调查结果，太阳公司经营违规行为主要有以下几点：

（1）2016年9月，太阳公司与银行签署一笔担保合同，为大股东星科集团5 000万元的贷款提供担保，承担连带保证责任。2016年11月，星科集团向龙辉公司借款2亿元，太阳公司为该笔借款提供担保，到期后星科集团没有偿还借款，龙辉公司向法院提起诉讼，法院作出判决，太阳公司作为该笔借款的担保方，须与星科公司共同偿还债务本金和利息。这两笔担保均没有在2016年年报中进行信息披露。

（2）太阳公司从甲公司购进熟料等重要原材料，双方签订了长期供应合同，价格比市场价高40%。太阳公司还从乙公司以租赁的方式引入一台机器设备，租赁费用每年5 000万元，同样的设备市场租赁价格为4 000万元。经查，甲公司和乙公司均为星科集团全资控制的子公司。

（3）太阳公司在2017年年底完成一项定向增发，向星科集团以每股6元价格增发1亿股，当时太阳公司的股价为每股12元，相当于5折进行定向增发。

（4）太阳公司发布公告，拟购买丙公司100%股权，由于丙公司拥有物联网概念，所以太阳公司发布公告后10个交易日内，股价大涨70%，发布公告前几天，星科集团实际控制人刘某买入太阳公司股票100万股，在公告发布后卖出，获利600多万元。经查，刘某买卖股票的时间都属于证监会认定的敏感期。

（5）2017年5月，太阳公司发布了一份收购方案，计划收购大股东星科集团100%持有的丁公司的全部股权，收购价格为20亿元，丁公司被收购时净资产为5 000万元，盈利能力较差，业内专家质疑是超溢价收购。

（6）2016年太阳公司1.4亿元的销售费用未及时入账，造成2016年年度报告虚假记载。此外，由于与星科集团多笔资金往来事项并未披露和记账，导致太阳公司在2016年和2017年年报中存在信息不实、虚假记载的情况。而太阳公司2016年和2017年年报经过注册会计师审计后，审计师都出具了标准无保留的审计意见。

证监局对太阳公司及其大股东星科集团立案调查后，依法对其进行行政处罚及公开谴责。

要求：

简要分析太阳公司大股东与中小股东之间利益冲突的主要表现。

斯尔解析 本题考查的是公司治理的主要问题。

（1）直接占用资源。“2016年9月，太阳公司与银行签署一笔担保合同，为大股东星科集团5 000万元的贷款提供担保，承担连带保证责任。2016年11月，星科集团向龙辉公司借款2亿元，太阳公司为该笔借款提供担保，到期后星科集团没有偿还借款，龙辉公司向法院提起诉讼，法院作出判决，太阳公司作为该笔借款的担保方，须与星科公司共同偿还债务本金和利息”。

（2）通过关联交易进行利益输送。“太阳公司从甲公司购进熟料等重要原材料，双方签订了长期供应合同，价格比市场价高40%。太阳公司还从乙公司以租赁的方式引入一台机器设备，租赁费用每年5 000万元，同样的设备市场租赁价格为4 000万元。经查，甲公司和乙公司均为星科集团全资控制的子公司”。

（3）掠夺性财务活动。

①掠夺性融资。“太阳公司在2017年年底完成一项定向增发，向星科集团以每股6元价格增发1亿股，当时太阳公司的股价为每股12元，相当于5折进行定向增发”。

②内幕交易。“太阳公司发布公告，拟购买丙公司100%股权，由于丙公司拥有物联网概念，所以太阳公司发布公告后10个交易日内，股价大涨70%，发布公告前几天，星科集团实际控制人刘某买入太阳公司股票100万股，在公告发布后卖出，获利600多万元。经查，刘某买卖股票的时间都属于证监会认定的敏感期”。

③掠夺性资本运作。“2017年5月，太阳公司发布了一份收购方案，计划收购大股东星科集团100%持有的丁公司的全部股权，收购价格为20亿元，丁公司被收购时净资产为5 000万元，盈利能力较差，业内专家质疑是超溢价收购”。

（三）如何保护中小股东的权益（应对策略）

方法	解释
累积投票制	当股东应用累积投票制度行使表决权时，每一股份代表的表决权数不是一个，而是与待选人数相同，并且股东可以将与持股数目相对应的表决票数以任何集中组合方式投向所选择的对象
建立有效的股东民事赔偿制度	公司股东应当遵守法律、行政法规和公司章程，依法行使股东权利，不得滥用股东权利损害公司或者其他股东的利益。公司股东滥用股东权利给公司或者其他股东造成损失的，应当承担赔偿责任
建立表决权排除/回避制度	当某一股东与股东会讨论的决议事项有特别的利害关系时，该股东或其代理人均不得就其持有的股份行使表决权的制度
完善小股东的代理投票权	股东可以委托代理人出席股东会会议，代理人应当向公司提交股东授权委托书，并在授权范围内行使表决权
建立股东退出机制	当公司被终极股东控制，中小股东无法实现其诉求时，为了降低自己的投资风险和受终极股东剥夺的程度，中小股东就会选择退出。包括两类方式： （1）转股：股东将股份转让给他人从而退出公司（“用脚投票”）； （2）退股：股东要求公司以公平合理价格回购其股份从而退出公司（异议股东股份回购请求权制度）

原理详解

累积投票制vs直接投票制

直接投票制：对于任何一个席位的任命规则——一股一票；

累积投票制：任命董事的总表决权票数=待选董事数量×股东持有股票数。

假设公司共有10 000股发行在外，一名大股东持有51%的股份（即5 100股），三名小股东A、B、C分别持有16%、16%、17%，如果董事会共10人，现在要选举5位董事。

（1）直接投票制：走过场，每个候选人都由大股东决定；

（2）累积投票制：

大股东的票数=5 100×5=25 500

股东A的票数=1 600×5=8 000

股东B的票数=1 600×5=8 000

股东C的票数=1 700×5=8 500

假设大股东将24 500票给了候选人甲，那么只剩下1 000票给剩余的其偏好的四个候选人；而股东A、B、C合起来只有24 500票，虽然无法影响对甲的任命，但是对于后续的9选4，则话语权极大（24 500 vs 1 000）。

三、股东与其他利益相关者之间的利益冲突 变

（一）主要表现

传统股东价值理论认为，公司归股东所有，公司的首要职责是为股东创造价值，所对应的治理模式也是以股东利益最大化为核心目标。但是，公司治理的实践表明：过度关注投资者利益将会忽略债权人（如股息支付与债权实现的冲突、过度债务与风险及控制权滥用）、员工、供应商、社区、顾客等与其密切相关的利益群体，甚至会产生股东与其他利益相关者之间的利益冲突。

（二）应对策略

任何一个企业的发展均离不开各种利益相关者的投入与参与。他们应当拥有企业的剩余控制权，企业的经营决策者必须考虑他们的利益并给予相应的报酬或补偿。

提示：股东与其他利益相关者之间的利益冲突既可以表现为股东本身与其他利益相关者存在的利益冲突（尤其关注股东与债权人之间的关系），也可以表现为公司整体与其他利益相关者存在的利益冲突。

解题高手

命题角度：公司治理主要问题的辨析。

客观题和主观题高频考点，难度适中。

一方面，要准确背记这三类问题的表现（尤其是前两大问题）；另一方面，在判断问题类型时，不能凭“问题表现”辨析，而是要找到“谁在犯坏”，具体而言：

（1）股东与经理层之间的利益冲突或内部人控制问题：经理层在“犯坏”，案例中“经理层”可以表现为董事会、董事、经理层、管理层、财务负责人、财务总监等。

（2）大股东与中小股东之间的利益冲突或隧道挖掘问题：大股东在“犯坏”，案例中“大股东”通常表现为终极股东、控股股东、实际控制人。

举例1：“某企业未按规定披露关联交易”，虽然出现了“关联交易”，但不应将其直接判断为隧道挖掘问题，因为这句话的重点在于“未按规定披露”，而这往往是公司财务负责人的责任，属于典型的经理层“犯坏”。即使题目涉及与大股东有关的关联交易，也要看该关联交易是否是以不合理的价格向大股东输送利益，如果价格合理，则可能不属于“犯坏”。

举例2：“财务作假”这一行为，也需要分情况讨论。如果是各类经理层指使的财务造假，则属于内部人控制问题（违背忠诚义务），如果是大股东指使的财务造假并以此骗取资金，则属于隧道挖掘问题（掠夺性融资）。

另外，近年考试中还会出现第三类问题，即“股东与其他利益相关者之间的利益冲突”，案例线索通常表现为股东或企业与其他利益相关者之间存在冲突或“鸡鸣狗盗”之事，其他利益相关者包括债权人（重点关注）、供应商、渠道商、员工等。

典例研习 · 5-3 多项选择题

亚奥公司是一家生产各类工程机械的上市公司，其终极股东为尚荣公司，2015—2016年间，亚奥公司存在的“内部人控制”问题多次被媒体曝光。下列各项中，属于该公司股东与经理层之间的利益冲突或“内部人控制”问题表现的有（　　）。

A.将其生产的挖掘机、起重机以低于市场价格的价格出售给尚荣公司

B.未经正常审批程序投资房地产业，造成巨额亏损

C.部分关联交易未向投资者和社会公众披露

D.为尚荣公司对外借款违规担保人民币2亿元

斯尔解析　本题考查的是公司治理的主要问题。“未经正常审批程序投资房地产业，造成巨额亏损”属于内部人控制问题表现中“违背忠诚义务——盲目过度投资”，选项B当选。“部分关联交易未向投资者和社会公众披露”属于内部人控制问题表现中“违背勤勉义务——信息披露不完整、不及时”，选项C当选。“为尚荣公司对外借款违规担保人民币2亿元”属于“隧道挖掘”问题表现中“直接占用资源”，选项D不当选。“低于市场价格出售给尚荣公司”属于“隧道挖掘”问题表现中“关联性交易”，选项A不当选。其实本题有一个快速的判断方法，如果选项中涉及了终极股东尚荣公司，就可以判断为错误，因为内部人控制问题不涉及终极股东。

本题答案　BC

典例研习 · 5-4 多项选择题

企业内部成员能够直接参与企业的战略决策，并掌握大部分企业实际控制权，在此过程中，他们可能会追求自身利益，从而架空所有者的有效控制。下列属于企业内部成员侵犯所有者利益的形式有（　　）。

A.过高的在职消费　　B.侵占和转移资产

C.内幕交易　　D.为终极股东违规担保

斯尔解析　本题考查的是公司治理的主要问题。“企业内部成员能够直接参与企业的战略决策……他们可能会追求自身利益，从而架空所有者的有效控制”反映了经理人对于股东的“内部人控制”问题，因此选项AB当选。选项CD属于“隧道挖掘”问题的主要表现，不当选。

本题答案　AB

典例研习 · 5-5 单项选择题

月亮公司是一家于2018年上市的公司。自公司上市后，其控股股东宇宙公司安排了多位人员在月亮公司担任董事、监事等职务，并将相关的高额福利费用、过高的在职消费等费用均分摊到月亮公司。上述行为属于（　　）。

A.内幕交易　　B.费用分摊活动

C.直接占用资源　　D.过高的在职消费

斯尔解析 本题考查的是公司治理的主要问题。首先需要判断问题类型，“自公司上市后，其控股股东宇宙公司安排了……”说明是大股东在“犯坏”，属于“隧道挖掘”问题，因此选项D不当选，因为“过高的在职消费”属于内部人控制问题的主要表现。“将相关的高额福利费用”说明大股东利用费用分摊活动从上市公司获取利益，因此选项B当选。

本题答案 B

典例研习 · 5-6 单项选择题

启天公司是一家生产机械零部件的上市公司。据知情人士报道，该公司屡次将其生产的零部件以显著低于市场价的价格出售给其控股公司盛大集团，造成了公司价格体系紊乱。下列各项中，属于该问题形成原因的是（　　）。

A.所有权和经营权分离

B.公司治理机制不完善

C.盛大集团从中获得的收益大于其所需承担的责任

D.缺乏必要机制维护各利益相关者的权益

斯尔解析 本题考查的是公司治理的主要问题。“该公司屡次将其生产的零部件以显著低于市场价的价格出售给其控股公司盛大集团”说明启天公司存在“隧道挖掘”的公司治理问题。“隧道挖掘”行为的产生，在于控股股东“隧道挖掘”的收益大于其“隧道挖掘”的成本，而收益来源于控股股东所掌控的权利，成本则反映了控股股东对其行为所承担的责任。因此选项C当选。选项AB属于内部人控制问题的成因，不当选。选项D属于股东与其他利益相关者之间的利益冲突，不当选。

本题答案 C

第三节　公司内部治理结构和外部治理机制

一、公司内部治理结构（★★）

公司内部治理结构涵盖股东会、董事会、监事会、经理层以及公司员工之间责权利相互制衡的制度体系。

（一）公司内部治理结构的模式

1. 外部控制主导型治理模式（英美模式）

项目	内容
特征	（1）股权在资本结构中所占比重较大，企业的资产负债率较低。 （2）股权分散且流动性较高，不存在掌握绝对控制权的大股东。 （3）实行单层董事会制，即不设立监事会，董事会兼具决策职能和监督职能。

续表

项目	内容
特征	（4）公司的经营权主要集中在经理层手中。 （5）股东采用“用脚投票”的方式回避风险，同时对公司经理层和其他管理人员进行管控、激励和约束。 （6）资本市场上经常发生的企业并购和随之而来的对被并购企业经理层的更换，对经理人员形成较大的压力
优点	（1）股东不直接介入或插手企业经营决策，而是通过证券市场上的股票交易活动监督经理层人员，既赋予经理层充分的经营自主权，又使经理层尽力发挥自己的经营能力和创造力，提升企业业绩。 （2）股东能够通过买卖股票保护自身利益
缺点	（1）股权的分散化和市场监督所具有的高成本，造成股东会“空壳化”现象。 （2）股权的高度分散使得股东无法关注公司的长远发展，而是通过股票价格和盈利率等指标来衡量公司价值，并据此采取一些短期主义行为

2. 内部控制主导型治理模式（德日模式）

项目	内容
特征	（1）股权在资本结构中所占比重较小，企业的资产负债率较高。 （2）股权集中且流动性较低。 （3）实行双层董事会制，即分别设立监事会和执行董事会。 （4）主要债权人如银行派代表进入公司监事会和董事会，发挥监督作用。 （5）交叉持股的现象十分普遍
优点	（1）股东具备通过“用手投票”监督经理人员的意愿和能力，能够比较有效地缓解经营者与股东之间的代理问题。 （2）银行作为主要债权人或大股东参与公司治理，能够更方便地观察公司资金流动，具有比其他类型的股东更多的信息优势，因而能够降低股东的监督成本，提高股东的监督效果。 （3）交叉持股的股权结构增强了股东的稳定性
缺点	（1）稳定的、集中化的股权结构抑制了外部治理机制的发展，导致外部资本的并购和股东“用脚投票”难以进行、信息透明度低等问题。 （2）交叉持股导致公司在人事上互为股东、互为高管，长此以往，容易使股东、高管为维护自身利益相互勾结而非相互监督，从而使内部控制失灵。 （3）企业之间稳定的股权联系会降低企业间的竞争性，抑制企业的创新动力，阻碍企业的长期发展

3. 家族控制主导型治理模式（东亚、东南亚模式）

项目	内容
特征	企业的所有权掌握在家族手中。同时，家族也掌握企业的经营权，管理企业的日常活动
优点	（1）所有权和经营权的“两权合一”能够有效减少股东与经营者之间的委托代理问题，降低监督成本，提高治理效率。 （2）高度集中的决策机制有利于降低公司决策的协调成本。 （3）家族资源的集中统一配置有助于为企业重点发展或优先发展的业务提供充足的物质资本和人力资本
缺点	（1）独断的决策机制容易造成较高的经营风险。 （2）大股东控股的股权结构可能产生侵占小股东利益的行为。 （3）对控股股东缺乏有效的外部和内部监督机制。 （4）以血缘关系和亲情为基础的人事制度，既不利于广揽人才、任人唯贤，又会使工作关系和家族关系相互混淆，阻碍管理的规范化。 （5）由于缺乏科学、规范的换届制度和流程，容易引发家族企业潜在继承人之间的纷争和冲突，导致企业衰退甚至解体、倒闭

解题高手

命题角度：三种内部治理结构模式的辨析。

客观题考点，存在一定的理解难度，辨析重点是外部控制主导型和内部控制主导型。故总结要点如下。

（1）外部控制主导型：

①股大债小，用脚投票，过于分散，无心发展。

②单层董事会（兼具决策职能和监督职能）、不设监事会。

（2）内部控制主导型：

①股小债大，用手投票，交叉集中，稳定犯懒。

②双层董事会（监事会+执行董事会）。

典例研习·5-7 多项选择题

劲霸公司是英国一家主营男装设计与生产的企业，其内部治理结构采取外部控制主导型的治理模式。下列各项关于劲霸公司内部治理结构模式和相关经营活动的表述中，正确的有（　　）。

A.监事会权力在董事会之上　　B.董事会既有监督职能又有决策职能

C.资产负债率较低　　D.交叉持股现象严重

斯尔解析 本题考查的是公司内部治理结构模式。该模式下，实行单层董事会制，不设立监事会，董事会兼具决策职能和监督职能，选项A不当选，选项B当选。该模式下，股权在资本结构中所占比重较大，资产负债率较低，选项C当选。交叉持股现象主要存在于内部控制主导型的治理模式，选项D不当选。

本题答案 BC

（二）公司内部治理结构各方主体的权利和义务 变

1. 股东和股东会

（1）股东的权利。

①股利分配和剩余财产分配请求权。

提示：优先股股东在上述权利上优先于普通股股东。

②增资优先认股权。

③依法转让股权或股份的权利。

④查阅、建议和咨询权。

⑤提议召开临时股东会和自行召集的权利。

⑥临时提案权。

⑦表决权。

⑧选举权和被选举权。

⑨申请法院解散公司的权利。

⑩其他诉讼权。

（2）股东会的职权。

①决定公司关键人员人事任免：公司的董事、监事等关键人员的选举、更换及其薪酬安排等事项都由股东会决定，以约束公司董事或监事履职，保障股东权益。

②决定公司重要事项：监督董事会和监事会工作，审议和批准董事会和监事会的报告；决定公司利润分配、发行债券、注册资本变更、公司章程修改、合并、分立、解散和清算等重大事项。

2. 董事会

（1）董事会的职权。

①决策监督：负责公司的重大经营决策，同时监督公司经理层履职情况，包括决定经营计划和投资方案、决定公司内部管理机构设置、决定公司经理层和财务负责人等关键管理人员任免、制定利润分配方案、制定注册资本变更或债券发行方案和制定公司的基本管理制度等。

②咨询：为公司提供咨询服务，表现为董事会中成立的许多专门委员会。

（2）董事会机构设置。

设置专门委员会：包括审计委员会、提名委员会、薪酬委员会、战略委员会。

（3）独立董事。

独立董事的职权：

①决策监督：独立董事能够更加客观理性地发表意见并能够对公司的内部利益相关方之间的潜在重大利益冲突、公司财务及审计等事项进行监督。

②咨询：由于独立董事多为各自领域内具有一定成就和影响力的专业人士，因此独立董事也具有较强的咨询作用。咨询作用主要体现在两个方面：一是提供专业客观的建议；二是提供公司稀缺资源。

3. 监事会

监事会的职权：

①监事会是公司的专门监督机构，对公司董事、高级管理人员行为进行监督，纠正董事、高级管理人员的利益损害行为，必要时可以向董事和高级管理人员提出罢免建议或提起诉讼。

②监事会对股东会负责，有权提议召开临时股东会会议，并有权向股东会会议提案。

③监事可以列席董事会会议，并对董事会决议事项提出质询或者建议。

④监事会发现公司财务、经营等情况异常，可以进行调查；必要时，可以聘请会计师事务所等协助其工作。

4. 经理层

经理层的职权：

①主持公司的生产经营管理工作，组织实施董事会决议；

②组织实施公司年度经营计划和投资方案；

③拟订公司内部管理机构设置方案；

④拟订公司的基本管理制度；

⑤制定公司的具体规章；

⑥提请聘任或者解聘公司副经理、财务负责人；

⑦决定聘任或者解聘除应由董事会决定聘任或者解聘以外的负责管理人员；

⑧董事会授予的其他职权。

5. 国有企业各级党委（党组）

（1）总体要求。

①把加强党的领导和完善公司治理统一起来是中国特色公司治理的重要内容。

②国有企业的公司章程应写明党组织的职责权限、机构设置、运行机制、基础保障等重要事项，落实党组织在公司治理结构中的法定地位。

（2）作用。

国有企业党委（党组）应当发挥领导作用，把方向、管大局、保落实，重大经营管理事项必须经党委（党组）研究讨论后，再由董事会或者经理层作出决定。

研究讨论的事项主要包括：

①贯彻党中央决策部署和落实国家发展战略的重大举措；

②企业发展战略、中长期发展规划，重要改革方案；

③企业资产重组、产权转让、资本运作和大额投资中的原则性、方向性问题；

④企业组织架构设置和调整，重要规章制度的制定和修改；

⑤涉及企业安全生产、维护稳定、职工权益、社会责任等方面的重大事项；

⑥其他应当由党委（党组）研究讨论的重要事项。

（3）党的领导和公司治理（“双向进入、交叉任职”）。

①符合条件的党委（党组）班子成员可以通过法定程序进入董事会、监事会、经理层。

②董事会、监事会、经理层成员中符合条件的党员可以依照有关规定和程序进入党委（党组）。

③党委（党组）书记、董事长一般由同一人担任，党员总经理担任副书记。

④确因工作需要由上级企业领导人员兼任董事长的，根据企业实际，党委书记可以由党员总经理担任，也可以单独配备。

典例研习 · 5-8 简答题

煌水乳业公司成立于2002年，2013年正式挂牌上市。2016年12月16日，一家国际著名调查机构发布做空煌水乳业的报告，指出煌水乳业在苜蓿草和产奶量等方面数据造假。随后数月，国内一家银行发现，煌水乳业大量单据造假，将账上30亿资金转出投资房地产，无法收回。此外，业内人士也发现了煌水乳业多处编制财务报告的内控缺陷。

（1）煌水乳业在2016年3月报表中显示公司流动资金充足，并对企业的持续经营能力表示肯定。然而分析2016年度的财务报表后显示，煌水乳业2016年的经营活动在收入、成本、借款等方面存在不实问题，企业未来的持续经营能力存在重大不确定性，财务报表存在重大错报风险。

（2）煌水乳业在2014年4—6月向迪科种业公司累计购买约685万元的种子，这笔交易并未在中期报告中及时披露，而在后期发现执行董事于坤间接持有迪科种业公司的控股权，该购买行为被证明为关联交易。2014年12月23日，煌水乳业将其当年4月建立的子公司富浩股份转让予新成立的兴旺畜牧公司，后者由刘冰个人100%控股。然而此次交易不具有正当的商业理由，且煌水乳业2015年财务报告并未披露此次处置子公司的作价，业内人士质疑煌水乳业建立富浩公司的目的很可能就是利用关联方转移资产。

煌水乳业频繁出现财务报告虚假与不实问题，与其内部治理结构的缺陷不无关联。煌水乳业自上市以来，董事会主席兼CEO的张凯始终维持公司最大股东身份，对公司具有绝对的控制和管理权力，掌控公司所有的重大事项决策权，并直接负责公司所有业务的运营和管理。煌水乳业未设置监事会，监事会的职能主要由审计委员会以及独立董事履行。煌水乳业的独立董事中王光和李良都曾是BM会计师事务所的合伙人，而煌水乳业一直以来聘用BM事务所进行外部审计，会计师事务所的合伙人任职客户公司重要岗位，削弱了注册会计师的独立性，煌水乳业的独立董事及其聘用的会计师事务所都没有严格履行其对公司财务报告审核监督的责任。

煌水乳业的审计委员会由3名独立非执行董事组成。年报公布的审计委员会两次会议显示，审计费用以及年度和半年度的财务报告审计均被顺利通过，并未发现财务报表和审计过程中存在的诸多问题，审计委员会并没有尽到应尽的职责。

要求：

简要分析煌水乳业公司内部治理结构存在的主要缺陷。

斯尔解析 公司内部治理结构是指主要涵盖股东会、董事会、监事会、经理层以及公司员工之间责权利相互制衡的制度体系。

（1）股东会（股东）。“董事会主席兼CEO的张凯始终维持公司最大股东身份，对公司具有绝对的控制和管理权力，掌控公司所有的重大事项决策权，并直接负责公司所有业务的运营和管理”。

（2）董事会。“董事会主席兼CEO的张凯始终维持公司最大股东身份，对公司具有绝对的控制和管理权力（三者集中于一人，缺乏制衡）”“煌水乳业的独立董事中王光和李良都曾是BM会计师事务所的合伙人，而煌水乳业一直以来聘用BM事务所进行外部审计，会计师事务所的合伙人任职客户公司重要岗位，削弱了注册会计师的独立性”“煌水乳业的审计委员会由3名独立非执行董事组成。年报公布的审计委员两次会议显示，审计费用以及年度和半年度的财务报告审计均被顺利通过，并未发现财务报表和审计过程中存在的诸多问题，审计委员会并没有尽到应尽的职责（审计委员会是董事会下设的专门委员会）”。

（3）监事会。“煌水乳业公司未设置监事会，监事会的职能主要由审计委员会以及独立董事履行”。

（4）经理层。“董事会主席兼CEO的张凯始终维持公司最大股东身份，对公司具有绝对的控制和管理权力（三者集中于一人，缺乏制衡）”。

典例研习·5-9 简答题

2013年，毕业于国内医学院的高晗与李宏分别出资60%、40%共同创立了研发和生产医疗试剂的安迪公司。2016年安迪公司在香港证券交易所挂牌上市。经多次增发股票，第一大股东高晗和第二大股东李宏分别持股25%和15%；高晗任董事长，李宏任总经理。公司上市后，李宏未能严格遵守资本市场的规则和港交所的规定，经常违反财务制度，随意使用公司资金，购买供李宏个人使用的高档家具和消费类电子产品；甚至与供应商签订虚假采购合同套取现金，与经销商签订虚假销售合同，虚增收入和利润，并且未如实发布真实财务报表。港交所对李宏的行为提出公开谴责，同时港监会对李宏和安迪公司实施了处罚。2017年1月，李宏获得高晗1.2亿元股权转让费后退出安迪公司，留下的总经理职位由高晗兼任。

2017年3月，经高晗提议并经股东会批准决定，安迪引入战略投资者富通公司，使后者成为仅次于高晗的第二大股东。富通公司的创始人和实际控制人张凯是高晗多年的朋友，高晗向其他股东隐瞒了与张凯的私人关系，并与张凯成为一致行动人。同年5月，高晗辞去公司总经理职务，由张凯接任。随后几年里，高晗暗中指使张凯在招标采购环节越过相关规章制度，与自己控制的多家公司签订长期供应协议；绕开董事会和股东会，为高晗控股的其他公司借款提供大额担保；未经董事会审批，擅自决定延长一家关联公司的安迪商标使用期限；违反人力资源招聘流程，直接安插家族成员担任安迪公司的监事、部门高管等职位，由安迪公司支付高额薪酬、奖金、在职消费费用等，引发员工强烈不满。高晗和张凯的行为触犯了相关法律法规底线，损害了公司、员工和供应商的利益。这些行为被媒体曝光后，主要供应商和员工采取一致行动，要求罢免张凯和高晗。2020年6月，安迪的员工举行罢工，主要供应商停止供货。面对生产经营停滞的困局，2020年9月，安迪董事会成立了运营委员会以维持公司的日常管理，同时宣布第三大股东王东担任该委员会负责人。同年11月，港交所对高晗和张凯的行为提出公开谴责。一个月后，安迪公司召开股东会，经多数股东联名提议和出席大会的股东投票作出决议：罢免高晗和张凯的职务。不久，高晗和张凯因涉嫌挪用资金罪遭到检方起诉。

要求：

（1）简析公司治理的主要问题在本案例中的表现。

（2）简析2017年及以后公司内部治理结构在本案例中的主要表现。

斯尔解析 （1）①股东与经理层之间的利益冲突。该问题在本案例中表现为经理人违背对股东的忠诚义务。

违背忠诚义务的主要表现有：

a.过高的在职消费。“购买供李宏个人使用的高档家具和消费类电子产品”。

b.侵占资产。“经常违反财务制度，随意使用公司资金……甚至与供应商签订虚假采购合同套取现金”。

c.会计信息作假、财务作假。“与经销商签订虚假销售合同，虚增收入和利润，并且未如实发布真实财务报表”。

②大股东与中小股东之间的利益冲突。该问题在案例中表现为大股东占用企业资源，分为：

a.直接占用资源。“绕开董事会和股东会，为高晗控股的其他公司借款提供大额担保”。

b.关联性交易。“高晗暗中指使张凯在招标采购环节越过相关规章制度，与自己控制的多家公司签订长期供应协议”“未经董事会审批，擅自决定延长一家关联公司的安迪商标使用期限”。

c.费用分摊活动。“违反人力资源招聘流程，直接安插家族成员担任安迪公司的监事、部门高管等职位，由安迪公司支付高额薪酬、奖金、在职消费费用等”。

③股东与其他利益相关者之间的利益冲突。在本案例中，股东与其他利益相关者之间的关系主要有：

a.与供应商的关系。“李宏……与供应商签订虚假采购合同套取现金”“高晗暗中指使张凯在招标采购环节越过相关规章制度，与自己控制的多家公司签订长期供应协议……损害了……供应商的利益”。

b.与经销商的关系。“李宏……与经销商签订虚假销售合同，虚增收入和利润”。

c.与员工的关系。“高晗暗中指使张凯……违反人力资源招聘流程，直接安插家族成员担任安迪公司的监事、部门高管等职位，由安迪公司支付高额薪酬、奖金、在职消费费用等，引发员工强烈不满。……损害了……员工……的利益”。

（2）①董事会（董事长）与总经理之间的制衡作用。“留下的总经理职位由高晗兼任”“高晗辞去公司总经理职务，由张凯接任。随后几年里，高晗暗中指使张凯在招标采购环节越过相关规章制度……绕开董事会和股东会……未经董事会审批……”。董事会（董事长）与总经理之间没有发挥制衡作用。

②股东会与董事会（董事长）、总经理之间的制衡作用。“随后几年里，高晗暗中指使张凯……绕开董事会和股东会……”“安迪公司召开股东会，经多数股东联名提议和出席大会的股东投票做出决议：罢免高晗和张凯的职务”。最初股东会与董事会（董事长）、总经理之间没有发挥制衡作用，事件曝光后股东会与董事会（董事长）、总经理之间发挥了制衡作用。

二、公司外部治理机制（★★）

5-3-2

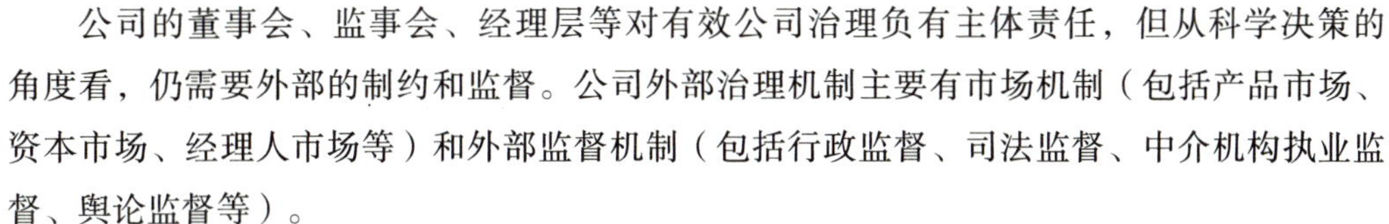

公司的董事会、监事会、经理层等对有效公司治理负有主体责任，但从科学决策的角度看，仍需要外部的制约和监督。公司外部治理机制主要有市场机制（包括产品市场、资本市场、经理人市场等）和外部监督机制（包括行政监督、司法监督、中介机构执业监督、舆论监督等）。

（一）市场机制

类型	内容
产品市场	产品市场的竞争对经理人员的约束主要来自两个方面： （1）在充分竞争的市场上，只有最有效率的企业才能生存，作为企业的经理人员自然也就面临更大的压力； （2）产品市场的竞争可以（为股东）提供有关经理人员行为的更有价值的信息（与同行业其他企业经理人员相比，其报酬的高低）
资本市场	资本市场对经理人员行为的约束是通过接管和兼并方式进行的：当经理人员不努力时，企业的业绩就可能下降（股价下跌），这时就会有人通过资本市场上的收购，取得这家公司的控制权，经营无方的管理者将被替代
经理人市场	管理者对自己职业生涯的关注主要来源于经理人市场： 经理人市场之所以对经理人员的行为有约束作用，是因为在竞争的市场上声誉是决定个人价值的重要因素

解题高手

命题角度：公司外部治理市场机制的辨析。

客观题、主观题考点，难度适中，首先要理解何为外部治理市场机制，以及各个机制是如何运作的。从本质上讲，公司外部治理市场机制的核心是约束管理层的行为，以刺激他们更加努力，从而实现更高的治理效率。因此，如果经理人不努力：

（1）TA所经营的公司会面临竞争甚至破产——产品市场的约束；

（2）TA所经营的公司将会被收购、被替代——资本市场的约束；

（3）TA本人在市场上的竞争力、声誉会下降——经理人市场的约束。

典例研习 · 5-10 单项选择题

收购和重组的威胁被认为是控制经理人员行为最有效的方法之一。即使收购不成功，在位的管理者也会因面临被替代的威胁而主动改变经营行为。这体现了公司外部治理机制中的（　　）。

A.经理人市场　　B.资本市场

C.产品市场　　D.劳动力市场

斯尔解析 本题考查的是公司外部治理机制（市场机制）。资本市场对经理人员行为的约束是通过接管和兼并方式进行的：当经理人员不努力时，企业的业绩就可能下降（股价下跌），这时就会有人通过资本市场上的收购，控制这家公司的控制权，经营无方的管理者将被替代。因此，题干体现的是公司外部治理机制中的资本市场，选项B当选。

本题答案 B

（二）外部监督机制

类型	内容	
	实施主体	监督方式
行政监督	行政监督职能部门（证监会、财政部、国资委、银保监会等）	（1）制止和纠正：对公司进行法律和政策上的监控，规范、管理、制约和监督企业的各类行为，及时制止和纠正公司的违法违规行为，促使公司规范运作、依法生产； （2）细化和完善：及时细化完善相关行政法律规范、经济政策及监管规则，平衡公司外部各主体的利益，协调整个社会系统
司法监督	司法部门（公检法）	（1）约束和制裁：对公司在经营过程中的违法行为进行约束和制裁； （2）救济和保护：对因公司违法行为而遭受损害的有关权利进行救济和保护
中介机构执业监督	中介机构（会计师事务所、律师事务所、投资银行、资信评级机构等）	（1）会计师事务所：避免公司信息编报中的错误和遗漏行为，遏制公司财务造假和欺诈行为；针对内部控制及管理缺陷，提出相应管理建议，促进公司进行整改； （2）律师事务所、投资银行、资信评级等中介机构：分别从合规、核查验证、评级、分析等方面对公司信息出具意见或进行评级评价
舆论监督	公众、媒体	（1）公众：发现和提供舆论话题； （2）媒体：揭露或调查披露公司的重大违法事件或违规行为

提示：司法监督与行政监督的异同。

项目	相同点	不同点
司法监督	体现国家意志	被动监督，但最有强制力、最有效率；强制违法人员承担民事责任和刑事责任
行政监督		主动监督；制止违法违规行为

典例研习 · 5-11 多项选择题

2024年10月，某资深财经媒体人在微博上声称康鑫药业在2021年至2023年间存在大量财务作假行为，消息一经爆出就成为热搜话题。2024年12月，财政部派出专项检查组进驻康鑫药业及其审计机构，分别对公司自成立以来的财务数据和凭证以及会计师事务所的相关审计底稿进行全面检查。上述涉及的公司治理外部监督机制有（　　）。

A.行政监督　　B.司法监督

C.中介机构执业监督　　D.舆论监督

斯尔解析 本题考查的是公司治理外部监督机制。“某资深财经媒体人在微博上声称”体现舆论监督，选项D当选。“财政部派出专项检查组进驻康鑫药业”体现行政监督，选项A当选。“审计机构……会计师事务所的相关审计底稿进行全面检查”体现中介机构执业监督（本题中并未明确会计师事务所是否需要承担责任，但原则上，审计机构应当发挥其应有的执业监督作用），选项C当选。

本题答案 ACD

第四节　管理实践发展与公司治理 新

一、双重股权结构与公司治理（★）

（一）双重股权结构的概念

1. 含义

双重股权结构，又称二元股权结构或双重股权制，是公司通过发行两种具有不同表决权的股票，以保证创始人或创始团队对公司实现有效控制的一种特殊股权设置。

2. 具体设置

（1）低投票权股（即A类股）：通常由投资者和公众股东持有，一股一票。

（2）高投票权股（即B类股）：通常由创始人或创始团队持有，每股的投票权比较大，一股可以代表多票。

3. 特点

（1）同股不同权。

（2）现金流权与控制权分离。

（3）股东权益的可变动性不同。

提示：A类股和B类股的对比总结。

对比项目	对比结果
投票权或控制权	B>A
现金流权或利益分配权	B=A
可变动性或流动性	B<A

（二）双重股权结构对公司治理的影响

正面影响	负面影响
（1）控制权集中。 （2）融资便利。 （3）决策高效。 （4）发展稳定。 （5）投资价值提高	（1）削弱内部监督。 （2）造成利益冲突。 （3）弱化市场监督（通过盈余管理掩盖负面信息和真实的财务状况）。 （4）阻碍公司治理改革（结构僵化和落后）

二、可持续发展与公司治理（★★）

（一）可持续发展的概念

可持续发展是指企业在满足当代人需求的同时，不损害后代人满足其需求的能力，它涵盖了经济、环境和社会三个方面，要求企业在追求经济效益的过程中，注重环境保护和社会责任。可持续发展强调企业的长期生存发展能力和对社会的贡献。

（二）可持续发展对公司治理的影响

影响	具体表现
优化公司治理结构	建立多元化董事会，引入独立董事和职工董事等
完善公司治理机制	完善决策机制、内控机制、监督机制等
提升公司治理水平	治理更加规范、透明和高效
提高企业信息披露质量	披露ESG方面的指标和信息；强化审计委员会相关的监督职责
推动公司治理国际化	具备国际化视野和理念，积极参与国际竞争与合作

三、数智化与公司治理（★★）

5-4-3

（一）数智化的概念

数智化是数字化、智能化的深度融合，涵盖了大数据、人工智能、移动互联网、云计算、物联网、区块链等现代前沿信息技术的迭代演进，并以此驱动企业技术变革、组织变革、管理变革，从而实现产品服务创新和业务流程优化。

（二）数智化对公司治理的影响

影响	具体表现
提升治理效率	数智化显著降低了利益相关方获取信息的成本和门槛，也极大地延伸了信息流通渠道，从而激励它们更有动力参与公司治理
提高信息透明度	数智化技术（如区块链技术、互联网和移动通信技术等）可以提高企业信息的透明度和可追溯性，打破信息孤岛，降低信息不对称程度，有助于利益相关方更好地了解企业真实的运营状况和财务状况，并对企业进行有效监督，保护各方利益相关者的利益
优化企业决策	数智化通过收集、处理和分析来自企业内外部的大量数据，驱动企业决策（如更准确地把握市场趋势、客户需求和竞争态势），优化决策机制（如将董事会流程数字化）
赋能外部治理机制	（1）数智化赋能资本市场治理：大数据把更广泛的外部监督力量（如中介机构、社会公众、监管者等）纳入统一的信息治理网络，拓展数据治理边界。 （2）大数据驱动产品竞争市场治理：一方面，企业依托大数据技术更准确地分析消费者的消费数据，作出产品市场竞争决策。另一方面，消费者可以借助技术优势，积极参与到公司治理中，充分发挥监督功能。 （3）数智化重构控制权市场治理： ①关键主体：掌握物质资本的股东→掌握企业核心技术和关键资源的创始人及其业务团队； ②治理范式：股东为中心→企业家为中心； ③治理目标：解决委托代理问题→保证创业团队的控制权稳定

典例研习 · 5-12 多项选择题

明远集团是一家大型工业设备生产企业。公司积极引入大数据和人工智能技术，以实现生产流程的智能化管理。这一举措对公司治理的影响有（　　）。

A.提升治理效率，降低信息获取成本

B.提高信息透明度，减少信息不对称

C.优化企业决策，提升市场竞争力

D.削弱市场监督，掩盖负面信息

斯尔解析 本题考查的是管理实践发展与公司治理。“公司积极引入大数据和人工智能技术，以实现生产流程的智能化管理”说明公司在积极开展数智化变革，选项ABC是数智化对公司治理的影响，当选。选项D是双重股权结构对公司治理的负面影响，不当选。

本题答案 ABC

典例研习·5-13 多项选择题

绿能公司主要从事建筑材料的研发与生产。为实现可持续发展，公司引入了多位领域内专家担任独立董事，并同步完善了配套的业务决策机制和内部控制机制。这反映了可持续发展对公司治理的影响有（ ）。

A.优化公司治理结构

B.完善公司治理机制

C.提升公司治理水平

D.提高企业信息披露质量

斯尔解析 本题考查的是可持续发展与公司治理。“引入了多位领域内专家担任独立董事”体现了可持续发展优化了公司治理结构，选项A当选。“同步完善了配套的业务决策机制和内部控制机制”体现了可持续发展完善了公司治理机制，选项B当选。

本题答案 AB

【斯考卡片】

扫码背重点

至此，公司战略与风险管理的学习已经进行了73%，继续加油呀！

73%

第六章 风险与风险管理概述

学习提要

重要程度： 次重点章节

平均分值： 2～3分

考核题型： 客观题为主

本章提示： 本章理论性很强，但内容体量不大，且复习难度不高，绝大部分知识点的能力等级要求为“了解”

第一节　风险的概念及风险的要素

一、风险的概念（★）

1. 机构的观点

时间	机构	核心观点
1992年	COSO	《内部控制——整合框架》：风险是任何可能影响目标实现的负面因素，所有企业，无论规模、结构和行业性质，都面临着诸多来自内部和外部的风险，影响既定目标的实现
2004年	COSO	《企业风险管理——整合框架》：所有主体都面临不确定性，管理层所面临的挑战就是在为增加利益相关者价值而奋斗的同时，要确定承受多大的不确定性。不确定性可能破坏或者增加价值，因而它既代表风险，也代表机会
2018年	ISO	ISO31000：风险是不确定性对目标的影响
2006年	国资委	《中央企业全面风险管理指引》：未来的不确定性对企业实现其经营目标的影响，并以能否为企业带来盈利等机会为标志，将风险分为纯粹风险（只有“带来损失”一种可能性）和机会风险（“带来损失”和“盈利”的可能性并存）

2. 风险的内涵

（1）企业风险与企业战略和绩效相关。

（2）风险是一系列可能发生的结果，而不能简单地理解为最有可能的结果。

（3）风险既具有客观性，又具有主观性。

（4）风险往往与机遇并存。

二、风险的要素（★）

1. 风险因素

（1）含义：

风险因素，指促使某一风险事件发生，或增加其发生的可能性的原因或条件，或提高其损失程度的原因或条件。

（2）分类：

类型		含义	举例
有形风险因素		直接影响事物物理功能的物质风险因素	水源或空气污染是损害人们健康的有形风险因素，汽车刹车系统失灵是引起车祸的有形风险因素
无形风险因素	道德风险因素	与人的品德修养相关的无形因素（不诚实、不正当或不轨企图）	欺诈、抢劫、盗窃、贪污等
	心理风险因素	与人的心理状态相关的无形因素（主观上的过失或疏忽）	司机在驾驶过程中由于注意力分散增加了车祸发生的风险；居民外出忘记锁门增加了盗窃发生的风险等

2. 风险事件（事故）

风险事件，指造成损失的偶发事故。

举例：火灾、洪水、地震、车祸、核泄漏、疾病、股市崩盘等都是导致财产损失的风险事件。

3. 风险后果

风险后果是指对目标产生的影响。后果可能是确定的或不确定的，可能对目标产生正面或负面、直接或间接的影响。正面影响是指能促进企业目标实现，负面影响即风险损失。以下仅讨论风险损失。

（1）含义：

风险管理中的损失包括两个方面内容：一是非故意的、非预期的和非计划的（“三非”）；二是经济价值（即能以货币衡量的价值）的减少，二者缺一不可。

举例：

典型举例	“三非”	经济价值减少	是否属于损失
折旧、馈赠	×	√	×
精神失常	√	×	×
精神损失费	√	√	√

（2）分类：

①直接损失（实质损失）：指风险事件导致的财产损毁和人身伤害。

②间接损失（派生损失）：指由直接损失引起的其他损失，包括额外费用损失、收入损失和责任损失等。间接损失有时大于直接损失。

4. 风险因素、风险事件（事故）、风险后果三者的关系

风险因素引起风险事件发生或增加其发生的概率；风险事件的发生造成风险后果；风险后果的发生使风险因素和风险事件得以呈现或暴露，使风险最终形成。

典例研习·6-1 多项选择题

某酒店正组织开展内部整改活动。经调查，部分前台人员与外部人员勾结，通过虚假报销的方式侵吞酒店资金。另外，保洁人员在检查退房房间时不够仔细，未能及时发现房间内丢失的物品。该酒店所面临的风险因素包括（　　）。

A.有形风险因素　　B.心理风险因素

C.无形风险因素　　D.道德风险因素

斯尔解析　本题考查的是风险因素的分类。“部分前台人员与外部人员勾结，通过虚假报销的方式侵吞酒店资金”体现了与人的品德修养的无形因素，属于道德风险因素，选项D当选。“保洁人员在检查退房房间时不够仔细，未能及时发现房间内丢失的物品”体现了人们主观上的过失或疏忽，是与人的心理状态相关的无形因素，属于心理风险因素，选项B当选。另外，道德风险因素和心理风险因素均属于无形风险因素，选项C当选。

本题答案　BCD

典例研习·6-2 单项选择题

根据风险的要素，下列各项中，属于企业所遭受的损失是（　　）。

A.企业将部分产品赠送给希望小学　　B.企业按照会计准则对设备计提折旧

C.王某因受到过度惊吓而精神失常　　D.企业厂房因突然遭受洪水灾害而损毁

斯尔解析　本题考查的是风险的要素。损失是指非故意的、非预期的、非计划的经济价值的减少。选项AB虽然存在经济价值减少，但是不存在“非故意的、非预期的、非计划的”因素，选项AB不当选。选项C虽然包括“非故意的、非预期的、非计划的”因素，但是不属于经济价值减少的情况，选项C不当选。

本题答案　D

第二节　风险管理的概念、特征、目标和职能

一、风险管理的概念

（一）概念

风险管理的概念包含以下三个方面：

（1）控制潜在风险：风险管理是在一个风险确定的环境中把风险降至最低程度的管理过程。

（2）降低组织成本：风险管理是风险管理单位通过识别风险、分析风险、评价风险和进行风险决策管理等方式，对风险进行有效控制与妥善处理，把风险可能造成的不良影响降至最低的管理过程。

（3）维护组织利益：风险管理是选择最有效的方式，主动地、有目的地、有计划地应对风险，通过战略制定和实施抓住机遇来保持和创造价值，通过最小成本获得最大可能的收益及安全保证的一种管理方案。

（二）内涵

（1）风险管理的决策主体是风险管理单位。

风险管理的决策主体是风险管理单位（个人、家庭、企业、政府、事业单位、社会团体、国际组织等），风险管理单位不同，风险管理的侧重点也会有所不同。

（2）风险管理的核心是降低损失并致力于创造价值。

①风险识别是为了减少风险事故的发生；

②风险分析和风险评价是为了预测风险事件可能造成的损失，预先做好减少损失的安排；

③风险应对是为了降低已经发生的风险事故所造成的损失，并抓住机遇来保持和创造价值。

（3）风险管理的对象可以是纯粹风险，也可以是投机风险。

纯粹风险是指只有损失机会而无获利可能的风险，投机风险是指既存在损失可能性，又存在获利可能性的风险。

（4）风险管理过程是决策和控制的过程。

风险管理过程实际上是一个管理决策和控制的过程，其本质是通过合理和科学的管理决策为组织实现价值保持和创造。

二、风险管理的特征（★）

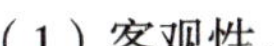

（1）客观性。

风险不以人的意志为转移；风险是不可能彻底消除的。

（2）战略性。

风险管理主要运用于企业战略管理层面，站在战略层面管理企业层面风险，降低风险损失的期望值。

（3）可行性。

风险虽然不可完全避免，但防范与控制风险是可能的，分散和转移风险成本也是可能的。

在成本有效的情况下，风险管理成本越大，风险损失成本可能越低；风险管理成本越小，风险损失成本可能越高。

（4）系统性。

全面风险管理必须拥有一套系统的、规范的方法，建立健全全面风险管理体系。风险管理的系统性体现在：

①全面性：如果风险管理单位对风险的认识、处理缺乏全面性，只处理某一方面的隐患，而不考虑其他方面的隐患，其风险管理就存在失败的可能。

②广泛性：风险管理是涉及许多领域的管理。风险的复杂性和普遍性决定了风险管理的范围是十分广泛的，风险管理学是涉及多门学科的交叉学科。

③全员性：企业全面风险管理是一个由企业治理层、管理层和所有员工参与，旨在把风险控制在风险容量以内，增进企业价值的过程。

（5）专业性。

风险管理需要专业人才实施专业化管理。

（6）二重性。

企业全面风险管理的商业使命在于：

①损失最小化管理：当风险损失不能避免时，尽量减少损失至最小化。

②不确定性管理：风险损失可能发生可能不发生时，设法降低风险发生的可能。

③绩效最优化管理：风险预示着机会时，化风险为增进企业价值的机会。全面风险管理既要管理纯粹的风险，也要管理投机风险。

典例研习·6-3 单项选择题

华友公司于2006年成立，是一家面向国际市场的服装生产企业，2020年，面对全球性传染病暴发、订单和销售额大幅减少等情况，该公司加强风险管理，果断收缩原有业务，同时生产医用口罩、防护服等新产品，从而使公司平稳渡过难关，并创造良好的收益。下列各项中，属于本案例所体现的风险管理的特征是（　　）。

A.专业性　　B.广泛性　　C.全员性　　D.战略性

斯尔解析 本题考查的是风险管理的特征。战略性特征的含义是“风险管理主要运用于企业战略管理层面，站在战略层面管理企业层面风险，降低风险损失的期望值”。本题中，“该公司加强风险管理，果断收缩原有业务，同时生产医用口罩、防护服等新产品”说明该公司通过收缩原有业务、生产新产品等战略调整方式来应对风险，符合战略性的特征，选项D当选。但不得不承认，本题关键词确实不太明显，运用排除法可能是更好的解题方式。题目中未提及与专业性、广泛性、全员性相关的字眼，只能选择战略性。

本题答案 D

典例研习·6-4 多项选择题

永信公司是一家新成立的国有资本参股企业。公司在年初召开董事会时提出，要在年底之前，组建拥有丰富经验的风险管理团队，同步推进全面风险管理体系的建设，严控风险，稳抓经营。下列各项中，属于本案例所体现的风险管理的特征有（　　）。

A.全员性　　B.系统性　　C.专业性　　D.二重性

斯尔解析 本题考查的是风险管理的特征。“组建拥有丰富经验的风险管理团队”体现了专业性，“同步推进全面风险管理体系的建设”体现了系统性，因此选项BC当选。题目中未提及与全员性、二重性相关的字眼，选项AD不当选。

本题答案 BC

三、风险管理的目标（★）

（一）风险管理目标的设置原则

（1）一致性原则：风险管理目标与企业总体战略目标一致。

（2）现实性原则：风险管理目标要具有客观可能性。

（3）明晰性原则：风险管理的目标明确，在有效地实施后能够进行效果评价。

（4）层次性原则：根据层级、主次、职能等，将风险管理目标进行有效的划分，权责相应，提升风险管理的效果。

（二）风险管理的具体目标

具体目标	释义	辅助理解
基本目标	企业和组织在面临风险和意外事故的情形下能够维持生存和发展，同时要确保企业遵守有关法律法规和规章	活着
核心目标	确保风险管理与总体战略目标相匹配，实现企业价值最大化	活得健康
直接目标	保证组织的各项活动恢复正常运转； 尽快实现企业持续稳定的收益	有问题能快速恢复
支撑目标	风险管理融入企业文化	健康或养生意识

典例研习·6-5 单项选择题

龙江矿业公司制定了未来五年资产规模和利润翻番的战略目标，并围绕该目标实施了风险管理，确保将风险控制在与战略目标相适应且可承受的范围内，以保障企业价值创造的实现。本案例中，龙江矿业公司风险管理的目标属于（　　）。

A.支撑目标　　B.基本目标　　C.核心目标　　D.直接目标

斯尔解析　本题考查的是风险管理的具体目标。核心目标要求确保风险管理与总体战略目标相匹配。通过全面系统的风险管理，确保将风险控制在与总体战略目标相适应且可承受的范围内，实现企业价值最大化。本案例的题干表述符合核心目标的内涵，关键词为“确保将风险控制在与战略目标相适应”，因此选项C当选。

本题答案　C

四、风险管理的职能（★）

（1）计划职能。

风险管理的计划职能是指通过对企业风险的识别、分析、评价和选择风险应对的手段，设计管理方案，并制订风险应对的实施计划。

（2）组织职能。

风险管理的组织职能是根据风险管理计划，对风险管理单位的活动及其生产要素进行的分派和组合（人、财、物的结合）。

（3）指导职能。

风险管理的指导职能是对风险应对计划进行解释、判断，传达计划方案，交流信息和指挥活动，也就是组织该机构的成员去实现风险管理计划。

（4）控制职能。

风险管理的控制职能是指对风险应对计划执行情况的检查、监督、分析和评价，也就是根据事先设计的标准，对计划的执行情况进行测定、评价和分析，对计划与实际不符之处予以纠正。

提示：上述四项职能的基本逻辑顺序是定计划（计划职能）→作分工（组织职能）→详解释（指导职能）→常监督（控制职能）。

典例研习 · 6-6 单项选择题

凤凰地产公司在年末组织专项小组就事先确定的风险应对计划进行测定、评价和分析，重点复盘当前的风险应对技术是否奏效。这体现了凤凰地产公司风险管理职能中的（　　）。

A.计划职能　　B.组织职能　　C.指导职能　　D.控制职能

斯尔解析　本题考查的是风险管理的职能。风险管理的控制职能是指对风险应对计划执行情况的检查、监督、分析和评价，也就是根据事先设计的标准，对计划的执行情况进行测定、评价和分析，对计划与实际不符之处予以纠正。本案例中，“组织专项小组就事先确定的风险应对计划进行测定、评价和分析”体现了控制职能的内涵，选项D当选。

本题答案　D

第三节　风险管理理论的演进和风险管理实践的发展

一、风险管理理论的演进

（一）传统风险管理思想（20 世纪 30 年代前）

根据传统风险管理思想，风险管理的对象主要是不利风险，目的是减少不利风险对企业经营和可持续发展的影响，风险管理的主要策略是风险回避和风险转移，保险是最主要的风险管理工具。

（二）现代风险管理理论（20 世纪 30 年代—20 世纪 90 年代末）

（1）20世纪30年代初：内部控制理论崭露头角，成为现代风险管理的代表性理论。内部控制理论发展初期以对内部会计控制的研究为主。

（2）第二次世界大战后：对内部控制的研究领域从过去主要限于企业的内部牵制和内部会计控制，扩展到企业组织结构、岗位职责、人员分工和业务处理流程等。

（3）20世纪80年代：“内部控制结构”概念代替“内部控制系统”概念，明确“企业内部控制结构包括为企业实现特定目标提供合理保证而建立的各种政策和程序”。

（4）20世纪90年代：美国COSO发布《企业内部控制——整合框架》（COSO框架），进一步明确了内部控制的定义和内涵。具体包括：

①内部控制是一个过程，它是实现目标的手段，而非目标本身。

②内部控制是由人来实施的，涉及组织各个层级人员的活动。

③内部控制可以为主体目标的实现提供合理的保证，但不能提供绝对的保证。

④内部控制目标包括经营目标、财务报告目标和合规目标等多个彼此独立又相互交叉的目标，因此，内部控制不只限于会计控制或管理控制。

（三）当代风险管理理论（20 世纪 90 年代末至今）

全面风险管理思想和理论开始产生并形成，其标志包括：

（1）北美非寿险精算师协会（CAS）：确立了适用于各种类型的组织、行业和部门的风险管理标准，并随之成为世界各国和众多企业广为接受的标准规范。

（2）巴塞尔银行监管委员会推出《巴塞尔新资本协议》（略）。

（3）美国COSO发布的《企业风险管理——整合框架》（ERM2004）：该框架拓展了内部控制的内涵，正式提出了全面风险管理的基本概念和框架体系。

（4）美国COSO发布的《企业风险管理——整合战略和绩效》（ERM2017）：以崭新的视角、思路与框架，首次提出或强调了企业风险管理与企业战略、价值、绩效以及企业所有业务流程的关联性、统一性、相容性，实现了风险管理思想和理论的又一次飞跃。

典例研习 · 6-7 多项选择题

美国COSO委员会于1992年发布了COSO《企业内部控制——整合框架》。下列各项中，关于内部控制基本内涵的说法正确的有（　　）。

A.内部控制是一种活动，包括目标和实现目标的手段

B.内部控制可以为主体目标的实现提供合理的保证，但不能提供绝对的保证

C.内部控制的目标包括经营目标、财务报告目标和合规目标等多个彼此独立又相互交叉的目标

D.内部控制涉及组织中高层管理人员的活动

斯尔解析　本题考查的是COSO《企业内部控制——整合框架》下内部控制的内涵。内部控制是一个过程，它是实现目标的手段，而非目标本身，选项A不当选。内部控制是由人来实施的，涉及组织各个层级人员的活动，选项D不当选。选项BC均符合COSO《企业内部控制——整合框架》对于内部控制的定义，当选。

本题答案　BC

二、风险管理实践的发展

（一）传统风险管理实践阶段（萌芽阶段、形成阶段、发展阶段）

（二）现代风险管理实践阶段（略）

（三）当代风险管理实践阶段

（1）风险管理标准化实施阶段。

20世纪末，风险管理的标准化引起了国际社会的广泛关注，许多国家试图通过规范化、标准化的风险管理手段加强风险管理的绩效。

（2）全面风险管理实施阶段。

伴随许多国家、企业风险管理标准化的实施，全面风险管理也逐渐兴起并成为风险管理的主流。以下列举我国提出的一系列全面风险管理规范或指引。

时间	关键进展
2006年	国务院国资委印发《中央企业全面风险管理指引》，要求中央企业根据自身实际情况开展全面风险管理工作。这是我国第一个权威性的风险管理框架，标志着我国的风险管理理论和实践进入了一个新的历史阶段
2008年	财政部会同证监会、审计署、银监会、保监会制定并印发了《企业内部控制基本规范》（以下简称《基本规范》），要求上市公司应当对本公司内部控制的有效性进行自我评价，披露年度自我评价报告，并可聘请会计师事务所对内部控制的有效性进行审计。该基本规范确立了我国企业建立和实施内部控制的基础框架
2010年	财政部会同证监会、审计署、银监会、保监会制定并印发了《企业内部控制配套指引》，其中包括18项《企业内部控制应用指引》（以下简称《应用指引》）、《企业内部控制评价指引》（以下简称《评价指引》）和《企业内部控制审计指引》（以下简称《审计指引》）。《基本规范》《应用指引》《评价指引》和《审计指引》四个类别构成一个相辅相成的整体，标志着适应我国企业实际情况、融合国际先进经验的中国企业内部控制规范体系基本形成
2012年	国务院国资委和财政部联合发布了《关于加快构建中央企业内部控制体系有关事项的通知》
2019年	国务院国资委印发给各中央企业《关于加强中央企业内部控制体系建设与监督工作的实施意见》，要求以风险管理为导向，以合规管理监督为重点，实现“强内控、防风险、促合规”的目标，明确“强监管、严问责”
2023年	国务院国资委印发《关于做好2023年中央企业内部控制体系建设与监督工作有关事项的通知》，要求进一步完善党的领导融入公司治理的运行机制，加强党委（党组）对内控管理工作的全面领导，对企业内控与风险管理工作，以及存在重大内控缺陷和风险隐患情况，要定期向党委（党组）报告并抄送企业纪检监察机构等

【斯考卡片】
扫码背重点

至此，公司战略与风险管理的学习已经进行了75%，继续加油呀！

75%

第七章
风险管理的流程、体系与方法

学习提要

重要程度： 重点章节

平均分值： 6～8分

考核题型： 主要考查客观题，个别知识点可以考查主观题

本章提示： 本章属于专业性较强的内容，初学者可能存在一定理解难度，但从应试角度，本章考点相对明确，只要把握住考点，不对本章的逻辑关系以及细节作过多深究，便可轻松得分

考点精讲

第一节　风险管理的流程

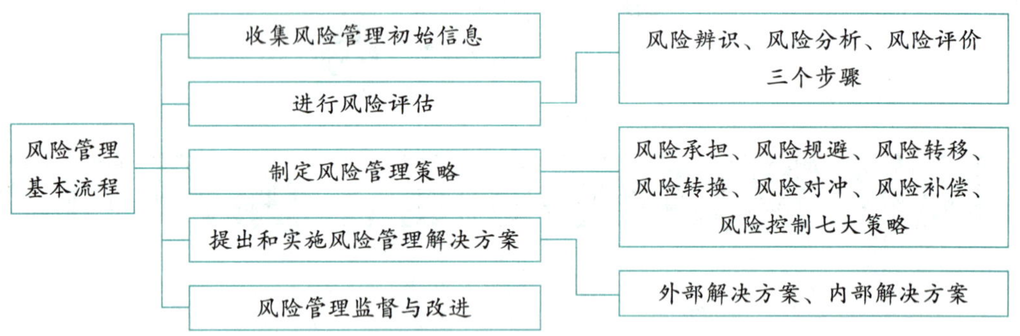

风险管理基本流程

一、收集风险管理初始信息（★）

1. 基本要求

（1）企业要广泛地、持续不断地收集与本企业风险和风险管理相关的内、外部初始信息，包括历史数据和预测数据。

（2）企业应把收集初始信息的职责分工落实到各有关职能部门和业务单位。

2. 初始信息的类型

收集初始信息要根据所分析的风险类型具体展开。包括但不限于以下方面：

提示：下述内容的基本结构是“国内外企业案例+与本企业相关的信息”。

（1）分析战略风险。

企业应广泛收集国内外企业战略风险失控导致企业蒙受损失的案例，本企业制定和实施发展战略的依据、效果，并收集与本企业相关的诸如国内外宏观环境、产业环境、竞争环境以及企业内部环境等方面的重要信息。

（2）分析财务风险。

企业应广泛收集国内外企业财务风险失控导致危机的案例，并收集全面反映本企业财务战略选择和财务管理状况及效果的指标、数据。

（3）分析市场风险。

企业应广泛收集国内外企业因忽视市场风险、缺乏应对措施导致企业蒙受损失的案例，并收集与本企业相关的市场供给、需求、价格、竞争以及影响企业经营效益的经济政策等方面的重要信息。

（4）分析运营风险。

企业应广泛收集国内外企业因轻视或忽视运营风险、应对措施不力导致企业蒙受损失甚至经营失败的案例，并收集本企业生产运营、市场营销、研发、组织人员、信息系统、风险管理等方面的重要信息，以及企业外部可能给本企业带来运营风险的社会、自然等方面的重要信息。

（5）分析法律合规风险。

企业应广泛收集国内外企业忽视法律法规风险、缺乏应对措施导致企业蒙受损失的案例，并收集国内外可能给本企业带来法律风险的政治、法律法规、政策等方面的重要信息，以及企业内部存在的可能导致法律风险的因素。

典例研习 · 7-1 多项选择题

得力集团有限公司创建于1981年，是C国知名办公与学生用品产业集团。近年来，得力集团面临着业务收缩的压力。为了更好地分析其所面临的风险，得力集团至少应收集的与运营风险相关的重要信息有（　　）。

A.主要竞争对手晨光公司产品的基本性能及售价

B.企业现有信息技术与系统存在的功能性问题

C.关于最新的文具生产技术方面的信息

D.国家出台的有关办公用品行业的政策法规

斯尔解析　本题考查的是风险管理流程中的收集风险管理初始信息。分析运营风险，企业应广泛收集国内外企业因轻视或忽视运营风险、应对措施不力导致企业蒙受损失甚至经营失败的案例，并收集本企业生产运营（选项C当选）、市场营销、研发、组织人员、信息系统（选项B当选）、风险管理等方面的重要信息，以及企业外部可能给本企业带来运营风险的社会、自然等方面的重要信息。选项A属于分析市场风险所需收集的信息，不当选。选项D属于分析法律合规风险所需收集的信息，不当选。

本题答案　BC

二、进行风险评估（★）

1. 风险评估的步骤

风险评估包括风险辨识、风险分析和风险评价三个步骤。

（1）风险辨识：查找企业各业务单元、各项重要经营活动及重要业务流程中有无风险，有哪些风险。（有没有？有哪些？）

（2）风险分析：对辨识出的风险及其特征进行明确的定义描述，分析和描述风险发生可能性的高低、风险发生的条件。（具体是什么？会发生吗？）

（3）风险评价：评估风险对企业实现目标的影响程度、风险的价值等。（对企业有何影响？）

2. 风险评估的要求

（1）选用方法：进行风险辨识、分析、评价，应将定性与定量方法相结合（具体内容将在本章第三节介绍）。其中：进行风险定量评估时，应统一制定各风险的度量单位和风险度量模型，并通过测试等方法，确保评估系统的假设前提、参数、数据来源和定量评估程序的合理性和准确性。

（2）具体实施：

风险评估应由企业组织有关职能部门和业务单位实施，也可聘请有资质、信誉好、风险管理专业能力强的专业人员或机构协助实施。

企业应对风险管理信息实行动态管理，定期或不定期实施风险辨识、分析和评价，以便对新的风险和原有风险的变化重新评估。

原理详解

何为风险辨识、风险分析、风险评价？

第一步：风险辨识（识别）。

风险辨识，也叫作风险识别，不是想当然地去臆测，而需要科学的方法去甄别，如头脑风暴法、德尔菲法等。风险辨识的输出往往是风险清单，如下表所示。

风险编号	风险名称	风险事件	对应的业务/项目/系统等	风险源	风险原因
XX-001					
XX-002					
XX-003					
……					

第二步：风险分析。

风险分析的核心是评估各项风险的可能性和后果，具体步骤包括分析风险特征、分析现有控制措施、估计后果的大小、估计可能性的大小、确定风险的等级等。而风险分析的输出可以是风险管理矩阵（又称风险评估系图）。

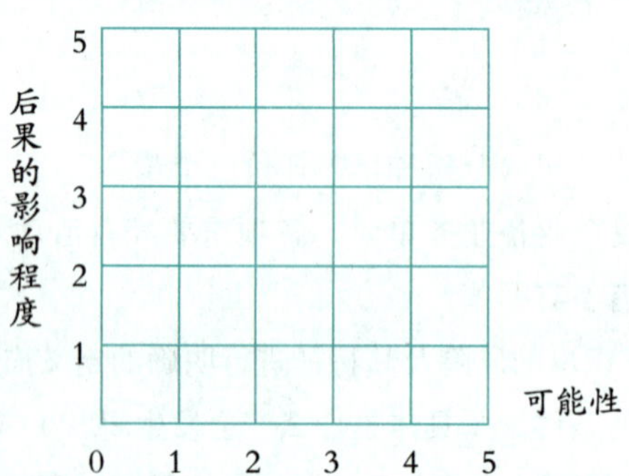

第三步：风险评价。

风险评价是企业用以确定风险及其大小是否可以接受或容忍的过程，从而为风险应对（风险管理策略）的决策提供输入。常见的风险评价结果就是确定风险热力图。

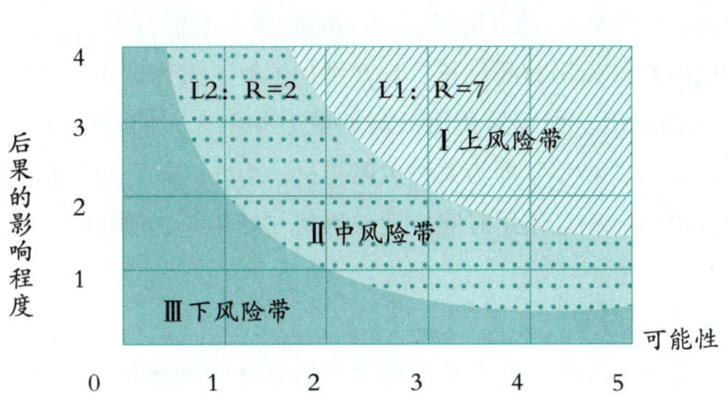

Ⅰ上风险带：无论目标活动能带来什么利益，其风险等级都是无法容忍的，因此，必须进行风险应对。

Ⅱ中风险带：要考虑实施风险应对的成本与收益，并权衡机遇与损失对目标的影响。

Ⅲ下风险带：这个区域的风险都是风险值很小的风险，一般无须采取额外的风险应对措施，保持对现状的监测即可，但要注意极端情况。

三、制定风险管理策略（风险应对）

风险管理策略是指企业根据自身条件和外部环境，围绕企业发展战略，确定风险偏好、风险承受度、风险管理有效性标准，选择风险承担、风险规避、风险转移、风险转换、风险对冲、风险补偿、风险控制等适合的风险管理工具，并确定风险管理所需人力和财力资源的配置原则的总体策略。（具体内容将在本章第二节介绍）

四、提出和实施风险管理解决方案（★）

1. 风险管理解决方案的两种类型（谁来制定解决方案）

（1）外部解决方案。

外部解决方案一般指方案制定的外包（给投资银行、律师事务所、会计师事务所等）。企业制定风险管理解决的外包方案，应注重成本与收益的平衡、外包工作的质量、自身商业秘密的保护以及防止自身对风险解决外包产生依赖性风险等，并制定相应的预防和控制措施。

（2）内部解决方案。

内部解决方案是后面要阐述的风险管理体系的运转，包括：风险管理策略、组织职能体系、内部控制体系、信息系统、运用金融工具实施风险管理策略。（具体内容将在本章第二节介绍）

2. 关键风险指标管理（何时采取相应措施）

关键风险指标管理是对引起风险事件发生的关键成因指标进行管理的方法。

（1）关键风险指标管理的确定。

举例：易燃易爆危险品储存容器泄漏引发爆炸的风险管理。

容器泄漏的成因有：使用时间过长、日常维护不够、人为破坏、气候变化等，但容器使用时间过长是关键成因。如容器使用最高期限为50年，人们发现当使用时间超过45年后，易发生泄漏，则该"45年"即为关键风险指标。为此，制定使用时间超过"45年"后须采取的风险控制措施，一旦使用时间接近或达到"45年"，便发出预警信息，随即采取相应措施。

（2）关键风险指标分解。

企业的关键风险指标要分解到企业的各个职能部门和业务单位，但要注意职能部门和业务单位之间的协调，兼顾各职能部门和业务单位的诉求。

举例：信用管理部门负责信用风险的管理，如果其强调最小化信用风险，紧缩信用，则会给负责扩大市场占有率和销量的市场和销售部门造成伤害，从而影响公司整体目标的实现。

3. 落实风险管理解决方案（略）

五、风险管理监督与改进（★★）

1. 风险管理监督方法 变

采用压力测试、返回测试（如将收集到的历史市场数据输入风险管理模型，并对比模型的输出结果与实际市场变化是否一致，从而验证该模型是否有效）、穿行测试（如从头追踪检查某笔业务在各个环节的处理和完成情况，从而确定内部控制是否有效）以及风险控制自我评估等方法对风险管理的有效性进行检验，根据变化情况和存在的缺陷及时加以改进。

2. 风险管理监督与改进的职责分工

部门	职责
业务单位	（1）应定期对风险管理工作进行自查和检验，及时发现缺陷并改进； （2）其检查、检验报告应及时报送企业风险管理职能部门
风险管理职能部门	（1）应定期对各部门和业务单位风险管理工作实施情况和有效性进行检查和检验； （2）对跨部门和业务单位的风险管理解决方案进行评价，提出调整或改进建议； （3）出具评价和建议报告，及时报送企业总经理或其委托分管风险管理工作的高级管理人员
内部审计部门	（1）每年至少一次对上述各部门能否按照有关规定开展风险管理工作及其工作效果进行监督评价； （2）监督评价报告应直接报送董事会（若未设置专门委员会）或董事会下设的风险管理委员会和审计委员会
中介机构	对企业全面风险管理工作进行评价，出具风险管理评估和建议专项报告

典例研习·7-2 多项选择题

神明公司正组织讨论各部门风险管理监督与改进的职责分工。下列各项中，职责分工错误的有（　　）。

A.内部审计部门应当定期对风险管理工作进行自查和检验，并将报告报送给企业风险管理职能部门

B.风险管理委员会应当对跨部门和业务单位的风险管理解决方案进行评价

C.风险管理职能部门应定期对各部门和业务单位的风险管理工作的实施情况进行检查

D.企业不得聘请外部中介机构对企业全面风险管理工作进行评价

斯尔解析 本题考查的是风险管理的监督与改进。企业各有关部门和业务单位应定期对风险管理工作进行自查和检验，及时发现缺陷并改进，其检查、检验报告应及时报送企业风险管理职能部门，选项A当选。企业风险管理职能部门应对跨部门和业务单位的风险管理解决方案进行评价，提出调整或改进建议，选项B当选。企业可聘请有资质、信誉好、风险管理专业能力强的中介机构对企业全面风险管理工作进行评价，出具风险管理评价和建议专项报告，选项D当选。

本题答案 ABD

第二节　风险管理体系

企业风险管理体系包括五大系统：

（1）风险管理策略；（2）运用金融工具实施风险管理策略；（3）风险管理的组织职能体系；（4）风险管理信息系统；（5）内部控制系统。

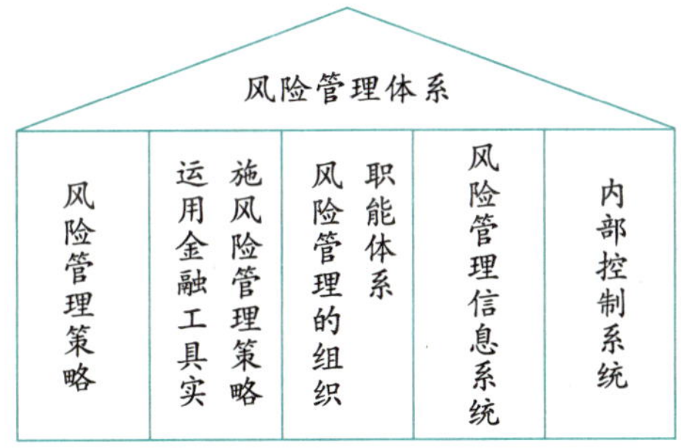

企业风险管理体系

一、风险管理策略（★★）

（一）总体定位与作用

1. 总体定位

风险管理策略是根据企业经营战略制定的全面风险管理的总体策略。在整个风险管理体系中起着统领全局的作用。

2. 作用

（1）为企业的总体战略服务，保证企业经营目标的实现；

（2）连接企业的整体经营战略和运营活动；

（3）指导企业的一切风险管理活动。

（二）风险管理策略的组成部分

（1）定范围：风险偏好和风险承受度——明确公司要承担什么风险、承担多少风险。

（2）定标准：全面风险管理的有效性标准——明确怎样衡量我们的风险管理工作成效。

（3）选工具：风险管理的工具选择——明确怎样管理重大风险。

（4）配资源：全面风险管理的资源配置——明确如何安排人力、财力、物资、外部资源等风险管理资源。

（三）定范围：确定风险偏好和风险承受度

1. 风险偏好和风险承受度的概念

（1）风险偏好。

风险偏好是企业在追求其战略和业务目标时愿意接受的风险类型和数量。（可以定性表述，也可以定量表述）

（2）风险承受度。 变

风险承受度是企业在追求目标的过程中所能接受的风险水平或范围，亦即企业可接受的与实现目标相关的绩效变化的界限。分析风险承受度可以将其作为企业采取行动的预警指标，企业可以设置若干承受度指标，以显示不同的警示级别。（只能定量表述）

风险偏好讨论的问题	风险承受度讨论的问题
应当投资这个产业吗？	当市场表现持续到什么时候，我们应当追回投资或退出？
应当保持多高的资产负债率？	资产负债率高到多少，我们就应当停止投资？

原理详解

很多初学者对于风险偏好和风险承受度这两个概念搞不清楚，下面我们通过风险管理矩阵来帮助大家理解。一般而言，风险管理矩阵如下图所示：

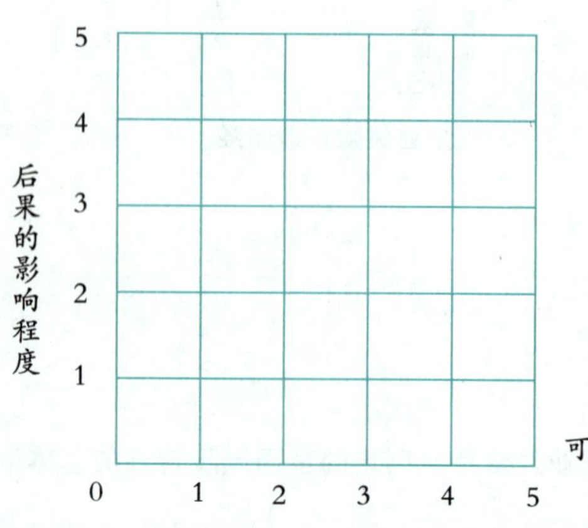

那么，如何用风险管理矩阵来体现风险偏好呢？通俗来讲，风险偏好是指企业愿意追求或保留的风险数量或种类，数量或种类越多，则企业越偏好风险。而在上图中，确定矩阵横纵坐标中的“1”“2”“3”等的标准，便反映了企业的风险偏好。

接着，风险承受度又是什么呢？按照教材的定义，风险承受度是指企业风险偏好的边界，而在实务中，一种常见的风险偏好的边界划分方法是“接受”“容忍”“无法容忍”。

假如现在给风险管理矩阵的方框里标上图案，斜线代表企业不能接受的风险（一般为重大风险），圆点代表风险适中（企业可以容忍），空白代表风险较低（企业可以选择接受）。如下图所示，斜线方格只有1个，表示该企业不能接受的风险只有一个小区域，而空白方格有7个，则说明该企业可以接受的风险较多。下述不同颜色所形成的边界便是风险承受度。

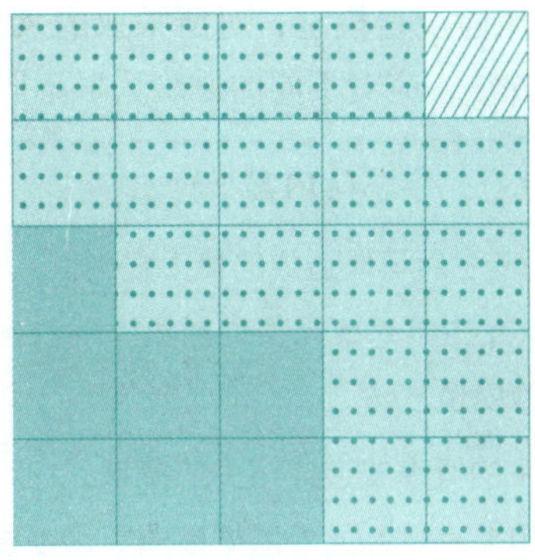

有时，企业会运用统计学的方法，借助计算机对风险做更为精确的衡量，形成“风险值”（R），并模拟出如下的风险热力图。

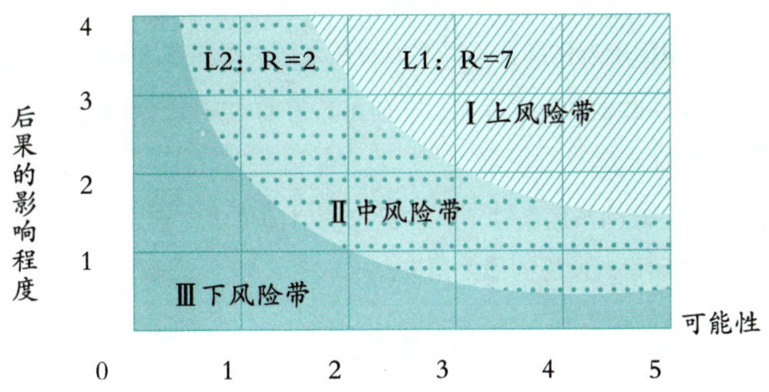

根据上图，我们可以将风险划分成三个等级：

（1）可接受风险（空白区）：对应风险值不大于2的风险；

（2）可容忍风险（圆点区）：对应风险值大于2但不大于7的风险；

（3）重大风险（斜线区）：对应风险值大于7的风险。

现在我们可以知道，上述的“2”（可接受值）和“7”（可容忍值）便是企业所设定的两个边界，即风险承受度。

2. 确定风险偏好和风险承受度

（1）一般来讲，风险偏好和风险承受度是针对公司的重大风险制定的，是企业的重大决策，应由董事会决定。

（2）企业的风险偏好依赖于企业风险评估的结果，由于企业的风险不断变化，企业需要持续进行风险评估，并调整自己的风险偏好。

（3）确定企业整体风险偏好和风险承受度时要考虑以下因素：

①风险个体：对每一个风险都可以确定风险偏好和风险承受度。

②相互关系：既要考虑同一个风险在各个业务单位或子公司之间的分配，又要考虑不同风险之间的关系。

③整体情况：一个企业的整体风险偏好和风险承受度是基于针对每一个风险的风险偏好和风险承受度。

④行业因素：同一风险在不同行业风险偏好不同。

3. 风险度量（风险承受度的定量表述）

企业应该采取统一制定的风险度量模型，对所采取的风险度量取得共识；但不一定在整个企业使用唯一的风险度量方法，应对不同的风险采取不同的度量方法。

方法	内容	概率	损失
最大可能损失	（1）指风险事件发生后可能造成的最大损失； （2）在无法判断发生概率或无须判断概率的时候，使用最大可能损失作为风险的度量方法	×	√
概率值	是指风险事件发生的概率或造成损失的概率。在可能的结果较为简单情况下常使用概率值。此处的概率值既可以是根据“历史频率法”统计得到的概率值（偏客观），也可以是根据“专家判断法”综合得出的概率值（偏主观）	√	×
期望值	（1）通常指数学期望，即概率加权平均值； （2）期望值的办法综合了概率值和最大损失两种方法	√	√
波动性	波动性反映数据的离散程度。一般用方差或均方差（标准差）来描述波动性	√	√
在险值（VaR）	（1）在正常的市场条件下，在给定的时间段中，给定的置信区间内，预期可能发生的最大损失； Mean VaR 1%　99% 在险值	√	√

续表

方法	内容	概率	损失
在险值（VaR）	（2）优点：具有通用、直观、灵活的特点； （3）缺点：适用风险范围小，对数据要求严格，计算困难，对肥尾效应无能为力	√	√
直观方法	不依赖于概率统计结果的度量，而是依赖人们直观的判断，如专家意见法。 提示：直观方法的最终结果也需要定量表述	—	—

典例研习 · 7-3 单项选择题

宏盛投资公司对投资一个新能源设备项目的风险进行度量后称：未来3年该项目总收益率达到45%的可能性为60%，总收益率达到20%的可能性为30%，总收益率达到−5%的可能性为10%，据此预测总收益率为32.5%。下列各项中，属于宏盛投资公司采用的风险度量方法是（　　）。

A.在险值　　B.期望值　　C.波动性　　D.概率值

斯尔解析　本题考查的是风险度量的方法。案例所体现的方法既涉及概率，又涉及损失或收益，并最终计算了加权平均值，即数学期望，该方法属于期望值，选项B当选。

本题答案　B

典例研习 · 7-4 单项选择题

2018年底，塔山投资公司对2019年的投资风险进行度量后宣称，在市场波动正常的情况下，该公司有90%的可能性最大投资损失为5 000万元。下列各项中，属于塔山投资公司采用的风险度量方法的特点的是（　　）。

A.适用的风险范围大　　B.对数据要求不太严格

C.计算相对容易　　D.通用、直观、灵活

斯尔解析　本题考查的是风险度量的方法。在险值是指在正常的市场条件下，在给定的时间段中，给定的置信区间内，预期可能发生的最大损失。“塔山投资公司对2019年……该公司有90%的可能性最大投资损失为5 000万元”，体现的是采用在险值风险度量方法，优点为通用、直观、灵活；缺点为适用的风险范围小，对数据要求严格，计算困难，对肥尾效应无能为力，因此选项D当选，选项ABC不当选。

本题答案　D

（四）定标准：确立风险管理的有效性标准

风险管理的有效性标准是指企业衡量企业风险管理是否有效的标准，该标准可以基于企业风险承受度的度量来确定（风险度量的结果）。

确立风险管理有效性标准的原则如下：

（1）风险管理有效性标准要针对企业的重大风险，能够反映企业重大风险管理的现状；

（2）风险管理有效性标准应当在企业的风险评估中应用，并根据风险的变化随时调整；

（3）风险管理有效性标准应当用于衡量全面风险管理体系的运行效果。

（五）选工具：选择风险管理策略的工具

风险管理策略的工具共有七种：风险承担、风险规避、风险转移、风险转换、风险对冲、风险补偿和风险控制。

1. 风险承担

（1）含义：

风险承担亦称风险保留、风险自留，是指企业对所面临的风险采取接受的态度，从而承担风险带来的后果。

（2）适用情况（注意三个层次）：

①对未能辨识出的风险，企业只能采用风险承担。

②对于辨识出的风险，企业也可能由于以下几种原因采用风险承担：

a.缺乏能力进行主动管理，对这部分风险只能承担；

b.没有其他备选方案；

c.从成本效益考虑（前提），风险承担是最适宜的（如果没有这个前提就选择接受，则是不适当的）。

③对于企业的重大风险，即影响到企业目标实现的风险，企业一般不应采用风险承担。

2. 风险规避

（1）含义：

风险规避是指企业回避、停止或退出蕴含某一风险的商业活动或商业环境，避免成为风险的所有人（可以彻底根除风险事件的发生，注意与“风险控制”进行辨析）。

（2）举例：

①退出某一市场以避免激烈竞争；

②拒绝与信用不好的交易对手进行交易；

③放弃业绩不佳的分支机构或生产线；

④停止生产可能有潜在客户安全隐患的产品；

⑤禁止各业务单位在金融市场进行投机。

3. 风险转移

（1）含义：

风险转移是指企业通过合同或非合同的方式将风险全部或部分转移到第三方，企业对转移后的风险不再拥有所有权。

提示：转移风险不会降低其可能的严重程度，只是从一方移除后转移到另一方。

（2）举例：

①保险：保险合同规定保险公司为预定的损失支付补偿，作为交换，在合同开始时，投保人要向保险公司支付保险费。

②非金融型的风险转移：使用经济处理方式将风险可能导致的财务风险损失负担转移给第三方机构，例如组建合资公司、非核心业务外包给第三方、服务保证书、担保等。

③风险证券化：保险公司通过发行保险连接型证券（即保险证券）的方式，将保险风险向资本市场转移。

4. 风险转换

（1）含义：

风险转换指企业通过战略调整等手段将企业面临的风险转换成另一个风险。风险转换的手段包括战略调整和使用衍生产品等。（卖冰淇淋→卖羽绒服，原来怕冬天，现在怕夏天）

（2）举例：

通过放松交易客户信用标准，增加了应收账款，但扩大了销售（此时，回款的风险增大）。

（3）关键结论：

①风险转换一般不会直接降低企业总的风险，其简单形式就是在减少某一风险的同时，增加另一风险。

②企业可以通过风险转换在两个或多个风险之间进行调整，以达到最佳效果（如不断地进行战略调整）。

③风险转换可以在低成本或者无成本的情况下达到目的（否则转换无意义）。

5. 风险对冲

（1）含义：

风险对冲是指采取各种手段，引入多个风险因素或承担多个风险，使得这些风险能够互相对冲，也就是使这些风险的影响互相抵消（既卖冰淇淋，又卖羽绒服；既不怕冬天，也不怕夏天）。

（2）举例：

①资产组合使用；

②多种外币结算的使用；

③战略上的多种经营（提示：这不属于风险转换，强调“多”，不强调“换”）；

④衍生产品套期保值；

⑤不同行业经济周期风险的自然对冲（多元化经营下，不同业务所处周期不同，可以起到风险对冲的作用）；

⑥将IT运作中心设置在两个独立的地点。

提示：风险对冲不是针对单一风险，而是涉及风险组合。对于单一风险，只能采用风险规避、风险控制等其他工具。

6. 风险补偿

（1）含义：

风险补偿是指企业对风险可能造成的损失采取适当的措施进行（主动）补偿。

（2）举例：

风险补偿的形式有财务补偿、人力补偿、物资补偿等。其中，财务补偿是损失融资，包括企业自身的风险准备金或应急资本等。

7. 风险控制

（1）含义：

风险控制是指通过控制风险事件发生的动因、环境、条件等，来达到减轻风险事件发生时的损失或降低风险事件发生的概率的目的（不能完全杜绝风险事件的发生）。

风险控制对象一般是可控风险，包括多数运营风险，如质量、安全和环境风险以及法律风险中的合规性风险。

（2）举例：

①控制风险事件发生的概率：如在仓库定期进行消防安全检查、持续开展员工行为规范培训。

②控制风险事件发生后的损失：如在生产车间建立严格的产品质量检验流程，防止次品出厂等。

典例研习 · 7-5 多项选择题

甲公司是一家生产高档不锈钢表壳的企业，产品以出口为主，以美元为结算货币。公司管理层召开会议讨论如何管理汇率风险，参会人员提出不少对策。关于这些对策，以下表述正确的有（　　）。

A.部门经理刘某提出“风险规避”策略：从国外进口相关的原材料，这样可以用外币支付采购货款，抵消部分人民币升值带来的影响

B.财务部小王提出“风险转移”策略：干脆公司把目标客户群从国外转移到国内，退出国外市场，这样就从根本上消除了汇率风险

C.负责出口业务的副总张某提出“风险控制”策略：加强对汇率变动趋势的分析和研究，以减少汇率风险带来的损失

D.业务员李某提出“风险对冲”策略：运用套期保值工具来控制汇率风险

斯尔解析 本题考查的是风险管理策略类型的判断。选项A，多种外币结算的使用，属于“风险对冲”，不当选。选项B，退出国外市场，完全消除了汇率风险，属于“风险规避”，不当选。选项C，张某提出的加强对汇率变动趋势的分析和研究，属于控制风险事件发生后的损失或降低风险事件发生的概率，所以属于“风险控制”，当选。选项D，使用金融衍生工具来管理汇率风险，属于“风险对冲”，当选。

陷阱提示 对于风险管理策略的判断，同学们一定要严格根据各种策略的内涵进行辨析，不要被选项表面的字眼所蒙蔽。例如：“把目标客户群从国外转移到国内”这个选项中，虽然有“转移”两个字，但并不是风险转移策略，因为该策略使得该公司彻底消除了汇率风险，而不是将汇率风险转移到第三方。

本题答案 CD

精准答疑

问题： 风险规避、风险转换、风险对冲如何辨析？例如，风险对冲之后是否就实现了风险规避呢？

解答： 首先，不同风险管理策略之间的确没有非常清晰的界限。因此，在辨析类型时，需要找到最根本的特征进行判断。

类型	手段	风险承担情况	举例
风险规避	回避、停止、退出	该风险消失	对于卖冰淇淋的店铺，怕天冷是一种风险（因为冬天会滞销）。若转型卖面包，则规避了该风险
风险转换	战略调整或使用衍生品	风险1转换为风险2，总风险基本不变	卖冰淇淋的店铺转行卖羽绒服，过去担心冬天，现在担心夏天，但总体风险没什么变化
风险对冲	引入多因素	风险1和风险2互相抵消，总风险降低	卖冰淇淋的店铺也开始卖羽绒服，冬天的风险和夏天的风险正好抵消

由此可见：

（1）上述三种风险管理策略中，风险规避和风险对冲均降低了风险，但是风险转换却未降低风险，因此风险转换不应成为企业惯用的风险策略类型。

（2）风险规避的结果只是避免承担了某一种风险，但不可能避免所有风险，因为风险是无处不在的。这带给我们的启示是：如果某企业面临风险1，但通过某些手段（如战略调整）避免了风险1，这属于风险转换还是风险规避呢？

答案：不一定。

这取决于题目是否给出其他信息。如果该企业通过战略调整避免了风险1，却招致了风险2（这是新信息），则属于风险转换。但如果题目仅描述了该企业通过战略调整避免了风险1，无其他风险描述，则属于风险规避。所以，解题的关键并不是“战略调整”这一手段，而是风险承担的实质是否发生变化。

典例研习 · 7-6 （单项选择题）

中科公司是国内一家著名的印刷机制造商。面对G国先进印刷机在中国的市场占有率迅速提高，中科公司将业务转型为给G国印刷机的用户提供零配件和维修保养服务，取得比业务转型前更高的收益率。从风险管理策略角度看，中科公司采取的策略是（　　）。

A.风险规避　　B.风险转换　　C.风险转移　　D.风险补偿

斯尔解析 本题考查的是风险管理策略类型的判断。“中科公司将业务转型为给G国印刷机的用户提供零配件和维修保养服务”说明中科公司退出印刷机制造业，以避免行业竞争的风险（“面对G国先进印刷机在中国的市场占有率迅速提高”），体现了风险规避，选项A当选。本题一定会有不少同学选择“风险转换”，因为看到了“战略调整”，认为其符合教材所述的风险转换的手段。但结合上述【精准答疑】，你应该已经找到了问题所在。只有当题干既表述了风险A，又表述了风险B，风险转换才是正确选项。而本题中，题干并未说明中科公司在退出之后增加了其他风险，只是避免了行业竞争的风险，因此“风险规避”是最佳选项。

本题答案 A

典例研习·7-7 多项选择题

甲公司主要生产销售M产品，但是该产品的销售量呈现出逐年下降的趋势，因此甲公司采取赊销方式推动销售，促使销售额大幅增加，但同时回款风险也有所增加。以下各项中，针对其采用的风险管理策略的说法中，错误的有（ ）。

A.此种策略会降低企业总风险

B.此种策略可以在低成本或者无成本的情况下达到目的

C.此种方法为风险转移

D.此种策略可以在两个或多个风险之间进行调整，以达到最佳效果

斯尔解析 本题考查的是风险管理策略。根据题干，此种策略为风险转换（选项C当选），风险转换一般不会直接降低企业总风险（选项A当选），其简单形式就是在减少某一风险的同时，增加另一风险。企业可以通过风险转换在两个或多个风险之间进行调整，以达到最佳效果（选项D不当选）。风险转换可以在低成本或者无成本的情况下达到目的（选项B不当选）。

本题答案 AC

典例研习·7-8 单项选择题

丰源公司是一家多年从事制氧设备出口业务的国有企业。2019年初，面对国外市场环境趋紧、订单大幅减少造成的风险，该公司开辟了国内销售业务，两年多来取得良好的业绩。本案例中丰源公司的做法体现了《中央企业全面风险管理指引》中的（ ）。

A.风险管理策略

B.风险管理组织职能体系

C.风险管理信息系统

D.运用金融工具实施风险管理策略

斯尔解析 本题考查的是风险管理策略的组成部分。风险管理策略是指企业根据自身条件和外部环境，围绕企业发展的战略，确定风险偏好等有效标准，选择合适的风险管理工具。题干中“面对国外市场环境趋紧、订单大幅减少造成的风险，该公司开辟了国内销售业务”体现了这一点，选项A当选。具体而言，本题所采用的风险管理策略工具为风险对冲。需要注意的是，本题是从这几项组成部分的定义出发考查同学们对风险管理策略的理解，属于相对新颖的考法。

陷阱提示 本题所采用的风险管理策略工具是风险对冲，因为题干中涉及了新的业务，体现了战略上的多种经营。但本题不属于风险规避，因为题干中并没有说明企业所面临的订单风险得以规避；也不属于风险转换，因为没有提及新的风险；更不属于风险控制，因为没有与“降低概率或损失”相关的字眼。

本题答案 A

（六）配资源：风险管理的资源配置

（1）风险管理的资源包括人才、组织、政策、设备、物资、信息、经验、知识、技术、信息系统、资金等。既有内部资源，又有外部资源。

（2）企业应当根据风险与收益相平衡的原则，决定企业优先管理哪些风险，对哪些风险管理优先配置资源。其中，要特别重视对企业有影响的重大风险，要首先解决“颠覆性”风险问题，保证企业持续发展。

（3）确定风险管理的优先顺序须考虑的因素：

①风险事件发生的可能性和影响；

②风险管理的难度；

③风险的价值或风险管理可能带来的收益；

④合规的需要；

⑤对企业各种资源的需求；

⑥利益相关者的要求。

典例研习·7-9 多项选择题

东湖银行主营小微企业借贷业务。该银行实行稳健经营，明确规定了贷款条件、贷款种类和限额、贷款审批程序以及对违约资金的处置方法等，并明确以各支行行长作为违约风险的第一责任人。下列各项中，属于东湖银行上述做法所涉及的风险管理策略组成部分的有（　　）。

A.风险管理策略工具　　　　B.风险偏好

C.风险承受度　　　　D.风险管理的资源配置

斯尔解析 本题考查的是风险管理策略的组成部分。“贷款审批程序以及违约资金的处置方法”体现风险管理策略工具（即如何管理或应对风险），选项A当选。“稳健经营”体现风险偏好（定性描述），选项B当选。风险承受度是企业风险偏好的边界，规定贷款“限额”说明超过该限额的贷款不得发放，体现了风险承受度（定量描述），选项C当选。“以各支行行长作为违约风险的第一责任人”体现风险管理的资源配置，选项D当选。

本题答案 ABCD

二、风险管理组织职能体系（★★★）

（一）风险管理三道防线

具备条件的企业可建立风险管理三道防线：

（1）第一道防线：各有关职能部门和业务单位。

（2）第二道防线：风险管理职能部门和董事会下设的风险管理委员会。

（3）第三道防线：内部审计部门和董事会下设的审计委员会。

（二）组织职能体系

企业风险管理组织职能体系主要包括规范的公司法人治理结构、风险管理委员会、风险管理职能部门、审计委员会、企业其他职能部门及各业务单位。

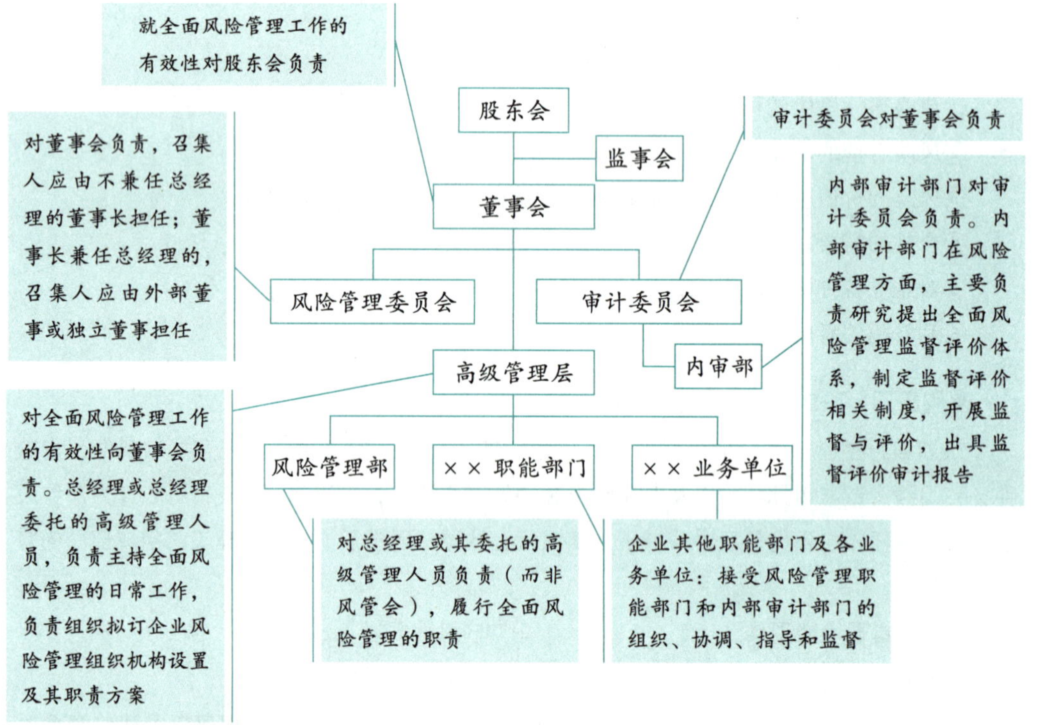

解题高手

命题角度：“谁对谁负责”。

客观题考点，同学们可结合上图的上下关系掌握以上几个机构之间的关系，具体而言，下级机构对上级机构负责。需要特别提示的有两点：

（1）风险管理职能部门对总经理或委托的高级管理人员负责（而非风管会）；

（2）内审部对审计委员会负责（而非高级管理层、董事会负责）。

1. 董事会

（1）审议并向股东会提交企业全面风险管理年度工作报告；【工作报告】

（2）确定企业风险管理总体目标、风险偏好、风险承受度，批准风险管理策略和重大风险管理解决方案；【风险管理策略和解决方案】

（3）了解和掌握企业面临的各项重大风险及其风险管理现状，作出有效控制风险的决策；

（4）批准重大决策、重大风险、重大事件和重要业务流程的判断标准或判断机制，以及批准重大决策的风险评估报告；【重大标准或机制&风险评估报告】

（5）批准内部审计部门提交的风险管理监督评价审计报告；【审计报告】

（6）批准风险管理组织机构设置及其职责方案；【机构设置与职责方案】

（7）批准风险管理措施，纠正和处理任何组织或个人超越风险管理制度作出的风险性决定的行为；

（8）督导企业风险管理文化的培育；

（9）批准或决定全面风险管理的其他重大事项。

提示：董事会职责的关键词为“批准、决策、督导”。

2. 风险管理委员会

（1）（向董事会）提交全面风险管理年度报告；【工作报告】

（2）审议风险管理策略和重大风险管理解决方案；【风险管理策略和解决方案】

（3）审议重大决策、重大风险、重大事件和重要业务流程的判断标准或判断机制，以及重大决策的风险评估报告；【重大标准或机制&风险评估报告】

（4）审议内部审计部门提交的风险管理监督评价审计综合报告；【审计报告】

（5）审议风险管理组织机构设置及其职责方案；【机构设置与职责方案】

提示：总经理或总经理委托的高级管理人员负责组织拟订企业风险管理组织机构设置及其职责方案。

（6）办理董事会授权的有关全面风险管理的其他事项。

提示：风险管理委员会的关键词中仅有“审议”，没有“决策”。

3. 风险管理职能部门

（1）研究提出全面风险管理工作报告；【工作报告】

（2）研究提出风险管理策略和跨职能部门的重大风险管理解决方案，并负责该方案的组织实施和对该风险的日常监控；【风险管理策略和解决方案】

（3）研究提出跨职能部门的重大决策、重大风险、重大事件和重要业务流程的判断标准或判断机制，以及研究提出跨职能部门的重大决策风险评估报告；【重大标准或机制&风险评估报告】

（4）负责对全面风险管理有效性的评估，研究提出全面风险管理的改进方案；

（5）负责组织建立风险管理信息系统；

（6）负责组织协调全面风险管理日常工作；

提示：总经理或总经理委托的高级管理人员负责主持全面风险管理的日常工作。

（7）负责指导、监督有关职能部门、各业务单位以及全资、控股子企业开展全面风险管理工作；

（8）办理风险管理的其他有关工作。

提示：风险管理职能部门的关键词中，“研究”=起草文件，“负责”=落地执行。

4. 审计委员会

（1）审计委员会履行职责的方式

①定期会面：审计委员会应定期与外聘及内部审计师会面，讨论与审计相关的事宜，但管理层无须出席。

②争议解决：审计委员会成员之间的不同意见如无法内部调解，应提请董事会解决。

③年度复核：审计委员会应每年对其权限及其有效性进行复核，并就必要的人员变更向董事会报告。

提示：管理层对审计委员会有告知义务，并应主动提供信息，而不应等待审计委员会索要。

（2）审计委员会与合规

①核查报告：审计委员会的主要活动之一是核查对外报告合规的情况。审计委员会一般有责任确保企业履行对外报告合规的义务。

②关键复核：审计委员会应结合企业财务报表的编制情况，对重大的财务报告事项和判断进行复核。

③异议上诉：如果对拟采用的财务报告的任何方面不满意，审计委员会应告知董事会。

④附注复核：审计委员会还应对财务报表后所附的与财务有关的信息（如运营和财务复核信息及公司治理部分关于审计和风险管理的陈述）进行复核。

（3）审计委员会与内部审计

①审计委员会的义务是确保充分且有效的内部控制，监督内部审计部门的工作（充当的角色和发挥的作用）；

②应监察和评估内部审计的有效性，并确保内部审计部门能直接与董事会主席接触，并负有向审计委员会说明的责任；

③审计委员会复核及评估年度内部审计工作计划；

④审计委员会听取内部审计部门的定期工作报告，复核和监察管理层对内部审计的调查结果的反映；

⑤审计委员会还应确保内部审计部门提出的合理建议已执行；

⑥审计委员会有助于保持内部审计部门的独立性；

⑦审计委员会及内部审计师需要确保内部审计部门正在有效运作，它将在四个主要方面对内部审计进行复核，即组织中的地位、职能范围、技术才能和专业应尽义务。

提示：企业内部审计部门对审计委员会负责。内部审计部门主要负责研究提出全面风险管理监督评价体系，制定监督评价相关制度，开展监督与评价，出具监督评价审计报告。

5. 其他职能部门及各业务单位

（1）执行风险管理基本流程；

（2）研究提出本职能部门或业务单位重大决策、重大风险、重大事件和重要业务流程的判断标准或判断机制，以及研究提出本职能部门或业务单位的重大决策风险评估报告；【重大标准或机制&风险评估报告】

（3）做好本职能部门或业务单位建立风险管理信息系统的工作；

提示：风险管理职能部门负责组织建立风险管理信息系统。

（4）做好培育风险管理文化的有关工作；

提示：董事会负责督导企业风险管理文化的培育。

（5）建立健全本职能部门或业务单位的风险管理内部控制子系统；

（6）办理风险管理其他有关工作。

6. 下属公司

企业应通过法定程序，指导和监督其全资、控股子企业建立与企业相适应或符合全资、控股子企业自身特点、能有效发挥作用的风险管理组织体系。

解题高手

命题角度：各类风险管理组织职能的职责辨析。

客观题高频考点，对于初学者有较高辨析难度。首先，同学们需要掌握每个组织职能的职责关键词。其次，要精准理解每个组织职能的角色定位，可结合下表掌握：

组织职能	通俗的角色定位	关键词	特别关注
董事会	一人（股东会）之下，万人之上	批准、确定、督导	向股东会提交报告
风险管理委员会（第二道防线）	董事会下设的分管风险工作的机构（非必设）	审议（看一眼，提意见，但不能拍板）	对于风险管理组织机构设置及其职责方案：总经理拟定，风管委审议
风险管理职能部门（第二道防线）	总经理下设的职能部门	研究提出、负责组织、跨职能部门的风险管理	对于全面风险管理日常工作：总经理“主持”，风管部“组织协调”
审计委员会（第三道防线）	董事会下设的分管审计工作的机构	核查报告合规、确保内控有效、监督内审工作	定期会面、每年复核
内部审计部门（第三道防线）	审计委员会下设的部门	从事与风险监督评价相关的执行工作（研究提出、制定、开展、出具）	无

典例研习·7-10 单项选择题

下列各项中，属于风险管理委员会职责的是（　　）。

A.组织协调全面风险管理日常工作

B.督导企业风险管理文化的培育

C.审议风险管理策略和重大风险管理解决方案

D.批准重大决策的风险评估报告

斯尔解析 本题考查的是风险管理组织职能的职责辨析。选项A是风险管理职能部门的职责，不当选。选项BD是董事会的职责，关键词为“督导”“批准”，不当选。选项C为风险管理委员会的职责，关键词中仅有“审议”，没有“决策”，选项C当选。

陷阱提示 需要提醒大家的是，风险管理职能部门的职责关键词是“研究”“负责”，但是本题选项A并无相关提示词，这是因为出题人把“负责”两个字删掉了，未改变含义，但却增加了判断难度。因此，同学们除了要记住关键词，需对各组织的职责做到尽量眼熟。

本题答案 C

典例研习·7-11 单项选择题

新亚公司为进一步加强全面风险管理的专业性，专门设立风险管理职能部门。下列各项中，属于风险管理职能部门应履行的职责是（　　）。

A.做好培育风险管理文化的有关工作

B.研究提出全面风险管理监督评价体系

C.组织建立风险管理信息系统

D.提交全面风险管理年度报告

斯尔解析 本题考查的是风险管理组织职能的职责辨析。选项A是其他职能部门及各业务单位的职责，不当选。选项B是内部审计部门的职责，不当选。选项D是风险管理委员会或董事会的职责（取决于向谁提交报告），不当选。

本题答案 C

三、内部控制系统（★★★）

内部控制系统，指围绕风险管理策略目标，针对企业战略、规划、产品研发、投融资、市场运营、财务、内部审计、法律事务、人力资源、采购、加工制造、销售、物流、质量、安全生产、环境保护等各项业务管理及其重要业务流程，通过执行风险管理基本流程，制定并执行的规章制度、程序和措施。

（一）美国 COSO 关于内部控制的框架（1992 年）

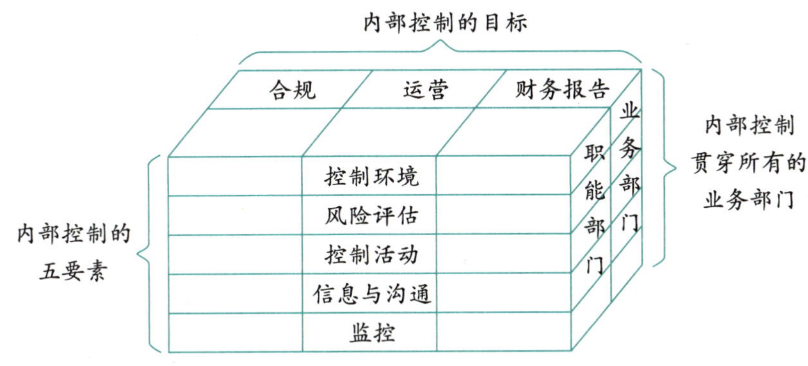

COSO 内部控制整体框架

1. 三大目标

（1）运营：取得经营的效率和有效性；

（2）报告：确保财务报告的可靠性；

（3）合规：遵循适用的法律法规。

2. 五大要素

（1）控制环境：包括员工的正直、道德价值观和能力，管理当局的理念和经营风格，管理当局确立权威性和责任、组织和开发员工的方法等；

（2）风险评估：为了达成组织目标而对相关的风险所进行的辨别与分析；

（3）控制活动：为了确保实现管理当局的目标而采取的政策和程序，包括审批、授权、验证、确认、经营业绩的复核、资产的安全性等；

（4）信息与沟通：为了保证员工履行职责而必须识别、获取的信息及相关沟通；

（5）监控：对内部控制实施质量的评价，主要包括经营过程中的持续监控，即日常管理和监督、员工履行职责的行动等。

（二）我国内部控制规范体系

体系	内容	地位
企业内部控制基本规范	规定内部控制的目标、要素、原则和总体要求。 （1）三大目标： ①合理保证企业经营管理合法合规、资产安全、财务报告及相关信息真实完整； ②提高经营效率和效果； ③促进企业实现发展战略。	总体框架统领作用

续表

体系	内容	地位
企业内部控制基本规范	（2）五大要素： ①内部环境（COSO：控制环境）； ②风险评估； ③控制活动； ④信息与沟通； ⑤内部监督（COSO：监控）	总体框架统领作用
企业内部控制应用指引	针对18项企业主要业务的内控领域或内控手段，提出了建议性的应用指引，为企业以及外部审核人建立与评价内控体系提供了参照性标准	主体地位
企业内部控制评价指引	为企业对内部控制的有效性进行全面评价，形成评价结论、出具评价报告提供了指引	
企业内部控制审计指引	为会计师事务所对特定基准日与财务报告相关内部控制设计与执行有效性进行审计提供了指引	

（三）内部控制的要素

1. 控制环境或内部环境

COSO《内部控制框架》关于控制环境要素的要求为：控制环境决定了企业的基调，直接影响企业员工的控制意识。控制环境提供了内部控制的基本规则和构架，是其他四要素的基础。控制环境包括员工的诚信度、职业道德和才能；管理哲学和经营风格；权责分配方法、人事政策；董事会的经营重点和目标等。

我国《企业内部控制基本规范》关于内部环境要素的要求，具体如下：

（1）企业应当根据国家有关法律法规和企业章程，建立规范的公司治理结构和议事规则，明确决策、执行、监督等方面的职责权限，形成科学有效的职责分工和制衡机制。

（2）董事会负责内部控制的建立健全和有效实施。监事会对董事会建立与实施内部控制进行监督。经理层负责组织领导企业内部控制的日常运行。企业应当成立专门机构或者指定适当的机构具体负责组织协调内部控制的建立实施及日常工作。

（3）企业应当在董事会下设立审计委员会。审计委员会负责审查企业内部控制，监督内部控制的有效实施和内部控制自我评价情况，协调内部控制审计及其他相关事宜等。审计委员会负责人应当具有相应的独立性、良好的职业操守和专业胜任能力。

（4）企业应当结合业务特点和内部控制要求设置内部机构，明确职责权限，将权利与责任落实到各责任单位。企业应当通过编制内部管理手册，使全体员工掌握内部机构设置、岗位职责、业务流程等情况，明确权责分配，正确行使职权。

（5）企业应当加强内部审计工作，保证内部审计机构设置、人员配备和工作的独立性。内部审计机构应当结合内部审计监督，对内部控制的有效性进行监督检查。内部审计机构对监督检查中发现的内部控制缺陷，应当按照企业内部审计工作程序进行报告；对监督检查中发现的内部控制重大缺陷，有权直接向董事会及其审计委员会、监事会报告。

（6）企业应当制定和实施有利于企业可持续发展的人力资源政策。人力资源政策应当包括下列内容：员工的聘用、培训、辞退与辞职；员工的薪酬、考核、晋升与奖惩；关键岗位员工的强制休假制度和定期岗位轮换制度；掌握国家秘密或重要商业秘密的员工离岗的限制性规定；有关人力资源管理的其他政策。

（7）企业应当将职业道德修养和专业胜任能力作为选拔和聘用员工的重要标准，切实加强员工培训和继续教育，不断提升员工素质。

（8）企业应当加强文化建设，培育积极向上的价值观和社会责任感，倡导诚实守信、爱岗敬业、开拓创新和团队协作精神，树立现代管理理念，强化风险意识。董事、监事、经理及其他高级管理人员应当在企业文化建设中发挥主导作用。企业员工应当遵守员工行为守则，认真履行岗位职责。

（9）企业应当加强法制教育，增强董事、监事、经理及其他高级管理人员和员工的法制观念，严格依法决策、依法办事、依法监督，建立健全法律顾问制度和重大法律纠纷案件备案制度。

2. 风险评估

COSO《内部控制框架》关于风险评估要素的要求为：每个企业都面临诸多来自内部和外部的有待评估的风险。风险评估的前提是使经营目标在不同层次上相互衔接，保持一致。风险评估指识别、分析相关风险以实现既定目标，从而形成风险管理的基础。由于经济、产业、法规和经营环境的不断变化，需要确立一套机制来识别和应对由这些变化带来的风险。

我国《企业内部控制基本规范》关于风险评估要素的要求，具体如下：

（1）企业应当根据设定的控制目标，全面系统持续地收集相关信息，结合实际情况，及时进行风险评估。

（2）企业开展风险评估，应当准确识别与实现控制目标相关的内部风险和外部风险，确定相应的风险承受度。风险承受度是企业能够承担的风险限度，包括整体风险承受能力和业务层面的可接受风险水平。

（3）企业识别内部风险，应当关注下列因素：（略）。

（4）企业识别外部风险，应当关注下列因素：（略）。

（5）企业应当采用定性与定量相结合的方法，按照风险发生的可能性及其影响程度等，对识别的风险进行分析和排序，确定关注重点和优先控制的风险。企业进行风险分析，应当充分吸收专业人员，组成风险分析团队，严格按照规范的程序开展工作，确保风险分析结果的准确性。

（6）企业应当根据风险分析的结果，结合风险承受度，权衡风险与收益，确定风险应对策略。企业应当合理分析、准确掌握董事、经理及其他高级管理人员、关键岗位员工的风险偏好，采取适当的控制措施，避免因个人风险偏好给企业经营带来重大损失。

（7）企业应当综合运用风险规避、风险降低、风险分担和风险承受等风险应对策略，实现对风险的有效控制。

（8）企业应当结合不同发展阶段和业务拓展情况，持续收集与风险变化相关的信息，进行风险识别和风险分析，及时调整风险应对策略。

3. 控制活动

COSO《内部控制框架》关于控制活动要素的要求为：控制活动指那些有助于管理层决策顺利实施的政策和程序。控制行为有助于确保实施必要的措施以管理风险，实现经营目标。控制行为体现在整个企业的不同层次和不同部门中。它们包括诸如批准、授权、查证、核对、复核经营业绩、资产保护和职责分工等活动。

我国《企业内部控制基本规范》关于控制活动要素的要求，具体如下：

（1）企业应当结合风险评估结果，通过手工控制与自动控制、预防性控制与发现性控制相结合的方法，运用相应的控制措施，将风险控制在可承受度之内。控制措施一般包括：不相容职务分离控制、授权审批控制、会计系统控制、财产保护控制、预算控制、运营分析控制和绩效考评控制等。

（2）不相容职务分离控制。

不相容职务一般包括：授权批准与业务经办、业务经办与会计记录、会计记录与财产保管、业务经办与稽核检查、授权批准与监督检查等。

对于不相容的职务如果不实行相互分离的措施，就容易发生舞弊等行为。不相容职务分离的核心是“内部牵制”，要求企业首先应全面系统地分析、梳理业务流程中所涉及的不相容职务，其次要明确规定各个机构和岗位的职责权限，使不相容岗位和职务之间能够相互监督、相互制约，形成有效的制衡机制。

（3）授权审批控制。

授权审批形式通常有常规授权和特别授权之分。常规授权是指单位在日常经营管理活动中按照既定的职责和程序进行的授权，用以规范经济业务的权力、条件和有关责任者，其时效性一般较长。特别授权是指单位对办理例外的、非常规性交易事件的权力、条件和责任的应急性授权。

（4）会计系统控制。

①依法设置会计机构，配备会计人员。从事会计工作的人员，必须具备从事会计工作必要的专业能力，会计机构负责人应当具备会计师以上专业技术职务资格或从事会计工作3年以上经历。大中型企业应当设置总会计师或者财务总监，设置总会计师或者财务总监的单位，不得设置与其职权重叠的副职。

提示：此处仅指会计机构，而非内部审计机构、专门机构、内部机构等。

②建立会计工作的岗位责任制，对会计人员进行科学合理的分工，使之相互监督和制约。

③按照规定取得和填制原始凭证。

④设计良好的凭证格式。

⑤对凭证进行连续编号。

⑥明确会计凭证、会计账簿和财务会计报告的处理程序，保证会计资料真实完整。

⑦明确凭证的装订和保管手续责任。

⑧合理设置账户，登记会计账簿，进行复式记账。

⑨按照《会计法》和国家统一的会计准则制度的要求编制、报送、保管财务报告。

（5）财产保护控制。

财产保护控制要求企业建立财产日常管理制度和定期清查制度，采取财产记录、实物保管、定期盘点、账实核对等措施，确保财产安全。企业应当严格限制未经授权的人员接触和处置财产。财产保护控制主要包括：

①财产记录和实物保管。

②定期盘点和账实核对。

③限制接近。限制接近包括限制对资产本身的接触和通过文件批准方式对资产使用或分配的间接接触。一般情况下，对货币资金、有价证券、存货等变现能力强的资产必须限制无关人员的直接接触。

（6）预算控制。

预算控制要求企业实施全面预算管理制度，明确各责任单位在预算管理中的职责权限，规范预算的编制、审定、下达和执行程序，强化预算约束。

（7）运营分析控制。

运营分析控制要求企业建立运营情况分析制度，经理层应当综合运用生产、购销、投资、筹资、财务等方面的信息，通过因素分析、对比分析、趋势分析等方法，定期开展运营情况分析，发现存在的问题，及时查明原因并加以改进。

（8）绩效考评控制。

绩效考评控制要求企业建立和实施绩效考评制度，科学设置考核指标体系，对企业内部各责任单位和全体员工的业绩进行定期考核和客观评价，将考评结果作为确定员工薪酬，以及职务晋升、评优、降级、调岗、辞退等的依据。

（9）企业应当根据内部控制目标，结合风险应对策略，综合运用控制措施，对各种业务和事项实施有效控制。

提示：对比“风险评估”要素中的表述。

“企业应当综合运用风险规避、风险降低、风险分担和风险承受等风险应对策略，实现对风险的有效控制。”

若仅提及风险应对策略，未提及控制措施，则归属于“风险评估”要素。若均提及，则属于“控制活动”要素。

（10）企业应当建立重大风险预警机制和突发事件应急处理机制，明确风险预警标准，对可能发生的重大风险或突发事件，制定应急预案、明确责任人员、规范处置程序，确保突发事件得到及时妥善处理。

4. 信息与沟通

COSO《内部控制框架》关于信息与沟通要素的要求为：公允的信息必须被确认、捕获并以一定形式及时传递，以便员工履行职责。信息系统产出涵盖经营、财务和遵循性信息的报告，以助于经营和控制企业。信息系统不仅处理内部产生的信息，还包括与企业经营决策和对外报告相关的外部事件、行为和条件等。有效的沟通从广义上说是信息的自上而下、横向以及自下而上的传递。所有员工必须从管理层得到清楚的信息，认真履行控制职责。员工必须理解自身在整个内控系统中的位置，理解个人行为与其他员工工作的相关性。员工必须有向上传递重要信息的途径。同时，与外部诸如客户、供应商、管理当局和股东之间也需要有效的沟通。

我国《企业内部控制基本规范》关于信息与沟通要素的要求，具体如下：

（1）企业应当建立信息与沟通制度，明确内部控制相关信息的收集、处理和传递程序，确保信息及时沟通，促进内部控制有效运行。

（2）企业应当对收集的各种内部信息和外部信息进行合理筛选、核对、整合，提高信息的有用性。

（3）企业应当将内部控制相关信息在企业内部各管理级次、责任单位、业务环节之间，以及企业与外部投资者、债权人、客户、供应商、中介机构和监管部门等有关方面之间进行沟通和反馈。信息沟通过程中发现的问题，应当及时报告并加以解决。重要信息应当及时传递给董事会、监事会和经理层。

（4）企业应当利用信息技术促进信息的集成与共享，充分发挥信息技术在信息与沟通中的作用。企业应当加强对信息系统开发与维护、访问与变更、数据输入与输出、文件储存与保管、网络安全等方面的控制，保证信息系统安全稳定运行。

（5）企业应当建立反舞弊机制，坚持惩防并举、重在预防的原则，明确反舞弊工作的重点领域、关键环节和有关机构在反舞弊工作中的职责权限，规范舞弊案件的举报、调查、处理、报告和补救程序。

企业至少应当将下列情形作为反舞弊工作的重点：未经授权或者采取其他不法方式侵占、挪用企业资产，牟取不当利益；在财务会计报告和信息披露等方面存在的虚假记载、误导性陈述或者重大遗漏等；董事、监事、经理及其他高级管理人员滥用职权；相关机构或人员串通舞弊。

（6）企业应当建立举报投诉制度和举报人保护制度，设置举报专线，明确举报投诉处理程序、办理时限和办结要求，确保举报、投诉成为企业有效掌握信息的重要途径。举报投诉制度和举报人保护制度应当及时传达至全体员工。

5. 监控或内部监督

COSO《内部控制框架》关于监控要素的要求为：内部控制系统需要被监控，即对该系统有效性进行评估的全过程。可以通过持续性的监控行为、独立评估或两者的结合来实现对内控系统的监控。持续性的监控行为发生在企业的日常经营过程中，包括企业的日常管理和监督行为、员工履行各自职责的行为。独立评估活动的广度和频度有赖于风险预估和日常监控程序的有效性。内部控制的缺陷应该自下而上进行汇报，性质严重的应上报最高管理层和董事会。

我国《企业内部控制基本规范》关于内部监督要素的要求，具体如下：

（1）企业应当根据本规范及其配套办法，制定内部控制监督制度，明确内部审计机构和其他内部机构在内部监督中的职责权限，规范内部监督的程序、方法和要求。

内部监督分为日常监督和专项监督。专项监督的范围和频率应当根据风险评估结果以及日常监督的有效性等予以确定。

（2）企业应当制定内部控制缺陷认定标准，对监督过程中发现的内部控制缺陷，应当分析缺陷的性质和产生的原因，提出整改方案，采取适当的形式及时向董事会、监事会或者经理层报告。

（3）企业应当结合内部监督情况，定期对内部控制的有效性进行自我评价，出具内部控制自我评价报告。企业可以授权内部审计部门或专门机构（以下简称内部控制评价部门）负责内部控制评价的具体组织实施工作。

内部控制评价工作组应当根据现场测试获取的证据，对内部控制缺陷进行初步认定，并按其影响程度分为重大缺陷、重要缺陷和一般缺陷。重大缺陷应当由董事会予以最终认定。企业对于认定的重大缺陷，应当及时采取应对策略，切实将风险控制在可承受范围之内，并追究有关部门或相关人员的责任。

提示：对比“内部环境”要素中的表述。

“企业应当加强内部审计工作，保证内部审计机构设置、人员配备和工作的独立性。内部审计机构应当结合内部审计监督，对内部控制的有效性进行监督检查。内部审计机构对监督检查中发现的内部控制缺陷，应当按照企业内部审计工作程序进行报告；对监督检查中发现的内部控制重大缺陷，有权直接向董事会及其审计委员会、监事会报告。”

本质上，这两部分表述的是相同的意思，只不过内部环境要素的表述更提纲挈领，而内部监督要素的表述更具体。初步预期此处不会成为命题点，否则过于咬文嚼字。

（4）企业应当以书面或者其他适当的形式，妥善保存内部控制建立与实施过程中的相关记录或者资料，确保内部控制建立与实施过程的可验证性。

解题高手

命题角度：关于内部控制五要素的辨析。

客观题高频考点，对于初学者有一定难度。此类题目的解题关键就是找准对应关键词，从而确认匹配关系。很多考生容易犯下的错误是自行揣摩五要素名称本身的内涵，例如会以为“建立反舞弊机制”是一种控制活动，以为“制定内部控制监督制度”会影响内部环境等。诚然，这些理解都有一定道理，但并不符合文件所规定的分类。因此，从应试角度，记住关键词即可得分。

要素名称	要素关键词
内部环境	治理结构+职责权限、董事会+监事会+经理层、审计委员会、内部机构设置（即组织结构）+职责权限、内部审计机构、人力资源政策、员工选拔和培养（职业道德+专业胜任能力）、文化建设、法制建设
风险评估	收集信息、开展评估（确定风险承受度）、识别风险（内部+外部）、分析风险（确定关注重点和优先级）、确定应对风险策略并及时调整

续表

要素名称	要素关键词
控制活动	不相容职务分离控制、授权审批控制、会计系统控制（包括设置会计机构、配备会计从业人员）、财产保护控制、预算控制、运营分析控制、绩效考评控制、重大风险预警机制和突发事件应急处理机制
信息与沟通	建立信息与沟通制度、处理信息、沟通信息、发挥信息技术的作用、反舞弊机制、举报投诉制度和举报人保护制度
内部监督	制定监督制度+明确职责权限、制定内控缺陷认定标准、评价内控有效性（出具自我评价报告）+认定内控缺陷类型、记录或资料保存（可验证性）

典例研习 · 7-12 单项选择题

根据我国《企业内部控制基本规范》，下列分类正确的是（　　）。

A.内部环境：依法设置会计机构，配备会计从业人员。从事会计工作的人员，必须取得会计从业资格证书

B.控制活动：建立重大风险预警机制和突发事件应急处理机制，明确风险预警标准，对可能发生的重大风险或突发事件制定应急预案、明确责任人员、规范处置程序

C.信息与沟通：以书面或者其他适当的形式，妥善保存内部控制建立与实施过程中的相关记录或者资料，确保内部控制建立与实施过程的可验证性

D.内部监督：建立举报投诉制度和举报人保护制度，设置举报专线，明确举报投诉处理程序、办理时限和办结要求

斯尔解析 本题考查的是内控要素分类的辨析。依法设置会计机构，配备会计从业人员，属于控制活动，选项A不当选。以书面或者其他适当的形式，妥善保存内部控制建立与实施过程中的相关记录或者资料，确保内部控制建立与实施过程的可验证性，属于内部监督，选项C不当选。建立举报投诉制度和举报人保护制度，设置举报专线，明确举报投诉处理程序、办理时限和办结要求，属于信息与沟通，选项D不当选。

陷阱提示 设置会计机构属于控制活动，但设立内部机构或内部审计机构属于内部环境。

本题答案 B

典例研习 · 7-13 单项选择题

中国煤矿建立了完善的内部控制系统。下列各项中关于中国煤矿采用的内部控制措施中符合我国《企业内部控制基本规范》关于内部环境要求的是（　　）。

A.加强文化建设，培育爱岗敬业，安全至上的价值观

B.实施全面预算管理制度，明确开采、销售、研发、采购的各种业务的主管部门在预算

管理中的职责权限

C.使用采煤计划完成率，百万吨煤重伤率等关键绩效考核各业务单位

D.投资授权审批与业务经办分离，相互监督，相互制约

斯尔解析 本题考查的是内部控制系统的五要素。选项A属于内部环境的具体要求（关键词为“文化建设”），当选。选项BCD属于控制活动的具体要求，不当选。

本题答案 A

四、运用金融工具实施风险管理策略（★★★）

（一）典型举例

风险管理体系中的一个重要组成部分是运用金融工具实施风险管理策略。例如：

（1）为了转移自然灾害可能造成的损失而购买巨灾保险——对应“风险转移”策略，所运用的金融工具为“保险”。

（2）为了对冲汇率变化可能造成的损失，公司使用了外币套期保值，以降低汇率波动的风险——对应“风险对冲”策略，所运用的金融工具为“套期保值”。

（3）为了应对原材料价格的波动风险，在金融市场上运用期货进行套期保值——对应“风险对冲”策略，所运用的金融工具为“套期保值”。

（4）为了应对可能的突发事件造成的资本需求，与银行签订了应急资本合同——对应“风险补偿”策略，所运用的金融工具为“应急资本”。

（二）运用金融工具实施风险管理策略的必要性

（1）对于可控风险：所有的风险管理策略工具，除了风险规避在特定范围内有效外，其余的均无法保证风险和损失不会发生，而运用适当的金融工具，能够有效地弥补风险管理策略工具的不足，为企业运营提供安全保障。

（2）对于不可控的风险：虽然与风险管理相关的金融工具既不改变风险事件发生的可能性，也不改变风险事件可能引起的直接损失程度，但能够使企业避免或减少风险带来的损失。

（三）运用金融工具实施风险管理策略的特点

（1）需要判断风险的定价。企业不仅需要判断风险事件的可能性和损失的分布，而且需要量化风险本身的价值。

（2）应用范围一般不包括声誉等难以衡量价值的风险，也难以消除战略失误造成的损失。

（3）技术性强。许多金融工具本身具有比较复杂的风险特性，使用不当容易造成重大损失。

（4）创造价值。企业可能通过使用金融工具来承担额外的风险，改善企业的财务状况，创造价值。

（四）运用金融工具实施风险管理策略的原则和要求

（1）与企业整体风险管理策略一致。

（2）与企业所面对风险的性质相匹配。

（3）选择金融工具的要求。（合规的要求、可操作性、法律法规环境、企业的熟悉程度、金融工具的风险特征等）

（4）成本与收益的平衡。

（五）运用金融工具实施风险管理策略的主要措施

提示：运用金融工具实施风险管理策略的措施包括损失事件管理与套期保值两类。本教材仅讨论损失事件管理，具体包括损失融资、风险资本、应急资本、保险、专业自保五种类型。

1. 损失融资

损失融资是为风险事件造成的财物损失融资，是一种事后管理方式（提示：教材此处表述不太严谨）。其中，企业损失分为预期损失和非预期损失，因此损失事件融资也相应分为预期损失融资和非预期损失融资。

预期损失融资一般作为运营资本的一部分，非预期损失融资则属于风险资本范畴（即下述讨论的内容）。

2. 风险资本

风险资本是除运营资本之外，公司补偿风险造成的财务损失而需要的资本，是使一家公司破产的概率低于某一给定水平所需的资金，因此取决于公司的风险偏好。

例如，一家公司每年最低运营资本是5亿元（用于弥补预期损失），但是有5%（破产概率）的可能性需要7.5亿元维持运营，有1%（破产概率）的可能性需要10亿元才能维持运营。换句话说，如果风险资本为2.5亿元（用于弥补非预期损失），那么这家公司的生存概率就是95%（而非100%），而5亿元的风险资本对应的则是99%的生存概率。

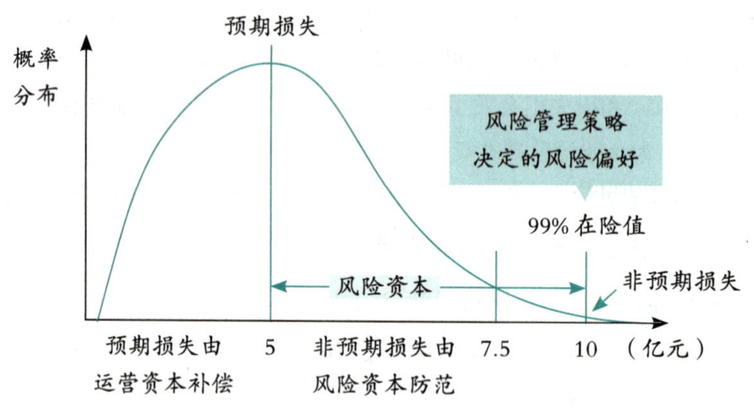

风险资本作为风险成本

典例研习 · 7-14 单项选择题

甲公司每年最低运营资本是5 000万元，有10%的可能性维持运营需要5 800万元，有5%的可能性维持运营需要6 200万元。若甲公司风险资本为1 000万元，则该公司的生存概率为（　　）。

A. 10%　　B. 90%～95%　　C. 95%以上　　D. 90%

斯尔解析　本题考查的是风险资本的相关计算。“有10%的可能性维持运营需要5 800万元”意味着风险资本为（5 800−5 000）800万元时，其生存概率是（1−10%）90%；同理，“有5%的可能性维持运营需要6 200万元”意味着风险资本为（6 200−5 000）1 200万元时，其生存概率是（1−5%）95%。因此，当风险资本为1 000万元时，其生存概率应当介于90%和95%之间，选项B当选。

本题答案 B

3. 应急资本

应急资本是一个金融合约，规定在某一个时间段内、某个特定事件（触发事件）发生的情况下公司有权从应急资本提供方募集股本或贷款，并为此按时间向资本提供方缴纳费用。

举例：公司为满足特定条件下的经营需要而从银行获得的信贷额度，一般通过与银行签订协议加以明确，比如信用证、循环信用工具等。

应急资本具有如下特点：

（1）应急资本的提供方并不承担特定事件发生的风险，而只是在事件发生并造成损失后提供用于弥补损失、持续经营的资金。事后公司要向资本提供者归还这部分资金，并支付相应的利息。

（2）应急资本是一个综合运用保险和资本市场技术设计和定价的产品。与保险不同，应急资本不涉及风险的转移，是企业风险补偿策略的一种方式。

（3）应急资本是一个在一定条件下的融资选择权，公司可以不使用这个权利。

（4）应急资本可以提供经营持续性的保证。

4. 保险

（1）保险是一种金融合约。保险合同规定保险公司为预定的损失支付补偿（也就是为损失进行融资），作为交换，在合同签订时，购买保险合同的一方要向保险公司支付保险费。

（2）保险合同降低了购买保险一方的风险，因为它把投保人损失的风险转移给了保险公司。而保险公司则是通过损失的分散化来降低自己的风险。

（3）可保风险是纯粹风险，机会风险（如购买股票的风险）不可保。

提示：此处讨论的是可保不可保，而非可控不可控。

精准答疑

问题：关于风险与风险管理相关的易混结论总结。

解答：（1）风险定义的理解：风险既具有客观性，又具有主观性。

（2）风险管理的二重性：既要管理纯粹风险，也要管理投机风险（或机会风险）。

（3）保险的对象是可保风险，可保风险是纯粹风险，机会风险不可保。

（4）风险控制的对象是可控风险。

（5）运用金融工具实施风险管理策略的对象既可以是可控风险，也可以是不可控风险。

5. 专业自保

（1）含义：专业自保公司又称“专属保险公司”，是非保险公司的附属机构，为其母公司（及其子公司）提供保险，并由其母公司筹集保险费，建立损失储备金。

（2）特点：由被保险人所有和控制，承保其母公司（及其子公司）的风险，也可以通过租借的方式承保其他公司的保险，不在保险市场上开展业务。

（3）优点：降低运营成本；改善公司现金流；保障项目更多；相对公平的费率；保障的稳定性；直接进行再保险；提高服务水平。

（4）缺点：增加资本投入（专门成立公司）；提高内部管理成本（内部多次协商）；损失储备金不足（内部储备，不如外部规模更大的商业保险公司）；减少其他保险的可得性（专业能力受限）。

典例研习·7-15 单项选择题

甲公司每年最低运营资本是10亿元，但是有5%的可能性需要12亿元维持运营。该公司筹集了12亿元，将其生存概率提高到95%。甲公司管理损失事件的方法是（　　）。

A.风险资本　　B.损失融资　　C.保险　　D.专业自保

斯尔解析 本题考查的是运用金融工具实施风险管理策略的主要措施。题干所体现的方法是风险资本，即是除运营资本之外，公司补偿风险造成的财务损失而需要的资本，是使一家公司破产的概率低于某一给定水平所需的资金，选项A当选。

陷阱提示 严格意义上，甲公司所维持的最低运营资本可视为是损失融资的方法，即用以弥补预期损失。只不过题干表述的侧重点在后半部分，因此最佳选项为风险资本。

本题答案 A

典例研习·7-16 多项选择题

2017年初，甲公司与乙银行签订一份协议，约定甲公司一旦发生特定事件引起财务危机时，有权从乙银行取得500万元贷款来应对风险。在协议中，双方明确了甲公司归还贷款的期限以及获得贷款应当支付的利息和费用。针对甲公司采取的措施，下列各项中表述正确的有（　　）。

A.甲公司采取的运用金融工具实施风险管理策略为其可持续经营提供了保证

B.甲公司采取的运用金融工具实施风险管理策略不涉及风险补偿

C.乙银行向甲公司提供贷款不承担甲公司发生特定事件的风险

D.事后甲公司无须向乙银行归还这部分资金

斯尔解析 本题考查的是应急资本的特点。甲公司与乙银行签订的协议属于应急资本，而应急资本具有如下特点：（1）应急资本的提供方并不承担特定事件发生的风险，而只是在事件发生并造成损失后提供用于弥补损失、持续经营的资金，选项C当选。事后公司要向资本提供者归还这部分资金，并支付相应的利息，选项D不当选。（2）应急资本是一个综合运用保险和资本市场技术设计和定价的产品。与保险不同，应急资本不涉及风险的转移，是企业风险补偿策略的一种方式，选项B不当选。（3）应急资本是一个在一定条件下的融资选择权，公司可以不使用这个权利。（4）应急资本可以提供经营持续性的保证，选项A当选。

本题答案 AC

典例研习 · 7-17 单项选择题

为了对可能给企业造成重大损失的风险事件进行有效管理，南方石油公司成立了自己的专属保险公司，为母公司提供保险，并由母公司筹集总计10亿元的保险费，建立损失储备金。下列各项中，属于南方石油公司采用的上述损失事件管理办法的优点的是（　　）。

A.降低内部管理成本　　B.改善公司现金流

C.增加了其他保险的可得性　　D.损失储备金充足

斯尔解析 本题考查的是专业自保的优点。“南方石油公司成立了自己的专属保险公司，为母公司提供保险，并由母公司筹集总计10亿元的保险费，建立损失储备金”属于专业自保。改善公司现金流属于专业自保的优点，选项B当选。专业自保的缺点是增加内部管理成本、减少其他保险的可能性、损失储备金不足，选项ACD不当选。

本题答案 B

解题高手

命题角度：运用金融工具实施风险管理策略的类型以及对应的风险管理策略辨析。

客观题考点，掌握以下对应关系即可。

（1）运营资本、风险资本、应急资本、专业自保：属于风险补偿策略。

（2）保险：属于风险转移策略。

（3）套期保值：属于风险对冲策略。（教材未展开介绍）

五、风险管理信息系统

企业应将信息技术应用于风险管理的各项工作，建立涵盖风险管理基本流程和内部控制系统各环节的风险管理信息系统，包括信息的采集、存储、加工、分析、测试、传递、报告、披露等。

方面	内容
信息采集	企业应采取措施确保向风险管理信息系统输入的业务数据和风险量化值的一致性、准确性、及时性、可用性和完整性。对输入信息系统的数据，未经批准，不得更改
信息存储	企业应建立良好的数据架构，解决好数据标准化和存储技术问题
信息加工、分析和测试	风险基础信息经风险管理信息系统加工和提炼，成为可进行分析的风险管理信息。风险管理信息系统应能够进行对各种风险的计量和定量分析、定量测试；能够实时反映风险矩阵和排序频谱、重大风险和重要业务流程的监控状态
信息传递	风险管理信息系统应实现信息在各职能部门、业务单位之间的集成与共享，既能满足单项业务风险管理的要求，也能满足企业整体和跨职能部门、业务单位的风险管理综合要求。企业应建立贯穿于整个风险管理基本流程，连接各上下级、各部门和业务单位的风险管理信息传递渠道，确保信息沟通的及时、准确、完整
信息报告和披露	风险管理信息系统能够对超过风险预警上限的重大风险实施信息报警；能够满足风险管理内部信息报告制度和企业对外信息披露管理制度的要求

第三节　风险管理的技术与方法

一、头脑风暴法（★★）

1. 含义

头脑风暴法是指刺激并鼓励一群知识渊博、知悉风险情况的人员畅所欲言，开展集体讨论的方法。

头脑风暴法可分为两种：

（1）直接头脑风暴法：尽可能激发他们的创造性，使其产生尽可能多的设想的方法（形成方案，侧重创造性）。

（2）质疑头脑风暴法：对提出的设想、方案逐一质疑，分析其现实可行性的方法（质疑方案，侧重可行性）。

2. 适用范围

适用于在风险识别阶段充分发挥专家意见，对风险进行定性分析。

3. 主要优点

（1）激发了想象力，有助于发现新的风险和全新的解决方案；

（2）让主要的利益相关者参与其中，有助于进行全面沟通；

（3）速度较快并易于开展。

4. 局限性

（1）参与者可能缺乏必要的技术或知识，无法提出有效的建议；

（2）头脑风暴法的实施过程和参与者提出的意见容易分散，较难保证全面性；

（3）集体讨论时可能出现特殊情况，导致某些有重要观点的人保持沉默而其他人成为讨论的主角。

二、德尔菲法（★★）

1. 含义

德尔菲法是在一组专家中取得可靠共识的程序，其基本特征是专家单独、匿名表达各自的观点，同时随着过程的进展，他们有机会了解其他专家的观点。

德尔菲法采用背对背的通信方式征询专家小组成员的意见，专家之间不得相互讨论，不发生横向联系，只能与调查人员发生关系。通过反复填写问卷，搜集各方意见，以形成专家之间的共识。

2. 适用范围

适用于在风险识别阶段专家取得一致性意见基础上，对风险进行定性分析。

3. 主要优点

（1）由于匿名表达观点，因此专家更可能表达出不受欢迎的看法；

（2）所有观点有相同的权重，避免重要人物占主导地位的问题；

（3）专家不必聚集在某个地方，比较方便；

（4）专家最终形成的意见具有广泛的代表性。

4. 局限性

（1）权威人士的意见影响他人的意见；

（2）有些专家碍于情面，不愿意发表与其他人不同的意见；

（3）有的专家出于自尊心而不愿意修改自己原来的意见；

（4）过程比较复杂，花费时间较长（主要缺点）。

三、失效模式、影响和危害度分析法（FMECA）（★★）

1. 含义

失效模式、影响和危害度分析法可用来分析、审查系统的潜在故障模式。失效模式、影响和危害度分析法按规则记录系统中所有可能存在的影响因素，分析每种因素对系统的工作及状态的影响，将每种影响因素按其影响的严重度及发生概率排序，从而发现系统中潜在的薄弱环节，提出预防改进措施，以消除或减少风险发生的可能性，保证系统的可靠性。

2. 适用范围

适用于对失效模式、影响及危害进行定性或定量分析，还可以对其他风险识别方法提供数据支持。广泛应用于产品的设计与开发、生产和使用等阶段的风险管理，旨在发现缺陷和薄弱环节，为提高产品或服务质量和可靠性水平提供改进依据。

3. 主要优点

（1）广泛适用于人力、设备和系统以及硬件、软件和程序失效模式的分析；

（2）识别组件失效模式及其原因和对系统的影响，同时用可读性较强的形式表现出来；

（3）通过在设计初期发现问题，从而避免了开支较大的设备改造；

（4）识别单个失效模式以适合系统安全的需要。

4. 局限性

（1）只能识别单个失效模式，无法同时识别多个失效模式；

（2）除非得到充分控制并集中精力，否则采用此法较耗时且开支较大。

某公司GPS汽车天线导航设备FMECA分析

<table>
<tr><th>功能</th><th>失效模式</th><th>失效后果</th><th>严重度</th><th>失效起因/机理</th><th>发生频率</th><th>现行预防设计控制</th><th>现行探测设计控制</th><th>发现故障难度</th><th>危害度</th></tr>
<tr><td rowspan="2">处于卫星信号正常之地点可以接受其信号</td><td rowspan="2">收不到信号，收到的信号偏弱</td><td rowspan="2">无法收到信息，无法定位</td><td>8</td><td>PCB组件：电流过大或过小</td><td>1</td><td>设计规范</td><td>对PCB组件进行电流测试</td><td>3</td><td>24</td></tr>
<tr><td>7</td><td>电气总成：电路设计需满足高增益需求，设计不当，匹配不佳，会导致增益过低</td><td>1</td><td>设计规范</td><td>使用网络分析仪测试PCB组件之增益</td><td>3</td><td>21</td></tr>
</table>

续表

功能	失效模式	失效后果	严重度	失效起因/机理	发生频率	现行预防设计控制	现行探测设计控制	发现故障难度	危害度
处于卫星信号正常之地点可以接受其信号	天气极冷或极热下收不到信号	客户极不满意	8	外壳在极端条件下破裂	1	设计规范	高低温室实验	3	24
防水	不防水	客户极不满意	6	结构不合理	1	设计规范	通过防水实验	3	18

四、流程图分析法（★★）

1. 含义

流程图分析法是对流程的每一阶段、每一环节逐一进行调查分析，从中发现潜在风险，找出导致风险发生的因素，分析风险产生后可能造成的损失以及对整个组织可能造成的不利影响。

2. 适用范围

对企业生产或经营中的风险及其成因进行定性分析。

3. 主要优点

（1）是识别风险最常用的方法之一；

（2）清晰明了，易于操作，且组织规模越大，流程越复杂，流程图分析法就越能体现出优越性。

4. 局限性

该方法的使用效果依赖于专业人员的水平。

五、马尔科夫分析法（★★）

1. 含义

如果系统未来的状况（或状态）仅取决于其现在的状况（或状态），那么就可以使用马尔科夫分析法。

（1）通常用于对那些存在多种状态（包括各种降级使用状态）的可维修复杂系统进行分析；

（2）属于定量技术，它分析的各种状态可以是不连续的（利用状态间变化的概率）或者连续的（利用各状态变化率）；

（3）更适合于计算机程序；

（4）围绕“状态”这个概念展开。

为了说明马尔科夫分析方法，不妨分析一种仅存在三种状态的复杂系统。将功能、降级（可理解为“小故障”）和故障分别界定为状态S1、状态S2以及状态S3。系统每天都会存在于这三种状态中的某一种。下表的马尔科夫矩阵说明了系统明天处于状态Si的概率（i可以是1、2或3）。

项目		今天状态		
		S1	S2	S3
明天状态	S1	0.95	0.3	0.2
	S2	0.04	0.65	0.6
	S3	0.01	0.05	0.2

Pi表示系统处于状态i（i可以是1、2或3）的概率，那么需要解决的联立方程包括：

P1=0.95P1+0.30P2+0.20P3　　（1）

P2=0.04P1+0.65P2+0.60P3　　（2）

P3=0.01P1+0.05P2+0.20P3　　（3）

这三个方程并非独立的，目前无法解出三个未知数。因此，下列方程必须使用，而上述方程中有一个方程可以弃用。

1=P1+P2+P3　　（4）

解联立方程组，得到状态1、2及3的概率分别是0.85、0.13和0.02，即该系统只在85%的时间里能充分发挥功效，在13%的时间内处于降级状态，而在2%的时间存在故障。现实中的系统状态比上述例子复杂得多。须联立求解的方程也更为复杂，故需要借助计算机程序来完成。

2. 适用范围

适用于对复杂系统中不确定性事件及其状态改变的定量分析。

3. 主要优点

能够计算出具有维修能力和多重降级状态的系统概率。

4. 局限性

（1）无论是故障还是维修，都假设状态变化的概率是固定的；

（2）所有事项在统计上具有独立性，因此未来的状态独立于一切过去的状态，除非两个状态紧密相接；

（3）需要了解状态变化的各种概率；

（4）有关矩阵运算的知识比较复杂，非专业人士很难看懂。

六、风险评估系图法（★★）

1. 含义

风险评估系图识别某一风险是否会对企业产生重大影响，并将此结论与风险发生的可能性联系起来，为确定企业风险的优先次序提供框架。

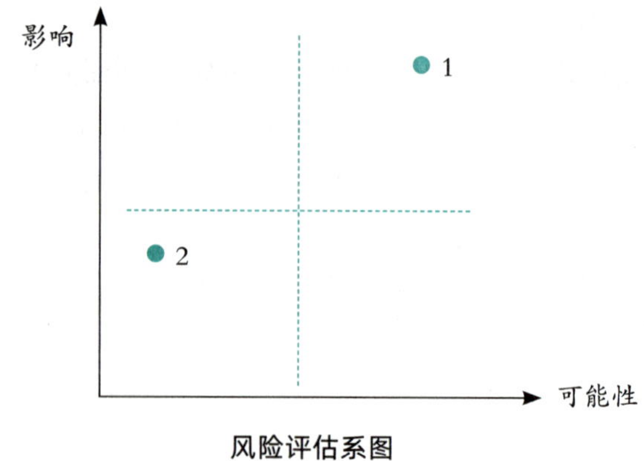

风险评估系图

2. 适用范围

适用于对风险初步的定性分析。

3. 主要优点

作为一种简单的定性方法，为企业确定各项风险重要性等级提供了可视化的工具，直观明了。

4. 局限性

（1）需要对风险重要性等级标准、风险发生可能性、后果严重程度等作出主观判断，可能影响使用的准确性；

（2）所确定的风险重要性等级是通过相互比较确定的，因而无法将列示的个别风险重要性等级通过数学运算得到总体风险的重要性等级；

（3）如需要进一步探求风险原因，则采用该方法过于简单，缺乏经验证明和数据支持。

七、情景分析法（★★★）

1. 含义

情景分析可用来预计威胁（如最差情景）和机遇（如最佳情景）可能发生的方式（包括潜在的后果以及每种情景的可能性）。

在周期较短及数据充分的情况下，可以从现有情景中推断出未来可能出现的情景。

在周期较长或数据不充分的情况下，情景分析法的有效性更依赖于合乎情理的想象力。

下表说明一家企业在评估一项投资项目的风险时所进行的情景分析。

某投资项目未来情景分析

项目	因素	最佳情景	基准情景	最差情景
影响因素	市场需求	不断提升	不变	下降
	经济增长	增长5%～10%	增长<5%	负增长
发生概率		20%	45%	35%
结果		投资项目可在5年内达到收支平衡	投资项目可在10～15年达到收支平衡	不确定

2. 适用范围

通过模拟不确定性情景，对企业面临的风险进行定性和定量分析。

3. 主要优点

对于未来变化不大的情况能够给出比较精确的模拟结果。

4. 局限性

（1）在存在较大不确定性的情况下，模拟有些情景可能不够现实；

（2）对数据的有效性以及分析师和决策者开发现实情境的能力有很高的要求（即找不到对应的情景）；

（3）所用情景可能缺乏充分的基础，数据可能具有随机性。

八、敏感性分析法（★★）

1. 含义

敏感性分析是针对潜在的风险，研究项目的各种不确定因素变化至一定幅度时，计算其主要经济指标变化率及敏感程度的一种方法。

2. 适用范围

适用于对项目不确定性对结果产生的影响进行的定量分析。

3. 主要优点

（1）为决策提供有价值的参考信息；

（2）清晰地为风险分析指明方向；

（3）帮助企业制定紧急预案。

4. 局限性

（1）所需要的数据经常缺乏，无法提供可靠的参数变化；

（2）分析时借助公式计算，没有考虑各种不确定因素在未来发生变动的概率，因此其分析结果可能和实际相反。

九、事件树分析法（★★）

1. 含义

事件树分析法（ETA）是一种表示初始事件发生之后互斥性后果的图解技术。它按事件发展的时间顺序由初始事件开始推论可能的后果，从而进行危险源的辨识。这种方法将系统可能发生的某种事件与导致事件发生的各种原因之间的逻辑关系用一种称为事件树的树形图表示，通过对事件树的定性与定量分析，找出事件发生的主要原因，为确定安全对策提供可靠依据。

如图所示，分析初始事件为爆炸之后，在发生火灾、洒水系统工作、火警出动等不确定性事件下产生各种后果的频率。爆炸发生以后（频率为10^{-2}，即100年发生一次），发生火灾的概率为0.8，不发生火灾的概率为0.2；发生火灾后，洒水系统工作的概率为0.99，不工作的概率为0.01；在洒水系统工作下，火警激活的概率为0.999，不激活的概率为0.001。因此，爆炸发生以后发生火灾、洒水系统工作、火警激活将发生有报警的可控火灾这一结果，其发生频率为$10^{-2}\times0.8\times0.99\times0.999=7.9\times10^{-3}$。

初始事件	发生火灾	洒水系统工作	火警激活	结果	频率（每年）
爆炸 10^{-2} 每年	是 0.8	是 0.99	是 0.999	有报警的可控火灾	7.9×10^{-3}
			否 0.001	无报警的可控火灾	7.9×10^{-6}
		否 0.01	是 0.999	有报警的未控制火灾	8.0×10^{-5}
			否 0.001	无报警的未控制火灾	8.0×10^{-8}
	否 0.2			无火灾	2.0×10^{-3}

火灾事件树分析

2. 适用范围

适用于具有多种环节的故障发生以后，对各种可能后果进行定性和定量分析。

3. 主要优点

（1）以清晰的图形显示了经过分析的初始事项之后的潜在情景，以及缓解系统或功能成败产生的影响；

（2）说明时机、依赖性以及很烦琐的多米诺效应；

（3）生动地体现事件的顺序。

4. 局限性

（1）为了将ETA作为综合评估的组成部分，一切潜在的初始事项都要进行识别，这可能需要使用其他分析方法；但总有可能会错过一些重要的初始事项；

（2）事件树只分析了某个系统的成功及故障状况，很难将延迟成功或恢复事项纳入其中；

（3）任何路径都取决于路径上以前分支点处发生的事项。

十、决策树法（★★★）

1. 含义

决策树法是在不确定的情况下，以序列方式表示决策选择和结果。类似于事件树法，决策树法开始于初始事项或是最初决策，之后对可能发生的事件及可能作出的决策的各种路径和结果进行建模。

如图所示，A1、A2两方案投资分别为450万元和240万元，经营年限为5年，销路好的概率为0.8，销路差的概率为0.2。A1方案销路好、销路差年的损益值分别为300万元和−60万元；A2方案分别为120万元和30万元。

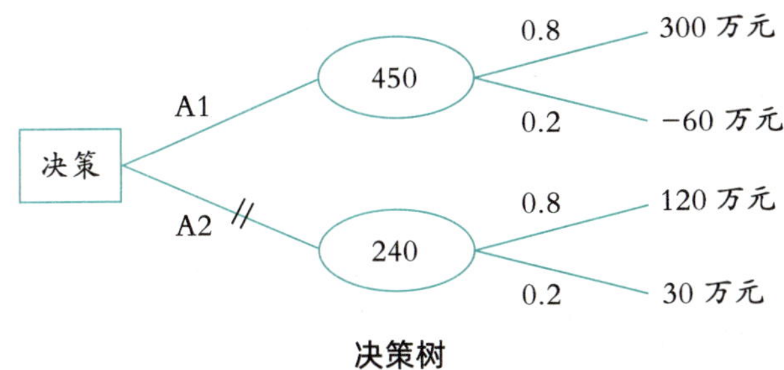

决策树

A1的净收益值=［300×0.8+（−60）×0.2］×5−450=690（万元）

A2的净收益值=（120×0.8+30×0.2）×5−240=270（万元）

选择：因为A1大于A2，所以选择A1方案。

2. 适用范围

适用于对不确定性投资方案期望收益的定量分析。

3. 主要优点

（1）为决策问题的细节提供了一种清楚的图解说明；

（2）能够计算得到一种情形的最优路径。

4. 局限性

（1）大的决策树可能过于复杂，不容易与其他人交流；

（2）为了能够用树形图表示，可能有过于简化环境的倾向。

十一、统计推论法（★）

1. 含义

统计推论是进行项目风险评估和分析的一种十分有效的方法，它可分为前推、后推和旁推三种类型。

方法	含义	示例
前推	根据历史的经验和数据推断出未来事件发生的概率及其后果	基于过去几年的销售数据预测未来几年的销售趋势
后推	以未知的想象事件及后果为依据，从它和某一事件的联系来推断该事件的风险，即将未来事件归算到有数据可查的、造成这一事件的一些初始事件上	未知事件：本周小李是否会请假？ 初始事件：如有商务宴请，小李会请假，且本周有商务宴请。 评估结果：本周小李会请假
旁推	利用类似项目的数据进行外推，用某一项目的历史记录对新的类似项目可能遇到的风险进行评估和分析	基于北京房价的历史数据推测上海房价的未来趋势

2. 适用范围

适合于各种风险分析预测。

3. 主要优点

（1）在数据充足可靠的情况下简单易行；

（2）应用领域广泛。

4. 局限性

（1）由于历史事件的前提和环境已发生了变化，不一定适用于今天或未来；

（2）没有考虑事件的因果关系，使外推结果可能产生较大偏差。为了修正这些偏差，有时必须在历史数据的处理中加入专家或集体的经验修正。

解题高手

命题角度：风险管理技术与方法的类型辨析、优缺点辨析以及定性、定量判断。

客观题高频考点，有一定的理解难度和辨析难度，建议同学们结合以下四项总结进行复习：

第一，类型辨析。

风险管理技术和方法	辨析要点
头脑风暴法	公开集体讨论，但讨论者不一定是专家
德尔菲法	独立且匿名、反复进行以达成共识，参与者均是专家
失效模式、影响和危害度分析法	分析各个模块可能存在的故障（如断电）、严重程度（如需30min恢复）以及发生概率（如1%）
流程图分析法	针对每一阶段、每一环节发现风险，组织规模越大，流程越复杂，该方法越有优越性，但依赖于专业人员水平
马尔科夫分析法	未来的状态仅取决于现在的状态，涉及数学建模以及计算机程序辅助
风险评估系图法	风险可能性、影响程度、优先次序
情景分析法	情景包括：最佳、最差、期望等； 结果包括：后果（定性）、可能性（定量）
敏感性分析法	某因素（如GDP）变动一定幅度对另一个因素（如企业效益）的影响
事件树分析法	发生故障（初因事件，如爆炸）、减轻后果的事件（火灾–洒水–火警）及其概率
决策树法	某个待决策的方案、之后可能发生的事件及其概率（销路好或销路差的概率）、期望值（赚取的利润）
统计推论法	前推（时间维度：历史推未来）、后推（因果维度：已知推未知，初始事件有因果联系）、旁推（类似项目）

第二，优缺点辨析。

第一组：头脑风暴法和德尔菲法。

头脑风暴法	德尔菲法
不一定是专家	必须是专家
速度快，且易于开展	速度慢（耗时长），但也易于开展（不必聚集）

第二组：情景分析法和敏感性分析法。

情景分析法	敏感性分析法
起点：不同情景	起点：某个因素增减一定幅度
终点：后果和可能性	终点：被影响因素的变化率
定性+定量方法	定量方法

第三组：事件树分析法和决策树法。

事件树分析法	决策树法
起点：某一初始事件	起点：某个待决策方案
终点：该事件的后续结果和概率	终点：该决策方案的期望收益
定性+定量方法	定量方法

第三，定性、定量辨析。

风险管理技术与方法的定性、定量总结：

风险管理技术和方法	定性	定量
头脑风暴法	√	—
德尔菲法	√	—
失效模式、影响和危害度分析法	√	√
流程图分析法	√	—
马尔科夫分析法	—	√
风险评估系图法	√	—
情景分析法	√	√
敏感性分析法	—	√
事件树分析法	√	√
决策树法	—	√
统计推论法	—	√

第四，各阶段适用性辨析。

风险管理技术与方法在风险评估各阶段的适用性：

方法	风险辨识	风险分析	风险评价
头脑风暴法	●	○	○
德尔菲法	●	○	○
失效模式、影响和危害度分析法	●		
流程图分析法	●		
马尔科夫分析法	○	●	
风险评估系图法	●	●	○
情景分析法	●	●	○
敏感性分析法	●	●	○
事件树分析法		●	
决策树法		●	○
统计推论法	○	●	○

（●表示非常适用，○表示适用，空白表示不适用）。

典例研习·7-18 单项选择题

甲公司是一家化工企业，每年都对设备进行检修。甲公司在对设备故障风险进行分析时，先将设备运行情况划分为几种情景状态，然后用随机转移矩阵描述这几种状态之间的转移，最后用计算机程序计算出每种状态发生的概率。甲公司采用的这种风险管理方法是（　　）。

A.事件树分析法　　B.马尔科夫分析法

C.失效模式、影响和危害度分析法　　D.情景分析法

斯尔解析 本题考查的是风险管理方法类型的辨析。如果系统未来的状况仅取决于其现在的状况，那么就可以使用马尔科夫分析（Markov Analysis）。这种分析通常用于对那些存在多种状态（包括各种降级使用状态）的可维修复杂系统进行分析。马尔科夫分析是一项定量技术，可以是不连续的（利用状态间变化的概率）或者连续的（利用各状态的变化率）。马尔科夫分析方法主要围绕“状态”这个概念展开。随机转移概率矩阵可用来描述状态间的转移，以便计算各种输出结果，选项B当选。

本题答案 B

典例研习·7-19 单项选择题

秋天就要到了，又是一年“贴秋膘”的时候。为了让消费者放心“贴秋膘”，吃得开心吃得尽兴，甲公司决定在近期推出一款可以“刮油”的普洱茶饮品。根据市场部门的预测，该饮品销路好的概率为70%，销路差的概率为30%。据此，甲公司计算出多个备选方案，并根据在该饮品销路不确定情况下净现值的期望值，选择出最优方案。关于甲公司所采用的风险管理技术与方法，下列说法错误的是（　　）。

A.该方法是一种适用于对不确定性投资方案期望收益的定量分析方法

B.该方法能够计算得到一种情形最优的路径

C.该方法开始于初因事项或是最初决策，同时由于可能发生的事项及可能作出的决策，它需要对不同路径和结果进行建模

D.该方法的初始事项需要进行识别，这可能需要使用其他分析方法

斯尔解析 本题考查的是风险管理方法类型的辨析以及观点判断。甲公司所采用的风险管理技术与方法是决策树法。因此，选项ABC的描述均正确，不当选。选项D描述的是事件树的缺点，而对于决策树而言，其初始事项是一个确定事件（如推出新饮品），无须使用其他方法进行分析，因此选项D当选。

本题答案 D

典例研习·7-20 多项选择题

格勒公司是一家电子设备制造服务商，采用失效模式、影响和危害度分析法进行设计和生产过程的管理和监控，在利用了这种风险管理方法之后，格勒公司可在设计的产品真正投产之前，发现产品缺陷，提高产品质量。下列属于失效模式、影响和危害度分析法优点的有（　　）。

A.速度较快并易于开展

B.能够计算出具有维修能力和多重降级状态的系统的概率

C.识别单个失效模式以适合系统安全的需要

D.能够在设计初期发现问题，因而避免了开支较大的设备改造

斯尔解析 本题考查的是失效模式、影响和危害度分析法。该方法的主要优点：（1）广泛适用于人力、设备和系统以及硬件、软件和程序失效模式的分析；（2）识别组件失效模式及其原因和对系统的影响，同时用可读性较强的形式表达出来；（3）能够在设计初期发现问题，因而避免了开支较大的设备改造（选项D当选）；（4）识别单个失效模式以适合系统安全的需要（选项C当选）。选项A属于头脑风暴法的优点。选项B属于马尔科夫分析法的优点。

本题答案 CD

典例研习·7-21 多项选择题

受国内外各种不确定性因素的影响，餐饮行业的发展进入了一个新阶段。甲餐饮公司从定性和定量的角度，按照很好、较好、一般、较差4种不同的假设条件，预测公司本年度将面临的各种不确定因素以及由此给公司带来的各种不同后果。下列各项关于甲公司所使用分

析方法的表述中，不正确的有（　　）。

A.在周期较短及数据充分的情况下，可以从现有情景中推断出可能出现的情景

B.在存在较大不确定性的情况下，可以给出比较精确的模拟结果

C.该方法是对过去发生的事件进行研究

D.情景分析法可用来预计威胁和机遇可能发生的方式

斯尔解析 本题考查的是风险管理技术与方法的辨析。根据题干，判断甲公司所使用的分析方法属于情景分析法。在周期较短及数据充分的情况下，可以从现有情景中推断出未来可能出现的情景。对于周期较长或数据不充分的情况，情景分析法的有效性更依赖于合乎情理的想象力，选项A不当选。在存在较大不确定性的情况下，模拟有些情景可能不够现实，选项B当选。情景分析法是对主要趋势、趋势变化的可能时机以及对未来的预见进行研究，选项C当选。情景分析法可用来预计威胁和机遇可能发生的方式，选项D不当选。

本题答案 BC

典例研习 · 7-22 单项选择题

中海路桥建设公司最近承接了一项跨海大桥建设项目。该公司根据以前完成的一个类似项目的相关数据，并结合环境的变化，对新项目进行风险评估和分析。中海路桥建设公司采用的风险管理办法是统计推论法中的（　　）。

A.正推法　　B.前推法　　C.后推法　　D.旁推法

斯尔解析 本题考查的是风险管理技术与方法的辨析。“该公司根据以前完成的一个类似项目的相关数据，并结合环境的变化，对新项目进行风险评估和分析”体现了旁推法，关键词是“类似项目”，选项D当选。

本题答案 D

典例研习 · 7-23 单项选择题

风险管理的技术与方法有很多，这些方法适用于风险辨识、风险分析及评价等风险评估各阶段，下列不适用于风险辨识阶段的方法是（　　）。

A.决策树法　　B.敏感性分析法　　C.流程图分析法　　D.风险评估系图法

斯尔解析 本题考查的是风险管理技术与方法在风险评估各阶段的适用性。决策树法不适用风险评估中风险辨识阶段，因此选项A当选。

本题答案 A

【斯考卡片】
扫码背重点

至此，公司战略与风险管理的学习已经进行了90%，继续加油呀！

90%

第八章
企业面对的主要风险与应对

学习提要

重要程度： 重点章节

平均分值： 6～8分

考核题型： 客观题、主观题均可考查

本章提示： 本章难度不高，但存在较大的阅读压力和背记压力，只要掌握背记技巧，便可极大减轻复习压力。另外，在本章学习之初，先明确几个背记的原则：第一，记住关键词，无须记原文。第二，各类风险的“影响因素”是背记重点、“主要表现”是次背记重点。第三，各类风险的“应对措施”不是背记重点，对结论有印象、能判断即可

考点精讲

第一节　战略风险与应对

一、战略风险的含义及其影响因素（★）

（一）含义 变

战略风险是指企业在运用各类资源与能力追求发展的过程中，因自身内部环境与外部复杂环境匹配失衡而产生的影响、阻碍战略目标实现的各种因素。

提示：理解战略风险的含义需要把握两个要点。

第一，战略风险基于未发生的各种不确定性事件，已经发生的确定性事件不属于企业战略风险的考虑范围。

第二，虽然影响企业战略的因素很多，但并不是每个可能性事件都构成战略风险，只有当某个事件的偶然发生影响到战略目标实现时，它才成为战略风险。

（二）影响因素

（1）战略环境：政治法律环境、经济环境、社会环境、技术环境、行业状况、竞争对手战略。

（2）战略资源：有形资源、无形资源和人力资源。

（3）战略能力：研发能力、生产管理能力、营销能力、财务能力和组织管理能力。

（4）战略定位：战略目标、企业使命、战略类型和战略实施途径的选择。

（5）领导者的领导力：领导者的决策及管理风格、学识水平、认知能力、阅历经验、风险偏好、知识结构。

二、战略风险的主要表现与应对（★★★）

战略风险主要表现为在战略制定、战略实施、战略调整和战略复盘整改过程中所发生的风险。

（一）战略制定风险与应对

1. 战略制定风险的主要表现

缺乏明确且符合企业发展实际的战略目标，可能导致企业脱离实际盲目发展，难以形成竞争优势，丧失发展机遇和动力。

2. 企业应对战略制定风险的管控措施

为应对企业战略制定过程中的风险，企业应重点关注和采用战略信息收集、战略研究等方面的管控措施。

（1）战略信息收集。

制定战略前，企业战略归口管理部门通过内外部信息渠道广泛收集有关国家政治法律、宏观经济、国内外行业动态、市场发展趋势和竞争对手动态等信息，深入了解、系统剖析企业自身的战略资源与战略能力状况，分析、评估企业内外环境中的重要因素对企业战略造成的影响，明确企业面临的机遇、威胁、优势及劣势，并提交至决策层审阅，为企业制定战略规划提供参考意见及决策支持。

（2）战略研究。

制定战略时，企业应组织专业人员开展研究工作，专业人员主要包括企业内部战略归口管理部门的主要人员、企业内部有丰富战略制定与实施经验的人员、纳入企业战略专家库的人员、企业外部专业战略咨询机构的人员等。经深入分析和反复讨论，形成清晰、全面的战略规划报告，其中包括对企业长期生存与发展具有前瞻性、指导性、全局性的战略定位和相应的实施方案，报决策机构批准。

（二）战略实施风险与应对

1. 战略实施风险的主要表现

（1）战略实施人员缺乏。

没有或缺少战略实施人员的参与，将导致战略实施与经营系统脱节，从而使任何良好的战略都得不到正确、有效的贯彻执行甚至失败。

（2）战略实施组织不力。

①战略信息缺乏真实性、准确性和完整性；战略信息传递不通畅，甚至受阻。

②组织结构与战略不匹配，可能导致战略无法落实到企业经营的各项业务中。

③缺乏充分的激励和充足的资源支持，可能导致战略推进速度缓慢，战略实施效率低下。

2. 企业应对战略实施风险的管控措施

（1）企业应对战略实施人员方面的风险可采取如下管控措施：

①企业应该配置恰当的战略实施人员来推进和实现战略落地，战略实施人员必须具备相关的知识以及能力；企业应制定和实行相应的培养战略实施人才、防止战略实施人才流失的政策。

②战略实施人员应参与企业战略制定、战略实施、战略调整和战略复盘整改的全过程，把握战略风险，进行事前控制、事中控制和事后控制。

（2）企业应对战略实施组织方面的风险可采取如下管控措施：

①改进、完善信息收集、传递系统与机制，保证企业掌握的战略信息真实、准确、完整，并在企业各层级、各单位之间顺畅传递。

②建立、完善与企业战略相匹配的组织结构。相关内容参见第四章第一节中对“与公司战略相适应的组织结构”的阐述。

③战略分解。公司应将战略规划中战略定位的相关内容通过经营计划层层分解落实到各级经营管理活动中，同时开展广泛的宣导工作，把战略及其分解落实情况传递到各个管理层和全体员工。

④加强战略激励和资源支持。在战略实施过程中，企业应该明确各层级、各单位人员的战略实施责任，制定并实行相应的激励措施，提供足够的支持战略实施的资源，以提高战略实施的效率和效果。

（三）战略调整风险与应对

1. 战略调整风险的主要表现

企业在战略实施过程中，如发现现有战略与企业战略环境或自身战略资源、能力不相适应，造成实施效果与战略目标之间出现较大偏差，应及时进行战略调整。

2. 企业应对战略调整风险的管控措施

（1）基于企业战略调整的实际需要，决策层会同战略归口管理部门、战略实施人员在深入研究和谨慎论证的基础上，确定战略调整目标，制定战略调整方案，并经过必要的审批流程传达给相关部门和人员。

（2）决策层组织相关部门和人员，通过一定的程序和机制，采用恰当的措施，落实战略方案，推进并实现战略调整或战略转型。

（四）战略复盘整改风险与应对

1. 战略复盘风险的主要表现

企业如未及时开展战略复盘和整改行动，可能导致企业不能利用机遇、回避威胁，经营陷入困境，甚至破产。

2. 企业应对战略复盘整改风险的管控措施

（1）企业应经常组织战略实施人员、相关专业人员开展战略复盘，对企业战略环境进行严密监测，及时觉察各种重大变化及其苗头的出现，对当前局面及未来趋势进行判断和预测，同时采用多种科学方法，从不同角度对战略实施和战略调整的效果进行检查评估，分析战略成功或失败的原因。

（2）针对在战略复盘中发现的问题及产生问题的原因，企业应及时组织相关部门制定战略整改方案，采取有效措施落实该方案的内容，并对落实的结果和效果进行检查、评估和反馈。

解题高手

命题角度：战略风险的主要表现。

客观题或主观题考点。依据教材例题，这部分内容并未要求背记完整的风险表现形式，仅需记住标题即可。现将各类战略风险的关键词总结如下：

风险类型	关键词
战略制定风险	战略目标不合理，脱离实际，盲目发展
战略实施风险	实施人员缺乏、实施组织不力（信息传递受阻、组织结构不匹配、激励与资源支持不足）
战略调整风险	战略与环境、资源、能力不适应时，未能正确调整（太激进、太保守、方向错、换领导）
战略复盘整改风险	未能及时复盘、整改

第二节　市场风险与应对

一、市场风险的含义及其影响因素（★）

（一）含义 ！变

市场风险是指企业所面对的外部市场的复杂性和变动性所带来的企业经营的不确定性。

（二）影响因素（考虑因素）

（1）产品或服务的价格及供需变化带来的风险；

（2）能源、原材料、配件等物资供应的充足性、稳定性和价格变化带来的风险；

（3）主要客户、主要供应商的信用风险；

（4）利率、汇率、股票价格指数的变化带来的风险；

（5）潜在进入者、竞争者、替代品的竞争带来的风险。

解题高手

命题角度：市场风险影响因素/考虑因素/来源的案例分析。

客观题、主观题高频考点，需要结合关键词进行判断：

原文	关键词
产品或服务的价格及供需变化带来的风险	“竞品出现”“市场供需变化”“客户需求变化”
能源、原材料、配件等物资供应的充足性、稳定性和价格的变化带来的风险	“供货不足”“原材料价格波动”“成本上升”
主要客户、主要供应商的信用风险	“违反约定”“不履行合同”“延迟交货”
潜在进入者、竞争者、与替代品的竞争带来的风险	“竞争激烈”“竞品出现”

二、市场风险的主要表现与应对（★★★）

企业市场风险主要包括两类：市场趋势风险和分销风险。

（一）市场趋势风险与应对

1. 市场趋势风险的主要表现

（1）环境变化：企业未能把握监管当局的政策导向及宏观环境、市场环境的变化，可能导致企业产品、服务的推广及销售受到影响。

（2）行业调研：企业未开展对整体市场、竞争对手的分析以及对不同层次客户需求的调研，未制定有效的市场竞争策略，可能导致企业失去现有市场份额，降低其市场竞争力。

（3）产品竞争力：企业未能预测并适应消费者偏好的变化，从而未能及时调整产品和服务结构，可能导致企业失去核心市场地位。

2. 企业应对市场趋势风险的管控措施

（1）环境变化：企业应当主动识别、管理和应对国家和地方的政策法规中对企业不利的因素，积极与国家和当地政府相关部门建立良好的沟通，及时获知政策导向并采取相应措施。

（2）行业调研：企业应定期开展整体市场趋势、竞争对手分析，运用大数据深入挖掘、掌握各类客户的需求，及时更新市场竞争策略，保持自身经营特色并维护品牌形象，提高企业在市场上的竞争力。

（3）产品竞争力：企业应及时预测市场未来走势并制定应急方案，在企业核心产品的销售量呈下滑趋势时，后续产品应能够及时补位，避免市场占有率下降。

（二）分销风险与应对

1. 分销风险的主要表现

（1）品牌战略：企业未制定完善的品牌战略，未有效细分品牌，未制定有效的品牌管理措施，可能导致企业丧失知名度。

（2）销售计划：企业未能在目标市场实现既定的销售任务，可能导致企业战略目标及经营目标难以落实。

（3）产品定价：企业未能准确把握政府对企业产品定价的要求，可能导致企业违反政府关于对某些产品、服务实行最高零售价、流通差价率、期间费用率控制的要求。

（4）产品结构：企业对核心产品过分依赖，或者企业的产品过于单一，可能导致企业不能通过增加品种提高产品附加值，也不能积极应对市场波动。

（5）渠道管理：企业未能建立分销商评级及监管机制，分销商表现不佳，可能导致公司声誉受到影响。

（6）营销活动：外部市场的改变使现有营销活动丧失吸引力，可能导致企业失去部分或全部市场份额。

（7）客户管理：企业未能建立规范的客户管理体系和客户服务流程，未能有效维护与目标客户的关系，可能导致企业形象受损、客户流失。

2. 企业应对分销风险的管控措施

（1）品牌战略：企业应制定和实施完善的品牌战略，有效传达产品的品牌价值，维护、提高品牌在目标人群中的知名度。

（2）销售计划：企业应制定并完善销售管理流程，合理制订销售计划，定期检查销售计划执行情况，合理安排销售人员的销售任务并制定相应的激励措施，提高销售人员的积极性。

（3）产品定价：企业应遵守、执行政府颁布的价格法规和价格政策，加强对商品定价的科学管理，规范产品及服务定价流程，制定价格保密措施，降低价格不合理或价格信息外泄的风险。

（4）产品结构：企业应定期分析产品结构，合理确定产品种类和品种数量，加强产品开发，对产品生命周期进行有效管理，并根据市场情况及时调整产品结构。

（5）渠道管理：企业应制定并实施有效的渠道管理政策，建立、完善对分销商的评级、监管机制，防范窜货行为，防止出现经销商的不良行为影响企业品牌、声誉和产品销售的现象。

（6）营销活动：企业应根据市场变化制定或及时调整产品营销策略，统筹营销活动，通过有效的产品推广活动及技术手段在市场竞争中巩固、提高市场份额和产品优势。

（7）客户管理：企业应建立完善的客户管理体系、规范的客户服务流程及标准，在保证企业利益的同时满足客户要求，建立、维护与目标客户的有效沟通和良好关系。

解题高手

命题角度：企业面临的市场风险案例分析。

主观题考点。依据教材例题，这部分内容的背记要求较高，需要准确输出市场风险的表现形式。现将各类市场风险表现形式的关键词总结如下：

风险类型	表现形式（要点）	关键词
市场趋势风险	环境变化	未能识别政策与环境变化
	行业调研	未做好市场调研
	产品竞争力	未能识别消费者的需求变化或及时调整产品结构
分销风险	品牌战略	未做好品牌管理
	销售计划	未实现销售任务或目标
	产品定价	违背了规定的定价要求
	产品结构	未能及时调整产品结构
	渠道管理	未做好分销商、经销商、渠道商管理
	营销活动	未做好营销活动
	客户管理	未做好客户管理

提示：分销风险中的“产品结构”与市场趋势风险中的“产品竞争力”可以对应同样的案例原文。

典例研习·8-1 简答题

主营SZ口服液的SZ公司成立于1994年，在成立后的短短三年间，该公司的销售额从1亿多元跃增至80亿元，但到了1997年，SZ公司的销售额比上一年锐减10亿元，第一次出现年度销售任务未完成的情况，造成多项经营目标没有达到。1999年，SZ公司的200多个子公司停业，所有的工作站和办事处几乎全部关闭。2000年，SZ公司网站消失，全国销售近乎停止。SZ公司曾经旋风式的成功和断崖式的坠落，引发人们的深度思考。

1995年，SZ公司处在鼎盛时期，产品供不应求，管理层采取了“销售为王”的政策，没有重视和开展品牌建设、对SZ口服液进行有效的品牌管理，也没有制定客户管理制度和客户服务流程，一些销售人员对客户态度粗暴，服务不周，引起不少客户对公司反感并流失。SZ公司在很短时间内匆匆成立了一个下辖产品营销中心、战区指挥部、子公司、分公司、工作站等五级组织共几百个销售公司的销售总公司，销售人员的数量达到十几万之多。与此同时，SZ公司在没有对市场现状和走势进行深入分析、对竞争对手的竞争策略以及各类客户的需求进行周密调研的情况下，提出未来发展规划：首先，研制出一个成功的拳头产品，并铺开一个庞大的营销网络；其次，在营销网络四处伸展的同时，不断开发出一个又一个新产品，陆续装进这个网络；再次，待每个新产品成熟后，又裂变出一个个营销子网络，最终把SZ公司建设成一个庞大的“生物药品王国”。为了实现这个规划，SZ公司在广告法规执行尚不完善的90年代，宣传SZ口服液能够包治百病；一些分销商为了扩大产品的销售，无限夸大SZ口服液的功效。销售额暴增之后，SZ公司的高管被高额利润冲昏了头脑，既把产品的质量抛诸脑后，又没有适应政府监管趋紧和消费者偏好的变化，及时调整产品结构、开发新产品。进入1997年后，SZ公司及其经销商对SZ口服液的虚假宣传被事实戳穿并遭媒体多次曝光，SZ口服液销量持续大幅下降，SZ公司没能推出后续产品以弥补不断缩小的市场份额，直至市场全部丧失。

要求：

简要分析SZ公司面临的市场风险。

斯尔解析 （1）市场趋势风险。

①企业未开展对整体市场、竞争对手的分析以及对不同层次客户需求的调研，未制定有效的市场竞争策略，可能导致企业失去现有市场份额，降低其市场竞争力。“SZ公司在没有对市场现状和走势进行深入分析、对竞争对手的竞争策略以及各类客户的需求进行周密调研的情况下，提出未来发展规划”“SZ口服液销量持续大幅下降……直至市场全部丧失”。

②企业未能把握监管当局的政策导向及宏观环境、市场环境的变化，可能导致企业产品、服务的推广及销售受到影响。“SZ公司在广告法规执行尚不完善的90年代，宣传SZ口服液能够包治百病”“没有适应政府监管趋紧和消费者偏好的变化，及时调整产品结构、开发新产品”“SZ口服液销量持续大幅下降……直至市场全部丧失”。

③企业未能预测并适应消费者偏好的变化，从而未能及时调整产品和服务结构，可能导致企业失去核心市场地位。“SZ公司……没有适应……消费者偏好的变化，及时调整产品结构、开发新产品”“SZ口服液销量持续大幅下降……直至市场全部丧失”。

（2）分销风险。

①企业未制定完善的品牌战略，未有效细分品牌，未制定有效的品牌管理措施，可能导致企业丧失知名度。“管理层采取了‘销售为王’的政策，没有重视和开展品牌建设、对SZ口服液进行有效的品牌管理”“1999年，SZ公司的200多个子公司停业，所有的工作站

和办事处几乎全部关闭。2000年，SZ公司网站消失，全国销售近乎停止”。

②企业对核心产品过分依赖，或者企业的产品过于单一，可能导致企业不能通过增加品种提高产品附加值，也不能积极应对市场波动。“SZ公司……没有适应……消费者偏好的变化，及时调整产品结构、开发新产品”“SZ口服液销量持续大幅下降，SZ公司没能推出后续产品以弥补不断缩小的市场份额”。

③企业未能建立分销商评级及监管机制，分销商表现不佳，可能导致公司声誉受到影响。“一些分销商为了扩大产品的销售，无限夸大SZ口服液的功效”“SZ公司及其经销商对SZ口服液的虚假宣传被事实戳穿并遭媒体多次曝光”。

④企业未能在目标市场实现既定的销售任务，可能导致企业战略目标及经营目标难以落实。“SZ公司的销售额比上一年锐减10亿元，第一次出现年度销售任务未完成的情况，造成多项经营目标没有达到”。

⑤企业未能建立规范的客户管理体系和客户服务流程，未能有效维护与目标客户的关系，可能导致企业形象受损、客户流失。“SZ公司……没有制定客户管理制度和客户服务流程，一些销售人员对客户态度粗暴、服务不周，引起不少客户对公司反感并流失”。

第三节　财务风险与应对

一、财务风险的含义及其影响因素（★）

（一）含义

财务风险是指企业在生产经营过程中，由于宏观经济、监管政策等外部环境或企业战略目标、管控模式、企业文化等内部因素，导致企业财务相关管理活动不规范或财务成果（收入、利润等）和财务状况（资产、负债、所有者权益）偏离预期目标的不确定性。

（二）影响因素（考虑因素）

企业经营管理与财务相关的业务领域主要包含全面预算管理、筹资管理、资金营运管理、投资管理、财务报告、担保管理，因此分析财务风险的来源应主要考虑以下因素：

（1）因预算编制、执行或考核存在偏差而导致的风险；

（2）因筹资决策不当、筹集资金运用不合理可能引发的风险；

（3）因资金调度不合理、管控不严而导致的风险；

（4）因企业投资决策不当、缺乏投资实施管控而导致的风险；

（5）因财务报告编制、分析、披露不准确、不完整可能引发的风险；

（6）因企业担保决策失误、监控不当而导致的风险。

二、财务风险的主要表现与应对（★★★）

（一）全面预算管理风险与应对

1. 全面预算相关风险的主要表现

（1）不编制预算或预算不健全，可能导致企业经营缺乏约束或盲目经营。

（2）预算目标不合理、编制不科学，可能导致企业资源浪费或发展战略难以实现。

（3）预算缺乏刚性、执行不力、考核不严，可能导致预算管理流于形式。

2. 企业应对全面预算管理风险的管控措施。

企业应对全面预算管理风险，应重点关注预算编制与下达、预算指标分解和责任落实、预算执行、预算分析与调整和预算考核等方面的管控措施。

（1）关于预算编制与下达。

企业应该明确各部门、各下属单位的预算编制责任，确保企业经营、投资、财务等各项经济活动的各个环节都纳入预算编制范围，形成由经营预算、投资预算、筹资预算、财务预算等一系列预算组成的相互衔接和勾稽的综合预算体系。企业应当根据发展战略和年度生产经营计划，综合考虑预算期内经济政策、市场环境等因素，按照上下结合、分级编制、逐级汇总的程序，选择或综合运用固定预算、弹性预算、滚动预算等方法编制年度全面预算，并按照相关法律法规及企业章程的规定报经审议批准。批准后，应当以文件形式下达执行。

（2）关于预算指标分解和责任落实。

企业全面预算批准下达后，各预算执行单位应当认真组织实施，按照定量化、全局性、可控性原则，将预算指标层层分解，从横向和纵向落实到各部门、各环节和各岗位，明确预算执行责任。在层层分解预算指标的同时，将年度预算细分为季度、月度预算，通过实施分期预算控制，实现年度预算目标。

（3）关于预算执行。

企业应当加强资金收付业务的预算控制，及时组织资金收入，严格控制资金支付，调节资金收付平衡，防范支付风险。对于超预算或预算外的资金支付，应当实行严格的审批制度。企业应建立预算执行实时监控制度，及时发现和纠正预算执行中的偏差，确保各项业务运营均应符合预算要求。对于工程项目、对外投融资等重大预算项目，企业应当密切跟踪其实施进度和完成情况，实行严格监控。企业应建立健全预算执行情况内部反馈和报告制度，及时报告、反馈预算执行进度、执行差异及其对预算目标的影响，促进企业全面预算目标的实现。

（4）关于预算分析与调整。

企业应当建立预算执行情况分析制度，充分收集有关财务、业务、市场、技术、政策、法律等方面的信息资料，从定性和定量两个层次分析预算执行情况，在定期的预算执行会议中通报，并及时研究预算执行中存在的问题，提出改进措施，落实改进责任。原则上，企业批准下达的预算应当保持稳定，不得随意调整。但是，当市场环境、国家政策或不可抗力等客观因素导致预算执行发生重大差异确需调整预算的，应由企业预算执行部门逐级向预算管理部门提出书面申请，详细说明预算调整理由、调整建议方案、调整前后预算指标的比较、调整后预算指标可能对企业预算总目标的影响等内容，根据规定程序经审批下达后，予以严格执行。

（5）关于预算考核。

企业应当建立完善的预算执行考核制度，定期组织预算执行情况考核。在考核周期方面，一般与年度预算细分周期相一致，即一般按照月度、季度实施考评，预算年度结束后再进行年度总考核。在考核主体和考核对象界定方面，须做到上级预算责任单位对下级预算责任单位实施考核，预算执行单位的直接上级对其进行考核（间接上级不能隔级考核间接下级），预算执行与预算考核相互分离。在考核指标体系设计方面，采用定量与定性相结合的方式，以各责任中心承担的预算指标为主，增加一些全局性的预算指标和与其关系密切的相关责任中心的预算指标，且考核指标须具备可控性、可达到性和明晰性。在考核执行方面，坚持公开、公平、公正的原则，考核过程及结果应有完整的记录，且奖惩措施要公平合理并得到及时落实。

【学习要点】

（1）原则上，企业批准下达的预算应当保持稳定，不得随意调整。

（2）当市场环境、国家政策或不可抗力等客观因素导致预算执行发生重大差异确需调整预算的，应由企业预算执行部门逐级向预算管理部门提出书面申请，详细说明预算调整理由、调整建议方案、调整前后预算指标的比较、调整后预算指标可能对企业预算总目标的影响等内容，根据规定程序经审批下达后，予以严格执行。

（3）在考核主体和考核对象界定方面，须做到上级预算责任单位对下级预算责任单位实施考核，预算执行单位的直接上级对其进行考核（间接上级不能隔级考核间接下级），预算执行与预算考核相互分离。

（二）筹资管理风险与应对

1. 筹资管理风险的主要表现

（1）筹资决策不当，引发资本结构不合理或无效融资，可能导致企业筹资成本过高或债务危机。

（2）未按审批的筹资方案执行筹资活动，擅自改变资金用途，未及时偿还债务或进行股利分配，可能导致公司发生经济纠纷或诉讼。

2. 企业应对筹资管理风险的管控措施

企业应对筹资管理风险，应重点关注筹资方案可行性论证、筹资方案审批、筹资方案实施与筹资会计系统控制等方面的管控措施。

（1）关于筹资方案可行性论证。

企业应当根据筹资目标和规划，结合年度全面预算，拟订筹资方案，明确筹资金额、筹资形式、利率、筹资期限、资金用途等内容，并组织相关专家对筹资方案进行论证，包括战略评估、经济性评估、风险评估等。重大筹资方案应当形成可行性研究报告，全面反映风险评估情况。

（2）关于筹资方案审批。

企业应当对筹资方案进行严格审批，重点关注筹资用途的可行性和相应的偿债能力。对于重大筹资方案，应当按照规定的权限和程序实行集体决策或者联签制度。筹资方案发生重大变更的，应当重新进行可行性研究并履行相应审批程序。

（3）关于筹资方案实施。

企业应当根据批准的筹资方案，严格按照规定权限和程序筹集资金。仔细审核筹资合同、协议等法律文件，确保其载明筹资数额、期限、利率、违约责任等内容，防止因合同条款的疏漏而给企业带来潜在的不利影响。企业应当严格按照筹资方案确定的用途使用资金，由于市场环境变化等确须改变资金用途的，应当履行相应的审批程序。同时，企业应当加强债务偿还和股利支付环节的管理，按照筹资方案或合同约定的本金、利率、期限、汇率及币种，准确计算应付利息，与债权人核对无误后按期支付；对于以股票方式筹资的，应当选择合理的股利分配政策，且股利分配方案应当经过股东会批准，并按规定履行披露义务。

（4）关于筹资会计系统控制。

企业应健全筹资业务的记录、凭证和账簿，按照国家统一会计准则制度，正确核算和监督资金筹集、本息偿还、股利支付等相关业务，妥善保管筹资合同或协议、收款凭证、入库凭证等资料，定期与资金提供方进行账务核对，确保筹资活动符合筹资方案的要求。

【学习要点】

（1）重大筹资方案应当形成可行性研究报告，全面反映风险评估情况。

（2）对于重大筹资方案，应当按照规定的权限和程序实行集体决策或者联签制度。筹资方案发生重大变更的，应当重新进行可行性研究并履行相应审批程序。

（3）企业应当严格按照筹资方案确定的用途使用资金，由于市场环境变化等确须改变资金用途的，应当履行相应的审批程序。

（4）对于以股票方式筹资的，应当选择合理的股利分配政策，且股利分配方案应当经过股东（大）会批准，并按规定履行披露义务。

（三）资金营运管理风险与应对

1. 资金营运活动风险的主要表现

（1）资金调度不合理、营运不畅，可能导致企业陷入财务困境或资金冗余。

（2）资金活动管控不严，可能导致资金被挪用、侵占、抽逃或遭受欺诈。

2. 企业应对资金营运管理风险的管控措施

企业应对资金营运管理风险，应重点关注资金收付、现金管理、银行账户管理、票据与印章管理、费用报销等方面的管控措施。

（1）关于资金收付。

企业应当以业务发生为基础，严格规范资金的收支条件、程序和审批权限，确保资金收付有依据。

企业在生产经营及其他业务活动中取得的资金收入应当及时入账，不得账外设账，严禁收款不入账、设立“小金库”。

企业办理资金支付业务，应当明确支出款项的用途、金额、预算、限额、支付方式等内容，并附原始单据或相关证明，履行严格的授权审批程序后，方可安排资金支出。

严格规定出纳人员根据资金收付凭证登记日记账，会计人员根据相关凭证登记有关明细分类账，主管会计登记总分类账，健全并严格执行稽核、盘点制度，确保账证相符、账账相符、账表相符、账实相符。

（2）关于现金管理。

企业应当建立健全现金管理制度，规定库存现金缴存机制，现金开支范围及限额，规定现金业务的授权批准方式、权限、程序、责任和相关控制措施。确保现金交易事项都经适当授权审批，且被准确、完整地记录在适当的会计期间。企业应定期执行库存现金盘点，如发现盘盈、盘亏情况，应及时调查原因，进行账务处理。

（3）关于银行账户管理。

企业应明确银行账户开立、变更和撤销的流程，确保相关操作在完成适当的授权审批后才可执行。企业应定期开展银行对账，编制银行存款余额调节表，确保相关收付款交易均被真实、准确、完整地记录在适当的会计期间。同时，企业应定期开展银行账户清理，及时关闭闲置账户。

（4）关于票据与印章管理。

企业应当严格贯彻不相容职务分离的原则，严禁将办理资金支付业务的相关印章和票据集中一人保管，印章要与空白票据分管，财务专用章要与企业法人章分管。明确各类票据购买、保管、领用、背书转让、注销等环节的职责权限和处理程序，并专设登记簿进行记录，防止空白票据的遗失和被盗用。确认企业票据的开立、使用和印章使用等经过适当的授权审批，确保企业资金安全。

（5）关于费用报销。

企业应当建立、健全费用报销管理制度，明确报销申请审批流程，确保所有费用报销事项经过适当的审批，费用报销金额准确、合理，费用报销原始凭证真实、完整、有效。同时，费用报销业务应及时反映在会计记录中，以保障财务报告的准确、完整。

【学习要点】

（1）企业在生产经营及其他业务活动中取得的资金收入应当及时入账，不得账外设账，严禁收款不入账、设立“小金库”。

（2）严格规定出纳人员根据资金收付凭证登记日记账，会计人员根据相关凭证登记有关明细分类账，主管会计登记总分类账。

（3）企业应定期执行库存现金盘点，如发现盘盈、盘亏情况，应及时调查原因，进行账务处理。

（4）企业应定期开展银行对账，编制银行存款余额调节表，确保相关收付款交易均被真实、准确、完整地记录在适当的会计期间。同时，企业应定期开展银行账户清理，及时关闭闲置账户。

（5）企业应当严格贯彻不相容职务分离的原则，严禁将办理资金支付业务的相关印章和票据集中一人保管，印章要与空白票据分管，财务专用章要与企业法人章分管。

（四）投资管理风险与应对

1. 投资管理相关风险的主要表现

（1）投资决策失误，引发盲目扩张或丧失发展机遇，可能导致资金链断裂或资金使用效益低下。

（2）未按审批的投资方案执行投资活动，未对投资项目开展有效的后续跟踪和监控，或对投资项目处置不当，可能影响企业投资收益。

2. 企业应对投资管理风险的管控措施

企业应对投资管理风险，应重点关注投资方案可行性论证、投资方案决策、投资方案实施、投资处置与投资会计系统控制等方面的管控措施。

（1）关于投资方案可行性论证。

企业应根据自身发展战略和规划，结合企业资金状况以及筹资可能性，制定投资项目规划，科学确定投资项目，拟定投资方案。企业应当加强对投资方案的可行性研究，重点对投资目标、规模、方式、资金来源、风险与收益等作出客观评价。

（2）关于投资方案决策。

企业应当按照规定的权限和程序对投资项目进行决策审批，其中：

对于股权类投资项目，重点审查投资方案是否合理可行，投资项目是否符合国家产业政策及相关法律法规的规定，是否符合企业整体战略目标和规划，尽调工作是否充分、尽调发现的问题及风险是否可控、投资目标能否达成等；

对于期货、债券等金融资产类投资，重点审查是否符合企业资产流动性要求，风险等级是否符合企业风险承受能力，是否具有相应的资金能力，投入资金能否按时收回，预期收益能否实现等。

重大投资项目，应当按照规定的权限和程序实行集体决策或者联签制度。投资方案发生重大变更的，应当重新履行相应审批程序。

（3）关于投资方案实施。

企业应该根据审批通过的投资方案，按照规定的权限和程序开展投资合同或协议的审批、签订，并制订切实可行的具体投资计划，报有关部门审批。根据投资计划进度，严格分期、按进度适时投放资金，严格控制资金流量和时间。

对于股权类投资，企业应当指定专门机构或人员对投资项目进行跟踪管理，及时收集被投资方经审计的财务报告等相关资料，定期组织投资效益分析，关注被投资方的财务状况、经营成果、现金流量以及投资合同履行情况，若发现异常情况，应当及时报告并妥善处理。

企业应根据实际需要适时选择部分已完成的重要投资项目开展后评价，总结投资经验，完善企业投资决策机制，提高投资管理水平。

（4）关于投资处置。

企业应该加强投资收回和处置环节的控制，对投资收回、转让、核销等决策和审批程序作出明确规定。重视投资到期本金的回收。转让投资时应由相关机构或人员合理确定转让价格，报授权批准部门批准，必要时可委托具有相应资质的专门机构进行评估。对于到期无法收回需要进行核销的投资，应当取得不能收回投资的法律文书和相关证明文件。

（5）关于投资会计系统控制。

企业应当按照会计准则的规定，准确进行投资的会计处理。根据对被投资方的影响程度，合理确定投资业务适用的会计政策，建立投资管理台账，详细记录投资对象、金额、持股比例、期限、收益等事项，妥善保管投资合同或协议、出资证明等资料。对于被投资方出现财务状况恶化、当期市价大幅下跌等情形的，企业财会机构应当根据国家统一的会计准则和制度规定，合理计提减值准备，确认减值损失。

【学习要点】

（1）重大投资项目，应当按照规定的权限和程序实行集体决策或者联签制度。投资方案发生重大变更的，应当重新履行相应审批程序。

（2）对于股权类投资，企业应当指定专门机构或人员对投资项目进行跟踪管理。

（3）转让投资时应由相关机构或人员合理确定转让价格，报授权批准部门批准，必要时可委托具有相应资质的专门机构进行评估。

（4）对于被投资方出现财务状况恶化、当期市价大幅下跌等情形的，企业财会机构应当根据国家统一的会计准则和制度规定，合理计提减值准备，确认减值损失。

（五）财务报告风险与应对

1. 财务报告相关风险的主要表现

（1）编制财务报告违反会计法律法规和国家统一的会计制度，可能导致企业承担法律责任和声誉受损。

（2）提供虚假财务报告，误导财务报告使用者，造成决策失误，干扰市场秩序。

（3）不能有效利用财务报告，难以及时发现企业经营管理中存在的问题，可能导致企业财务和经营风险失控。

2. 企业应对财务报告风险的管控措施

企业应对财务报告风险，应重点关注财务报告编制、财务报告对外提供、财务报告分析利用等方面的管控措施。

（1）关于财务报告编制。

企业应当重点关注会计政策和会计估计，对财务报告产生重大影响的交易和事项的处理，应当按照规定的权限和程序进行审批；按照国家统一的会计制度规定，根据登记完整、核对无误的会计账簿记录和其他有关资料编制财务报告，做到内容完整、数字真实、计算准确，不得漏报或者随意进行取舍。企业集团应当编制合并财务报表，明确合并财务报表的合并范围和合并方法，如实反映企业集团的财务状况、经营成果和现金流量。

（2）关于财务报告对外提供。

企业应当依照法律法规和国家统一的会计制度的规定，及时对外提供财务报告。企业财务报告编制完成后，应当装订成册，加盖公章，由企业负责人、总会计师或分管会计工作的负责人、财会部门负责人签名并盖章。财务报告须经注册会计师审计的，注册会计师及其所在的事务所出具的审计报告，应当随同财务报告一并提供。企业对外提供的财务报告应当及时整理归档，并按有关规定妥善保存。

（3）关于财务报告分析利用。

企业应当重视财务报告分析工作，充分利用财务报告反映的综合信息，全面分析企业的经营管理状况和存在的问题，不断提高经营管理水平。企业应当分析企业资产分布、负债水平和所有者权益结构，企业各项收入、费用的构成及其增减变动情况，企业经营活动、投资活动、筹资活动现金流量的运转情况。财务分析报告结果应当及时传递给企业内部有关管理层级，充分发挥财务报告在企业生产经营管理中的重要作用。

【学习要点】

企业财务报告编制完成后，应当装订成册，加盖公章，由企业负责人、总会计师或分管会计工作的负责人、财会部门负责人签名并盖章。财务报告须经注册会计师审计的，注册会计师及其所在的事务所出具的审计报告，应当随同财务报告一并提供。企业对外提供的财务报告应当及时整理归档，并按有关规定妥善保存。

（六）担保风险与应对

1. 担保管理相关风险的主要表现

（1）对担保申请人的资信状况调查不深入，审批不严或越权审批，可能导致企业担保决策失误或遭受欺诈。

（2）对被担保人出现财务困难或经营陷入困境等状况监控不力，应对措施不当，可能导致企业承担法律责任。

（3）担保过程中存在舞弊行为，可能导致经办审批等相关人员涉案或企业利益受损。

2. 企业应对担保风险的管控措施

企业应对担保业务风险，应重点关注担保调查评估、担保授权审批、担保合同签订、担保日常监控和担保会计控制等方面的管控措施。

（1）关于担保调查评估。

企业应委派具备胜任能力的专业人员对担保申请人进行全面、客观的调查和评估，重点关注担保业务是否满足国家法律法规和企业担保政策要求、担保申请人资信情况、担保申请人用于担保和第三方担保的资产状况及其权利归属、担保项目经营前景和盈利能力预测等，并形成书面评估报告，全面反映调查评估情况，为后续担保决策提供依据。

（2）关于担保授权审批。

企业应当建立和完善担保授权审批制度，明确授权批准的方式、权限、程序、责任和相关控制措施，在授权范围内进行审批，不得超越权限审批。重大担保业务，应当经董事会或类似权力机构批准。对于被担保人要求变更担保事项的，企业应当重新履行调查评估与审批程序。

（3）关于担保合同签订。

企业应当严格按照经审核批准的担保业务订立担保合同，合同条款中应明确被担保人的权利、义务、违约责任等相关内容，并要求被担保人定期提供财务报告与有关资料，及时通报担保事项的实施情况。担保申请人同时向多方申请担保的，企业应当在担保合同中明确约定本企业的担保份额和相应的责任。

（4）关于担保日常监控。

企业应当对被担保人的经营情况和财务状况进行跟踪和监督，了解担保项目的执行、资金的使用、贷款的归还、财务运行及风险等情况，促进担保合同有效履行，并及时报告被担保人经营困难、债务沉重，或者存在违反担保合同的其他异常情况，以便于及时采取有针对性的应对措施。

（5）关于担保会计控制。

企业应当建立担保事项台账，详细记录担保对象、金额、期限、用于抵押和质押的物品或权利以及其他有关事项，并严格按照国家统一的会计制度进行担保会计处理。若发现被担保人出现财务状况恶化、资不抵债、破产清算等情形，企业应当合理确认预计负债和损失。

【学习要点】

（1）企业应委派具备胜任能力的专业人员对担保申请人进行全面、客观的调查和评估，并形成书面评估报告。

（2）重大担保业务，应当经董事会或类似权力机构批准。对于被担保人要求变更担保事项的，企业应当重新履行调查评估与审批程序。

（3）企业应当对被担保人的经营情况和财务状况进行跟踪和监督，并及时报告被担保人经营困难、债务沉重，或者存在违反担保合同的其他异常情况，以便于及时采取有针对性的应对措施。

（4）若发现被担保人出现财务状况恶化、资不抵债、破产清算等情形，企业应当合理确认预计负债和损失。

典例研习·8-2 简答题

D公司是一家大型生产制造企业，其客户遍布全球20多个国家和地区。2015年上市以来，D公司借着上市的东风，畅通融资途径，增加研发投入和市场投入，大幅提升了公司市场竞争力，发展速度异常迅猛，但在这“光鲜”发展背后，却隐藏着不少财务隐患。

（1）2017年，D公司以非公开发行方式募集资金，经批准的筹资方案中列明筹资用途为向子公司增资和项目建设。2018年，D公司与A公司签订《设备采购协议》，将募集资金从专户转出并用于向A公司支付设备款，A公司又按照D公司的要求将收到的资金转付给指定供应商，该支付款项已超出公司年度采购预算，但未经额外审批。D公司在年度报告中虚假披露募集资金用途为项目建设，且未存在用途变更。

（2）B公司是D公司的供应商，为了稳定供应渠道，D公司在2017年10月收购了B公司45%的股权，将其转换为自己的关联方。D公司在2017年10—12月向B公司进行了多次采购，并以银行承兑汇票方式支付货款1 000万元（票据承兑银行为资信较差的地方性银行且票据尚未到期），同时财务会计冲销了应付账款，不符合金融资产终止确认条件。D公司未在2017年财务报表中披露与B公司的关联交易信息，导致其披露的2017年度财务报表失真。

（3）为了快速获取收益，D公司持续增加金融资产投资，于2018年2月买入5 000万元的F公司可转换债券，到期日为2022年2月。该笔投资未经充分的评估测算且投资款支付时未经授权审批，造成资金的违规支付。2020年12月，F公司由于经营不善导致破产，该笔债券投资无法兑付，导致D公司遭受巨大亏损。

（4）D公司业务50%以上以境外销售为主，境外销售交易通常采用美元、欧元、日元等外币结算，汇率波动将直接对公司的经营业绩产生影响。2021年受全球宏观经济波动、疫情反复、贸易摩擦等多种因素叠加的影响，外币汇率有较大波动，而D公司对汇率波动预估不足，未能及时采取有效措施管控汇率波动风险，造成公司年度汇兑损失高达1 000万元。

要求：

简要分析D公司的财务风险的主要表现。

斯尔解析 （1）筹资管理风险：未按审批的筹资方案执行筹资活动，擅自改变资金用途。“D公司……经批准的筹资方案中列明筹资用途为向子公司增资和项目建设。2018年，D公司将募集资金从专户转出并用于向A公司支付设备款，A公司又按照D公司的要求将收到的资金转付给指定供应商”。

（2）全面预算管理风险：预算缺乏刚性、执行不力、考核不严，可能导致预算管理流于形式。“A公司……该支付款项已超出公司年度采购预算，但未经额外审批”。

（3）财务报告风险：编制财务报告违反会计法律法规和国家统一的会计制度；提供虚假财务报告。“D公司在年度报告中虚假披露募集资金用途为项目建设，且未存在用途变更”“D公司……向B公司进行了多次采购，以银行承兑汇票方式支付货款1 000万元（票据承兑银行为资信较差的地方性银行且票据尚未到期），同时财务会计冲销了应付账款，不符合金融资产终止确认条件……未在2017年财务报表中披露与B公司的关联交易信息，导致其披露的2017年度财务报表失真”。

（4）投资管理风险：投资决策失误，引发盲目扩张或丧失发展机遇，可能导致资金链断裂或资金使用效益低下；未按审批的投资方案执行投资活动，未对投资项目开展有效的后续跟踪和监控，或对投资项目处置不当，可能影响企业投资收益。“D公司……买入5 000万元的F公司可转换债券……该笔投资未经充分的评估测算且投资款支付时未经授权审批，造成资金的违规支付……F公司由于经营不善导致破产，该笔债券投资无法兑付，导致D公司遭受巨大亏损”。

（5）资金营运管理风险：资金调度不合理、营运不畅，可能导致企业陷入财务困境；资金活动管控不严，可能导致资金被挪用、侵占、抽逃或遭受欺诈。“该笔投资未经充分的评估测算且投资款支付时未经授权审批，造成资金的违规支付……投资无法兑付，导致D公司遭受巨大亏损”“D公司对汇率波动预估不足，未能及时采取有效措施管控汇率波动风险，造成公司年度汇兑损失高达1 000万元”。

第四节　运营风险与应对

一、运营风险的含义及其影响因素（★）

（一）含义

运营风险是指企业在运营过程中，由于内外部环境的复杂性和变动性以及主体对环境的认知能力和适应能力的有限性，导致运营失败或使运营活动达不到预期目标的可能性及损失。

（二）影响因素（考虑因素）

（1）企业产品结构、新产品研发可能引发的风险；

（2）企业新市场开发、市场营销策略（包括产品或服务定价与销售渠道、市场营销环境状况等）可能引发的风险；

（3）企业组织效能，管理现状，企业文化及高、中层管理人员和重要业务专业人员的知识结构，专业经验等可能引发的风险；

（4）质量、安全、环保、信息安全等管理中发生失误导致的风险；

（5）因企业内、外部人员的道德缺失和不当行为导致的风险；

（6）因业务控制系统失灵导致的风险；

（7）给企业造成损失的自然灾害等风险；

（8）对企业现有业务流程和信息系统操作运行情况的监管、运行评价及持续改进的能力不足可能引发的风险。

解题高手

命题角度：运营风险影响因素/考虑因素/来源的案例分析。

客观题或主观题考点，有一定难度，可结合关键词判断是否属于运营风险：

原文	关键词
产品结构、新产品研发方面可能引发的风险	“竞争力不强”“在消费者心中是低端形象”“实施多元化重心转移”
新市场开发，市场营销策略方面可能引发的风险	“渠道”“广告”“营销模式”“市场竞争加剧”“市场份额有限”等
组织效能、管理状况、企业文化，高、中层管理人员和重要业务流程中专业人员的知识结构、专业经验等方面可能引发的风险	“管理层认为”“专家们决定”“人员经验不足”“未能很好贯彻管理层的想法”等

续表

原文	关键词
因内、外部人员的道德风险或业务控制系统失灵导致的风险	"利益冲突" "权力斗争" "考核指标冲突" "商业秘密泄露" "舞弊" 等
现有业务流程和信息系统操作运行情况的监管、运行评价及持续改进能力方面引发的风险	"系统崩溃" "系统运行不畅" "未能审时度势/充分调研" "未能及时调整" "业务流程不顺畅" "未能持续改进"

二、运营风险的主要表现与应对（★★★）

（一）组织架构风险与应对

1. 组织架构管理相关风险的主要表现

（1）治理结构形同虚设，缺乏科学决策、良性运行机制和执行力，可能导致企业经营失败，难以实现发展战略。

（2）组织机构设置不科学，权责分配不合理，可能导致机构重叠、职能交叉或缺失、推诿扯皮、运行效率低下等问题。

2. 企业应对组织架构风险的管控措施

（1）关于组织架构设计。

企业应当依法合规，严格按照国家有关法律法规、股东会决议和企业章程，结合企业具体实际情况，明确股东会、董事会、监事会、经理层和企业内部各层级机构设置、岗位设置、职责权限、任职条件、人员编制、工作程序和相关制度要求，避免职能交叉、缺失或权责过于集中，确保决策、执行和监督相互分离，形成权责分明、协调运转、有效制衡的组织机构。

企业在岗位权限设置和分工安排环节，要坚持不相容职务分离原则，确保可行性研究与决策审批、决策审批与执行、执行与监督检查等不相容职务分离。

（2）关于组织架构运行。

企业应当基于组织架构的设计规范，对企业现有治理结构和内部机构设置进行全面梳理，确保治理结构、内部机构设置和运行机制等符合现代企业制度要求。

企业梳理治理结构时，应重点关注董事、监事、经理及其他高级管理人员的任职资格和履职情况，以及董事会、监事会和经理层的运行效果。

企业梳理内部机构设置，应重点关注内部机构设置的合理性和运行的高效性等。

企业的重大事项决策、重大项目安排、重要人事任免及大额资金使用等，须按照规定的权限和程序实行集体决策审批或者联签制度。

（3）关于组织架构优化调整。

企业应当定期对组织架构设计与运行的效率和效果进行全面评估，对于发现的组织架构设计与运行存在的缺陷，应及时进行优化调整。企业组织架构调整需充分听取董事、监事、高级管理人员和其他员工的意见，按照规定的权限和程序进行决策审批。

【学习要点】

（1）企业在岗位权限设置和分工安排环节，要坚持不相容职务分离原则，确保可行性研究与决策审批、决策审批与执行、执行与监督检查等不相容职务分离。

（2）企业的重大事项决策、重大项目安排、重要人事任免及大额资金使用等，须按照规定的权限和程序实行集体决策审批或者联签制度。

（3）企业组织架构调整需充分听取董事、监事、高级管理人员和其他员工的意见，按照规定的权限和程序进行决策审批。

（二）人力资源风险与应对

1. 人力资源管理相关风险的主要表现

（1）人力资源缺乏或过剩、结构不合理、开发机制不健全，可能导致企业发展战略难以实现。

（2）人力资源激励约束制度不合理、关键岗位人员管理不完善，可能导致人才流失、经营效率低下或关键技术、商业秘密和国家机密泄露。

（3）人力资源退出机制不当，可能导致法律诉讼或企业声誉受损。

2. 企业应对人力资源风险的管控措施

（1）关于人力资源规划与选聘。

企业可根据人力资源总体规划，结合生产经营实际需要，制订年度人力资源需求计划，并按照计划、制度和程序，组织人力资源选聘活动。企业应遵循公开、公平、公正的原则，通过公开招聘、竞争上岗等多种方式选聘优秀人才，并依法签订劳动合同，建立劳动用工关系。

涉及关键技术、知识产权、商业秘密或国家机密的岗位，企业应与员工签订保密协议，明确保密义务。通过建立选聘人员试用期和岗前培训制度，对试用期人员进行严格考察，以使选聘人员全面了解岗位职责，掌握岗位基本技能，适应工作要求。

（2）关于人力资源开发。

企业应建立员工长效培训机制，紧紧围绕企业战略需求和业务现状，积极开展科学、系统的员工培训，对员工的职业生涯规划进行跟踪和指导，加强后备人才队伍建设。企业应实行关键岗位员工定期轮岗制度，以全面提升员工素质，推动全体员工的职业技能持续提升，进而提高企业的管理效能。

（3）关于人力资源激励与约束。

企业应遵循可持续性、公平性、多样性的原则，构建人力资源的激励约束机制，建立科学合理的绩效管理体系，促进薪酬激励与员工贡献相协调，确保员工队伍的积极性与持续优化。企业应当从公司章程、合同制定、员工偏好等方面，建立人力资源的约束机制，最大限度地调动员工积极性和主动性。

（4）关于人力资源退出。

企业应按照相关法律法规，并结合实际情况，建立健全员工退出（辞职、解除劳动合同、退休等）机制，明确退出的条件和程序，确保员工退出机制有效运行。企业可依据绩效考核结果、裁员政策等，对未达到要求的员工，视情况采取降职、转岗、转岗培训、解雇等不同程度的措施。企业应当与退出员工依法约定保守关键技术、商业秘密、国家机密和竞业限制的期限，确保知识产权、商业秘密和国家机密的安全；关键岗位人员离职前，须根据有关法律法规的要求进行工作交接或离任审计。

【学习要点】

（1）通过建立选聘人员试用期和岗前培训制度，对试用期人员进行严格考察，以使选聘人员全面了解岗位职责，掌握岗位基本技能，适应工作要求。

（2）企业可依据绩效考核结果、裁员政策等，对未达到要求的员工，视情况采取降职、转岗、转岗培训、解雇等不同程度的措施。

（3）关键岗位人员离职前，须根据有关法律法规的要求进行工作交接或离任审计。

典例研习·8-3 单项选择题

昂丽公司是一家服装上市公司，主营服装的设计、制造和销售。下列选项中，不属于该公司人力资源需要关注的风险是（　　）。

A.面料事业部管理人员缺乏，导致昂丽公司的发展战略难以实现

B.昂丽公司收到离职员工发来的律师函

C.昂丽公司疏于对关键服装设计人员的管理，保密意识不强，导致公司的设计稿流传至竞争对手公司

D.最新一季的服装质量低劣，使昂丽公司形象受损

斯尔解析 本题考查的是人力资源相关的风险。企业人力资源管理需关注的风险包括：（1）人力资源缺乏或过剩、结构不合理、开发机制不健全，可能导致企业发展战略难以实现（选项A符合，不当选）。（2）人力资源激励约束制度不合理、关键岗位人员管理不完善，可能导致人才流失、经营效率低下或关键技术、商业秘密和国家机密泄露（选项C符合，不当选）。（3）人力资源退出机制不当，可能导致法律诉讼或企业声誉受损（选项B符合，不当选）。产品质量低劣，侵害消费者利益，可能导致企业巨额赔偿、形象受损，甚至破产，属于公司履行社会责任时需要关注的主要风险，因此选项D当选。

本题答案 D

（三）社会责任风险与应对

1.社会责任管理相关风险的主要表现

（1）安全生产措施不到位，责任不落实，可能导致企业发生安全事故。

（2）产品质量低劣，侵害消费者利益，可能导致企业巨额赔偿、形象受损，甚至破产。

（3）环境保护投入不足，资源耗费大，造成环境污染或资源枯竭，可能导致企业巨额赔偿，缺乏发展后劲，甚至停业。

（4）促进就业和员工权益保护不够，可能导致员工积极性受挫，影响企业发展和社会稳定。

2. 企业应对社会责任风险的管控措施

（1）关于安全生产管理。

企业应根据国家有关安全生产的规定，结合实际情况，建立严格的安全生产管理体系、操作规程和应急预案，强化安全生产责任追究制度，确保安全生产责任有效落实。企业应建立健全检查监督机制，设立安全管理部门和安全监督机构，负责企业安全生产的日常监督管理工作，确保各项安全措施落实到位。企业日常需加强对生产设备的经常性维护，及时排除安全隐患，采用多种形式增强员工安全意识，对特殊岗位实行资格认证制度，将安全生产风险关口前移，降低安全生产风险发生的可能性。若发生生产安全事故，企业应及时启动应急预案，按照"排除故障，减轻损失，追究责任"的工作环节进行妥善处理。当企业发生重大生产安全事故时，应按照国家有关规定及时报告，严禁迟报、谎报和瞒报。

（2）关于产品质量管理。

企业应根据国家和行业对产品质量的要求，规范生产流程，建立严格的产品质量控制和检验制度，以提高产品质量和服务水平，对社会和公众负责。企业对售后服务应加强管理，妥善处理消费者提出的投诉和建议，对发现的存在严重质量缺陷的产品，应及时召回或采取有效措施，切实保护消费者权益。

（3）关于环境保护与资源节约管理。

企业须按照国家有关环境保护与资源节约的规定，结合企业实际，建立环境保护与资源节约制度，认真落实节能减排责任，积极开发和使用节能产品，发展循环经济，降低污染物排放，提高资源综合利用效率。企业应对生态和资源保护工作加大人力、物力、财力的投入和技术支持，降低能耗和污染物排放水平。企业应关注国家对产业结构调整的要求，加快高新技术开发和传统产业改造，切实转变发展方式，实现低投入、低消耗、低排放和高效率。企业应通过建立环境保护和资源节约的监控制度，定期开展监督检查，对于发现的问题，及时采取措施。当发生紧急、重大环境污染事件时，企业须启动应急机制，及时报告和处理。

（4）关于员工权益保护。

企业应依据国家法律规定，确保员工享有劳动权利和履行劳动义务，通过保持工作岗位的稳定性，积极促进就业增长，切实履行社会责任。企业应与员工签订并履行劳动合同，及时办理员工社会保险，遵循按劳分配、同工同酬的原则，建立科学的员工薪酬制度和增长机制，按时向员工发放薪酬，足额缴纳社会保险费，保障员工依法享受社会保险待遇，维护社会公平。企业需按照有关规定做好员工的职业健康管理工作，预防、控制和消除职业危害。企业应遵守法定的劳动时间和休息休假制度，加强职工代表大会和工会组织建设，切实保障员工合法权益。企业应尊重员工人格，维护员工尊严，杜绝性别、民族、宗教、年龄等各种歧视，保障员工身心健康。

【学习要点】

（1）对特殊岗位实行资格认证制度，将安全生产风险关口前移，降低安全生产风险发生的可能性。若发生生产安全事故，企业应及时启动应急预案，按照"排除故障，减轻损失，追究责任"的工作环节进行妥善处理。

（2）企业对售后服务应加强管理，妥善处理消费者提出的投诉和建议，对发现的存在严重质量缺陷的产品，应及时召回或采取有效措施，切实保护消费者权益。

（3）当发生紧急、重大环境污染事件时，企业须启动应急机制，及时报告和处理。

典例研习 · 8-4 多项选择题

下列关于企业社会责任的管控措施中，正确的有（　　）。

A.企业应采用多种形式增强员工安全意识，对所有岗位实行资格认证制度

B.企业应及时办理员工社会保险，保障员工依法享受社会保险待遇

C.若发现市场上存在严重质量缺陷的产品，企业应及时查明原因并开展内部问责

D.当发生紧急、重大环境污染事件时，企业须启动应急机制，及时报告和处理

斯尔解析 本题考查的是与履行社会责任有关的管控措施。采用多种形式增强员工安全意识，对特殊岗位实行资格认证制度，将安全生产风险关口前移，降低安全生产风险发生的可能性，选项A不当选。企业对售后服务应加强管理，妥善处理消费者提出的投诉和建议，对发现的存在严重质量缺陷的产品，应及时召回或采取有效措施，选项C不当选。

本题答案 BD

（四）企业文化风险与应对

1. 企业文化管理相关风险的主要表现

（1）缺乏积极向上的企业文化，可能导致员工丧失对企业的信心和认同感，企业缺乏凝聚力和竞争力。

（2）缺乏开拓创新、团队协作和风险意识，可能导致企业发展目标难以实现，影响可持续发展。

（3）缺乏诚实守信的经营理念，可能导致舞弊事件的发生，造成企业损失，影响企业信誉。

（4）忽视企业间的文化差异和理念冲突，可能导致并购重组失败。

2. 企业应对企业文化风险的管控措施

（1）关于企业文化建设。

企业应根据发展战略和实际情况，培育具有自身特色的企业文化，树立企业品牌，形成整体团队的向心力，促进企业长远发展。企业应确定文化建设的目标和内容，形成企业文化规范，作为员工行为守则的重要组成部分。

企业管理层应积极发挥示范作用，带动影响整个团队，促进文化建设在内部各层级的有效沟通。企业应加强企业文化的宣传贯彻和对员工的文化教育和熏陶，增强员工的责任感和使命感，全面提升员工的文化修养和内在素质，共同营造积极向上的企业文化环境。

对于并购企业，企业需重视并购重组后的文化建设，平等对待被并购方的员工，促进并购双方的文化融合。

（2）关于企业文化评估。

企业应建立文化评估制度，明确评估的内容、程序和方法，落实评估责任，确保企业文化建设效果落到实处。企业文化评估工作，应重点关注企业治理机构在企业文化建设中的责任履行情况、全体员工对企业核心价值观的认同感、企业经营管理行为与企业文化的一致性、企业品牌的社会影响力、参与企业并购重组各方文化的融合度，以及员工对企业未来发展的信心。企业可充分利用企业文化的评估结果，针对评估过程中发现的问题，研究影响企业文化建设的不利因素，分析深层次的原因，及时采取措施加以改进。

【学习要点】

（1）企业管理层应积极发挥示范作用，带动影响整个团队，促进文化建设在内部各层级的有效沟通。

（2）对于并购企业，企业需重视并购重组后的文化建设，平等对待被并购方的员工，促进并购双方的文化融合。

（五）采购业务风险与应对

1. 采购业务管理相关风险的主要表现

（1）采购计划安排不合理，市场变化趋势预测不准确，造成库存短缺或积压，可能导致企业生产停滞或资源浪费。

（2）供应商选择不当，采购方式不合理，招投标或定价机制不科学，授权审批不规范，可能导致采购物资质次价高，出现舞弊或遭受欺诈。

（3）采购验收不规范，付款审核不严，可能导致采购物资和资金的损失或信用受损。

2. 企业应对采购业务风险的管控措施

（1）关于采购需求和计划管理。

企业应规范采购需求计划和采购计划的编制流程。

在制订年度生产经营计划过程中，企业应根据外部市场环境和发展目标的实际需要科学安排采购，将采购计划纳入采购预算管理。采购部门应严格审核需求部门提出的需求计划，进行归类汇总、平衡现有库存后，统筹安排采购计划。

企业应通过建立采购申请制度，确定归口管理部门，明确相关部门或人员的职责权限，规范请购和审批流程。具有请购权的部门，须严格按照预算执行进度办理请购手续，并根据市场变化提出合理采购申请。

采购管理部门审核采购申请时，需重点关注申请单内容是否符合生产经营需要、采购计划及其是否在采购预算范围内，切实提高采购效率，降低采购成本。

（2）关于采购供应商管理。

企业应制定供应商评估和准入管理制度，通过对供应商的资信审查，确定合格供应商清单，与选定的供应商签订质量保证协议。企业应建立供应商管理制度，对供应商的服务质量、报价、交货的及时性、供货条件及其资信、经营状况等进行管理和持续性综合评价。根据评价结果对供应商进行合理选择和动态调整，对于有失信行为的供应商，应及时从供应商清单中移除。

（3）关于采购过程管理。

企业应在采购制度中明确采购方式，根据市场情况和采购计划合理选择采购方式，一般分为招标采购、询比价采购、集中采购等方式。对于大宗采购，企业通常采用招投标方式，应合理确定招投标的范围、标准、实施程序和评标规则。

企业应建立采购物资定价机制，根据适用的采购方式科学确定采购价格，避免采购物资质次价高。企业应根据确定的供应商、采购方式、采购价格等拟订采购合同，准确编写合同条款，明确双方权利、义务和违约责任，按照规定权限签订采购合同。企业应对拟签订框架协议的供应商主体资格和信用状况等进行风险评估，以确保供应商具备履约能力。

企业应建立严格的采购验收制度，确定验收方式，由专门的验收机构或验收人员按照合同规定，对采购项目的品种、规格、数量、质量等进行验收，并出具验收证明。若验收过程中发现异常情况，验收机构或验收人员须立即向供应商反映情况，并向企业相关机构报告。企业须依据采购合同中确定的主要条款，跟踪合同履行情况，对有可能影响生产或工程进度的异常情况，应出具书面报告并及时提出解决方案；对延迟交货或质量问题，企业应按照合同约定处理退换货或索赔等事宜。企业须做好采购各环节的记录，实行全过程采购登记制度或信息化管理，确保采购全过程可追溯。

（4）关于采购付款管理。

企业应建立采购付款制度，规范采购付款申请、审批、资金支付、会计记录等流程。企业对采购预算、合同、相关单据凭证等内容审核无误后，按照合同规定，及时办理采购付款。企业需重视采购付款的过程控制和跟踪管理，对采购发票的真实性、合法性和有效性进行严格审查；发现异常情况，企业应立即终止付款流程，避免出现资金损失；企业应按照合同规定，选择合理的付款方式，防范付款方式不当带来的法律风险，保证资金安全。

企业需定期对大额或长期的预付款项进行追踪核查，对有问题的预付款项，应当及时采取措施。企业应对购买、验收、付款业务对应的会计系统加强控制，详细记录供应商情况、请购申请、入库凭证、商业票据、款项支付等。企业应通过函证等方式，定期与供应商核对往来款项，确保会计记录、采购记录与仓储记录一致。

（5）关于采购业务后评估。

企业应建立采购业务后评估制度，定期对物资采购供应情况进行分析评估，及时发现采购业务的薄弱环节，优化采购流程，将采购业务管理的关键指标纳入绩效考核，促进采购效能的全面提高。

【学习要点】

（1）具有请购权的部门，须严格按照预算执行进度办理请购手续，并根据市场变化提出合理采购申请。

（2）对于大宗采购，企业通常采用招投标方式，应合理确定招投标的范围、标准、实施程序和评标规则。

（3）企业应建立严格的采购验收制度，确定验收方式，由专门的验收机构或验收人员按照合同规定，对采购项目的品种、规格、数量、质量等进行验收，并出具验收证明。

（4）企业对采购预算、合同、相关单据凭证等内容审核无误后，按照合同规定，及时办理采购付款。企业需重视采购付款的过程控制和跟踪管理，对采购发票的真实性、合法性和有效性进行严格审查；发现异常情况，企业应立即终止付款流程，避免出现资金损失。

（5）企业需定期对大额或长期的预付款项进行追踪核查，对有问题的预付款项，应当及时采取措施。

（6）企业应通过函证等方式，定期与供应商核对往来款项，确保会计记录、采购记录与仓储记录一致。

典例研习 · 8-5 多项选择题

下列各项关于企业采购环节管控措施的表述中，错误的有（　　）。

A.采购物资经专门的验收人员验收后，无须出具验收证明

B.企业需定期对大额或长期的预付款项进行追踪核查

C.大宗采购应当采用集中采购方式

D.企业应定期对物资采购供应情况进行分析评估，及时发现采购业务的薄弱环节

斯尔解析 本题考查的是采购业务管控措施。企业应建立严格的采购验收制度，确定验收方式，由专门的验收机构或验收人员按照合同规定，对采购项目的品种、规格、数量、质量等进行验收，并出具验收证明，选项A当选。对于大宗采购，企业通常采用招投标方式，应合理确定招投标的范围、标准、实施程序和评标规则，选项C当选。

本题答案 AC

（六）资产管理风险与应对

1.资产管理相关风险的主要表现

（1）存货积压或短缺，可能导致流动资金占用过量、存货价值贬损或生产中断。

（2）固定资产更新改造不够、使用效能低下、维护不当、产能过剩等，可能导致企业缺乏竞争力、资产价值贬损、安全事故频发或资源浪费。

（3）无形资产缺乏核心技术、权属不清、技术落后、存在重大技术安全隐患等，可能导致企业法律纠纷、缺乏可持续发展能力。

2.企业应对资产管理风险的管控措施

（1）关于存货管理。

企业应当采用先进的存货管理技术和方法，规范存货管理流程，明确存货管理岗位职责权限，确定存货取得、验收入库、原料加工、仓储保管、领用发出、盘点处置等环节的管理要求，充分利用信息系统，强化管理会计、出入库等相关记录，确保存货管理风险得到全过程的有效控制。

①存货取得：在采购预算和采购执行环节，企业应根据存货周转和库存情况合理安排，确保存货处于最佳库存状态。

②验收入库：企业应规范存货验收程序和方法，根据不同类型的存货，有侧重点地对

入库存货的数量、质量、技术规格、来源等进行查验，验收无误方可入库。

③存货保管：企业应当建立存货保管制度，定期对存货保管的重点环节、重要领域进行审查，如存货流动的手续是否齐全、储存的物理环境是否符合要求、特殊代管物品是否单独保管记录、重要存货是否参保等，最大程度地降低存货发生意外损失的风险。

④发出领用：企业需针对存货的发出和领用环节，制定严格的审批流程，对于大批存货、贵重商品或危险品，还应实行特别授权。仓储部门需按照审批的出库通知执行发货程序，详细记录存货入库、出库及库存情况，确保账实相符。

⑤盘点处置：企业需结合实际情况，确定盘点周期、流程，定期盘点和不定期抽查相结合，并在每年底对库存物品进行全面的盘点清查，形成书面报告，对于盘盈、盘亏、毁损、闲置和待报废的存货，应当查明原因，分清责任，落实责任追究，按照规定进行处置。

（2）关于固定资产管理。

企业应当建立固定资产管理体系，按照固定资产的使用情况和用途进行分类，从固定资产的日常管理、折旧、维修保养、抵押管理、盘点清查等方面进行严格规范，不断提升固定资产的使用效能，积极促进固定资产处于良好运行状态。

①日常管理：企业可充分利用信息系统，制定固定资产目录，通过资产编号关联至对应的固定资产卡片，详细记录各项固定资产的来源、验收、使用地点、责任单位和责任人、运转、维修、改造、折旧、盘点等相关内容，实现对固定资产的精细化管理。

②维修保养：企业应当重视固定资产的日常维护保养，制订合理的维护保养与检修计划；对于关键设备的运行情况进行严格监控，规范操作流程。企业应定期对固定资产技术先进性进行评估，结合盈利能力和发展需要，加强固定资产技术改造、升级，延长固定资产使用寿命，优化生产效率。为确保固定资产的安全，企业可建立严格的固定资产投保制度，按照规定程序执行对投保流程的审批，办理相关投保手续。

③抵押处置：企业需每年定期对固定资产进行全面盘点清查，重点关注固定资产的抵押、处置等关键环节，规范固定资产的处置流程、抵押程序和审批权限，防范资产流失。对清查中发现的问题，应当查明原因，追究责任，妥善处理。

（3）关于无形资产管理。

企业应当制定无形资产管理办法，对品牌、商标、专利、专有技术、土地使用权等无形资产进行分类管理，企业应落实无形资产管理责任制，明确各类无形资产的权属关系，及时办理产权登记手续，加强对无形资产的权益保护。当无形资产权属关系发生变动时，企业应当按照规定及时办理权证转移手续。为确保企业核心技术的先进性，企业应当定期评估专利技术等无形资产，及时淘汰落后技术，不断提升自主创新能力，持续推动核心技术提升。企业应加强品牌建设，为客户提供高质量产品和优质服务，提升品牌价值，维护企业商誉和社会认可度。

【学习要点】

（1）企业需针对存货的发出和领用环节，制定严格的审批流程，对于大批存货、贵重商品或危险品，还应实行特别授权。

（2）企业需结合实际情况，确定盘点周期、流程，定期盘点和不定期抽查相结合，并在每年底对库存物品进行全面的盘点清查，形成书面报告。

（3）企业应当重视固定资产的日常维护保养，制订合理的维护保养与检修计划；对于关键设备的运行情况进行严格监控，规范操作流程。

（4）企业应定期对固定资产技术先进性进行评估。

（5）为确保固定资产的安全，企业可建立严格的固定资产投保制度，按照规定程序执行对投保流程的审批，办理相关投保手续。

（6）企业需每年定期对固定资产进行全面盘点清查，重点关注固定资产的抵押、处置等关键环节。

（7）当无形资产权属关系发生变动时，企业应当按照规定及时办理权证转移手续。

（8）为确保企业核心技术的先进性，企业应当定期评估专利技术等无形资产。

典例研习 · 8-6 简答题

秦川公司是一家研发、制造和销售手机设备的上市公司。由于没有掌握核心技术，秦川公司只能从外部购买手机芯片。经测算，手机芯片占秦川公司手机生产成本的40%。秦川公司采购制度规定：每季度初，采购部经理可自行以定向集中采购方式采购本季度生产所需要的数量较大的手机芯片；验收部门负责人对购进芯片的品种、规格和数量进行验收。考虑到手机芯片技术性较强，且采购量较大，验收部门还开展了专业测试。

秦川公司仓库管理制度规定，仓库保管员同时负责登记手机芯片、手机成品等存货明细账，以便对仓库中的所有存货项目的验收入库、领用发出进行记录。其中，对于入库环节，当收到验收部门送交的存货和验收单据后，仓库保管员根据验收单填制入库通知单，并登记存货明细账。对于领用发出环节，仓库保管员根据车间材料员填写的领料单和销售人员填写的销货单发出手机芯片和手机成品。仓库保管员在空闲时间对存货进行必要的实地盘点。

要求：

（1）根据企业应对组织架构风险以及采购业务风险的管控措施，简要分析秦川公司在采购业务环节存在的问题，并提出改进建议。

（2）根据企业应对组织架构风险以及资产管理风险的管控措施，简要分析秦川公司在存货管理环节存在的问题，并提出改进建议。

斯尔解析 （1）①秦川公司采购部经理不得自行以定向集中采购方式采购手机芯片。手机芯片采购是公司重要和技术性较强的采购业务，属于重大事项决策，应当按照规定的权限和程序实行集体决策审批或者联签制度。（提示：本条依据的是组织架构风险的管控措施）

②秦川公司缺乏采购申请制度。秦川公司应依据购买物资或接受劳务的类型，确定归口管理部门，授予相应的请购权，明确相关部门或人员的职责权限及相应的请购和审批程序。

③秦川公司采购手机芯片没有合理选择采购方式。每季度手机芯片购买数量较大，应按大宗采购处理，采用招标方式来采购，合理确定招投标的范围、标准、实施程序和评标规则。

（2）①秦川公司存货的保管和记账职责未进行分离，属于不相容职务。秦川公司应当设置不同的人来担任存货的保管和记账职责。（提示：本条依据的是组织架构风险的管控措施）

②秦川公司未对原材料领取进行审批控制。企业需针对存货的发出和领用环节，制定严格的审批流程，对于大批存货、贵重商品或危险品，还应实行特别授权。仓储部门需按照审批的出库通知执行发货程序，详细记录存货入库、出库及库存情况，确保账实相符。

③秦川公司存货盘点的做法错误。企业需结合实际情况，确定盘点周期、流程，定期盘点和不定期抽查相结合，并在每年底对库存物品进行全面的盘点清查，形成书面报告。

（七）销售业务风险与应对

1. 销售业务相关风险的主要表现

（1）销售政策和策略不当，市场预测不准确，销售渠道管理不当等，可能导致销售不畅、库存积压、经营难以为继。

（2）客户信用管理不到位，结算方式选择不当，账款回收不力等，可能导致销售款项不能收回或遭受欺诈。

（3）销售过程存在舞弊行为，可能导致企业利益受损。

2. 企业应对销售业务风险的管控措施

（1）关于销售策略制定。

企业应全面梳理销售业务流程，完善销售管理的相关制度，确定适当的销售政策和策略。企业可通过收集国家政策和行业信息，研究和预测竞争格局和发展态势，结合企业发展战略和产能情况，设定销售目标，制订销售计划，合理确定定价机制和销售方式。基于市场供需状况和盈利测算等多因素影响，企业对销售策略应适时调整，并需执行相应的审批程序。

（2）关于客户开发与信用管理。

企业需加强维护现有客户，开发潜在目标客户，进行充分的市场调查以确定目标市场，灵活运用营销方式，不断提高市场占有率。企业需建立健全客户信用档案管理，设置客户信用台账，对客户信用进行分级分类管理。企业对新开发的客户应严格执行信用审核和授信管理要求，并持续跟踪和监督客户信用情况，动态更新客户信用档案，关注重要客户资信变动情况，及时采取有效措施，以防范客户信用风险。

（3）关于销售过程管理。

企业应基于对销售目标、利润目标、成本测算、市场状况等的综合考虑，确定产品基准定价，并定期评估其合理性和竞争性，定价和调价均须在规定的权限范围内执行相应的审批程序。企业与客户就商务和技术要求等进行谈判后拟订销售合同，应关注客户信用状况，明确销售定价、结算方式、权利和义务等相关条款。按照相应审批要求对销售合同进行严格审核后方可正式签订，以避免发生疏漏和欺诈。在销售、发货、收款等环节，企业需建立销售台账记录，明确职责和审批权限，按照规定的权限和程序办理销售业务，定期检查分析销售过程中的薄弱环节，采取有效的控制措施，以确保销售目标的实现。

（4）关于销售回款管理。

企业应制定并完善应收款项管理制度，把回款目标的完成情况纳入绩效考核，实行奖惩制度。销售部门负责应收款项的催收，催收记录（包括往来函电）应妥善保存；财会部门负责办理资金结算并监督款项回收。企业对商业票据应加强管控，明确商业票据的受理范围，严格审查商业票据的真实性和合法性，防止票据欺诈。企业需完善对销售、发货和收款的相关会计系统的控制，确保会计记录、销售记录与仓储记录核对一致。

（5）关于客户服务管理。

企业应制定和完善客户服务管理制度，设立专人或部门进行客户服务，跟踪服务质量。企业可安排客户回访，定期或不定期开展客户满意度调查；建立客户投诉管理，记录客户投诉的问题并开展调查分析，提出解决措施；加强销售退回控制，完善研发、生产、质检和销售部门间的沟通协调，不断提升产品质量和服务水平。

【学习要点】

（1）企业对新开发的客户应严格执行信用审核和授信管理要求，并持续跟踪和监督客户信用情况，动态更新客户信用档案，关注重要客户资信变动情况。

（2）按照相应审批要求对销售合同进行严格审核后方可正式签订，以避免发生疏漏和欺诈。

（3）企业应制定并完善应收款项管理制度，把回款目标的完成情况纳入绩效考核，实行奖惩制度。销售部门负责应收款项的催收，催收记录（包括往来函电）应妥善保存；财会部门负责办理资金结算并监督款项回收。

（4）企业需完善对销售、发货和收款的相关会计系统的控制，确保会计记录、销售记录与仓储记录核对一致。

（5）企业应制定和完善客户服务管理制度，设立专人或部门进行客户服务，跟踪服务质量。

（6）企业可安排客户回访，定期或不定期开展客户满意度调查。

（八）研究与开发风险及应对

1. 研发管理相关风险的主要表现

（1）研究项目未经科学论证或论证不充分，可能导致创新不足或资源浪费。

（2）研发人员配备不合理或研发过程管理不善，可能导致研发成本过高、舞弊或研发失败。

（3）研发成果转化应用不足、保护措施不力，可能导致企业利益受损。

2. 企业应对研究与开发风险的管控措施

（1）关于研发项目立项审核与实施。

①研发计划：根据企业发展战略和科技发展规划，企业应结合市场开拓和技术进步要求，科学制订研发计划。

②立项申请与审核：企业需根据研发计划和实际需要，提出项目立项申请，开展可行性研究，对项目资源、经费、技术等进行客观评估论证，编制可行性研究报告。企业可组织内外部专家或专业机构进行评估论证，出具评估意见。

研发项目应按照规定的权限和程序进行审批，重大研发项目应当报董事会或类似权力机构集体审议决策。在研发项目立项阶段，应制订开题计划和报告，以保证项目符合企业需求，同时可明确研发成果应用转化目标，并将其纳入考核指标，积极推动研发项目创新，避免资源浪费。

（2）关于研发项目过程管理。

①日常管理：企业应加强对研发过程的管理，建立研发项目管理制度和技术标准，建立信息反馈和重大事项报告制度，合理配备专业人员，严格落实岗位责任制，跟踪检查研发项目的进展情况，评审各阶段研发成果，及时纠偏，有效规避研发失败风险。

②委外研发：企业研发项目委托外单位承担的，需对其资质等进行严格审核，签订委托研发合同，约定研发成果的产权归属、研发进度和质量标准等相关内容。

③合作研发：企业与其他单位合作进行研发的，需对合作单位进行尽职调查，签订书面的合作研发合同，明确双方投资、分工、权利义务、研发成果产权归属等。

④变更管理：根据项目进展情况、技术发展最新趋势和市场需求等的变化，当发生项目的变更调整、延期、终止等情况时，企业应按照项目管理要求进行相应审批。

⑤验收管理：企业应制定并执行项目验收制度，聘请独立的具有专业胜任能力的人员或机构进行测试和评审，重点关注项目研发目标、技术指标和技术标准等的完成情况，并对经费执行情况进行客观评价，形成验收报告。

（3）关于研发成果转化管理。

企业对于通过验收的研发成果，可委托相关机构进行审查，确认是否申请专利，并及时办理有关专利申请手续，或作为非专利技术、商业秘密等进行管理。企业应加强对研发成果的转化，形成科研、生产、市场一体化的自主创新机制。企业应建立研发成果保护制度，加强对项目研发单位及人员的保密管理，做好研发项目文件资料的保密工作。

（4）关于研发项目评价与监督。

企业应建立研发后评估机制，加强对立项与研究、开发及成果保护等全过程的评估和监督检查，认真总结研发管理经验，分析存在的薄弱环节，完善相关制度和办法，不断提升研发管理水平。

【学习要点】

（1）企业需根据研发计划和实际需要，提出项目立项申请，开展可行性研究，对项目资源、经费、技术等进行客观评估论证，编制可行性研究报告。

（2）研发项目应按照规定的权限和程序进行审批，重大研发项目应当报董事会或类似权力机构集体审议决策。

（3）企业应加强对研发过程的管理，建立研发项目管理制度和技术标准，建立信息反馈和重大事项报告制度。

（4）企业研发项目委托外单位承担的，需对其资质等进行严格审核，签订委托研发合同，约定研发成果的产权归属、研发进度和质量标准等相关内容。

（5）企业与其他单位合作进行研发的，需对合作单位进行尽职调查，签订书面的合作研发合同，明确双方投资、分工、权利义务、研发成果产权归属等。

（6）当发生项目的变更调整、延期、终止等情况时，企业应按照项目管理要求进行相应审批。企业应制定并执行项目验收制度，聘请独立的具有专业胜任能力的人员或机构进行测试和评审。

（7）企业对于通过验收的研发成果，可委托相关机构进行审查，确认是否申请专利。

（九）工程项目管理风险与应对

1. 工程项目管理相关风险的主要表现

（1）立项缺乏可行性研究或者可行性研究流于形式，决策不当，盲目上马，可能导致难以实现预期效益或项目失败。

（2）项目招标“暗箱”操作，存在商业贿赂，可能导致中标人实质上难以承担工程项目、中标价格失实及相关人员涉案。

（3）工程造价信息不对称，技术方案不落实，预算脱离实际，可能导致项目投资失控。

（4）工程物资质次价高，工程监理不到位，项目资金不落实，可能导致工程质量低劣，进度延迟或中断。

（5）对工程建设进度缺乏有效监控或监管不严，可能导致工程项目进度严重落后于项目计划。

（6）工程款结算管理要求不明确，未按项目进度目标拨付工程进度款，工程付款相关凭证审核不严，可能导致工程建设资金使用管理混乱。

（7）竣工验收不规范，最终把关不严，可能导致工程交付使用后存在重大隐患。

2. 企业应对工程项目管理风险的管控措施

（1）关于工程项目立项管理。

企业应当指定专门机构归口管理工程项目，根据发展战略和年度投资计划，提出项目建议书，开展可行性研究，编制可行性研究报告。

企业可以委托具有相应资质的专业机构开展可行性研究，并按照有关要求形成可行性研究报告。企业应当组织规划、工程、技术、财会、法律等部门的专家对项目建议书和可行性研究报告进行充分论证和评审，出具评审意见，作为项目决策的重要依据。

企业可以委托具有相应资质的专业机构对可行性研究报告进行评审，出具评审意见。从事项目可行性研究的专业机构不得再从事可行性研究报告的评审。企业应当按照规定的权限和程序对工程项目进行决策，决策过程应有完整的书面记录。

重大工程项目的立项，应当报经董事会或类似权力机构集体审议批准。工程项目决策失误应当实行责任追究制度。企业应当在工程项目立项后、正式施工前，依法取得建设用地、城市规划、环境保护、安全、施工等方面的许可。

（2）关于工程设计与造价管理。

①工程设计：企业应选择具有相应资质和经验的设计单位，并签订工程设计合同，细化设计单位的权利和义务。设计单位应与企业进行有效的技术和经验交流，以保证初步设计的质量。企业应建立并执行严格的初步设计审查和批准制度，采用先进的设计管理实务技术，进行多方案比选。企业需建立施工图设计和交底管理制度，施工图设计深度及图纸

交付进度应当符合项目要求，防止因设计深度不足、设计缺陷，造成施工组织、工期、工程质量、投资等失控及运行成本过高等问题。企业需建立设计变更管理制度，因设计过失造成变更的，应当实行责任追究制度。

②工程造价：企业应当加强工程造价管理，明确初步设计概算和施工图预算的编制方法，按照规定的权限和程序进行审批，以确保概预算科学合理。企业可以委托具备相应资质的中介机构开展工程造价咨询工作。企业可以组织工程、技术、财会等相关部门的专业人员或委托具有相应资质的中介机构对编制的概预算进行审核。工程项目概预算按照规定的权限和程序审批通过后方可执行。

（3）关于工程项目招标管理。

企业应当依照国家招投标法的规定，遵循公开、公正、平等竞争的原则，建立健全工程项目招投标管理制度。对于须划分标段组织招标的，企业应科学分析和评估，不得违背工程施工组织设计和招标设计计划将应由一个承包单位完成的工程肢解为若干部分发包给几个承包单位。企业应科学编制招标公告，合理确定投标人资格要求，严格按照招标公告或资格预审文件中确定的投标人资格条件进行审查，履行标书签收、登记和保管手续。

企业需依法组织工程项目招标的开标、评标和定标，并接受有关部门的监督。企业应当依法组建评标委员会，评标委员会对所提出的评审意见承担责任。评标委员会应当按照招标文件确定的标准和方法，对投标文件进行评审和比较，择优选择中标候选人。企业须按照规定的权限和程序从中标候选人中确定中标人，并及时向中标人发出中标通知书，在规定的期限内与中标人订立书面合同，明确双方的权利、义务和违约责任。企业应建立合同履行情况台账，记录实际履约情况并进行督促。

（4）关于工程建设管理。

企业应当加强对工程建设过程的监控，加强质量、进度、安全和物资采购控制，严格执行工程预算，落实责任，确保工程项目达到设计要求。

①物资采购：按照合同约定，企业自行采购工程物资的，应按照采购制度要求组织工程物资采购、验收和付款；由承包单位采购工程物资的，企业应加强监督，确保工程物资采购符合设计标准和合同要求。

②工程监理：企业应实行严格的工程监理，委托经招标确定的监理单位进行监理，明确相关程序、要求和责任。工程监理单位应当依照国家法律法规及相关技术标准、设计文件和工程承包合同，对承包单位在施工质量、工期、进度、安全和资金使用等方面实施监督。工程监理人员一旦发现工程施工不符合设计要求、施工技术标准和合同约定，应当要求承包单位立即改正；发现工程设计不符合建筑工程质量标准或合同约定的质量要求，应当报告企业要求设计单位改正。未经工程监理人员签字，工程物资不得在工程上使用或者安装，不得进行下一道工序施工，不得拨付工程价款，不得进行竣工验收。

③工程变更：企业需建立工程变更管理制度，严格控制工程变更，确需变更的，应当按照规定的权限和程序进行审批。重大的项目变更应当按照项目决策和概预算控制的有关程序和要求重新履行审批手续。因工程变更等原因造成价款支付方式及金额发生变动的，变更文件要齐备，企业要对工程变更价款的支付进行严格审核，依法需报有关政府部门审

批的，企业必须取得相应的批复文件，承包商应在规定期限内全面落实变更设计和施工。

④工程结算：企业需建立完善工程价款结算制度，财会部门与承包单位需及时沟通，准确掌握工程进度，根据合同约定，按照规定的审批权限和程序办理工程价款结算。

（5）关于工程项目验收管理。

①决算审计：企业须建立健全竣工验收管理制度，明确竣工验收的条件、标准、程序和责任等。企业收到承包单位的工程竣工报告后，应及时编制竣工决算，开展竣工决算审计，组织设计、施工、监理等有关单位进行竣工验收。企业需加强竣工决算审计，未实施竣工决算审计的工程项目，不得办理竣工验收手续。

②竣工验收：企业应及时组织工程项目竣工验收，交付竣工验收的工程项目，应当符合国家规定的质量标准，有完整的工程技术经济资料，并满足国家规定的其他竣工条件。验收合格的工程项目，应当编制交付使用财产清单，及时办理交付使用手续。工程竣工后，企业应对完工后剩余的物资进行清理核实，并妥善处理。企业需按照国家有关档案管理的规定，及时收集、整理工程建设各环节的文件资料，建立完整的工程项目档案，需报政府有关部门备案的，应及时备案。

（6）关于工程项目后评估。

企业应当建立完工项目后评估制度，对工程项目预期目标的实现情况和项目投资效益等进行综合分析和评价，总结经验教训，以提升将来项目决策和投资决策的水平。严格落实工程项目决策和执行环节的责任追究制度，评估结果可作为绩效考核和责任追究的依据。

【学习要点】

（1）企业应当指定专门机构归口管理工程项目，根据发展战略和年度投资计划，提出项目建议书，开展可行性研究，编制可行性研究报告。

（2）企业可以委托具有相应资质的专业机构开展可行性研究，并按照有关要求形成可行性研究报告。

（3）企业可以委托具有相应资质的专业机构对可行性研究报告进行评审，出具评审意见。从事项目可行性研究的专业机构不得再从事可行性研究报告的评审。

（4）企业应当按照规定的权限和程序对工程项目进行决策，决策过程应有完整的书面记录。

（5）重大工程项目的立项，应当报经董事会或类似权力机构集体审议批准。

（6）企业可以组织工程、技术、财会等相关部门的专业人员或委托具有相应资质的中介机构对编制的概预算进行审核。工程项目概预算按照规定的权限和程序审批通过后方可执行。

（7）企业应科学分析和评估，不得违背工程施工组织设计和招标设计计划将应由一个承包单位完成的工程肢解为若干部分发包给几个承包单位。

（8）企业应当依法组建评标委员会，评标委员会对所提出的评审意见承担责任。

（9）企业须按照规定的权限和程序从中标候选人中确定中标人，并及时向中标人发出中标通知书。

（10）企业应实行严格的工程监理，委托经招标确定的监理单位进行监理，明确相关程序、要求和责任。

（11）工程监理人员一旦发现工程施工不符合……应当要求承包单位立即改正；发现工程设计不符合……应当报告企业要求设计单位改正。

（12）未经工程监理人员签字，工程物资不得在工程上使用或者安装，不得进行下一道工序施工，不得拨付工程价款，不得进行竣工验收。

（13）重大的项目变更应当按照项目决策和概预算控制的有关程序和要求重新履行审批手续。

（14）企业需加强竣工决算审计，未实施竣工决算审计的工程项目，不得办理竣工验收手续。

典例研习·8-7 多项选择题

维勒公司是一家纳米材料研发和生产企业。该公司拟投资建设一座大型实验楼，目前已启动重大工程项目立项工作。下列各项中，属于维勒公司应对工程项目立项管理风险应采用的管控措施有（　　）。

A.根据年度生产经营计划，提出实验楼建设工程项目建议书，开展可行性研究

B.从事项目可行性研究的专业机构不得再从事可行性研究报告的评审

C.实验楼建设重大工程的立项，报董事会或类似权力机构集体审议批准

D.采用公开招标或邀请招标方式选择承包单位

斯尔解析 本题考查的是工程项目管理风险的管控措施。企业应根据发展战略和年度投资计划，提出项目建议书，开展可行性研究，选项A不当选。选项BC说法正确，当选。企业应当依照国家招投标法的规定，遵循公开、公正、平等竞争的原则，建立健全工程项目招投标管理制度，邀请招标方式说法错误，选项D不当选。

本题答案 BC

典例研习·8-8 简答题

凌辉重工创立于1990年，是一家主要从事建筑工程、能源工程、环保工程等基础设施建设的工程公司。近期，公司管理层将中标承接的某一项环保建设工程进行外包，凌辉重工由负责工程建设改为管理工程项目的质量和监督外包商的施工及竣工，并提供项目建设的咨询服务。凌辉重工的行政总裁陈文峰预计，如果该项目可行，未来公司可以采用同样的运营模式，承接和开拓更多的业务。

为有效管理该环保建设工程，陈文峰建议董事会利用密封投标方式进行招标，他已预先向几个承包商朋友发出投标邀请书，并告知有关投标程序和要求：

（1）投标者应于7月31日前把密封投标文件提交到工程部；

（2）标书中应包含投标的项目细节；

（3）收到密封投标文件信封后，凌辉重工工程部主管在信封口签名，并将投标文件放入保险箱；

（4）8月5日，陈文峰将负责打开所有密封的投标文件，以最低价为标准选出中标者并于稍后向董事会汇报。

陈文峰根据以上程序，在8月5日选出中标者，并于一周内向公司董事会汇报，获得董事会审批。

要求：

根据企业应对工程项目管理风险的管控措施，简要分析凌辉公司在工程招标管理上存在的问题以及改进意见。

斯尔解析 问题1：凌辉重工只“向几个承包商朋友发出投标邀请书”存在问题。

改进意见：企业应当依照国家招投标法的规定，遵循公开、公正、平等竞争的原则，建立健全工程项目招投标管理制度。

提示：原则上，参与评标的有关工作人员不得私下接触投标人。而陈文峰“预先向几个承包商朋友发出投标邀请书，并告知有关投标程序和要求”存在问题。但由于本条并未收录在教材中，故可以不作回答。

问题2：开标时“陈文峰将负责打开所有密封的投标文件”存在问题。

改进意见：企业应当依法组织工程开标、评价和定价，并接受有关部门的监督。

问题3：中标只由陈文峰一人进行评价，且“以最低价为标准选出中标者”存在问题。

改进意见：企业应当依法组建评标委员会，评标委员会对所提出的评审意见承担责任。评标委员会应当按照招标文件确定的标准和方法，对投标文件进行评审和比较，择优选择中标候选人。

（十）业务外包风险与应对

1. 业务外包相关风险的主要表现

（1）外包范围和价格确定不合理，承包方选择不当，可能导致企业遭受损失。

（2）业务外包监控不严、服务质量低劣，可能导致企业难以发挥业务外包的优势。

（3）业务外包存在商业贿赂等舞弊行为，可能导致企业相关人员涉案及企业遭受经济损失和品牌受损。

2. 企业应对业务外包风险的管控措施

（1）关于业务外包实施方案制定。

企业应当根据年度生产经营计划和业务外包管理制度，结合确定的业务外包范围，制定实施方案，按照规定的权限和程序进行审批，避免核心业务外包。根据业务外包对企业生产经营的影响程度，对外包业务实施分类管理，突出管控重点；对于重大业务外包，总会计师或企业分管会计工作的负责人应参与决策，并将重大业务外包方案提交董事会或类似权力机构审批。

（2）关于承包方选择。

企业应当按照批准的业务外包实施方案选择承包方，充分调查承包方的合法性、专业资质、技术及经验水平是否符合企业对业务外包的要求，综合考虑企业内外部因素，对业务外包的人工成本、管理成本、业务收入等进行测算分析，合理确定外包价格，严格控制业务外包成本。企业还可适当引入竞争机制，遵循公开、公平、公正的原则，按照规定程序和权限，择优选择承包方，确保承包方选择的过程透明，结果真实有效。明确承包方后，企业应及时与承包方签订业务外包合同，约定业务外包的内容和范围、双方权利和义务、服务和质量标准、保密事项、费用结算标准和违约责任等。

（3）关于业务外包实施过程管理。

①日常管理：企业应当严格按照业务外包管理制度、工作流程和相关要求，制定业务外包实施过程的管控措施，确保承包方履行合同时有章可循。

②承包方沟通协调：企业需确保承包方充分了解企业的业务实际、工作流程和质量要求，加强与承包方的沟通与协调机制，以便及时发现和解决业务外包过程中存在的问题。

③承包方履约能力评估：在承包方提供服务或制造产品的过程中，企业需密切关注重大业务外包承包方的履约能力，对承包方的履约能力进行持续评估，无法按照合同约定履行义务的，应及时终止合同，必要时需按合同进行索赔，并追究责任。企业应建立重大业务外包意外情况的应急机制，以保证生产经营活动持续运行。

（4）关于业务外包验收与结算管理。

企业应根据合同约定和验收标准，组织相关部门或人员对承包方交付的产品或服务的质量进行审查和全面测试，确保产品或服务符合要求，并出具验收证明。若发现异常情况，需及时查明原因，并与承包方协商采取适当的补救措施及执行索赔。企业须根据国家统一的会计制度，加强对业务外包的核算与监督管理，建立完善的外包成本会计核算方法，依据验收证明及合同约定的结算条件和方式，做好费用结算工作。

【学习要点】

（1）企业应当根据年度生产经营计划和业务外包管理制度，结合确定的业务外包范围，制定实施方案，按照规定的权限和程序进行审批，避免核心业务外包。

（2）对于重大业务外包，总会计师或企业分管会计工作的负责人应参与决策，并将重大业务外包方案提交董事会或类似权力机构审批。

（3）在承包方提供服务或制造产品的过程中，企业需密切关注重大业务外包承包方的履约能力，对承包方的履约能力进行持续评估，无法按照合同约定履行义务的，应及时终止合同，必要时需按合同进行索赔。

（4）企业应根据合同约定和验收标准，组织相关部门或人员对承包方交付的产品或服务的质量进行审查和全面测试，确保产品或服务符合要求，并出具验收证明。

典例研习·8-9 单项选择题

聚力公司是一家工业互联网设备生产企业。为了节省研发成本、提高生产效率，该公司拟将部分业务外包，并为此制定业务外包实施方案。下列各项中，属于聚力公司制定业务外包实施方案时应予采纳的风险管控措施是（　　）。

A.根据公司生产经营计划，制定业务外包实施方案

B.对于重大业务外包，风险管理职能部门负责人应参与决策

C.传感器或智能控制系统制造等核心业务外包，应由总会计师和总工程师联合审批

D.根据业务外包对生产经营的影响程度，对外包业务实施分类管理

斯尔解析 本题考查的是业务外包风险的管控措施。企业应当根据年度生产经营计划和业务外包管理制度，结合确定的业务外包范围，制定实施方案，按照规定的权限和程序进行审批，避免核心业务外包，选项AC不当选。对于重大业务外包，总会计师或企业分管会计工作的负责人应参与决策，并将重大业务外包方案提交董事会或类似权力机构审批，选项B不当选。根据业务外包对企业生产经营的影响程度，对外包业务实施分类管理，突出管控重点，选项D当选。

本题答案 D

（十一）合同管理风险与应对

1. 合同管理相关风险的主要表现

（1）未订立合同、未经授权对外订立合同、合同对方主体资格未达要求、合同内容存在重大疏漏和欺诈，可能导致企业合法权益受到侵害。

（2）合同未全面履行或监控不当，可能导致企业诉讼失败、经济利益受损。

（3）合同纠纷处理不当，可能损害企业利益、信誉和形象。

2. 企业应对合同管理风险的管控措施

（1）关于合同相对方调查与谈判。

合同订立前，企业应当通过审查相对方的身份证件、法人登记证书、资质证明、经审计的财务报告等，充分了解合同相对方的情况，确保对方当事人具备履约能力。初步确定拟签约对象后，企业合同承办部门需在授权范围内制定谈判策略并进行合同谈判。对于影响重大、跨多业务领域或法律关系复杂的合同，可以组织法律、技术、财会等专业人员共同参与谈判，必要时也可聘请外部专家参与。为了避免合同舞弊，谈判过程中的重要事项和参与谈判人员的主要意见，应当予以记录并妥善保存。

（2）关于合同订立。

①企业应根据协商谈判结果，拟定合同文本，明确双方的权利义务和违约责任，确保条款内容准确、严谨、完整。合同文本一般由业务承办部门起草；对于重大合同或法律关系复杂的特殊合同，由法律部门参与起草。有国家或行业合同示范文本的，可以优先选用，并需认真审查涉及权利义务的条款，结合实际情况适当修改。

②企业应根据实际情况，指定合同归口管理部门，对合同实施统一规范管理。合同文本须报经国家有关主管部门审查或备案的，应当履行相应程序。企业还需重视合同信息的保密管理，未经批准，不得泄露合同订立过程中涉及的商业秘密或国家机密。

（3）关于合同审核。

合同拟定完成后，企业应从合同文本的合法性、经济性、可行性和严密性等方面进行严格审核，重点关注合同的主体、内容和形式是否合法，合同的内容是否符合企业的经济利益，对方当事人是否具有履约能力，合同权利和义务、违约责任和争议解决条款是否明确等。对于影响重大、跨多业务领域或法律关系复杂的合同文本，企业可以组织内部相关业务部门进行会审，认真记录、研究、分析业务部门提出的审核意见，根据实际情况，对合同条款进行修改。

（4）关于合同签署。

对于审核通过的合同，企业应当按照合同的类型与规定的程序与对方当事人签署合同。正式对外订立的合同，应由企业法定代表人或其授权代理人签署并加盖有关印章；授权签署的合同，需同时签署授权委托书。企业应根据经济业务性质和管理层级设置等，建立合同分级管理制度。属于上级单位管理权限的合同，除有特殊情况，下级单位一般无权签署；如果下级单位确需签署涉及上级管理权限的合同，应提出申请，并履行相关审批程序。企业还需加强对合同专用章的保管，在合同经编号、审批、签署后，方可加盖合同专用章。

（5）关于合同履行。

企业应与合同对方共同遵循诚实守信原则，根据合同的性质、目的等履行相关义务。企业需加强对合同履行环节的管控，重视对合同履行情况及效果的检查、分析和验收，发现违约行为，及时采取措施。企业可根据需要及时补充、更新、解除合同，例如，对于合同没有约定或者约定不明确的内容，可以协议补充；无法达成一致的，可按照国家有关法律法规、合同条款或者交易习惯确定。对于违背公平、条款有误、有欺诈行为，或因政策调整、市场变化等客观因素，可能导致企业利益受损的情况，应按照规定程序办理合同变更或解除，由合同对方造成企业损失的，应提出索赔要求。企业还需根据国家法律法规的规定，按照权限和程序在规定时效内协商解决与合同对方产生的合同纠纷。经协商一致的，双方应当签订书面协议；合同纠纷经协商无法解决的，应当根据合同约定选择仲裁或诉讼方式解决。对于内部授权处理的合同纠纷，应当签署授权委托书，未经授权批准，相关人员不得作出任何实质性答复或承诺。

（6）关于合同结算。

合同结算是合同执行中的重要环节，起到了对合同签订的审查以及对执行的监督作用。企业财务部门应当在严格审核合同条款后，按照合同规定进行付款。对于未有效履约合同条款或应签订书面合同而未签的，财务部门应拒绝办理结算业务，并及时向有关负责人报告。

（7）关于合同登记。

企业应建立合同登记管理制度，合同的签署、履行、补充、变更、解除、结算等均须进行合同登记，因此，企业应充分利用信息系统，通过定期对合同的统计、分类和归档，详细登记合同的订立、履行和变更等信息，实现对合同的全流程闭环管理。企业应制定合同文本统一分类和连续编号的管理要求，明确合同借阅和归还的职责权限和审批程序等。

（8）关于合同管理后评估。

企业需建立合同管理评估制度，每年定期对合同履行的总体情况和重大合同履行的具体情况进行分析评价。对于发现的执行缺陷，应及时采取有效措施予以改进。对于合同订立、履行等过程中出现的违法违规行为，企业应当追究相关人员或机构的责任。

【学习要点】

（1）对于影响重大、跨多业务领域或法律关系复杂的合同，可以组织法律、技术、财会等专业人员共同参与谈判，必要时也可聘请外部专家参与。为了避免合同舞弊，谈判过程中的重要事项和参与谈判人员的主要意见，应当予以记录并妥善保存。

（2）合同文本一般由业务承办部门起草；对于重大合同或法律关系复杂的特殊合同，由法律部门参与起草。

（3）对于影响重大、跨多业务领域或法律关系复杂的合同文本，企业可以组织内部相关业务部门进行会审，认真记录、研究、分析业务部门提出的审核意见，根据实际情况，对合同条款进行修改。

（4）正式对外订立的合同，应由企业法定代表人或其授权代理人签署并加盖有关印章；授权签署的合同，需同时签署授权委托书。

（5）属于上级单位管理权限的合同，除有特殊情况，下级单位一般无权签署；如果下级单位确需签署涉及上级管理权限的合同，应提出申请，并履行相关审批程序。企业还需加强对合同专用章的保管，在合同经编号、审批、签署后，方可加盖合同专用章。

（6）对于内部授权处理的合同纠纷，应当签署授权委托书，未经授权批准，相关人员不得作出任何实质性答复或承诺。

（7）企业财务部门应当在严格审核合同条款后，按照合同规定进行付款。对于未有效履约合同条款或应签订书面合同而未签的，财务部门应拒绝办理结算业务，并及时向有关负责人报告。

（8）企业应制定合同文本统一分类和连续编号的管理要求，明确合同借阅和归还的职责权限和审批程序等。

（9）企业需建立合同管理评估制度，每年定期对合同履行的总体情况和重大合同履行的具体情况进行分析评价。

（十二）内部信息传递风险与应对

1. 内部信息传递相关风险的主要表现

（1）内部报告系统缺失、功能不健全、内容不完整，可能影响生产经营的信息无法及时传递和有序运行。

（2）内部信息传递不通畅、不及时，可能导致决策失误、相关政策措施难以落实。

（3）内部信息传递中泄露商业秘密，可能削弱企业核心竞争力。

2. 企业应对内部信息传递风险的管控措施

（1）关于内部报告指标体系建立。

企业应认真研究发展战略、风险控制要求和绩效考核标准，结合各管理层级的定位、特点和实际需求，建立科学规范、级次分明的内部报告指标体系。内部报告指标体系还需与全面预算管理相结合，将预算控制的全过程和结果及时向企业管理层报告，以有效控制预算执行，根据环境和业务的变化情况，调整决策部署，不断修订完善内部报告指标体系。

（2）关于内部报告编制。

企业内部报告编制单位应充分考虑报告使用者的需求，确保编制内容简洁明了、通俗易懂，便于企业各管理层和全体员工掌握相关信息。企业还需完善内、外部信息的收集和传递机制，掌握关于市场、竞争、政策及环境的变化情况，结合各管理层级的特点和需求，按照标准对信息进行分类汇总；确认信息来源，对信息的真实性、合理性、时效性进行审核和鉴别。企业需要建立内部报告审核制度，明确审核权限和标准，确保内部报告信息质量符合要求。

（3）关于内部报告传递流程。

企业应制定严密的内部报告传递流程，充分利用信息技术，强化内部报告信息集成和共享，将内部报告纳入企业统一信息平台，构建科学的内部报告网络体系。企业应根据信息的重要性，确定不同的流转环节，规范内部报告传递流程，并在各管理层级指定专人负责内部报告传递工作，及时上报重要信息，必要时可直接报告高级管理人员。企业还可通过采取奖励措施等方式，拓宽内部报告渠道，广泛收集高质量、合理化的建议。

（4）关于内部报告使用。

企业各级管理人员在预算控制、生产经营管理决策和业绩考核时，应充分利用内部报告提供的信息。基于内部报告信息，对企业生产经营活动中的内外部风险进行有效评估，涉及突出问题和重大风险的，需及时启动应急预案。企业应明确内部报告的保密内容、保密程度及传递范围，从内部信息传递的时间、空间、流程等方面采取严格的保密措施，防止商业秘密通过企业内部报告被泄露。企业应建立内部报告保管制度，按照制度要求妥善保管内部报告。

（5）关于内部报告评价工作。

企业应建立内部报告评价制度，定期对内部报告的及时性及内部信息传递的全面性、完整性、安全性、有效性进行评价，评估内部报告在企业生产经营活动中所起到的作用。发现内部报告管理存在缺陷的，企业需及时进行整改完善，确保内部报告提供的信息及时、有效。

（6）关于内部报告反舞弊管理。

企业需建立反舞弊机制，对员工进行道德准则培训，设立员工信箱、投诉热线等，鼓励员工及企业利益相关方举报和投诉企业内部的违法违规、舞弊等行为。完善举报人保护制度，明确举报责任主体、举报程序等。企业还需建立反舞弊情况通报制度，定期就反舞弊的情况进行通报，反思评价现有的控制缺陷，确保反舞弊机制持续优化。

【学习要点】

（1）内部报告指标体系还需与全面预算管理相结合，将预算控制的全过程和结果及时向企业管理层报告。

（2）企业应根据信息的重要性，确定不同的流转环节，规范内部报告传递流程，并在各管理层级指定专人负责内部报告传递工作，及时上报重要信息，必要时可直接报告高级管理人员。

（3）企业应明确内部报告的保密内容、保密程度及传递范围。

（4）企业应建立内部报告评价制度，定期对内部报告的及时性及内部信息传递的全面性、完整性、安全性、有效性进行评价。

（5）企业还需建立反舞弊情况通报制度，定期就反舞弊的情况进行通报。

（十三）信息系统风险与应对

1. 信息系统相关风险的主要表现

（1）信息系统缺乏规划或规划不合理，可能造成信息孤岛或重复建设，导致企业经营管理效率低下。

（2）系统开发不符合内部控制要求，授权管理不当，可能导致无法利用信息技术实施有效控制，甚至出现系统性风险。

（3）系统运行维护和安全措施不到位，可能导致信息泄露或毁损，系统无法正常运行。

2. 企业应对信息系统风险的管控措施

（1）关于信息系统规划。

企业应根据发展战略和业务需要进行信息系统建设，制定信息系统整体规划和中长期发展计划。信息系统规划要与企业组织架构、业务范围、技术能力等相匹配，各业务部门充分沟通，避免相互脱节。基于信息系统整体建设规划提出的项目建设方案，应明确建设目标、人员配备、职责分工、经费保障和进度安排等相关内容，并按照规定的权限和程序审批后实施。企业信息系统归口管理部门应当组织内部各单位提出建设需求和关键控制点，规范开发流程，明确系统设计、编程、安装调试、验收、上线等全过程的管理要求，严格按照建设方案、开发流程和相关要求组织开发工作。

（2）关于信息系统开发实施。

企业应基于对开发需求的分析，编制系统需求说明书，建立设计评审制度，严格控制设计变更流程，按规范执行相应的审批程序。企业开发信息系统，可采取自行开发、外购调试、业务外包等方式，应当将生产经营管理流程、关键控制点和处理规则嵌入系统程序，实现手工环境下难以实现的控制功能。企业在系统开发过程中，应执行统一的编程规范，使用版本控制。企业应按照不同业务的控制要求，通过信息系统中的权限管理功能控制用户的操作权限，避免将不相容职责的处理权限授予同一用户。针对不同的数据输入方式，企业需考虑对输入系统数据的检查和校验功能。预留必要的后台操作通道，对于必需的后台操作，企业应建立规范的流程制度，记录保留操作日志，确保操作的可审计性。对于异常的或者违背内部控制要求的交易和数据，企业应设计由系统自动报告并建立跟踪处理机制。企业信息系统归口管理部门需加强对信息系统开发全过程的跟踪管理，组织开发单位与内部相关单位的日常沟通协调，督促开发单位按照建设方案、计划进度和质量要求完成编程工作，对配备的硬件设备和系统软件进行检查验收，组织系统上线运行等。企业应组织独立于开发单位的专业机构对开发完成的信息系统进行验收测试，确保在功能、性能、控制要求和安全性等方面符合系统建设需求。企业需制定科学的上线计划和新旧系统转换方案，培训业务操作和系统管理人员，设计应急预案，确保新旧系统顺利切换和平稳衔接。系统上线涉及数据迁移的，还应制订详细的数据迁移计划，并对迁移结果进行测试。

（3）关于信息系统的运行与维护。

①日常运行维护：企业应制定信息系统工作程序、信息管理制度以及各模块子系统的具体操作规范等，及时跟踪、发现和解决系统运行中存在的问题，确保信息系统按照规定

的程序、制度和操作规范持续稳定运行。企业要指定专人负责系统运行的日常维护，做好系统运行记录，对异常情况和突发事件要及时响应上报。

②信息系统变更控制：企业需建立信息系统变更管理流程，对系统变更申请严格审核，严格控制紧急变更，审核通过后方可进行系统变更，对变更的系统功能需进行测试。信息系统操作人员不得擅自进行系统软件的删除、修改等操作；不得擅自升级、改变系统软件版本；不得擅自改变软件系统环境配置。

③安全控制–资产安全：企业需建立信息系统资产管理制度，完善信息系统设备管理要求。

④安全控制–信息安全：企业应依照国家相关法律法规和信息安全技术标准，制定信息安全实施规范；根据业务性质、重要性程度、涉密情况等确定信息系统的安全等级，建立不同等级信息的授权使用制度，采用相应技术手段保证信息系统运行安全有序，并建立信息系统安全保密和泄密责任追究制度。企业委托专业机构进行系统运行维护管理的，应当审查该机构的资质和信用状况等，并与其签订服务合同和保密协议。

⑤安全控制–访问安全：企业对重要业务系统的访问权限需严格管理，定期审阅系统账号，避免授权不当或存在非授权账号，禁止不相容职务用户账号的交叉操作。企业可以采取安装安全软件等措施防范信息系统受到病毒等恶意软件的感染和破坏；综合利用网络设备、软件技术以及远程访问安全策略等手段，加强网络安全，防范网络攻击和非法侵入。对于通过网络传输的涉密或关键数据，企业需采取必要的技术手段以确保信息传递的保密性、准确性和完整性。企业需建立系统数据备份管理制度，定期进行数据恢复有效性测试。

（4）关于信息系统评估。

企业应建立健全信息系统风险评估制度，定期开展信息系统风险评估工作，及时发现系统安全问题，并采取有效措施进行整改。按照国家有关法律法规和电子档案管理的相关规定，妥善保管相关信息档案。

【学习要点】

（1）企业应按照不同业务的控制要求，通过信息系统中的权限管理功能控制用户的操作权限，避免将不相容职责的处理权限授予同一用户。

（2）对于必需的后台操作，企业应建立规范的流程制度，记录保留操作日志，确保操作的可审计性。对于异常的或者违背内部控制要求的交易和数据，企业应设计由系统自动报告并建立跟踪处理机制。

（3）企业应组织独立于开发单位的专业机构对开发完成的信息系统进行验收测试，确保在功能、性能、控制要求和安全性等方面符合系统建设需求。

（4）企业要指定专人负责系统运行的日常维护，做好系统运行记录，对异常情况和突发事件要及时响应上报。企业需建立信息系统变更管理流程，对系统变更申请严格审核，严格控制紧急变更，审核通过后方可进行系统变更，对变更的系统功能需进行测试。信息系统操作人员不得擅自进行系统软件的删除、修改等操作；不得擅自升级、改变系统软件版本；不得擅自改变软件系统环境配置。

（5）企业委托专业机构进行系统运行维护管理的，应当审查该机构的资质和信用状况等，并与其签订服务合同和保密协议。

解题高手

命题角度：考查“重大”事项及其变更审批。

客观题或主观题考点，可结合以下总结进行学习。

首先，需要区分两个概念——集体决策、联签。

集体决策指的是集体讨论之后所作出的决策，可以包括股东会决策、董事会决策、经理层决策等。联签指的是多人联名签字之后才能通过的决议，本质上与集体决策的性质类似，也可以包括股东联签、董事联签、经理联签。

其次，辨析“集体决策或联签”与“董事会或类似权力机构批准”。

根据上述定义可知，集体决策或联签制度在内涵范围上大于“董事会或类似权力机构批准”。教材中仅限定了“担保、研发、工程、外包”四类事项需要“董事会或类似权力机构批准”，但若考试中出现且没有把握，可统一按照“集体决策或联签制度”进行回答。

具体总结如下：

（1）筹资：集体决策或联签制度（若变更，重新进行可行性研究+审批）。

重大筹资方案，应当按照规定的权限和程序实行集体决策或者联签制度。筹资方案发生重大变更的，应当重新进行可行性研究并履行相应审批程序。

（2）投资：集体决策或联签制度（若变更，重新审批）。

重大投资项目，应当按照规定的权限和程序实行集体决策或者联签制度。投资方案发生重大变更的，应当重新履行相应审批程序。

（3）担保：董事会或类似权力机构批准（若变更，重新调查评估+审批）。

重大担保业务，应当经董事会或类似权力机构批准。对于被担保人要求变更担保事项的，企业应当重新履行调查评估与审批程序。

（4）组织架构：集体决策或联签制度（若调整，重新审批）。

企业的重大事项决策、重大项目安排、重要人事任免及大额资金使用等（“三重一大”），须按照规定的权限和程序实行集体决策审批或者联签制度。企业组织架构调整需充分听取董事、监事、高级管理人员和其他员工的意见，按照规定的权限和程序进行决策审批。

（5）研究与开发：董事会或类似权力机构批准（若变更，重新审批）。

研发项目应按照规定的权限和程序进行审批，重大研发项目应当报董事会或类似权力机构集体审议决策。当发生项目的变更调整、延期、终止等情况时，企业应按照项目管理要求进行相应审批。

（6）工程项目：董事会或类似权力机构批准（若变更，重新审批）。

重大工程项目的立项，应当报经董事会或类似权力机构集体审议批准。重大的项目变更应当按照项目决策和概预算控制的有关程序和要求重新履行审批手续。

（7）业务外包：董事会或类似权力机构批准，总会计师应参与决策。

重大业务外包，总会计师或企业分管会计工作的负责人应参与决策，并将重大业务外包方案提交董事会或类似权力机构审批。

（8）合同管理：重大合同或法律关系复杂的特殊合同，由法律部门参与起草。

（9）信息系统：企业需建立信息系统变更管理流程，对系统变更申请严格审核，严格控制紧急变更，审核通过后方可进行系统变更。

第五节　法律风险和合规风险与应对

一、法律风险和合规风险的含义及其影响因素（★）

（一）含义

法律风险是指企业在经营过程中因自身经营行为的不规范或者外部法律环境发生重大变化而造成不利法律后果的可能性。

合规风险是指企业因违反法律或监管要求而受到制裁、遭受金融损失以及因未能遵守所有适用法律、法规、行为准则或相关标准而给企业信誉带来损失的可能性。

法律风险侧重于民事责任的承担，合规风险则侧重于行政责任和道德责任的承担。

（二）影响因素（考虑因素）

（1）国内外与企业相关的政治、法律环境变化可能引发的风险；

（2）影响企业的新法律法规和政策颁布可能引发的风险；

（3）员工的道德操守不当可能引发的风险；

（4）企业签订重大协议和有关贸易合同的条款设计不当等可能引发的风险；

（5）企业发生重大法律纠纷案件所引发的风险；

（6）企业和竞争对手的知识产权可能引发的风险。

二、法律风险和合规风险的主要表现与应对（★★）

法律风险和合规风险在企业风险管理实务中一般按法律责任风险、行为规范风险和监管风险采取相应的应对措施。

（一）法律责任风险与应对

1. 法律责任相关风险的主要表现

（1）公司生产经营违反了相关法律法规或其他规定、流程手续、资质要求等，可能导致公司遭受法律制裁、监管处罚、重大财务损失和声誉损失。

（2）公司面临外部诉讼纠纷时，未能积极妥善应对，或由于应诉行为不当，可能导致企业承担潜在利益损失。

2. 企业应对法律责任风险的管控措施

企业应对上述法律责任风险，可以重点关注违规行为、法律纠纷等方面的管控措施。

（1）违规行为。

公司管理层应根据企业的风险管理流程设计风险管理制度，建立法律合规问责和处罚制度，如规定违法违规当事人与所属上级领导应共同承担违法违规责任。完善监控机制，制定纠正和预防措施，持续改进法律合规管理体系的有效性。

（2）法律纠纷。

企业应配置专业的法务人员，建立法律管理相关的制度规范及符合企业核心利益的应对策略，各相关人员应严格执行制度规范。企业应当重视事后评估，透过案件处理，分析企业经营管理的现实和潜在风险，提出防范建议，提升企业法律纠纷案件管理的附加值，实现企业利益最大化。

（二）行为规范风险与应对

1. 行为规范相关风险的主要表现

（1）企业管理层未引导员工建立正确的价值观，员工或其他利益相关者的潜在不道德行为，可能导致企业声誉受到负面影响。

（2）公司管理层未识别出舞弊的高风险岗位并对其风险进行控制，可能导致公司面临直接的经济损失或对公司形象产生负面影响。

2. 企业应对行为规范风险的管控措施

企业应对上述行为规范风险，可以重点关注道德行为、廉洁和舞弊行为等方面的管控措施。

（1）道德行为。

企业应当制定员工职业道德规范，并定期组织培训，要求员工确认知晓程度，关注潜在的利益冲突行为，并展开调查，以确保企业在法律规范下经营运作。

（2）廉洁和舞弊行为。

企业应制定廉洁及反舞弊管理措施，有效防范管理层违规决策、挪用企业资金、贪污企业资产、收受贿赂等行为，防范员工或合作伙伴的潜在违法行为，避免给企业带来直接经济损失或对企业形象产生负面影响。

（三）监管风险及其应对

1. 监管风险的主要表现

（1）贸易：企业未能有效识别进口产品在出口海关、出口国可能遇到的监管要求，或者未能准确理解政府贸易规定、海关规定，可能导致企业的经济损失或交易失败。

（2）人事合规：企业未能识别和防范由于违反国家和劳动保障机构制定的相关法规（包括个人所得税、薪酬、休假、反歧视等），可能导致企业面临人事合规带来的风险。

（3）有价证券：对于上市公司，企业未能识别和防范证券监督管理要求，如证券交易所的股票交易规则及内控标准等，可能导致企业面临潜在的合规和法律风险。

（4）健康、安全和环保：企业未能识别并遵守国家健康、安全和环保方面的法律与规范；未对员工提供适当的安全、环保意识培训；安全管理体系不健全，或相关管理制度无法有效执行；缺少突发事件报告体系，可能导致企业财产损失。

（5）财税合规：企业未能按时向税务机关、工商机关等提交税务报告、年检报告等资料，受到监管机构的检查批评或处罚，可能导致企业信用及声誉受损。

（6）反贿赂、反垄断、反不正当竞争：企业未能识别和防范反商业贿赂、反垄断、反不正当竞争等市场交易行为监管要求，可能导致企业面临潜在的合规风险。

（7）商业伙伴：企业未能有效筛选或识别商业伙伴的不合规行为，可能导致企业遭受行政处罚，造成经济或声誉损失以及其他负面影响。

2. 企业应对监管风险的管控措施

企业应对上述监管风险，应重点关注贸易、人事合规、有价证券、健康、安全与环保、财税合规、反贿赂、反垄断、反不正当竞争以及商业伙伴等方面的管控措施。

（1）贸易：企业应关注政府贸易的监管要求，识别和防范违反政府贸易规定、海关规定、地缘政治规则和跨国交易带来的潜在合规风险，在交易前要收集大量的信息，明确交易过程中的不确定因素，对可能存在的风险做基本预判，并制定相应的应对方案。

（2）人事合规：企业应严格招聘程序，加强对劳动者入职审查，建立并执行合法合规的劳动合同管理制度、合理的工资结构，制定符合实际的绩效考核机制，规避人事合规风险给企业带来的纠纷。

（3）有价证券：企业应关注证券监管机构的监管要求，建立完善的证券业务制度规范，对执业行为的合规性进行审查监督，强化岗位制约和监督，严格限定不同岗位人员的操作权限，降低因违规操作给企业带来风险的可能性。

（4）健康、安全与环保：企业应严格遵守法律法规，建立完善的安全管理体系，对突发事件制定相关的应急预案；定期组织员工培训，加强员工的安全、环保意识，提升员工自身能力，使劳动生产在保证劳动者健康、企业财产不受损失、人民生命安全的前提下顺利进行。

（5）财税合规：企业应时刻关注政府监管要求，严格按照要求报送税务报告、年检报告等。加强对财税风险的监控，评估预测财税风险，并指定相应的应对方案，防范企业因财税风险而受到监管处罚。

（6）反贿赂、反垄断、反不正当竞争：企业应关注反商业贿赂、反垄断、反不正当竞争等市场交易行为的监管要求，收集法律规定及各国际组织的规章条文，制定符合国内外标准的反商业贿赂、反垄断、反不正当竞争等制度体系，使企业内部工作人员能够根据制度及时了解并有效执行企业内部合规机制。

（7）商业伙伴：企业应逐步建立商业伙伴的合规风险管控机制，重点关注与各类商业伙伴的合作义务以及责任相关的合规义务履行能力和履行情况，根据合作类型（如供应商、客户、投资伙伴和其他商业伙伴等类型）和合规风险等级，对商业伙伴开展动态风险评估和闭环管理。

典例研习 · 8-10 单项选择题

甲商业银行某位员工通过虚构业务办理需求，查询公民个人征信报告，累计出售个人征信报告900余份，非法获利20余万元。银行管理层未能及时发现漏洞，被相关监管部门处以高额罚款。上述案例所体现的法律风险和合规风险的具体表现形式是（　　）。

A.法律责任风险　　B.合规风险　　C.行为规范风险　　D.监管风险

斯尔解析 本题考查的是法律风险和合规风险的具体表现形式。“甲商业银行某位员工通过虚构业务办理需求……银行管理层未能及时发现漏洞，被相关监管部门处以高额罚款”说明公司管理层未识别出舞弊的高风险岗位并对其风险进行控制，可能导致公司面临直接的经济损失或对公司形象产生负面影响，属于行为规范风险的主要表现之一，选项C当选。

本题答案 C

典例研习 · 8-11 单项选择题

乙消费金融公司利用格式合同强制授权，无差别地获取借款人关系人、通讯行为、通讯信息、互联网使用信息等个人信息。上述案例所体现的法律风险和合规风险的具体表现形式是（　　）。

A.法律责任风险　　B.合规风险　　C.行为规范风险　　D.监管风险

斯尔解析 本题考查的是法律风险和合规风险的具体表现形式。“乙消费金融公司利用格式合同强制授权，无差别地获取借款人关系人、通讯行为、通讯信息、互联网使用信息等个人信息”说明公司生产经营违反了相关法律法规或其他规定、流程手续、资质要求等，可能导致公司遭受法律制裁、监管处罚、重大财务损失和声誉损失，属于法律责任风险的主要表现之一，选项A当选。

本题答案 A

典例研习 · 8-12 多项选择题

凯悦公司是一家电动车制造和出口商。该公司为应对法律风险和合规风险，制定实施了一系列风险管控措施。凯悦公司制定和实施的下列各项措施中，属于该公司应对监管风险的管控措施的有（　　）。

A.关注政府对贸易和电动车出口的监管要求，识别和防范各种潜在合规风险

B.严格遵守法律法规，建立完善与安全管理体系，对突发事件制定相关的应急预案

C.严格招聘程序，加强对劳动者入职审查，建立并执行合法合规的劳动合同管理制度

D.制定员工职业道德规范，并定期组织培训

斯尔解析 本题考查的是监管风险的管控措施。选项D属于应对行为规范风险的管控措施，不当选。选项ABC分别对应贸易、安全、人事合规三个领域的管控措施，当选。

本题答案 ABC

解题高手

命题角度：各类风险类型的辨析。

客观题考点，但这一考法在近两年未曾出现，适当关注即可。从技巧上来看，需要准确理解各类风险的内涵，并结合各类风险"影响因素"来判断。

风险类型	关键内涵及辨析技巧
战略风险	自身要素与外部复杂环境匹配失衡，导致战略目标难以实现。 需要注意的是： （1）已经发生的确定性事件不属于战略风险； （2）只有当某个事件的偶然发生影响到战略目标实现时，才属于战略风险。 从技巧上，关键词为"未能实现战略目标"
市场风险	外部市场的复杂或变动带来的经营风险（只是业绩变差，但不严重影响战略目标实现）。 从技巧上，可结合"市场风险的影响因素"进行判断
财务风险	内外部因素导致财务管理活动不规范、财务成果或状况偏离目标。 从技巧上，可结合"财务风险的影响因素"进行判断
运营风险	内外部环境的复杂或变动+能力有限或决策失误。 从技巧上，可结合"运营风险的影响因素"进行判断
法律风险和合规风险	（1）法律风险侧重民事责任（经营不规范或外界因素变化而导致的赔偿责任）； （2）合规风险侧重行政责任或道德责任（违反法律、行规等而受到制裁）。 从技巧上，可结合"法律风险和合规风险的影响因素"进行判断

典例研习·8-13 单项选择题

有关研究机构证实，从事中成药生产的天康公司的主打产品含有对人体健康有害的成分。结果爆出后，购买其产品的消费者和经销商纷纷要求退货。上述案例中，天康公司面临的风险属于（　　）。

A.运营风险　　B.市场风险　　C.战略风险　　D.财务风险

斯尔解析 本题考查的是风险类型的辨析。"从事中成药生产的天康公司的主打产品含有对人体健康有害的成分"体现了天康公司在质量、安全、环保、信息安全等管理发生失误导致的风险，属于运营风险的影响因素之一，选项A当选。

陷阱提示 本题中，消费者要求退货并非市场风险，因为市场风险侧重于外部环境变化导致经营出现风险，即外部环境变化是"因"，经营出现风险是"果"。本案例中，消费者退货并非"供需变化"，而是由于内部产品质量不佳所导致的"果"，因此选项B不当选。另外，本题中未出现与"战略目标"有关的关键词，因此选项C不当选。

本题答案 A

典例研习 · 8-14 多项选择题

随着云计算技术的崛起，传统数据技术受到严峻挑战。此前引领世界数据库软件市场的J公司对环境变化反应迟钝，没有及时研究云计算技术。当公司意识到云技术是未来方向时，转型已为时已晚，原有技术几乎被完全替代，几乎打破了企业原有的战略布局。J公司面对的主要风险有（　　）。

A.运营风险　　B.法律风险和合规风险

C.财务风险　　D.战略风险

斯尔解析 本题考查的是风险类型的辨析。“此前引领世界数据库软件市场的J公司对环境变化反应迟钝，没有及时研究云计算技术”体现了企业对现有业务流程和信息系统操作运行情况的监管、运行评价及持续改进的能力不足可能引发的风险，属于运营风险的影响因素之一，选项A当选。“原有技术几乎被完全替代，几乎打破了企业原有的战略布局”说明企业外部的战略环境（具体为技术环境）直接打破了企业原有的战略布局，同时形成战略风险，属于战略风险的影响因素之一，选项D当选。或者，从关键句出发，“几乎打破了企业原有的战略布局”意味着企业未能难以实现战略目标。

本题答案 AD

典例研习 · 8-15 多项选择题

益强公司是一家主营太阳能电池等光伏产品研发和生产的公司。受经济疲软的影响，光伏产品国际市场需求急剧萎缩，海外客户还款能力显著下降。即便如此，公司仍执着于多方融资扩大产能，还把融资筹措的大量短期资金投放于回款周期很长的电站项目，偿债能力逐年恶化。上述案例中，益强公司面临的风险有（　　）。

A.战略风险　　B.财务风险

C.市场风险　　D.法律风险和合规风险

斯尔解析 本题考查的是风险类型的辨析。“受经济疲软的影响，光伏产品国际市场需求急剧萎缩”体现了产品或服务的价格及供需变化带来的风险，“海外客户还款能力显著下降”体现了主要客户、主要供应商的信用风险，均属于市场风险的影响因素，选项C当选。“公司仍执着于多方融资扩大产能，还把融资筹措的大量短期资金投放于回款周期很长的电站项目，偿债能力逐年恶化”体现了因筹资决策不当、筹集资金运用不合理可能引发的风险或因资金调度不合理、管控不严而导致的风险，属于财务风险的影响因素之一，选项B当选。

本题答案 BC

【斯考卡片】
扫码背重点

至此，公司战略与风险管理的学习已经100%完成，辛苦了，今年必过！

100%

注册会计师考试辅导用书·基础进阶

只做好题·公司战略与风险管理

答案册

斯尔教育　组编

電子工業出版社
Publishing House of Electronics Industry
北京·BEIJING

图书在版编目（CIP）数据

只做好题. 公司战略与风险管理答案册 / 斯尔教育组编. -- 北京 : 电子工业出版社, 2025. 2. --（注册会计师考试辅导用书）. -- ISBN 978-7-121-49708-7

Ⅰ. F23-44

中国国家版本馆CIP数据核字第2025N5R119号

责任编辑：张春雨
印　　刷：河北鸿运腾达印刷有限公司
装　　订：河北鸿运腾达印刷有限公司
出版发行：电子工业出版社
　　　　　北京市海淀区万寿路173信箱　　　邮编：100036
开　　本：787×1092　1/16　　印张：39　　字数：937千字
版　　次：2025年2月第1版
印　　次：2025年2月第1次印刷
定　　价：68.00元（全3册）

凡所购买电子工业出版社图书有缺损问题，请向购买书店调换。若书店售缺，请与本社发行部联系，联系及邮购电话：（010）88254888，88258888。

质量投诉请发邮件至zlts@phei.com.cn，盗版侵权举报请发邮件至dbqq@phei.com.cn。

本书咨询联系方式：faq@phei.com.cn。

开卷必读

在艰苦、漫长的学习过程中，做题是非常重要的一环。本书收集、整理了大量真题，并根据最新考情、考试风格对真题进行了改编和完善。希望这本书可以成为大家备考路上的好帮手。为了让大家更好地使用本书，下面对本书特点进行简单介绍。

（1）解析详细：对每一道题进行详细解析，帮助大家吸收每一道题的“精华”。

（2）重点清晰：在题目解析中，对需要背诵、记忆的内容更换字体进行标记，一目了然。

（3）精准答疑：本栏目以“问题+解答”的形式呈现，设置在相关知识点之后；通过在总结用户真实提问的基础上，精选出高频、典型、与考试相关的问题，配以详细解答，帮助你顺利解决学习过程中可能出现的疑问，更贴心地满足日常学习需要。

（4）设置“做新变”栏目：将当年官方教材新变知识点单独配题，顺应考试“考新考变”的特点，帮助你更有针对性地练习。

使用本书时，要注重制订和落实计划，努力以学习“打好基础”分册图书的节奏完成练习内容。无论是在配套课程的课堂上还是斯尔教育组建的班级社群内，我们都会随着授课进度将本书的练习题布置为课后作业，只有以“今日事、今日毕”的态度完成之，才有助于扎实、透彻地掌握知识要点。

本书难免有疏漏之处，还望各位考生通过各类渠道向我们反馈、多多提出宝贵意见。

希望每位考生都能够在做题中学习、在做题中检验、在做题中进步、在做题中自信。

让我们共同努力、不负韶华！

目录

- 第一章　战略与战略管理概述　答案与解析　1
- 第二章　战略分析　答案与解析　7
- 第三章　战略选择　答案与解析　23
- 第四章　战略实施　答案与解析　51
- 第五章　公司治理　答案与解析　61
- 第六章　风险与风险管理概述　答案与解析　67
- 第七章　风险管理的流程、体系与方法　答案与解析　71
- 第八章　企业面对的主要风险与应对　答案与解析　79
- 第九章　综合题演练　答案与解析　91

第一章　战略与战略管理概述
答案与解析

一、单项选择题

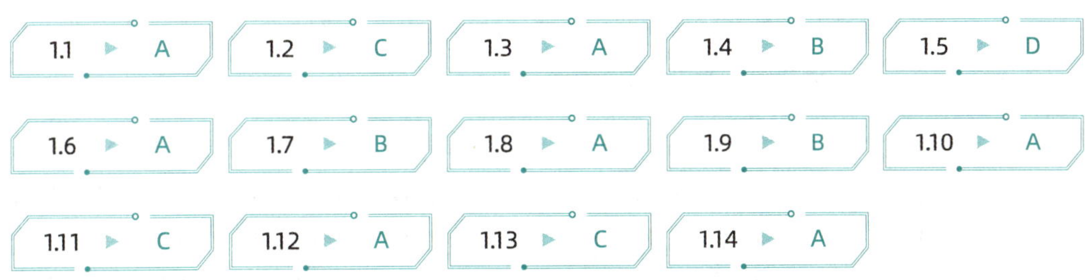

1.1 ▶ A	1.2 ▶ C	1.3 ▶ A	1.4 ▶ B	1.5 ▶ D
1.6 ▶ A	1.7 ▶ B	1.8 ▶ A	1.9 ▶ B	1.10 ▶ A
1.11 ▶ C	1.12 ▶ A	1.13 ▶ C	1.14 ▶ A	

二、多项选择题

1.15 ▶ BD	1.16 ▶ CD	1.17 ▶ BD	1.18 ▶ ABCD	1.19 ▶ ABC
1.20 ▶ BC	1.21 ▶ AC			

一、单项选择题

1.1　斯尔解析　A　本题考查的知识点是战略的概念。战略的概念有三种表述：传统概念（波特）、现代概念（明茨伯格）与综合概念（汤姆森）。传统概念强调计划性，现代概念强调应变性，而综合概念则认为战略应该是事先计划和突发应变的组合。题干中逸云公司有“预定的战略目标”，同时会“及时根据市场需求的变化调整产品开发和经营计划”，说明其战略既包括了事先计划，也包括了对突发情况的应变，选项D不当选。同时说明，其战略并不完全是理性计划的产物，选项A当选。“根据市场需求的变化调整产品开发和经营计划”说明考虑了内外环境的变化并持续调整规划，选项B不当选。“为实现预定的战略目标，该公司借助大数据分析工具，及时根据市场需求的变化调整产品开发和经营计划，取得显著成效”说明逸云公司采取主动态势预测未来，而不是被动地对变化作出反应，选项C不当选。

精在答疑

问题：如何理解"理性计划的产物"？

解答：理性计划的产物指的是将企业战略视为通过理性、系统性的规划和分析过程而产生的结果。在这个观点下，企业战略被认为是经过深思熟虑、提前设计并按照计划执行的产物。这种理论框架假设企业领导层能够通过详尽的分析、规划和预测，预见未来并制定出最为有效的战略，然后通过严格执行这些计划来实现成功。这种观点强调了计划的重要性，认为通过理性的决策和明智的规划，企业可以在不确定性环境中取得优势。简言之，"理性计划的产物"对应的就是"计划性"。根据解析所述，逸云公司的战略是"计划+应变"，而不绝对是"计划"，所以选项A当选。

1.2 斯尔解析 C 本题考查的知识点是宗旨的概念。**公司宗旨旨在阐述公司长期的战略意向，其具体内容主要说明公司目前和未来所从事的经营业务范围**。永太科技经营范围由"农药生产"扩展至"石油制品、技术咨询以及电子产品原料销售"，说明公司的经营业务范围发生变化，选项C当选。

提示：战略层次中的总体战略更强调"选择企业可以竞争的经营领域"。另外，战略层次的角度是由总体到具体，即总体战略、业务单位战略、职能战略，这方面的信息题目没有很直接的体现。虽然题干中提到了经营范围的变化，但不是战略层次的变化。

1.3 斯尔解析 A 本题考查的知识点是公司战略的层次。**公司战略分为三个层次：总体战略、业务单位战略（竞争战略）和职能战略。总体战略的核心要素是选择企业可以竞争的经营领域**。"妙原公司陆续收购了几家肉类连锁超市，积极向下游环节延伸"说明该公司的经营领域发生了变化，属于总体战略的范畴，选项A当选。

1.4 斯尔解析 B 本题考查的知识点是公司总体战略的内涵，需要对总体战略、业务单位战略（竞争战略）和职能战略进行区分。选项A属于竞争战略的核心要素，不当选。选项B落脚点在"经营领域"，属于总体战略，当选。选项CD属于职能战略的核心要素，不当选。

1.5 斯尔解析 D 本题考查的知识点是战略管理的三大特征和评估战略备选方案的三大标准。"战略管理的对象不仅包括……，还包括……"体现了战略管理是综合性管理，选项A不当选。"评估战略备选方案时，考虑战略是否发挥了企业优势，克服了劣势；是否利用了机会，将威胁削弱到最低程度；是否有助于企业实现目标"对应的是评估战略备选方案三个标准中的适宜性标准，选项B不当选。选项C体现了战略管理的动态性特征，不当选。战略管理必须由企业的高层领导来推动和实施，选项D当选。

1.6 斯尔解析 A 本题考查的知识点是制订战略选择方案。在自下而上的方法中，在制定战略时，企业最高管理层对下属部门不作具体规定，而是要求各部门提交战略方案，选项A当选。

1.7 斯尔解析 B 本题考查的知识点是战略创新的类型。**产品创新是指组织提供的产品和服务的变化**。"推出了体积小巧、颜色靓丽的女士专用筋膜枪产品"说明有别于既有产品，体现了产品创新。**定位创新是指重新定位用户对既有产品和服务的感知来实现的创新**。"塑造了时尚、年轻的产品定位”体现了定位创新，选项B当选。**流程创新是指产品和服务的生产和交付方式的变化**，**范式创新是指影响组织业务的思维模式和实践规范的变化**，题干均未体现，选项ACD不当选。

1.8 斯尔解析 A 本题考查的知识点是创新生命周期。“不断调试技术参数”说明其生产流程带有实验性，“该技术目前的市场接受度不高，同时有不少其他机构的类似技术在检测速度与准确性方面可以与之抗衡”说明了该技术在此阶段有很大的不确定性，竞争对手之间的竞争重点是产品性能本身，符合流变阶段的特点，选项A当选。

1.9 斯尔解析 B 本题考查的知识点是创新生命周期。**过渡阶段的竞争重点是产品差异化，产品线包括至少一种稳定或主导的设计**。“惠蓝公司从激烈的竞争中形成了区别于其他企业的高基频化（光刻晶体）产品”说明惠蓝公司关注产品差异化，“并形成了生产该产品的特定技术能力”说明惠蓝公司开始形成“主导设计”，符合过渡阶段的特点，选项B当选。

1.10 斯尔解析 A 本题考查的知识点是企业利益相关者的利益矛盾与均衡。**用来描述投资者与经理人员的利益矛盾与均衡的模型有鲍莫尔的销售最大化模型、马里斯的增长最大化模型和威廉姆森的经理效用最大化模型**。列昂惕夫模型是用来描述企业员工与企业（股东或经理）之间的利益矛盾与均衡。本题要求选出不能用来描述投资者与经理人员的利益矛盾与均衡的模型，选项A当选。

1.11 斯尔解析 C 本题考查的知识点是企业利益相关者的权力来源。“原N公司与M公司的机舱服务员在临近圣诞节期间，发起抗议行动，有效推动了该项问题的解决”，属于利益相关者集中或联合的程度，选项C当选。

1.12 斯尔解析 A 本题考查的知识点是企业利益相关者的权力来源。“产品均为工匠师傅纯手工打造，而非机器制成”说明工匠师傅所提供的劳动力资源具有稀缺性，机器无法直接形成替代。“手艺最为精湛的工匠师傅相较于经理人与其他工匠在产品制造环节拥有更大的话语权”说明企业对工匠师傅的专业程度具有依赖性。以上内容均体现了工匠师傅对资源的控制与交换的权力，选项A当选。

提示：“手艺最为精湛的工匠师傅相较于经理人与其他工匠在产品制造环节拥有更大的话语权”这一表述同时也符合**专家权的定义，即对其他人或作为整体组织而言有价值的特殊知识的占有**。因此，如选项中出现专家权或个人的素质和影响，也符合以上描述。

1.13 斯尔解析 C 本题考查的知识点是在战略决策与实施过程中的权力运用。**和解的特征是不坚定行为加上合作行为或单方让步，设法满足对方的要求以保持或改进现有关系**。根据题干，这场冲突涉及两个对象：一是公司管理层，二是消费者。本题提问的是公司管理层对待和处理这场冲突的策略，因此应当关注公司管理层对待这场冲突的态度和处理这场冲突的行为。“在进行大范围的市场调研后，立即决定将该类洗发水更换为环保包装并对消费者发放产品代金券进行补偿”说明公司管理层更换包装作出让步并对消费者进行补偿，符合和解的定义，选项C当选。

1.14 斯尔解析 A 本题考查的知识点是3M创新漏斗模型。在涂鸦式创新阶段，组织鼓励全员开展头脑风暴（“公司每周组织业务人员、研发人员和所有相关部门开展头脑风暴”），信马由缰地自由探索，寻找创新机遇，提出创新想法或概念组织提供实验室设备、技术平台和相关人员的支持（“专门置办了一间实验室，供研发人员尝试技术革新”），允许技术人员将15%的工作时间用于涂鸦式创新思考。组织对所有创新志愿者提供爱护和保护，容许他们犯错误，支持他们参加技术论坛（“并鼓励他们参加行业技术论坛”），对他们的进展和突破予以认可，选项A当选。

二、多项选择题

1.15 斯尔解析 BD 本题考查的知识点是公司目标的相关内容。使命是企业组织的根本性质与存在理由，而非目标，选项A不当选。根据描述，题干中的目标表述仅涉及战略目标，并未涉及财务目标，选项B当选。捷力公司的目标并非关注短期的经营业绩和结果，而是促使公司的管理者考虑现在应该采取什么行动，才能使公司进入一种可以在相当长的一段时期内良性经营的状态，选项C不当选。公司的目标是使命的具体化，选项D当选。

1.16 斯尔解析 CD 本题考查的知识点是战略目标体系所包含的具体内容。考生在做题时需要把握住一个原则，即战略目标体系一般不能用财务指标量化，财务目标体系反之，即可作出正确选择。提高股利增长率、获得满意的投资回报率，都是要在财务指标上有好的表现，属于财务目标体系的范畴，选项AB不当选。提高公司在客户中的声誉、获得持久的竞争优势都属于战略目标体系的范畴，选项CD当选。

1.17 斯尔解析 BD 本题考查的知识点是创新的新颖程度。创新的新颖程度可以划分为渐进性创新和突破性创新。抓关键词，“逐渐开设”“初步建立”，说明该创新是一系列持续、稳步前进的变化过程，因此民先公司的创新属于渐进性创新，选项A不当选，选项B当选。渐进性创新能够使得企业保持平稳、正常运转，选项C不当选。而突破性创新才会使得整个体系发生变化，选项D当选。

1.18 斯尔解析 ABCD 本题考查的知识点是创新型组织的组成要素。合适的组织结构关键问题是在“有机的”和“机械的”模式之间找到恰当的平衡，选项A当选。关键个体可以是组织发起者、发明者/团队领导者、技术把关人员、项目经理或商业创新者等。本题中，店长对于生鲜店的经营发挥着重要作用。可将其理解为项目经理或者商业创新者的角色，选项B当选。“加强集团旗下不同生鲜店用户需求的共享”体现了有效的团队合作和跨越（内部）边界，选项C当选。“通过与供应商分享库存消耗数据，推动上下游网络的高效运行”体现了跨越（外部）边界，选项D当选。

1.19 斯尔解析 ABC 本题考查的知识点是创新管理的主要过程。“且每年投入大量经费探索前沿技术”说明该公司在持续搜索了环境中有关潜在变革的信号，选项A当选。“虽然小分子技术在行业内已有较成熟的应用场景，但公司创始人认为大分子领域的数据更为丰富，也更适合采用人工智能技术”表明该公司在当前可利用的技术中进行了取舍，选项B当选。“公司加紧建设基于大分子技术的药物平台，以降低抗体优化成本”体现了公司正在实施创新（关键词为“加紧建设”），选项C当选。“并计划在未来3～5年内获取相关知识产权”说明公司尚未采用知识产权保护机制，尚不满足获取阶段的特征，选项D不当选。

提示：本题只是“计划”在未来获取相关知识产权，还达不到运用“未来3～5年内获取相关知识产权”形成竞争优势并从中获利。因此不属于获取阶段。

1.20 斯尔解析　BC　本题考查的知识点是创新管理流程模型。与其他管理方法相比，IPD的显著特点包括：（1）摒弃“纯技术”路线，强调市场和客户需求对于产品开发和创新的根本性作用（选项A不当选）。（2）将产品开发作为投资进行管理。在产品开发的每一个重要阶段，都不仅从技术角度，而且从商业角度进行可行性评估，以确保实现产品投资回报或尽可能减少投资失败造成的损失（选项B当选）。（3）强调企业内外部的沟通与协作。在企业总体战略指导下，研发、营销、采购与供应链、服务等部门协调一致（选项C当选），开发团队与客户、外部合作伙伴与开发社区协同创新（选项D不当选），从而将各方面的力量和作用汇集为一个完整的系统，极大地提高产品开发与创新的效率和成功率。

1.21 斯尔解析　AC　本题考查的知识点是企业社会责任的三个方面。“宝康乳业公司近年来采用多项举措，努力实现‘社会最放心、消费者最满意’的战略目标”体现的是保证企业利益相关者的基本利益要求，此处“社会”“消费者”都是利益相关者，选项A当选。“公司举办通过‘消费者每购买一罐奶粉，公司就向希望工程捐赠1元钱’的公益活动”体现的是赞助和支持社会公益事业，选项C当选。

提示：选项D是企业社会责任管理存在的风险主要表现中的相关表述（第八章知识点），属于所答非所问。

三、简答题

1.22 斯尔解析

（1）本案例中，家家智能汽车公司战略创新的类型主要表现为产品创新。“‘家家智造ONE’采用全新的形式——增程式电动。王向认为，相对于U国TL等电动车采用的充电桩/换电站等方式，中国消费者更需要从产品本身去解决问题产品”。

提示：严格来讲，本案例也会涉及其他创新类型，如定位创新、范式创新等。但基于“多写不扣分”原则，同学们即使写多了也并无大碍，甚至这是在考场上更为稳妥的做题方式。

（2）本案例中，家家智能汽车公司战略创新赖以实现的关键情境是建立创新型组织，其主要体现为以下两个方面：

①共同使命、领导力和创新的意愿。“家家智能汽车公司的董事长兼创始人王向认为，汽车制造业已经进入2.0数字时代，其特征是‘电机驱动+智能互联’；而汽车3.0时代是人工智能时代，其特征是‘无人驾驶+出行空间’。为了赢得2.0时代，并参与3.0时代的竞争，家家智能汽车公司开始全面布局”“家家智能汽车公司的第一款产品SEV面向国内外共享汽车使用群体，续航里程将超过100公里。但是，两年筹备之后，由于低速车的合法性以及海外分时租赁市场实际容量的局限，这个雄心勃勃的计划还是夭折了。面对挫折，王向立即将公司产品开发重心转移到中大型SUV的‘家家智造ONE’”“2018年12月，家家智能汽车公司以6.5亿元收购LF股份公司所持有的C市LF汽车公司100%股权，被业界称为家家‘完美避开进入门槛’，取得了新能源汽车生产资质，以实现王向掌控并引领新能源汽车市场的梦想”。

②全员参与创新。“王向认为，未来企业竞争的关键要素是具备快速成长能力的公司组织。他把60%的时间用于组织管理，以是否具备创新能力与价值观而非是否来自成功大企业为标准选拔人才；帮助团队中每一个人成就心中的事业追求，去挑战自己和团队成长的极限”。

③关键个体。“王向认为，未来企业竞争的关键要素是具备快速成长能力的公司组织。他把60%的时间用于组织管理，以是否具备创新能力与价值观而非是否来自成功大企业为标准选拔人才；帮助团队中每一个人成就心中的事业追求，去挑战自己和团队成长的极限”“面对挫折，王向立即将公司产品开发重心转移到中大型SUV的‘家家智造ONE’”“这场发布会没有明星大腕捧场助阵，全程由王向一人直接以大量数据对比和充满硬核知识的‘干货’完成了自我演绎，让消费者在各类新产品中有了清晰的比较”。

④创造性的氛围。“帮助团队中每一个人成就心中的事业追求，去挑战自己和团队成长的极限”。

⑤跨越边界。“通过三轮融资获得资金，拥有了自己的制造基地，与国内最大的出租车网约平台合作切入共享出行领域，积极投资产业链（包括投资孵化自动驾驶系统供应商MJ公司、专注自动驾驶中央控制器的ZX公司以及研发生产激光雷达的LH公司等）”“家家智能汽车公司与LF股份还签署了为期3年的框架合作协议。双方将通过资源互补、技术互补等方式，在新能源技术开发、车联网、人车交互及数据共享等领域形成技术联盟”。

第二章　战略分析
答案与解析

一、单项选择题

2.1 ▶ A	2.2 ▶ C	2.3 ▶ A	2.4 ▶ A	2.5 ▶ D
2.6 ▶ B	2.7 ▶ B	2.8 ▶ C	2.9 ▶ A	2.10 ▶ C
2.11 ▶ C	2.12 ▶ C	2.13 ▶ D	2.14 ▶ C	2.15 ▶ B
2.16 ▶ A	2.17 ▶ C	2.18 ▶ C	2.19 ▶ D	2.20 ▶ C
2.21 ▶ B	2.22 ▶ B	2.23 ▶ D	2.24 ▶ B	2.25 ▶ C
2.26 ▶ A	2.27 ▶ D	2.28 ▶ D	2.29 ▶ A	2.30 ▶ C
2.31 ▶ A	2.32 ▶ C	2.33 ▶ D	2.34 ▶ D	2.35 ▶ D
2.36 ▶ B	2.37 ▶ B			

二、多项选择题

2.38 ▶ CD	2.39 ▶ ABC	2.40 ▶ ACD	2.41 ▶ BD	2.42 ▶ ABCD
2.43 ▶ AD	2.44 ▶ BCD	2.45 ▶ ABD	2.46 ▶ ABC	2.47 ▶ AC
2.48 ▶ CD	2.49 ▶ ACD	2.50 ▶ BCD	2.51 ▶ BCD	2.52 ▶ BC
2.53 ▶ BCD	2.54 ▶ BC	2.55 ▶ ABD	2.56 ▶ CD	2.57 ▶ CD
2.58 ▶ AD	2.59 ▶ AD	2.60 ▶ BCD		

一、单项选择题

2.1 斯尔解析 A 本题考查的知识点是宏观环境分析（PEST）。“对外商雇用本地劳工的工作时长进行了进一步的限制”既可以是政府行为对企业的影响，也可以是通过制定法律法规（如劳动保护法）来间接影响企业的活动。无论具体属于哪一种，均应属于政治和法律环境，选项A当选。

2.2 斯尔解析 C 本题考查的知识点是宏观环境分析（PEST）。“国际快餐连锁公司S公司宣布在中东开设连锁店，但并不出售猪肉汉堡，只出售牛肉汉堡、鸡肉汉堡和鱼肉汉堡”考虑的是中东地区的风俗习惯、宗教文化传统，属于社会和文化环境，选项C当选。

2.3 斯尔解析 A 本题考查的知识点是产品生命周期理论的阶段判断。产业在生命周期的不同阶段有不同的特征。“备受用户青睐”说明已经扩大了用户群体，脱离了导入期。“相较于2019年增长了23.31%”说明该类产品增长迅速，“中低端扫地机器人市场的产品质量良莠不齐”说明产品质量仍然参差不齐，这三点均为成长期的特征，选项A当选。

2.4 斯尔解析 A 本题考查的知识点是产品生命周期理论的阶段特征。**导入期的战略路径是投资于研究开发和技术改进，提高产品质量**。题干中“加大对研究开发的投资和对技术的改进，从而提高药品的质量，确保安全性和有效性”符合导入期的特征，选项A当选。

2.5 斯尔解析 D 本题考查的知识点是产品生命周期理论的阶段特征。“彼时其技术并不成熟，产品尺寸小、对比度低、清晰度差，而且价格高昂”说明最开始是对导入期的描述。“国内厂商销售额达到前所未有的水平，技术和治理方面差异不明显”说明最后是对成熟期的描述。**产品生命周期理论有关经营风险的关键结论是：四个阶段（由导入期到衰退期）的经营风险呈现持续下降的趋势**。因此，选项D当选。

2.6 斯尔解析 B 本题考查的知识点是波特五力模型的进入障碍。**进入障碍的设置是为了抵御潜在进入者的威胁。“学习曲线”指的是当某一产品累计生产量增加时，由于经验和专有技术的积累所带来的产品单位成本的下降**。根据题干描述，“经过世代相传积累了丰富的泥塑工艺品制作经验和精湛技艺，其产品畅销国内外”表明该公司的核心优势在于“制作经验和精湛技艺”，“经验”与“技艺”的积累体现了学习曲线的内涵，选项B当选。

2.7 斯尔解析 B 本题考查的知识点是产业五种竞争力模型的局限性。**五力模型的局限性：（1）该分析模型基本上是静态的。然而，在现实中竞争环境始终在变化。（2）该模型能够确定行业的盈利能力，但是对于非营利机构，有关获利能力的假设可能是错误的**（选项B当选）。**（3）该模型基于这样的假设，即一旦进行了这种分析，企业就可以制定企业战略来处理分析结果，但这只是一种理想的方式。（4）该模型假设战略制定者可以了解整个行业（包括所有潜在的进入者和替代产品）的信息，但这一假设在现实中并不一定存在**（选项D不当选）。**对于任何企业来讲，在制定战略时掌握整个行业信息的可能性不大。（5）该模型低估了企业与供应商、客户或分销商、合资企业之间可能建立长期合作关系以减轻相互之间威胁的可能性**（选项A不当选）。**（6）该模型对产业竞争力的构成要素考虑不够全面**（选项C不当选）。

2.8 斯尔解析 C 本题考查的知识点是不同职能领域的成功关键因素。**与技能相关的成功关键因素有：（1）劳动力拥有卓越的才能；（2）设计方面的专有技能；（3）卓越的信息系**

统（"该公司近期建立了一套卓越的汽车租赁信息系统"）等。因此，选项C当选。

2.9 斯尔解析　A　本题考查的知识点是不同职能领域的成功关键因素。与技术相关的成功关键因素包括：（1）科学研究技能；（2）在产品生产工艺和过程中进行有创造性的改进的技术能力；（3）产品革新能力；（4）在既定技术上的专有技能；（5）运用互联网发布信息、承接订单、送货或提供服务的能力（匹配题干，选项A当选）。当然，本题也可以通过分析题干得出结论。"越来越多的消费产品生产企业采用互联网与大数据分析技术……取得良好的经营业绩"，说明与技术相关的因素帮助消费产品生产企业获得了经营上的成功，因此涉及消费产品行业与技术相关的成功关键因素，选项A当选。

提示：总结来看，题干可以理解为（因为）企业采用了一系列技术，（所以）实现了一系列成果，重点强调的是"技术"过硬这一原因。"技术"（而非"营销"）才是企业取得良好的经营业绩的根本原因，选项B不当选。

2.10 斯尔解析　C　本题考查的知识点是产品生命周期各阶段的成功关键因素。解题的关键是先判断国内水泥产业所处的产品生命周期阶段，再选择与该阶段匹配的成功关键因素。根据题干描述，"国内水泥产业的客户对性价比的要求很高""只有大批量生产并有自己销售渠道的企业才具有竞争力"说明国内水泥产业处于衰退期。因此，其成功关键因素是选择市场区域，改善企业形象，选项C当选。选项ABD分别对应成长期、成熟期与导入期的成功关键因素，不当选。

2.11 斯尔解析　C　本题考查的知识点是产品生命周期各阶段的成功关键因素。解题的关键是先判断国内电动自行车市场所处的生命周期阶段，再选择与该阶段匹配的成功关键因素。根据题干描述，"增长趋于缓慢""在技术和性能方面的差异并不明显""甚至出现了挑衅性的价格竞争"，均属于成熟期的特点。从市场角度来看，成熟期的成功关键因素是保护现有市场，渗入别人的市场，选项C当选。选项ABD分别是导入期、成长期与衰退期的成功关键因素，不当选。

2.12 斯尔解析　C　本题考查的知识点是竞争对手分析四个方面的主要内容。"爱彼公司经过对所在产业的深入分析……它们也开始纷纷效仿"说明爱彼公司识别到了竞争对手（产业中的其他企业）存在的偏见及盲点，从而确立了自身的竞争优势，选项C当选。

2.13 斯尔解析　D　本题考查的知识点是竞争对手的能力分析。根据题干描述，"美国次贷危机爆发，波及中国大部分金融企业。在此期间，国外投行K预计其竞争对手中国的甲银行将会逐步降低权益类投资和对客户的理财产品的收益率"，表明投行K对甲银行进行的上述分析是建立在竞争对手能否对外部事件（即"环境"）作出反应的分析基础之上的，属于适应变化的能力分析，选项D当选。

2.14 斯尔解析　C　本题考查的知识点是竞争对手的能力分析。根据题干描述，"以应对A公司即将于年底发售的新产品"体现了龙芯公司迅速采取正确应对措施的能力。"推出一款自主研发的新型嵌入式CPU"属于快速反应能力的决定因素中定型的但尚未推出的新产品，选项C当选。

2.15 斯尔解析　B　本题考查的知识点是竞争对手的能力分析。竞争对手成长能力的决定因素一般包括：企业人员、技术开发与创新、生产能力、财务状况。这些方面描述了竞争对手企业在所处产业中发展壮大的潜力，选项B当选。

2.16 斯尔解析 A 本题考查的知识点是战略群组分析。战略群组分析有助于：（1）了解战略群组内企业竞争的主要着眼点；（2）很好地了解战略群组间的竞争状况，主动地发现近处和远处的竞争者，也可以很好地了解某一群组与其他群组间的不同；（3）了解（产业内）战略群组之间的“移动障碍”，但无法了解产业的进入障碍（选项C不当选）；（4）利用战略群组图还可以预测市场变化或发现战略机会（选项A当选）。战略群组分析关注的是竞争格局，而非“合作”，选项B不当选。战略群组的分析对象是处于同一产业内的企业，能了解群组间的竞争状况及群组内的竞争着眼点，更多了解的是企业间的横向联系，而非纵向联系（上下游），选项D不当选。

2.17 斯尔解析 C 本题考查的知识点是战略群组分析。“七彩公司以‘文化娱乐性’和‘观光游览性’为两维坐标”，将现有的旅游项目划分为两大战略群组。根据题干描述，文艺演出属于“文化娱乐性高、观光游览性低”的一组，实景旅游属于“文化娱乐性低、观光游览性高”的一组。七彩公司采用战略群组分析的主要思路，不是了解某一群组内部的竞争情况（选项D不当选），也不是了解两个群组之间的竞争状况（选项A不当选）或移动障碍（选项B不当选），而是通过分析战略群组发现战略机会——“将……的文艺演出与……的实景旅游两类功能结合起来，率先创建了‘人物山水’旅游项目”，选项C当选。

2.18 斯尔解析 C 本题考查的知识点是企业资源的分类。对于产品质量差异较小的行业，例如软饮料行业，商誉可以说是最重要的企业资源，选项C当选。上述内容为过往教材企业资源分类中无形资源的举例原文，适当关注即可。

2.19 斯尔解析 D 本题考查的知识点是企业资源分析。根据题干描述，康力公司的竞争优势来源于“多年来不断完善科研管理体制建设，为科研人才的创造性活动提供了坚实的基础和保障”，与制度、管理、人员有关且是长期形成的属于具有路径依赖性的资源，选项D当选。

2.20 斯尔解析 C 本题考查的知识点是企业资源分析。“‘面向未来，包容多元’的理念”“逐渐形成……观看模式”表明形成的“用户黏性”为公司带来价值。“其他视频平台也引入和招揽了视频创作者，并且开辟了弹幕功能，但未能达到与巴里公司同样的用户黏性”说明其他竞争对手不能清楚其价值究竟在何处，也无法找出准确的复制方法，从而难以模仿，符合企业文化这一具有因果含糊性资源的特征，选项C当选。

2.21 斯尔解析 B 本题考查的知识点是企业资源分析。“多年来不断完善科研管理体制建设，为科研人才的创造性活动提供了坚实的基础”。与制度、管理、人员有关且是长期形成的属于具有路径依赖性的资源，选项B当选。

2.22 斯尔解析 B 本题考查的知识点是核心能力的特征。核心能力的可延展性是指企业既能够不断衍生出新的核心产品和最终产品（“坚持生产与创新并重，持续在业务范围内推陈出新”），也可以溢出、渗透、辐射、扩散到企业经营的其他相关产业，从而使企业在原有业务领域保持竞争优势的同时，在其他相关业务领域获得持续竞争优势（“其所研发的尖端定制产品配件也取得了重大突破，有力拓展了业务边界，在其他相关领域获得竞争优势”）。本题题干符合可延展性的特征，选项B当选。

2.23 斯尔解析 D 本题考查的知识点是基准分析的类型辨析。**竞争性基准是指直接以竞争对手为基准进行比较**，题干中耀胜体育和恒泰公司处于不同的国家，所以没有构成直接的竞争关系，选项B不当选。**过程或活动基准是指以具有类似核心经营的企业为基准进行比较**，但是二者之间的产品和服务不存在直接竞争的关系；**内部基准是指企业内部各个部门之间互为基准进行学习与比较**。题干中均未体现，选项AC不当选。**一般基准是指以具有相同业务功能的企业为基准进行比较，判断一般基准的关键点是"同一行业无竞争"**。二者都是处在体育用品行业，属于同一行业，但因为处于不同的国家，没有构成直接的竞争关系，所以是一般基准，选项D当选。

2.24 斯尔解析 B 本题考查的知识点是基准分析的类型辨析。"迅驰电梯公司是世界上最大的电梯、自动扶梯和自动走道的制造、安装和服务公司"表明其基准分析选取的对象是"UPS（快递公司）这样具有类似核心业务的公司"。UPS公司和迅驰公司不属于同一个行业（选项C不当选），UPS公司更不是迅驰公司的竞争对手（选项A不当选）。过程或活动基准的对象是不同产业但拥有相同或相似活动、流程的企业，彼此之间的产品不存在直接竞争，选项B当选（关键点：不同行业无竞争）。

2.25 斯尔解析 C 本题考查的知识点是基准分析的类型辨析。"西康酒店"对标的是东部旅游景区的一家五星级酒店，二者都是酒店，有相同的业务。但一家在西部，一家在东部，并不存在竞争关系，属于一般基准，选项C当选（关键点：同一行业无竞争）。

2.26 斯尔解析 A 本题考查的知识点是基准分析的类型辨析。**竞争性基准是指直接以竞争对手为基准进行比较**。"和所处行业中与其实力相近的两家公司在技术能力和客户满意度等方面进行了基准分析和比较"表明坤泰公司与这两家公司存在直接竞争关系，属于同一行业有竞争，选项A当选。

2.27 斯尔解析 D 本题考查的知识点是基准分析的类型辨析。"佳星手机在网络上开设了星粉留言板，让用户可以在网络上提出需求，对产品的缺陷提出改进意见，从而快速地改进产品及服务"体现了佳星公司以顾客的预期为基准进行比较，选项D当选。

2.28 斯尔解析 D 本题考查的知识点是钻石模型要素的判断。**钻石模型包含四个要素，分别是生产要素、需求条件、同业竞争和相关与支持性产业**。选项A中的"导致市场竞争激烈"体现了钻石模型中的同业竞争，属于钻石模型的要素，选项A不当选。选项B中的"非技术工人"体现了生产要素，属于钻石模型的要素，选项B不当选。选项C中的"对外资工装产品的需求不高"体现了需求条件，属于钻石模型的要素，选项C不当选。选项D属于PEST分析中的政治和法律因素，不属于钻石模型分析的范畴，选项D当选。

2.29 斯尔解析 A 本题考查的知识点是价值链活动。**支持活动包括采购管理、技术开发、人力资源管理及企业基础设施**。广义的采购管理既包括生产原材料的采购，也包括其他资源的投入管理。例如，企业聘请咨询公司为企业进行广告策划、市场预测、管理信息系统设计、法律咨询等都属于采购管理。"该公司聘请咨询公司对乐器线上销售渠道提出改进方案"是购买了咨询公司的服务，应该列入公司的采购管理活动中，选项A当选。"该公司通过短视频平台投放对其乐器进行广告宣传"属于市场销售活动，选项B不当选。"该公司改进物流配送方式以确保乐器在运输中不被损坏"属于外部后勤（出货物流），选项C不当选。"该公司优化原材料仓储管理模式”属于内部后勤，选项D不当选。

2.30 斯尔解析 C 本题考查的知识点是支持活动。基础设施的示例包括组织结构、惯例、控制系统以及文化等，高层管理人员也是其中的一部分。本题所述的重点在后半部分“一套科学、严密的管理体系和经营机制”。管理体系和经营机制符合基础设施的示例，即支持活动中的基础设施，选项C当选。

2.31 斯尔解析 A 本题考查的知识点是价值链确定。分离这些活动的基本原则包括：（1）具有不同的经济性（选项A当选）；（2）对产品差异化产生很大的潜在影响（选项B不当选）；（3）在成本中所占比例很大或所占比例在上升（选项CD不当选）。

2.32 斯尔解析 C 本题考查的知识点是波士顿矩阵的管理组织选择。适合采用智囊团或项目组等管理组织的是“问题”业务。“问题”业务对应高市场增长率（大于10%）和低相对市场占有率（小于1.0）。相关智能设备制造的市场增长率为18%，相对市场占有率为0.6，属于“问题”业务，选项C当选。

2.33 斯尔解析 D 本题考查的知识点是波士顿矩阵的业务类型判断。“积极扩大经济规模和市场机会的业务”属于“明星”业务的应对战略，即发展战略。“明星”业务需同时满足高市场增长率（大于10%）和高相对市场占有率（大于1.0），车用音响业务均满足，选项D当选。

2.34 斯尔解析 D 本题考查的知识点是波士顿矩阵的综合分析。“新能源行业发展潜力巨大、前景广阔，公司在该领域竞争优势不足”表明新能源行业的市场增长率高，而环美公司新能源业务的相对市场占有率低，因此环美公司的新能源业务属于“问题”业务。对于未来有发展前途的“问题”业务，公司应当进行重点投资，以提高市场占有率，选项A不当选。“房地产行业进入‘寒冬’期，公司的房地产业务始终没有获利”表明房地产行业的市场增长率低，而环美公司的房地产业务的相对市场占有率低，因此环美公司的房地产业务属于“瘦狗”业务，公司应当采用撤退战略，选项B不当选。“生物制药行业近年来发展迅猛，公司收购的一家生物制药企业由弱变强，竞争优势日益显现”表明生物制药行业的市场增长率高，“由弱到强”表明其相对市场占有率已经提高，因此生物制药业务属于“明星”业务，应提供资源支持该业务继续发展，选项C不当选。“家电业务的多数产品进入成熟期，公司在家电行业竞争优势显著”表明家电行业的市场增长率低，而环美公司的家电业务的相对市场占有率高，属于“现金牛”业务，故应采用收割战略，而非加大投资力度，选项D当选。

2.35 斯尔解析 D 本题考查的知识点是波士顿矩阵的管理组织选择。相对市场占有率，指以企业某项业务的市场份额与这个市场上最大竞争对手的市场份额之比。“市场占有率达50%以上”说明其他竞争对手加起来的份额都不会超过达梦公司，即相对市场占有率大于1（相对市场占有率高）。“近年来家装市场进入低速增长阶段”说明市场增长率低，因此达梦公司的家装业务属于“现金牛”业务。“现金牛”业务的经营者最好是市场营销型人物，选项D当选。选项A是“瘦狗”业务的策略，选项BC是“明星”业务的策略，选项ABC不当选。

2.36 斯尔解析 B 本题考查的知识点是企业外部环境分析工具。成功关键因素分析是用来分析企业外部环境的，选项B当选。波士顿矩阵和通用矩阵属于企业内部环境分析，选项AD不当选。SWOT分析属于内外部结合的分析模型，选项C不当选。

2.37 斯尔解析 B 本题考查的知识点是SWOT分析。“在国家政策的大力扶持下，我国的云计算产业呈现爆发式增长”说明公司所面临的外部环境是机会（O）；“由于公司内核心技术人员流失，其技术能力已经大不如前”说明内部环境是劣势（W），应该采取的战略是扭转型战略（WO），选项B当选。

二、多项选择题

2.38 斯尔解析 CD 本题考查的知识点是宏观环境分析（PEST）。选项AB均属于企业自身的发展情况，是内部环境分析，不属于PEST分析，选项AB不当选。选项CD分别属于PEST分析中的政治和法律环境与社会和文化环境，选项CD当选。

2.39 斯尔解析 ABC 本题考查的知识点是产品生命周期理论。产品生命周期局限性的第一点即“分不清”——产品各阶段的持续时间随着产业的不同而非常不同，并且一个产业究竟处于生命周期的哪一个阶段通常不清楚，选项D不当选。选项ABC都是关于产品生命周期的正确表述，当选。

2.40 斯尔解析 ACD 本题考查的知识点是进入障碍中的结构性障碍。选项A是市场优势/品牌优势，属于结构性障碍，当选。选项B属于行为性障碍，不当选。选项C是政府政策，属于结构性障碍，当选。选项D是企业对现有资源的控制/分销渠道，属于结构性障碍，当选。

2.41 斯尔解析 BD 本题考查的知识点是产业五种竞争力中的进入障碍。“甲公司宣布进入共享汽车市场。不足半个月，乙公司也宣布通过收购M公司和其他一系列举措进入共享单车市场”属于典型的进入对方领域，属于行为性障碍，选项BD当选。

2.42 斯尔解析 ABCD 本题考查的知识点是产业五种竞争力分析。国内洗涤品生产企业众多，体现了现有企业的竞争，选项A当选。产品差异较小，消费者选择余地大，体现了消费者的议价能力强，选项B当选。原材料及用工成本不断上涨，体现了供应者的议价能力强，选项C当选。国外著名洗涤品公司加快进入中国市场的步伐，体现了潜在进入者的进入威胁，选项D当选。

2.43 斯尔解析 AD 本题考查的知识点是产业五种竞争力分析。“目前已经有大量的奶茶商家在该市场进行激烈的竞争”体现的是产业内现有企业的竞争，选项A当选。“由于我国奶茶行业进入门槛低，很多年轻的创业者都在筹备开创自己的奶茶品牌”体现的是潜在进入者的进入威胁，选项D当选。

2.44 斯尔解析 BCD 本题考查的知识点是产业五种竞争力分析。“进入航空业需要大量的资本投入”说明行业进入壁垒高，对行业内现有公司获取行业竞争优势产生有利影响，对潜在进入者产生不利影响，选项A不当选。行业增长率下降，行业内现有企业的竞争就会加剧，会对企业取得行业竞争优势产生不利影响，选项B当选。廉价航空公司兴起，会加剧同业竞争，对企业取得行业竞争优势产生不利影响，选项C当选。许多大型国际企业采用视频会议管理跨国业务，属于替代品的替代威胁，对企业取得行业竞争优势产生不利影响，选项D当选。

2.45 斯尔解析 ABD 本题考查的知识点是产业五种竞争力分析。“巨能公司是多家手机制造企业的电池供应商”，处于手机产业链的上游。巨能公司能够进行前向一体化时，其与下游客户讨价还价能力变强，选项A当选。如果巨能公司进行的是后向一体化，并不能加强其与下游客户讨价还价的能力。巨能公司提供的电池差异化程度越高，其讨价还价能力越强，选项B当选。巨能公司的客户购买量越大（集中化），客户的讨价还价能力越强，而巨能公司讨价还价能力越弱，选项C不当选。巨能公司掌握的客户的转换成本信息越多（透明化），其讨价还价能力越强，选项D当选。

2.46 斯尔解析 ABC 本题考查的知识点是产业五种竞争力中购买者的讨价还价能力。购买者为零散的个人，通过协议方式进行集体大量购买，提高了购买方的集中化水平，能够提高购买商的议价能力，选项A当选。市场上的替代选择多，说明产品差异化程度不高，这种情况下供应商的议价能力低，而购买商的议价能力高，选项B当选。购买商对于产品的性能、规格、质量及售价信息很了解，信息透明化程度高，有利于提高购买商的议价能力，选项C当选。购买商对产品的供应时间要求迫切，不利于购买商讨价还价，议价能力低，选项D不当选。

2.47 斯尔解析 AC 本题考查的知识点是产品生命周期各阶段的成功关键因素。“销售量节节攀升，顾客群逐渐扩大；不同企业的产品在技术和性能方面有较大差异；消费者对产品质量的要求不高”，说明行业正处于成长期。从市场角度看，选项AC都是成长期行业的成功关键因素，选项AC当选。选项B是成熟期的成功关键因素，选项D是衰退期的成功关键因素，选项BD不当选。

2.48 斯尔解析 CD 本题考查的知识点是企业资源分析。“研发和生产家用照明灯具的于氏公司秉承‘为客户创造优美、舒适、安全节能的光环境’的理念”体现了其具有因果含糊性的资源（企业文化），选项C当选。“该公司在五年前便推出了一套产品创新管理机制，持续调动员工积极性，创造价值”体现了其具有路径依赖性的资源，选项D当选。

2.49 斯尔解析 ACD 本题考查的知识点是决定企业竞争优势的企业资源判断标准。“早在1993年就被授予业内难得的‘中华老字号’称号”属于具有资源稀缺性的资源，选项A当选。“陶陶居在全国各地开店，并选址在繁华地段”属于物理上独特的资源，即极佳的地理位置，选项D当选。“其品牌知名度也获得了进一步提升”属于具有持久性的资源（品牌资源等无形资源属于具有持久性的资源），选项C当选。本题未提及与“市场空间”有关的关键词，选项B不当选。

2.50 斯尔解析 BCD 本题考查的知识点是企业资源分析。“香港半岛酒店位于九龙半岛的天星码头旁，占据有利的地理位置，游客可以遥望对岸香港岛和维多利亚港美不胜收的海景和夜景”，地理位置是有形资源而非无形资源，选项C当选，选项A不当选。同时，有利的地理位置也是一种稀缺性资源，能够帮助半岛酒店获得竞争优势，而同样的地段难以复制，选项BD当选。

2.51 斯尔解析 BCD 本题考查的知识点是企业资源分析。**企业资源有三种：有形资源、无形资源和人力资源。有形资源的下属分类还包括物质资源和财务资源**。题干中的“机组培训”属于人力资源，选项B当选。“航空互联网”属于无形资源（技术资源），选项C当选。“50多架飞机”属于物质资源，选项D当选。**财务资源包括应收账款、有价证券等**，题干未涉及，选项A不当选。

2.52 斯尔解析　BC　本题考查的知识点是企业能力。“确保产能达标的同时，也注重产品质量与社会责任”体现的是生产管理能力，选项B当选。“公司注重产品竞争力，灵活调整产品组合，迎合消费者需求”体现的是营销能力中的产品竞争能力和市场决策能力（市场决策能力是以产品竞争能力、销售活动能力的分析结果为依据的，是领导者对企业市场进行决策的能力），选项C当选。

2.53 斯尔解析　BCD　本题考查的知识点是基准分析的基准对象。一般来说，能够衡量业绩的活动都可以成为基准对象。也正因为影响业绩的活动种类繁多，如果把每一项影响企业业绩的活动都作为基准对象，将无法有效进行分析，选项A不当选。企业可以主要关注以下几个领域：占用较多资金的活动；能显著改善与顾客关系的活动；能最终影响企业结果的活动等。因此，选项BCD当选。

2.54 斯尔解析　BC　本题考查的知识点是基准分析类型的辨析。“在用户调研中发现其在国内旅游产品设计上并未满足出行人群的需求”属于顾客基准，选项C当选。“决定向国外同行学习如何做好适合当地旅行的产品”属于“同一行业无竞争”，即一般基准，选项B当选。

2.55 斯尔解析　ABD　本题考查的知识点是钻石模型四要素。选项A属于相关与支持性产业（上下游），选项B属于需求条件，选项D属于生产要素，选项ABD当选。选项C是政府对甲公司施行的一项限制政策，不属于钻石模型的要素，不当选。

2.56 斯尔解析　CD　本题考查的知识点是价值链分析。选项A属于基本活动中的市场销售，不当选。选项B属于基本活动中的外部后勤，不当选。选项C属于辅助活动中的人力资源管理，当选。选项D属于辅助活动中的技术开发，当选。

2.57 斯尔解析　CD　本题考查的知识点是价值链分析。**企业支持活动中的基础设施是指企业组织结构、惯例、控制系统以及文化等活动**，选项D当选。**企业高层管理人员往往在这些方面发挥重要作用。高层管理人员也往往被视作基础设施的一部分**，选项C当选。信息系统开发属于支持活动中的技术开发，选项A不当选。公司的厂房属于固定资产而不是一种活动，选项B不当选。

2.58 斯尔解析　AD　本题考查的知识点是通用矩阵。处于对角线三个方格的业务，企业应当采取维持或有选择地发展的战略，维持原有的发展规模，同时调整其发展方向，选项B不当选。对于业务类型较多的多元化大公司来说，通用矩阵的必要性不大，且需要更多数据，方法比较繁杂，不易操作，选项C不当选。

提示：处于左上方三个方格的业务，企业应当采取增长与发展战略，企业应优先分配给其资源。

2.59 斯尔解析　AD　本题考查的知识点是SWOT分析。“甲公司新业务的相关技术研发力量不足”属于内部环境中的劣势（W），“市场竞争激烈”属于外部环境中的威胁（T），所以是WT组合，选项A当选。“研发力量不足”属于内部环境中的劣势（W），而“国家政策的支持”属于外部环境中的机会（O），所以是WO组合，选项B不当选。选项C中的“拥有雄厚的资金实力和品牌优势”属于优势与“自身研发能力不足”属于劣势均为内部环境的描述，而不涉及外部环境，而SWOT分析的战略一定是内部环境和外部环境的组合，选项C不当选。“甲公司拥有雄厚的资金实力和品牌优势”属于内部环境中的优势（S），“国家政策支持的东风”属于外部环境中的机会（O），所以是SO组合，选项D当选。

2.60 斯尔解析 BCD 本题考查的知识点是SWOT分析。乳制品行业增长缓慢，属于外部环境中的威胁（T），公司市场占有率高，属于内部环境中的优势（S），应采用ST战略，选项A不当选。房地产行业不景气，属于外部环境中的威胁（T），公司市场占有率低，属于内部环境中的劣势（W），应采用WT战略，选项B当选。新能源行业具有广阔的发展前景，属于外部环境中的机会（O），公司在该行业不具有竞争优势，属于内部环境中的劣势（W），应采用WO战略，选项C当选。煤化工行业近年来发展势头明显回落，属于外部环境中的威胁（T），公司在该行业中具备一定优势，属于内部环境中的优势（S），应采用ST战略，选项D当选。

三、简答题

2.61 斯尔解析

君盛村镇银行面临的宏观环境有：

（1）政治和法律环境。“为缓解中小企业融资难的问题，2007年银保监会提出大力发展……村镇银行，提高对县域、乡村的金融服务水平，出台法规放宽村镇银行的准入条件，并给予一定的税收优惠”，这些都是君盛村镇银行面临的有利因素，而村镇银行不能享受国有银行享受的一些优惠政策，是君盛村镇银行面临的不利因素。

（2）经济环境。政府大力推进农村金融业的发展是君盛村镇银行面临的有利因素，“当地人均收入低……保险和信贷担保发展滞后等因素制约了君盛业务的发展”，是君盛村镇银行面临的不利因素。

（3）社会和文化环境。“村镇银行作为新生事物，品牌认可度、社会公信度和信誉度都还不高”，这些都是君盛村镇银行面临的不利因素。

（4）技术环境。“适合村镇银行特点的业务终端机和ATM机等设备供应严重不足，村镇银行的支付清算系统因为技术原因不能纳入同城支付结算系统、征信系统”，导致了君盛村镇银行不能更好地为客户提供服务，制约了经营业务的扩展。

2.62 斯尔解析

在每一个产业中都存在五种基本竞争力量，即潜在进入者的进入威胁、替代品的替代威胁、供应者的讨价还价能力、购买者的讨价还价能力、产业内现有企业的竞争。在一个产业中，这五种力量共同决定产业竞争的强度以及产业利润率，最强的一种或几种力量占据着统治地位并且从战略形成角度来看起着关键性作用。

A地区生猪市场五种竞争力分析：

（1）潜在进入者的进入威胁。“国家对内地出口A地区生猪实行配额管理及审批制度”“进入障碍很高”说明目前潜在进入者的进入威胁不大，但随着配额管理政策的放开，国际金融巨头在中国大肆收购专业养猪场，潜在进入者的威胁也不容忽视。

（2）替代品的替代威胁。“由于A地区传统消费习惯的长期存在，其他肉类对猪肉的替代性不大”说明替代品的威胁不大。

（3）供应者的讨价还价能力。“原材料市场还处于买方市场……从目前国内情况来看，主要原材料产业均是竞争比较激烈的产业，供应商数量较多”说明供应者的讨价还价能力不大。

（4）购买者的讨价还价能力。“产品价格高于内地市场价，但质量要求也较高。由于A地区生猪业务不仅是经济行为，还是一项政治任务，因此，当大陆生猪供应量减少、内地猪肉价格急剧上升时，A地区生猪供应量和价格不会迅速作出相应的调整”说明购买者讨价还价能力强。

（5）产业内现有企业的竞争。“市场竞争激烈”“各出口企业始终把质量和安全作为核心竞争力，努力把政策性的盈利模式变为市场性的盈利模式，从而在市场中立足”说明产业竞争激烈，竞争对手实力较强。

2.63 斯尔解析

（1）运用“解决口腔健康问题功能程度”和“价格水平”两个战略特征，各分为“高”“低”两个档次，将案例中所提及的B公司、L公司、D公司、H公司、清雅公司、蓝天公司、春城白药进行战略群组划分，可分为三个群组：

第一群组为解决口腔健康问题功能程度低、价格水平高的群组：B公司、L公司、D公司、H公司。

第二群组为解决口腔健康问题功能程度低、价格水平低的群组：清雅公司、蓝天公司。

第三群组为解决口腔健康问题功能程度高、价格水平高的群组：春城白药。

（2）根据战略群组分析的作用分析：

①定位在高端市场的国际巨头们产品价格开始向下移动，是因为第一群组与第二群组之间以及各群组内部竞争激烈，“日化行业的竞争已经异常激烈”“谁想要扩大市场份额，都会遇到竞争对手的顽强抵抗，已有相当数量的本土日化企业退出市场”“定位在高端市场的国际巨头们也面临着发展的瓶颈”。而对于第一群组的国际巨头们来说，进入第二群组移动障碍不高，“国际巨头们凭借其规模经济、品牌、技术、渠道和服务等优势……占据了C国牙膏市场60%以上的份额”。

②春城白药定位于日化行业第三群组，是因为那是一片蓝海，“具有更多口腔保健功能的药物牙膏还是市场‘空白点’”。

③B公司、L公司、D公司、H公司相继推出功能化的高端牙膏产品，尝试进入第三群组。对国际巨头而言，这一移动障碍也不高，“国际巨头们也纷纷凭借自身竞争优势推出功能化的高端产品抢占市场”。

2.64 斯尔解析

战略群组分析的思想体现如下：

（1）有助于了解战略群组内企业竞争的主要着眼点。“知名国际运动品牌企业更注重功能性和外观时尚性的结合”“国产运动品牌则注重性价比路线，同时不断尝试向高端市场发起冲击”。

（2）有助于很好地了解战略群组间的竞争状况，主动地发现近处和远处的竞争者，也可以很好地了解某一群体与其他群组间的不同。“运动服饰品市场呈现出国产品牌强势崛起、逐步比肩知名国际运动品牌的趋势”“虽然国货开始受到越来越多人的欢迎，但国际品牌仍旧占据着主导地位”“知名国际运动品牌善于赞助备受瞩目的国际赛事，因此在曝光度与客户接受度上也更优于国产品牌”。

（3）**有助于了解各战略群组之间的“移动障碍”**。“虽然公司管理层都清楚地知道，要达到国际品牌的水准所需耗费的研发投入巨大”。

（4）**利用战略群组图还可以预测市场变化或发现战略机会**。“国产运动品牌应当将运动功能与本土化设计结合起来，因为本土企业针对国人作出的设计，往往更能受到消费者的青睐”。

2.65 斯尔解析

依据钻石模型四要素，对G省葡萄酒产业发展的优势与劣势简要分析如下：

（1）优势：

生产要素。“G省的葡萄种植基地、葡萄酒生产企业主要集中在西北黄金产业带上。适宜的纬度、最佳光热水土资源组合，加之大幅度的昼夜温差、适宜有效的气温和干燥少雨的气候，使G省成为国内生产葡萄酒原料的最佳区域之一”。

需求条件。“据专家预测，到2020年，中国葡萄酒消费量将进入世界前三位，全球葡萄酒过剩时代结束，即将步入短缺时代”。

（2）劣势：

相关与支持性产业。“随着市场的发展，包装对于葡萄酒来说不仅是保护商品、方便流通的手段，更成为一种差异化、准确定位目标市场的营销方式。而G省与葡萄酒产业相关的包装印刷业发展缓慢，企业主要产品包装品的制作和商标的印刷主要依靠南方地区的企业提供”。

企业战略、企业结构和同业竞争。“G省绝大多数葡萄酒生产企业规模小且分散，产品销售网覆盖地区有限，彼此之间的竞争不够充分”。

2.66 斯尔解析

（1）①海浪水泥公司**有形资源**所展示的竞争优势。“海浪水泥公司凭借先天优势坐拥原材料成本和质量优势”“海浪水泥公司利用自身位居长江附近的地理位置优势，积极推行其他水泥企业难以复制的‘T型’战略布局”“率先在国内新型干法水泥生产线低投资、国产化的研发方面取得突破性进展”“公司在沿江、沿海建造了多个万吨级装卸水泥和熟料的专用码头，着力建设或租赁中转库等水路上岸通道；集团下设物流公司，在集团总部设立了物流调度中心”“公司强化对终端销售市场的开拓，推行中心城市一体化销售模式，在各区域市场建立贸易平台；公司物流体系实现了工业化和信息化的深度融合，以GPS和GIS为核心的物流调度信息系统实现了一体化、可视化的管理”。

②海浪水泥公司**无形资源**所展示的竞争优势。“率先在国内新型干法水泥生产线低投资、国产化的研发方面取得突破性进展，这标志着中国水泥制造业的技术水平已经跨入世界先进行列”。

③海浪水泥公司资源**“不可模仿性”**的主要形式包括：

a.**物理上独特的资源**。“海浪水泥公司凭借先天优势坐拥原材料成本和质量优势”“海浪水泥公司利用自身位居长江附近的地理位置优势，积极推行其他水泥企业难以复制的‘T型’战略布局”。

b.**具有路径依赖的资源**。“通过‘T型’战略的实施，海浪水泥公司进一步巩固了其‘资源—生产—物流—市场’的产业链优势”。

（2）①**研发能力**。“率先在国内新型干法水泥生产线低投资、国产化的研发方面取得突破性进展，这标志着中国水泥制造业的技术水平已经跨入世界先进行列，确保公司为市场提供规模可观的低价高质产品”。

②**生产管理能力**。“‘T型’生产和物流格局，改变了之前通过‘中小规模水泥工厂+公路运输+工地’的生产物流模式，解决了长江沿岸城市石灰石短缺与当地水泥消耗量大之间的矛盾”“通过‘T型’战略的实施，海浪水泥公司进一步巩固了其‘资源—生产—物流—市场’的产业链优势”。

③a.**产品竞争能力**。“海浪水泥公司凭借先天优势坐拥原材料成本和质量优势”“确保公司为市场提供规模可观的低价高质产品”。

b.**销售活动能力**。“公司强化对终端销售市场的开拓，推行中心城市一体化销售模式，在各区域市场建立贸易平台；公司物流体系实现了工业化和信息化的深度融合，以GPS和GIS为核心的物流调度信息系统实现了一体化、可视化的管理”。

c.**市场决策能力**。“积极推行其他水泥企业难以复制的‘T型’战略布局”“率先在国内新型干法水泥生产线低投资、国产化的研发方面取得突破性进展”“海浪水泥公司不断完善‘T型’战略布局”。

④**财务能力**。“2018年海浪水泥公司的年报显示：公司营收同比大幅增长70.50%，净利润同步增长88.05%，净利润增长幅度超过营业收入增长幅度”。

⑤**组织管理能力**。“积极推行其他水泥企业难以复制的‘T型’战略布局”“海浪水泥公司不断完善‘T型’战略布局”。

2.67 斯尔解析

（1）精密测量仪器属于“现金牛”业务（即低增长—强竞争地位的业务）。

理由：“天淮科技在该领域深耕多年，具有较强的竞争优势”说明相对市场占有率高，“但目前行业整体发展动力不足”说明市场增长率低。

管理组织选择的建议：**“现金牛”业务适合用事业部制进行管理，其经营者最好是市场营销型人物**。

（2）智能检测设备属于“明星”业务（即高增长—强竞争地位的业务）。

理由：“在客户多个细分领域获得较高渗透率”说明相对市场占有率高，“这是难度最高，也最具潜力的技术领域”说明市场增长率高。

管理组织选择的建议：**“明星”业务的管理组织最好采用事业部形式，由对生产技术和销售两方面都很内行的经营者负责**。

（3）无人物流车属于“问题”业务（即高增长—弱竞争地位的业务）。

理由：“这是公司正在探索的新业务，未来是否能够长成参天大树，还有待观察”说明相对市场占有率低，“无人驾驶技术是当前最具发展前景的领域”说明市场增长率高。

管理组织选择的建议：**“问题”业务可以采取智囊团或项目组织等形式来发展，应当选拔有规划能力、敢于冒险、有才干的人才来领导**。

2.68 斯尔解析

（1）①**潜在进入者的进入威胁**。“一些以中低端酒为主的酒企也开始转型升级，调整产品结构，增加高端产品的占比，以适应国内消费升级的变化趋势”“高端白酒在窖池、工艺、环境、品牌等多方面的进入门槛很高”。

②购买者讨价还价的能力。“高端白酒长期处于供小于求的状态，使其对消费者具有更强的议价能力，并且高端白酒通常具备一定的收藏价值，这对价格不太敏感的高端酒客户来说更具吸引力”。

③供应者讨价还价的能力。“采取‘公司+农户’的订单模式，大力开发建设生态酿酒原料生产基地，从源头上把好质量关”。

④替代品的替代威胁。“对国内白酒业整体而言，进口红酒的冲击不容小觑，如今商务宴请中喝红酒的人越来越多，进口红酒抢占了一定的市场份额”“通过音乐、艺术等国际通用的‘语言’将白酒文化传播到世界各地，拓展海外市场，抵消了部分进口红酒在国内市场的替代威胁”。

⑤产业内现有企业的竞争。“作为国内名优白酒品牌的龙头企业之一，S省致臻老窖公司近年来实施一系列战略举措以打造其在高端白酒业的竞争优势”。

（2）①生产要素。“S省白酒地理优势、技术优势和人才优势逐步凸显”。

②需求条件。“随着国内消费的不断升级，中高端白酒产品日益成为酒业的消费热点”“高端白酒长期处于供小于求的状态，使其对消费者具有更强的议价能力，并且高端白酒通常具备一定的收藏价值，这对价格不太敏感的高端酒客户来说更具吸引力”。

③相关与支持性产业。“采取‘公司+农户’的订单模式，大力开发建设生态酿酒原料生产基地，从源头上把好质量关”“推进白酒产业与旅游文化产业的融合发展，充分发挥S省得天独厚的旅游文化资源”“启动‘酿酒废弃物热化学能源化与资源化耦合利用技术’研究项目，为实现‘高粱种植→白酒酿造→固废资源化利用→优质高粱种植→优质白酒酿造’的绿色循环产业链打下坚实基础”“投资实施智能化包装中心技改项目，打造自动化、智能化的现代化包装基地，推动公司包装物流体系的转型升级”。

④企业战略、企业结构和同业竞争。“S省既有多家全国品牌大企业，也有诸多地方品牌中小企业。2019年1月，S省白酒行业协会推出的《白酒产业振兴发展培育方案》指出，要做专做优做强白酒名优企业，提升企业效益，增强企业核心竞争力，支持名优企业通过兼并、收购等多种方式整合省内中小企业；支持名优企业之间强强联合、战略合作，推进白酒产业与旅游文化产业的融合发展，充分发挥S省得天独厚的旅游文化资源等”。

2.69 斯尔解析

（1）①生产要素。“Q省地处QS高原腹地，具有发展太阳能产业的独特资源优势……Q省以电力企业为依托，抓住人才、技术、资金等关键资源……”。

②需求条件。“随着国内外清洁能源需求的不断增长”。

③相关与支持性产业。“根据当地土壤、水质的特点，种植雪菊、紫苏、透骨草等高原生态作物。这些作物牢牢抓住土壤，解决了光伏板易损、报废的问题。产业园区要定期清洗光伏板，而清洗光伏板的水能灌溉作物，作物的生长又使水土更好地得到保持，光伏板下因此形成了小型绿色生态园”“由于植被长势太好，甚至会遮蔽光伏板，而且冬季可能引发火灾。为解决这一问题，河天水电公司与附近几个村庄合作，发展小尾寒羊的养殖”“光伏电站不仅带来了生态的良性循环，还发展了当地的养殖产业”。

④企业战略、企业结构和同业竞争。“作为Q省TL戈壁滩光伏产业园区的核心企业，河天水电公司将生态保护的理念融入产业园区的建设中”。

（2）①保证企业利益相关者的基本利益要求。“近年来，随着国内外清洁能源需求的不断增长，Q省以电力企业为依托，抓住人才、技术、资金等关键资源，打造光伏一条龙全产业链，实现经济、生态保护和民生改善多赢”“光伏电站不仅带来了生态的良性循环，还发展了当地的养殖产业，对于实现当地牧民的脱贫目标，功不可没”。

②保护自然环境。“河天水电公司将生态保护的理念融入产业园区的建设中”“光伏板下因此形成了小型绿色生态园”“光伏电站不仅带来了生态的良性循环……”。

③赞助和支持社会公益事业。“发展了当地的养殖产业，对于实现当地牧民的脱贫目标，功不可没”。

2.70 斯尔解析

（1）①导入期。

a.导入期的产品用户很少。“公司成立之初，国内视频监控产品用户寥寥，主要限于公安、交通等管理部门”。

b.产品质量有待提高，尤其是可靠性。“使用中故障率较高”。

c.产品的……价格弹性较小，可以采用高价格的政策。“用户的刚性需求使价格高企”。

d.只有很少的竞争对手，……企业的规模可能会非常小。“生产企业不多，规模普遍较小”。

e.企业的战略目标是扩大市场份额。“生产企业……为扩大市场份额展开竞争”。

f.主要战略路径是投资于研究开发和技术改进，提高产品质量。“……都致力于改进生产技术和开发性能、质量更高的新一代产品”。

②成长期。

a.成长期的标志是产品销量节节攀升，产品的客户群已经扩大。“国内视频监控产品的市场需求迅速增加并日益多元化，先后扩展到金融、IT、电信、家电、消防等领域”“销售量不断增加”“数字城市、和谐社区的建设催生了对视频监控产品的大量新需求”。

b.各厂家的产品在技术和性能方面有较大差异。“产品……‘鱼龙混杂’，质量、性能参差不齐”。

c.由于市场扩大，竞争者涌入。“数字城市、和谐社区的建设催生了对视频监控产品的大量新需求”“市场需求迅速增加……吸引大量企业进入视频监控行业”。

d.此时产品价格最高。“产品……都能以比以往更高的价格售出”。

e.企业之间开始争夺人才和资源。“各个企业为分到‘最大一块蛋糕’，纷纷对资金、原材料供应、技术等展开争夺”“海新公司以创新的理念积极引进、培养图像数据摄取、处理、存储、传输、显示及相关技术人才，同时筹集资金并购了两家计算机、网络技术开发和设备生产企业”。

f.企业的战略目标是争取最大市场份额。“各个企业为分到‘最大一块蛋糕’……”。

③成熟期。

a.成熟期开始的标志是竞争者之间出现挑衅性的价格竞争……产品价格开始下降。“企业之间为争取扩大市场份额而展开的价格战愈演愈烈，产品价格趋降”。

b.产品逐步标准化，差异不明显。“市场上视频监控产品的品种、规格、质量逐渐趋于一致”。

c.成熟期的主要战略路径是提高效率、降低成本。“海新公司适应新形势……提高了劳动生产率，降低产品成本约15%”。

（2）①导入期。

a.研发动力是市场需求。“海新公司……以抢占正在受到越来越多的消费者关注的家庭安防用品细分市场为目标……研制出构成家庭安防系统的闭路监控电视子系统、门禁子系统、报警子系统”。

b.研发定位是成为成功产品的低成本生产者。“通过考察学习、吸收国外先进企业的技术与管理，几年后，海新公司的产品性能、质量达到国际先进企业同类产品的水平，同时通过不断改进工艺和生产流程使价格比国外先进企业低20%～25%”。

②成长期。

a.研发动力是市场需求和技术进步。“市场需求迅速增加并日益多元化……对原有生产体系进行信息化升级改造……实现了视频监控系统、用户操作系统与相关管理、指挥系统的实时互联互通……解决了困扰行业多年的图像处理与计算机视觉、语言语音信息处理兼容的难题，获得国家专利”“数字城市、和谐社区的建设催生了对视频监控产品的大量新需求”“智能识别、分析和云计算的推广为视频监控技术和产品迭代提供了动力和工具”。

b.研发定位是成为成功产品的创新模仿者。“海新公司……以国际领先的产品为标杆，以自身多年积累的创新资源为基础……研发、生产出能够适应更为复杂和多变的场景，识别和分析更多的异常行为和事件的新型智能化产品，该产品的生物识别、目标检测与分析、自动跟踪识别等性能与国际领先产品并驾齐驱”。

③成熟期。

a.研发动力是市场需求。“海新公司适应新形势和客户需求，通过招标采购、更新生产设施、改进工艺流程……”。

b.研发定位是成为向市场推出新技术产品的企业。“海新公司……开发、研制成功高度智能化、性能优越的太空视频监控产品，该产品的部分性能处于国际领先水平”。

（3）①导入期的研发重点是掌握技术秘诀。“海新公司……组织人员攻克关键技术难关，研制出构成家庭安防系统的闭路监控电视子系统、门禁子系统、报警子系统”。

②成长期的研发重点是提高产品的质量和功能。“海新公司……对原有生产体系进行信息化升级改造，一方面使产品的可靠性、安全性明显提升，另一方面使产品的功能得到改善和扩展”“研发、生产出能够适应更为复杂和多变的场景，识别和分析更多的异常行为和事件的新型智能化产品，该产品的生物识别、目标检测与分析、自动跟踪识别等性能与国际领先产品并驾齐驱”。

③成熟期的研发重点是降低成本，开发新品种。“海新公司……降低产品成本约15%。此外，海新公司还……开发、研制成功高度智能化、性能优越的太空视频监控产品。”

第三章　战略选择
答案与解析

一、单项选择题

3.1 ▶ A	3.2 ▶ A	3.3 ▶ C	3.4 ▶ C	3.5 ▶ B
3.6 ▶ B	3.7 ▶ C	3.8 ▶ D	3.9 ▶ B	3.10 ▶ B
3.11 ▶ A	3.12 ▶ B	3.13 ▶ C	3.14 ▶ D	3.15 ▶ B
3.16 ▶ C	3.17 ▶ A	3.18 ▶ C	3.19 ▶ A	3.20 ▶ A
3.21 ▶ A	3.22 ▶ B	3.23 ▶ C	3.24 ▶ B	3.25 ▶ A
3.26 ▶ D	3.27 ▶ B	3.28 ▶ A	3.29 ▶ A	3.30 ▶ D
3.31 ▶ D	3.32 ▶ D	3.33 ▶ D	3.34 ▶ A	3.35 ▶ A
3.36 ▶ C	3.37 ▶ B	3.38 ▶ A	3.39 ▶ D	3.40 ▶ A
3.41 ▶ C	3.42 ▶ C	3.43 ▶ A	3.44 ▶ A	3.45 ▶ D
3.46 ▶ B	3.47 ▶ B	3.48 ▶ A	3.49 ▶ B	3.50 ▶ D

二、多项选择题

3.51 ▶ AB	3.52 ▶ ABC	3.53 ▶ ABC	3.54 ▶ BD	3.55 ▶ AD
3.56 ▶ ABCD	3.57 ▶ ACD	3.58 ▶ ABC	3.59 ▶ AB	3.60 ▶ AC
3.61 ▶ AD	3.62 ▶ ABC	3.63 ▶ ABD	3.64 ▶ ACD	3.65 ▶ AB

3.66 ▶ ABCD	3.67 ▶ BD	3.68 ▶ ABD	3.69 ▶ AB	3.70 ▶ AB
3.71 ▶ ABC	3.72 ▶ ABD	3.73 ▶ BCD	3.74 ▶ ABD	3.75 ▶ BCD
3.76 ▶ AD	3.77 ▶ ABCD	3.78 ▶ AD	3.79 ▶ CD	3.80 ▶ AD
3.81 ▶ BCD	3.82 ▶ ACD	3.83 ▶ ABD	3.84 ▶ CD	3.85 ▶ BC
3.86 ▶ ACD	3.87 ▶ AB	3.88 ▶ ABC	3.89 ▶ AD	

一、单项选择题

3.1 斯尔解析 A 本题考查的知识点是发展战略的类型。钢铁公司从事的业务是对钢铁进行制造、加工等，属于钢铁产业链的上游环节，造船厂、钢帘线制造厂都属于钢铁产业链的下游环节。“远航造船厂”“国兴造船厂”“天州钢帘线制造厂”均属于向下游进行延伸的业务，体现了前向一体化战略，选项A当选。

3.2 斯尔解析 A 本题考查的知识点是发展战略中的密集型战略，可以根据“产品—市场战略组合”矩阵进行判断。题干中，舒适公司并没有推出创新产品，属于现有产品。该公司也没有把牙膏推向新地区，属于现有市场。舒适公司“通过顾客每日的刷牙次数的增加提高牙膏的销售数量”，是为了在现有市场中增加现有产品的市场占有率，属于市场渗透战略（现有产品+现有市场），选项A当选。

3.3 斯尔解析 C 本题考查的知识点是发展战略中的密集型战略，可以根据“产品—市场战略组合”矩阵进行判断。“推出以加入当季水果为卖点的新品茶饮，赢得了消费者的喜爱”说明饮茶公司为了保持领先地位开发出了新的产品，属于“老市场+新产品”的产品开发战略，选项C当选。

3.4 斯尔解析 C 本题考查的知识点是发展战略中的多元化战略。选项A，甲碳酸饮料生产企业为了促销改变包装的目的是增加市场份额，依然是发展现有产品和市场，并没有开发新产品，属于密集型战略中的市场渗透战略（现有市场+现有产品），故不当选。选项B，产品还是原来的小型客车，市场由国内市场扩展到南美市场，属于密集型战略中的市场开发战略（新市场+现有产品），故不当选。选项C，丙洗衣粉生产企业原来生产洗衣粉，面向的是有洗衣需求的市场；现在开始生产销售洗发水，面向的是有洗发需求的市场，属于多元化战略（新产品+新市场），故当选。选项D，丁酸奶生产企业新开发出一种凝固型酸奶，并将其推向市场——市场仍然是酸奶市场，属于密集型战略中的产品开发战略（现有市场+新产品），故不当选。

3.5 斯尔解析 B 本题考查的知识点是公司的总体战略。**公司总体战略包括发展战略、稳定战略和收缩战略**。根据题干描述“其确定的公司使命和目标是长期为该市所有企事业单位和居民提供稳定的生产生活用水供应服务”表明该自来水公司不需要改变自己的宗旨和目标（关键词为“长期”和“稳定”），而只需要集中资源用于原有的经营范围和产品，以增强其竞争优势，故适合采用稳定战略，选项B当选。

3.6 斯尔解析 B 本题考查的知识点是收缩战略的方式。收缩战略的方式包括放弃战略、转向战略和紧缩与集中战略。放弃战略指的是将企业的一个或几个主要部门转让、出卖或停止经营。F汽车集团“相继出售了旗下几个欧洲高端品牌的业务”，符合放弃战略的内涵，选项B当选。在几种战略收缩类型中，只有放弃战略会涉及企业或子公司产权的变更，选项CD不当选。削减成本战略属于紧缩与集中战略的具体做法，选项A不当选。

3.7 斯尔解析 C 本题考查的知识点是并购的类型。题干中收购方科立方公司“最终以自有资金1亿元和发行债券融资3亿元”说明其主体资金来源是对外负债（70%及以上为外债），体现了杠杆收购，选项B不当选。“经过多次友好商定”体现了友善并购，选项D不当选。“科立方公司是一家从事电机研发、制造以及出口的企业”（产业下游），“Y公司则主要负责生产制造电机所需的导体材料与绝缘材料”（产业上游），体现了纵向并购，选项A不当选。科立方公司是一家制造业企业，属于非金融企业，体现了产业资本并购而非金融资本并购，选项C当选。

3.8 斯尔解析 D 本题考查的知识点是并购的类型。“新亚集团是一家食品饮料生产企业”体现的是产业资本并购，选项A不当选。“80%的自有资金”说明主体资金来源是自有资金，体现的是非杠杆收购，选项B不当选。“新亚集团对上游厂商Z公司发起了收购”体现的是纵向并购，选项C不当选。“经过双方充分协商”体现的是友善并购，选项D当选。

3.9 斯尔解析 B 本题考查的知识点是并购的动机。企业的并购动机有三点：（1）避开进入壁垒，迅速进入，争取市场机会，规避各种风险；（2）获得协同效应；（3）克服企业负外部性，减少竞争，增强对市场的控制力。“该社先后并购了多家规模较小但经营各具特色的旅行社，有效拓展了业务种类和范围”说明方舟公司并购的目的是获得协同效应，选项B当选。

3.10 斯尔解析 B 本题考查的知识点是战略联盟。“签订战略合作协议，商定由艾克公司免费向华建公司开放相关景观智能控制系统，华建公司则无偿为艾克公司提供施工分析及应用方案”说明两家公司结成的战略联盟是功能性协议，属于契约式战略联盟。相对于股权式战略联盟而言，契约式战略联盟更具有战略联盟的本质特征，选项B当选。股权式战略联盟则有利于扩大企业的资金实力（选项D），并通过持有对方股份的方式施加对公司决策的影响（选项A），同时相互持股也可增强双方的信任感和责任感，也更有利于长久合作（选项C），选项ACD不当选。

3.11 斯尔解析 A 本题考查的知识点是“战略钟”。本题的关键信息是“缺少资金进行大规模扩张的京西只好选择走低价低值策略”，而在“战略钟”模型中，低值低价对应的是集中成本领先战略，选项A当选。

3.12 斯尔解析 B 本题考查的知识点是“战略钟”。根据题干，舒娅公司集中于“追求高品质的年轻一族”“这些年轻的消费者愿意为了舒适的家居体验支付较高的价格”。提供高价高值的家居服饰，属于集中差异化战略，选项B当选。

3.13 斯尔解析 C 本题考查的知识点是"战略钟"。"将单一公司的代理记账服务收费降低到行业最低水平"并且能够同时"向其客户提供战略咨询服务，规避经营风险"，说明慧财科技公司的战略在为顾客提供更高的认可价值的同时，获得成本优势，即为混合战略，选项C当选。

3.14 斯尔解析 D 本题考查的知识点是造成产业零散的原因。选项ABC属于新兴产业共同的结构特征，新兴产业的核心特征就是"不确定性"，不当选。造成产业零散的原因有很多，市场需求的多样性导致高度产品差异化是非常重要的一大原因，选项D当选。以餐饮行业为例，客户需求的多样性会导致这个行业内能够容纳下很多企业，没有任何一家餐饮企业能够占有显著的市场份额。

3.15 斯尔解析 B 本题考查的知识点是零散产业潜在的战略陷阱。根据题干，力元公司的战略目标是建成门店覆盖全国的"快餐帝国"，说明力元公司希望在产业内占据支配地位，即寻求支配地位。"由于扩张过快、缺乏相关资源保障、各地流行菜系经营者的激烈竞争，以及不同消费者口味难以调和的矛盾，该战略目标未能实现，公司经营也陷入危机"说明零散产业的基本结构决定了寻求支配地位是无效的，选项B当选。需要注意的是，选项A的表述侧重于描述企业战略在频繁调整，但本题仅提及该公司在2015年宣布了战略目标，并未给出与"易变的战略"直接相关的信息，不当选。

3.16 斯尔解析 C 本题考查的知识点是新兴产业内部结构的共同特征。由于新兴产业中存在技术和战略的流动性，已立足企业的雇员具有良好的条件去实现其更新的想法，这些新想法在原有企业可能由于转换成本过大而无法实现，这是新兴产业中另立门户企业的产生原因之一，选项C当选。

3.17 斯尔解析 A 本题考查的知识点是蓝海战略。"蓝海"的开创是基于价值的创新而不是技术的突破，选项A当选，选项B不当选。"蓝海"既可以出现在现有产业领域之外，也可以萌生在产业现有的"红海"之中，选项C不当选。"蓝海"的开创是基于对现有市场现实的重新排序和构建，而不是对未来市场的猜想和预测，所以企业就能够以系统的、可复制的方式去寻求"蓝海"，选项D不当选。

3.18 斯尔解析 C 本题考查的知识点是实施蓝海战略的路径。"在给顾客提供用餐服务的同时，还免费给顾客提供拖鞋、美甲、拍照打卡等服务"是关注到了顾客更多的情感性诉求，选项C当选。

3.19 斯尔解析 A 本题考查的知识点是实施蓝海战略的路径。"种植区内增设了园林景观、游戏场"体现的是放眼互补性产品或服务，对应选项B，不当选。"顾客可付费进行休闲娱乐等活动，同时能以市场最低的价格采摘和购买樱桃"体现的是重设产业的功能与情感导向，对应选项C，不当选。"这一经营模式受到了同行的追捧"体现的是跨越时间参与塑造外部潮流，对应选项D，不当选。注意题干问的是实施蓝海战略的路径，选项A属于蓝海战略的特征而非实施路径，该选项答非所问，当选。

3.20 斯尔解析 A 本题考查的知识点是免费商业模式的盈利模式。**增值服务收费模式是指商家提供免费的基础服务，让尽可能多的用户使用产品，然后将其中少数需要个性化服务或高端稀缺资源的用户转化为付费用户，向他们提供更高级的服务。**"百乐公司推出永久免费的杀毒软件，但向企业客户提供的安全存储器及一对一远程服务等则收取费用”符合增值服务收费模式的定义，选项A当选。

3.21 斯尔解析　A　本题考查的知识点是产业市场细分的依据。“某轮胎制造商为汽车制造商和农用拖拉机制造商分别生产两种安全标准不同的轮胎”体现了不同行业内的用户对轮胎安全性有不同的要求，这是按照用户所处的行业来对产业市场进行细分的，选项A当选。

3.22 斯尔解析　B　本题考查的知识点是产业市场细分的主要变量。“该公司在研究市场细分变量时考虑到不同企业对产品交货速度有不同的偏好，决定有针对性地开发重交付产品和轻交付产品，以应对突然要求交货的客户”说明公司在进行产业市场细分时重视情境因素变量中的紧急因素，选项B当选。

3.23 斯尔解析　C　本题考查的知识点是目标市场选择策略。**集中性营销策略指的是企业选择一个或少数几个性质相似的子市场作为目标市场，试图在较少的子市场上占领较大的市场份额**。“梦想公司专门针对中国三胎家庭的出行需求，推出了一款特大型SUV电动汽车，这款车型一举成为爆款”说明梦想公司进行目标市场选择时仅选择了电动汽车的一个子市场，体现的是集中性营销策略，选项C当选。

3.24 斯尔解析　B　本题考查的知识点是目标市场选择策略。**差异性营销策略指企业决定同时为几个子市场服务，设计不同的产品，并在渠道、促销和定价方面都加以相应的改变，以适应各个子市场的需要**。“该公司开始尝试拓展业务与品牌，进军中高档酒店，不断挖掘细分人群的需求”属于差异性营销策略，选项B当选。

3.25 斯尔解析　A　本题考查的知识点是市场定位策略。在国内白酒市场被众多老牌酒业瓜分的情况下，西涌酒业选择生产销售当前市场上尚没有的低端平价白酒“青小白”，避免了与老牌酒业的直接对抗，属于避强定位，选项A当选。

3.26 斯尔解析　D　本题考查的知识点是市场定位策略。**领先定位是指企业通过开辟一个新的细分市场或者对已有产品进行再创造而成为市场领先者。企业在面对强大竞争对手的情况下，可以依据某一新生概念进行市场细分，以最终找到一个利基市场**。“将凉茶重新定位成可以预防上火的功能性饮料……再次成为饮品行业的一线品牌”体现了领先定位的内涵，选项D当选。

提示：本题的定位策略也可以属于“重新定位”，故在选项设置时规避了这一争议。

3.27 斯尔解析　B　本题考查的知识点是价格策略中的主要定价策略。案例中的价格策略主要是基于“非高峰时间段”和“高峰时间段”，即明显提及了“时间”概念，因此属于差别定价策略中的时间差别定价，选项B当选。

3.28 斯尔解析　A　本题考查的知识点是研发的层次。**基础性研究是对科学概念、原理和理论进行的研究，其目的是加深、拓展对某一领域基础知识的认识和理解，为后续的应用研究奠定基础**（“以加深对气体力学领域基础知识的认识和理解”）。案例表述符合基础性研究的含义，选项A当选。

3.29 斯尔解析　A　本题考查的知识点是价格策略中的新产品定价策略。“甲公司对其首次上市定价采用了低于其他企业价格的策略”符合渗透定价策略的定义，即在新产品投放市场时确定一个非常低的价格，以便抢占销售渠道和消费者群体，从而使竞争者较难进入市场，选项A当选。

3.30 斯尔解析 D 本题考查的知识点是价格策略中基本的定价方法。根据题干，“喵喵公司通过研究竞争对手的定价，帮助自己确定相关产品在市场上的价格合理范围。在竞争对手降价时，喵喵公司也会适当调整自己产品的价格，防止顾客流失”，表明喵喵公司以同类产品的市场竞争状况和竞争对手产品的价格为依据确定产品价格，体现的是竞争导向定价法，选项D当选。

3.31 斯尔解析 D 本题考查的知识点是主要定价策略。关联产品定价指的是主要产品定价低、关联产品定价高，如刀架和刀片之间的定价关系，以及本题中打印机和墨盒的定价关系，“该公司最为畅销的打印机产品的定价区间在100～150元，而与其配套使用且消耗较多的墨盒售价却也达到了85元左右”，选项D当选。

3.32 斯尔解析 D 本题考查的知识点是生产运营战略中产品（服务）的选择所需考虑的因素。这些因素包括：（1）市场条件（选项A不当选）；（2）企业内部的生产运营条件（选项B不当选）；（3）财务条件（选项C不当选）；（4）企业各部门工作目标的差异性，市场部门不应完全遵循生产部门的产品选择（选项D当选）。

3.33 斯尔解析 D 本题考查的知识点是生产运营战略的竞争重点。影响竞争力的因素主要是TQCF，即交货期（对应选项A）、质量（对应选项B）、成本（对应选项C）、制造柔性，选项ABC不当选。制造柔性是指企业面临市场机遇时在组织和生产方面体现出来的快速而又低成本地适应市场需求，反映了企业生产运作系统对外部环境作出反应的能力。“企业应当坚持大批量生产单一品类的商品，以降低生产的复杂度”不符合“制造柔性”的要求，无法满足市场需求的日益个性化、多元化的趋势，选项D当选。

3.34 斯尔解析 A 本题考查的知识点是产能计划的类型。“产品供不应求，经常需要订货”“为满足持续增长的订单要求，公司决定增加一条生产线来提高产能”说明该企业的产能明显小于需求，属于典型的滞后策略。滞后策略是指仅当企业因需求增长而满负荷生产或超额生产后才增加产能。该策略是一种相对保守的策略，它能降低生产能力过剩的风险但也可能导致潜在客户流失，因此选项A当选。

3.35 斯尔解析 A 本题考查的知识点是平衡产能和需求的方法。根据题干，“公司管理层预计今年冬天全球能源价格将会持续高企，欧洲能源供应问题严峻，且短期内无法缓解，电热毯的出口销量较前两年大幅增长”，说明需求是可预测的。公司通过加大上半年的产量形成库存，以应对未来需求的增长，属于库存生产式生产，选项A当选。

3.36 斯尔解析 C 本题考查的知识点是采购战略中的交易策略。功能性联盟策略是与供应商通过订立协议结成联盟的策略。“米尼公司的香薰成为热卖单品，于是其打算与该香薰供应商英国TD公司签订长期协议，计划由TD公司负责米尼公司未来5年的香薰供应”说明供应品在企业产品的生产经营中起着重要作用，且企业对供应品的需求量比较大。“英国TD公司决定以更优惠的价格向米尼公司供货”说明供应商拥有较强的生产能力和实现规模经济的能力，能够降低供应品的价格。以上描述均符合功能性联盟策略的适用条件，选项C当选。

3.37 斯尔解析 B 本题考查的知识点是与竞争战略相匹配的人力资源策略。晓时公司“自创立之日起就坚定了走特色化、差异化路线的决心。公司凭借精致、创新、健康的家电产品享誉千万家庭，成为创意家电领导品牌”，说明晓时公司采取的是差异化战略。选项ACD与成本领先战略适配，不当选。选项B与差异化战略适配，当选。

3.38 斯尔解析　A　本题考查的知识点是与竞争战略相匹配的人力资源策略。“对品牌的忠诚度不高，但对价格变动非常敏感”，并且“各类产品与该公司的产品大同小异”，因此立华公司最可能选择的竞争战略是成本领先战略。成本领先战略下，更适宜从外部招聘员工，选项A当选。当企业采取成本领先战略时，公司往往通过设立企业大学或者定期培训来提升员工的知识和能力，选项B不当选。同时，其评估范围狭窄，评估的信息来源单一，选项C不当选。成本领先战略下更强调对外公平，选项D不当选。选项BCD均为实施差异化战略的企业所对应的人力资源策略。

3.39 斯尔解析　D　本题考查的知识点是财务战略矩阵。公司的投资资本回报率（5%）小于加权平均资本成本（7%），说明甲公司业务为减损价值。公司的销售增长率（6%）小于可持续增长率（8%），说明甲公司业务为现金剩余。由此判断甲公司业务处于财务战略矩阵中的第三象限，属于减损型现金剩余，选项D当选（减损型+现金剩余）。

3.40 斯尔解析　A　本题考查的知识点是财务战略矩阵。“该公司的投资资本回报率为8%，投资成本为5%”说明“投资资本回报率-资本成本＞0”，属于价值创造，“同时销售增长率为9%，可持续增长率为7%”说明“销售增长率-可持续增长率＞0”，属于现金短缺。根据财务战略矩阵，定位在第一象限，属于增值型现金短缺。增发股份，增加权益资本属于增值型现金短缺的财务战略选择，选项A当选。增加股利支付与增加内部投资属于增值型现金剩余的财务战略选择，选项BC不当选。彻底重组属于减损型现金短缺的财务战略选择，选项D不当选。

3.41 斯尔解析　C　本题考查的知识点是发展中国家企业对外投资的主要动机。根据题干，“国内家电企业宏浩集团……收购发达国家……K公司”，其国际化的路径为“发展中国家→发达国家”。“K公司是该国市场上领先的专注于工业制造流程数字化的企业，其研发的机器人已经被用来装配轿车和飞机”表明宏浩集团收购K公司的主要目的是获取其先进技术等现成资产，收购动机为寻求现成资产，选项C当选。

3.42 斯尔解析　C　本题考查的知识点是全球价值链的分工模式。本案例中，T公司是主导分工模式的领先企业，而其他供应商则可以被视为领先型企业的专门供应商。四家企业的主要业务均是为T公司服务（关键词：“简单组装”），因此这四家供应商在该非股权模式下对领先企业具有较高的依存度，市场地位较低，属于俘获型价值链，选项C当选。俘获型价值链下，领先企业作为主导公司会寻求一些自身核心能力不强的供应商进行“锁定”。在这种模式中，领先企业要对供应商提供清晰的、已成文的指示，并在必要时提供技术支持。供应商也需要在领先企业明确的调控下，才能生产出满足复杂规格需求的产品。

3.43 斯尔解析　A　本题考查的知识点是全球价值链中的企业升级的类型。“聘请了国外专业技术团队，对现有的生产技术进行了革新，同时提高了生产管理效率并降低了生产成本”属于通过对生产技术的改进和生产组织管理效率的提升而实现的升级，符合工艺升级的概念，选项A当选。

3.44 斯尔解析　A　本题考查的知识点是国际化经营的战略类型。根据题干，“母公司将产品的研发技术和新产品提供给各个子公司，子公司也会把在当地畅销的产品提供给母公司和其他子公司”，说明母公司与子公司之间是紧密的双向关系，这是跨国战略的典型特征，选项A当选。

3.45 斯尔解析 D 本题考查的知识点是国际化经营的战略类型。“推出了一系列以本土为背景采用当地语言录制的剧集，海外订阅量稳步提高”说明网汇公司**根据不同国家的不同市场，提供了不同语言的剧集以满足当地市场的需要，体现的是多国本土化战略**，选项D当选。

3.46 斯尔解析 B 本题考查的知识点是国际化经营的战略类型。根据题干，“甲公司在劳动力成本较低的亚洲设立玩具组装工厂，在欧洲设立玩具设计中心”，**符合全球化战略的定义，即向全世界的市场推销标准化的产品和服务，并在较有利的国家集中进行生产经营活动**，选项B当选。

3.47 斯尔解析 B 本题考查的知识点是国际化经营的战略类型。“在牛皮生产大国美国与巴西境内建立统一标准的皮革加工厂，在国内广东省对所有五金件进行最高规格的加工处理，并在加拿大与瑞典建立原木干燥室”体现了在较有利的国家集中地进行生产经营活动，同时体现了各国的经营由母国总部控制，属于全球化战略，选项B当选。

3.48 斯尔解析 A 本题考查的知识点是本土企业的战略选择。这类题建议考生结合“象限法+角色特征或战略举措关键词”进行判断。在运用象限法时，企业是否向海外进行移植是容易判断的。根据题干，家祥公司没有向海外市场进行扩张，选项CD不当选。“面对严峻的竞争威胁，家祥公司凭借对中国消费者特殊喜好的了解，开发出了以中药材为原料的系列产品——生姜洗发水、药皂等，这些产品一经推出就获得了大众的喜爱”说明该公司利用国内市场的优势进行防卫，或这一表述对应“防御者”战略的战略举措（把目光集中于喜欢本国产品的客户；频繁调整产品和服务，以适应客户特别的甚至独一无二的需求），属于“防御者”，选项A当选。

3.49 斯尔解析 B 本题考查的知识点是本土企业的战略选择。根据题干，飞翔公司并没有向海外市场进行扩张，选项CD不当选。飞翔公司的战略举措是“与新西兰乳品巨头甲公司结成战略联盟，双方以50%：50%的股权比例合资成立一家新的公司”，说明该公司对于奶粉业务在不打算转型的情况下选择与跨国公司建立合资、合作关系来避开竞争。“从奶粉扩展到各类奶制品”说明飞翔公司同时正在转向新的业务。综合上述两类战略举措，可以认为飞翔公司扮演的角色属于“躲闪者”，选项B当选。

3.50 斯尔解析 D 本题考查的知识点是新兴市场本土企业的战略选择。“T公司又开办了自己的新闻节目，并与其他公司合作，向全球的西班牙语市场输送节目”说明T公司向海外进行移植，选项AC不当选。T公司仅仅是“向全球的西班牙语市场输送节目”，即将本土市场的成功经验推广到若干国外的市场，而不是通过全球竞争发动进攻，选项B不当选。本土企业向与本国市场相类似的市场进行移植的战略选择属于“扩张者”，选项D当选。

二、多项选择题

3.51 斯尔解析 AB 本题考查的知识点是发展战略的类型。**横向一体化战略是指企业向产业价值链相同阶段方向扩张的战略**。两家公司的业务都是电子商务，业务相同，因此易贝公司收购奇雅公司属于横向一体化战略，选项A当选。易贝公司通过收购奇雅公司，可以将其电子商务业务扩展到N国，属于市场开发战略，选项B当选。题干信息并没有涉及新产品的开发，选项C不当选。题干并没有提到易贝公司进入到不同的领域进行经营，说明易贝公司并没有实施多元化战略，选项D不当选。

3.52 斯尔解析 ABC 本题考查的知识点是密集型战略。“自1987年进入北京市场以来，不断发展加盟连锁店，迅速占领了北京快餐市场”体现了市场开发战略，选项B当选。“推出了符合中国人饮食习惯的产品”说明肯德基在满足消费者新的需求，体现了产品开发战略，选项C当选。“持续输出其关注营养均衡的品牌理念，受到了各年龄层消费者的青睐”说明肯德基希望通过市场营销手段增加市场份额，体现了市场渗透战略，选项A当选。题干并没有提到肯德基进入到不同的领域进行经营，说明并没有实施多元化战略，选项D不当选。

精准答疑

问题： 本题既涉及产品开发，又涉及市场开发，是否等于多元化战略？

解答： 答案为否。多元化战略是新产品和新市场的组合，只有当这两者同时为“新”，且具有匹配关系时（例如，为了某个新产品开发了某个新市场），才构成多元化战略。所以本题不存在多元化战略。

3.53 斯尔解析 ABC 本题考查的知识点是收缩战略。“高管减薪”属于削减成本，选项A当选。“加强广告宣传”属于调整营销策略，选项B当选。“委托其他公司生产本公司的产品”属于分包，选项C当选。

3.54 斯尔解析 BD 本题考查的知识点是总体战略类型。“近年来大数据和云计算的快速发展，使主营传统数据库业务的甲公司受到极大冲击，经营业绩大幅下滑”，说明应该考虑收缩战略，因此可以排除选项AC。“甲公司裁员1 800人”体现了紧缩与集中战略（削减成本战略），选项D当选。“主营传统数据库业务的甲公司……大力开拓和发展云计算业务，以改善公司的经营状况”体现了转向战略，选项B当选。

3.55 斯尔解析 AD 本题考查的知识点是收缩战略的方式。“加强现金流的控制，与银行重新签订偿还协议，缩小华中地区子公司的规模”属于紧缩与集中战略，选项A当选。“出售西北地区的子公司”属于放弃战略，选项D当选。失败战略属于“战略钟”体系下的战略选择，选项C不当选。**转向战略更多是涉及企业经营方向或经营策略的改变，其具体做法有：（1）重新定位或调整现有的产品和服务；（2）调整营销策略，在价格、广告、渠道等环节推出新的举措**。尽管经营上存在调整，但具体策略均未涉及上述两类做法，因此不属于转向战略，选项B不当选。

3.56 斯尔解析 ABCD 本题考查的知识点是退出障碍。“公司股东则担心其服装生产线专用性程度高，难以对外出售”体现了固定资产的专用性程度引起的退出障碍，选项A当选。淑女坊公司关闭事业部，政府要求就职工补偿和重新安置提出方案，政府要求体现了政府和社会的约束，选项D当选。职工补偿和重新安置则体现了退出成本，选项B当选。关闭服装事业部的消息一传出，立即引发全国各地门店的抗议，体现了感情障碍引起的退出障碍，选项C当选。

3.57 斯尔解析 ACD 本题考查的知识点是退出障碍。“智能手机的生产线难以转产”说明智能手机的生产线的专用性程度高，阻碍了罗锤公司的退出，选项C当选。“引发了员工的抗议”体现的是感情障碍，选项D当选。“要求罗锤公司就职工补偿和重新安置问题提出解决方案”体现的是退出成本，退出成本包括劳工协议、重新安置的成本等，选项A当选。

3.58 斯尔解析 ABC 本题考查的知识点是并购的类型。并购资金中70%及以上来自银行贷款，即为杠杆并购，选项C当选。并购方的身份是非金融企业，即为产业资本并购，选项B当选，选项D不当选。亚强公司由贸易型企业（产业下游）向资源型企业（产业上游）转型，即为纵向并购，选项A当选。

3.59 斯尔解析 AB 本题考查的知识点是并购失败的原因。“未达到M国政府规定的环保标准而面临巨额赔偿的风险”是并购前未对被收购企业进行认真分析导致的，属于决策不当，选项B当选。跨国并购的政治风险是指当地政府针对企业的特殊限制，本题中是该企业自己的问题违反了当地的政策要求，所以不属于跨国并购面临的政治风险，选项C不当选。上市企业的“核心技术人员因对百川公司的管理措施不满而辞职”，属于并购后不能很好地进行企业整合，选项A当选。

3.60 斯尔解析 AC 本题考查的知识点是战略联盟的特点。本题的解题技巧是先判断战略联盟的类型，再选择其对应的特点。“甲公司和乙公司签署交换彼此30%股份的战略合作协议”，属于股权式战略联盟的典型特征。股权式战略联盟有利于扩大企业的资金实力，并通过部分“拥有”对方的形式，增强双方的信任感和责任感，因而更利于长久合作，选项AC当选。股权式联盟的不足之处是灵活性差。契约式战略联盟具有较好的灵活性，但也有一些先天不足，如企业对联盟的控制能力差、松散的组织缺乏稳定性和长远利益、联盟内成员之间的沟通不充分、组织效率低下等。选项BD属于契约式战略联盟的特点，不当选。

3.61 斯尔解析 AD 本题考查的知识点是战略联盟的特点。本题的解题技巧是先判断战略联盟的类型，再选择其对应的特点。根据题干，吉星公司和小度科技通过签订技术交流协议建立合作关系，属于契约式战略联盟。契约式联盟的优点是经营灵活性和自主权更高，选项A当选。契约式联盟的缺点是企业对联盟的控制能力差，选项D当选。选项BC是股权式联盟的特点，不当选。

3.62 斯尔解析 ABC 本题考查的知识点是战略联盟形成动因。“与尚普公司共同开发新技术产品以分担研发费用”属于共同分担研发费用促进技术创新，选项A当选。“与德国头部企业合作，降低市场开发与技术创新的风险”可以避免经营风险，选项B当选。“有效利用企业的研发中心，共同提升光伏发电效率”属于实现资源互补，选项C当选。“以价格战的方式在西班牙光伏市场开展竞争”说明增加了竞争，不属于战略联盟动因中的“避免或减少竞争”，选项D不当选。

3.63 斯尔解析 ABD 本题考查的知识点是联盟新成员的引入。新成员企业的具体评估与判断标准包括：（1）对相关业务领域的理解、优势和潜力（选项A当选）；（2）与现有联盟成员企业的业务内容的重叠度（选项B当选）；（3）与现有联盟成员企业战略的相容性（选项C不当选）；（4）与现有联盟成员企业的合作历史（选项D当选）。

3.64 斯尔解析 ACD 本题考查的知识点是成本领先战略的风险。本题的解题技巧是先判断GL公司实施的竞争战略类型，再来选择对应的实施条件。“GL公司利用市场对微波炉产品价格的高度敏感，通过集中生产少数品种、减少各种要素成本、不断改进产品工艺设计等多种手段降低成本，以‘价格战’不断摧毁竞争对手的防线”说明GL公司采用的是成本领先战略。成本领先战略的风险包括：（1）技术的变化可能使过去用于降低成本的投资（如扩大规模、工艺革新等）与积累的经验一笔勾销（选项A当选）；（2）产业的新加入者或追随者通过模仿或者以更高技术水平设施的投资能力，达到同样的甚至更低的产品成本（选项C当选）；（3）市场需求从注重价格转向注重产品的品牌形象，使得企业原有的优势变为劣势（选项D当选）。消费者群体直接的需求差异变小是实施集中化战略的风险，选项B不当选。

3.65 斯尔解析　AB　本题考查的知识点是集中化战略的实施条件。本题的解题技巧是先判断F公司实施的竞争战略类型，再来选择对应的实施条件。“F公司是一家专门生产高档运动自行车的企业”，说明其采用的是集中化战略，而集中化战略的实施条件包括：（1）购买者群体之间在需求上存在着差异（选项A当选）；（2）目标市场在市场容量、成长速度、获利能力、竞争强度等方面具有相对的吸引力（选项B当选）；（3）在目标市场上，没有其他竞争对手采用类似的战略；（4）企业资源和能力有限，难以在整个产业实现成本领先或差异化，只能选定个别细分市场。选项CD是成本领先战略的实施条件，不当选。

3.66 斯尔解析　ABCD　本题考查的知识点是差异化战略的风险。采取差异化战略的风险有：（1）企业形成产品差异化的成本过高，从而与实施成本领先战略的竞争对手的产品价格差距过大，购买者不愿意为获得差异化的产品支付过高的价格，通常会导致企业亏损（选项B当选）；（2）市场需求发生变化，购买者需要的产品差异化程度下降，使企业失去竞争优势（选项C当选）；（3）竞争对手的模仿和进攻使已建立的差异缩小甚至转向。当竞争对手的模仿加快（模仿）甚至已经推出了性能更好的差异化产品，对甲公司进行了赶超（进攻），都可能使得甲公司亏损，选项AD当选。

3.67 斯尔解析　BD　本题考查的知识点是造成产业零散的原因。造成企业零散的原因有：（1）进入障碍低或存在退出障碍；（2）市场需求多样化导致高度产品差异化；（3）不存在规模经济或难以达到经济规模。根据题干，“洗车业务不需要复杂的技术和大量的投资”，符合原因（1），选项B当选。“消费者需要的洗车地点分散，因而洗车公司数量大量增加”，符合原因（2），选项D当选。市场需求多样导致了地点的分散。选项AC是新兴产业的特征，所答非所问，不当选。

3.68 斯尔解析　ABD　本题考查的知识点是零散产业的战略选择。“专注于为老年人提供旅游服务”体现了专门化（目标聚集），选项D当选。“率先增加‘坐地游天下’的线上服务项目”体现了国豪旅行社提供了区别于其他旅行社的增加附加价值的服务（即提高产品差异化程度），选项B当选。“增加门店扩大实地旅游业务”体现了通过连锁的方式获取成本优势，选项A当选。“技术创新创造规模经济”属于克服零散的一种途径，但题干中并未涉及技术创新所带来的规模经济，选项C不当选。

提示：选项C中，技术创新指生产技术的创新，包括开发新技术等。题干中“借助互联网……率先……”更多体现的是商业模式的创新，而非技术创新，且题干中没有明确的关键信息指向“规模经济”，故该选项不当选。

3.69 斯尔解析 AB 本题考查的知识点是新兴产业的发展障碍。“关于产品标准化、口味、安全、健康的质疑不断，甚至出现了‘猪狗食’这样的形容，专业的烹饪设备也不充足”体现了原材料、零部件、资金与其他供给的不足，选项B当选。“如何刺激消费者购买”体现了顾客的困惑与等待观望，选项A当选。

3.70 斯尔解析 AB 本题考查的知识点是蓝海战略的特征。“面对不同电影院线之间同质化竞争异常激烈的局面，独辟蹊径地将旗下的一部分影院改造成家庭影院”体现了该院线与其他院线的不同。关键词是“独辟蹊径”，体现了拓展非竞争性市场空间，选项A当选。“按照消费者预定的时间、影片乃至餐席提供服务，使他们在影院欣赏影片的同时享受亲友团聚和美味佳肴”体现了该院线为消费者提供了新服务。关键词是“消费者”，体现了创造并攫取新需求，选项B当选。题干中未明确体现出成本的降低，选项CD不当选。

3.71 斯尔解析 ABC 本题考查的知识点是商业模式画布。**价值主张常见的因素有：需求创新**（选项A当选）；**性能改进；定制产品或服务；提供保姆式服务；改进设计；提升品牌/地位**（选项B当选）；**优化定价**（选项C当选）；**改进便利性/实用性**。问题解决是关键业务的类型之一，选项D不当选。

3.72 斯尔解析 ABD 本题考查的知识点是产品组合策略。作为一家日化用品生产企业，其下设的五大产品线是其产品组合的宽度，选项A当选。**所有产品大类中所包含的产品项目的总数为产品组合的长度**，“合计有30种不同的细分产品项目”对应产品组合的长度，选项B当选。“虽然这些产品在生产工艺上略有不同，但均会经由相同的商超渠道进入市场”体现了**产品组合的关联性，即企业各个产品大类在最终使用或目标市场、生产条件、分销渠道等方面的密切相关程度**（本题中，生产条件密切程度低，分销渠道密切程度高），选项D当选。本题未提及产品的花色、品种、规格的数量等，选项C不当选。

3.73 斯尔解析 BCD 本题考查的知识点是分销策略。**独家分销适用于技术含量较高，需要售后服务的专门产品的分销，密集分销更适用于日常消费品的分销**，选项A不当选。**独家分销是指生产企业在某一地区仅通过一家中间商推销其产品；选择性分销指生产企业在某一地区仅通过几家精心挑选的、最适合的中间商推销产品；选择性分销比独家分销能给消费者带来更大的方便**，选项B当选。**密集分销指生产商以尽可能多的中间商销售企业的产品和服务，不容易对中间商的服务水平保持控制**，选项C当选。**密集分销的中间商销售企业众多，渠道管理成本很高**，选项D当选。

3.74 斯尔解析 ABD 本题考查的知识点是促销策略。**营业推广是指采用非媒体手段而进行的产品推广活动**。“向参加活动的会员提供抽奖或赠送周边”属于营业推广，选项A当选。“在各类露营社交账号上对其睡袋产品进行推广”属于广告促销（社交账号属于新兴媒体），选项B当选。**人员推销是指企业销售人员直接与潜在购买者进行面对面的交流，说服对方购买某种产品或服务的过程**，案例中并无直接体现，选项C不当选。**公关营销通常是指通过公共关系策略和手段（比如媒体宣传、事件营销、口碑营销、公益事业和危机公关等）宣传公司和产品的形象**。“定期面向会员举办户外露营活动，持续增强用户黏性”属于公关营销，选项D当选。

3.75 斯尔解析 BCD 本题考查的知识点是促销策略。“该社向参加活动的会员提供免费茶点”属于营业推广，选项B当选。“安排了多名资深导游为他们介绍旅游新项目”属于人员推销，选项D当选。“旅行社还不定期组织多场公益旅游知识讲座，树立了良好的公众形象”属于公关营销，选项C当选。

3.76 斯尔解析　AD　本题考查的知识点是促销策略。推式策略大多面向销售人员和中间商展开，激励他们购买产品并向最终消费者销售，选项A当选。拉式策略主要是通过广告来刺激消费者的需求，选项B不当选。拉式策略可以通过折扣、满减等活动刺激消费者的购买欲望，选项C不当选。企业可以将推式策略和拉式策略配合起来使用，即推拉结合策略，选项D当选。

3.77 斯尔解析　ABCD　本题考查的知识点是新产品开发策略。新产品开发成功须具备以下基本条件：（1）具有独特性的优质产品；（2）与顾客保持密切的沟通，深入了解他们真正的需求；（3）采用开放式新产品开发模式；（4）合理配置资源，将有限的资金、人员集中用于能给企业带来长远利益和成功率高的新产品研发项目，同时确保企业稳健、持续经营。综上，选项ABCD当选。

3.78 斯尔解析　AD　本题考查的知识点是品牌统分策略。品牌统分策略有四种：统一品牌策略、个别品牌策略、分类品牌策略、复合品牌策略。“优居公司所有产品如电视、音响、灯管、剃须刀、显示器等都使用‘优居’品牌名称”体现了统一品牌策略。选项AD属于统一品牌策略的优点，当选。选项B属于个别品牌策略的优点，不当选。选项C属于分类品牌策略的优点，不当选。

3.79 斯尔解析　CD　本题考查的知识点是企业研发的模式。根据题干，“企业依靠自己的资源独立研制和开发新技术、新产品，并对研发成果拥有完全的知识产权”，芯达公司是自主研发。自主研发的优点有：一旦研发成功，在行业内容易做到技术产品领先；产品差异化程度高，可以避免行业产品同质化现象（选项D当选）；有利于技术秘密和知识产权的保护（选项C当选）。选项A是合作研发的优点，不当选。选项B是委托研发的优点，不当选。

3.80 斯尔解析　AD　本题考查的知识点是生产运营战略中的供应链选择。高效供应链适用于品种少、产量高、可预见的市场环境；敏捷供应链适用于品种多、产量低、难以预见的环境。高效供应链追求降低“实物成本”，即物流在各阶段发生的成本，如生产成本、运输成本和库存成本。敏捷供应链追求降低“市场协调成本”，即供需不协调造成的成本。选项AD当选。

3.81 斯尔解析　BCD　本题考查的知识点是货源策略。通过“生产农用运输车辆的江陵公司将柴油发动机的生产授权给一个供应商”可以判断该公司属于少数或单一货源的策略，选项A属于多货源少批量策略的优点，不当选。选项BCD属于少数或单一货源策略的优点，当选。

3.82 斯尔解析　ACD　本题考查的知识点是货源策略。天飞百货公司成立初期的货源策略属于少数或单一货源的策略，能够产生规模经济，选项A当选。使企业的议价能力增强是多货源少批量策略的优点，选项B不当选。天飞百货公司正在考虑采纳的货源策略是多货源少批量策略，选项C当选。多货源少批量策略有利于与多个供应商合作从而获得更多的知识和技术，选项D当选。

3.83 斯尔解析　ABD　本题考查的知识点是与竞争战略相匹配的人力资源获取策略。成本领先战略下，员工的晋升阶梯狭窄，不宜转换，选项A当选。成本领先战略下，对应的员工甄选标准强调技能，选项B当选。差异化战略下，内部人员对企业文化比较熟悉，对企业目标有认同感，更能够有效地开展工作，其员工来源更多是内部而非外部，选项C不当选。集中化战略下，企业会通过心理测试的方法来甄选员工，选项D当选。

3.84 斯尔解析 CD 本题考查的知识点是企业竞争战略与薪酬策略。实施成本领先战略的企业强调对外公平，而实施差异化战略和集中化战略的企业强调对内公平，选项AB不当选。采用不同竞争战略的企业的薪酬决策过程也截然不同，实施成本领先战略的企业强调集权，通过高层作出决策，选项C当选。采用集中化战略的企业根据市场和企业实力采用不同的决策方式，选项D当选。

3.85 斯尔解析 BC 本题考查的知识点是企业在产品生命周期不同发展阶段的经营特征。“洗衣粉产业的产品逐步标准化，技术和质量改进缓慢，洗衣粉市场基本饱和”说明洗衣粉产业处于成熟期，处于成熟期的企业财务风险中等，股利分配率高，资金来源于保留盈余和债务，而股价是比较稳定的，选项BC当选。选项A属于处于衰退期企业的经营特征，不当选。选项D属于导入期企业的经营特征，不当选。

3.86 斯尔解析 ACD 本题考查的知识点是产品生命周期不同阶段的财务战略。“该机构分店数量由2018年最初设立的2家，迅速发展为20家，并争取在3年内获得当地最大份额”，可判断该公司目前处于成长期。成长期需选择低财务风险战略，筹资战略使用权益融资，采用低股利政策，且以股票股利为主，选项ACD当选。“主要投资者为风险投资家”是导入期的财务战略，成长期的企业需要识别新的权益投资者来替代原有的风险投资者并提供高速增长阶段所需的资金，该阶段最具吸引力的资金来源通常来自公开发行的股票，选项B不当选。

精准答疑

问题：“争取在3年内获得当地最大份额”为什么不能体现导入期的争取成为“领头羊”？

解答：首先，“争取在3年内获得当地最大份额”可直接对应成长期“争取最大市场份额”这一关键信息，既然有最直接对应的关系，就不要自己强加对应。其次，“领头羊”不一定对应“最大市场份额”，因为市场份额并非唯一的衡量标准，如创新、盈利能力、品牌价值和服务质量方面的表现，同样对企业在市场上的地位（能否成为“领头羊”）产生重要影响。

3.87 斯尔解析 AB 本题考查的知识点是财务战略矩阵。乙公司的投资资本回报率（7%）小于资本成本（8%），销售增长率（6%）低于可持续增长率（9%），所以乙公司的业务属于减损型现金剩余业务。对于减损型现金剩余业务，核心是要解决减损的问题，也就是要使得投资资本回报率大于资本成本，乙公司可以提高投资资本回报率或降低资本成本，选项AB当选。乙公司处于现金剩余状态，不需要通过增加借款或权益的方式增加资金，选项CD不当选。

3.88 斯尔解析 ABC 本题考查的知识点是财务战略矩阵。“虽然目前其业务能产生足够的现金流量维持自身发展，但业务的增长反而会降低企业的价值”说明小富公司的业务属于减损型现金剩余业务。其所对应的财务象限的特征是：投资资本回报率小于资本成本，销售增长率小于可持续增长率。对于该象限的业务，可以选择的财务战略包括提高投资资本回报率、降低资本成本、出售业务单元，选项ABC当选。彻底重组是应对减损型现金短缺业务的财务战略，选项D不当选。

3.89 斯尔解析 AD 本题考查的知识点是国际化经营的主要方式。“将时尚服装销售到南美洲的A国市场”属于出口贸易，选项D当选。“SY公司与南美洲C国当地制造商合作，采用生产外包的方式在C国进行服装生产和加工，以获得低成本优势”属于非股权形式中的服务外包，选项A当选。

三、简答题

3.90 斯尔解析

（1）SZ钢铁公司实施纵向一体化战略的动因（或优势）如下：

①**前向一体化战略通过控制销售过程和渠道，有利于企业控制和掌握市场，增强对消费者需求变化的敏感性，提高企业产品的市场适应性和竞争力**。“下游客户面临的选择越来越多，对用料的要求也越来越高。SZ钢铁公司固守于钢铁冶炼阶段，对客户需求的变化缺乏敏感性，导致公司结构性产能过剩”。

②**后向一体化有利于企业有效控制关键原材料等投入的成本、质量及供应可靠性，确保企业生产经营活动稳步进行**。“……导致SZ钢铁公司原料供应受制于人”“确保公司铁矿资源的长期稳定供应”“解决煤炭资源供应问题”。

（2）SZ钢铁公司实施纵向一体化战略的适用条件如下：

前向一体化战略的主要适用条件包括：

①**企业现有销售商的销售成本较高或者可靠性较差而难以满足企业的销售需要**。“下游客户面临的选择越来越多，对用料的要求也越来越高”。

②**企业所在产业的增长潜力较大**。“钢铁市场的需求虽然依旧十分旺盛”。

③**企业具备前向一体化所需的资金、人力资源等**。“SZ钢铁公司在以往的经营过程中，与上下游企业业务联系密切，因而可以在现有人才和技术不需要做大的投入和调整的前提下，实现纵向一体化的整合”。

④**销售环节的利润率较高**。“下游产品的销售利润率可以达到7%～10%”（SZ钢铁公司已连续3年盈利能力低于6%）。

后向一体化战略主要适用条件包括：

①**企业现有供应商的供应成本较高或者可靠性较差而难以满足企业对原材料、零件等的需求**。“导致SZ钢铁公司原料供应受制于人”。

②**供应商数量较少而需求方竞争者众多**。“使得钢铁原料矿石、煤粉等资源处于被垄断地位”。

③**企业所在产业的增长潜力较大**。“钢铁市场的需求虽然依旧十分旺盛”。

④**企业具备后向一体化所需的资金、人力资源等**。“SZ钢铁公司在以往的经营过程中，与上下

游企业业务联系密切，因而可以在现有人才和技术不需要做大的投入和调整的前提下，实现纵向一体化的整合”。

⑤供应环节的利润率较高。“上游原料的销售利润率可以达到15%”（SZ钢铁公司已连续3年盈利能力低于6%）。

⑥企业产品价格的稳定对企业而言十分关键，后向一体化有利于控制原材料成本，从而确保产品价格的稳定。“进口铁矿石价格连年暴涨，带动国内铁矿石价格不断攀升，导致SZ钢铁公司原料供应受制于人”。

3.91 斯尔解析

（1）远洋时代实施一体化战略的类型如下：

远洋时代实施的一体化战略类型为纵向一体化战略，具体包括前向一体化战略和后向一体化战略。

①“在下游车端，远洋时代与北汽蓝谷、跃薪智能、蔚来、享道出行等合作开启新应用领域的探索。特别是在自动驾驶领域，远洋时代也已经开始布局”属于前向一体化战略。

②“在上游资源领域，远洋时代已相继投资国内外锂、钴、镍资源，投资标的包括天宜锂业、北美镍业、青美邦等”属于后向一体化战略。

（2）远洋时代实施一体化战略的适用条件如下：

前向一体化战略的主要适用条件包括：

①企业所在产业的增长潜力较大。“站在新能源市场的风口”。

②企业具备前向一体化所需的资金、人力资源等。“核心技术实力加身”“硬核的技术实力与先进的技术储备也是远洋时代构筑万亿电池帝国的根基”。

③销售环节的利润率较高。“在远洋时代的投资布局中，计划投资的都是一些有一定行业地位和具有发展潜力的企业”“物流行业即将会成为最快商用自动驾驶的领域，从这点来看，远洋时代的这几笔投资成功预见了风口，可能会带来更多的收益”。

后向一体化战略的主要适用条件包括：

①企业所在产业的增长潜力较大。“站在新能源市场的风口”。

②企业具备后向一体化所需的资金、人力资源等。“核心技术实力加身”“硬核的技术实力与先进的技术储备也是远洋时代构筑万亿电池帝国的根基”。

③供应环节的利润率较高。“在远洋时代的投资布局中，计划投资的都是一些有一定行业地位和具有发展潜力的企业”。

3.92 斯尔解析

多元化的动因：

（1）分散风险。“江天公司管理层认为，调味品行业趋于成熟，增长缓慢，核心产品增长进入瓶颈期，这也是公司主营业务增速疲软的主要原因”。

（2）在企业无法增长的情况下找到新的增长点。“为了寻求新的业绩增长点，公司必须开拓新的市场”。

（3）利用未被充分利用的资源。“为了最大限度利用市场机会和公司在调味品行业的优势地位”。

（4）运用盈余资金。“江天公司通过渠道销售，积累了大量的资金”。（原有业务）

（5）运用企业在某个产业或某个市场中的形象和声誉来进入另一个产业或市场。“江天公司CEO王明表示，希望利用公司品牌效应、规模效应、渠道话语权，获取更多的利润”。

3.93 斯尔解析

（1）JR公司两次实施收缩战略的原因如下：

①JR公司从电脑软件开发撤退的原因是被动原因——外部原因。“JR公司领导层发现，计算机市场发展日新月异，如果继续仅从事电脑软件开发，扛不过猖獗的盗版活动”。

②JR公司在JR大厦未按期完工，陷入破产危机后不得不实施收缩战略的原因是被动原因——企业（或企业某业务）失去竞争优势。

a.机制不顺。“公司内部管理混乱，各项规章制度形同虚设，沟通激励机制不健全，欺上瞒下成风，1996年公司保健品销售额为5.6亿元，但烂账却有3亿多元。资金在各个环节被无情地吞噬”。

b.决策失误。“公司根本不知道消费者需要什么，光靠无的放矢的广告攻势不可能收到刺激消费者购买欲望的效果”“由于预算与实际出入太大，公司领导层决定将用于保健品业务的全部资金调往JR大厦，保健品业务因资金‘抽血’过量……迅速盛极而衰”。

c.管理不善。“公司内部管理混乱”“再加上管理不善，迅速盛极而衰”。

（2）JR公司两次实施收缩战略所采用的方式如下：

①JR公司从电脑软件开发撤退所采用的方式属于转向战略——重新定位或调整现有的产品和服务。“把一部分注意力转向了国内正在起步且市场潜力很大的保健品市场，希望利用公司的品牌优势，最大限度地利用市场机会。公司保健品项目开始起步”。

②JR公司在JR大厦未按期完工、陷入破产危机后实施撤退的方式有两类：紧缩与集中战略和转向战略。

a.紧缩与集中战略。

第一，机制变革。“首先是严格落实各项管理制度”“其次是建立完善的沟通激励机制”。

第二，财政和财务战略。“从管理好现金流开始。为了实现‘让企业永远保持充沛的现金流’，做保健品业务时，总部把货卖给各地的经销商，且坚持全部先款后货，而促销、市场维护等工作主要由JR公司各地分公司负责……10年来JR公司保健品销售额100多亿元，但坏账金额仍是0”。

第三，削减成本战略。“调研了解保健品市场营销中可能遇到的各种问题。之后，公司选择距离两个大城市较近，而投入广告成本低得多的一个县级市作为公司东山再起的根据地”。

b.转向战略。

第一，重新定位或调整现有的产品和服务。“公司陷入破产危机，痛定思痛，决心从保健品市场寻找出路”。

第二，调整营销策略，在价格、广告、渠道等环节推出新的举措。“之后，公司选择距离两个大城市较近，而投入广告成本低得多的一个县级市作为公司东山再起的根据地；同时，公司通过前期调研，发现老年消费者对公司产品有需求，但希望子女们提供，于是将广告的创意定位在‘向爹妈送礼’，这一广告历时十年经久不衰，累计带来了100多亿元的销售额”。

3.94 斯尔解析

（1）类型：按并购资金来源渠道的不同，并购可分为杠杆并购和非杠杆并购。汇鑫公司并购S公司属于杠杆并购。“汇鑫公司收购S公司，采用了杠杆融资的模式”。

按并购方与被并购方所处的产业相同与否，并购可以分为横向并购、纵向并购和多元化并购三种。汇鑫公司并购S公司属于横向并购。“汇鑫公司是C国最大的肉类加工企业……S公司是世界第一大猪肉生产商”。

按照并购方的不同身份，并购可以分为产业资本并购和金融资本并购。汇鑫公司并购S公司属于产业资本并购。“汇鑫公司是C国最大的肉类加工企业”。

按被并购方对并购所持态度不同，并购可以分为友善并购和敌意并购。汇鑫公司并购S公司属于友善并购。“汇鑫公司于2013年5月29日发表声明与S公司达成收购要约”。

动机：

①避开进入壁垒，迅速进入，争取市场机会。“S公司拥有的国际一流的品牌、技术、渠道以及规模和市场地位，都令汇鑫公司极为感兴趣。此外，S公司拥有两座绿色猪肉生产基地，如果汇鑫公司并购S公司，有助于开拓和巩固C国国内市场”。

②获得协同效应。“汇鑫公司是C国最大的肉类加工企业，在屠宰和肉制品加工领域的市场地位和管理能力均居于国内第一位”“S公司是世界第一大猪肉生产商，是发达国家U国排名第一的猪肉制品供应商和出口商，拥有U国十几个领先品牌”“S公司拥有的国际一流的品牌、技术、渠道以及规模和市场地位，都令汇鑫公司极为感兴趣。此外，S公司拥有两座绿色猪肉生产基地，如果汇鑫公司并购S公司，有助于开拓和巩固C国国内市场”。

③克服企业负外部性，减少竞争，增强对市场的控制力。“S公司拥有的国际一流的品牌、技术、渠道以及规模和市场地位，都令汇鑫公司极为感兴趣。此外，S公司拥有两座绿色猪肉生产基地，如果汇鑫公司并购S公司，有助于开拓和巩固C国国内市场”。

（2）①决策不当的风险。为避免这一风险，“汇鑫公司聘请了在跨国并购方面有着丰富经验的国际知名会计师事务所和律师事务所担任财务顾问和法律顾问，对S公司的经营、财务、法律进行全面的调查”。

②并购后不能很好地进行企业整合。为避免这一风险，“汇鑫公司曾发表声明，一是承诺收购后不裁员不关厂；二是S公司的原管理团队和职工队伍将继续保留原位；三是S公司的经营管理方式不变。汇鑫公司期望通过这些政策措施防止技术人员及客户流失，降低在管理、文化、经营方面的整合风险”“随着整合的进行，后期汇鑫公司若要裁员会面临重大阻力，会造成企业人力成本居高不下”。

③支付过高的并购费用。为避免这一风险，“汇鑫公司聘请了在跨国并购方面有着丰富经验的国际知名会计师事务所和律师事务所担任财务顾问和法律顾问，对S公司的经营、财务、法律进行全面的调查”“考虑到未来资产协同效应价值及共同分享国内外巨大的市场等因素，会计师事务所专家认为，汇鑫公司溢价收购S公司100%的控股股权，收购价格属于正常范围”。

3.95 斯尔解析

B公司与T公司结成战略联盟的类型是功能性协议（契约式的战略联盟）。主要动因如下：

（1）促进技术创新。B公司通过联盟“面对印后设备技术改造高潮的市场机遇与挑战”。

（2）避免经营风险。T公司避免了在中国市场开发的风险，而B公司避免了向印后延伸的技术开发风险。

（3）避免或减少竞争。双方避免在印后设备市场成为竞争对手。

（4）实现资源互补。B公司在国内“积累了品牌、营销网络、规模、人力资源、技术及资金等方面的优势”，T公司“在印后设备领域拥有优秀的专业技术人员和各类最先进的加工设备”。

（5）开拓新的市场。T公司开拓中国市场，B公司开拓印后市场。

（6）降低协调成本。“由于T公司已经在中国独资建立工厂，与B公司采用合资等股权参与的方式合作已经不具有可能性”。

B公司非常注重与T公司建立合作信任的联盟关系。“B公司的真诚、诚信以及双赢的理念深深打动了T公司”“B公司坚持‘真诚、双赢’的原则，为推动谈判的顺利进展最终作出了一些让步”“通过探索建立起了正常的沟通和交流机制，合作中出现的问题采取磨合和沟通的方式解决。B公司严格遵守双方的承诺，拒绝了欧洲优秀印后设备制造商的合作邀请以及日本其他印后设备制造企业的合作愿望”。

3.96 斯尔解析

（1）市场情况：

①产品具有较高的价格弹性，市场中存在大量的价格敏感用户。“公司充分利用基建客户与地产客户对防水产品建材价格的高度敏感，适当调低价格，吸引更多客户”。

②产业中所有企业的产品都是标准化的产品，产品难以实现差异化。“防水领域难以通过打造差异化的产品成为行业领军者”。

③价格竞争是市场竞争的主要手段，消费者的转换成本较低。“由于防水材料具有一定的运输半径限制，建立区域总部基地可以进一步降低运输费用，从而压低价格，提升市场份额”“公司充分利用基建客户与地产客户对防水产品建材价格的高度敏感，适当调低价格，吸引更多客户”。

（2）资源和能力：

①在规模经济显著的产业中装配相应的生产设备来实现规模经济。“集中生产新型防水材料、节能保温材料、特种砂浆及绿色建材等产品，以更具规模化的方式提高生产效率”。

②降低各种要素成本。“由于防水材料具有一定的运输半径限制，建立区域总部基地可以进一步降低运输费用，从而压低价格，提升市场份额”。

③提高生产率。“集中生产新型防水材料、节能保温材料、特种砂浆及绿色建材等产品，以更具规模化的方式提高生产效率”。

④提高生产利用程度。“公司积极举办行业技术交流会，研讨防水、涂料、保温、砂浆板块等应用及施工，不断改进产品工艺，更大程度激发产能”。

⑤改进产品工艺设计。“公司积极举办行业技术交流会，研讨防水、涂料、保温、砂浆板块等应用及施工，不断改进产品工艺”。

⑥资源集中配置。“集中生产新型防水材料、节能保温材料、特种砂浆及绿色建材等产品”“雨鸿公司仍坚持聚焦地产大客户”。

⑦选择适宜的交易组织形式。“对于非核心业务，公司则采用业务外包等手段，减轻公司的运营负担”。

3.97 斯尔解析

信达公司所实施的竞争战略类型是差异化战略。“信达公司拒绝参与彩电行业价格战，每年将销售收入的5%投入研发”。

从资源和能力角度，分析信达公司实施这一竞争战略的条件如下：

（1）具有强大的研发能力和产品设计能力。“每年将销售收入的5%投入研发”“2005年研发成功‘中国芯’”“建成中国电视行业第一条液晶模组线，彻底扭转了中国液晶模组几乎全部依赖外企的状况”“‘UL显示技术’是信达公司10年来对电视行业上游垄断发起的第3次突围战”“在全球设立了12个研发机构，面向全球引进高端人才”。

（2）具有很强的市场营销能力。“信达公司以强大的研发实力为后盾，以优秀的销售团队为支撑，产品销售额与营销收入实现稳步增长。根据有关部门提供的信息，2018年，信达公司电视机的营销收入位居全球品牌第三位，国内品牌第一位”。

（3）有能够确保激励员工创造性的激励体制、管理体制和良好的创造性文化。“公司实行奖金与开发成果挂钩的制度，将技术开发人员工资涨到一线工人的3倍”。

（4）具有从总体上提高某项经营业务的质量、树立产品形象、保持先进技术和建立完善分销渠道的能力。“公司董事长程静说过：‘那些只引进不研发，落伍了再引进的企业，没有追求，必死无疑’”“在信达公司彩电业务的发展过程中，经历了4个关键的转折点”“与一些企业采取‘OEM’方式开发国际市场不同，信达公司国际化经营一开始就选择了打造自主品牌的道路。2007年以来，信达自主品牌产品在海外收入同比增长21.3%”“进一步巩固信达电视业务在全球的领先地位”。

3.98 斯尔解析

（1）克服零散——获得成本优势。连锁经营或特许经营能够克服零散，使企业获得规模经济带来的成本优势。“童趣影像馆以连锁经营或特许经营的方式不断增加实体店的数量，以满足顾客就近体验的需求，获得规模经济效应”“为了吸引更多的加盟者，童趣影像馆对加盟店提供保姆式的帮扶和一系列优惠措施，如专利支持、整店输出、品牌支持、技术支持和设备支持等”。

（2）增加附加价值——提高产品差异化程度。许多零散产业的产品或服务是一般性的商品，所以就产品或服务本身来说提高差异化程度潜力已经不大。在这种情况下，一种有效的战略是增加商品的附加价值。“不同于传统影像馆，童趣影像馆注重个性与时尚。利用免费拍照吸引大量顾客进店体验；拍照时无须摄影师指点，宝宝、家长可以随心随性，一边玩一边拍；影像后期制作附加各种如梦如幻的虚拟现实的场景，给孩子一个无限想象的空间。童趣影像馆实现了线上线下完美互动，用户可以在童趣手机微店在线预约、选择样片、定制礼品、在线支付，再到线下实体店体验。新颖便捷的经营模式为顾客增添了更多的附加价值”。

（3）专门化——目标集聚。“面对市场上各具特色的影像馆，童趣影像馆聚焦于儿童摄影。‘亲亲我的宝贝，给Ta温馨的童年回忆’这一宣传口号展示着公司清晰的产品定位”。

3.99 斯尔解析

新兴产业在内部结构上存在的共同结构特征：

（1）技术的不确定性。“轻医美行业杂乱无序，众多非正规医美机构纷纷设立，产业链的上中下游都没有形成完整形态”“医美行业的研发投入大、周期长，且面临着很大的不确定性”。

（2）**战略的不确定性**。“产业链的上中下游都没有形成完整形态”。

（3）**成本的迅速变化**，初期高成本，随着学习曲线发生作用，快速下降，若与规模经济交织，下降更快。“虽然医美行业的研发投入大、周期长，且面临着很大的不确定性”“爱丽客的研发技术很快获得了业界认可，但由于产品价格过高，新技术很难迅速推广”。

（4）**萌芽企业和另立门户**。“爱丽客的成功很快吸引了多家企业进入市场。预计未来几年，其他公司的类似产品将会陆续取得注册证，行业竞争将逐步加剧”。

（5）**首次购买者**，初次消费者多，但更多潜在消费者持观望态度，因此需要诱导购买。“韩国进口产品依旧占据国内最大份额，在消费者心目中有很强影响力，如何促使消费者接受国产产品显得格外重要”。

3.100 斯尔解析

（1）作为新兴产业，新能源汽车行业内部结构的特征如下：

①**技术的不确定性**。“新能源汽车的驱动原理与传统燃油车有着本质区别，技术的不确定性以及业务创新对技术和人才储备的要求都是对企业严峻的考验”。

②**战略的不确定性**。“新能源汽车的运营模式、行业规范和服务体系等方面也无法仿照传统燃油汽车，存在诸多不确定性”。

③**成本的迅速变化**。“消费者普遍认为新能源汽车……价格过高且伴随规模经济与经验曲线的形成肯定会大幅度降价”。

④**首次购买者**。“在这种情况下，市场营销的中心活动只能是选择顾客对象并诱导初始购买行为”。

（2）作为新兴产业，新能源汽车行业面临的发展障碍如下：

①**专有技术选择、获取与应用的困难**。“对传统汽车企业而言，研发新能源汽车是一个全新的挑战。新能源汽车的驱动原理与传统燃油车有着本质区别，技术的不确定性以及业务创新对技术和人才储备的要求都是对企业严峻的考验”。

②**原材料、零部件、资金与其他供给的不足**。“新能源汽车供应链处于初建期，企业原材料、零部件及其他供给不足，分销渠道、充电设备、维修保养、保险业务等服务很不完善”。

③**顾客的困惑与等待观望**。“消费者普遍认为新能源汽车技术尚不成熟、服务设施尚不完善、价格过高且伴随规模经济与经验曲线的形成肯定会大幅度降价，第二代或第三代产品将迅速取代现有产品，因而采取等待观望的态度”。

④**被替代产品的反应**。“此前传统汽车企业大都采取深耕传统燃油汽车的策略以降低被新能源汽车替代的风险”。

⑤**缺少承担风险的胆略与能力**。“旭辉公司决定上马国内第一款新能源汽车。此举在同行眼中无异于一种‘逆风而上’的冒险行为”“旭辉公司以一往无前的勇气和高瞻远瞩的眼力，坚守十年时间，实现了对新能源汽车领域核心技术的掌控与完整的产业链布局，也迎来了新能源汽车销量在国内外的全面爆发”。

3.101 斯尔解析

从设计营销组合的角度，元气绿洲的营销策略包括：

（1）产品策略。“一是无糖茶饮领域，推出燃茶，主打‘无糖解腻喝燃茶’；二是气泡水领域，推出苏打气泡水，主打‘0糖0脂0卡’”。

（2）分销策略。“元气绿洲首批选择进入的渠道是全家、罗森、盒马这种互联网型的连锁便利店……在线上，元气绿洲选择进入天猫、京东等核心电商平台，并通过其线上运营能力获得规模销量”。

（3）价格策略。“与可口可乐、红牛等品牌相比，元气绿洲普遍要比同类产品贵50%，整体定价中等偏上，既保持了产品调性，又符合了年轻人的消费能力”。

（4）促销策略。“元气绿洲还通过一大波流量明星代言及综艺植入……比如冠名综艺《努力的少年》，创新、有冲劲的节目调性与元气绿洲的形象十分契合”。

3.102 斯尔解析

发展中国家对外投资的四大动机包括寻求市场、寻求效率、寻求资源和寻求现成资产。

（1）寻求现成资产。“北方机床集团收购了S公司全部有形资产和无形资产”。

（2）寻求效率。“力求实现S公司雄厚的技术开发能力和C国劳动力成本优势的最佳组合”。

（3）寻求市场。“北方机床集团仍然表示将继续投资S公司项目，因为S公司承载着北方机床集团孜孜以求的核心技术和迈入国际高端市场的梦想”。

3.103 斯尔解析

（1）按并购双方所处的产业分类，亚威集团收购N矿业公司属于纵向并购，“从贸易型企业向资源型企业转型”；亚威有色公司对Z公司的收购属于纵向并购，“亚威有色公司是亚威集团下属子公司，主营业务为生产经营铜、铅、锌、锡等金属产品”“Z公司原来是澳大利亚一家矿产上市公司，其控制的铜、锌、银、铅、金等资源储量非常可观”。

按被并购方的态度分类，亚威集团收购N矿业公司属于友善并购，“并购双方进行了多个回合沟通和交流”；亚威有色公司对Z公司的收购也属于友善并购，“经过双方充分协商”。

按并购方的身份分类，亚威集团收购N矿业公司为产业资本并购；亚威有色公司对Z公司的收购也属于产业资本并购。

按并购资金来源分类，亚威集团收购N矿业公司属于杠杆收购，“收购资金中有50亿美元由C国国有银行贷款提供”（总共60亿美元的收购）；亚威有色公司对Z公司的收购属于非杠杆收购，“亚威有色公司以70%的自有资金，成功完成对Z公司的收购”。

（2）亚威集团并购N矿业公司失败的主要原因：

①并购后不能很好地进行企业整合。“亚威集团在谈判过程中一直没有与工会接触，只与N矿业公司管理层谈判，这可能导致收购方案在管理与企业文化整合方面存在不足”。

②跨国并购面临政治风险。“N矿业公司所在国政府否决了该收购方案……其收购资金中有50亿美元由C国国有银行贷款提供，质疑此项收购有C国政府支持”。

（3）亚威集团公司和亚威有色公司跨国并购的主要动机都是寻求资源，“从贸易型企业向资源型企业转型”“为获取Z公司低价格的有色金属资源奠定了重要条件”。

3.104 斯尔解析

（1）千百集团收购羊乐火锅效果不尽如人意的主要原因：

①决策不当。"收购后的标准化管理未必适合饮食文化多元化的中餐，即使对于形式相对简单的火锅也不例外……羊乐火锅标准化管理的升级着重于将店面的装修风格和菜品的精致程度向千百旗下的外资餐饮企业看齐，而羊乐火锅原来引以自傲的'美味锅底无须蘸料'的特色被改掉，没有及时更新菜品，不能针对不同顾客提供差异化服务（如南北方消费者对调料的不同需求），使得消费者失去了以往享用羊乐火锅的乐趣""千百集团运用'关、延、收、合'四字诀对羊乐火锅的加盟店进行整顿，使得原来羊乐火锅的门店数量大幅缩减，又没有及时对羊乐火锅门店开展新的布局，因而失去了羊乐火锅旨在'让消费者到处能看到我的店'打造的规模经济优势"。

②并购后不能很好地进行企业整合。"羊乐火锅原创团队离开，之前多年积累的企业竞争优势也随之消失殆尽""羊乐火锅标准化管理的升级着重于将店面的装修风格和菜品的精致程度向千百旗下的外资餐饮企业看齐，而羊乐火锅原来引以自傲的'美味锅底无须蘸料'的特色被改掉，没有及时更新菜品，不能针对不同顾客提供差异化服务（如南北方消费者对调料的不同需求）""千百集团……对羊乐火锅的加盟店进行整顿，使得原来羊乐火锅的门店数量大幅缩减，又没有及时对羊乐火锅门店开展新的布局"。

③支付过高的并购费用。"千百集团以6.5港元/股的注销价格（溢价30%）、总额近46亿港元现金完成了对羊乐火锅的高价收购"。

（2）①克服零散——获得成本优势。"羊乐火锅……旨在'让消费者到处能看到我的店'的全国连锁经营布局赢得消费者的喜爱""千百集团……对羊乐火锅的加盟店进行整顿，使得原来羊乐火锅的门店数量大幅缩减，又没有及时对羊乐火锅门店开展新的布局，因而失去了羊乐火锅旨在'让消费者到处能看到我的店'打造的规模经济优势""这些公司……不断拓展的门店布局赢得了日益挑剔的消费者的青睐"。

②增加附加价值——提高产品差异化程度。"经过多年的发展和改良，火锅种类的划分更加细化，作为一种餐饮文化，很难用标准化的管理模式去'经营'。消费者对口味的感受需要多元化的体验。羊乐火锅标准化管理的升级着重于将店面的装修风格和菜品的精致程度向千百旗下的外资餐饮企业看齐，而羊乐火锅原来引以自傲的'美味锅底无须蘸料'的特色被改掉，没有及时更新菜品，不能针对不同顾客提供差异化服务（如南北方消费者对调料的不同需求），使得消费者失去了以往享用羊乐火锅的乐趣""这些公司各自以其鲜明的特色不断地推陈出新……赢得了日益挑剔的消费者的青睐"。

③专门化——目标集聚。"经过多年的发展和改良，火锅种类的划分更加细化，作为一种餐饮文化，很难用标准化的管理模式去'经营'。消费者对口味的感受需要多元化的体验""这些公司各自以其鲜明的特色不断地推陈出新，其清晰的市场定位……赢得了日益挑剔的消费者的青睐"。

3.105 斯尔解析

（1）①克服零散——获得成本优势。连锁经营能够克服零散，使企业获得规模经济带来的成本优势。"2007年，为实现进一步扩张，蜜糖冰城开放加盟，在商场周边、办公区附近、学校周围甚至是社区、街道都开设了大量门店""蜜糖冰城设置了统一的加盟商管理制度，在确保增速扩张的同时，更要保证运营的标准化、规范化，获得规模效应"。

②专门化——目标聚集。“蜜糖冰城门店数约一万家，二、三线及下沉城市门店占比达到80%以上”（地理区域专门化），“消费者对18元和15元的定价感知可能并不敏感，但蜜糖冰城的单杯定价在8元左右，还有3元的甜筒和4元的柠檬水，一下子击穿了‘用户心智’”（产品类型或产品细分的专门化）。

（2）①蜜糖冰城面临的机会：

a.购买者讨价还价。“目前蜜糖冰城的加盟店已达到万店规模”“蜜糖冰城设置了统一的加盟商管理制度，在确保增速扩张的同时，更要保证运营的标准化、规范化，获得规模效应”。

b.供应商讨价还价。“随着品牌规模的不断提升，蜜糖冰城在上游供应链端的议价能力也愈发强大，甚至可以跳过中间环节直接到源头采购”。

c.产业内现有企业的竞争。“在昂贵而精致的喜茶、奈雪的茶之外，蜜糖冰城闯出了一条自己的路”。

②蜜糖冰城面临的威胁：

a.潜在进入者的威胁。“一些更具特色的地域品牌开始崛起。例如，一家成立仅5年的安徽茶饮品牌甜啦啦，同样定价在10元以下，产品结构和蜜糖冰城类似，而且开店费用和加盟费用都比蜜糖冰城便宜”。

b.替代品的威胁。“一些地域品牌开始推出更具功能性、用料更为丰富的饮品，有的从差异化产品如烧仙草入手，有的还增添了健康的轻食套餐，收获了大量的年轻用户”。

3.106 斯尔解析

（1）①克服零散——获得成本优势。

a.连锁经营和特许经营。“张生于2007年在G市创办猪肉连锁店，同样因为‘国内名牌大学’和‘猪肉’的名号，引起大众关注”“2019年，‘特号土猪’品牌连锁店开到全国20多个城市，共有2 000多家门店”。

b.技术创新以创造规模经济。“2016年，在互联网大潮引领下，‘特号土猪’登陆国内最大电商平台，成为第一个面向大众消费者的‘互联网+’猪肉品牌。线上与线下同时发力，‘特号土猪’品牌影响力进一步扩展，销量也更上一层楼”“开办了培训职业屠夫的‘屠夫学校’，培养目标是‘通晓整个产业流程的高素质创新型人才’”。

②增加附加价值——提高产品差异化程度。“把卖猪肉这个生意做到了很高的水准，他从来不卖注水肉，品质不好的肉坚决不进货，也从不缺斤少两，慢慢地积攒了诚信经营的口碑”“他们自己养猪，自己卖猪。他们选择口感颇受国内百姓喜爱的优良土猪品种；猪场采用半开放式的大空间，让猪自由活动，猪场里设有音响，专门给猪听音乐。他们认为，猪和人一样，只有心情愉悦，才会长得又肥又壮，肉质也会更加鲜美”“开办了培训职业屠夫的‘屠夫学校’，培养目标是‘通晓整个产业流程的高素质创新型人才’”。

③专门化——目标集聚：产品类型或产品细分的专门化。“十几年来，李轩和张生专心致志，将‘特号土猪’高端品牌做到极致”。

（2）①具有强大的研发能力和产品设计能力。“开办了培训职业屠夫的‘屠夫学校’，培养目标是‘通晓整个产业流程的高素质创新型人才’”“他们自己养猪，自己卖猪。他们选择口感颇受国内百姓喜爱的优良土猪品种；猪场采用半开放式的大空间，让猪自由活动，猪场里设有音响，专门给猪听音乐。他们认为，猪和人一样，只有心情愉悦，才会长得又肥又壮，肉质也会更加鲜美”。

②**具有很强的市场营销能力**。“从来不卖注水肉，品质不好的肉坚决不进货，也从不缺斤少两，慢慢地积攒了诚信经营的口碑，一天能卖出十几头猪”“在互联网大潮引领下，‘特号土猪’登陆国内最大电商平台，成为第一个面向大众消费者的‘互联网+’猪肉品牌。线上与线下同时发力，‘特号土猪’品牌影响力进一步扩展，销量也更上一层楼”。

③**有能够确保激励员工创造性的激励体制、管理体制和良好的创造性文化**。“从2010年5月开始，李轩和张生凭着自己多年经营猪肉的经验，开办了培训职业屠夫的‘屠夫学校’，培养目标是‘通晓整个产业流程的高素质创新型人才’”。

④**具有从总体上提高某项经营业务的质量、树立产品形象、保持先进技术和建立完善分销渠道的能力**。“李轩和张生开始联手打造‘特号土猪’的猪肉品牌”“选择口感颇受国内百姓喜爱的优良土猪品种；猪场采用半开放式的大空间，让猪自由活动，猪场里设有音响，专门给猪听音乐”“开办了培训职业屠夫的‘屠夫学校’，培养目标是‘通晓整个产业流程的高素质创新型人才’”“在互联网大潮引领下，‘特号土猪’登陆国内最大电商平台，成为第一个面向大众消费者的‘互联网+’猪肉品牌”“专心致志，将‘特号土猪’高端品牌做到极致”。

3.107 斯尔解析

（1）王向统领家家智能汽车公司所克服的智能汽车新兴产业中的发展障碍：

①**专有技术选择、获取与应用的困难**。“为了实现‘没有里程焦虑’，‘家家智造ONE’采用全新的形式——增程式电动。王向认为，相对于U国TL等电动车采用的充电桩/换电站等方式，中国消费者更需要从产品本身去解决问题产品”。

②**顾客的困惑与等待观望**。“这场发布会没有明星大腕捧场助阵，全程由王向一人直接以大量数据对比和充满硬核知识的干货完成了自我演绎，让消费者在各类新产品中有了清晰的比较”。

③**被替代产品的反应**。老产品生产企业会采用各种有效的办法降低替代品的威胁。老产品防范新产品的最佳战略可能是进一步降低成本，这也给新兴产业的发展增添了难度。“王向表示，‘家家智造ONE’定价不会高于40万元，而增程式电动技术显著难于纯电动车，因而‘家家智造ONE’的性价比具有优势”。

④**缺少承担风险的胆略与能力**。新兴产业早期的发展障碍较少来源于缺乏对巨大资源掌控的能力，而更多地源于缺少承担风险的胆略与能力、技术上的创造性以及作出前瞻性的决策以储备投入人力、物资与分销渠道的能力等。“王向认为，汽车制造业已经进入2.0数字时代，其特征是‘电机驱动+智能互联’；而汽车3.0时代是人工智能时代，其特征是‘无人驾驶+出行空间’。为了赢得2.0时代，并参与3.0时代的竞争，家家智能汽车公司开始全面布局……”“由于低速车的合法性以及海外分时租赁市场实际容量的局限，这个雄心勃勃的计划，还是夭折了。面对挫折，王向立即将公司产品开发重心转移到中大型SUV的‘家家智造ONE’”“王向认为，未来企业竞争的关键要素是具备快速成长能力的公司组织。他把60%的时间用于组织管理，以是否具备创新能力与正确价值观而非是否来自成功大企业为标准选拔人才，帮助团队中每一个人成就心中的事业追求，去挑战自己和团队成长的极限”。

（2）家家智能汽车公司收购C市LF汽车公司的动机：

①**避开进入壁垒，迅速进入，争取市场机会**。“被业界称为家家智能汽车公司‘完美避开进入

门槛’，取得了新能源汽车的生产资质”。

②获得协同效应。“家家智能汽车公司与LF股份公司还签署了为期3年的框架合作协议。双方将通过资源互补、技术互补等方式，在新能源技术开发、车联网、人车交互及数据共享等领域形成技术联盟”。

③克服企业负外部性，减少竞争，增强对市场的控制力。“‘完美避开进入门槛’，取得了新能源汽车的生产资质，以实现王向掌控并引领新能源汽车市场的梦想”。

（3）①LF股份公司采用收缩战略的原因：

a.主动原因（大企业战略重组的需要）。“此举对于LF股份公司而言是其战略重组的一部分，将经营不善的C市LF汽车公司剥离出去，以应对流动资金不足的困境”。

b.被动原因（企业或企业某业务失去竞争优势）。由于企业内部经营机制不顺、决策失误、管理不善等原因，企业经营陷入困境，不得不采用防御措施。“将经营不善的C市LF汽车公司剥离出去，以应对流动资金不足的困境”。

②LF股份公司采用收缩战略的方式是放弃战略中的卖断，指母公司将其所属的业务单位卖给其他企业，从而与该业务单位断绝一切关系，实现产权的彻底转移。“家家智能汽车公司以6.5亿元收购LF股份公司所持有的C市LF汽车公司100%股权”。

3.108 斯尔解析

（1）依据红海战略和蓝海战略的关键性差异，“趣尚书”体现蓝海战略的特征如下：

①规避竞争，拓展非竞争性市场空间。“传统的梳子生产经营企业往往采用价格战作为竞争的主要手段。‘趣尚书’……采用天然纯木和牛角作为制作原料，将传统手工艺与现代的抛光插齿技术相结合，赋予梳子防静电、保健顺发的特殊功能。纯天然与保健的概念提高了梳子的身价，加上精细的做工和时尚的设计，确定了‘趣尚书’梳子的中高档定位”。

②创造并攫取新需求。“凭借其对市场敏锐的观察力，捕捉到消费群体日益增大的追求生态、时尚的偏好和需求，采用天然纯木和牛角作为制作原料，将传统手工艺与现代的抛光插齿技术相结合，赋予梳子防静电、保健顺发的特殊功能”“具有浓厚中国式古典气息的名称与专卖店风格独特的古香古色的装潢，使得坐落在人流量大且消费能力高的闹市区内的‘趣尚书’专卖店，仿佛一座曲径通幽的禅房，为拥挤的世界提供了一个放松沉淀的场所”。

③打破价值与成本互替定律，同时追求差异化和低成本，把企业行为整合成一个体系。“采取专卖销售的统一定价模式，剔除了批发、超市、便利商店等分销方式，避免了这些分销模式可能导致的产品定位低下。分销商在批发零售过程中会为争夺市场而擅自变更商品的销售价格，从而造成市场价格紊乱，在降低利润的同时也破坏了产品的品牌形象”“没有投入大量的广告经费，而是通过提高产品质量和售后服务以及招商等形式提高产品的知名度”。

（2）①产品策略。“已由单一地经营木梳发展成为拥有比较完整的产品系列的企业。公司以生产梳理用品为主，产品延伸至储物盒、花瓶、果盘和台桌、座椅类等，形成一个庞大的产品系列网”“采用天然纯木和牛角作为制作原料，将传统手工艺与现代的抛光插齿技术相结合，赋予梳子防静电、保健顺发的特殊功能。纯天然与保健的概念提高了梳子的身价，加上精细的做工和时尚的设计，确定了‘趣尚书’梳子的中高档定位”“‘趣尚书’的品牌标识在于其个性化的品牌名称和专卖店内外装潢”。

②促销策略。"没有投入大量的广告经费，而是通过提高产品质量和售后服务以及招商等形式提高产品的知名度"。

③分销策略。"剔除了批发、超市、便利商店等分销方式，避免了这些分销模式可能导致的产品定位低下。分销商在批发零售过程中会为争夺市场而擅自变更商品的销售价格，从而此造成市场价格紊乱，在降低利润的同时也破坏了产品的品牌形象"。

④价格策略。"采取专卖销售的统一定价模式"。

3.109 斯尔解析

（1）①政治和法律环境。"2014年7月，政府有关部门相继出台两个关于规范和监管跨境贸易电子商务的公告，从政策层面上认可了跨境电商业务"。

②经济环境。"随着中国经济的迅速发展，消费者境外购物的需求不断增加"。

③社会和文化环境。"以满足年轻女性日益增长的对于时尚、娱乐、情感交流以及精致生活的全方位需求"。

④技术环境。"借助迅猛发展的数字技术……"。

（2）①地理因素。"一、二线城市的年轻女性"。

②人口因素。"一、二线城市的年轻女性"。

③心理因素。"以满足年轻女性日益增长的对于时尚、娱乐、情感交流以及精致生活的全方位需求"。

④行为因素。"以满足年轻女性日益增长的对于时尚、娱乐、情感交流以及精致生活的全方位需求"。

（3）依据蓝海战略重建市场边界的基本法则（开创蓝海战略的路径），红宝宝公司开创的生存与发展空间的主要路径如下：

①审视他择产业或跨越产业内不同的战略群体。"2013年12月，红宝宝公司以海外购物攻略为切入点，建立了一个分享境外购物经验笔记和攻略的UGC（用户创造内容）手机App社区平台……2014年12月，红宝宝公司正式上线电商渠道，结合社区和数据选品实现商业闭环。在这一阶段，公司着重加强电商板块……"。

②重新界定产业的买方群体。"将其内容定位为：标记自己的生活，把与生活息息相关的事物或经验传递给他人……通过普通用户对这些内容的分享和传递，引起其他用户内心的共鸣，产生对该产品的购买欲，之后即可以直接在红宝宝商城进行购买"。

③放眼互补性产品或服务。"社交功能与网购功能并行。经过对商业模式的摸索，公司找到了自己的定位——社交内容电商平台"。

④重设客户的功能性或情感性诉求。"将其内容定位为：标记自己的生活，把与生活息息相关的事物或经验传递给他人。平台将内容细分为：时尚穿搭、护肤、发型、彩妆、动漫、音乐、食谱、运动健身、旅游、摄影、明星等30余个类别，以满足年轻女性日益增长的对于时尚、娱乐、情感交流以及精致生活的全方位需求"。

⑤跨越时间参与塑造外部潮流。"公司开创的社交内容电商平台，充分挖掘了消费者、商家、创造者和平台方的价值创造潜力，引领着价值共创共享的时代潮流"。

new

多项选择题

多项选择题

3.110 斯尔解析 BCD 本题考查的知识点是人力资源薪酬激励策略。基本薪酬提高至行业前20%属于领先型策略，体现竞争性原则，但题干未提及财务压力，无法直接判断违反经济性原则，选项A不当选。补充商业保险属于间接薪酬，主要作用在保留人员，选项B当选。季度奖金属于可变薪酬，取消会降低短期激励效果，选项C当选。员工持股计划属于股权激励，属于广义薪酬，可绑定长期利益，选项D当选。

3.111 斯尔解析 BD 本题考查的知识点是人力资源薪酬激励策略。**成本领先战略下，企业应采用的薪酬水平策略是滞后型策略，初创企业或资金比较紧张的企业可能采用这种策略**（选项C不当选），**但它们往往通过提供较好的工作条件、更多的培训机会等方式来吸引和激励员工**（选项D当选）。领先型策略有利于吸引和留住高素质人才，而滞后型策略较难起到这一作用（注意：这一结论是教材原文的适当延伸），选项B当选。**匹配型策略既能保证企业在劳动力市场上的竞争力，又能够有效控制人力成本**，选项A不当选。

第四章　战略实施
答案与解析

一、单项选择题

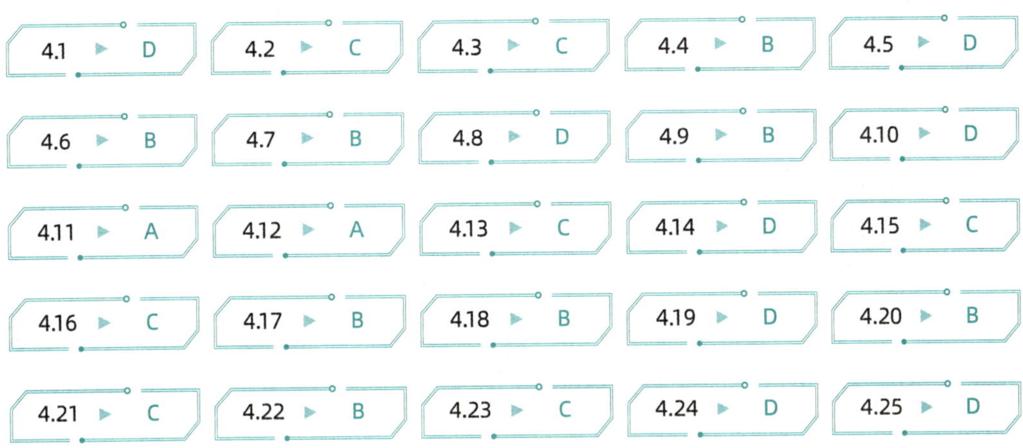

二、多项选择题

一、单项选择题

4.1 斯尔解析　D　本题考查的知识点是横向分工结构。本题最重要的关键信息是“为了提高工作效率并实现规模经济”，应当采用的是职能制组织结构，选项D当选。

提示：虽然贝乐公司玩具产品的品种不断增加，但依然属于玩具产品大类。题目中未明确表明存在新增的产品线，可理解为单一产品部门即可满足增加的生产需求，因此不应选择选项A或选项B。

4.2 斯尔解析　C　本题考查的知识点是横向分工结构。矩阵制组织结构的特征是建立了职能和产品或项目之间的联系。华胜公司按照两个维度设计组织结构：一维是“按照职能专业化原则设立区域组织”的职能维度，另一维是“按照业务专业化原则设立四大业务运营中心”的产品/项目维度。该公司建立了职能和产品或项目之间的联系，选项C当选。而事业部制组织结构虽然包括区域事业部制，但它并不强调职能和产品/项目的双重维度，而是更侧重于产品或地区的独立运营，选项A不当选。

4.3 斯尔解析 C 本题考查的知识点是横向分工结构。矩阵制组织结构是为了处理非常复杂项目中的控制问题而设计的，这种结构在职能和产品或项目之间起到了联系的作用。该玩具生产厂商“以产品为基础设立若干产品部”（产品/项目维度），“又分别成立了营销部、财务部、人力资源部、生产部等职能部门”（职能维度），形成了职能和产品（或项目）之间的交叉（“由各职能部门委派人员到各产品部工作”），符合矩阵制组织结构的特征，选项C当选。

精准答疑

问题： 本题为什么不是产品事业部制结构？

解答： 产品事业部制结构主要是按照产品类别、地区类别或者顾客类别设置生产经营事业部，每个事业部有各自的执行总经理，并享有相对独立的经营权和决策权。虽然该企业有类似于事业部制的按产品划分的部门，但由于存在职能部门人员在不同产品部之间的共享和交叉，所以该企业的组织结构类型更符合矩阵制组织结构。

4.4 斯尔解析 B 本题考查的知识点是横向分工结构。“子公司所拍摄电影的题材均不受母公司干预”说明子公司的业务不受控股企业的控制，可自主经营，属于H型结构的特征，选项B当选。

4.5 斯尔解析 D 本题考查的知识点是组织结构类型的特点。“设有种植部、养殖部、采购部、销售部和财务部等业务管理部门”体现了不同的部门有不同业务职能，属于职能制组织结构，优点包括：（1）能够通过集中单一部门内所有某一类型的活动来实现规模经济；（2）有利于培养职能专家（选项A不当选）；（3）有利于提高工作效率（选项B不当选）；（4）有利于董事会监控各个部门（选项C不当选）。缺点包括：（1）由于对战略的重要流程进行了过度细分可能导致职能协调问题；（2）难以确定各项产品盈亏（选项D当选）；（3）职能之间容易发生冲突，各自为政；（4）集权化的决策制定机制会放慢反应速度。

4.6 斯尔解析 B 本题考查的知识点是国际化经营组织结构的类型。“每个分部都凭借母公司先进的电磁调压及电子感应技术，独立设计、生产和销售各种智能灯具、光源等产品，以满足所在国的市场需求”表明L公司采取的是多国本土化战略，对应的国际化经营组织结构的类型是全球区域分部结构，选项B当选。

4.7 斯尔解析 B 本题考查的知识点是横向分工结构的基本协调机制。“集成产品开发体系（IPD），所有研发人员都要按照该体系所规定的岗位职责、研发流程、操作手册等进行产品研发，以实现协调”说明该公司通过预先制定的工作标准，来协调生产经营活动，属于工作过程标准化，选项B当选。

4.8 斯尔解析　D　本题考查的知识点是组织的战略类型判断。根据题干，“该公司在保留原有业务的同时寻找新的市场机会，开发出适合个人使用的运动健康补测仪并尝试性投放市场”，属于典型的分析型战略组织，**分析型战略组织的特点是在寻求新的产品和市场机会的同时，保持传统的产品和市场**，选项D当选。**开拓型战略组织只强调寻求和开发产品与市场机会**，而该公司还“保留原有业务”，选项A不当选。**防御型战略组织只强调创造一个稳定的经营领域**，而风华公司“同时寻找新的市场机会”，选项B不当选。**反应型战略组织在对其外部环境的反应上采取一种动荡不定的调整模式**，题干中并没有相关的信息体现这一特征，选项C不当选。

4.9 斯尔解析　B　本题考查的知识点是组织的战略类型判断。“为激发员工潜能，众望公司采取扁平化管理，鼓励跨部门合作，并倡导重大技术创新与突破”，符合开拓型战略组织的特征。**开拓型战略组织追求一种更为动态的环境，将其能力表现在探索和发现新产品和市场的机会上，其奉行的基本原则是灵活性，往往采取“有机的”机制**，选项B当选。

4.10 斯尔解析　D　本题考查的知识点是组织的战略类型判断。“冠兔公司在保持传统糖果业务的同时，进军化妆品市场寻求新的突破”说明冠兔公司既保持传统的产品和市场，又在寻求新的产品和市场机会，属于分析型战略组织，选项D当选。

4.11 斯尔解析　A　本题考查的知识点是企业文化的类型。**人员导向型的企业存在的目的主要是为其成员的需要服务，企业是其员工的下属，企业的生存也依赖于员工。这一文化常见于俱乐部、协会、专业团体和小型咨询公司**。“志铭公司是一家小型咨询公司……员工既负责从市场上承揽咨询项目，又根据自己的特长和爱好选择并完成咨询任务”体现的企业文化类型是人员导向型，选项A当选。

4.12 斯尔解析　A　本题考查的知识点是企业文化的类型。“凭借着独到的眼光和魄力，建立起了庞大的家族产业，成为当地知名企业家”说明该公司是家族式企业。“由于工作压力大、福利待遇低且日常管理只罚不奖，很多骨干员工蠢蠢欲动，打算离职”则表明方科公司具有领导专横、员工低士气且高流失率的缺点。上述特征均为权力导向型的特点，选项A当选。

4.13 斯尔解析　C　本题考查的知识点是企业文化的类型。根据关键信息“依靠严格的规章制度”“决策权主要集中在上层”可知，这属于角色导向型，选项C当选。这类文化一般是围绕着限定的工作规章和程序建立起来的，理性和逻辑是这一文化的中心，分歧由规章和制度来解决，稳定和体面几乎被看成与能力同等重要。但是，这类企业的权力仍在上层，这类结构十分强调等级和地位，权利和特权是限定的，大家必须遵守。

4.14 斯尔解析　D　本题考查的知识点是战略稳定性与文化适应性。“在保留被并购企业原有组织的同时实行了新的绩效考核制度”体现了组织要素变化少，“结果遭到被并购企业大多数员工反对”体现了变化与文化的潜在一致性小。因此，东岳公司应该根据文化进行管理，选项D当选。

4.15 斯尔解析　C　本题考查的知识点是战略失效的原因。战略失效的原因有很多，选项ABCD都可能导致战略失效。本题的关键在于选择符合诺力公司战略失效的原因。根据题干，“2013年该公司启动战略转型，将业务聚焦于模拟机业务上”这句话表明诺力公司在2013年启动了战略转型。“诺力公司的经营跌入谷底并一蹶不振，最终在手机市场上被淘汰出局”这句话表明，诺力公司的战略转型失效了。这两句话中间的信息就是解题的关键，表明了诺力公司战略转型失效的原因——“越来越多的消费者更青睐不断改进的智能手机”“智能手机制造巨头的竞争挤压”这都属于企业外部环境中发生的变化（客户偏好转换，市场竞争加剧）给企业带来了危机，选项C当选。

4.16 斯尔解析 C 本题考查的知识点是战略失效的类型。**在战略实施过程中，因为一些意想不到的偶然因素导致战略失效，这就是偶然失效**。“社会上一场流行性疾病袭来，小店经营陷入困境”属于意想不到的偶然因素导致战略失效，选项C当选。

4.17 斯尔解析 B 本题考查的知识点是战略控制与预算控制的区别。**战略控制期间比较长，从几年到十几年以上，预算控制的期限通常在一年以内**，选项A不当选。**预算控制通常在预算期结束后采取纠正行为**，选项B当选。**预算控制采用定量方法，战略控制采用定性与定量结合的办法**，选项C不当选。**战略控制的重点是内部和外部，预算控制的重点是企业内部**，选项D不当选。

4.18 斯尔解析 B 本题考查的知识点是预算编制的方式。“甲公司对其各子公司实行预算管理，并通常使用增量预算方式进行战略控制”，并不意味着乙公司被甲公司收购后，甲公司就一定要求乙公司使用增量预算方式。解题的关键还是应该看编制预算的时候有没有基于以前期间的预算。“2009年9月，甲公司在化肥市场低迷时期，收购了乙化肥厂。甲公司收购乙化肥厂后更换了其总经理和财务总监，并计划全面改变乙化肥厂的经营策略”说明乙化肥厂在2009年11月编制2010年度预算时，没有之前的预算基础可以利用，应当编制零基预算，选项B当选。

4.19 斯尔解析 D 本题考查的知识点是ESG评价原则。评价方案应符合特定应用场景的特点和需求。对于有显著区别的应用场景，应选用不同的评价指标和评价方法，这属于适宜性的内涵，选项D当选。

4.20 斯尔解析 B 本题考查的知识点是平衡计分卡。**资产回报率属于财务角度，数字化信息系统覆盖率属于内部流程角度或创新与学习角度**，健身教练为该公司的员工，而**员工满意度属于创新与学习角度**。**新客户开发率属于顾客角度**，选项B当选。

4.21 斯尔解析 C 本题考查的知识点是数字化技术应用领域。**云计算是分布式计算的一种，通过云计算，可以在很短的时间内完成对数以万计的数据的处理，从而形成强大的网络服务**。“其运用的技术可以在很短的时间内完成对数以万计的数据的处理，从而形成强大的网络服务”体现的是云计算，选项C当选。

4.22 斯尔解析 B 本题考查的知识点是数字化技术对企业经营模式的影响。“通过线上线下的完美融合，宙斯百货得以突破时空的局限，实现O2O全渠道运营”体现的是数字化技术对宙斯百货多元化经营的影响，选项B当选。请注意，“线上线下”“O2O”等关键词虽然在一定程度上也体现了互联网思维，但是互联网思维并不足以体现“全渠道运营”的特征，因此，选项A不是最优选项，不当选。另外，虽然题目中提到了消费者，但是并没有提到消费者对于企业改进产品或服务的影响，选项D不当选。“差异化经营的影响”不属于数字化技术对经营模式的影响，选项C不当选。

4.23 斯尔解析　C　本题考查的知识点是公司数字化战略转型面临的困难。“事业部之间的数据往往都各自存储，难以进行信息共享”体现了部门间数据相互独立、隔离，无法实现数据共享，由此产生的是“数据孤岛”问题，选项C当选。

4.24 斯尔解析　D　本题考查的知识点是公司**数字化战略转型下的管理变革，包括四类：业务数字化管理、生产数字化管理、财务数字化管理和营销数字化管理**。“通过可视化加强业务数字化管理”属于业务数字化管理，选项A不当选。“通过自动作业编码优化生产流程”属于生产数字化管理，选项B不当选。“通过运用大数据实现精准营销”属于营销数字化管理，选项C不当选。“通过新兴技术提升数据安全”属于数字化战略转型中的技术变革，而非管理变革，选项D当选。

4.25 斯尔解析　D　本题考查的知识点是**数字化转型的主要任务。主要包括：（1）构建数字化组织设计，转变经营管理模式**（选项C不当选）；**（2）加强核心技术攻关，夯实技术基础**（选项B不当选）；**（3）打破“数据孤岛”，打造企业数字化生态体系**（选项A不当选）；**（4）加快企业数字文化建设；（5）利用新兴技术，提升公司网络安全水平；（6）重视数字伦理，提升数字素养**。选项D属于数字化技术对组织结构的影响范畴，当选。

二、多项选择题

4.26 斯尔解析　ABD　本题考查的知识点是纵向分工结构。“大众火锅店规定10万元以下的开支，每个分店的店长就可以做主。普通的一线员工，拥有免单权，而且可以根据客人的需求赠送水果盘”表明企业权力分配并不是集中的，而是分散的，属于分权型组织结构。选项C为集权型组织结构的优点，不当选。选项ABD为分权型组织结构的优点，当选。

4.27 斯尔解析　AB　本题考查的知识点是纵向分工结构。“该公司原有的组织结构自上而下共分为10层”说明公司原来属于高长型组织结构。“组织结构经过改革后，公司自上而下共分为4层”说明公司组织结构改革后变成了扁平型组织结构。**相较于高长型组织，扁平型组织提高了企业的反应能力，降低了管理费用**，选项AB当选。**扁平型组织容易造成管理失控而非有利于内部控制**，选项C不当选。在管理层次较少的组织内战略更容易实施，选项D不当选。

4.28 斯尔解析　ABD　本题考查的知识点是国际化经营企业的组织结构。首先，题干提到“其生物制剂产品畅销全球”，但后文未提及在不同国家提供更能满足当地市场需要的产品。其次，“将不同类型生物制剂的生产安排在若干个人工成本低、原材料有价格优势的国家进行”属于在较有利的国家集中进行生产经营活动，符合全球化战略的描述，选项AB当选。在全球化战略下，千羽公司所采用的组织结构是全球性产品分部结构而非全球区域分部结构，选项C不当选。**在全球性产品分部结构下，各产品部根据总部的经营目标和战略分别制订本部的经营计划，下属公司并没有太大自主权，通常被视为供货的来源**，选项D当选。

精程答疑

问题：如何理解全球区域分部结构？

解答：根据题干，千羽公司采用的是全球化战略，与之相配套的是全球性产品分部结构。然而，选项C中的全球区域分部结构，与之相配套的是多国本土化战略。

4.29 斯尔解析 ABC 本题考查的知识点是组织的战略类型的特点。“电信业正由高速成长期进入较为平缓的成熟发展期”说明华信公司所处的行业目前发展较为稳定。“主要目标是服务于居民小区，占领当地市场”说明该公司也在追求一种稳定的环境，即通过占领一部分产品市场保持自己的稳定，因此该公司的组织战略类型是防御型。防御型战略组织通常采用竞争性定价或高质量产品等经济活动来阻止竞争对手进入它们的领域，选项A当选。在行政管理上，防御型战略组织常采取“机械式”结构机制，选项B当选。防御型组织适合于较为稳定的产业（电信行业），但采用防御型战略组织的潜在风险是不可能对市场环境做重大的改变，选项C当选。防御型战略组织要创造出一种具有高度成本效率的核心技术，而开拓型组织往往不局限在现有的技术能力上，而是根据现在和将来的产品结构确定技术能力，选项D不当选。

4.30 斯尔解析 BC 本题考查的知识点是预算编制类型的优点。零基预算的特点是不受以往预算安排的影响，不考虑过去的预算项目和收支水平，以零为基点编制预算。富友公司“每年年底不受以往预算安排的影响，而是根据未来的需求编制预算”说明富友公司编制预算采用的方法为零基预算。选项AD是增量预算的优点，不当选。选项BC是零基预算的优点，当选。

4.31 斯尔解析 CD 本题考查的知识点是企业业绩衡量的方法及其优缺点。使用财务比率来进行绩效评价的主要原因包括：（1）通过比较不同时期的比率可以很容易地发现它们的变动；（2）相对于实物数量或货币的绝对数值，比率对企业业绩的衡量更为合适；（3）比率适合用作业绩目标，既简单又易于理解；（4）比率提供了总结企业业绩和经营成果的工具、方法，并可在同类企业之间进行比较。因此，选项CD当选。选项AB无法通过使用财务比率来实现，属于使用非财务衡量指标的主要原因，不当选。

4.32 斯尔解析 ABC 本题考查的知识点是使用非财务指标衡量、评价企业业绩的主要原因。“销售量及其年增长率、市场份额、主要客户数量及其年增长率”属于非财务指标范畴。使用非财务指标衡量企业业绩的主要原因有：（1）能够反映和监控非财务方面的经营业绩；（2）通常比使用财务衡量指标提供企业业绩信息更为及时（选项A当选）；（3）容易被非财务管理人员理解并使用；（4）有利于激励企业高管关注财务因素之外的因素甚至决定企业成败的战略因素；（5）一些衡量企业长期业绩的非财务指标有利于避免短期行为（选项B当选）；（6）往往需要同时采用定性和定量分析、衡量，因此更能反映企业业绩的真实情况；（7）激励、控制的人员范围较广，覆盖了对财务结果无任何责任的人员（选项C当选）。选项D不属于上述7种使用非财务指标衡量、评价企业业绩的原因，不当选。

提示：财务衡量指标仅包含盈利能力和回报率指标、股东投资指标、流动性指标、综合负债和资金杠杆指标。“销量增长”不属于四类财务衡量指标中的任何一类，它属于非财务指标中评价市场营销领域的指标。

4.33 斯尔解析　ABD　本题考查的知识点是ESG评价体系。ESG评价指标体系主要涉及三个维度：第一，环境维度；第二，社会维度；第三，治理维度。“木材资源损耗率”对应“自然资源使用和管理”，属于环境维度，选项A当选。“员工职业道德培训评分”对应“商业道德和行为规范”，属于治理维度，选项B当选。“建材成品破损率”对应“产品安全与质量”，属于社会维度，选项D当选。客户收货时长反映的是企业流程效率，不符合ESG理念，选项C不当选。

4.34 斯尔解析　BC　本题考查的知识点是ESG披露标准。GRI标准包括通用标准和议题专项标准，涉及经济、环境和社会领域的79项指标，选项A不当选。TCFD给出两类披露指标：第一类是面向所有行业的通用披露指标；第二类是供特定行业如金融行业使用的特定行业补充披露指标。因此，选项D不当选。选项BC是关于ESG披露标准特点的正确表述，当选。

4.35 斯尔解析　ABCD　本题考查的知识点是平衡计分卡。数字化技术采用率属于创新与学习角度，选项A当选。顾客满意度属于顾客角度，选项B当选。设备利用率属于内部流程角度，选项C当选。销售增长率属于财务角度，选项D当选。需要辨析的是，“销售增长率”在平衡计分卡理论中，属于财务角度。但若讨论财务指标和非财务指标的对比，“销售增长”则属于非财务指标。这是不同理论之间存在的不一致，需适当关注。

4.36 斯尔解析　ABCD　本题考查的知识点是平衡计分卡。新客户开发率属于顾客角度，选项B当选。订单准时交付率属于内部流程角度，选项C当选。利润增长率属于财务角度，选项D当选。员工满意度属于创新与学习角度，选项A当选。

4.37 斯尔解析　ABC　本题考查的知识点是统计分析报告的特点。统计分析报告具有如下特点：（1）以统计数据为主体（选项B当选）；（2）以科学的指标体系和统计方法来进行分析研究和说明；（3）具有独特的表达方式和结构特点（选项C当选）；（4）逻辑严密、脉络清晰、层次分明（选项A当选）。选项D为专题报告的特点，不当选。

提示：统计分析报告不仅有数字结果，也会有精练的文字辅助表达。

4.38 斯尔解析　CD　本题考查的知识点是数字化技术的发展历程。数字化技术的发展会经历信息化、数字化和智能化三个阶段。信息化的基本功能是开发信息资源，而数字化的基本功能是信息形式的统一化、信息表达的准确化、信息利用的高效化（选项A不当选）。数字化是信息化的高阶阶段，是信息化的广泛深入运用（选项B不当选）。智能化的本质特征在于智能的协同发展和应用（选项C当选）。智能化是信息化、数字化的最终目标，也是发展的必然趋势（选项D当选）。选项AB混淆了信息化、数字化的概念和基本特征，不当选。选项CD是关于智能化的正确表述，当选。

4.39 斯尔解析　AD　本题考查的知识点是运用数字化技术实现管理变革的主要方面。在本案例中，佳星百货借助数字化技术实现了管理变革，主要体现在两方面：（1）“通过建立数字化库存管理体系，极大地提升了发货效率”体现了业务数字化管理（选项A当选）；（2）“根据顾客在线下门店的购买行为、线上商城的搜索和浏览记录”体现了佳星百货通过数字化技术对海量客户信息进行挖掘和利用，实现精准营销，属于营销数字化管理（选项D当选）。在本案例的描述中，并没有涉及生产数字化管理和财务数字化管理相关的表述，选项BC不当选。

4.40 斯尔解析 AD 本题考查的知识点是公司数字化战略转型的主要方面。营销数字化管理为解决传统营销问题、重塑企业营销能力提供了有利契机。“将拥有对消费者进行深度洞察与精准分析的能力，并且可以进一步提高产品设计与开发的精确度”体现营销数字化管理，选项D当选。“该项目可大幅缩短原材料的采购周期，降低交易成本，并提升运营质量”体现业务数字化管理，选项A当选。业务数字化管理的主要评价指标有：（1）电子商务采购比率；（2）数字化仓储物流设备占比；（3）订单准时交付率；（4）数据可视化率。

精准答疑

问题：“缩短原材料的采购周期，降低交易成本”为什么不是生产数字化管理？

解答：生产数字化管理的主要评价指标：（1）作业自动化编制及优化排程比例；（2）过程控制系统（PCS）或生产执行系统（MES）直接相连的数字化设备占比；（3）数字化检测设备占比；（4）在线设备管理与运维比例。虽然“缩短原材料的采购周期”提到了原材料，但强调的并非生产环节而是采购环节，切勿看到“原材料”就直接对应生产数字化。另外，不能光凭感觉做题，默认“缩短采购周期”与生产有关，还是要依据关键词进行判断（例如生产数字化管理相关的评价指标）。

三、简答题

4.41 斯尔解析

北贝餐饮所采用的互联网技术对经营模式的影响如下：

（1）互联网思维的影响。“北贝通过把线上服务的链接放到员工企业微信的详情页中，使用户通过联系的工作人员就可以直接下单，促进了线上服务的转化”“通过企业微信开放的API接口，北贝把企业微信和公司的CRM进行了打通”“基于这些信息，北贝便可以为顾客提供更精准的服务”“北贝便通过企业微信实现了集团、分部、门店的‘三位一体’”。

（2）多元化经营的影响。“北贝通过把线上服务的链接放到员工企业微信的详情页中，使用户通过联系的工作人员就可以直接下单，促进了线上服务的转化”。

（3）消费者参与的影响。“北贝可以通过企业微信与顾客进行深度连接”。

4.42 斯尔解析

（1）金宝集团从2005年开始启动的战略创新类型表现为产品创新、流程创新和范式创新。

①产品创新。“2005年之前，金宝集团着重于公用事业，主要围绕城市燃气来推动企业发展。从2005年开始，金宝集团专注于清洁能源的开发和利用”。

②流程创新。“依托技术创新和商业模式创新，形成从能源开发、能源转化、能源物流到能源

分销的上中下游纵向一体化的产业链条，为客户提供多种清洁能源组合的整体解决方案”。

③范式创新。“开始创新性地运用金融工具进行能源证券化，一方面帮助其客户避免价格风险，另一方面为能源生产商提供融资服务”。

（2）钱德勒的组织结构服从战略理论可以从以下两个方面展开：

①**战略的前导性与结构的滞后性**。这是指企业战略的变化快于组织结构的变化，企业组织结构的变化常常慢于战略的变化速度。企业应努力缩短结构反应滞后的时间，使结构配合战略的实施。

②**企业发展阶段与结构**。企业发展到一定阶段，其规模、产品和市场都发生了变化。这时，企业应采用合适的战略，并要求组织结构作出相应的反应。“从2005年开始，金宝集团专注于清洁能源的开发和利用”体现了战略前导性；“随着集团清洁能源战略目标的日益清晰，金宝集团于2006年初进行了重大调整：一是调整组织结构……领军人物、核心人才、骨干人才三级智力网络的优秀科技人才梯队”体现了结构的滞后性，也体现出当企业发展到一定阶段，企业会采用合适的战略，并要求组织结构作出相应的反应。

（3）金宝集团当前的竞争战略为差异化战略，“为客户提供多种清洁能源组合的整体解决方案，形成了强有力的差异化优势”。采用差异化战略的企业强调公司与其他企业的不同之处，因此要求具有广泛的知识、技巧和创造性，采用这种策略的公司往往传递外部新颖信息、购买所需技能或者利用外部培训机构对团队进行培训。

4.43 斯尔解析

（1）①**信息化**。“使用先进的信息技术，实现了产品的优化设计、制造和管理。集团通过对钢铁生产过程中的原料运输、储存、投料到焦化、冶炼、连铸、轧钢等基础信息资源进行深度开发和利用，实现了管理高度集中、产销高度衔接、数据高度一致和信息高度安全”。

②**数字化**。“2016年，三镇钢铁集团引进并开发了数字监测和分析系统，实现了对高炉铁水、炼钢钢水、出钢钢坯等各工序温度情况的实时跟踪，并基于模型预测目标温度，为铁水指吊、出钢节奏、精炼加热升温提供指导”。

③**智能化**。“2019年，集团建成三镇智慧中心”“2020年，集团打造了全国钢铁行业首个智能环保无人原料场、无人码头系统、智慧铁水运输系统”。

（2）①**大数据**。“与国内数据服务商和云服务商开展全方位合作，构建了钢铁工业数据收集平台和私有云监测平台，实现了数据双向互通、数据融合，在市场预判、交易节点、产品结构、硬件健康状态等方面提供全面实时的数据支撑和量化监测”。

②**人工智能**。“2019年，集团建成三镇智慧中心，下设7个工作岛，实时收集分析生产区35万个互联设备的数据，监测、调度8大工序、30个系统，替代了原来的42个中控室，让400多名员工撤出操作现场。2020年，集团打造了全国钢铁行业首个智能环保无人原料场、无人码头系统、智慧铁水运输系统”。

③**移动互联网**。“引进5G专网技术，利用5G网络低时延、大带宽、广连接等优势，打通厂区内的信息孤岛”。

④**云计算**。“与国内数据服务商和云服务商开展全方位合作，构建了钢铁工业数据收集平台和私有云监测平台，实现了数据双向互通、数据融合，在市场预判、交易节点、产品结构、硬件健康

状态等方面提供全面实时的数据支撑和量化监测”。

⑤物联网。“2019年，集团建成三镇智慧中心，下设7个工作岛，实时收集分析生产区35万个互联设备的数据，监测、调度8大工序、30个系统，替代了原来的42个中控室，让400多名员工撤出操作现场”。

⑥区块链。“2021年，集团在钢铁工业大数据平台基础上，打通了基于分布式数据存储中心的管控架构，打造了一个具有去中心化、不可篡改、全程留痕、公开透明等特点的产业协同体系，实现了降本增效”。

第五章　公司治理
答案与解析

一、单项选择题

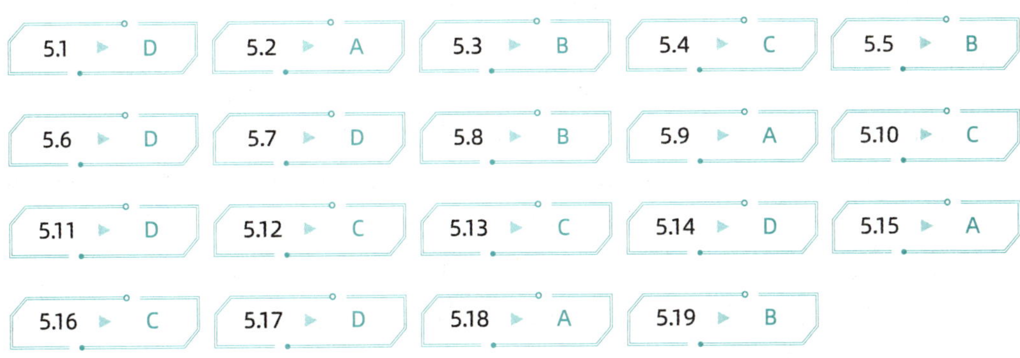

二、多项选择题

5.20 ABC　5.21 BCD　5.22 ABD　5.23 ABC　5.24 BC

5.25 BD

一、单项选择题

5.1 斯尔解析　D　本题考查的知识点是公司治理理论。资源依赖理论认为企业需要通过获取环境中的资源来维持生存，帮助企业获得稀缺性资源的利益相关者能在企业中获得更多的话语权，即资源的依赖状况决定企业内部的权力分配状况。题干表述符合资源依赖理论的观点，选项D当选。

5.2 斯尔解析　A　本题考查的知识点是公司治理的主要问题。判断公司治理问题的类型，不能仅凭“问题表现”辨析，而是要找到“谁在犯坏”。“三杉公司近年来效益不佳，连续多年没有分红。然而，2017—2019年，包括董事长在内的公司高管合计从公司领走3 023万元薪酬”表明是“董事长在内的公司高管”在“犯坏”。“董事长在内的公司高管”的身份到底属于内部人还是控股股东，可以通过“薪酬”进行佐证。领取超额薪酬表明此处强调其作为公司代理人的身份而非股东身份，属于股东与经理层之间的利益冲突（或称“内部人控制”问题），选项A当选。

5.3 斯尔解析 B 本题考查的知识点是公司治理的主要问题。“星科集团（系兴阳公司控股股东）的实际控制人张某买入兴阳公司股票200万股，并在公告发布后卖出，获利600多万元”说明是终极股东在“犯坏”，属于“隧道挖掘”问题。“张某买卖股票的时间都属于证监会认定的敏感期”说明终极股东利用信息优势来进行内幕交易，谋取不当利益，选项B当选。

5.4 斯尔解析 C 本题考查的知识点是公司治理的主要问题。判断公司治理问题的类型，关键在于找到“谁在犯坏”。“佳宝公司的重大决策权一直被控股股东控制，控股股东把佳宝公司当作‘提款机’”表明是佳宝公司的控股股东在“犯坏”，且控股股东身份明确，因此该问题属于大股东与中小股东之间的利益冲突（或隧道挖掘问题，又名“剥夺型公司治理问题”），选项C当选。

5.5 斯尔解析 B 本题考查的知识点是公司治理的主要问题。判断公司治理问题的类型，关键在于找到“谁在犯坏”。“博格集团作为上市公司博格科技的大股东……损害中小股东利益”表明是博格科技的大股东在“犯坏”，形式是剥削中小股东，属于大股东与中小股东之间的利益冲突（或隧道挖掘问题，又名“剥夺型公司治理问题”），选项B当选。

5.6 斯尔解析 D 本题考查的知识点是治理股东与经理层之间利益冲突（或内部人控制问题）的基本对策。选项ABC均为“内部人控制”问题的基本对策，不当选。选项D为“隧道挖掘”问题的基本对策，当选。

5.7 斯尔解析 D 本题考查的知识点是掠夺性财务活动。**掠夺性财务活动包括掠夺性融资、内幕交易以及掠夺性资本运作。**“当年该公司股价波动区间为12～22元……公司以每股5元的价格向控股股东定向增发1 000万股”表明建安公司向终极股东低价定向增发股票，属于掠夺性融资，选项D当选。

5.8 斯尔解析 B 本题考查的知识点是“隧道挖掘”问题的主要表现。“江南公司主要从六陆集团所控股的其他子公司处采购原材料，价格比市场价高出25%”属于关联性交易，且这些活动都在以非市场的价格进行交易，因此作为江南公司控股股东的六陆集团可以从中谋取私利，选项B当选。

5.9 斯尔解析 A 本题考查的知识点是掠夺性财务活动。**掠夺性财务活动包括掠夺性融资、内幕交易以及掠夺性资本运作。**“以每股1元的价格向两名控股股东发行5 000万股。当时该公司股价为每股5元。”表明甲公司向终极股东低价定向增发股票，属于掠夺性融资，选项A当选。

5.10 斯尔解析 C 本题考查的知识点是保护中小股东权益的方法。“嘉陵制药公司于2013年完成了对宏泰医药公司的收购，并获得了公司56%的股权”说明嘉陵制药公司的身份是宏泰医药公司的控股股东。“依据宏泰医药公司的相关规定，嘉陵制药公司代表不得在股东会上参与此项股权质押事项的表决”体现了当决议事项与嘉陵制药公司有特别的利害关系时，该股东或其代理人均不得就其持有的股份行使表决权的制度，属于表决权排除/回避制度，选项C当选。

5.11 斯尔解析 D 本题考查的知识点是公司治理的主要问题。根据题干，科锋公司工厂存在安全隐患，该公司的经营行为直接影响到劳工等利益相关者，体现的是股东与其他利益相关者之间的利益冲突，选项D当选。本题既未提及终极股东“犯坏”，也未提及管理层“犯坏”，选项AB不当选。

5.12 斯尔解析 C 本题考查的知识点是公司内部治理结构。公司内部治理结构是指主要涵盖股东会、董事会、监事会、经理层以及员工之间责权利相互制衡的制度体系，选项ABD不当选。经理人市场是公司外部治理机制，选项C当选。

5.13 斯尔解析 C 本题考查的知识点是公司内部治理结构的模式。公司治理模式主要有三种，分别是外部控制主导型治理模式、内部控制主导型治理模式和家族控制主导型治理模式。外部控制主导型治理模式实行单层董事会制，内部控制主导型治理模式实行双层董事会制，选项A不当选。家族控制主导型治理模式，企业的所有权掌握在家族手中。同时，家族也掌握企业的经营权，管理企业的日常活动，选项B不当选。内部控制主导型治理模式，主要通过法人及银行进行债务融资，股权在资本结构中所占比重较小，企业的资产负债率较高，选项C当选。外部控制主导型治理模式股权分散且流动性较高，不存在掌握绝对控制权的大股东，内部控制主导型治理模式股权集中且流动性较低，选项D不当选。

5.14 斯尔解析 D 本题考查的知识点是董事会的职权。选项ABC均为董事会职权，不当选。选项D为股东会的职权，当选。

5.15 斯尔解析 A 本题考查的知识点是公司外部治理机制中的市场机制。“报告公告后，森然公司股价应声大跌”体现的是资本市场对公司的监控和约束，选项A当选。需要注意的是，本题的因果关系是因为公司根据资本市场信息披露的要求发布了中期报告，但报告结果不及市场预期，所以股票市场表现不佳，这体现的是资本市场的约束。

5.16 斯尔解析 C 本题考查的知识点是公司外部治理机制中的市场机制。“质量不符合标准，存在安全隐患”并且出现了“退款事宜”，说明产品质量的缺陷直接对公司的经营产生了压力，属于外部治理机制中的产品市场对公司的监控和约束，选项C当选。

5.17 斯尔解析 D 本题考查的知识点是公司治理的外部监督机制。舆论监督的实施主体主要分为公众和媒体。电视台属于媒体，因此媒体曝光品牌虚假宣传的行为属于舆论监督，选项D当选。

5.18 斯尔解析 A 本题考查的知识点是公司治理的外部监督机制。公司治理的外部监督机制包括行政监督、司法监督、中介机构执业监督、舆论监督。当公司治理失效的情况下，内部的股东监督无法形成有效监督，而是需要外部监督机制予以保障，选项A当选。

5.19 斯尔解析 B 本题考查的知识点是公司治理相关理论。选项A是产权理论的主要观点，不当选。选项CD是资源依赖理论的主要观点，不当选。选项B表述正确，当选。

二、多项选择题

5.20 斯尔解析 ABC 本题考查的知识点是企业的起源与演进。现代企业制度时期——公司制的特点是：（1）股东承担有限责任；（2）股东财产所有权与企业控制权分离；（3）规模增长和永续生命，选项ABC当选。古典企业制度时期——业主制与合伙制的基本特征是：（1）不具有法人资格；（2）承担无限责任。选项D不当选。

5.21 斯尔解析 BCD 本题考查的知识点是终极股东对中小股东的“隧道挖掘”问题的表现类

型。解题的关键在于判断终极股东可以通过哪些方式“犯坏”，从而侵害中小股东的利益。“隧道挖掘”问题的表现分为两种类型：滥用企业资源和占用企业资源。其中占用企业资源包括直接占用资源、关联性交易和掠夺性财务活动三类。选项BC属于关联性交易，选项D属于掠夺性财务活动，选项BCD当选。过高的在职消费对应的身份是经理人，属于“内部人控制”问题的表现，选项A不当选。

提示：“扩股发行稀释其他股东利益”与掠夺性融资中的“公司向终极股东低价定向增发股票”是同等含义，因为如果不是低价发行的话，就不会稀释原有股东权益。

5.22 斯尔解析 ABD 本题考查的知识点是企业内部治理结构的模式。内部控制主导型模式下，企业之间稳定的股权联系会降低企业间的竞争性，抑制企业的创新动力，选项C不当选。

5.23 斯尔解析 ABC 本题考查的知识点是公司内部治理结构中国有企业各级党委（党组）。党委（党组）书记、董事长一般由一人担任，党员总经理担任副书记，选项A当选。国有企业党委（党组）应当发挥领导作用，把方向、管大局、保落实，重大经营管理事项必须经党委（党组）研究讨论后，再由董事会或者经理层作出决定，选项B当选。确因工作需要由上级企业领导人员兼任董事长的，根据企业实际，党委书记可以由党员总经理担任，也可以单独配备，选项C当选。国有企业坚持和完善“双向进入、交叉任职”领导体制，符合条件的党委（党组）班子成员可以通过法定程序进入董事会、监事会、经理层，董事会、监事会、经理层成员中符合条件的党员可以依照有关规定和程序进入党委（党组），选项D不当选。

5.24 斯尔解析 BC 本题考查的知识点是公司治理问题及其应对机制。媒体一方面是公众舆论监督的实现途径和输出管道，另一方面也是舆论监督话题的发现者与供应者，选项A不当选。“隧道挖掘”是终极股东剥夺其他中小股东利益的行为，题干中的“基金从业人员”并不是终极股东，选项B当选。证监会作为行政监管部门，属于公司外部治理的监督机制，选项C当选。证监会、会计师事务所、公安司法机关分别是外部治理监督机制下的行政监督、中介机构执业监督、司法监督，选项D不当选。

提示：注意“隧道挖掘”必须是终极股东在“犯坏”，终极股东可以通过内幕交易来“犯坏”，但并不是随便一个人进行内幕交易都叫作“隧道挖掘”问题。

5.25 斯尔解析 BD 本题考查的知识点是监事会的职权。监事会行使以下职权：（1）监事会是公司的专门监督机构，对公司董事、高级管理人员行为进行监督，纠正董事、高级管理人员的利益损害行为，必要时可以向董事和高级管理人员提出罢免建议或提起诉讼（选项A不当选，选项B当选）。（2）监事会对股东会负责，有权提议召开临时股东会会议，并有权向股东会会议提案（选项C不当选）。（3）监事可以列席董事会会议，并对董事会决议事项提出质询或者建议（选项D当选，无法对股东会决议事项提出质询或建议）。（4）监事会发现公司财务、经营等情况异常，可以进行调查；必要时，可以聘请会计师事务所等协助其工作。

new

一、单项选择题

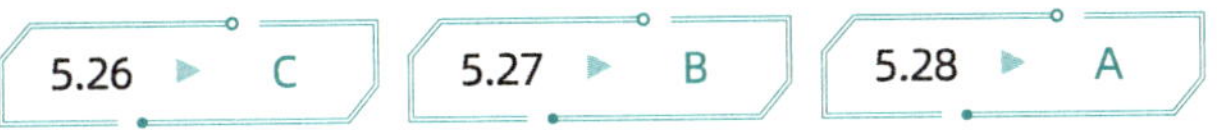

5.26 ▶ C　5.27 ▶ B　5.28 ▶ A

二、多项选择题

5.29 ▶ ABC　5.30 ▶ AB

一、单项选择题

5.26 斯尔解析　C　本题考查的知识点是数智化与公司治理。“利用数字化工具来记录、分析和导出会议纪要，从而简化会议的工作流程，提高会议效率和决策质量”体现的是数智化有利于优化企业决策，关键词是“提高……决策质量”，选项C当选。提升治理效率的关键词是“降低信息获取的成本和门槛”，提高信息透明度的关键词是“提高信息的透明度和可追溯性”，赋能外部治理机制的关键词是“资本市场、产品竞争市场和控制权市场”，因此选项ABD不当选。

5.27 斯尔解析　B　本题考查的知识点是特殊的普通合伙企业。根据规定，在特殊的普通合伙企业中，一个合伙人因重大过失导致债务时，该合伙人需承担无限责任，其他合伙人以其合伙份额为限承担责任，选项B当选。

5.28 斯尔解析　A　本题考查的知识点是公司内部治理结构各方主体的权利和义务。根据规定，股东会有权决定公司的重大事项，包括合并、分立、解散和清算等，选项A当选。董事会负责公司的重大经营决策和监督经理层履职，监事会负责监督公司董事和高级管理人员的行为，经理层负责公司的日常经营管理，选项BCD不当选。

二、多项选择题

5.29 斯尔解析　ABC　本题考查的知识点是双重股权结构与公司治理。双重股权结构的特点包括同股不同权（选项A当选）、现金流权与控制权分离（选项B当选）、股东权益的可变动性不同（选项C当选）。双重股权结构下，两类股票拥有相同的现金流权，在利益分配上是平等的，分配比例是一致的，因此选项D不当选。

5.30 斯尔解析　AB　本题考查的知识点是双重股权结构与公司治理。双重股权结构的负面影响包括：削弱内部监督、造成利益冲突（选项A当选）、弱化市场监督（选项B当选）、阻碍公司治理改革。双重股权结构会使得融资便利，选项C不当选。双重股权结构还会提高公司的市值、股价和投资回报，即提高投资价值，选项D不当选。

第六章　风险与风险管理概述
答案与解析

一、单项选择题

题号	答案
6.1	D
6.2	C
6.3	B
6.4	B
6.5	D
6.6	D
6.7	D
6.8	B

二、多项选择题

题号	答案
6.9	ABD
6.10	AD
6.11	CD
6.12	ABD

一、单项选择题

6.1 斯尔解析　D　本题考查的知识点是风险的构成要素。仓库管理人员主观上的过失或疏忽属于无形风险因素中的心理风险因素，选项A不当选。“燃烧的绝缘材料掉落并引燃下方存放的润滑油纸箱，随后蔓延成灾”说明造成损失的偶发事故已形成，属于风险事件，选项B不当选。“事发当晚风力强劲”是一项直接影响事物物理功能的物质风险因素，选项C不当选。修建费用损失属于间接损失，而火灾所导致的财产损失属于直接损失，选项D当选。

6.2 斯尔解析　C　本题考查的知识点是风险管理的特征。“DT公司是一家专业风险咨询公司。该公司受雇于以零售为主业的德尚公司，并为其量身定制内部控制、网络安全与合规支持等方面的解决方案”体现了德尚公司在进行风险管理时依赖专业人才的特征，选项C当选。请注意，“将其所有负责内部控制方案设计的员工派往德尚公司总部所在地”的主体是DT公司，因而不能体现德尚公司在进行风险管理时如何组织企业治理层、管理层和所有员工的参与，选项B不当选。题干未涉及德尚公司管理层站在战略层面整合和管理企业层面风险，也未明确提及既管理纯粹风险，也管理机会风险的情况，选项AD不当选。

6.3 斯尔解析　B　本题考查的知识点是风险管理特征。全员性：企业全面风险管理是一个由企业治理层、管理层和所有员工参与，旨在把风险控制在风险容量以内，增进企业价值的过程。“天选公司要求全体员工都要有风险意识，并且要求风险管理由企业治理层、管理层和所有员工参与”体现了全员性这一风险管理特征，选项B当选。

6.4 斯尔解析　B　本题考查的知识点是风险管理的特征。风险管理具有可行性的特征，即风险虽然不可完全避免，但防范与控制风险是可能的，分散和转移风险成本也是可能的。在成本有效的情况下，风险管理成本越大，风险损失成本可能越低；风险管理成本越小，风险损失成本可能越高。选项A不当选，选项B当选。风险管理具有系统性的特征，其中全面性是指风险管理是一项全面性的管理。如果风险管理单位对风险的认识、处理缺乏全面性，只处理某一方面的隐患，而不考虑其他方面的隐患，其风险管理就存在失败的可能，选项C不当选。风险管理具有二重性的特征，当风险损失不能避免时，尽量减少损失至最小化，风险损失可能发生或可能不发生时，设法降低风险发生的可能，选项D不当选。

6.5 斯尔解析 D 本题考查的知识点是风险管理的特征。“提高了平台入驻标准”“传统电商平台的服务将无法满足企业自身的需求”是风险，而“国内众多中小企业存在平台转换的需求”属于可以增进企业价值的机会。管理机会风险“使得公司的利润得到大幅增长”，体现了风险管理二重性的特征，选项D当选。

精程答疑

问题：如何区分二重性与战略性？

解答：风险管理特征中的战略性是一个相对宏观的概念，教材中给出的定义是“风险管理主要运用于企业战略管理层面”，但仅凭这一句原文是很难在题目中定位并作出判断的，因此命题人也会尽量规避，除非其他选项都不适合，且题干中提及了与“战略”相关的关键信息。二重性是指风险与机遇并存，应对风险时，尽可能地将风险转化为企业创造价值的机遇，如无法避免风险，则将损失降至最小。

6.6 斯尔解析 D 本题考查的知识点是风险管理的目标。风险管理目标的设置原则包括：一致性原则、现实性原则、明晰性原则和层次性原则。层次性原则是根据层级、主次、职能等，将风险管理目标进行有效的划分，权责相应，提升风险管理的效果，选项D当选。

6.7 斯尔解析 D 本题考查的知识点是风险管理的目标。风险管理的具体目标包括：基本目标、直接目标、核心目标和支撑目标。支撑目标是将风险管理融入企业文化，选项D当选。

6.8 斯尔解析 B 本题考查的知识点是风险管理的职能。风险管理的组织职能是根据风险管理计划，对风险管理单位的活动及其生产要素进行的分派和组合。风险管理的组织职能意味着创造为达到风险管理目标和实现风险应对计划所必需的人、财、物的结合，选项B当选。

二、多项选择题

6.9 斯尔解析 ABD 本题考查的知识点是风险的概念。风险是一系列可能发生的结果，而不能简单地理解为最有可能的结果，选项A当选。风险是事件本身的不确定性，是在一定具体情况下的风险，可以由人的主观判断来选择不同的风险，选项B当选。风险往往与机遇并存。基于风险事件的不确定性，风险的结果可以是正面的，也可以是负面的，选项D当选。《中央企业全面风险管理指引》按照风险能否为企业带来盈利等机会为标志，将风险分为纯粹风险和机会风险，选项C不当选。

6.10 斯尔解析 AD 本题考查的知识点是风险的要素。风险只有通过风险事件的发生才能导致损失，风险事件是导致损失的直接原因，选项AD当选。损失包括两个方面的内容：一是非故意的、非预期的和非计划的；二是经济价值（即能以货币衡量的价值）的减少。两者缺一不可。折旧虽然有经济价值的减少，但为预期内和计划中的，选项B不当选。直接损失是指风险事件导致的财产损毁和人身伤害，间接损失则是指由直接损失引起的其他损失，间接损失有时会大于直接损失，选项C不当选。

6.11 斯尔解析 CD 本题考查的知识点是风险管理的内涵。风险管理单位可以是个人、家庭、企业、政府、事业单位、社会团体、国际组织等，选项A不当选。风险管理的核心是降低损失并致力于创造价值，选项B不当选。风险分析和风险评价是为了预测风险事件可能造成的损失，预先做好减少损失的安排属于风险管理核心中的降低损失，选项C当选。风险管理的对象可以是纯粹风险，也可以是投机风险。其中，纯粹风险是指只有损失机会而无获利可能的风险，投机风险是指既存在损失可能性，又存在获利可能性的风险，选项D当选。

6.12 斯尔解析 ABD 本题考查的是COSO《企业内部控制——整合框架》下内部控制的内涵。（1）内部控制是一个过程，它是实现目标的手段，而非目标本身（选项A当选）。（2）内部控制是由人来实施的，涉及组织各个层级人员的活动（选项B当选）。（3）内部控制可以为主体目标的实现提供合理的保证，但不能提供绝对的保证（选项C不当选）。（4）内部控制目标包括经营目标、财务报告目标和合规目标等多个彼此独立又相互交叉的目标（选项D当选）。

第七章 风险管理的流程、体系与方法
答案与解析

一、单项选择题

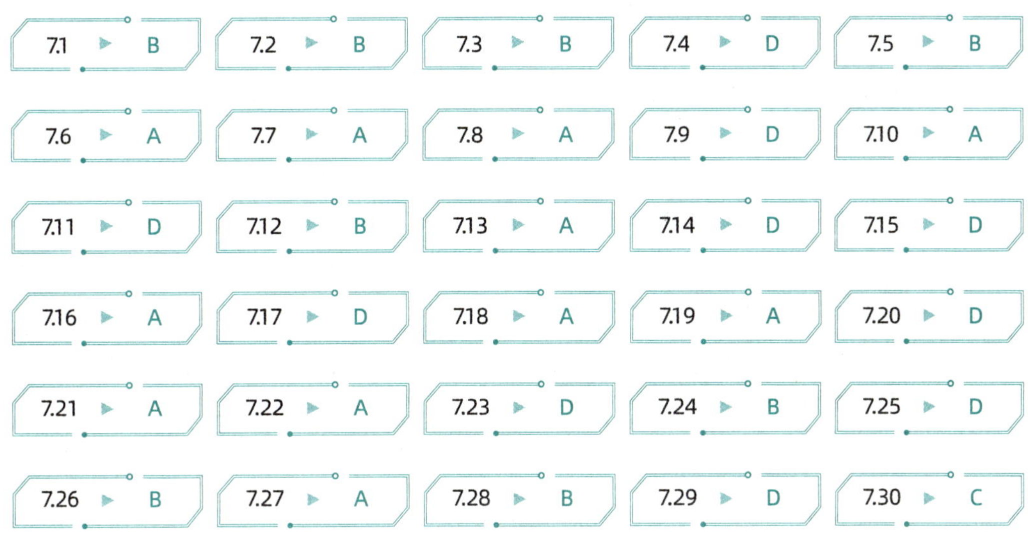

7.1 ▶ B	7.2 ▶ B	7.3 ▶ B	7.4 ▶ D	7.5 ▶ B
7.6 ▶ A	7.7 ▶ A	7.8 ▶ A	7.9 ▶ D	7.10 ▶ A
7.11 ▶ D	7.12 ▶ B	7.13 ▶ A	7.14 ▶ D	7.15 ▶ D
7.16 ▶ A	7.17 ▶ D	7.18 ▶ A	7.19 ▶ A	7.20 ▶ D
7.21 ▶ A	7.22 ▶ A	7.23 ▶ D	7.24 ▶ B	7.25 ▶ D
7.26 ▶ B	7.27 ▶ A	7.28 ▶ B	7.29 ▶ D	7.30 ▶ C

二、多项选择题

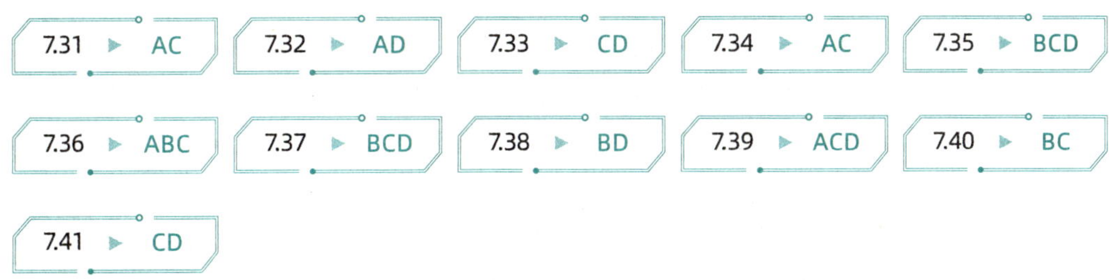

7.31 ▶ AC	7.32 ▶ AD	7.33 ▶ CD	7.34 ▶ AC	7.35 ▶ BCD
7.36 ▶ ABC	7.37 ▶ BCD	7.38 ▶ BD	7.39 ▶ ACD	7.40 ▶ BC
7.41 ▶ CD				

一、单项选择题

7.1 斯尔解析 B 本题考查的知识点是收集风险管理初始信息。**分析运营风险应收集本企业生产运营、市场营销、研发、组织人员、信息系统、风险管理等方面的重要信息，以及企业外部可能给本企业带来运营风险的社会、自然等方面的重要信息。**题干中，“发现气候变化可能导致自然灾害风险增加，从而导致供应链中断原材料和零部件供应”说明盈方公司分析的是外部（自然方面）可能给企业带来的运营风险，选项B当选。

精准答疑

问题：本题为什么不选“市场风险”？

解答：分析市场风险应收集与本企业相关的市场供给、需求、价格、竞争以及影响企业经营效益的经济政策等方面的重要信息。在本题中，导致供应链中断原材料和零部件供应的直接原因并不是市场供给、需求、价格、竞争等因素，而是气候变化导致的自然灾害风险增加，继而导致供应链中断。因此，应选择运营风险，即由于外部因素（如自然灾害）对企业日常运营活动（如供应链）产生的潜在影响。

7.2 斯尔解析 B 本题考查的知识点是风险管理流程中的风险评估。风险评估包括风险辨识、风险分析、风险评价等三个步骤：（1）风险辨识是指查找企业各业务单元、各项重要经营活动及重要业务流程中有无风险，有哪些风险（选项A不当选）；（2）风险分析是对辨识出的风险及其特征进行明确的定义描述，分析和描述风险发生可能性的高低、风险发生的条件（选项B当选）；（3）风险评价是评估风险对企业实现目标的影响程度、风险的价值等（选项CD不当选）。

7.3 斯尔解析 B 本题考查的知识点是风险管理流程中提出和实施风险管理解决方案。风险管理解决方案可以分为外部和内部解决方案，企业许多风险管理工作可以外包出去，外包可以使企业规避一些风险，但同时可能带来另一些风险，应当加以控制，选项A不当选，选项B当选。一般说来，内部控制系统针对的风险是可控纯粹风险，选项C不当选。风险管理解决内部方案，应满足合规的要求，坚持经营战略与风险策略一致、风险控制与运营效率及效果相平衡的原则，针对重大风险所涉及的各管理及业务流程，制定涵盖各个环节的全流程控制措施；对其他风险所涉及的业务流程，要把关键环节作为控制点，采取相应的控制措施。因此，选项D不当选。

7.4 斯尔解析 D 本题考查的知识点是风险管理基本流程的第四步——风险管理解决方案。外部解决方案一般指方案制定的外包，企业许多风险管理工作可以外包出去，如外包给投资银行、信用评级公司等专业机构，选项A不当选。方案一般包括风险解决的具体目标，所需的组织领导，所涉及的管理及业务流程，所需的条件、手段等资源，风险事件发生前、中、后所采取的具体应对措施以及风险管理工具，选项B不当选。落实风险管理解决方案应做到：高度重视风险管理，充分认识风险管理是企业时刻不可放松的工作，是企业价值创造的根本源泉，选项C不当选。风险管理解决方案中的内部解决方案一般指风险管理体系的运转，而非风险管理策略，风险管理策略只是风险管理体系的一个构成要素，选项D当选。

7.5 斯尔解析 B 本题考查的知识点是风险管理监督方法。穿行测试是指在正常运行条件下，将初始数据输入内控流程，穿越全流程和所有关键环节，把运行结果与设计要求进行对比，以发现内控流程缺陷的方法，题干表述符合这一方法的含义，选项B当选。

7.6 斯尔解析 A 本题考查的知识点是风险管理策略工具。“住房普遍采用木质结构，抗震性能优越”“加装了地震时会自动关闭煤气的仪器”属于控制风险事件发生的动因、环境、条件等，来达到减轻风险事件发生时的损失或降低风险事件发生的概率的目的，体现的是风险控制，选项A当选。

7.7 斯尔解析　A　本题考查的知识点是风险管理策略工具。风险补偿是指企业对风险可能造成的损失采取适当的措施进行（主动）补偿。风险补偿的形式有财务补偿、人力补偿、物资补偿等。其中，财务补偿是损失融资，包括企业自身的风险准备金或应急资本等。“为了应对可能发生的灾害性事件，公司与银行签订了应急资本协议，规定在灾害发生时，由银行提供资本以保证公司的持续经营”，属于风险补偿的特征，选项A当选。

7.8 斯尔解析　A　本题考查的知识点是风险管理策略工具。“拒绝与信用不好的交易对手进行交易”说明该公司回避、停止或退出蕴含某一风险的商业活动或商业环境，属于风险规避策略的特征，选项A当选。

7.9 斯尔解析　D　本题考查的知识点是风险度量方法。在险值是指在正常的市场条件下，在给定的时间段中，给定的置信区间内，预期可能发生的最大损失。“塔山投资公司对2019年……该公司有90%的可能性最大投资损失为5 000万元”，体现的是采用在险值风险度量方法，优点为通用、直观、灵活；缺点为适用的风险范围小，对数据要求严格，计算困难，对肥尾效应无能为力。因此，选项D当选，选项ABC不当选。

7.10 斯尔解析　A　本题考查的知识点是风险度量方法。“由于各类风险发生的可能性难以预测”说明风险事件发生的概率是难以预测的，因此可以排除基于概率计算的风险度量方式，包括概率值、期望值（概率加权平均值）、在险值（基于置信区间预期可能发生的最大损失，对数据要求严格，计算困难），选项BCD不当选。企业一般在无法判断发生概率的时候，可将最大可能损失作为风险的衡量方式，选项A当选。

7.11 斯尔解析　D　本题考查的知识点是风险承担策略的适用情况。第一，对未能辨识出的风险，企业只能采用风险承担（选项A不当选）。第二，对于辨识出的风险，企业也可能由于以下几种原因采用风险承担：（1）缺乏能力进行主动管理，对这部分风险只能承担（选项C不当选）；（2）没有其他备选方案；（3）从成本效益考虑，这一方案是最适宜的方案（选项B不当选）。第三，对于企业的重大风险，即影响到企业目标实现的风险，企业一般不应采用风险承担（选项D当选）。

7.12 斯尔解析　B　本题考查的知识点是审计委员会的相关职责。审计委员会应每年对其权限及其有效性进行复核，并就必要的人员变更向董事会报告，选项B当选。

7.13 斯尔解析　A　本题考查的知识点是内部控制要素。根据我国《企业内部控制基本规范》关于内部环境（控制环境）要素的要求中：企业应当加强文化建设，培育积极向上的价值观和社会责任感，倡导诚实守信、爱岗敬业、开拓创新和团队协作精神，树立现代管理理念，强化风险意识。董事、监事、经理及其他高级管理人员应当在企业文化建设中发挥主导作用。企业员工应当遵守员工行为守则，认真履行岗位职责，选项A当选。

7.14 斯尔解析　D　本题考查的知识点是内部控制要素。根据《企业内部控制基本规范》关于信息与沟通要素的要求中：企业应当将内部控制相关信息在企业内部各管理级次、责任单位、业务环节之间，以及企业与外部投资者、债权人、客户、供应商、中介机构和监管部门等有关方面之间进行沟通和反馈。信息沟通过程中发现的问题，应当及时报告并加以解决。

重要信息应当及时传递给董事会、监事会和经理层，选项D当选。

7.15 斯尔解析 D 本题考查的知识点是内部控制要素。根据《企业内部控制基本规范》，企业应当建立反舞弊机制，坚持惩防并举、重在预防的原则，明确反舞弊工作的重点领域、关键环节和有关机构在反舞弊工作中的职责权限，规范舞弊案件的举报、调查、处理、报告和补救程序，属于信息与沟通的范畴，选项D当选。

7.16 斯尔解析 A 本题考查的知识点是内部控制要素。**控制活动中，企业应当建立重大风险预警机制和突发事件应急处理机制**，选项A当选。根据关键信息“重大风险预警机制”，可直接定位选项A。

7.17 斯尔解析 D 本题考查的知识点是内部控制要素。**企业应当在董事会下设立审计委员会，审计委员会负责审查企业内部控制，监督内部控制的有效实施和内部控制的自我评价情况，协调内部控制审计及其他相关事宜等，属于控制环境（或内部环境）的范畴**，选项D当选。

精程答疑

问题： 关于审计委员会与内部审计所属内控要素的辨析。

解答：（1）关于审计委员会：主要在“内部环境”要素提及，即董事会下应当设立审计委员会，并阐述了其职责。而在“内部监督”要素中，仅指出内部审计机构应当对重大缺陷向审计委员会报告。

（2）关于内部审计：在“内部环境”要素和“内部监督”要素均有提及，且现有文件对于这两部分的表述基本类似，只不过“内部环境”要素的表述更提纲挈领，而“内部监督”要素的表述更具体。初步预期此处不会成为命题点，否则过于咬文嚼字。

7.18 斯尔解析 A 本题考查的知识点是内部控制要素。选项A属于控制活动要素，选项B属于内部监督要素，选项C属于风险评估要素，选项D属于控制环境（或内部环境）要素。因此，选项A当选，选项BCD不当选。

7.19 斯尔解析 A 本题考查的知识点是运用金融工具实施风险管理策略的措施。“在未来10年内，如果盛奇公司因自然灾害的发生对其经营产生冲击而引发财务危机”“公司有权从甲银行取得300万元贷款以应对风险”体现了在某一时间段内、某个特定事件发生的情况下公司有权从应急资本提供方处募集股本或贷款，说明该合约属于应急资本，选项A当选。

7.20 斯尔解析 D 本题考查的知识点是运用金融工具实施风险管理策略的措施。“附属机构的职责是用母公司提供的资金建立损失储蓄金，并为母公司提供保险”说明该附属机构为非保险公司，同时该附属机构为母公司提供保险，并由其母公司筹集保险费，建立损失储备金，属于专业自保，选项D当选。

7.21 斯尔解析 A 本题考查的知识点是风险管理技术与方法的类型辨析。**事件树分析法（ETA）是一种表示初始事件发生之后互斥性后果的图解技术。它按事件发展的时间顺序**

由初始事件开始推论可能的后果，从而进行危险源的辨识。“主系统产生漏洞后（概率为0.1%），二级防护系统失效的概率为3%，三级系统失效概率为1.5%。三级系统失效后可能造成信息泄露的概率为10%”说明在“主系统产生漏洞”这一初始事件发生后，后续“二级防护系统失效”“三级系统失效”按事件发展的时间顺序先后出现，且事件之间为互斥关系，符合事件树分析法的含义，选项A当选。

7.22 斯尔解析　A　本题考查的知识点是风险管理方法。“公司聘用了13位专家对新项目进行论证，并组织专家分别通过电邮向管理层反馈意见”说明专家之间没有相互讨论，不发生横向联系，只能与调查人员发生关系，以形成专家之间的共识，符合德尔菲法的定义，选项A当选。

7.23 斯尔解析　D　本题考查的知识点是风险管理方法。“影响的大小和发生的可能性进行分析”“为确定企业风险的优先次序提供分析框架”体现了识别风险并确立风险的优先次序，属于风险评估系图法，选项D当选。

7.24 斯尔解析　B　本题考查的知识点是风险管理方法。“专业技术人员对生产的每一个环节都进行了研究论证，从中排查潜在的风险，避免可能的损失”体现了该公司对生产过程各个环节的拆分以及对每一环节的调查分析，体现的是流程图分析法，选项B当选。

7.25 斯尔解析　D　本题考查的知识点是风险管理方法。“按顺序划分为多个模块，并对各个模块逐一进行详细调查，识别出每个模块各种潜在的风险因素或风险事件，从而使公司决策者获得清晰直观的印象”，体现了对生产过程各个环节的拆分以及对每一环节的调查分析，属于流程图分析法。该方法的主要优点是清晰明了，易于操作（选项B不当选），且组织规模越大，流程越复杂，流程图分析法就越能体现出优越性（选项D当选）。通过业务流程分析，可以更好地发现风险点，从而为防范风险提供支持。局限性主要是该方法的使用效果依赖于专业人员的水平（选项A不当选）。另外，该方法适用于对企业生产或经营中的风险及其成因进行定性分析（选项C不当选）。

7.26 斯尔解析　B　本题考查的知识点是风险管理方法。“公司积累了丰富的销售数据。公司战略部门每年都会对这些数据进行收集整理，据此推算出未来年度企业的销售风险”说明该公司的风险管理方法是根据历史的经验和数据推断出未来时间发生的概率及其后果，属于前推法，选项B当选。

7.27 斯尔解析　A　本题考查的知识点是风险管理方法。“分析了上述每一个因素的变化对该项目内部收益的影响”体现了对不确定因素变化的分析，属于敏感性分析法，选项A当选。其中不确定因素包括“工程总投资、银行贷款、过桥费收入”，而可度量的结果是“该项目内部收益”。

7.28 斯尔解析　B　本题考查的知识点是风险管理方法。“分析初始投资、建设期及寿命期的变动对该项目预计净现值的影响及影响程度”体现了对不确定因素变化的分析，属于敏感性分析法，选项B当选。其中不确定因素是“初始投资、建设期及寿命期的变动”，而可度量的结果是“预计净现值的影响及影响程度”。

7.29 斯尔解析　D　本题考查的知识点是风险管理方法。**决策树法是在不确定的情况下，以序列方式表示决策选择和结果。适用于对不确定性投资方案期望收益的定量分析。主要优**

点是：（1）为决策问题的细节提供了一种清楚的图解说明；（2）能够计算得到一种情形的最优路径。题干中“计算出多个备选方案，并根据在产品销路不确定情况下净现值的期望值，选择出最优方案”说明通过计算得到一种情形最优的方案，体现的是决策树法，选项D当选。

7.30 斯尔解析 C 本题考查的知识点是风险管理方法。“从定性和定量的角度，按照很好、较好、一般、较差4种不同的假设条件，预测了本公司本年度将面临的各种不确定因素”体现了公司预计威胁和机遇可能发生的方式，并识别和分析那些反映诸如最佳情景、最差情景及期望情景的多种情景，属于情景分析法，选项C当选。

二、多项选择题

7.31 斯尔解析 AC 本题考查的知识点是关键风险指标管理。将关键成因量化是关键风险指标管理步骤中的第二步，而非第一步，选项B不当选。以具体数值为基础，以发出风险预警信息为目的，加上或减去一定数值后形成新的数值，该数值即为关键风险指标，选项D不当选。选项AC表述正确，当选。

7.32 斯尔解析 AD 本题考查的知识点是风险管理流程中的风险评估。进行风险定量评估时，应统一制定各风险的度量单位和风险度量模型，而不是进行风险定性评估，选项B不当选。风险分析是对辨识出的风险及其特征进行明确定义描述，分析和描述风险发生可能性的高低、风险发生的条件，而不是风险评价，选项C不当选。选项AD表述正确，当选。

7.33 斯尔解析 CD 本题考查的知识点是内部环境要素。选项A关键信息“不相容职务分离控制”，选项B关键信息“重大风险预警机制和突发事件应急处理机制”，均属于控制活动要素的要求，选项AB不当选。选项C关键信息“人力资源政策”和选项D关键信息“内部审计”，属于控制环境（或内部环境）的要求，选项CD当选。

7.34 斯尔解析 AC 本题考查的知识点是风险度量方法。在险值法和期望值法是在已知概率的条件下计算出来的，选项AC当选。直观方法指不依赖于概率统计结果的度量方法，即人们直观判断的方法，如专家意见法，选项B不当选。而最大可能损失是无法判断发生概率或无须判断概率的时候，使用最大可能损失作为风险的度量，选项D不当选。

7.35 斯尔解析 BCD 本题考查的知识点是风险管理组织职能体系。风险管理委员会审议风险管理策略和重大风险管理解决方案，选项B当选。风险管理职能部门负责组织协调全面风险管理日常工作，选项C当选。企业其他职能部门及各业务单位执行风险管理基本流程，选项D当选。选项A表述正确，不当选。

7.36 斯尔解析 ABC 本题考查的知识点是审计委员会。选项ABC都是关于审计委员会的正确表述，当选。审计委员会应每年对其权限及有效性进行复核，而不是每两年，选项D不当选。

7.37 斯尔解析 BCD 本题考查的知识点是内部控制系统。“金卡公司自成立以来，通过构建优良的企业文化体系，培育了员工积极向上的价值观和社会责任感”属于内部环境，选项B当选。“建立了举报投诉制度”属于信息与沟通，选项C当选。“建立了……重大风险预警机制”属于控制活动，选项D当选。

7.38 斯尔解析 BD 本题考查的知识点是风险管理工具。这道题考查的是对各种风险应对策略本质特征的深刻理解。超出的损失由交易对手来承担，这是典型的风险转移策略的特征。对于未超出损失额的部分，需要企业自己承担，这属于风险承担策略。因此，选项BD当选。

精框答疑

问题： 损失额超出的部分由奇象公司予以赔偿，为何不属于风险补偿？

解答： 风险补偿是指企业对风险可能造成的损失采取适当的措施进行的主动补偿。可见，这是企业自身在面对风险时所主动采取的措施。本题中，损失超过部分由奇象公司赔偿属于风险转移，即风险承担的责任主体转移给了他人，不符合风险补偿的内涵。

7.39 斯尔解析　ACD　本题考查的知识点是运用金融工具实施风险管理策略的措施。“该公司自筹资金成立了一家为母公司提供保险服务的子公司，该子公司也可以通过租借方式承保其他公司的保险”说明德宝公司采用的是专业自保的措施。专业自保公司的优点包括：降低运营成本（选项A当选）；改善公司现金流（选项C当选）；保障项目更多（选项B不当选）；相对公平的费率；保障的稳定性；可进行再保险；提高服务水平。专业自保公司的缺点包括：提高内部管理成本（选项D当选）；增加资本投入；损失储备金不足；减少其他保险的可得性。

7.40 斯尔解析　BC　本题考查的知识点是风险管理信息系统。对输入信息系统的数据，未经批准，不得更改，选项B当选。风险管理信息系统应实现信息在各职能部门、业务单位之间的集成与共享，既能满足单项业务风险管理的要求，也能满足企业整体和跨职能部门、业务单位的风险管理综合要求，选项C当选。选项AD均为风险管理信息的正确表述，不当选。

7.41 斯尔解析　CD　本题考查的知识点是风险管理方法。流程图分析法是对流程的每一阶段、每一环节逐一进行调查分析，从中发现潜在风险，找出导致风险发生的因素，分析风险产生后可能造成的损失以及对整个组织可能造成的不利影响。“梳理了从采购计划制定……产品验收入库直到结算等各个环节的潜在风险，并找出导致风险发生的因素，分析风险发生后可能造成的损失”，具体描述了该公司针对不同生产和经营环节进行风险的定性分析。由于没有涉及发生概率的判断，因此不属于情景分析法或事件树分析法。流程图分析法的主要优点是：清晰明了，易于操作，且组织规模越大，流程越复杂，流程图分析法就越能体现出优越性。因此，选项CD当选。流程图分析法的使用效果依赖于专业人员的水平，选项A不当选。选项B是事件树分析法的优点，不当选。

第八章　企业面对的主要风险与应对
答案与解析

一、单项选择题

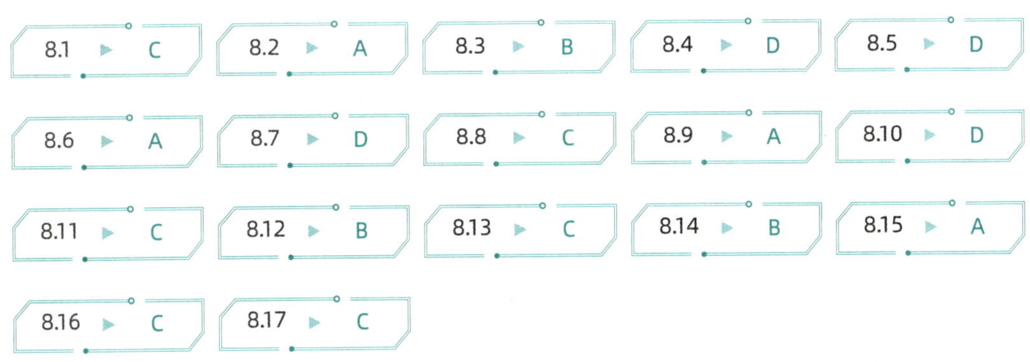

二、多项选择题

8.18 ▶ AB　8.19 ▶ ABCD　8.20 ▶ ABD　8.21 ▶ BCD　8.22 ▶ AB

8.23 ▶ BCD　8.24 ▶ ABC　8.25 ▶ ABCD　8.26 ▶ ABC　8.27 ▶ AD

8.28 ▶ AC　8.29 ▶ BD

一、单项选择题

8.1 斯尔解析　C　本题考查的知识点是风险类型的辨析。**战略能力包括研发能力、生产管理能力、营销能力、财务能力和组织管理能力等**。"公司现有研发能力、营销能力、生产管理能力等均难以适应智能化的发展要求，无法形成有机组合"说明安琪公司的战略能力较弱，即战略能力弱的企业难以有机组合、高效使用各类战略资源，从而面临生产经营竞争力的战略风险，选项C当选。

8.2 斯尔解析　A　本题考查的知识点是战略风险的主要表现与应对。**缺乏明确且符合企业发展实际的战略目标，可能导致企业脱离实际盲目发展，难以形成竞争优势，丧失发展机遇和动力，属于战略制定风险的主要表现**，选项A当选。

8.3 斯尔解析　B　本题考查的知识点是战略风险的主要表现与应对。**企业应该配置恰当的战**

略实施人员来推进和实现战略落地，战略实施人员必须具备相关的知识以及能力；企业应制定和实行相应的培养战略实施人才、防止战略实施人才流失的政策，属于战略实施风险的管控措施。因此，选项B当选。

8.4 斯尔解析 D 本题考查的知识点是市场风险的主要表现与应对。市场趋势风险的主要表现有：（1）企业未开展对整体市场、竞争对手的分析以及对不同层次客户需求的调研，未制定有效的市场竞争策略，可能导致企业失去现有市场份额，降低其市场竞争力；（2）企业未能把握监管当局的政策导向及宏观环境、市场环境的变化，可能导致企业产品、服务的推广及销售受到影响（选项D当选）；（3）企业未能预测并适应消费者偏好的变化，从而未能及时调整产品和服务结构，可能导致企业失去核心市场地位。选项ABC均属于分销风险，不当选。

8.5 斯尔解析 D 本题考查的知识点是全面预算管理风险与应对。关于预算分析与调整，原则上，企业批准下达的预算应当保持稳定，不得随意调整。但是，当市场环境、国家政策或不可抗力等客观因素导致预算执行发生重大差异确需调整预算的，应由企业预算执行部门逐级向预算管理部门提出书面申请，详细说明预算调整理由、调整建议方案、调整前后预算指标的比较、调整后预算指标可能对企业预算总目标的影响等内容，根据规定程序经审批下达后，予以严格执行，选项A不当选。关于预算考核，在考核主体和考核对象界定方面，须做到上级预算责任单位对下级预算责任单位实施考核，预算执行单位的直接上级对其进行考核（间接上级不能隔级考核间接下级），预算执行与预算考核相互分离，选项B不当选。关于预算编制与下达，企业应该明确各部门、各下属单位的预算编制责任，确保企业经营、投资、财务等各项经济活动的各个环节都纳入预算编制范围，选项C不当选。选项D为企业应对筹资管理风险的管控措施，当选。

8.6 斯尔解析 A 本题考查的知识点是投资管理风险与应对。重大投资项目，应当按照规定的权限和程序实行集体决策或者联签制度。投资方案发生重大变更的，应当重新履行相应审批程序，选项A当选。对于股权类投资，企业应当指定专门机构或人员对投资项目进行跟踪管理，选项B不当选。对于被投资方出现财务状况恶化、当期市价大幅下跌等情形的，企业财会机构应当根据国家统一的会计准则和制度规定，合理计提减值准备，确认减值损失，选项C不当选。转让投资时应由相关机构或人员合理确定转让价格，报授权批准部门批准，必要时可委托具有相应资质的专门机构进行评估，选项D不当选。

8.7 斯尔解析 D 本题考查的知识点是担保风险与应对。选项ABC均为担保管理相关风险的主要表现，不当选。选项D是投资管理相关风险的主要表现，当选。

8.8 斯尔解析 C 本题考查的知识点是财务报告风险与应对。严格规定出纳人员根据资金收付凭证登记日记账，会计人员根据相关凭证登记有关明细分类账，主管会计登记总分类账，属于企业应对资金营运管理风险的管控措施，选项A不当选。企业应当重点关注会计政策和会计估计，对财务报告产生重大影响的交易和事项的处理，应当按照规定的权限和程序进行审批，选项C当选。按照国家统一的会计制度规定，根据登记完整、核对无误的会计账簿记录和其他有关资料编制财务报告，做到内容完整、数字真实、计算准确，不得漏报或者随意进行取舍，预算不是实际的真实数据，选项B不当选。企业财务报告编制完成后，应当装订成册，加盖公章，由企业负责人、总会计师或分管会计工作的负责人、财会部门负责人签名并盖章，财务报告须经注册会计师审计的，注册会计师及其所在的事务所出具的审计报告，应当随同财务报告一并提供，选项D不当选。

8.9 斯尔解析　A　本题考查的知识点是组织架构风险与应对。组织架构管理相关风险的主要表现有：（1）治理结构形同虚设，缺乏科学决策、良性运行机制和执行力，可能导致企业经营失败，难以实现发展战略；（2）内部机构设计不科学，权责分配不合理，可能导致机构重叠、职能交叉或缺失、推诿扯皮，运行效率低下。“公司管理层发现有两个部门同时负责质量检测，导致质检出现问题后，难以明确责任部门”体现的是内部机构设计不科学，权责分配不合理，可能导致机构重叠，选项A当选。

8.10 斯尔解析　D　本题考查的知识点是企业应对组织架构风险的管控措施。企业应对组织架构风险的管控措施包括：（1）企业在岗位权限设置和分工安排环节，要坚持不相容职务分离原则，确保可行性研究与决策审批、决策审批与执行、执行与监督检查等不相容职务分离（选项A不当选）；（2）企业的重大事项决策、重大项目安排、重要人事任免及大额资金使用等，须按照规定的权限和程序实行集体决策审批或者联签制度（选项B不当选）；（3）企业组织架构调整需充分听取董事、监事、高级管理人员和其他员工的意见，按照规定的权限和程序进行决策审批（选项C不当选）。选项D属于企业应对人力资源风险的管控措施，当选。

8.11 斯尔解析　C　本题考查的知识点是研发管理相关风险的主要表现。“公司研发人力成本整体呈上升趋势。为了规避这一风险，公司通过提升研发效率、调整产品结构、成立知识产权部等措施，稳定了公司的综合毛利率水平”体现了康德公司的研发成本偏高，选项C当选。

8.12 斯尔解析　B　本题考查的知识点是合同管理风险与应对。合同文本一般由业务承办部门起草；对于重大合同或法律关系复杂的特殊合同，由法律部门参与起草。因此，选项B当选。

8.13 斯尔解析　C　本题考查的知识点是运营风险与应对。根据题干，“由于H公司的工作人员事先未按照工作手册的要求检查摄像头”，说明导致入学考试未通过的主要原因是现有业务流程和信息系统操作运行情况的监管、运行评价及持续改进能力方面引发的风险，属于运营风险的影响因素，选项C当选。

8.14 斯尔解析　B　本题考查的知识点是运营风险与应对。“甲公司技术转化进度延后，但由于乙公司未能事先做好预案并施加有效控制，导致整体进度推迟”说明乙公司由于内外部环境的复杂性和变动性（“甲公司技术转化进度延后”）以及主体对环境的认知能力和适应能力的有限性（未做预案、未施加控制），导致企业无法实现相应目标（“进度延迟”），符合运营风险的含义，选项B当选。另外，本题也可以通过因企业内、外部人员的道德风险或业务控制系统失灵导致的风险这一运营风险的影响因素进行判断，从而锁定选项B。

提示：战略风险是宏观地表述战略制定、执行、调整以及复盘整改过程中的风险，通俗来讲，都是公司的大事。题干中的一个具体的项目执行不能构成战略问题，也与战略风险的表述没有关联，故不属于战略风险。

8.15 斯尔解析 A 本题考查的知识点是运营风险与应对。“天康公司的主打产品含有对人体健康有害的成分”表明天康公司在质量、安全、环保、信息安全等管理中发生失误，属于运营风险的影响因素，选项A当选。

精准答疑

问题：股价大跌为何不属于市场风险？

解答：市场风险中，与股价有关的表述是“利率、汇率、股票价格指数的变化带来的风险”。由此可见，股票大盘波动或股票价格指数变化给企业带来的风险，才能认定为市场风险。本题中，股价大跌是企业自身生产违规产品所致，是内部原因导致的，不符合市场风险的含义。

8.16 斯尔解析 C 本题考查的知识点是风险类型的辨析。“U国政府持续对汇泊公司实施制裁和打压”说明公司所面临的供应链中断风险的来源是“国内外与企业相关的政治、法律环境变化可能引发的风险”，这是法律风险和合规风险的影响因素之一，选项C当选。

8.17 斯尔解析 C 本题考查的知识点是风险类型的辨析。“该公司金融产品部门为房地产抵押贷款提供了大量的担保，但对被担保人的财务困难监督不力”体现的是因企业担保决策失误、监控不当而导致的风险，属于财务风险的影响因素之一，选项C当选。

二、多项选择题

8.18 斯尔解析 AB 本题考查的知识点是市场风险的影响因素。“当季服饰品在亚太地区的竞争力有所下降，消费者追赶欧美潮流的热情有所减缓”说明产品或服务的价格及供需变化带来的风险，选项A当选。“韩国服装H公司扩宽了其在亚太地区的销售渠道，与Z公司的业务形成了直接竞争”，说明存在潜在进入者、竞争者、替代品的竞争带来的风险，选项B当选。选项C是分析运营风险（内部信息传递风险）或法律风险和合规风险（知识产权相关风险）所需考虑的因素，不当选。选项D是分析财务风险所需考虑的因素，不当选。

8.19 斯尔解析 ABCD 本题考查的知识点是资金营运管理风险与应对。选项A是关于资金收付方面的管控措施，当选。选项B是关于现金管理方面的管控措施，当选。选项C是关于银行账户管理方面的管控措施，当选。选项D是关于票据与印章管理方面的管控措施，当选。

8.20 斯尔解析 ABD 本题考查的知识点是全面预算相关风险的主要表现。**全面预算相关风险的主要表现包括：（1）不编制预算或预算不健全，可能导致企业经营缺乏约束或盲目经营**（选项A当选）；**（2）预算目标不合理、编制不科学，可能导致企业资源浪费或发展战略难以实现**（选项B当选）；**（3）预算缺乏刚性、执行不力、考核不严，可能导致预算管理流于形式**（选项D当选）。选项C是财务报告相关风险的主要表现，不当选。

8.21 斯尔解析 BCD 本题考查的知识点是合同管理相关风险的主要表现。**合同管理相关风险的主要表现包括：（1）未订立合同、未经授权对外订立合同、合同对方主体资格未达要求、合同内容存在重大疏漏和欺诈，可能导致企业合法权益受到侵害**（选项B当选）；**（2）合同未全面履行或监控不当，可能导致企业诉讼失败、经济利益受损**（选项C当选）；

（3）合同纠纷处理不当，可能损害企业利益、信誉和形象（选项D当选）。

8.22 斯尔解析　AB　本题考查的知识点是采购业务相关风险的主要表现。“由于智能手环需求变化较大，芯片又属于技术性强且变化很快的零部件，思达公司以定向集中方式而非招标方式进行采购，导致……存货积压或短缺……”说明采购计划安排不合理，市场变化趋势预测不准确，造成库存短缺或积压，可能导致企业生产停滞或资源浪费，选项A当选。“思达公司以定向集中方式而非招标方式进行采购，导致……采购物资质次价高……甚至出现内外勾结的舞弊现象”说明供应商选择不当，采购方式不合理，招投标或定价机制不科学，授权审批不规范，可能导致采购物资质次价高、出现舞弊或遭受欺诈，选项B当选。选项CD属于资产管理相关风险的主要表现，不当选。

8.23 斯尔解析　BCD　本题考查的知识点是社会责任管理相关风险的主要表现。社会责任管理相关风险的主要表现包括：（1）安全生产措施不到位，责任不落实，可能导致企业发生安全事故（选项C当选）；（2）产品质量低劣，侵害消费者利益，可能导致企业巨额赔偿、形象受损，甚至破产（选项D当选）；（3）环境保护投入不足，资源耗费大，造成环境污染或资源枯竭，可能导致企业巨额赔偿、缺乏发展后劲，甚至停业；（4）促进就业和员工权益保护不够，可能导致员工积极性受挫，影响企业发展和社会稳定（选项B当选）。缺乏诚实守信的经营理念，可能导致舞弊事件的发生属于企业文化管理相关风险的主要表现，选项A不当选。

8.24 斯尔解析　ABC　本题考查的知识点是人力资源管理相关风险的主要表现。人力资源管理相关风险的主要表现包括：（1）人力资源缺乏或过剩、结构不合理、开发机制不健全，可能导致企业发展战略难以实现（选项A当选）；（2）人力资源激励约束制度不合理、关键岗位人员管理不完善，可能导致人才流失、经营效率低下或关键技术、商业秘密和国家机密泄露（选项B当选）；（3）人力资源退出机制不当，可能导致法律诉讼或企业声誉受损（选项C当选）。

8.25 斯尔解析　ABCD　本题考查的知识点是企业应对采购业务风险的管控措施。具体措施包括：（1）具有请购权的部门，须严格按照预算执行进度办理请购手续，并根据市场变化提出合理采购申请（选项A当选）。（2）对于大宗采购，企业通常采用招投标方式，应合理确定招投标的范围、标准、实施程序和评标规则（选项B当选）。（3）企业应建立严格的采购验收制度，确定验收方式，由专门的验收机构或验收人员按照合同规定，对采购项目的品种、规格、数量、质量等进行验收，并出具验收证明。（4）企业对采购预算、合同、相关单据凭证等内容审核无误后，按照合同规定，及时办理采购付款。企业需重视采购付款的过程控制和跟踪管理，对采购发票的真实性、合法性和有效性进行严格审查；发现异常情况，企业应立即终止付款流程，避免出现资金损失。（5）企业需定期对大额或长期的预付款项进行追踪核查，对有问题的预付款项，应当及时采取措施（选项C当选）。（6）企业应通过函证等方式，定期与供应商核对往来款项，确保会计记录、采购记录与仓储记录一致（选项D当选）。

8.26 斯尔解析　ABC　本题考查的知识点是信息系统相关风险的主要表现。信息系统相关风险的主要表现包括：（1）信息系统缺乏规划或规划不合理，可能造成信息孤岛或重复建设，导致企业经营管理效率低下（选项A当选）；（2）系统开发不符合内部控制要求，授权管理不当，可能导致无法利用信息技术实施有效控制，甚至出现系统性风险（选项B当选）；（3）系统运行维护和安全措施不到位，可能导致信息泄露或毁损，系统无法正常运行（选项C当选）。选项D是内部信息传递相关风险的主要表现，不当选。

8.27 斯尔解析 AD 本题考查的知识点是风险的种类。“该公司由于未能遵守欧盟规定而失去了投标资格”体现的是企业签订重大协议的条款设计不当可能引发的风险，属于法律风险和合规风险，选项A当选。“大宗商品与材料价格的大起大落直接增加了相关行业的产业链及供应链的不确定性”体现的是原材料等物资供应的充足性、稳定性和价格的变化带来的风险，属于市场风险，选项D当选。

8.28 斯尔解析 AC 本题考查的知识点是风险的种类。“给用户造成人身和财产损失，甲公司也因此收到多起诉讼”体现的是企业发生重大法律纠纷案件所引发的风险，属于法律风险和合规风险，选项A当选。“甲公司详细调查后发现，乙公司提供的手机电池质量不合格，存在很大的安全隐患”体现的是质量、安全、环保、信息安全等管理发生失误导致的风险，属于运营风险中，选项C当选。

精准答疑

问题： 甲公司将手机的制造外包给乙公司，为什么不属于战略风险？

解答： 战略风险是指企业在运用各类资源与能力追求发展的过程中，因自身内部环境与外部复杂环境匹配失衡而产生的影响、阻碍战略目标实现的各种因素。题干主要说明了上述的法律风险和“乙公司提供的手机电池质量不合格”对应运营风险中的“质量、安全、环保、信息安全等管理发生失误导致的风险”。虽然甲公司将手机制造外包给乙公司可能是一项战略决策，但题干信息中并没有明确说明这一外包决策（自身内部环境）与外部复杂环境匹配失衡导致的阻碍，所以不属于战略风险。

8.29 斯尔解析 BD 本题考查的知识点是风险类型的辨析。“为了加快新车上市速度，抢占市场，部分车辆检测员私自简化检测流程，降低合格标准，导致首批售卖新车的尾气排放未达到国家标准”既体现了因企业内、外部人员的道德缺失和不当行为导致的风险，属于运营风险的影响因素之一，又体现了员工的道德操守不当可能引发的风险，属于法律风险和合规风险的影响因素之一，选项BD当选。

三、简答题

8.30 斯尔解析

（1）益强公司上市后市场风险的来源（考虑因素）如下：

①产品或服务的价格及供需变化带来的风险。“受2008年美国次贷危机和2011年欧债危机的影响，欧美国家和地区纷纷大幅削减甚至取消光伏补贴，光伏产品国际市场需求急剧萎缩。随后欧盟对中国光伏产品发起‘反倾销、反补贴’调查，光伏企业出口遭受重创。而全行业的非理性发展已

经导致产能严重过剩，市场供大于求”。

②主要客户、主要供应商的信用风险。“欧盟经济低迷，海外客户还款能力下降”。

③利率、汇率、股票价格指数的变化带来的风险。“欧元汇率下跌。存货跌价损失、汇兑损失、坏账准备的计提使严重依赖海外市场的益强公司出现大额亏损”。

④潜在进入者、竞争者、与替代品的竞争带来的风险。“全行业的非理性发展已经导致产能严重过剩，市场供大于求，企业间开始以价格战展开恶性竞争，利润急速下降，甚至亏损”。

（2）益强公司的财务风险主要表现为以下几个方面：

①筹资管理风险。“为了支持其扩张战略，益强公司多方融资。公司上市仅几个月便启动第二轮融资计划——发行债券，凭借建设海外电站的愿景，通过了管理部门的审批，发行规模为10亿元的‘益强债’，票面利率为8.98%，在当年新发债券中利率最高。自2011年2月起，李自及其女儿李丽陆续以所持股份抵押，通过信托融资约9.7亿元。同时，益强公司大举向银行借债。李自还发起利率高达15%的民间集资。这样，益强公司在上市后三年内，通过各种手段融资近70亿元”。

②投资管理风险。“在这种情况下，益强公司仍执着于多方融资扩大产能，致使产品滞销、库存积压。同时，海外大量投资电站致使公司的应收账款急速增加。欧盟经济低迷，海外客户还款能力下降，欧元汇率下跌。存货跌价损失、汇兑损失、坏账准备的计提使严重依赖海外市场的益强公司出现大额亏损”。

③资金营运管理风险。“公司把融资筹措的大量短期资金投放于回款周期很长的电站项目，投资回报期和债务偿付期的错配使得公司的短期还款压力巨大，偿债能力逐年恶化。2010年公司的流动比率为3.165，到了2013年只有0.546。公司资金只投不收的模式使现金流很快枯竭”。

8.31 斯尔解析

（1）高乐丰公司市场风险的来源（考虑因素）包括：

①能源、原材料、配件等物资供应的充足性、稳定性和价格变化带来的风险。“供应链的缺失逐渐成了高乐丰最大的短板。迟迟没有建设物流中心和库存的高乐丰，不仅供货速度慢，产品差异化小，而且也影响卖场销量”。

②潜在进入者、竞争者、与替代品的竞争带来的风险。“在大卖场的黄金年代，市场渠道单一，高乐丰的商业模式足够高效，但是市场竞争加剧之后，供应链的缺失逐渐成了高乐丰最大的短板”“2018年，‘新零售之风’劲吹，互联网巨头纷纷与传统卖场结成联盟，加速线上线下的融合，腾讯入股永辉，阿里收购联华、大润发，京东与沃尔玛展开合作”。

（2）高乐丰公司运营风险的来源（考虑因素）包括：

①企业新市场开发、市场营销策略方面可能引发的风险。“高乐丰却还在拓展自己的网上商城，更谈不上将线上与线下打通融合”。

②企业组织效能，管理现状，企业文化及高、中层管理人员和重要业务流程中专业人员的知识结构，专业经验等方面可能引发的风险。“高乐丰高层守旧的理念”“迟迟没有建设物流中心和库存的高乐丰，不仅供货速度慢，产品差异化小，而且也影响卖场销量”“高乐丰中国高层还固执地认为，电商不足为虑，做好自己的大卖场就可以了”“高乐丰却还在拓展自己的网上商城，更谈不上将线上与线下打通融合”。

③质量、安全、环保、信息安全等管理中发生失误导致的风险。“根本动摇消费者对高乐丰信任的还是食品安全问题。2012年，高乐丰被曝光将超过保质期限的食品再利用，甚至更改时间后上架；2017年，郑州国贸高乐丰店将三黄鸡充当柴鸡、鸡胗进行返包销售；2018年，深圳梅林高乐丰店袋装米发霉结块，这些新闻使得高乐丰在消费者心中的口碑大打折扣。”

④因企业内、外部人员的道德风险或业务控制系统失灵导致的风险。“随着市场的变幻发展，固守自己商业模式的高乐丰，经历了一系列负面新闻及商业打击开始逐渐衰落”“这些手中有权力的员工们，威胁供应商如果不给促销费就不让他们促销，于是供应商不得不贿赂这些员工，使得他们为自己牟取私利”。

⑤企业现有业务流程和信息系统操作运行情况的监管、运行评价及持续改进能力方面引发的风险。“对过去商业模式过度依赖”“高乐丰却还在拓展自己的网上商城，更谈不上将线上与线下打通融合”。

8.32 斯尔解析

（1）Y公司存在的公司治理问题包括股东与经理层之间的利益冲突（或内部人控制）问题和大股东与中小股东之间的利益冲突（或隧道挖掘）问题。

第一，股东与经理层之间的利益冲突（或内部人控制）问题，主要表现为工资、奖金等收入增长过快。“公司的经营状况一直不佳，但与此相悖的是，公司高管近五年的薪酬平均占营业收入的百分比为9.77%，超过行业平均值7.81%”。

第二，大股东与中小股东之间的利益冲突（或隧道挖掘）问题，主要表现为：

①掠夺性财务活动，具体表现为内幕交易。内幕交易是指内幕人员根据内幕消息买卖证券或者帮助他人。终极股东经常利用信息优势，利用所知悉、尚未公开的可能影响证券市场价格的重大信息来进行内幕交易，谋取不当利益。“资产重组开始时，Y公司的实际控制人张某曾透露相关重组信息给其大学老师林某，而林某通过此次非法交易，买卖股票，获利将近1 470万元”。

②掠夺性财务活动，具体表现为掠夺性融资中向终极股东低价定向增发。Y公司“拟非公开发行10亿股股票，募集55亿元资金”，即定向发行股价为5.5元，而当时股价为10元，属于明显的低价定向增发行为。另外，“许多非公开发行对象为临时成立，且与Y公司、Z公司以及X教育机构均有着千丝万缕的关系。同时，近年来X教育机构因欺骗性宣传、夸大师资力量和乱收费问题被持续曝光。但Z公司可借助X教育机构的力量，助力自己旗下的多家教育资源”，说明该项交易的本质是向大股东进行利益输送。

（2）Y公司担保管理的相关风险包括：

第一，对担保申请人的资信状况调查不深，审批不严或越权审批，可能导致企业担保决策失误或遭受欺诈。“财务经理李某亲自受理了该笔申请，并根据公司的担保标准及条件对该M公司进行了资信调查和风险评估，未报经董事会批准，即作出接受M公司担保申请的决定”。

第二，对被担保人出现财务困难或经营陷入困境等状况监控不力，应对措施不当，可能导致企业承担法律责任。“M公司经营陷入困境，要求把担保额提高，李某考虑到对方有反担保财产因素，同意了对方的要求并修改合同，事后通报了财务总监。2018年5月，M公司债权人某银行通过法院起诉Y公司支付其为M公司担保的1 000万元。经法院终审判决，Y公司偿还了其担保的M公司到期债务本息”。

8.33 斯尔解析

（1）①监管风险，其具体表现是：企业未能识别和防范证券监督管理要求，可能导致企业面临潜在的法律风险和合规风险。“由于涉嫌违反上市规则中关于关联交易申报、股东批准及信息披露的条款，水泉公司自2018年4月1日起正式停牌”。

②法律责任风险，其具体表现是：公司生产经营违反了相关法律法规或其他规定、流程手续、资质要求等，可能导致公司遭受法律制裁、监管处罚、重大财务损失和声誉损失。“公司创始人、控股股东刘杰还因为未按期向合作方履行给付义务，收到了限制消费令，被司法机关列入失信被执行人名单”。

（2）①司法监督。“公司创始人、控股股东刘杰还因为未按期向合作方履行给付义务，收到了限制消费令，被司法机关列入失信被执行人名单”。

②行政监督。“由于涉嫌违反上市规则中关于关联交易申报、股东批准及信息披露的条款，水泉公司自2018年4月1日起正式停牌”。

8.34 斯尔解析

（1）煌水乳业财务报告相关风险的主要表现包括：

①编制财务报告违反会计法律法规和国家统一的会计准则制度，可能导致企业承担法律责任和声誉受损。“煌水乳业在2014年4—6月向迪科种业公司累计购买约685万元的种子，这笔交易并未在中期报告中及时披露，而在后期发现执行董事于坤间接持有迪科种业公司的控股权，该购买行为被证明为关联交易。2014年12月23日，煌水乳业将其当年4月建立的子公司富浩股份转让予新成立的兴旺畜牧公司，后者由刘冰个人100%控股。然而此次交易不具有正当的商业理由，且煌水乳业2015年财务报告并未披露此次处置子公司的作价，业内人士质疑煌水乳业建立富浩公司的目的很可能就是利用关联方转移资产”。

②提供虚假财务报告，误导财务报告使用者，造成决策失误，干扰市场秩序。“2016年12月16日，一家国际著名调查机构发布做空煌水乳业的报告，指出煌水乳业在苜蓿草和产奶量等方面数据造假。随后数月，国内一家银行审计发现，煌水乳业大量单据造假，将账上30亿元资金转出投资房地产，无法收回”。

③不能有效利用财务报告，难以及时发现企业经营管理中存在的问题，可能导致企业财务和经营风险失控。“煌水乳业在2016年3月报表中显示公司流动资金充足，并对企业的持续经营能力表示肯定。然而2016年度的财务报表显示，煌水乳业2016年的经营活动在收入、成本、借款等方面存在不实问题，企业未来的持续经营能力存在重大不确定性，公司财务报表存在重大错报风险”。

（2）煌水乳业组织架构管理相关风险的主要表现包括：

①治理结构形同虚设，缺乏科学决策、良性运行机制和执行力，可能导致企业经营失败，难以实现发展战略。“煌水乳业自上市以来，董事会主席兼CEO的张凯始终维持公司最大股东身份，对公司具有绝对的控制和管理权力，掌控公司所有的重大事项决策权，并直接负责公司所有业务的运营和管理”。

②内部机构设计不科学，权责分配不合理，可能导致职能缺失。“煌水乳业未设置监事会，监事会的职能主要由审计委员会以及独立董事履行……煌水乳业的独立董事及其聘用的会计师事务所

都没有严格履行其对公司财务报告审核监督的责任”。

（3）公司内部治理结构是指主要涵盖股东会、董事会、监事会、经理层以及公司员工之间责权利相互制衡的制度体系。

①股东会（股东）。煌水乳业存在的主要缺陷为“董事会主席兼CEO的张凯始终维持公司最大股东身份，对公司具有绝对的控制和管理权力，掌控公司所有的重大事项决策权，并直接负责公司所有业务的运营和管理”。

②董事会。煌水乳业存在的主要缺陷为“董事会主席兼CEO的张凯始终维持公司最大股东身份，对公司具有绝对的控制和管理权力（三者集中于一人，缺乏制衡）”“煌水乳业的独立董事中，王光和李良都曾是BM会计师事务所的合伙人，而煌水乳业一直以来聘用BM会计师事务所进行外部审计，会计师事务所的合伙人任职客户公司重要岗位，削弱了注册会计师的独立性”“煌水乳业的审计委员会由3名独立非执行董事组成。年报公布的审计委员会两次会议显示，审计费用以及年度和半年度的财务报告审计均被顺利通过，并未发现财务报表和审计过程中存在的诸多问题，审计委员会并没有尽到应尽的职责（审计委员会是董事会下设的专门委员会）”。

③监事会。煌水乳业存在的主要缺陷为“煌水乳业未设置监事会，监事会的职能主要由审计委员会以及独立董事履行”。

④经理层。煌水乳业存在的主要缺陷为“董事会主席兼CEO的张凯始终维持公司最大股东身份，对公司具有绝对的控制和管理权力（三者集中于一人，缺乏制衡）”。

8.35 斯尔解析

（1）①光华公司于2018年开始采用的总体战略类型是收缩战略。“出售5家因地理位置欠佳、管理不善而长期严重亏损的分店，将公司原有业务量削减15%”。

②光华公司采用收缩战略的方式有：

a.紧缩与集中战略。“将公司原有业务量削减15%，减少……各项开支”“适当下放管理权限，在各分店设立相关管理部门，使其在用人、采购、定价、经营项目等方面拥有一定的自主权”“总部采用目标管理法对各分店进行绩效考核，并实行与绩效挂钩的薪酬制度”。

b.转向战略。“将节省下来的一部分资源用于开设网上书店，增加音像产品销售、二手书收购和珍藏版书籍展销等业务”“开设书桌、茶厅，兼顾消费者阅读、购书和休闲的需求”。

c.放弃战略。“出售5家因地理位置欠佳、管理不善而长期严重亏损的分店”。

（2）①光华公司面临的运营风险有：

a.组织架构风险。“所有管理机构均设立在总部，各分店只有一名店长负责日常经营，缺乏管理自主权”。

b.人力资源风险。“骨干员工纷纷跳槽，一般员工则大多人浮于事”“各分店员工工资水平大体相当的制度……挫伤了各个分店的经营积极性”。

c.社会责任风险。“有的分店服务体系不健全，员工对顾客服务态度差，甚至出售缺页、被污损的图书，并拒绝顾客退换，损害了公司声誉”。

d.企业文化风险。“一般员工……抱着‘当一天和尚撞一天钟’的消极态度混日子”。

e.采购业务风险。“图书由总部统一采购……经常造成图书品种、数量……脱离各分店所处地区的顾客需求……挫伤了各个分店的经营积极性”。

f.资产管理风险。“光华公司旗下30多家分店的空闲面积越来越大”。

g.销售业务风险。“图书由总部……统一定价……的制度，经常造成图书……价格脱离各分店所处地区的顾客需求”。

②光华公司对运营风险采取的管控措施有：

a.对组织架构风险的管控措施：“适当下放管理权限，在各分店设立相关管理部门，使其在用人、采购、定价、经营项目等方面拥有一定的自主权”。

b.对人力资源风险的管控措施：“适当下放管理权限，在各分店设立相关管理部门，使其在用人……方面拥有一定的自主权”“总部采用目标管理法对各分店进行绩效考核，并实行与绩效挂钩的薪酬制度，对业绩未达标的分店采取更换店长、减少或取消奖金等措施，对业绩突出的分店在人、财、物上给予优先配置”。

c.对社会责任风险的管控措施：“建立读者阅读俱乐部，邀请图书作者进行演讲、畅销书推介和签名售书；定期和不定期举办会员知识沙龙，交流读书体会”“积极开展社会服务，每年为附近学校开展一次赠书活动，为居民无偿举办6场百科知识讲座”“建立健全客户服务标准和流程”。

d.对企业文化风险的管控措施：“提出并履行‘弘扬先进文化，创新服务内容’的新使命”“倡导‘顾客至上，暖心服务’的宗旨”“重新设计、装修店面，突出‘学海无涯，淡泊明志，宁静致远’的文化氛围”。

e.对采购业务风险的管控措施：“适当下放管理权限，在各分店设立相关管理部门，使其在……采购……方面拥有一定的自主权”。

f.对资产管理风险的管控措施：“充分利用空余场地，开设书桌、茶厅，兼顾消费者阅读、购书和休闲的需求”。

g.对销售业务风险的管控措施：“适当下放管理权限，在各分店设立相关管理部门，使其在……定价、经营项目等方面拥有一定的自主权”。

第九章　综合题演练
答案与解析

9.1　斯尔解析

（1）聚好好公司所采用的基本竞争战略的类型属于成本领先战略（或集中成本领先战略）。“聚好好公司把目标人群定位于其他电商尚未顾及的三、四线城市和农村市场中对价格敏感而不太关注品牌的人群，以低价吸引用户”。

聚好好公司实施这一竞争战略的条件：

市场情况：

①**产品具有较高的价格弹性，市场中存在大量的价格敏感用户**。“聚好好公司把目标人群定位于其他电商尚未顾及的三、四线城市和农村市场中对价格敏感而不太关注品牌的人群……国内低端城市人口和农村人口的需求空间巨大”。

②**购买者不太关注品牌**。“聚好好公司把目标人群定位于其他电商尚未顾及的三、四线城市和农村市场中对价格敏感而不太关注品牌的人群，以低价吸引用户……国内低端城市人口和农村人口的需求空间巨大”。

③**价格竞争是市场竞争的主要手段**。“聚好好公司运用拼单低价策略开发出大量新的顾客群体与尚未实现的市场需求”。

资源和能力：

①**在规模经济显著的产业中装备相应的生产设施来实现规模经济**。“聚好好公司运用拼单低价策略开发出大量新的顾客群体与尚未实现的市场需求，也因此形成规模经济优势”“规模经济的诱惑使商家以微利经营，主动压缩毛利以获得更多订单”“借助微信强化社交关系，以此刺激社交圈内的消费需求，将个人随机的消费欲望转变成群体性的、有计划的消费行为，发掘了‘人多力量大’的优势，增强了与商家讨价还价的能力”。

②**降低各种要素成本**。“聚好好公司与其他电商一样，通过利用压缩流通渠道来降低商品价格”“聚好好公司不收取任何佣金和扣点……在聚好好电商平台的店铺缴纳的保证金比其他电商平台要少很多（退店后退还保证金）。这也是众多商家和低端供应链选择聚好好公司及其商品价格低廉的重要原因”“对商家而言，这种运营模式减少了营销的费用，做到了‘零推广、零广告”。

③**提高生产率**。“‘聚工厂’……解决了以往订单少、产量不稳定、生产效率低的问题”。

④**提高生产能力利用程度**。“这种模式有利于光洁造纸工厂简化造纸流程，专注特定款式，使原料和机器的使用效率达到最高”。

⑤**选择适宜的交易组织形式**。“‘聚工厂’是由聚好好公司牵头，为其线上的爆款产品提供全套代工服务的工厂”。

采取成本领先战略的风险：

①**产业的新加入者或追随者通过模仿或者以更高技术水平设施的投资能力，达到同样的甚至更**

低的产品成本。“竞争对手的反击与进攻，独占用户的流失显著。聚好好公司的飞速增长给电商领域的领先者带来威胁，近年来，其他电商相继推出针对聚好好公司的‘反击’举措”。

②市场需求从注重价格转向注重产品的品牌形象，使得企业原有的优势变为劣势。“高投诉量一直是聚好好公司最严重的问题，投诉项以产品质量为主……极大地影响了用户的消费体验。此问题若不尽早解决，聚好好公司就不可能进军一、二线城市，难以满足国内消费升级的市场需求，就连稳住现有流量也会成为问题”。

（2）①重新界定产业的买方群体。“聚好好公司把目标人群定位于其他电商尚未顾及的三、四线城市和农村市场中对价格敏感而不太关注品牌的人群，以低价吸引用户。据有关数据统计，聚好好公司约14%的用户在此前没有在互联网上做过任何交易，是其他电商没有渗透的顾客群……聚好好公司运用拼单低价策略开发出大量新的顾客群体与尚未实现的市场需求”。

②放眼互补性产品或服务。“采用新颖的电商模式，将社交平台和电商服务有机结合。聚好好公司‘社交+电商’模式的关键点在于借助微信强化社交关系，以此刺激社交圈内的消费需求，将个人随机的消费欲望转变成群体性的、有计划的消费行为”。

（3）①确认那些支持企业竞争优势的关键性活动。“光洁造纸工厂是整个产业链的上游，负责加工原浆、切割纸巾，为光美、洁净等中小企业提供大量特定种类的多样化的纸巾。工业园区的下游设有光美、洁净等企业的加工车间，负责将裁切好的纸巾塑封、打包和批量发货。这种模式有利于光洁造纸工厂简化造纸流程，专注特定款式，使原科和机器的使用效率达到最高（工厂与中小品牌合作方各自突出自身具有竞争优势的活动）”。

②明确价值链内各种活动之间的联系。“‘聚工厂’是由聚好好公司牵头，为其线上的爆款产品提供全套代工服务的工厂……聚好好公司通过建设和发展‘聚工厂’，实现一站式生产，既能保证产能，也能更好地对产品进行质量管理（选择价值链内各种活动之间最好的联系方式）”。

③明确价值系统内各项价值活动之间的联系。“光洁造纸园区中工厂配件齐全，规模较大。整个园区占地面积为160万平方米，拥有物流、电商园等配套产业（选择价值系统内各种活动之间最好的联系方式）”。

（4）①产品或服务的价格及供需变化带来的风险。“流量见顶，发展空间受限。聚好好公司从社交平台攫取流量红利，获得快速的用户增长，但是当到达一定的用户基数后，其发展遇到‘瓶颈’，增速跟不上，奇迹难以为继”“此问题若不尽早解决，聚好好公司就不可能进军一、二线城市，难以满足国内消费升级的市场需求”。

②主要客户、主要供应商的信用风险。“用户投诉率居高不下”“产品质量差、假冒伪劣多”。

③潜在进入者、竞争者、与替代品的竞争带来的风险。“竞争对手的反击与进攻，独占用户的流失显著”。

（5）①保证企业利益相关者的基本利益要求。“惩罚假冒伪劣商品，保障消费者权益。聚好好公司在2017年启动‘黑名单’机制，严厉惩罚了一批售假商家。同时设立价值为1.5亿元的消费者保障基金，帮助消费者处理售后纠纷并维权索赔。聚好好公司用行动发出了注重产品质量的信号，使消费者有了安全感”。

②赞助和支持社会公益事业。“将羽翼伸展到公益事业——扶贫。聚好好公司利用自身贴近底层的优势投入扶贫工作中。2018年1月，聚好好公司发布了《聚好好公司扶贫助农年报》，而后发

布了‘一起拼农货’的公益计划，该计划旨在帮助贫困地区农民走出困境，聚好好公司也因此树立起勇担社会责任的形象”。

（6）①产品策略。“以‘聚好货’为基础的‘聚好好’诞生了。它将以往的水果产品销售扩展到全面的产品种类，并深入贯彻‘聚好货’的拼单模式。强大的社交属性使得聚好好公司在电商领域披荆斩棘，仅用一年时间就获得平台成交金额10亿元的成就”。

②促销策略。“多种营销手段争夺市场……正是这些游戏化的设计，促使聚好好公司在短短三年时间内收割了微信的社交流量红利”“聚好好公司‘社交+电商'模式的关键点在于借助微信强化社交关系，以此刺激社交圈内的消费需求，将个人随机的消费欲望转变成群体性的、有计划的消费行为，发掘了‘人多力量大’的优势，增强了与商家讨价还价的能力。对商家而言，这种运营模式减少了营销的费用，做到了‘零推广、零广告’”。

③分销策略。“压缩流通渠道、压缩毛利争抢用户……聚好好公司与其他电商一样，通过利用压缩流通渠道来降低商品价格……聚好好公司还通过压缩毛利手段争抢用户”“采用新颖的电商模式，将社交平台和电商服务有机结合”。

④价格策略。“运用低价策略，深入开发低端市场需求。聚好好公司把目标人群定位于其他电商尚未顾及的三、四线城市和农村市场中对价格敏感而不太关注品牌的人群，以低价吸引用户”。

9.2　斯尔解析

（1）思翔集团创立思翔移动属于发展战略的多元化战略。其主要动因包括：

①分散风险。“为了……分散行业发展风险……”。

②找到新的增长点。“为了……寻找新的增长点……”。

③利用未被充分利用的资源。“为了充分运用公司在IT行业的研发优势”。

思翔集团实施多元化战略、组建思翔移动公司面临的风险：

①来自原有经营产业的风险。“思翔集团领导层认为，在短时间内手机业务难以扭亏为盈，而国内PC机业务正在高速扩张，需要大量的资金投入”。

②产业进入风险。“思翔移动的手机业务出现持续亏损”。

③内部经营整合风险。“思翔移动的手机业务出现持续亏损，不断蚕食着集团的整体盈利……而国内PC机业务正在高速扩张，需要大量的资金投入”。

（2）思翔移动在出售给宏大公司后采用的发展战略的类型是密集型战略中的产品开发战略。“出售给宏大公司后的思翔移动把产品开发作为战略重点”。

其发展途径主要有两类：

①内部发展（新建）。“并将研发部门分成两部分，一部分自主研发手机”。

②战略联盟。“另一部分以ODM方式与国外手机品牌企业合作研发”。

（3）波士顿矩阵理论中“明星”业务（或“问题”业务）与“现金牛”业务之间资源配置的关系体现了成熟产业的业务与新兴产业业务之间资源配置的关系。

①高增长—强竞争地位的“明星”业务。“明星”业务的增长和获利有着极好的长期机会，但它们是企业资源的主要消费者，需要大量的投资。为了保护和扩展“明星”业务在增长的市场上占主导地位，企业应在短期内优先供给他们所需的资源，支持它们继续发展。

②高增长—低竞争地位的“问题”业务。这类业务所在产业的市场增长率高，企业需要大量的投资支持其生产经营活动；企业对于“问题”业务的进一步投资需要进行分析，判断使其转移到“明星”业务所需要的投资量，分析其未来盈利，研究是否值得投资等问题。

③低增长—强竞争地位的“现金牛”业务。这类业务处于成熟的低速增长的市场中，市场地位有利，盈利率高，能为企业提供大量资金，用以支持其他业务的发展。

思翔移动领导层在2010—2011年组建智能手机事业部和通用手机事业部、2011年组建E2E（端到端生态系统）事业部遵循的“以老养新、以新带老”战略理念符合波士顿矩阵理论中“明星”业务（或“问题”业务）与“现金牛”业务之间资源配置的关系。“传统的功能手机业务能够为思翔移动带来相对稳定的市场份额和现金流，同时其所积累的技术、渠道等资源可以促使思翔移动在智能手机时代顺势而为，探索新的智能手机业务；而智能手机业务的探索和推进又可以为功能手机的研发提供创意和技术支持，为思翔移动带来新的利润增长源”“具有稳定的市场占有率的智能手机，能够为移动互联的软件产品研发提供智能设备的载体，而软件产品探索的成功可以带动智能手机销量的增长”。

（4）①**企业产品结构、新产品研发方面可能引发的风险**。“这一时期，国内智能手机中低端市场容量迅速扩大，而中高端市场容量仅略有增长（说明思翔移动智能手机开发定位于中高档不符合市场需求）”。

②**企业新市场开发，市场营销策略（包括产品或服务定价与销售渠道，市场营销环境状况等）方面可能引发的风险**。“忽视对原功能手机业务拥有的技术、渠道等资源的利用”。

③**企业组织效能，管理现状，企业文化及高、中层管理人员和重要业务流程中专业人员的知识结构，专业经验等方面可能引发的风险**。“没有深入理解和贯彻高层关于两个业务板块协同发展的战略理念”。

（5）依据“企业资源能力的价值链分析”理论，思翔移动在第二阶段通用事业部开发中低端智能手机、第三阶段发展移动互联网业务获得成功，主要是做好了以下三个方面工作：

①**确认那些支持企业竞争优势的关键性活动**。支持企业竞争优势的关键性活动事实上就是企业的独特能力的一部分。在第二阶段，“思翔移动通用手机事业部意识到功能手机市场在迅速萎缩，发展智能手机才是出路。该部门一方面将此信息反馈给思翔移动领导层，说服思翔移动领导层同意在通用手机事业部下成立一个跨部门的项目组，整合资源专攻中低端智能手机的研发……‘我们赢得了先机，在那3个月时间之内独步天下，没有人可以有相同的或者可以跟我们竞争的产品’”。在第三阶段，“思翔移动管理层设立了E2E（端到端生态系统）事业部，以利于在开发智能手机的同时，在手机设备上预装具有思翔特色的软件产品……使得E2E的软件产品有了共计过亿的用户。思翔移动在促进手机硬件产品销量增长的同时，努力为用户提供端到端的应用服务，这反过来进一步推动了硬件销售业绩的增长”。

②**明确价值链内各种活动之间的联系**。选择或构筑最佳的联系方式对于提高价值创造和战略能力是十分重要的。在第二阶段，“鼓励员工利用功能手机业务的技术、渠道等资源，积极探索中低端智能手机的创新”，使两个业务单元在保证自身研发的同时还能够“异花授粉”。在第三阶段，“思翔移动任命E2E事业部负责人兼任手机事业部研发负责人，重新梳理E2E事业部和手机事业部研发的所有软件产品，并根据软件的特性重新分配这两个事业部各自负责研发的产品。同时精简产

品测试团队资源，避免两个部门之间重复测试。一番变革之后，E2E事业部的产品落地，与手机事业部的手机研发实现了协同发展”。

③**明确价值系统内各项价值活动之间的联系**。价值系统内包括供应商、分销商和客户在内的各项价值活动之间的许多联系。在第二阶段，“鼓励员工利用功能手机业务的技术、渠道等资源，积极探索中低端智能手机的创新。通用手机事业部的上述举措推动了思翔移动向中低端智能手机业务的全面战略转型”。在第三阶段，“思翔移动的智能手机所具有的渠道和客户资源给E2E软件产品带来了数以千万计的用户，使得E2E的软件产品有了共计过亿的用户”。

（6）组织架构管理相关风险的主要表现有：

①**治理结构形同虚设，缺乏科学决策、良性运行机制和执行力，可能导致企业经营失败，难以实现发展战略**。思翔移动在第二阶段2011年9月调整组织架构，将原有的高端手机业务和低端手机业务合并，由原通用手机事业部负责人掌舵，主要是应对这一风险。“然而智能手机事业部在研发新产品过程中，没有深入理解和贯彻高层关于两个业务板块协同发展的战略理念，忽视对原功能手机业务拥有的技术、渠道等资源的利用，加上具有明显优势的国际高端品牌的强力竞争，导致智能手机事业部向高端智能手机业务的进军受挫，经营举步维艰”。

②**内部机构设计不科学，权责分配不合理，可能导致机构重叠、职能交叉或缺失、推诿扯皮，运行效率低下**。思翔移动第三阶段2012年4月调整手机事业部研发负责人，主要是应对这一风险。“但E2E事业部发现软件产品在思翔手机中的预装率并不高，其原因是E2E和手机事业部是并列的两个单位，各自的考核目标不一样。2012年4月，思翔移动任命E2E事业部负责人兼任手机事业部研发负责人，重新梳理E2E事业部和手机事业部研发的所有软件产品，并根据软件的特性重新分配这两个事业部各自负责研发的产品。同时精简产品测试团队资源，避免两个部门之间重复测试。一番变革之后，E2E事业部的产品落地，与手机事业部的手机研发实现了协同发展”。

9.3　斯尔解析

（1）H国自行车企业所实施的竞争战略是差异化战略。实施差异化战略需要具备的资源和能力包括：

①**具有强大的研发能力和产品设计能力，具有很强的研究开发管理人员**。“面对日益挑剔和多样化的国内外消费者对自行车产品的需求，H国自行车企业集中力量在新材料和新工艺上实现了技术跨越，积极研发设计和生产关键零部件，引进了美国模块化技术与日本供应链模式。1983年至今，H国自行车材料从钢管发展到钛合金、镁合金，甚至碳纤合金，重量由原来的30千克降低到7千克；制造技术从铜焊发展到氩焊，从一体成形发展到无氧化电弧焊接，实现了产品轻量化，同时保持高标准的刚性、韧性和强度”。

②**具有很强的市场营销能力，具有很强的市场营销能力的管理人员**。“通过这一过程，H国自行车企业将研发开发、生产制造、市场营销三个主要环节在企业发展不同阶段采用不同模式进行资源配置与整合”“H国第一大自行车厂商‘天空机械’原本以OEM为主……在不断完善自身设计与营销能力的同时，将其具有自主品牌和研发优势的一部分零部件和整车的生产制造以OEM方式向C国企业转移。现在‘天空机械’自有品牌销售收入占其总收入的比重为70%”。

③**有能够确保激励员工创造性的激励体制、管理体制和良好的创造性文化**。“组织创新，建立

新的网络型战略联盟”“形成大企业带动小企业、中心厂带动卫星厂的‘中心卫星体系’”“高度的互动学习机制”“协同发展战略”。

④具有从总体上提高某项经营业务的质量、树立产品形象、保持先进技术和建立完善分销渠道的能力。“H国自行车产业的发展经过重大调整与转型，实现了整体升级”。

C国自行车企业所实施的竞争战略是成本领先战略。

实现成本领先战略需要具备的资源和能力包括：

①能够实现规模经济。“充分利用C国……规模经济显著……优势”“1991年C国自行车外销数量首度超过H国，2000年起外销量与出口值更是双双超越H国，近年来C国自行车出口量占全球贸易量的60%”。

②降低各种要素成本。“充分利用C国劳动力成本低……优势”。

③提高生产率。“充分利用C国……生产效率高……优势”。

④提高生产能力利用程度。“充分利用C国……生产能力利用程度高等优势”。

⑤选择适宜的交易组织形式。“H国排列前三位的自行车厂商均在C国设厂”“将设在C国的企业定位于生产中低价位、以交通工具为主的少品种车型”。

⑥资源集中配置。“将设在C国的企业定位于生产中低价位、以交通工具为主的少品种车型”。

采取成本领先战略的风险：

①技术的变化可能使过去用于降低成本的投资（如扩大规模、工艺革新等）与积累的经验一笔勾销。“出现了对自行车产品新的需求，形成了多个新的细分消费市场。C国用途单一的低端自行车生产线的优势在国际市场受到巨大挑战”。

②产业的新加入者或追随者通过模仿或者以高技术水平设施的投资能力，用较低的成本进行学习。“自行车产业低端产品开始向劳动力成本更低的东南亚转移”。

③市场需求从注重价格转向注重产品的品牌形象，使得企业原有的优势变为劣势。“人们生活观念的变化以及收入水平的提高，使自行车不再是单纯的交通工具，而是演化为集健身用品、休闲用具、玩具、高档消费品于一体的商品。由此，出现了对自行车新的需求，形成了多个新的细分消费市场”。

（2）①确认那些支持企业竞争优势的关键性活动。“H国第一大自行车厂商‘天空机械’原本以OEM为主发挥其生产制造的优势”（这一阶段，确认生产制造是关键性活动）；“进而为发达国家U国CH公司做ODM，打造自身设计能力”（这一阶段，生产制造、研发设计是关键性活动）；“之后，‘天空机械’开始创建自有品牌，在不断提高自身设计与营销能力的同时，将其具有自主品牌和研发优势的一部分零部件和整车的生产制造以OEM方式向C国企业转移”（这一阶段，研发设计、市场营销是关键性活动）。

②明确价值链内各种活动之间的联系。“H国第一大自行车厂商‘天空机械’原本以OEM为主发挥其生产制造的优势”（这一阶段价值链内各种活动之间的联系：外部企业研发设计和市场营销与本企业生产制造活动之间相联系）；“进而为发达国家U国CH公司做ODM，打造自身设计能力”（这一阶段价值链内各种活动之间的联系：外部企业市场营销与本企业生产制造和研发设计活动之间相联系）；“之后，‘天空机械’开始创建自有品牌，在不断提高自身设计与营销能力的同时，将其具有自主品牌和研发优势的一部分零部件和整车的生产制造以OEM方式向C国企业转移”（这

一阶段价值链内各种活动之间的联系：外部企业生产制造与本企业研发设计和市场营销活动之间相联系）。

③明确价值系统内各项价值活动之间的联系。包括供应商、分销商和客户在内的各项价值活动之间的许多联系。“H国自行车企业实现从OEM到ODM再到OBM的升级，网络型战略联盟发挥了重要作用”“形成大企业带动小企业、中心厂带动卫星厂的‘中心卫星体系’”“高度的互动学习机制”“协同发展战略”。

（3）“ATC”战略联盟的类型为功能性协议（或称契约式战略联盟）。

动因：

①促进技术创新。“高度的互动学习机制……确保各方优先共享先进经验和提高信任程度。联盟内频繁的活动及由此产生的组织学习，使零部件企业在产品开发初期就能参与研发活动；各个企业的研发力量集合起来，同步工程缩短产品上市时间，联盟内部知识的消化能力变得更强大”“协同发展战略。‘ATC’规定优先供应成员间具有竞争力的产品……鼓励成员创新设计和参与特殊车种的合作开发，参与各种自行车会展，并与科研院所合作建设信息平台。‘ATC’为成员企业提供了良好的技术开发和服务环境”。

②避免经营风险。“卫星企业订单稳定，完全致力于专业性生产”“‘ATC’打破了竞争对手不该彼此交换信息的旧模式，降低了企业在产业内的交易成本和信息不对称的程度”。

③避免或减少竞争。“‘ATC’打破了竞争对手不该彼此交换信息的旧模式，降低了企业在产业内的交易成本和信息不对称的程度”。

④实现资源互补。“形成大企业带动小企业、中心厂带动卫星厂的‘中心卫星体系’”“高度的互动学习机制”“协同发展战略”。

⑤开拓新的市场。“2003年成立的‘ATC’仅有22家成员企业，在H国343家自行车厂商中只是少数，但其销售收入占比却达到六成至七成……‘ATC’企业在2006年的出口平均单价约为350美元，大大高于行业平均单价206.6美元。另外，‘ATC’成员中有95.2%是以自有品牌销售，而行业水平是55.46%”。

（4）①生产要素。“研发新材料与新工艺，实现产品与技术的跨越升级。面对日益挑剔和多样化的国内外消费者对自行车产品的需求，H国自行车企业集中力量在新材料和新工艺上实现了技术跨越，积极研发设计和生产关键零部件，引进了美国模块化技术与日本供应链模式。1983年至今，H国自行车材料从钢管发展到钛合金、镁合金，甚至碳纤合金，重量由原来的30千克降低到7千克；制造技术从铜焊发展到氩焊，从一体成形发展到无氧化电弧焊接，实现了产品轻量化，同时保持高标准的刚性、韧性和强度”“高度的互动学习机制……确保各方优先共享先进经验和提高信任程度”“协同发展战略……鼓励成员创新设计和参与特殊车种的合作开发……并与科研院所合作建设信息平台。‘ATC’为成员企业提供了良好的技术开发和服务环境”。

②需求条件。“面对日益挑剔和多样化的国内外消费者对自行车产品的需求”。

③相关与支持性产业。“形成大企业带动小企业、中心厂带动卫星厂的‘中心卫星体系’。这一体系内的两大厂商‘天空机械’和‘星友’以‘ATC’为载体，与零部件生产企业形成中心卫星体系”“高度的互动学习机制……纵向共建产业链并加强合作，确保各方优先共享先进经验和提高信任程度。联盟内频繁的活动及由此产生的组织学习，使零部件企业在产品开发初期就能参与研发

活动；各个企业的研发力量集合起来，同步工程缩短产品上市时间，联盟内部知识的消化能力变得更强大”“协同发展战略。‘ATC’规定优先供应成员间具有竞争力的产品……实现成车企业及零部件企业的协同发展”。

④企业战略、企业结构和同业竞争。“H国第一大自行车厂商‘天空机械’联合其主要竞争对手‘星友’及11家零部件生产企业组成行业战略联盟‘ATC’”（在H国存在强有力的竞争对手之间竞争与合作关系）。

（5）①寻求市场。“H国第一大自行车厂商‘天空机械’的自有品牌已成为欧洲市场的三大品牌之一”“H国第二大自行车厂商‘星友’通过并购发达国家U国自行车品牌SP和D国品牌CE，以较低的成本和较短的时间获得发达国家的许多市场机会和先进技术”“H国第三大自行车企业‘神飞’，2003年以自有品牌扩展到美国与亚洲市场”。

②寻求现成资产。“H国第二大自行车厂商‘星友’通过并购发达国家U国自行车品牌SP和D国品牌CE，以较低的成本和较短的时间获得发达国家的许多市场机会和先进技术”。

（6）①外部发展（并购）。“H国第二大自行车厂商‘星友’通过并购发达国家U国自行车品牌SP和D国品牌CE……”。

②内部发展（新建）。“H国第一大自行车厂商‘天空机械’的自有品牌已成为欧洲市场的三大品牌之一”“H国第三大自行车厂商‘神飞’，2003年以自有品牌扩展到美国与亚洲市场”。

③战略联盟。“H国第一大自行车厂商‘天空机械’……为发达国家U国CH公司做ODM”。

（7）本案例中，H国自行车企业实现了从工艺升级到价值链升级的跨越。“H国自行车企业普遍实现了从模仿到更有创新性的改进，再到领先的产品设计与创新的过程。通过这一过程，H国自行车企业将研究开发、生产制造、市场营销三个主要环节在企业发展不同阶段采用不同模式进行资源配置与整合。例如，H国第一大自行车厂商‘天空机械’原本以OEM为主发挥其生产制造的优势，进而为发达国家U国CH公司做ODM，打造自身设计能力。之后，‘天空机械’开始创建自有品牌，在不断提高自身设计与营销能力的同时，将其具有自主品牌和研发优势的一部分零部件和整车的生产制造以OEM方式向C国企业转移。现在‘天空机械’自有品牌销售收入占其总收入的比重为70%，其ODM客户均为全球知名品牌”。

9.4 斯尔解析

（1）①政治和法律因素。“1979年，中国恢复奥委会会籍，国家提出了以奥运会为核心的体育发展大战略。1993年，国家体委发布《关于深化体育改革的意见》，中国体育用品产业自此走向市场化道路”。

②经济因素。“改革开放大潮中的中国经济得以迅速发展，中国社会消费品零售额及服装鞋帽针织品零售额快速提高”。

③社会和文化因素。“公民生活的质量大大提高，大众对体育健身产品的爱好与日俱增，运动鞋服市场需求不断加大”。

（2）①物理上独特的资源。“苏健公司创立品牌后把‘苏健’二字印在服装上，以其他企业难以模仿的中国奥运冠军‘苏健’品牌为其主要发展动力，成为国产体育用品品牌先驱”。

②具有路径依赖性的资源。“苏健公司从创建之日起坚持自有品牌，构筑自身竞争优势……”。

③**具有因果含糊性的资源**。“率先打造中华文化品牌形象，并将中华文化根植于企业文化中……”。

（3）①**产品或服务的价格及供需变化带来的风险**。“经历了2008年的奥运热之后，国内运动鞋服行业规模增长速度自2011年开始下滑，2013年行业规模缩小”。

②**潜在进入者、竞争者、与替代品的竞争带来的风险**。“2011年以后，国际体育用品品牌的市场占有率开始遥遥领先于国产品牌。2011年，苏健公司的市场占有率被国产品牌步迅公司超过”“AS和NK等国际品牌有几十年的研发历史和设计经验，科技性和品牌口碑更受消费者信任”。

（4）①**企业产品结构、新产品研发方面可能引发的风险**。“苏健公司目标市场从广泛的体育爱好者群体转向‘品牌年轻化’——全面拥抱‘90后’年轻受众。然而，这一变革使苏健公司失去了之前伴随和见证‘苏健’品牌成长的‘70后’和‘80后’的广博群体，苏健公司为‘90后’消费者重塑的新产品由于未能体现时代潮流也不被年青一代所接受”。

②**企业新市场开发，市场营销策略方面可能引发的风险**。“2011年以后，‘苏健’品牌主打产品单价从250元提高到390元以上”“苏健公司为求扩张采取大力压货的方式，只将产品批发到经销商手上，而很少关注从经销商到消费者的环节”“苏健公司对经销店铺的形象和零售能力缺乏统一的规划和引导，其经销商店铺形象陈旧，销售水平低下”。

③**企业组织效能，管理现状，企业文化及高、中层管理人员和重要业务流程中专业人员的知识结构，专业经验等方面可能引发的风险**。“苏健公司启动了一次重大的品牌重塑工程……然而，这一变革使苏健公司失去了之前伴随和见证‘苏健’品牌成长的‘70后’和‘80后’的广博群体，苏健公司为‘90后’消费者重塑的新产品由于未能体现时代潮流也不被年青一代所接受”“多年来，营销力度大、设计研发投入少，消费者对于缺少设计研发能力而强行拔高价格的产品并不买账”“对经销店铺的形象和零售能力缺乏统一的规划和引导，其经销商店铺形象陈旧，销售水平低下”。

④**对企业现有业务流程和信息系统操作运行情况的监管、运行评价及持续改进能力方面引发的风险**。“对经销店铺的形象和零售能力缺乏统一的规划和引导，其经销商店铺形象陈旧，销售水平低下”。

（5）①**具有强大的研发能力和产品设计能力**。“多年来，营销力度大、设计研发投入少，消费者对于缺少设计研发能力而强行拔高价格的产品并不买账”。

②**具有很强的市场营销能力**。“对经销店铺的形象和零售能力缺乏统一的规划和引导，其经销商店铺形象陈旧，销售水平低下”。

③**有能够确保激励员工创造性的激励体制、管理体制和良好的创造性文化**。“苏健公司与国内其他品牌一样，多年来，营销力度大、设计研发投入少，消费者对于缺少设计研发能力而强行拔高价格的产品并不买账，而AS和NK等国际品牌有几十年的研发历史和设计经验，科技性和品牌口碑更受消费者信任”。

④**具有从总体上提高某项经营业务的质量、树立产品形象、保持先进技术和建立完善分销渠道的能力**。“多年来，营销力度大、设计研发投入少，消费者对于缺少设计研发能力而强行拔高价格的产品并不买账”“对经销店铺的形象和零售能力缺乏统一的规划和引导，其经销商店铺形象陈旧，销售水平低下”。

（6）2010年前苏健公司目标市场选择的是无差异性营销策略，2010年后苏健公司目标市场选择的是集中性营销策略。“2010年，苏健公司启动了一次重大的品牌重塑工程，放弃了使用10年之久的‘一切皆有可能’的广告传播语，更改为‘让改变发生’，这一变革被业界看作是苏健公司目标市场从广泛的体育爱好者群体转向‘品牌年轻化’——全面拥抱‘90后’年轻受众”。

（7）①重新界定产业的买方群体。“在2015年重新启用‘一切皆有可能’的广告语”。

②重设客户的功能性或情感性诉求。“‘苏健’品牌将功能性及时尚潮流元素同时融入产品设计之中，并将中华传统文化与炫酷的现代风格结合起来。这种民族特色与时尚的个性化情感表达相结合的设计风格，赢得了年轻消费者尤其是‘90后’和‘00后’的热捧”。

③跨越时间参与塑造外部潮流。“创新设计，引领时尚潮流”。

9.5 斯尔解析

（1）XM公司战略创新赖以实现的关键情境为建立创新型组织，主要体现为以下四个方面：

①共同使命、领导力和创新的意愿。“他40岁选择创业的理由很多，但根结还是在于他心底的使命感，这种使命感让他心中的‘硅谷之火’不因功成名就而熄灭，并成为他改变中国手机制造业山寨特征的动力”“李军需要一批成熟的、业内经验丰富的、价值观一致并且相信共同愿景的人和他一起奋斗”“林斌、黎万强、黄江吉等人对这一切都有着一致的理解，他们的共同目标就是做一款自己喜欢、觉得够酷的智能手机”。

②关键个体。“李军需要一批成熟的、业内经验丰富的、价值观一致并且相信共同愿景的人和他一起奋斗”“林斌、黎万强、黄江吉等人对这一切都有着一致的理解，他们的共同目标就是做一款自己喜欢、觉得够酷的智能手机”。

③创造性的氛围。“XM的创新基因中还有精益求精……正是因为死磕质量的决心和韧劲，才有了坚如磐石的品质”。

④跨越边界。“最重要的创新源泉来自用户，XM愿意和用户真心交朋友”。

（2）XM公司的手机业务在发展进程中市场风险的来源（考虑因素）为：

①产品或服务的价格及供需变化带来的风险。“在智能机换机潮来临时，XM正好赶上智能机换新潮的风口期，但是现在这股风潮已经基本结束”“一味追求低价，也给XM品牌造成了一定伤害，很多人调侃XM为‘屌丝机’”。

②潜在进入者、竞争者、与替代品的竞争带来的风险。“2016年第一季度，XM失去中国智能手机出货量冠军，被华为、OPPO、VIVO、苹果超越，仅排在第五。在高端市场，XM面临苹果和华为，中端市场则面临OPPO和VIVO。四面楚歌之下，XM的性价比战略在激烈竞争中逐渐失去优势”。

（3）①XM公司决定重组业务向高端进发所采用的战略类型是收缩战略。

②实施该战略的原因包括：

第一，主动原因，即大企业战略重组的需要。“所以，当XM一直以来的‘性价比’标签不再吸引用户时，它决定重组现有业务，向高端进发”。

第二，被动原因——外部原因。“2016年第一季度，XM失去中国智能手机出货量冠军，被华为、OPPO、VIVO、苹果超越，仅排在第五。在高端市场，XM面临苹果和华为，中端市场则面临OPPO和VIVO。四面楚歌之下，XM的性价比战略在激烈竞争中逐渐失去优势”。

③具体方式为转向战略。

第一，重新定位或调整现有的产品和服务。“所以，当XM一直以来的‘性价比’标签不再吸引用户时，它决定重组现有业务，向高端进发”。

第二，调整营销策略，在价格、广告、渠道等环节推出新的举措。“XM试探性地将XM9的价格提到3 000元以上，让它成为XM向高端机起步的手机。2020年XM10价格全面攀升至4 000元以上”。

④遇到的实施障碍包括：

第一，判断困难。收缩战略效果如何，取决于对公司或业务状况判断的准确程度，而这是一项难度很大的工作。“2016年XM推出XMmix1全面屏手机，却因为难以量产，错失了这次向高端机转型的窗口”。

第二，退出障碍，具体体现为内部战略联系。“毕竟从低端起家的XM，在很多的战略打法上都已经固定，存在路径上的依赖，在这种背景下让XM做高端，是有一定挑战的”。

（4）①XM造车所采用的发展战略类型为多元化战略（非相关多元化）。

②实施该战略的发展途径包括：

第一，外部发展（并购）。“2012年3月，李军创立顺为资本，它也承担了李军对汽车的一系列布局。2012年起，顺为资本投资了一些与汽车领域相关的智能设备，也在汽车供应链、自动驾驶等方面进行了大量投资”。

第二，战略联盟。“XM还一直与整车厂商进行合作。2018年XM与一汽集团签署战略协议，打造智能汽车；2020年12月11日，XM与比亚迪集团进行合作”。

③实施该战略的动因包括：

第一，当企业在原产业无法增长时找到新的增长点。“XM选择走高端路线的初衷是希望能够带来进一步的增长。但是随着种种业务的天花板已现，寻找新的增长点，已经成为一个迫在眉睫的动作”。

第二，利用未被充分利用的资源。“XM的供应链能力以及公司目前所积累的市场声誉、人脉资源、行业资源都会在一定程度上助力其造车”“XM基本掌握算法等方面的核心技术”。

第三，运用盈余资金。“XM‘亏得起’，因为账上还有1 080亿元现金余额”。

第四，运用企业在某个产业或某个市场中的形象和声誉来进入另一个产业或市场，而在另一个产业或市场中要取得成功，企业形象和声誉是至关重要的。“XM的供应链能力以及公司目前所积累的市场声誉、人脉资源、行业资源都会在一定程度上助力其造车”。

④实施该战略所面临的风险包括：

第一，来自原有经营产业的风险。“XM造车的业务跨度很大，说到底XM还是一家手机公司、电视公司，造车需要巨大的财力和精力，未来能否兼顾不同业务的平衡发展，是一个值得忧虑的问题”。

第二，市场整体风险。“XM造车的业务跨度很大，说到底XM还是一家手机公司、电视公司，造车需要巨大的财力和精力，未来能否兼顾不同业务的平衡发展，是一个值得忧虑的问题”。

第三，产业进入风险。“涉及巨额的资金投入以及强大的研发水平，更包括整合上下游产业链资源的能力和服务体系”“但前有深耕多年的车企，后有来势汹涌的‘造车新势力’，所以XM的进入，从时间上就晚了很多”。

第四，内部经营整合风险。“XM造车的业务跨度很大，说到底XM还是一家手机公司、电视公司，造车需要巨大的财力和精力，未来能否兼顾不同业务的平衡发展，是一个值得忧虑的问题”。

（5）XM选择进入智能电动汽车新兴产业所需克服的发展障碍如下：

①专有技术选择、获取与应用的困难。“造车是一项庞大且复杂的过程，涉及巨额的资金投入以及强大的研发水平，更包括整合上下游产业链资源的能力和服务体系”“智能汽车行业的技术壁垒显然更高”。

②原材料、零部件、资金与其他供给的不足。“XM1 080亿元的资金是否足够”“造车是一项庞大且复杂的过程，涉及巨额的资金投入以及强大的研发水平，更包括整合上下游产业链资源的能力和服务体系”。

③顾客的困惑与等待观望。“XM要造一辆什么车”。

④被替代产品的反应。“但前有深耕多年的车企，后有来势汹涌的‘造车新势力’，所以XM的进入，从时间上就晚了很多”。

⑤缺少承担风险的胆略与能力。“李军对造车的想法早有端倪”“十年前，李军杀入智能手机市场时，刚刚40岁，如今再次带队创业，李军已过50岁。最后一战，李军能否打赢？仍然危机重重”。

9.6 斯尔解析

（1）①分散风险。“MD公司的主打产品是空调、风扇等，销售旺季集中在每年的3～8月，在余下的时间里资金的配置和经销商资源的利用都明显不足，而推出微波炉产品正好可以弥补这一缺陷”。

②找到新的增长点。“有利于优化整体运作和产品结构，找到新的增长点”。

③利用未被充分利用的资源。“一是从制造技术角度看，微波炉和电饭煲以及由电饭煲引申出来的电磁炉等产品都是使用电能转换加热系统，其技术研发、生产制造和营销网络都有着极其便利的条件和经验，有利于微波炉项目少走弯路”“在余下的时间里资金的配置和经销商资源的利用都明显不足”。

④运用盈余资金。“在余下的时间里资金的配置都明显不足”。

⑤运用企业在某个产业或某个市场中的形象和声誉来进入另一个产业或市场。“还可以利用MD公司在其他厨具小家电市场上树立的品牌优势开拓市场”。

（2）实施条件（市场情况）：

①市场中存在大量的价格敏感用户。“利用市场对微波炉产品价格的高度敏感”。

②产品难以实现差异化。“通过集中生产少数品种……使自己成为微波炉行业的‘霸主’”。

③价格竞争是市场竞争的主要手段。“利用市场对微波炉产品价格的高度敏感”“以‘价格战’不断摧毁竞争对手的防线”。

实施条件（资源和能力）：

①实现规模经济。“通过……规模经济……等多种手段降低成本”。

②降低各种要素成本。“通过……减少各种要素成本……等多种手段降低成本”。

③提高生产率。“通过……提高生产效率……等多种手段降低成本”。

④改进产品工艺设计。“通过……不断改进产品工艺设计……等多种手段降低成本”。

⑤选择适宜的交易组织形式。“通过……承接外包等多种手段降低成本”。

⑥资源集中配置。“通过集中生产少数品种……等多种手段降低成本”。

风险：

市场需求从注重价格转向注重产品的品牌形象，使得企业原有的优势变为劣势。“从MD公司掌握的数据看，国内市场的高端化消费趋势已非常明显，超低端产品对消费者已不具有吸引力”“MD公司成功超越GL公司成为微波炉出口冠军，在2012年国内市场上品牌价格指数全面超越GL公司，由行业追随者成功升级为行业领导者，促成行业跳出‘价格战’恶性循环，并获得了企业业绩持续增长。MD公司微波炉战略转型已经取得显著成效”。

（3）实施条件（市场情况）：

①产品能够充分地实现差异化，且为顾客所认可。“如果这种价值能通过产品创新得到快速认可，消费者的认知能得到快速普及，那微波炉市场将进入另一个高速发展期”“从MD公司掌握的数据看，国内市场的高端化消费趋势已非常明显，超低端产品对消费者已不具有吸引力”。

②顾客的需求是多样化的。“就微波炉自身的使用价值而言，它不仅能快速加热或烹调食物，而且没有油烟，更能保持食物的原汁原味与减少营养损失，很有实用价值。而在中国，80%以上的家庭主要用微波炉进行饭菜加热，微波炉在中国家庭厨房中只是一个加热的工具”。

③创新成为竞争的焦点。“如果这种价值能通过产品创新得到快速认可……那微波炉市场将进入另一个高速发展期”“从MD公司掌握的数据看，国内市场的高端化消费趋势已非常明显，超低端产品对消费者已不具有吸引力”。

实施条件（资源和能力）：

①具有强大的研发能力和产品设计能力，具有很强的研究开发管理人员。“确定公司五大技术发展方向以及技术发展路线”“开展广泛的技术合作”“投入巨资改善软硬件条件”“学习、考核机制变革”。

②具有很强的市场营销能力，具有很强的市场营销能力的管理人员。“公司投入超过3亿元巨资开展持续‘蒸功能’以及‘营养与健康’功效的推广活动，加快‘蒸功能’的普及和推广”“2011年，公司新开发线上营销管理系统”“公司还在前8大市场分别设立分支机构，派驻业务人员进行本地化服务和市场拓展”。

③有能够确保激励员工创造性的激励体制、管理体制和良好的创造性文化。“学习、考核机制变革”。

④具有从总体上提高某项经营业务的质量、树立产品形象、保持先进技术和建立完善分销渠道的能力。“确定公司五大技术发展方向以及技术发展路线”“公司投入超过3亿元巨资开展持续‘蒸功能’以及‘营养与健康’功效的推广活动，加快‘蒸功能’的普及和推广”“在海外前15大市场分别设立了专门的国家经理，同时专门针对各不同区域以及各区域内的主流客户设立了专门的产品开发团队”。

MD公司注重防范的差异化战略的风险：

①企业形成产品差别化的成本过高。“为了避免差异化成本过高，MD公司微波炉的升级转型过程中通过加大部件自制、精益运营、加强价值链信息共享和协同降低运营成本等手段，解决成本与结构升级的矛盾，应对资源要素价格的持续上升，保证成本优势”。

②竞争对手的模仿和进攻使已建立的差异缩小甚至转向。“MD公司微波炉以‘蒸’为主题的产品得以持续升级和品牌推广”。

（4）①限制进入定价。“对于MD公司的挑衅，GL公司再次祭起了‘价格战’的大旗”。

②进入对方领域。“对于MD公司的挑衅，GL公司……宣布大举进军MD公司已有的优势产业空调、冰箱产业及风扇、电暖器等，以彼之道还彼之身对MD公司微波炉进行全面围剿”。

（5）①产品策略。“MD公司微波炉以‘蒸’为主题的产品得以持续升级和品牌推广”“MD公司2006年推出国内第一款具备着‘蒸功能’的‘食神蒸霸’产品”“2007年，MD公司第二代‘蒸功能’产品——‘全能蒸’微波炉推出”“2008年，MD公司微波炉又发布了5个系列14款‘蒸功能’新品”“2010年，MD公司微波炉发布第四代‘蒸功能’系列新品”“2012年，MD公司发布了半导体、太阳能和云技术微波炉三大创新产品，并宣布把‘蒸立方’作为独立的高端品牌”。

②促销策略。“为了加快‘蒸功能’的市场认知，配合产品不断升级，公司投入超过3亿元巨资开展持续‘蒸功能’以及‘营养与健康’功效的推广活动，加快‘蒸功能’的普及和推广”。

③分销策略。“2010年，MD公司微波炉耗费巨资在国内主要城市的核心终端开辟了1 000个‘蒸立方’产品专柜”“2012年，公司再次进行终端升级，在全国重点终端开辟了‘蒸立方’品牌专柜”“2011年，公司新开发线上营销管理系统，新系统的使用实现了全国主要终端的销售、库存动态更新，公司能及时了解市场销售变化情况”。

④价格策略。“MD公司宣布，退出300元以下微波炉市场，主流变频‘蒸立方’产品价格集中在3 000～5 000元，最高端变频高温产品的零售价高达10 000元”“MD公司同时宣布，从2012年起，超市系统将停止销售399元以下的产品，在3C连锁系统中将停止销售599元以下的产品”。

9.7 斯尔解析

（1）广源天药集团医药板块产品组合策略的类型属于扩大产品组合，包括拓展产品组合的宽度、长度和加强产品组合的深度。前者是增加产品大类和在原产品大类内增加新的产品项目，后者是增加每种产品项目的花色、品种、规格。“广源天药集团最初生产销售的粉剂产品，产品结构较为单一……广源天药集团顺应时代发展对药品剂型、便捷性、准确性等多方面的需求。从1975年开始，在广源天药秘方原有剂型的基础上研制出系列新剂型、新品种，历经30多年时间，逐步开发构建了广源天药完整、庞大的产品群，如主打止血消炎的广源天药膏、广源天药酊，用于外伤止痛的广源天药气雾剂，具有止血功效的创可贴等。同时，广源天药深入挖掘创新以天然植物为原料的民族药物，成功研发出具有地方特色的新产品，如脑脉通口服液、宫血宁胶囊等”。

（2）①外部发展（并购）。“2011年收购国内一家制药厂，作为与透皮事业部相配套的生产企业”。

②内部发展（新建）。“2001年3月，广源天药投资成立专业透皮研究部门，主要对创可贴进行研究开发……随后投资300万元建立广源天药创可贴生产线，并投资2 000多万元组建医药电子商务公司，完善创可贴销售网络……随后广源天药集团成立了主要生产经营透皮产品的事业部”。

③战略联盟。“当时广源天药集团不具备生产透皮方面的技术，为了快速推出此类产品，广源天药集团选择暂时不进行自主研发，与国外创可贴企业合作，广源天药提供创可贴的敷料部分，国外企业负责成品生产”“引进日本更先进的生产透皮技术，委托国内企业加工生产8 000多万张”。

（3）广源天药集团实施多元化战略的动因：

①分散风险。“广源天药集团进入国家基本药物目录的药品在价格上受到限制，招标采购模式

也使得药品维持在一个较低的水平，毛利率较低……一种药品从立项、临床报批到进入市场需要很长的周期和大量资金投入，进入市场的结果也存在着未知的风险，一旦产品销售不佳，会对广源天药集团产生较大的影响”“另一方面也可以抵御医药市场的竞争压力，规避产业发展风险”。

②在企业无法增长的情况下找到新的增长点。“广源天药集团希望开发非药品业务作为公司新的利润增长源泉”。

③利用未被充分利用的资源。“广源天药集团管理层还期望充分发挥企业在药品经营中各种有形资源……进一步扩大公司生存发展空间”。

④获得资金或其他财务利益。“获取足够的资金支撑企业研发新的医药产品”。

⑤运用企业在某个产业或某个市场中的形象和声誉来进入另一个产业或市场，而在另一个产业或市场中要取得成功，企业形象和声誉是至关重要的。“广源天药集团管理层还期望充分发挥企业在药品经营中……良好的品牌声誉优势，进一步扩大公司生存发展空间”。

广源天药集团实施多元化战略的风险：

①来自原有经营产业的风险。“由于多元化经营资源分散，不仅导致其在缺乏核心优势的产业中经营绩效不佳，而且对其主业带来了负面影响”。

②市场整体风险。“由于多元化经营资源分散……对其主业带来了负面影响”。

③产业进入风险。“其他日化产品由于其产品的功能和特点无法体现广源天药粉的独特优势，因而难以成功”“房地产业务与广源天药集团的主营业务不存在联系，在生产技术、市场、营销等方面也无法产生协同效应。广源天药集团没有强大的资源和人才来支撑这个庞大的房地产业务体系，致使房地产业务在5年内有4年都是严重亏损的，侵蚀了集团的资源，占用了人力，还占据了企业大量资金”。

④产业退出风险。“广源天药集团管理层没有审时度势和合理分析房地产业的未来走势，没有结合集团房地产业务连续数年亏损的实际和房地产整个行业的发展现状及时作出调整，却于2012年反其道而行耗资38亿元兴建度假村。直到2013年才出售广源天药置业有限公司退出不良业务”。

⑤内部经营整合风险。“房地产业务与广源天药集团的主营业务不存在联系，在生产技术、市场、营销等方面也无法产生协同效应。广源天药集团没有强大的资源和人才来支撑这个庞大的房地产业务体系，致使房地产业务在5年内有4年都是严重亏损的，侵蚀了集团的资源，占用了人力，还占据了企业大量资金”。

（4）①医药板块：

研发的类型：产品研发。“将自身独特的技术优势与多变的市场需求相结合，不断开发出新的高品质药品”。

动力来源：市场需求。“广源天药集团顺应时代发展对药品剂型、便捷性、准确性等多方面的需求，从1975年开始，在广源天药秘方原有剂型的基础上研制出系列新剂型、新品种”。

研发定位：成为向市场推出新技术产品的企业。“将自身独特的技术优势与多变的市场需求相结合，不断开发出新的高品质药品”。

②广源天药牙膏：

研发的类型：产品研发。“广源天药集团开始研发广源天药牙膏，利用天药的活性成分，开发出一种能帮助消费者减轻牙龈出血等口腔问题的独特的药物牙膏”。

动力来源：市场需求。“80%左右的成年人或多或少都有口腔溃疡或者牙龈萎缩出血等问题”。

研发定位：成为向市场推出新技术产品的企业。“广源天药集团开始研发广源天药牙膏，利用天药的活性成分，开发出一种能帮助消费者减轻牙龈出血等口腔问题的独特的药物牙膏”。

（5）①**企业产品结构、新产品研发方面可能引发的风险**。“其他日化产品由于其产品的功能和特点无法体现广源天药粉的独特优势，因而难以成功”“房地产业务与广源天药集团的主营业务不存在联系，在生产技术、市场、营销等方面也无法产生协同效应……房地产业务在5年内有4年都是严重亏损的”“由于企业多元化经营资源分散，不仅导致其在缺乏核心优势的产业中经营绩效不佳，对其主业也带来了负面影响”。

②**企业新市场开发、市场营销策略方面可能引发的风险**。“广源天药牙膏首先采用的销售渠道是医院和药房、网络销售渠道，随后才进入超市等渠道……而其他日化产品由于其产品的功能和特点无法体现广源天药粉的独特优势”“房地产业务与广源天药集团的主营业务不存在联系，在生产技术、市场、营销等方面也无法产生协同效应”。

③**企业组织效能，管理现状，企业文化及高、中层管理人员和重要业务流程中专业人员的知识结构，专业经验等方面可能引发的风险**。“广源天药集团没有强大的资源和人才来支撑这个庞大的房地产业务体系，致使房地产业务在5年内有4年都是严重亏损的”。

④**质量、安全、环保、信息安全等管理中发生失误导致的风险**。“2007—2014年广源天药集团有4种药品进入国家药监局不合格药品名单，其中影响最大的是2012年国内某省药监局查出广源天药胶囊的水分不合格，相关产品被召回，广源天药集团被列入医药企业黑名单，该省药物采购联合办公室取消了广源天药胶囊的中标权利和网上采购资格，并且在2013—2016年严格禁止广源天药胶囊进入该省基本药物统一招标采购目录”。

⑤**因企业内、外部人员的道德风险或业务控制系统失灵导致的风险**。“9年间，广源天药集团至少10次因为部分药品质量不合格、夸大广告疗效等原因导致负面消息”。

⑥**企业现有业务流程和信息系统操作运行情况的监管、运行评价及持续改进能力方面引发的风险**。“广源天药集团管理层没有审时度势和合理分析房地产业的未来走势，没有结合集团房地产业务连续数年亏损的实际和房地产整个行业的发展现状及时作出调整，却于2012年反其道而行耗资38亿元兴建度假村。直到2013年才出售广源天药置业有限公司退出不良业务”。

9.8 斯尔解析

（1）晨德集团实施成本领先战略的资源和能力包括：

①**在规模经济显著的产业中装备相应的生产设施来实现规模经济**。“随着企业品类与规模的不断扩大，晨德可以使用更大型、更有效率的机器设备，规模成本指数逐步降低”。

②**降低各种要素成本**。“规模化生产也极大增加了晨德的原材料采购量，增强了晨德在要素市场上的地位，大大降低采购成本”。

③**提高生产率**。“营销费用和生产成本均得到了有效的控制，生产效率大幅提高”。

④**改进产品工艺设计**。“成本领先不仅仅是简单的生产费用的领先，要想保持持续的优势，必须依托生产工艺上的创新”。

（2）晨德集团在2011年所采用的收缩战略（撤退战略）的主要方式包括：

①**紧缩与集中战略，具体表现为削减成本战略**。“晨德要求全体员工参与降本增效，通过将成本指标进行逐级分解，建立全员、全方位、全过程的责任成本体系”。

②**转向战略，具体表现为重新定位或调整现有的产品和服务**。“晨德还对业务进行了调整，突出更具竞争力的主业，减少规模小或经营欠佳的品类，停止生产低端或低毛利率的产品”。

③**放弃战略，具体表现为将企业的一个或几个主要部门转让、出卖或者停止经营**。“晨德开始对一些生产基地进行减少改良——晨德关闭了在天津、江门、邯郸、合肥等城市的生产基地”。

（3）晨德集团并购库卡公司的动机包括：

①**避开进入壁垒、迅速进入，争取市场机会**。“库卡机器人公司在全球拥有20多个子公司，大部分是销售和服务中心，渠道和销售资源更是遍及美国、墨西哥及绝大多数欧洲国家。此次收购将让晨德更为顺利地在‘难啃’的欧洲市场开辟疆土，品牌影响力和高端制造形象也将在全球领域极大加强”。

②**获得协同效应**。“收购库卡将让晨德在智能制造领域的能力空前提升”。

③**克服企业负外部性，减少竞争，增强对市场的控制力**。“收购库卡可以帮助晨德在汽车制造机器人市场上获取更大的市场份额，相较于本地传统的汽车制造商而言，可以更快地投入使用自动化流水线，获得先发优势”。

（4）晨德集团并购库卡公司所面临的主要风险以及晨德集团规避风险所采取的应对措施包括：

①风险一：**决策不当**。

应对措施为“为慎重起见，晨德集团聘请了在跨国并购方面有着丰富经验的知名会计师事务所和律师事务所担任财务顾问和法律顾问，对库卡公司的经营、财务、法律进行全面的调查”。

②风险二：**支付过高的并购费用**。

应对措施为“为慎重起见，晨德集团聘请了在跨国并购方面有着丰富经验的知名会计师事务所和律师事务所担任财务顾问和法律顾问，对库卡公司的经营、财务、法律进行全面的调查”“考虑到未来资产协同效应价值及共同分享国内外巨大的市场等因素，会计师事务所专家认为，晨德集团溢价收购库卡公司股权的收购价格属于正常范围”。

③风险三：**并购后不能很好地进行企业整合**。

应对措施为“为了保证并购整合后的顺畅发展，晨德并未采用对待其他被并购方的‘主导’角色，而是退居幕后，从拓展市场资源和获取产业政策支持等方面帮助库卡减少运营成本，并以库卡为主体，在机器人本体生产、工业自动化方案、系统集成以及智能物流等领域进行全面布局”。

④风险四：**跨国并购面临的政治风险**。

应对措施为“针对德国政府对于企业机密技术外流的担心，晨德和库卡6月28日签订了《投资协议》，内容共5条，都没有涉及技术转让，反而强调尊重库卡品牌和知识产权”。

（5）①晨德集团采取的国际化经营战略类型为跨国战略。

跨国战略是在全球激烈竞争的情况下，形成以经验为基础的成本效益和区位效益，转移企业的核心竞争力，同时注意当地市场的需要。为了避免外部市场的竞争压力，母公司与子公司、子公司与子公司的关系是双向的，不仅母公司向子公司提供产品与技术，子公司也可以向母公司提供产品与技术。“晨德……拥有15个海外生产基地及数十家销售运营机构。通过国际业务组织变革，从平台化走向实体化，晨德全球经营体系进一步完善，通过对海外业务持续加大投入，以当地市场用户为中心，强化产品竞争力，自有品牌业务获得持续发展。公司对海外市场的产品特色及需求的深入认知，使公司善于把握全球合资合作的机会，有效推动海外品牌构建与全球区域扩张，稳步提升全球化的竞争实力”。

②为了实现组织结构与国际化经营战略的匹配，晨德集团应采用的组织结构类型为跨国组织架构/全球性产品——地区混合结构。

特征：该结构是一种矩阵结构，企业总部从全球范围来协调各产品分部和地区分部的活动，以取得各种产品的最佳地区合作，管理各子公司的经营活动。公司凭借这种混合结构，能够针对不同产品或劳务的具体特点进行不同程度的集中决策和控制，并尽可能使集中决策和分散决策结合起来。

（6）①**政治和法律环境**。“近年来，国家发布了《国务院关于深化‘互联网+先进制造业’发展工业互联网的指导意见》《国务院关于印发新一代人工智能发展规划的通知》等一系列宏观政策”。

②**经济环境**。“全球对机器人自动化的需求将进一步增加，预计2018年至2020年之间的平均年增长率至少为15%”“劳动力短缺及用工成本攀升”。

③**社会与文化环境**。“随着中国人口老龄化加剧”。

④**技术环境**。“晨德还在持续关注更加前沿且发展非常迅速的新兴技术领域，如智能网关、5G、数字仿真等”。

（7）晨德集团为实现“人机新世代”发展战略转型采用了以下举措：

①**构建数字化组织设计，转变经营管理模式**。“晨德在2018年提出‘人机新世代’发展战略，这标志着晨德将以机器人、工业互联网和人工智能开启人机交互新时代”。

②**加强核心技术攻关，夯实技术基础**。“晨德已持续对人工智能、芯片、大数据、云计算等技术领域进行研究与投入……同时，晨德还在持续关注更加前沿且发展非常迅速的新兴技术领域，如智能网关、5G、数字仿真等。除此之外，晨德还致力于以大数据和AI技术为驱动，赋予产品、机器、流程、系统以感知、认知、理解和决策的能力，最大限度消除人机交互的多余载体，打造以‘没有交互’为目标的真正智能家电新品”。

③**打破“数据孤岛”，打造企业数字化生态体系**。“晨德正式对外发布了晨德工业互联网平台‘M.IoT’，并成为国内首家集自主工业知识、软件、硬件于一体的完整工业互联网平台供应商”。

9.9 斯尔解析

（1）**公司宗旨旨在阐述公司长期的战略意向，其具体内容主要说明公司目前和未来所要从事的经营业务范围**。睿祥公司初创时期的业务定位是做手机业务，“要做一款设计好、品质好而价格又便宜的智能手机”；而历经8年的发展，到2018年睿祥公司上市之前，睿祥公司的业务定位是“围绕手机业务构建起手机配件、智能硬件、生活消费产品三层产品矩阵，睿祥公司也从一家手机公司过渡到一个涵盖众多消费电子产品、软硬件和内容全覆盖的互联网企业”。

（2）依据“战略钟”理论，睿祥智能手机与生态链产品所采用的竞争战略类型是混合战略，即在为顾客提供更高的认可价值的同时，获得成本优势，亦即差异化与成本领先兼顾的战略。“睿祥坚持做顶级配置，真材实料，高性能，高体验，强调超用户预期的最强性价比”“这款号称顶级配置的手机，其定价只有1 999元，几乎是同配置手机价格的一半”“由于睿祥品牌给人们高性价比的印象已经根深蒂固，因此不少人认为睿祥生态链企业的产品无法赢利。但实际上，睿祥生态链企业已经有多家实现盈利”“感动人心、价格厚道”。

（3）睿祥公司在2015年所面临的市场风险的来源（考虑因素）：

①能源、原材料、配件等物资供应的充足性、稳定性和价格的变化带来的风险。“销量越来越大就意味着要与数百个供应商建立良好高效的合作协同关系，不能有丝毫闪失，而睿祥的供货不足、发货缓慢被指为‘饥饿营销’，开始颇受质疑”“芯片供应商G公司的‘一脚急刹车’成为导火索”。

②潜在进入者、竞争者、与替代品的竞争带来的风险。“竞争对手也越来越多、越来越强大，H公司推出的互联网手机品牌R手机成为睿祥手机强劲的对手，O公司和V公司也借助强大的线下渠道开始崛起”“以线下渠道为主的O公司和V公司成为手机行业的新星，其手机出货量不仅增幅超过100%，而且双双超过睿祥进入全球前五、国内前三”。

（4）睿祥公司2016年所采用的收缩战略（撤退战略）的主要方式有：

①紧缩与集中战略中的机制变革，主要做法是调整管理层领导班子。“霍兵亲自负责睿祥手机供应链管理，前供应链负责人转任首席科学家，负责手机前沿技术研究。这意味着睿祥公司从组织架构上加大对供应链的管理力度”。

②转向战略中的调整营销策略，在价格、广告、渠道等环节推出新的举措。“开启‘新零售’战略。所谓新零售就是指通过线上线下互动融合的运营方式，将电商的经验和优势发挥到实体零售中。让消费者既能享用线下看得见摸得着的良好体验，又能获取电商一样的低价格。截至2018年3月10日，全国范围内已经有330个实体店睿祥之家，覆盖186座城市”“早年一直坚持口碑营销从未请过代言人的睿祥公司在2016年开始改变策略，先后请来几位明星作为代言人，赢得了不少新老用户”。

（5）睿祥生态链所采用的发展战略的类型属于相关多元化（同心多元化）。“睿祥生态链的投资主要围绕以下5大方向：

①手机周边，如手机的耳机、移动电源、蓝牙音箱。

②智能可穿戴设备，如睿祥手环、智能手表。

③传统白电的智能化，如净水器、净化器。

④极客酷玩类产品，如平衡车、3D打印机。

⑤生活方式类，比如睿祥插线板”。

“围绕手机业务构建起手机配件、智能硬件、生活消费产品三层产品矩阵”。

睿祥生态链采用这一战略的优点：

①有利于企业利用原有产业的产品知识、制造能力、营销渠道、营销技能等优势来获取融合优势，即两种业务或两个市场同时经营的盈利能力大于各自经营时的盈利能力之和。“睿祥生态链团队不仅做投资，而且是一个孵化器，从ID、外观、结构、硬件、软件、云服务、供应链、采购、品牌等诸多方面给予创业公司全方位的支持”“麦家的多个产品已经做到了全球数量第一，睿祥生态链公司也出现多个独角兽”“睿祥生态链企业已经有多家实现盈利。这是因为睿祥公司利用其规模经济所带来的全球资源优势帮助这些生态链公司提高效率”“睿祥公司也从一家手机公司过渡到一个涵盖众多消费电子产品、软硬件和内容全覆盖的互联网企业”。

②利用未被充分利用的资源。“睿祥公司抽出20名工程师，让他们从产品的角度看拟投资的创业公司，通过与创业公司团队的沟通，了解这家公司的未来走向”。

③运用盈余资金。“运用睿祥公司已经积累的大量资金”。

④运用企业在某个产业或某个市场中的形象和声誉来进入另一个产业或市场，而在另一个产业或市场中要取得成功，企业形象和声誉是至关重要的。“睿祥生态链团队不仅做投资，而且是一个孵化器，从ID、外观……品牌等诸多方面给予创业公司全方位的支持”。

睿祥生态链所采用的发展战略的途径是战略联盟。“睿祥生态链团队不仅做投资，而且是一个孵化器……但是，睿祥公司并没有控股任何一家睿祥生态链公司，所有的公司都是独立的”“正是通过这种独特的战略联盟模式，睿祥投资并带动了更多志同道合的创业者，围绕手机业务构建起手机配件、智能硬件、生活消费产品三层产品矩阵”。

睿祥生态链采用这种方式的动因：

①促进技术创新。“生态链企业各自发挥技术创新优势”“很多新兴产品领域，麦家的多个产品已经做到了全球数量第一，睿祥生态链公司也出现多个独角兽”。

②避免经营风险。“同时……规避经营风险”。

③实现资源互补。“从ID、外观、结构、硬件、软件、云服务、供应链、采购、品牌等诸多方面给予创业公司全方位的支持”“睿祥公司利用其规模经济所带来的全球资源优势帮助这些生态链公司提高效率”。

④开拓新的市场。“睿祥已经投资了90多家生态链企业，涉足上百个行业”。

⑤降低协调成本。“同时降低睿祥公司整体的内部协调整合的成本”。

（6）第一，研发能力。“睿祥公司一是运用互联网工具，让用户参与到手机硬件的设计、研发之中，通过用户的反馈意见，了解消费者的最新需求，此前其他公司的研发模式都是封闭式的，动辄一两年，开发者以为做到了最好，但其实未必是用户喜欢的，而且一两年时间过去，市场很可能已经变化；二是坚持做顶级配置，真材实料，高性能，高体验，强调超用户预期的最强性价比”“睿祥生态链团队不仅做投资，而且是一个孵化器，从ID、外观、结构、硬件、软件、云服务、供应链、采购、品牌等诸多方面给予创业公司全方位的支持。这些创业公司有一大半是睿祥生态链团队从零开始孵化的”“在移动电源、空气净化器、可穿戴设备、平衡车等很多新兴产品领域，麦家的多个产品已经做到了全球数量第一”。

第二，生产管理能力。“利用互联网技术提高企业的运行效率，使优质的产品能够以高性价比的形式出现”“睿祥公司运用其全球供应链优势能够让生态链上的小公司瞬间有几百亿元的供应链提供的能力”。

第三，营销能力。

①产品竞争能力。“睿祥手机2012年实现销售量719万部。2014年第二季度，睿祥手机成为国内智能手机市场的第一名，睿祥公司在全球也成为第三大手机厂商”“2017年第二季度，睿祥手机的出货量环比增长70%，达2 316万部，创造了睿祥手机季度出货量的新纪录。2017年第四季度，在其他全球前五名的智能手机厂商出货量全部负增长的情况下，睿祥手机出货量增长了96.9%”“在移动电源、空气净化器、可穿戴设备、平衡车等很多新兴产品领域，麦家的多个产品已经做到了全球数量第一，睿祥生态链公司也出现多个独角兽”。

②**销售活动能力**。"三是以品牌和口碑积累粉丝，靠口口相传，节省大量广告费用；四是开创了官网直销预订购买的发售方式，不必通过中间商，产品就可以直接送到消费者的手上，省去了实体店铺的各种费用和中间的渠道费用""开启'新零售'战略。所谓新零售就是指通过线上线下互动融合的运营方式，将电商的经验和优势发挥到实体零售中""早年一直坚持口碑营销从未请过代言人的睿祥公司在2016年开始改变策略，先后请来几位明星作为代言人，赢得了不少新老用户"。

③**市场决策能力**。"霍兵与他的合伙人就有一个想法：要做一款设计好、品质好而价格又便宜的智能手机。2010年的手机市场，还是国际品牌的天下，功能机仍是主体，智能手机的价格至少也要在3 000～4 000元。虽然也有一些国产品牌手机，但大多是低质低价的'山寨机'""2014年，霍兵开始意识到'智能硬件'和'万物互联（Internet of Things，IoT）'可能是比智能手机还要大的发展机遇。于是，睿祥公司开启了睿祥生态链计划"。

第四，**财务能力**。"睿祥公司开启了睿祥生态链计划，运用睿祥公司已经积累的大量资金，准备在5年内投资100家创业公司，在这些公司复制睿祥模式""2018年7月，睿祥公司成功上市""由于睿祥品牌给人们高性价比的印象已经根深蒂固，因此不少人认为睿祥生态链企业的产品无法赢利。但实际上，睿祥生态链企业已经有多家实现盈利"。

第五，**组织管理能力**。"2016年，睿祥内部开始进行架构和模式多维调整：（1）霍兵亲自负责睿祥手机供应链管理，前供应链负责人转任首席科学家，负责手机前沿技术研究。这意味着睿祥公司从组织架构上加大对供应链的管理力度……""睿祥公司抽出20名工程师，让他们从产品的角度看拟投资的创业公司，通过与创业公司团队的沟通，了解这家公司的未来走向""睿祥公司并没有控股任何一家睿祥生态链公司，所有的公司都是独立的。这样有利于在统一的价值观和目标下，生态链企业各自发挥技术创新优势，同时降低睿祥公司整体的内部协调整合的成本，规避经营风险"。

9.10 斯尔解析

（1）①**具有强大的研发能力和产品设计能力**。"力益公司创立之初就推崇'小而美'的策略，致力于开发优质的MP3产品……其产品成为国产MP3高品质的代表，也因此拥有了大量忠实用户，并创造了国内MP3历史上多个'第一'""力益公司开始在智能手机领域投入全部的精力，致力开发高端智能手机""力益公司的智能手机新品种在不断创新中脱颖而出"。

②**具有很强的市场营销能力**。"力益公司强化营销体系建设，在实施多重营销策划方案的同时，不断扩展专卖店和维修中心。2013年，力益公司国内专卖店数量超过1 000家，维修中心数量突破100家"。

③**有能够确保激励员工创造性的激励体制、管理体制和良好的创造性文化**。"力益公司内部采取员工股票和期权激励制度，吸引和鼓励更多人才致力于公司的技术和产品创新"。

④**具有从总体上提高某项经营业务的质量、树立产品形象、保持先进技术和建立完善分销渠道的能力**。"力益公司创立之初就推崇'小而美'的策略，致力于开发优质的MP3产品。张煌对于上市产品的审核标准十分苛刻，多款开发的产品因'不够完美'被否定""力益公司延续着做MP3产品时的策略，崇尚'小而美'，不追求扩大市场份额，专注制造精品"。

（2）①力益公司对高端MP3和高端智能手机的研发类型属于"产品研发"。"进军国内需求旺盛的MP3播放器市场，推出力益公司的开山之作MX系列”“力益公司开始在智能手机领域投入全部的精力，致力开发高端智能手机”。

②力益公司对高端MP3和高端智能手机研发的动力来源类型属于“市场需求”。“进军国内需求旺盛的MP3播放器市场”“进入2007年，国内MP3市场盛极而衰。此时，力益公司……转向互联网智能手机的研发”。

③力益公司对高端MP3和高端智能手机的研发定位属于“成为成功产品的创新模仿者”。“进军国内需求旺盛的MP3播放器市场，推出力益公司的开山之作MX系列”“力益公司开始在智能手机领域投入全部的精力，致力开发高端智能手机”。

（3）①与电信运营商密切程度高、营销力度高的群组，包括“华夏”。

②与电信运营商密切程度高、营销力度低的群组，包括“中旺”“盟进”“联展”。

③与电信运营商密切程度低、营销力度高的群组，包括“OO”“VV”“XM”。

④与电信运营商密切程度低、营销力度低的群组，包括“力益”。

（4）①狭小的目标市场导致的风险。“力益公司逐渐失去市场份额，成为一个小众品牌”“在规模经济显著且已进入成熟期的产业中……投资者和供应链都开始拒绝‘小而美’”“小众厂商如果无法拿出很好的企划方案，很难说服投资方，而新一轮的手机技术竞争，需要大量投入，才能够作出高端产品，消费者也情愿为高端产品买单”。

②购买者群体之间需求差异变小。“在规模经济显著且已进入成熟期的产业中，产品差异逐渐变小”。

（5）①产品策略。2009—2014年，“崇尚‘小而美’，不追求扩大市场份额，专注制造精品”“一年只开发上市两部精品手机”；2015年以后，“实施机海战术，全面扩大产品线。2015年全年，力益公司发布了6款手机，覆盖了高、中、低三种不同档次和价格的产品线”。

②促销策略。2009—2014年，“广告投入……停滞不前”；2015年以后，“运用新的投资，扩张线下门店，广告、公关宣传等营销手段在线上线下全面展开”。

③分销策略。2009—2014年，“渠道建设也停滞不前”；2015年以后，“运用新的投资，扩张线下门店，广告、公关宣传等营销手段在线上线下全面展开”。

④价格策略。2009—2014年，“专注制造精品”；2015年以后，“力益公司发布了6款手机，覆盖了高、中、低三种不同档次和价格的产品线”。

（6）①企业产品结构、新产品研发方面可能引发的风险。“公司实施‘小而美’策略……一年只开发上市两部精品手机，广告投入与渠道建设也停滞不前。力益公司……成为一个小众品牌”。

②企业新市场开发，市场营销策略方面可能引发的风险。“公司实施‘小而美’策略……广告投入与渠道建设也停滞不前。力益公司逐渐失去市场份额”。

③企业组织效能，管理现状，企业文化及高、中层管理人员和重要业务流程中专业人员的知识结构，专业经验等方面可能引发的风险。“自2016年起，力益公司再次遭受重创。主要原因是专业经验不足与评价体系不完善，力益手机大量使用了‘LFK’的手机芯片”。

④质量、安全、环保、信息安全等管理中发生失误导致的风险。“‘LFK’芯片用料廉价，CPU核心技术落后，与竞争对手‘GT’芯片相比差距明显……由于‘内芯’这一致命缺陷，市场并不买账……形势异常严峻”。

⑤企业现有业务流程和信息系统操作运行情况的监管、运行评价及持续改进能力方面引发的风险。“自2016年起，力益公司再次遭受重创。主要原因是……评价体系不完善，力益手机大量使用了‘LFK’的手机芯片”。

9.11 斯尔解析

（1）米迪集团进入小家电领域所采用的发展战略的类型是相关多元化战略。“虽然米迪很清楚这是一个‘空调为王’的家电时代，但依然坚持了‘多腿走路’模式”“米迪自2011年起大举进入小家电领域（如电饭煲、电压力锅、微波炉、电风扇、饮水机、电磁炉等），希望寻求新的利润点”。

其动因（或优点）包括：

①利用未被充分利用的资源。“米迪最大限度利用市场机会和公司在空调领域的优势地位”。

②运用盈余资金。“米迪积累了大量的资金”。

③运用企业在某个产业或某个市场中的形象和声誉来进入另一个产业或市场。“随着业务的成熟以及品牌知名度的提升”。

④当企业在原产业无法增长时找到新的增长点。“因此米迪自2011年起大举进入小家电领域……希望寻求新的利润点”。

⑤分散风险。“由于空调是最易受到天气或库存影响的白色家电，其难免对业绩产生波动性……陆续上马了冰箱、洗衣机等产品项目”“这种‘有序的产品矩阵组合’潜力巨大，稳定性也强”。

（2）米迪集团拥有的企业能力如下：

①研发能力。“卓越的产品离不开尖端的技术。作为一家全球运营的科技集团，米迪一直着力于构建具有全球竞争力的研发布局和多层级研发体系，目前已具备以用户体验及产品功能为本的全球一流研发实力”“再比如在研发端，米迪构建了以用户为中心的创新型研发组织，搭建用户全流程参与的开发模式，挖掘不同场景下的用户潜在需求，依靠创新给用户带来超预期的产品”。

②生产管理能力。“公司拥有全球领先的生产技术及经验，并且在世界各大区域设有生产基地，公司在多个产品类别皆是全球规模最大的制造商或品牌商之一”。

③营销能力。

a.产品竞争能力。“通过对海外业务持续加大投入，以当地市场用户为中心，强化产品竞争力，自有品牌业务获得持续发展”“稳步提升全球化的竞争实力”。

b.销售活动能力。“反观国内市场，米迪已形成了全方位、立体式市场覆盖……公司已是中国家电全网销售规模最大的公司”“在营销方面，结合面向ToB的美云销平台，同时面向ToC的‘米迪到家’、米迪商城以及微信服务号为零售商赋能，实现线上线下的融合”“另一方面……持续借助拓展渠道协同系统（CCS）、美云销系统等，推进代理商的优化与赋能，降低渠道库存，提升渠道效率”。

c.市场决策能力。“公司对海外市场的产品特色及需求的深入认知，使公司善于把握全球合资合作的机会，有效推动海外品牌构建与全球区域扩张，稳步提升全球化的竞争实力”。

④财务能力。“米迪积累了大量的资金”。

⑤组织管理能力。“米迪通过国际业务组织变革，从平台化走向实体化，米迪全球经营体系进

一步完善”“有效推动海外品牌构建与全球区域扩张”“我们的后端其实已经具备应对快速变化的机制，所以当直播这个形式出现以后，只要找到前端分场景的形式，去找各种规模合作，后端调度会非常简单”。

（3）价值链分析如下：

①**确认那些支持企业竞争优势的关键性活动**。“在营销方面，结合面向ToB的美云销平台，同时面向ToC的‘米迪到家’、米迪商城以及微信服务号为零售商赋能，实现线上线下的融合”“在研发端，米迪构建了以用户为中心的创新型研发组织，搭建用户全流程参与的开发模式，挖掘不同场景下的用户潜在需求，依靠创新给用户带来超预期的产品”。

②**明确价值链内各种活动之间的联系**。“其实这几年我们一直在推进数字化……把用户数据、营销数据打通。本质上来讲，我们的后端其实已经具备应对快速变化的机制，所以当直播这个形式出现以后，只要找到前端分场景的形式，去找各种规模合作，后端调度会非常简单”。

③**明确价值系统内各项价值活动之间的联系**。“‘两个全面’战略对米迪与经销商、供应商之间的纵向价值链也提出了更高的要求……降低渠道库存，提升渠道效率。”

（4）PEST分析如下：

机会：

①**政治和法律环境**。“国家政策对绿色、智能产业发展引导”。

②**经济环境**。“国民收入稳定”“消费多元化”。

③**社会和文化环境**。“疫情进一步加强了消费者对于健康家电的需求”。

④**技术环境**。“家电行业产品标准的升级”。

威胁：

①政治和法律环境。“中美贸易冲突全面加剧”“海外市场拓展可能面临的当地政治经济局势是否稳定”。

②经济环境。“2020年新冠疫情暴发，国内消费和生产在短期内都受到了一定影响”“全球经济贸易增速放缓”“国内经济增速回落”“若原材料价格出现较大增长，或因宏观经济环境变化和政策调整使得劳动力、水、电、土地等生产要素成本出现较大波动，将会对公司的经营业绩产生一定影响”“若汇率大幅波动，不仅可能对公司产品的出口带来不利影响，同时可能造成公司汇兑损失，增加财务成本”“外汇管制制度是否发生重大变化”“生产成本是否大幅上升”“由于‘逆全球化’思潮再次兴起和贸易保护主义日趋严重，中国出口贸易面临着更多不确定不稳定的因素。部分核心市场的贸易壁垒和摩擦，影响短期出口业务和中长期市场规划和投入”。

（5）①**能源、原材料、配件等物资供应的充足性、稳定性和价格的变化带来的风险**。“核心部件产品的主要原材料为各种等级的铜材、钢材、铝材和塑料等，且家电制造属于劳动密集型行业，若原材料价格出现较大增长，或因宏观经济环境变化和政策调整使得劳动力、水、电、土地等生产要素成本出现较大波动，将会对公司的经营业绩产生一定影响”“海外市场拓展可能面临的……生产成本是否大幅上升等无法预期的风险”。

②**利率、汇率、股票价格指数的变化带来的风险**。“若汇率大幅波动，不仅可能对公司产品的出口带来不利影响，同时可能造成公司汇兑损失，增加财务成本”。

9.12 斯尔解析

（1）1992年N公司新任总裁欧先生上任后所实施的总体战略的类型分为两类：

①收缩战略。包括：

转向战略。“欧先生一上任就抓住时机达成共识，专注电信业务，推行以移动电话为中心的专业化发展新战略”。

放弃战略。“将造纸、轮胎、电缆、家用电器等业务压缩到最低限度，甚至忍痛砍掉了当时规模已做到欧洲第二的电视生产业务”。

②发展战略。主要表现为密集型战略中的产品开发战略。“集中90%的资金和人力加强移动通信器材和多媒体技术的研究和开发”“以最快的速度和最新的技术为用户研制出最为需要的高质量产品，型号的更新速度更是令人应接不暇，层出不穷的每一款N公司手机都代表着一次经典性创新”。

（2）①企业内部缺乏沟通，企业战略未能成为全体员工的共同行动目标，企业成员之间缺乏协作共事的愿望。“由于企业内部缺乏沟通，对新技术的认识不能在组织内部达成一致”。

②战略实施过程中各种信息的传递和反馈受阻。“管理层也没有通过集体学习加强信息交流促使组织达成共识”。

③公司管理者决策错误，使战略目标本身存在严重缺陷或错误。“N公司当时并没有考虑清楚自己要做什么类型的互联网公司，也不清楚互联网公司的内涵是什么，自己也说不清楚想怎么干”“一会儿是游戏平台，一会儿是在线音乐商店，一会儿又是邮件服务平台，不断地变化让用户无法对N公司的互联网形象形成记忆”“N公司的互联网战略仍然惯性地保持着2G时代的战略思维……2003年N公司买入塞班操作系统，但在实践中，N公司发现塞班操作系统不适合3G时代的网络，它扛不住互联网庞大的流量”“N公司也因相当傲慢的态度失去了占据中国3G市场的绝佳时机”。

④企业外部环境出现了较大变化，而现有战略一时难以适应。“2G时代N公司面临的只是众多手机厂商的竞争，到了3G时代，有线、无线、图像视频、娱乐、电子商务等在不断融合，N公司将要面临更多未确定的竞争对手”。

（3）文化与绩效的关系是：文化可能与高绩效相联系，文化也可能损害企业的绩效。

在2G时代，N公司的文化与高绩效相联系。“N公司始终在寻找和保持一种领导与管理之间的平衡，也就是通过领导的影响力，使企业的价值观渗透到员工的价值观中去。这种独特的企业文化，把广大员工凝聚到一起。N公司以其超强的成本控制能力、快速的市场反应、持续的产品创新、严格而完善的质量控制与检验、人性化的售后服务等优势，在手机市场独占鳌头”。

在3G时代，N公司的文化损害企业的绩效。“由于企业内部缺乏沟通，对新技术的认识不能在组织内部达成一致，管理层也没有通过集体学习加强信息交流促使组织达成共识……公司研发的新技术被束之高阁，甚至出现在竞争对手的产品上，成为竞争对手产品的关键特色”“N公司的好日子结束了”。

（4）①研究项目未经科学论证或论证不充分，可能导致创新不足或资源浪费。“拥有5 000名创新人员和专业研究机构的N公司……产品开发指导思想还停留在做手机的阶段，产品所解决的问题还是如何更好地实现通信功能”“N公司发现塞班操作系统不适合3G时代的网络，它扛不住互联网庞大的流量”。

②研究成果转化应用不足、保护措施不力，可能导致企业利益受损。“大量被当前的智能终端所普遍采用的技术如纳米科技、可视化、感应器、触控等在N公司的研发都成熟到了可应用的地步……公司研发的新技术被束之高阁，甚至出现在竞争对手的产品上，成为竞争对手产品的关键特色”。

9.13 斯尔解析

（1）①产品创新。“华明基因率先完成了第一个亚洲人的基因组图谱绘制、全基因组测序、全外显子测序等共十项独特的基因测序产品，锁定了基因测序行业的霸主地位”“华明基因还通过与各大医院的医学工作者合作的方式，构建了多个基因数据库，并利用基因数据库开发分析能力更精准的测序产品”。

②流程创新。“华明基因还通过与各大医院的医学工作者合作的方式，构建了多个基因数据库，并利用基因数据库开发分析能力更精准的测序产品”。

③定位创新。“华明基因开始将基因测序产品定位于极具发展空间的生育健康市场”。

④范式创新。“目前正在商讨如何与地方政府合作，建立健康小镇。该项目计划形成医疗、养老、研发、公共服务于一体的健康平台。健康小镇的建成，将为华明公司带来全新的业务模式”。

（2）①专有技术选择、获取与应用的困难。“基因测序行业属于高成长性的新兴经济，行业的发展特点集中体现在研发和市场推广的巨大投入，许多世界领先的生物医药类公司往往都呈现销售费用和研发费用‘双高’的特征，技术研发存在不确定性”。

②原材料、零部件、资金与其他供给的不足。“数家美国公司占据了绝大部分仪器和试剂的供应份额，其中LUMA占据了全球测序仪器市场71%的份额。2010年，华明基因从LUMA公司购置了100多台基因测序仪，并借助这些专业设备在基因测序市场站稳脚跟，同时这批采购也让华明基因看到了产业链上游企业LUMA的垄断优势地位。高昂的价格、漫长的供应周期以及严苛的使用条件使得华明基因的发展受到极大限制。华明基因研究院院长徐瑞表示：‘华明基因想要往上游拓展，参与测序仪器和试剂的生产，是因为确实遇到了技术壁垒。上游厂商对新技术分享的有所保留，同时也会利用垄断优势压低下游基因测序行业的利润’”。

③顾客的困惑与等待观望。“由于大众对基因科技的认知相对有限，基因测序公司在市场推广方面的力度需要更强，甚至需要在一定程度上承担行业科普的角色”。

④被替代品的反应。“相比之下，基因测序技术更适于从大规模人群中进行肿瘤的早期筛查，而传统肿瘤早筛技术在价格上仍具有优势，且有价格不断下降的趋势”。

⑤缺少承担风险的胆略与能力。“这需要技术上具有极佳的前瞻性与风险承担的能力”。

（3）①塑造产业结构。在新兴产业中占压倒地位的战略问题是考虑企业是否有能力促进产业结构趋于稳定而且成型。这种战略选择使企业能够在产品策略、营销方法以及价格策略等领域建立一套有利于自身发展的竞争原则，从而有利于企业建立长远的产业地位。“华明基因率先完成了第一个亚洲人的基因组图谱绘制、全基因组测序、全外显子测序等共十项独特的基因测序产品，锁定了基因测序行业的霸主地位。截至2019年6月30日，华明基因的基因测序产品已累计服务近900万人次，样本积累优势明显”“在获取CG核心技术的基础上，华明自主研发出了国产测序仪器和试剂，实现了基因测序工具的自主可控，再也没有‘卡脖子’之忧，并占据了国内市场在测序仪器和试剂生产上的主导地位”。

②正确对待产业发展的外在性。在一个新兴产业中，一个重要的战略问题是在对产业倡导和追求自身狭窄利益的努力之间作出平衡。产业的整体形象、信誉、与其他产业的关系、产业吸引力、顾客对产业的认知程度、产业与政府及金融界的关系等都与企业的生产经营状况息息相关。产业内企业的发展，离不开与其他同类企业的协调以及整个产业的发展。“华明基因还通过与各大医院的医学工作者合作的方式，构建了多个基因数据库，并利用基因数据库开发分析能力更精准的测序产品”“华明基因高管还表示，目前正在商讨如何与地方政府合作，建立健康小镇。该项目计划形成医疗、养老、研发、公共服务于一体的健康平台。健康小镇的建成，将为华明公司带来全新的业务模式”。

③注意产业机会与障碍的转变，在产业发展中占据主动地位。“高昂的价格、漫长的供应周期以及严苛的使用条件使得华明基因的发展受到极大限制”“在获取CG核心技术的基础上，华明自主研发出了国产测序仪器和试剂，实现了基因测序工具的自主可控，再也没有‘卡脖子’之忧，并占据了国内市场在测序仪器和试剂生产上的主导地位”“华明基因率先完成了第一个亚洲人的基因组图谱绘制、全基因组测序、全外显子测序等共十项独特的基因测序产品，锁定了基因测序行业的霸主地位。截至2019年6月30日，华明基因的基因测序产品已累计服务近900万人次，样本积累优势明显”。

④选择适当的进入时机与领域。选择适当的进入时机在新兴产业中尤为重要。早期进入涉及高风险，但可以在关键市场取得“局内人的位置”，获得市场支配地位。“CG公司拒绝LUMA公司的收购提案给了华明基因机会。华明基因于2013年完成对CG公司的全额收购”“收购完成后，华明完整保留了CG在基因测序领域被广泛认可的DNA纳米球技术，同时利用CG公司已有的技术，在其体系下新开发了COOLMPS技术”“在获取CG核心技术的基础上，华明自主研发出了国产测序仪器和试剂，实现了基因测序工具的自主可控，再也没有‘卡脖子’之忧，并占据了国内市场在测序仪器和试剂生产上的主导地位”。

（4）①产品结构、新产品研发方面可能引发的风险。“在基因检测行业中，新产品的开发与推广都极具风险性”“华明基因研究院院长徐瑞表示：‘华明基因想要往上游拓展，参与测序仪器和试剂的生产，是因为确实遇到了技术壁垒。上游厂商对新技术分享的有所保留，同时也会利用垄断优势压低下游基因测序行业的利润。’”“跨国研发涉及的过程管理与人员调度上的不足，依然有可能影响华明公司后续研发的成功率”。

②企业新市场开发，市场营销策略（包括产品或服务定价与销售渠道，市场营销环境状况等）方面可能引发的风险。“在基因检测行业中，新产品的开发与推广都极具风险性”。

③企业组织效能，管理现状，企业文化及高、中层管理人员和重要业务流程中专业人员的知识结构，专业经验等方面可能引发的风险。“管理层没有及时补救出现的其他决策失误”“2015年10月，华明基因CEO胡俊因与董事长汪林存在理念不合，辞去了CEO的职务。华明基因CFO李英、CTO吴春、CIO李浩跟随胡俊出走。随后，华明基因子公司华明医学CEO梁烨将接替胡俊的职位。但由于梁烨不具备精准医疗相关的大数据背景，华明基因的战略方向举棋不定”。

④质量、安全、环保、信息安全等管理中发生失误导致的风险。“为了避免可能产生的专利纠纷与确保信息安全，公司随即成立了知识产权部，并聘请了100多名专门从事知识产权相关工作的科研人员与负责商标等业务的律师，制定并组织实施专利规划、商标管理以及建立公司内部的知识

产权管理制度，以保证测序仪器和试剂的顺利生产”。

⑤企业现有业务流程和信息系统操作运行情况的监管、运行评价及持续改进能力方面引发的风险。“在基因测序市场不断变化的外部条件下，梁烨选择延续并固守现有的经营模式，即聚焦与地方政府或者三甲医院签约的商业模式。华明基因选择放弃发展渠道商，错失了进一步扩张的机会”。

（5）①避开进入壁垒，迅速进入，争取市场机会。“为了冲破上游垄断，华明基因选定了通过并购的方式实现国产化。华明基因选定了当时只有一百多人的美国企业CG公司”“收购完成后，华明完整保留了CG在基因测序领域被广泛认可的DNA纳米球技术，同时利用CG公司已有的技术，在其体系下新开发了COOLMPS技术。这是一场击破LUMA的‘反垄断’之战。在获取CG核心技术的基础上，华明自主研发出了国产测序仪器和试剂，实现了基因测序工具的自主可控，再也没有‘卡脖子’之忧，并占据了国内市场在测序仪器和试剂生产上的主导地位”。

②获得协同效应。“收购完成后，华明完整保留了CG在基因测序领域被广泛认可的DNA纳米球技术，同时利用CG公司已有的技术，在其体系下新开发了COOLMPS技术”。

③克服企业负外部性，减少竞争，增强对市场的控制力。“这是一场击破LUMA的‘反垄断’之战。在获取CG核心技术的基础上，华明自主研发出了国产测序仪器和试剂，实现了基因测序工具的自主可控，再也没有‘卡脖子’之忧，并占据了国内市场在测序仪器和试剂生产上的主导地位”。

（6）①研究项目未经科学论证或者论证不充分，可能导致创新不足或资源浪费。“基因测序行业属于高成长性的新兴经济，行业的发展特点集中体现在研发和市场推广的巨大投入，许多世界领先的生物医药类公司往往都呈现销售费用和研发费用‘双高’的特征，技术研发存在不确定性。同时，由于大众对基因科技的认知相对有限，基因测序公司在市场推广方面的力度需要更强，甚至需要在一定程度上承担行业科普的角色。在基因检测行业中，新产品的开发与推广都极具风险性。目前，境外基因检测类企业能够实现盈利的较少，多数处于亏损状态。2019年第三季度，华明基因的净利润仍保持为正，但也出现了小幅度的下滑”。

②研发人员配备不合理或研发过程管理不善，可能导致研发成本过高、舞弊或研发失败。“跨国研发涉及的过程管理与人员调度上的不足，依然有可能影响华明公司后续研发的成功率”。

③研究成果转化应用不足、保护措施不力，可能导致利益损失。“为了避免可能产生的专利纠纷与确保信息安全，公司随即成立了知识产权部，并聘请了100多名专门从事知识产权相关工作的科研人员与负责商标等业务的律师，制定并组织实施专利规划、商标管理以及建立公司内部的知识产权管理制度，以保证测序仪器和试剂的顺利生产”。

9.14 斯尔解析

（1）无人机新兴产业内部结构的共同特征：

①技术的不确定性。“终于在2006年1月成功做出了第一台样品，并在航拍爱好者中广受好评”“航拍爱好者购买了天志直升机后，相机还要另外购买，使用比较麻烦，而且产品价格过高，天志公司的新技术很难迅速推广”“天志公司的无人机产品和技术使得更多的人获得了认识世界的全新视角……开辟了一个又一个新的发展空间”。

②战略的不确定性。“天志公司的无人机产品和技术使得更多的人获得了认识世界的全新视角，让人们从地面的二维平面上升到三维空间去观察思考，其产品和技术也因此点燃了更多领域的创新。影视航拍、农业、能源、电力、测绘、安防等产业与无人机产业深度融合，天志公司的无人机技术成为这些产业创新所依赖的‘基础设施’”。

③成本的迅速变化。“天志公司的技术很快就获得了业界认可，一个单品在当时卖到了20万元的售价……而且产品价格过高，天志公司的新技术很难迅速推广”“随着生产技术的不断成熟，产品价格日趋下降”。

④萌芽企业和另立门户。“王浩开始了自主创业，他同两位一起做实验课题的伙伴，共同创立了天志公司”。

⑤首次购买者。新兴产业中许多顾客都是第一次购买。在这种情况下，市场营销的中心活动是选择顾客对象并诱导初始购买行为。“终于在2012年，天志精灵PH1横空出世，高度的集成一体化很快就获得了第一批消费者的认可”。

天志公司在无人机新兴产业中的战略选择：

①塑造产业结构。在新兴产业中占压倒地位的战略问题是考虑企业是否有能力促进产业结构趋于稳定而且成型。这种战略选择使企业能够在产品策略、营销方法以及价格策略等领域建立一套有利于自身发展的竞争原则，从而有利于企业建立长远的产业地位。“天志公司开始了相机飞机一体化的研发设计，终于在2012年，天志精灵PH1横空出世”“天志公司的无人机技术成为这些产业创新所依赖的‘基础设施’”“产品价格日趋下降”“牢牢锁定无人机市场的霸主地位”。

②正确对待产业发展的外在性。在一个新兴产业中，一个重要的战略问题是在对产业倡导和追求自身狭窄利益的努力之间作出平衡。产业的整体形象、信誉、与其他产业的关系、产业吸引力、顾客对产业的认知程度、产业与政府及金融界的关系等都与企业的生产经营状况息息相关。产业内企业的发展，离不开与其他同类企业的协调以及整个产业的发展。“天志公司的无人机技术成为这些产业创新所依赖的‘基础设施’。在这一过程中，天志公司与各产业中的专业人员密切合作，优势互补，开辟了一个又一个新的发展空间”“全球有约10万名无人机技术开发者通过天志公司的平台完成各种各样的开发项目，有些项目远远超出了人们想象，伴随而至的是对天志公司技术深化及制造管理提出新的任务和要求”。

③注意产业机会与障碍的转变，在产业发展变化中占据主动地位。“中国的直升机自主悬停技术在天志公司取得突破性的进展”“天志公司的无人机产品和技术使得更多的人获得了认识世界的全新视角，让人们从地面的二维平面上升到三维空间去观察思考，其产品和技术也因此点燃了更多领域的创新。影视航拍、农业、能源、电力、测绘、安防等产业与无人机产业深度融合，天志公司的无人机技术成为这些产业创新所依赖的‘基础设施’。在这一过程中，天志公司与各产业中的专业人员密切合作，优势互补，开辟了一个又一个新的发展空间”。

④选择适当的进入时机与领域。选择适当的进入时机在新兴产业中尤为重要。早期进入涉及高风险，但可以在关键市场取得“局内人的位置”，获得市场支配地位。“2008年，第一个较为成熟的直升机飞行系统XP3.1在天志公司问世，中国的直升机自主悬停技术在天志公司取得突破性的进展……牢牢锁定无人机市场的霸主地位”。

（2）①研发类型属于产品研发。“中国的直升机自主悬停技术在天志公司取得突破性的进展”。

②研发的动力来源既属于“技术进步”，即创新来自发明的应用，“中国的直升机自主悬停技术在天志公司取得突破性的进展”；研发的动力来源又属于“市场需求”，即市场的新需求拉动创新以满足需求，“天志公司的无人机产品和技术使得更多的人获得了认识世界的全新视角，让人们从地面的二维平面上升到三维空间去观察思考，其产品和技术也因此点燃了更多领域的创新。影视航拍、农业、能源、电力、测绘、安防等产业与无人机产业深度融合，天志公司的无人机技术成为这些产业创新所依赖的‘基础设施’”。

③研究定位属于成为向市场推出新技术产品的企业。“中国的直升机自主悬停技术在天志公司取得突破性的进展”“天志公司从此走上无人机领域的巅峰”“牢牢锁定无人机市场的霸主地位”。

④从安索夫矩阵角度，分析天志公司研发的战略作用。研发支持四个战略象限：

可以通过产品成本的降低和产品的改进、创新来实现市场渗透战略和市场开发战略。“天志公司从此走上无人机领域的巅峰”“在全球范围内，已有越来越多的用户使用天志公司的产品和解决方案”。

产品开发和产品多元化需要更显著的产品创新。“天志公司的无人机产品和技术使得更多的人获得了认识世界的全新视角，让人们从地面的二维平面上升到三维空间去观察思考，其产品和技术也因此点燃了更多领域的创新。影视航拍、农业、能源、电力、测绘、安防等产业与无人机产业深度融合，天志公司的无人机技术成为这些产业创新所依赖的‘基础设施’。在这一过程中，天志公司与各产业中的专业人员密切合作，优势互补，开辟了一个又一个新的发展空间”。

（3）①企业组织效能，管理现状，企业文化及高、中层管理人员和重要业务流程中专业人员的知识结构，专业经验等方面可能引发的风险。“公司治理结构相对混乱”“‘重结果，轻人才’的管理模式”。

②质量、安全、环保、信息安全等管理中发生失误导致的风险。“2017年一名安全研究员在天志公司的网络安全方面发现了一个非常严重的漏洞。这个漏洞会导致天志公司的所有旧密钥毫无用处，从而可能造成天志公司服务器上的用户信息、飞行日志等私密信息能够被下载”。

③因企业内、外部人员的道德风险或业务控制系统失灵导致的风险。“在公司运作的各个领域（采购、财务、研发设计、工厂制造、行政管理以及销售）均出现了舞弊行为，可见这次串通勾结行为范围极广，危害程度极大”。

④企业现有业务流程和信息系统操作运行情况的监管、运行评价及持续改进能力方面引发的风险。“缺乏内部信息的披露。作为一家非上市的民营企业，天志公司没有对外披露重大事项的要求和压力，导致公司内部治理缺乏良性运行和监督机制，在信息不对称的情况下，舞弊、泄密等问题极易产生”。

（4）①治理结构形同虚设，缺乏科学决策、良性运行机制和执行力，可能导致企业经营失败，难以实现发展战略。“天志公司领导层面对业务的迅速扩张，将注意力集中在极力扩大经营规模、追求足够的市场份额和企业利润，而忽略组织内部治理，致使腐败、泄密等问题频繁产生”。

②内部机构设计不科学，权责分配不合理，可能导致机构重叠、职能交叉或缺失、推诿扯皮、运行效率低下。“产品在开发时由两个团队分头去做，谁的产品好就用谁的，产品未被选用的团队会被公司淘汰。这一管理模式带来诸多问题，如研发过程中两个团队恶性竞争、人才流失严重、被选用的团队为防以后被淘汰而滋生腐败动机等”。

（5）①**人力资源缺乏或过剩、结构不合理、开发机制不健全，可能导致企业发展战略难以实现**。“赛马机制一直是团队竞争发展的管理模式……‘重结果，轻人才’的文化氛围大大地降低了员工的归属感，难以形成凝聚力、向心力”。

②**人力资源激励约束制度不合理、关键岗位人员管理不完善，可能导致人才流失、经营效率低下或关键技术、商业秘密和国家机密泄露**。“产品在开发时由两个团队分头去做，谁的产品好就用谁的，产品未被选用的团队会被公司淘汰。这一管理模式带来诸多问题，如研发过程中两个团队恶性竞争、人才流失严重、被选用的团队为防以后被淘汰而滋生腐败动机等”。

③**人力资源退出机制不当，可能导致法律诉讼或企业声誉受损。**“产品未被选用的团队会被公司淘汰。这一管理模式带来诸多问题，如研发过程中两个团队恶性竞争、人才流失严重、被选用的团队为防以后被淘汰而滋生腐败动机等……离职员工对天志公司负面评价很多”。

（6）①**供应商选择不当，采购方式不合理，招投标或定价机制不科学，授权审批不规范，可能导致采购物资质次价高，出现舞弊或遭受欺诈**。“让供应商报底价，然后伙同供应商往上加价，加价部分双方按比例分成”“利用手中权力，以技术规格要求为由指定供应商或故意以技术不达标把正常供应商踢出局，让可以给回扣的供应商进短名单，长期拿回扣”“以降价为借口，淘汰正常供应商，让可以给回扣的供应商进短名单并做成独家垄断，然后涨价，双方分成”“利用内部信息和手中权力与供应商串通收买验货人员，对品质不合格的物料不进行验证，导致质次价高的物料长期独家供应”“内外勾结，搞皮包公司，利用手中权力以皮包公司接单，转手把单分给工厂，中间差价分成”。

②**采购验收不规范，付款审核不严，可能导致采购物资、资金损失或信用受损**。“在2018年由于公司供应链贪腐造成平均采购价格超过合理水平20%以上，保守估计造成超过10亿元人民币的损失。在公司运作的各个领域（采购、财务、研发设计、工厂制造、行政管理以及销售）均出现了舞弊行为，可见这次串通勾结行为范围极广，危害程度极大”。

注册会计师考试辅导用书·基础进阶

只做好题·公司战略与风险管理

题目册

斯尔教育　组编

電子工業出版社
Publishing House of Electronics Industry
北京·BEIJING

图书在版编目（CIP）数据

只做好题. 公司战略与风险管理题目册 / 斯尔教育组编. -- 北京 : 电子工业出版社, 2025. 2. -- (注册会计师考试辅导用书). -- ISBN 978-7-121-49708-7

Ⅰ. F23-44

中国国家版本馆CIP数据核字第2025TV8059号

责任编辑：张春雨
印　　刷：河北鸿运腾达印刷有限公司
装　　订：河北鸿运腾达印刷有限公司
出版发行：电子工业出版社
　　　　　北京市海淀区万寿路173信箱　　邮编：100036
开　　本：787×1092　1/16　　印张：39　　字数：937千字
版　　次：2025年2月第1版
印　　次：2025年2月第1次印刷
定　　价：68.00元（全3册）

凡所购买电子工业出版社图书有缺损问题，请向购买书店调换。若书店售缺，请与本社发行部联系，联系及邮购电话：（010）88254888，88258888。

质量投诉请发邮件至zlts@phei.com.cn，盗版侵权举报请发邮件至dbqq@phei.com.cn。

本书咨询联系方式：faq@phei.com.cn。

开卷必读

在艰苦、漫长的学习过程中，做题是非常重要的一环。本书收集、整理了大量真题，并根据最新考情、考试风格对真题进行了改编和完善。希望这本书可以成为大家备考路上的好帮手。为了让大家更好地使用本书，下面对本书特点进行简单介绍。

（1）解析详细：对每一道题进行详细解析，帮助大家吸收每一道题的“精华”。

（2）重点清晰：在题目解析中，对需要背诵、记忆的内容更换字体进行标记，一目了然。

（3）精准答疑：本栏目以“问题+解答”的形式呈现，设置在相关知识点之后；通过在总结用户真实提问的基础上，精选出高频、典型、与考试相关的问题，配以详细解答，帮助你顺利解决学习过程中可能出现的疑问，更贴心地满足日常学习需要。

（4）设置“做新变”栏目：将当年官方教材新变知识点单独配题，顺应考试“考新考变”的特点，帮助你更有针对性地练习。

使用本书时，要注重制订和落实计划，努力以学习“打好基础”分册图书的节奏完成练习内容。无论是在配套课程的课堂上还是斯尔教育组建的班级社群内，我们都会随着授课进度将本书的练习题布置为课后作业，只有以“今日事、今日毕”的态度完成之，才有助于扎实、透彻地掌握知识要点。

本书难免有疏漏之处，还望各位考生通过各类渠道向我们反馈、多多提出宝贵意见。

希望每位考生都能够在做题中学习、在做题中检验、在做题中进步、在做题中自信。

让我们共同努力、不负韶华！

目录

第一章　战略与战略管理概述　1

第二章　战略分析　7

第三章　战略选择　23

第四章　战略实施　51

第五章　公司治理　59

第六章　风险与风险管理概述　65

第七章　风险管理的流程、体系与方法　67

第八章　企业面对的主要风险与应对　73

第九章　综合题演练　83

第一章　战略与战略管理概述

一、单项选择题

1.1　逸云公司是一家手机游戏软件开发商。为实现预定的战略目标，该公司借助大数据分析工具，及时根据市场需求的变化调整产品开发和经营计划，取得显著成效。下列各项中，对逸云公司上述做法表述错误的是（　　）。

A.逸云公司的战略是理性计划的产物

B.逸云公司的战略是在其内外环境的变化中不断规划和再规划的结果

C.逸云公司采取主动态势预测未来

D.逸云公司的战略是事先计划和突发应变的组合

1.2　永太科技是一家农药生产企业，其经营范围由原有业务扩展至石油制品、技术咨询以及电子产品原料销售。永太科技的发展体现了公司（　　）。

A.战略层次的变化　　B.经营哲学的变化

C.宗旨的变化　　D.公司目的的变化

1.3　妙原公司为国内知名肉类加工企业。近年来，妙原公司陆续收购了几家肉类连锁超市，积极向下游环节延伸。妙原公司的上述行为属于该公司的（　　）。

A.总体战略　　B.业务单位战略

C.职能战略　　D.混合战略

1.4　下列各项中，属于多元化公司总体战略的核心要素的是（　　）。

A.明确企业竞争战略　　B.选择企业可以竞争的经营领域

C.协调每个职能中各种活动之间的关系　　D.协调不同职能与业务流程之间的关系

1.5　下列关于战略管理的表述中，错误的是（　　）。

A.战略管理的对象不仅包括研究开发、生产、人力资源、财务、市场营销等具体职能，还包括统领各项职能战略的竞争战略和公司战略，这体现了战略管理是企业综合性的管理

B.评估战略备选方案时，考虑战略是否发挥了企业优势，克服了劣势；是否利用了机会，将威胁削弱到最低程度；是否有助于企业实现目标。这使用的标准是适宜性标准

C.战略管理是一个循环过程，而不是一次性的工作。要不断监控和评价战略的实施过程，修正原来的分析、选择与实施工作，这是一个循环往复的过程

D.战略管理需要由企业的高层与中层领导共同推动与实施

1.6　景风公司是一家风电设备制造商，该公司在制定战略的过程中，其最高管理层对下属部门不作具体的规定，而是要求各部门提交战略方案。下列各项中，属于景风公司制定战略所采用的方法是（　　）。

A.自下而上　　B.自上而下　　C.上下结合　　D.全员参与

1.7 力星公司在成立之初是一家以生产与销售专业筋膜枪等健身配件为主业的公司，其主要客户为专业运动员团队与持有执照的物理治疗医务工作人员。2020年，该公司在原本标准化的筋膜枪基础上，推出了体积小巧、颜色靓丽的女士专用筋膜枪产品，塑造了时尚、年轻的产品定位。从战略创新的角度来看，该做法属于（　　）。

A.产品创新与流程创新　　B.产品创新与定位创新

C.流程创新与定位创新　　D.流程创新与范式创新

1.8 中微基因是一家专门从事生命科学的科技机构，其近期试制成功的基因检测技术可以快速输出人类的基因序列图谱，并且该机构正在不断调试技术参数。受到政策的影响，该技术目前的市场接受度不高，同时有不少其他机构的类似技术在检测速度与准确性方面可以与之抗衡。根据以上信息，中微基因当前所处的创新生命周期为（　　）。

A.流变阶段　　B.过渡阶段　　C.成熟阶段　　D.衰退阶段

1.9 惠蓝晶体是一家从事压电石英晶体元器件系列产品研发、生产和销售的上市公司。从全球范围来看，惠蓝公司从激烈的竞争中形成了区别于其他企业的高基频化（光刻晶体）产品，并形成了生产该产品的特定技术能力。惠蓝公司所掌握的这项技术当前所处的创新生命周期是（　　）。

A.流变阶段　　B.过渡阶段　　C.成熟阶段　　D.衰退阶段

1.10 不能用来描述投资者与经理人员的利益矛盾与均衡的模型是（　　）。

A.列昂惕夫模型　　B.威廉姆森的经理效用最大化模型

C.马里斯的增长最大化模型　　D.鲍莫尔的销售最大化模型

1.11 截至2015年秋，U国N航空公司与M航空公司合并已有5年，但原N公司和M公司机舱服务员的劳工合约仍未统一。为此，原N公司与M公司的机舱服务员在临近圣诞节期间，发起抗议行动，有效推动了该项问题的解决，本案例中原N公司与M公司机舱服务员的权力来源于（　　）。

A.个人的素质和影响　　B.在管理层次中的地位

C.利益相关者集中或联合的程度　　D.参与或影响企业战略决策与实施过程

1.12 景山公司是一家工艺品生产商，该公司的产品均为工匠师傅纯手工打造，而非机器制成。在公司内部，手艺最为精湛的工匠师傅相较于经理人与其他工匠在产品制造环节拥有更大的话语权。对于手艺精湛的工匠师傅，其权力来源是（　　）。

A.对资源的控制与交换的权力　　B.在管理层次中的地位

C.利益相关者集中或联合的程度　　D.参与或影响企业的战略决策与实施过程

1.13 韩国美妆品牌伊氏风音为宣传其遵循“生态设计”与“环保意识”的理念，推出了一款新型洗发水，其外包装上印有“你好，我是纸瓶子”的字样。后被证实，该环保包装实则是用纸包裹的塑料瓶，极具误导性的文案让产生误解的部分消费者极为不满。公司管理层在进行大范围的市场调研后，立即决定将该类洗发水更换为环保包装并对消费者发放产品代金券进行补偿。公司管理层对待和处理这场冲突的策略是（　　）。

A.协作　　B.折中　　C.和解　　D.规避

1.14 M公司是一家净水器生产企业。为了进一步提高废水利用率，公司每周组织业务人员、研发人员和所有相关部门开展头脑风暴，并专门置办了一间实验室，供研发人员尝试技术革新，并鼓励他们参加行业技术论坛。根据3M创新漏斗模型，M公司创新管理的阶段为（　　）。

A.涂鸦式创新　　B.设计式创新　　C.引领式创新　　D.颠覆式创新

二、多项选择题

1.15 捷力公司是一家成立于1997年的汽车集团。为了实现“让捷力汽车跑遍全世界”的使命，捷力公司在2019年提出了最新的目标：争取用3～5年时间完成从单纯的低成本战略向高技术、高质量、高效率、国际化的战略转型。到2025年，在海外建成15个生产基地，实现大规模的产品外销，使捷力公司成为国际上有竞争力的品牌。下列关于捷力公司目标的描述中，正确的有（　　）。

A.捷力公司的目标阐明了其组织的根本性质与存在理由

B.捷力公司的目标表述仅包括战略目标，不包括财务目标

C.捷力公司的目标主要是集中精力提高公司的短期经营业绩和经营结果

D.捷力公司的目标是其使命的具体化

1.16 下列关于公司建立战略目标体系目的的表述中，正确的有（　　）。

A.提高股利增长率　　B.获得满意的投资回报率

C.提高公司在客户中的声誉　　D.获得持久的竞争优势

1.17 民先公司是一家销售生鲜食品的大型连锁超市。2017年，该公司逐渐开设了网上销售业务，并初步建立了快速高效的物流体系，目前已实现在若干超市门店3公里范围内，至多30分钟即可送货上门。根据上述信息，下列关于民先公司的说法中，错误的有（　　）。

A.从创新的新颖程度来看，民先公司的创新属于渐进性创新

B.从创新的新颖程度来看，民先公司的创新属于突破性创新

C.民先公司创新的新颖程度能够使得企业保持平稳、正常运转

D.民先公司创新的新颖程度会使整个体系发生变化

1.18 中天集团是一家大型零售企业，旗下有多个商超品牌。随着社区团购的兴起，中天集团开设了多家社区生鲜店，并引入大数据、物联网等新兴技术智能化满足消费者需求。下列关于中天集团开设社区生鲜店这一创新型组织的描述中，正确的有（　　）。

A.持续探索合适的组织形式，在“有机的”和“机械的”模式之间找到平衡

B.各个生鲜店店长是组织中的关键个体，高层需要对他们提供积极的支持

C.加强集团旗下不同生鲜店用户需求的共享，有利于实现共赢

D.通过与供应商分享库存消耗数据，推动上下游网络的高效运行

1.19 柏奥公司是一家致力于开发人工智能技术的生物科技企业，涉猎范围较广，且每年投入大量经费探索前沿技术。在具体研究领域方面，虽然小分子技术在行业内已有较成熟的应用场景，但公司创始人认为大分子领域的数据更为丰富，也更适合采用人工智能技术。因此，公司加紧建设基于大分子技术的药物平台，以降低抗体优化成本，并计划在未来3～5年内获取相关知识产权。上述案例中，柏奥公司所涉及的创新管理的主要过程有（　　）。

A.搜索阶段　　B.选择阶段　　C.实施阶段　　D.获取阶段

1.20 在激烈的市场环境下，BM公司遭遇了较为严重的财政困难。经研究发现，公司在研发成本和产品上市时间等几个方面远远落后于业界实践。为了重新获得市场优势，BM公司提出引入IPD产品开发流程，努力压缩研发费用，提升研发效率。IPD产品开发流程的显著特点有（　　）。

A.强调“技术为王”，开发团队需要投入更多精力用以基础性研究

B.将产品开发作为投资进行管理，关注投资回报

C.跨部门沟通和协作更为密切

D.专注于汇集企业内部各部门力量以提高创新效率

1.21 早些年，国产奶粉的安全事件层出不穷。作为国产奶粉代表之一，宝康乳业公司近年来采用多项举措，努力实现“社会最放心、消费者最满意”的战略目标。同时，公司举办通过“消费者每购买一罐奶粉，公司就向希望工程捐赠1元钱”的公益活动，进一步提升了品牌口碑。依据“企业利益与社会效益”相关理论，宝康乳业公司所承担的社会责任有（　　）。

A.保证企业利益相关者的基本利益要求　　B.保护自然环境

C.赞助和支持社会公益事业　　D.保障就业和员工权益

三、简答题

1.22 在汽车产业电动化、智能化、网联化、共享化融合变革之际，被称为“造车新势力”之一的家家智能汽车公司于2015年正式成立。家家智能汽车公司的董事长兼创始人王向认为，汽车制造业已经进入2.0数字时代，其特征是“电机驱动+智能互联”；而汽车3.0时代是人工智能时代，其特征是“无人驾驶+出行空间”。为了赢得2.0时代，并参与3.0时代的竞争，家家智能汽车公司开始全面布局：通过三轮融资获得资金，拥有了自己的制造基地，与国内最大的出租车网约平台合作切入共享出行领域，积极投资产业链（包括投资孵化自动驾驶系统供应商MJ公司、专注自动驾驶中央控制器的ZX公司以及研发生产激光雷达的LH公司等）。

王向认为，未来企业竞争的关键要素是具备快速成长能力的公司组织。他把60%的时间用于组织管理，以是否具备创新能力与价值观而非是否来自成功大企业为标准选拔人才；帮助团队中每一个人成就心中的事业追求，去挑战自己和团队成长的极限。

家家智能汽车公司的第一款产品SEV面向国内外共享汽车使用群体，续航里程将超过100公里。但是，两年筹备之后，由于低速车的合法性以及海外分时租赁市场实际容量的局限，这个雄心勃勃的计划还是夭折了。面对挫折，王向立即将公司产品开发重心转移到中大型SUV的“家家智造ONE”。为了实现“没有里程焦虑”，“家家智造ONE”采用全新的形式——增程式电动。王向认为，相对于U国TL等电动车采用的充电桩/换电站等方式，中国消费者更需要从产品本身去解决问题产品。2018年10月18日晚，备受汽车及科技界人士瞩目的家家智能汽车公司新车——“家家智造ONE”于B市正式发布。这场发布会没有明星大腕捧场助阵，全程由王向一人直接以大量数据对比和充满硬核知识的“干货”完成了自我演绎，让消费者在各类新产品中有了清晰的比较。王向表示，“家家智造ONE”的定价不会高于40万元，而增程式电动技术显著难于纯电动车，因而“家家智造ONE”的性价比具有优势。

2018年12月，家家智能汽车公司以6.5亿元收购LF股份公司所持有的C市LF汽车公司100%股

权，被业界称为家家“完美避开进入门槛”，取得了新能源汽车生产资质，以实现王向掌控并引领新能源汽车市场的梦想。此举对于LF股份公司而言是其战略重组的一部分，将经营不善的C市LF汽车公司剥离出去，以应对流动资金不足的困境。家家公司与LF股份还签署了为期3年的框架合作协议。双方将通过资源互补、技术互补等方式，在新能源技术开发、车联网、人车交互及数据共享等领域形成技术联盟。

要求：

（1）简要分析家家智能汽车公司战略创新的主要类型。

（2）简要分析家家智能汽车公司战略创新赖以实现的关键情境及主要表现。

第二章　战略分析

一、单项选择题

2.1　金冶公司为一家矿石勘探企业。在对非洲某国进行实地考察时，公司发现该国为提高本国公民的安全意识与社会福利，对外商雇用本地劳工的工作时长进行了进一步的限制，这很可能导致公司在当地矿石勘探业务成本的提高，这表明该公司在进行决策时考虑了（　　）。

A.政治和法律环境　　B.经济环境

C.社会和文化环境　　D.技术环境

2.2　国际快餐连锁公司S公司宣布在中东开设连锁店，但并不出售猪肉汉堡，只出售牛肉汉堡、鸡肉汉堡和鱼肉汉堡。这说明该国际快餐连锁公司在战略分析中考虑了（　　）。

A.政治和法律环境　　B.经济环境

C.社会和文化环境　　D.技术环境

2.3　近年来，随着人工智能和物联网技术的飞速发展，扫地机器人等智能清洁产品备受用户青睐。2020年中国扫地机器人市场规模相较于2019年增长了23.31%，但中低端扫地机器人市场的产品质量良莠不齐，清扫效果仍需升级。按照产品生命周期理论，目前国内扫地机器人产业所处的阶段是（　　）。

A.成长期　　B.成熟期　　C.衰退期　　D.导入期

2.4　近年来，我国生物制药行业受宏观环境影响呈现复苏与增长态势。随着海外资本涌入、人才大批回流，国内药企的战略路径主要是加大对研究开发的投资和对技术的改进，从而提高药品的质量，确保安全性和有效性。按照产品生命周期理论，我国生物制药行业所处的阶段是（　　）。

A.导入期　　B.衰退期　　C.成熟期　　D.成长期

2.5　第一代液晶电视于2000年上市，彼时其技术并不成熟，产品尺寸小、对比度低、清晰度差，而且价格高昂。目前，中国大陆面板厂商的出货量已占据全球的液晶电视面板的30%，国内厂商销售额达到前所未有的水平，技术和治理方面差异不明显。根据产品生命周期理论，该产业的经营风险的变化趋势是（　　）。

A.不断提高　　B.先提高后下降

C.先下降后提高　　D.不断下降

2.6　龙苑公司是一家制作泥塑工艺品的家族企业。该公司自成立起100多年来，经过世代相传积累了丰富的泥塑工艺品制作经验和精湛技艺，其产品畅销国内外。目前一些企业试图进入泥塑工艺品制作领域。根据上述信息，龙苑公司对潜在进入者设置的进入障碍是（　　）。

A.资金需求　　B.学习曲线　　C.行为性障碍　　D.分销渠道

2.7 下列关于产业五种竞争力模型局限性的表述中，错误的是（ ）。

A.低估了企业与供应商可能建立长期合作关系的可能性

B.对于营利机构获利能力的假设可能是错误的

C.对产业竞争力的构成要素考虑不够全面

D.战略制定者无法了解整个行业

2.8 联众公司是一家主营汽车租赁业务的企业，该公司近期建立了一套卓越的汽车租赁信息系统，这使得该公司服务的范围、效率、便捷与安全程度明显扩大和提高，市场份额增加15%。本案例涉及汽车租赁行业（ ）。

A.与分销相关的成功关键因素　B.与制造相关的成功关键因素

C.与技能相关的成功关键因素　D.与市场营销相关的成功关键因素

2.9 近年来，越来越多的消费产品生产企业采用互联网与大数据分析技术及时准确地了解消费者的需求，承接客户订单，发布新产品信息，建立高效、完善的物流配送和售后服务平台，取得良好的经营业绩。上述行为涉及消费产品行业（ ）。

A.与技术相关的成功关键因素　B.与市场营销相关的成功关键因素

C.与技能相关的成功关键因素　D.与分销相关的成功关键因素

2.10 近年来，国内水泥产业的客户对性价比的要求很高，各水泥公司产品之间的差距缩小且利润很低，只有大批量生产并有自己销售渠道的企业才具有竞争力，大量中小水泥企业接连退出市场。在该产业发展的现阶段，水泥行业的成功关键因素应当是（ ）。

A.建立商标信誉，开拓新销售渠道　B.保护现有市场，渗入别人的市场

C.选择市场区域，改善企业形象　D.广告宣传，开辟销售渠道

2.11 近年来，国内电动自行车市场增长趋于缓慢。各厂家的产品在技术和性能方面的差异并不明显，竞争逐渐加剧，甚至出现了挑衅性的价格竞争。在产品生命周期的这个阶段，从市场角度看，国内电动自行车产业的成功关键因素是（ ）。

A.广告宣传，开辟销售渠道　B.建立商标信誉，开拓新销售渠道

C.保护现有市场，渗入别人的市场　D.选择市场区域，改善企业形象

2.12 传统观念认为旅客更愿意选择经过认证的商业住宿服务，而非选择由个人提供的非传统住宿。爱彼公司经过对所在产业的深入分析，意识到个人家庭空闲房源也可以成为旅行住宿的潜在资源，并通过创建在线平台，使旅行者能够租用个人房源。起初这种模式并不被其他同行看好，但当爱彼公司抢占了大量市场份额时，它们也开始纷纷效仿。下列各项中，能够体现爱彼公司对竞争对手分析内容的是（ ）。

A.竞争对手的未来目标　B.竞争对手的现行战略

C.竞争对手的假设　D.竞争对手的能力

2.13 2008年美国次贷危机爆发，波及中国大部分金融企业。在此期间，国外投行K预计其竞争对手中国的甲银行将会逐步降低权益类投资和对客户的理财产品的收益率。投行K对甲银行进行的上述分析属于（ ）。

A.财务能力分析　B.快速反应能力分析

C.成长能力分析　D.适应变化的能力分析

2.14 近年来，中国芯片制造企业正逐步凭借自身的实力扭转M国A科技公司在芯片领域独霸国内市场的局面。巨芯公司高层通过分析其国内竞争对手龙芯公司创始人在公开场合的发言，判断出龙芯公司将在近期推出一款自主研发的新型嵌入式CPU以应对A公司即将于年底发售的新产品。巨芯公司对龙芯公司的上述分析属于（　　）。

A.成长能力分析　　　　B.适应变化的能力分析

C.快速反应能力分析　　　　D.财务能力分析

2.15 在分析竞争对手能力时，对方企业的技术人员储备、新技术的开发与财务状况等因素，决定的是企业竞争对手的（　　）。

A.快速反应能力　　　　B.成长能力

C.适应变化的能力　　　　D.持久力

2.16 下列关于产业内战略群组分析的表述中，正确的是（　　）。

A.有助于预测市场变化或发现战略机会

B.有助于寻找产业内的合作伙伴结成战略联盟

C.有助于了解产业的进入障碍

D.有助于了解产业内企业之间的纵向或横向的联系

2.17 七彩公司以“文化娱乐性”和“观光游览性”为两维坐标，将旅游业分为不同的战略群组，并将“文化娱乐性高、观光游览性低”的文艺演出与“文化娱乐性低、观光游览性高”的实景旅游两类功能结合起来，率先创建了“人物山水”旅游项目，它将震撼的文艺演出置于秀丽山水之中，让观众在观赏歌舞演出的同时将身心融于自然。七彩公司采用战略群组分析的主要思路是（　　）。

A.了解战略群组间的竞争状况　　　　B.了解战略群组间的“移动障碍”

C.预测市场变化或发现战略机会　　　　D.了解战略群组内企业竞争的主要着眼点

2.18 对于产品质量差异较小的软饮料行业而言，最重要的企业资源是（　　）。

A.财务资源　　B.企业文化　　C.商誉　　D.技术

2.19 以生物药品研发为主营业务的康力公司多年来不断完善科研管理体制建设，为科研人才的创造性活动提供了坚实的基础和保障，使公司在激烈的市场竞争中获得明显优势，康力公司的竞争优势来源于（　　）。

A.具有经济制约性的资源　　　　B.物理上独特的资源

C.具有因果含糊性的资源　　　　D.具有路径依赖性的资源

2.20 巴里公司以“面向未来，包容多元”的理念在其网络平台为视频创作者提供了鼓励内容创新的创作环境。观众逐渐形成了热衷于以弹幕形式在该平台与创作者进行互动的观看模式。其他视频平台也引入和招揽了视频创作者，并且开辟了弹幕功能，但未能达到与巴里公司同样的用户黏性。巴里公司的竞争优势来源于（　　）。

A.物理上独特的资源　　　　B.具有路径依赖性的资源

C.具有因果含糊性的资源　　　　D.具有经济制约性的资源

2.21 以护肤品研发为主营业务的亚格兰公司多年来不断完善科研管理体制建设，为科研人才的创造性活动提供了坚实的基础，使公司在激烈的市场竞争中获得明显优势，亚格兰公司的竞争优势来源于（　　）。

A.物理上独特的资源　　B.具有路径依赖性的资源

C.具有因果模糊性的资源　　D.具有经济制约性的资源

2.22 数行科技在2024年初快速抢占了在线支付市场份额。该公司坚持生产与创新并重，持续在业务范围内推陈出新。尤为引人注目的是，其所研发的尖端定制产品配件也取得了重大突破，有力拓展了业务边界，在其他相关领域获得竞争优势。数行科技核心能力的特征是（　　）。

A.独特性　　B.可延展性　　C.不可替代性　　D.价值性

2.23 S国主营体育用品销售的耀胜体育，多年来凭借各类精细做工的运动服饰，成功经营并在业内取胜，专营T国体育用品销售的恒泰公司也使用精细策略，学习耀胜体育的产品做工，在T国取得了良好的成绩。恒泰公司基准分析的类型是（　　）。

A.内部基准　　B.竞争性基准

C.过程或活动基准　　D.一般基准

2.24 迅驰电梯公司是世界上最大的电梯、自动扶梯和自动走道的制造、安装和服务公司。2003年公司总裁鲍博在主持公司年度会议时，为迅驰电梯公司提出了一个愿景：超越自己，在提供卓越服务方面成为世界范围内所有公司而不仅仅是电梯公司公认的领袖。为了追求服务卓越，迅驰电梯公司未来的参照标准是像UPS（快递公司）这样具有类似核心业务的公司。从基准分析方法判断，鲍博的观点基于（　　）。

A.竞争性基准　　B.过程或活动基准

C.一般基准　　D.顾客基准

2.25 西康酒店是一家位于中国西部某著名旅游景区的五星级酒店，为了提升管理水平，西康酒店定期派人去东部旅游景区的五星级酒店学习，从而逐步提升了服务质量和财务业绩。西康酒店进行基准分析的基准类型是（　　）。

A.内部基准　　B.过程或活动基准

C.一般基准　　D.竞争性基准

2.26 微电机生产商坤泰公司为正确评价并增强自身的核心能力，和所处行业中与其实力相近的两家公司在技术能力和客户满意度等方面进行了基准分析和比较。下列各项中，属于坤泰公司采用的基准分析类型是（　　）。

A.竞争性基准　　B.过程或活动基准

C.一般基准　　D.顾客基准

2.27 佳星公司是一家专注于高端智能手机的创新型科技企业。佳星手机在网络上开设了星粉留言板，让用户可以在网络上提出需求，对产品的缺陷提出改进意见，从而快速地改进产品及服务，进而提升用户黏性。佳星公司所实施的基准分析的类型属于（　　）。

A.一般基准　　B.竞争性基准　　C.内部基准　　D.顾客基准

2.28 东山智尚是国内一家从事精纺呢绒服装生产与销售的公司，拟在T国建立工厂生产工业防静电服，并对T国工装产业进行了一系列分析。以下分析内容不属于钻石模型四要素的是（　　）。

A.国内其他工装品牌已提早进军T国服装市场，导致市场竞争激烈

B.T国劳动力成本明显低于国内用工成本，且劳工多为非技术工人

C.T国国内企业对于外资工装产品的需求不高

D.T国政府对于进口服装产品的准入制定了较多的限制性政策

2.29 海鸥公司是一家专业乐器和设备的生产商，该公司希望借由行业趋势提高线上渗透率。根据波特的价值链分析理论，下列各项中，属于企业支持活动（或称辅助活动）的是（　　）。

A.该公司聘请咨询公司对乐器线上销售渠道提出改进方案

B.该公司通过短视频平台投放对其乐器进行广告宣传

C.该公司改进物流配送方式以确保乐器在运输中不被损坏

D.该公司优化原材料仓储管理模式

2.30 主营茶叶生产和销售的云梦公司自创立以来，秉承绿色发展理念，逐渐建立起一套科学、严密的管理体系和经营机制，从一个默默无闻的小茶厂，成长为全国最受消费者信赖的优质有机茶叶供应商之一。从企业价值链分析角度看，以上表述所涉及的企业活动是（　　）。

A.内部后勤　　B.外部后勤　　C.基础设施　　D.服务

2.31 价值链中的每一项活动都能进一步分解为一些相互分离的活动。分解的适当程度依赖于这些活动的经济性和分析价值链的目的。下列不属于分离这些活动的基本原则的是（　　）。

A.具有相似的经济性　　B.对产品差异化产生很大的潜在影响

C.在成本中所占比例很大　　D.在成本中所占比例在上升

2.32 天兆公司经营造船、港口建设、海运和相关智能设备制造四部分业务，这些业务的市场增长率分别为7.5%、9%、10.5%和18%，相对市场占有率分别为1.2、0.3、1.1和0.6。该公司四部分业务中，适合采用智囊团或项目组等管理组织是（　　）。

A.港口建设业务　　B.造船业务

C.相关智能设备制造业务　　D.海运业务

2.33 默笙公司是一家专业的影音设备制造商，其主要业务包括耳机、麦克风、家用音响以及车用音响四部分业务，这些业务的市场增长率分别为15.3%、7.4%、3.5%和14.5%，相对市场占有率分别为0.7、1.2、1.7和1.3。该公司需要积极扩大经济规模和市场机会的业务是（　　）。

A.耳机业务　　B.麦克风业务

C.家用音响业务　　D.车用音响业务

2.34 环美公司原以家电产品的生产和销售为主业，近年来逐渐把业务范围扩展到新能源、房地产、生物制药等行业。依据波士顿矩阵分析法，下列各项环美公司对其业务所做的定位的描述中，错误的是（　　）。

A.新能源行业发展潜力巨大、前景广阔，公司在该领域竞争优势不足。公司应当对新能源业务进行重点投资，以提高市场占有率

B.房地产行业进入“寒冬”期，公司的房地产业务始终没有获利。公司应当果断地从该业务中撤出

C.生物制药行业近年来发展迅猛，公司收购的一家生物制药企业由弱变强，竞争优势日益显现。公司应当在短期内优先供给其所需资源，支持该业务继续发展

D.家电业务的多数产品进入成熟期，公司在家电行业竞争优势显著。公司应当对该业务加大投资力度，以维持公司在行业中的优势地位

2.35 实行多元化经营的达梦公司在家装行业有很强的竞争力，市场占有率达50%以上。近年来家装市场进入低速增长阶段，根据波士顿矩阵原理，下列各项中，对达梦公司的家装业务表述正确的是（　　）。

A.该业务应采用撤退战略，将剩余资源向其他业务转移

B.该业务应由对生产技术和销售两方面都很内行的经营者负责

C.该业务需要增加投资以加强竞争地位

D.该业务的经营者最好是市场营销型人物

2.36 下列战略分析工具中，用来分析企业外部环境的是（　　）。

A.波士顿矩阵　　B.成功关键因素分析

C.SWOT分析　　D.通用矩阵

2.37 近年来，在国家政策的大力扶持下，我国的云计算产业呈现爆发式增长。腾达公司是国内一家基于云计算和大数据技术的企业级软件及解决方案提供商。但是，由于公司内核心技术人员流失，其技术能力已经大不如前。根据SWOT分析，该公司应采取的战略是（　　）。

A.增长型战略　　B.扭转型战略　　C.防御型战略　　D.多元化战略

二、多项选择题

2.38 鑫策公司是一家民营企业，主要从事口腔医疗器械制造及相关业务，是国内的行业龙头企业。下列各项关于鑫策公司的成功原因分析中，属于PEST分析的有（　　）。

A.该公司近年来该业务保持着较高的市场份额

B.该公司的技术水平处于行业领先地位

C.政府对于口腔健康产业给予优惠政策

D.我国消费者对于口腔健康的重视日益加强

2.39 下列关于产品生命周期的表述中，正确的有（　　）。

A.以产业销售额增长率曲线的拐点划分，产品生命周期可以划分为导入期、成长期、成熟期和衰退期四个阶段

B.成熟期开始的标志是竞争者之间出现挑衅性的价格竞争

C.与产品生命周期每一阶段相联系的竞争属性随着产业的不同而不同

D.一个产业所处的生命周期具体阶段通常比较清晰

2.40 惠丰公司是一家柴油机生产企业。最近，该公司拟把业务延伸到农机生产领域。下列各项中，属于惠丰公司进入新产业所面临的结构性障碍有（　　）。

A.现有农机企业的品牌优势　　B.现有农机企业采取限制进入定价行为

C.政府颁布的农机产业进入政策　　D.现有农机企业对销售渠道的控制

2.41 甲、乙两家公司的主营业务分别是共享单车和共享汽车。近日，甲公司宣布进入共享汽车市场。不足半个月，乙公司也宣布通过收购M公司和其他一系列举措进入共享单车市场。根据产业五种竞争力的相关理论，这两家公司应对产业竞争所采用的策略有（　　）。

A.现有企业对关键资源的控制　　B.进入对方领域

C.限制进入定价　　D.设置行为性障碍

2.42 近年来国内洗涤品生产企业面临日益沉重的竞争压力。国外著名洗涤品公司加快进入中国市场的步伐；原材料及用工成本不断上涨；国内洗涤品生产企业众多，产品差异较小，消费者选择余地大；新型洗涤品层出不穷，产品生命周期缩短，原有洗涤品不断遭到淘汰。从产业五种竞争力角度考查，国内洗涤品生产企业面临的竞争压力包括（ ）。

A.产业内现有企业的竞争　　B.购买者讨价还价

C.供应者讨价还价　　D.潜在进入者的进入威胁

2.43 近年来，国内的奶茶企业面临日益沉重的竞争压力。目前已经有大量的奶茶商家在该市场进行激烈的竞争。与此同时，由于我国奶茶行业进入门槛低，很多年轻的创业者都在筹备开创自己的奶茶品牌。从产业的五种竞争力角度考虑，国内奶茶企业面临的竞争压力包括（ ）。

A.产业内现有企业的竞争　　B.购买者讨价还价

C.供应者讨价还价　　D.潜在进入者的进入威胁

2.44 按照波特的五力模型，下列各项因素中，可能对某家航空公司获取行业竞争优势产生不利影响的有（ ）。

A.进入航空业需要大量的资本投入

B.航空产业的行业增长率开始处于下降趋势

C.由于廉价航空公司兴起，使得机票价格大幅降低

D.由于许多大型国际企业采用视频会议管理跨国业务，使得商务航空服务需求降低

2.45 巨能公司是多家手机制造企业的电池供应商。根据波特的五种竞争力分析理论，下列各项关于巨能公司与其客户讨价还价能力的说法中，正确的有（ ）。

A.巨能公司能够进行前向一体化时，其讨价还价能力强

B.巨能公司提供的电池差异化程度越高，其讨价还价能力越强

C.巨能公司的客户购买量越大，巨能公司讨价还价能力越强

D.巨能公司掌握的客户的转换成本信息越多，其讨价还价能力越强

2.46 根据波特的五力模型，下列各项中，可以提高购买商议价能力的原因有（ ）。

A.购买商主要为零散的个人，但是通过协议方式集体大量购买产品

B.市场上的替代产品多

C.购买商对于产品的性能、规格、质量及售价信息很了解

D.购买商对于产品的供应时间要求迫切

2.47 近几年VR（虚拟现实）产品的销售量节节攀升，顾客群逐渐扩大；不同企业的产品在技术和性能方面有较大差异；消费者对产品质量的要求不高。从市场角度看，现阶段VR行业的成功关键因素有（ ）。

A.建立商标信誉　　B.保护现有市场

C.开拓新销售渠道　　D.改善企业形象

2.48 研发和生产家用照明灯具的于氏公司秉承“为客户创造优美、舒适、安全节能的光环境”的理念，提出了以客户为中心的组织变革，成为具有标杆意义的组织实践。同时，该公司在五年前便推出了一套产品创新管理机制，持续调动员工积极性，创造价值。根据上述信息，于

氏公司的资源不可模仿性主要表现为（　　）。

A.具有经济制约性的资源　　B.物理上独特的资源

C.具有因果含糊性的资源　　D.具有路径依赖性的资源

2.49 陶陶居是广东具有百年历史的粤菜馆，由于其制作的广式茶点做工精细、口味纯正，深受广大食客的喜爱，早在1993年就被授予业内难得的“中华老字号”称号。近年来，陶陶居在全国各地开店，并选址在繁华地段，客流充足，其品牌知名度也获得了进一步提升。根据企业竞争优势判断标准，陶陶居的上述资源属于（　　）。

A.具有资源稀缺性的资源　　B.具有经济制约性的资源

C.具有持久性的资源　　D.物理上独特的资源

2.50 香港半岛酒店位于九龙半岛的天星码头旁，占据有利的地理位置，游客可以遥望对岸香港岛和维多利亚港美不胜收的海景和夜景。关于半岛酒店这一大特色，以下表述正确的有（　　）。

A.是半岛酒店难以被竞争对手模仿的无形资源

B.有助于半岛酒店获得竞争优势

C.是一种有形资源

D.是一种稀缺性资源

2.51 天翔航空公司于2016年初率先布局航空互联网。现在该公司已有50多架飞机完成改造和机组培训，为乘客提供了稳定的互联网接入服务，并由此赢得明显的竞争优势。天翔航空公司的竞争优势来源于其拥有的（　　）。

A.财务资源　　B.人力资源　　C.无形资源　　D.物质资源

2.52 瑞益新材成立于2010年，是一家专注于环保材料生产的企业。该公司坚持以绿色生产为核心理念，确保产能达标的同时，也注重产品质量与社会责任。同时，公司注重产品竞争力，灵活调整产品组合，迎合消费者需求。瑞益公司具备的企业能力有（　　）。

A.研发能力　　B.生产管理能力　　C.营销能力　　D.组织管理能力

2.53 甲公司是一家电力设备制造企业。为了正确评价自身的核心能力，甲公司选取了国内一家知名的同类上市公司进行基准分析。下列各项中，属于甲公司选择基准对象时应当主要关注的领域有（　　）。

A.能够衡量企业业绩的活动　　B.占用企业较多资金的活动

C.能够显著改善与客户关系的活动　　D.能够最终影响企业结果的活动

2.54 某旅行社在用户调研中发现其在国内旅游产品设计上并未满足出行人群的需求，于是决定向国外同行学习如何做好适合当地旅行的产品。该旅行社所实施的基准分析的类型属于（　　）。

A.过程或活动基准　　B.一般基准

C.顾客基准　　D.竞争性基准

2.55 甲公司是C国著名的生产和经营电动汽车的厂商。2017年，公司制定了国际化战略，拟到某发展中国家N国投资建厂。为此，甲公司委托专业机构对N国的现有条件进行了认真详细的分析。根据钻石模型理论，下列分析中属于钻石模型四要素的有（　　）。

A.N国电动汽车零部件市场比较落后，供应商管理水平较低

B.N国电动汽车市场刚刚兴起，市场需求增长较快

C.N国政府为了保护本国汽车产业，对甲公司的进入设定了限制条件

D.N国劳动力价格相对C国较低，工人技术水平和文化素质不高

2.56 按照波特的价值链理论，企业的下列各项活动中，属于辅助活动的有（ ）。

A.新华书店提供网络在线销售服务

B.家电生产企业利用外包仓库储存其产成品

C.快递公司重整其人力资源管理，提升员工的服务能力

D.制鞋企业设立特定研究中心专门从事人体工程学和产品的生产与研究

2.57 按照波特的价值链分析方法，企业支持活动中的基础设施包括（ ）。

A.信息系统开发　　B.厂房、道路等

C.企业高层管理人员　　D.企业的组织、惯例、控制系统及文化等活动

2.58 通用矩阵是美国通用电气公司所设计的一种业务组合分析工具。下列关于通用矩阵的各项表述中，正确的有（ ）。

A.产业吸引力和竞争地位的值决定着企业某项业务在矩阵上的位置

B.处于左上方三个方格的业务，企业应采取维持或有选择地发展的战略

C.通用矩阵经常适用于业务类型较多的多元化大公司

D.矩阵中圆圈面积的大小与产业规模成正比

2.59 甲公司是国内火力发电装备制造行业的龙头企业，拥有雄厚的资金实力和品牌优势。2012年，甲公司在国家政策支持下，投资开展了为核电企业提供配套设备的新业务，由于相关技术研发力量不足，且市场竞争激烈，该业务一直处于亏损状态。下列各项对甲公司所作的SWOT分析并提出的相应战略中，正确的有（ ）。

A.甲公司新业务的相关技术研发力量不足，且市场竞争激烈，应将新业务出售。此为WT战略

B.甲公司虽然新业务的相关技术研发力量不足，但面对国家政策的支持，应寻找有实力的公司，结成战略联盟。此为ST战略

C.甲公司拥有雄厚的资金实力和品牌优势，但自身研发能力不足，应寻求有实力的公司，结成战略联盟。此为WO战略

D.甲公司拥有雄厚的资金实力和品牌优势，应借国家政策支持的东风，加强技术攻关力度，争取新业务尽快扭亏为盈。此为SO战略

2.60 甲公司是C国一家以乳制品业务为主体的多元化经营企业，业务范围涉及乳制品、煤化工、房地产、新能源等。甲公司对其业务发展状况进行分析，以下各项符合SWOT分析的有（ ）。

A.乳制品行业增长缓慢，公司市场占有率高，应采用SO战略

B.房地产行业不景气，公司市场占有率低，应采用WT战略

C.新能源行业具有广阔的发展前景，公司在该行业不具有竞争优势，应采用WO战略

D.煤化工行业近年来发展势头明显回落，公司在该行业中具备一定的优势，应采用ST战略

三、简答题

2.61 为缓解中小企业融资难的问题，2007年银保监会提出大力发展新型农村金融机构——村镇银行，提高对县域、乡村的金融服务水平，出台法规放宽村镇银行的准入条件，并给予一定的税收优

惠，以促进农村金融业的发展。

在此背景下，2011年3月，甲省君盛村镇银行成立。君盛村镇银行的主要客户为甲省小微企业和农户。成立之初，君盛村镇银行面临不少困难：第一，君盛经营以存贷款业务为主，中间业务很少。当地人均收入低、诚信度不高、保险和信贷担保发展滞后等因素制约了君盛业务的发展。第二，村镇银行作为新生事物，品牌认可度、社会公信度和信誉度都还不高。第三，适合村镇银行特点的业务终端机和ATM机等设备供应严重不足，村镇银行的支付清算系统因为技术原因不能纳入同城支付结算系统、征信系统。第四，国有银行享受的一些优惠政策没有给予村镇银行。

为了在农村金融市场上谋求发展，君盛村镇银行采取了一系列措施。首先，根据业务和风险特征，针对小型企业、微型企业、农户个人三类不同客户设计了不同特点的贷款产品，利率明显比民间借贷低，抵押品制度灵活，认可将其他银行禁止抵押的集体土地、机器等作为抵押品，而且按抵押品的全部价值发放贷款（其他银行按6折抵押品价值发放贷款），降低了客户的贷款成本。其次，君盛村镇银行加大媒体宣传力度，客户代表经常深入一线，上门服务，发展新客户和维系老客户。此外，为了解决服务网点少的问题，君盛村镇银行在甲省很多县陆续增设分支机构，并同国有银行的县支行加强业务来往，共享渠道和客户资源，扩大小微企业贷款和农户贷款。

要求：

运用PEST分析方法，简要分析君盛村镇银行面临的宏观环境。

2.62 建安公司是D省一家食品进出口集团公司旗下的子公司，主营业务是生产和出口A地区生猪。

A地区生猪市场有如下特点：

（1）市场需求量大、市场容量比较稳定。猪肉是居民肉类消费的最主要来源，占日常肉类消费的60%以上。由于A地区传统消费习惯的长期存在，其他肉类对猪肉的替代性不大。A地区的农副产品不能自给自足，市场需求基本由大陆地区供给。

（2）国家对内地出口A地区生猪实行配额管理及审批制度。现通过审批的企业近400家。但是目前看来，配额管理政策有全面放开的趋势。

（3）产品价格高于内地市场价，但质量要求也较高。由于A地区生猪业务不仅是经济行为，还是一项政治任务，因此，当大陆生猪供应量减少、内地猪肉价格急剧上升时，A地区生猪供应量和价格不会迅速作出相应的调整。但是在市场力量的作用下，随着时间的推移，A地区的生猪价格将缓慢升至合理价位。

（4）市场竞争激烈。由于A地区市场具有很大的特殊性，进入障碍很高，退出却非常容易，因此，各出口企业始终把质量和安全作为核心竞争力，努力把政策性的盈利模式变为市场性的盈利模式，从而在市场中立足。此外，近年来，一些国际金融巨头在中国大肆收购专业养猪场，因而潜在进入者的威胁也不容忽视。

（5）原材料市场还处于买方市场。A地区生猪企业的主要原材料包括饲料、兽药、种猪。从目前国内情况来看，主要原材料产业均是竞争比较激烈的产业，供应商数量较多。

要求：

简述产业五种竞争力的基本概念，并对A地区生猪市场进行五种竞争力分析。

2.63 2004年，春城白药开始尝试进军日化行业，而此时日化行业的竞争已经异常激烈。B公司、L公司、D公司、H公司等国际巨头们凭借其规模经济、品牌、技术、渠道和服务等优势，基本上占领了C国日化行业的高端市场，占据了C国牙膏市场60%以上的份额；清雅公司、蓝天公司等本土日化企业由于普遍存在产品特色不突出、品牌记忆度弱等问题，加上自身实力不足，因而多是在区域市场的中低端市场生存。整个产业的销售额达到前所未有的规模，且市场基本饱和。谁想要扩大市场份额，都会遇到竞争对手的顽强抵抗，已有相当数量的本土日化企业退出市场。价格竞争开始成为市场竞争的主要手段，定位在高端市场的国际巨头们也面临着发展的瓶颈，市场份额、增长速度、盈利能力都面临着新的考验，它们的产品价格开始向下移动。

春城白药进入日化行业先从牙膏市场开始，春城白药没有重蹈本土企业的中低端路线，而是反其道而行之。通过市场调研，春城白药了解到广大消费者对口腔健康日益重视，而当时市场上的牙膏产品大多专注于美白、防蛀等基础功能，具有更多口腔保健功能的药物牙膏还是市场“空白点”。于是，春城白药创出了一个独特的、有助于综合解决消费者口腔健康问题的药物牙膏——春城白药牙膏，并以此树立起高价值、高价格、高端的“三高”形象。

春城白药进入牙膏市场短短几年就表现突出，不仅打破了本土品牌低端化的现状，还提升了整个牙膏行业价格体系。从2010年开始，随着春城白药推出功能化的高端产品，国际巨头们也纷纷凭借自身竞争优势推出功能化的高端产品抢占市场。B公司推出抗过敏牙膏；L公司推出全优七效系列牙膏；D公司推出去渍牙膏；H公司推出专效抗敏牙膏。这些功能性很强的口腔保健牙膏的定价都与春城白药牙膏不相上下，这些功能化的高端牙膏产品出现后，消费者的需求得到了进一步满足，整个市场呈现出“销售额增长大于销售量增长”的新特点。

要求：

（1）运用“解决口腔健康问题功能程度”和“价格水平”两个战略特征，各分为“高”“低”两个档次，对2010年以前的B公司、L公司、D公司、H公司、清雅公司、蓝天公司、春城白药进行战略群组划分。

（2）根据战略群组分析的作用分析：①定位在高端市场的国际巨头们的产品价格开始向下移动的依据；②春城白药在日化行业中战略群组定位的依据；③B公司、L公司、D公司、H公司相继推出功能化高端牙膏产品的依据。

2.64 近年来，随着大众运动、健身意识的增强，国内消费者对于运动服饰品的需求与日俱增。运动服饰品市场呈现出国产品牌强势崛起、逐步比肩知名国际运动品牌的趋势。目前，知名国际运动品牌企业更注重功能性和外观时尚性的结合，而国产运动品牌则注重性价比路线，同时不断尝试向高端市场发起冲击。虽然国货开始受到越来越多人的欢迎，但国际品牌仍旧占据着主导地位。而且，知名国际运动品牌善于赞助备受瞩目的国际赛事，因此在曝光度与客户接受度上也更优于国产品牌。此外，国产运动品牌在外观设计上仍有较重的模仿痕迹，缺乏独特且大胆的设计理念。国内头部运动品牌安特、一宁以及跃步，都在试图扭转这一态势。

安特的崛起源于对意大利知名品牌HILA的收购。通过将HILA定位为高端运动时尚品牌，HILA于2014年成功转亏为盈，从而也帮助安特实现高增长。而这一事件也引领了其他国产运动品牌由低端性价比路线往中高端市场进行冲击的竞争形态。

然而，尽管有安特成功的先例，国产品牌想通过并购实现赶超仍有难度，且不确定性较大。比如，跃步公司收购了国际品牌ANDTWO，但在交易完成后，跃步公司疲于应付ANDTWO此前拖欠供应商的款项，错过了扩大规模的窗口期。同一时期，一宁公司尝试通过模仿安特公司的策略提升品牌价值与研发能力，然而未能锁定合适的合作方。

于是，一宁公司开始转向尝试以内部发展的方式提升品牌竞争力。虽然公司管理层都清楚地知道，要达到国际品牌的水准所需耗费的研发投入巨大，但一宁公司坚持每年将营收的一定比例有节奏地投入研发，建设自有科技平台，最终成功研发出抗击冲击的回弹减震材料。除研发之外，一宁公司还认为国产运动品牌应当将运动功能与本土化设计结合起来，因为本土企业针对国人作出的设计，往往更能受到消费者的青睐。就这样，一宁公司依靠强劲的技术实力和更具本土色彩的设计风格，成功实现中高端定位的转型，也加深了对于本土消费者偏好的了解。

要求：

简要分析本案例所体现的战略群组分析的思想。

2.65 据专家预测，到2020年，中国葡萄酒消费量将进入世界前三位，全球葡萄酒过剩时代结束，即将步入短缺时代。

葡萄酒界流传着“七分原料，三分工艺”的说法，意即决定葡萄酒品质最重要的因素是葡萄产地。G省的葡萄种植基地、葡萄酒生产企业主要集中在西北黄金产业带上。适宜的纬度、最佳光热水土资源组合，加之大幅度的昼夜温差、适宜有效的气温和干燥少雨的气候，使G省成为国内生产葡萄酒原料的最佳区域之一。

G省葡萄酒产业发展具有深厚的文化底蕴。“葡萄美酒夜光杯，欲饮琵琶马上催”等一系列脍炙人口的赞美葡萄酒的诗歌经久不衰。从历史资料中不难看出，自汉朝以来的2 000多年，西北黄金产业带的葡萄酒，一直闻名遐迩、享誉盛赞。

然而，G省葡萄酒企业在国内市场的竞争地位却不尽人意。2011年国内四大葡萄酒知名品牌占据国内市场份额60%左右，而G省最具竞争力的高华品牌只在华南和西北地区占有很低的市场份额，省内另外几家企业的葡萄酒基本未进入省外市场。2011年G省葡萄酒企业年销量仅占全国销量的1.1%。

以下三个方面因素在一定程度上影响了G省葡萄酒企业的竞争力：其一，相对于国内东部产区而言，G省产区交通条件欠发达，因此葡萄酒产品在外运过程中成本较高；其二，随着市场的发展，包装对于葡萄酒来说不仅是保护商品、方便流通的手段，更成为一种差异化、准确定位目标市场的营销方式，而G省与葡萄酒产业相关的包装印刷业发展缓慢，企业主要产品包装品的制作和商标的印刷主要依靠南方地区的企业提供；其三，G省绝大多数葡萄酒生产企业规模小且分散，产品销售网覆盖地区有限，彼此之间的竞争不够充分。

近年来，为了进一步完善本地葡萄酒企业发展环境，G省酒类商品管理局实施了“抱团走出去，择优引进来”的策略，通过开展品牌宣传、招商引资等多种手段，努力提升G省葡萄酒在国内市场的知名度。

要求：

依据钻石模型四要素，简要分析G省葡萄酒产业发展的优势与劣势。

2.66 海浪水泥公司成立于1997年，主要从事水泥及其熟料的生产和销售，2002年2月成功上市。

海浪水泥公司总部坐落于A省。A省是全国水泥生产主要原材料石灰石储量第二大的省份，且石灰石质量较高。海浪水泥凭借先天优势坐拥原材料成本和质量优势。

水泥产品体积大、单位重量价值低，而且其资源点和消费点的空间不匹配，这些是造成水泥行业运输成本居高不下的主要原因。海浪水泥公司利用自身位居长江附近的地理位置优势，积极推行其他水泥企业难以复制的“T型”战略布局：在拥有丰富石灰石资源的区域建立大规模生产的熟料基地，利用长江的低成本水运物流，在长江沿岸拥有大容量水泥消费的城市群建立粉磨厂，形成“竖端”熟料基地+长江水运、“横端”粉磨厂深入江浙沪等地市场的“T型”生产和物流格局，改变了之前通过“中小规模水泥工厂+公路运输+工地”的生产物流模式，解决了长江沿岸城市石灰石短缺与当地水泥消耗量大之间的矛盾。

海浪水泥公司不断完善“T型”战略布局，率先在国内新型干法水泥生产线低投资、国产化的研发方面取得突破性进展，这标志着中国水泥制造业的技术水平已经跨入世界先进行列，确保公司为市场提供规模可观的低价高质产品；公司在沿江、沿海建造了多个万吨级装卸水泥和熟料的专用码头，着力建设或租赁中转库等水路上岸通道；集团下设物流公司，在集团总部设立了物流调度中心；公司强化对终端销售市场的开拓，推行中心城市一体化销售模式，在各区域市场建立贸易平台；公司物流体系实现了工业化和信息化的深度融合，以GPS和GIS为核心的物流调度信息系统实现了一体化、可视化的管理。通过“T型”战略的实施，海浪水泥公司进一步巩固了其“资源—生产—物流—市场”的产业链优势。

2018年海浪水泥公司的年报显示：公司营收同比大幅增长70.50%，净利润同步增长88.05%，净利润增长幅度超过营业收入增长幅度。

要求：

（1）从企业资源角度简要分析海浪水泥公司的竞争优势；分析海浪水泥公司资源“不可模仿性”的主要形式。

（2）简要分析海浪水泥公司的企业能力。

2.67 天淮科技是一家专注于机器视觉核心技术的公司。机器视觉技术是实现设备精密控制、智能化、自动化的有效途径和实现计算机集成制造的基础技术之一，堪称现代工业生产和智能制造的“机器眼睛”。天淮科技旗下主要有三大产品：精密测量仪器、智能检测装备、无人物流车。

（1）精密测量仪器。

精密测量仪器是机器视觉技术在工业检测场景中的落地应用。天淮科技在该领域深耕多年，具有较强的竞争优势，但目前行业整体发展动力不足，因此公司在该产品的收入占比也未显著提升。

（2）智能检测装备。

智能检测装备将机器视觉技术落地应用于工业流水线上的在线检测场景，实现对工业零部件和产品的实时在线尺寸与缺陷检测，这是难度最高，也最具潜力的技术领域。公司的智能检测装备已成功进入全球知名高端消费电子行业品牌客户，在客户多个细分领域获得较高渗透率。

（3）无人物流车。

无人驾驶技术是当前最具发展前景的领域，因此天淮科技从2018年起与阿里集团旗下的菜鸟物流合作开发无人驾驶物流车，为客户提供无人化的货物运输、电商订单配送等服务。这是公司正在探索的新业务，未来是否能够长成参天大树，还有待观察。

要求：

根据波士顿矩阵，简要分析天淮科技三个业务板块所属的业务类型并分别针对其管理组织选择提出建议。

2.68 随着国内消费的不断升级，中高端白酒产品日益成为酒业的消费热点。由于高端白酒在窖池、工艺、环境、品牌等多方面的进入门槛很高，高端白酒长期处于供小于求的状态，使其对消费者具有更强的议价能力，并且高端白酒通常具备一定的收藏价值，这对价格不太敏感的高端酒客户来说更具吸引力。一些以中低端酒为主的酒企也开始转型升级，调整产品结构，增加高端产品的占比，以适应国内消费升级的变化趋势。此外，对国内白酒业整体而言，进口红酒的冲击不容小觑，如今商务宴请中喝红酒的人越来越多，进口红酒抢占了一定的市场份额。

S省酒业具有悠久的历史。改革开放后，S省白酒地理优势、技术优势和人才优势逐步凸显，白酒产业迅速发展，保持着较强的盈利能力。S省既有多家全国品牌大企业，也有诸多地方品牌中小企业。2019年1月，S省白酒行业协会推出的《白酒产业振兴发展培育方案》指出，要做专做优做强白酒名优企业，提升企业效益，增强企业核心竞争力，支持名优企业通过兼并、收购等多种方式整合省内中小企业；支持名优企业之间强强联合、战略合作，推进白酒产业与旅游文化产业的融合发展，充分发挥S省得天独厚的旅游文化资源等。

作为国内名优白酒品牌的龙头企业之一，S省致臻老窖公司近年来实施一系列战略举措以打造其在高端白酒业的竞争优势。

（1）采取“公司+农户”的订单模式，大力开发建设生态酿酒原料生产基地，从源头上把好质量关。

（2）启动“酿酒废弃物热化学能源化与资源化耦合利用技术”研究项目，为实现“高粱种植→白酒酿造→固废资源化利用→优质高粱种植→优质白酒酿造”的绿色循环产业链打下坚实基础。

（3）投资实施智能化包装中心技改项目，打造自动化、智能化的现代化包装基地，推动公司包装物流体系的转型升级。

（4）通过音乐、艺术等国际通用的“语言”将白酒文化传播到世界各地，拓展海外市场，抵消了部分进口红酒在国内市场的替代威胁。

要求：

（1）从五种竞争力分析角度，简要分析致臻老窖公司在高端白酒业所具备的竞争优势。

（2）依据钻石模型四要素，简要分析S省白酒业发展的优势。

2.69 Q省地处QS高原腹地，具有发展太阳能产业的独特资源优势。近年来，随着国内外清洁能源需求的不断增长，Q省以电力企业为依托，抓住人才、技术、资金等关键资源，打造光伏一条龙全产业链，实现经济、生态保护和民生改善多赢。

作为Q省TL戈壁滩光伏产业园区的核心企业，河天水电公司将生态保护的理念融入产业园区的建设中。TL戈壁滩日照多、降水少、风沙大，几乎没有多少绿色植被，刮风沙时，经常有小石子被吹起来，造成光伏板破损率比较高。河天水电公司开展了光伏生态产业种植的研究试验工作，根据当地土壤、水质的特点，种植雪菊、紫苏、透骨草等高原生态作物。这些作物牢牢抓住土壤，解决了光伏板易损、报废的问题。产业园区要定期清洗光伏板，而清洗光伏板的水能灌溉作物，作物的生长又使水土更好地得到保持，光伏板下因此形成了小型绿色生态园。

由于植被长势太好，甚至会遮蔽光伏板，而且冬季可能引发火灾。为解决这一问题，河天水电公司与附近几个村庄合作，发展小尾寒羊的养殖。为了避免羊吃草的随意性，公司规划出了放羊路线，请牧民按规划到光伏产业园区放羊，羊吃不到的地方就请牧民手动除草，工资另算。

光伏电站不仅带来了生态的良性循环，还发展了当地的养殖产业，对于实现当地牧民的脱贫目标，功不可没。

要求：

（1）依据钻石模型四要素，简要分析Q省打造光伏一条龙全产业链的优势。

（2）依据“企业利益与社会效益”的相互关系，简要分析Q省打造光伏一条龙全产业链过程中企业所承担的社会责任。

2.70 海新公司成立于1985年，是一家从事视频监控产品研发、生产和集成服务的企业。公司成立之初，国内视频监控产品用户寥寥，主要限于公安、交通等管理部门；市场上产品虽然种类、数量较少，使用中故障率较高，但用户的刚性需求使价格高企；生产企业不多，规模普遍较小，都致力于改进生产技术和开发性能、质量更高的新一代产品，彼此为扩大市场份额展开竞争。海新公司为走出一条发展的新路，敏锐地搜寻和捕捉市场机会，以抢占正在受到越来越多的消费者关注的家庭安防用品细分市场为目标，组织人员攻克关键技术难关，研制出构成家庭安防系统的闭路监控电视子系统、门禁子系统、报警子系统。通过考察学习、吸收国外先进企业的技术与管理，几年后，海新公司的产品性能、质量达到国际先进企业同类产品的水平，同时通过不断改进工艺和生产流程使价格比国外先进企业低20%～25%。1990年，海新公司生产的家庭安防用品的市场占有率高达72%，海新公司随之成为国内视频监控行业的知名企业。凭借企业品牌的影响力，海新公司逐渐把业务范围扩展到机场、铁路枢纽及其他重要公共基础设施的视频监控设备研发、制造领域。

20世纪90年代后，国内视频监控产品的市场需求迅速增加并日益多元化，先后扩展到金融、IT、电信、家电、消防等领域，吸引了大量企业进入视频监控行业；市场上的产品虽然“鱼龙混杂”，质量、性能参差不齐，但由于供不应求，都能以比以往更高的价格售出，销售量不断增加；各个企业为分到“最大一块蛋糕”，纷纷对资金、原材料供应、技术等展开争夺。海新公司以创新的理念积极引进、培养图像数据摄取、处理、存储、传输、显示及相关技术人才，同时筹集资金并购了两家计算机、网络技术开发和设备生产企业，对原有生产体系进行信息化升级改造，一方面使产品的可靠性、安全性明显提升，另一方面使产品的功能得到改善和扩展，实现了视频监控系统、用户操作系统与相关管理、指挥系统的实时互联互通。海新公司首创的新型模式识别技术解决了困扰行业多年的图像处理与计算机视觉、语言语音信息处理兼容的难题，获得了国家专利。进入21世纪后，数字城市、和谐社区的建设催生了对视频监控产品的大量新需求，同时，智能识别、分析和云计算的推广为视频监控技术和产品迭代提供了动力和工具。海新公司抓住机遇，以国际领先的产品为标杆，以自身多年积累的创新资源为基础，投入5亿多元研发、生产出能够适应更为复杂和多变的场景，识别和分析更多的异常行为和事件的新型智能化产品，该产品的生物识别、目标检测与分析、自动跟踪识别等性能与国际领先产品并驾齐驱。

2015年以后，随着新技术的扩散和普及，市场上视频监控产品的品种、规格、质量逐渐趋于一致，企业之间为争取扩大市场份额而展开的价格战愈演愈烈，产品价格趋降。海新公司适应新形势和客户需求，通过招标采购、更新生产设施、改进工艺流程等，提高了劳动生产率，降低产品成本约15%。此外，海新公司还与著名大学、研究机构合作，开发、研制成功高度智能化、性能优越的太空视频监控产品，该产品的部分性能处于国际领先水平。

要求：

（1）简要分析海新公司的发展所经历的产业生命周期阶段。

（2）简要分析海新公司在产业生命周期不同阶段的研发动力和研发定位。

（3）根据产业生命周期各阶段中的成功关键因素，简要说明海新公司在产业生命周期不同阶段的研发重点。

第三章 战略选择

一、单项选择题

3.1 为克服对客户需求的变化缺乏敏感性、公司结构性产能过剩等问题，神大钢铁公司近年来收购了远航造船厂，参股国兴造船厂，与天州钢帘线制造厂签订了合作协议。神大钢铁公司的发展战略是（ ）。

A.前向一体化战略　　B.后向一体化战略

C.密集型战略　　D.多元化战略

3.2 舒适公司是一家主打专业抗敏感的牙膏企业。为了进一步提高牙膏的销量，品牌总监提出向消费者宣传“餐后刷牙是护齿洁齿的最好方法”这一理念，并希望通过顾客每日的刷牙次数的增加提高牙膏的销售数量。从密集型战略来看，这种营销措施属于（ ）。

A.市场渗透战略　　B.市场开发战略

C.产品渗透战略　　D.多元化战略

3.3 饮茶公司是一家知名的奶茶企业，在全国拥有超过500家门店。为了在行业中始终保持领先地位，公司在内部设立了研究所，紧跟市场需求变化，推出以加入当季水果为卖点的新品茶饮，赢得了消费者的喜爱。从密集型战略来看，饮茶公司采取的发展战略类型是（ ）。

A.市场渗透战略　　B.市场开发战略

C.产品开发战略　　D.多元化战略

3.4 下列企业采用的发展战略中，属于多元化战略的是（ ）。

A.甲碳酸饮料生产企业通过按季更换包装和在节假日期间附赠小包装饮料等方式增加市场份额

B.乙汽车制造企业开始将其原在国内生产销售的小型客车出口到南美地区

C.丙洗衣粉生产企业通过自行研发，开始生产销售具有不同功效的洗发水

D.丁酸奶生产企业新开发出一种凝固型酸奶，并将其推向市场

3.5 Z市自来水公司由市政府全资控股，其确定的公司使命和目标是长期为该市所有企事业单位和居民提供稳定的生产生活用水供应服务。根据公司战略理论，下列各项战略类型中，该自来水公司可以选择的是（ ）。

A.密集型战略　　B.稳定战略

C.紧缩与集中战略　　D.转向战略

3.6 M国F汽车集团在经历了10余年的全面扩张之后，由于市场变化及公司竞争力下降，业绩全面下滑。集团进行了重大战略调整，由原先的战略扩张调整为战略收缩。集团相继出售了旗下几个欧洲高端品牌的业务。F汽车集团采用的收缩战略的方式是（ ）。

A.削减成本战略　　B.放弃战略

C.紧缩与集中战略　　D.转向战略

3.7 科立方公司是一家从事电机研发、制造以及出口的企业，而Y公司则主要负责生产制造电机所需的导体材料与绝缘材料。前者与后者经过多次友好商定，最终以自有资金1亿元和发行债券融资3亿元，完成了对Y公司的收购。从并购的类型来看，上述收购不属于（ ）。

A.纵向并购 B.杠杆收购 C.金融资本并购 D.友善并购

3.8 新亚集团是一家食品饮料生产企业。为了把控原材料的品质，新亚集团对上游厂商Z公司发起了收购。经过双方充分协商，新亚集团以80%的自有资金，成功完成了对Z公司的收购。上述并购案例的类型是（ ）。

A.金融资本并购 B.杠杆并购 C.横向并购 D.友善并购

3.9 方舟公司是国内首家专营私人定制国内外自由行项目的旅行社。近年来，该社先后并购了多家规模较小但经营各具特色的旅行社，有效拓展了业务种类和范围，取得了高于其他旅行社的经济效益。方舟公司并购多家旅行社的动机是（ ）。

A.容易从企业资源获得财务支持 B.获得协同效应

C.降低协调成本 D.保持统一的管理风格和企业文化

3.10 国内著名景观照明企业艾克公司与主营景观亮化施工的华建公司签订战略合作协议，商定由艾克公司免费向华建公司开放相关景观智能控制系统，华建公司则无偿为艾克公司提供施工分析及应用方案。下列各项中，属于上述两个公司结成的战略联盟的特点是（ ）。

A.企业对联盟的控制力较强 B.更具有战略联盟的本质特征

C.有利于企业长久合作 D.有利于扩大企业资金实力

3.11 京西超市是中国首批将生鲜农产品引进现代超市的流通企业之一。京西成立初期，面对外资零售巨头沃尔玛、麦德龙等大型连锁超市的竞争，缺少资金进行大规模扩张的京西只好选择走低价低值策略。它的“农改超”路线使其走出了一片天。依据基本竞争战略的“战略钟”分析，京西超市成立初期所采用的竞争战略是（ ）。

A.集中成本领先战略 B.混合战略

C.失败战略 D.成本领先战略

3.12 舒娅公司的使命是“为顾客提供舒适的家居服饰”，舒娅公司的目标客户是那些追求高品质的年轻一族，这些年轻的消费者愿意为了舒适的家居体验支付较高的价格。依据基本竞争战略的“战略钟”分析，舒娅公司当时的竞争战略是（ ）。

A.集中成本领先战略 B.集中差异化战略

C.混合战略 D.失败战略

3.13 慧财科技公司专注于为小微企业进行代理记账服务，通过其自建的数据平台将单一公司的代理记账服务收费降低到行业最低水平。同时，由于掌握了大量小微企业的真实经营数据，慧财科技公司还能向其客户提供战略咨询服务，规避经营风险。依据基本竞争战略的“战略钟”分析，慧财科技公司采用的战略属于（ ）。

A.成本领先战略 B.集中化战略 C.混合战略 D.差异化战略

3.14 下列各项中，属于造成产业零散的原因是（ ）。

A.技术不确定性 B.战略不确定性

C.成本的迅速变化 D.市场需求多样导致高度产品差异化

3.15 经营中式快餐的力元公司于2015年宣布其战略目标是建成门店覆盖全国的“快餐帝国”。由于扩张过快、缺乏相关资源保障、各地流行菜系经营者的激烈竞争，以及不同消费者口味难以调和的矛盾，该战略目标未能实现，公司经营也陷入危机。从零散产业角度看，下列各项中，属于力元公司进行战略选择未能避免的战略陷阱是（　　）。

A.未能保持严格的战略约束力　　B.寻求支配地位

C.不了解竞争者的战略目标和管理费用　　D.过分集权化

3.16 M国的几家数据设备公司的雇员确认其公司不会开发一种他们认为有很高潜力的产品，于是这些雇员共同成立了通用数据公司，经过数年发展，通用数据公司成为行业佼佼者。上述材料反映了数据产品这一新兴产业内部结构的共同特征是（　　）。

A.技术的不确定性　　B.成本的迅速变化

C.萌芽企业和另立门户　　D.战略的不确定性

3.17 下列关于蓝海战略的表述中，正确的是（　　）。

A.“蓝海”的开创是基于价值的创新

B.“蓝海”的开创是基于技术的突破

C.“蓝海”不会萌生在产业现有的“红海”之中

D.企业不能以系统的、可复制的方式去寻求“蓝海”

3.18 H公司是一家区别于传统火锅店的新式火锅餐饮企业，在给顾客提供用餐服务的同时，还免费给顾客提供拖鞋、美甲、拍照打卡等服务。H公司的经营模式取得了巨大的成功，营业额高速增长。H公司实施蓝海战略的路径是（　　）。

A.跨越时间　　B.重新界定产业的买方群体

C.重设客户的功能性或情感性诉求　　D.跨越战略群组

3.19 从事樱桃种植与销售的明珠公司于2019年率先采取了一种新的经营方式，在种植区内增设了园林景观、游戏场等。到了收获的季节，顾客可付费进行休闲娱乐等活动，同时能以市场最低的价格采摘和购买樱桃，这一经营模式受到了同行的追捧。明珠公司实施蓝海战略的路径不包括（　　）。

A.打破价值与成本互替规律　　B.放眼互补性产品或服务

C.重设产业的功能与情感导向　　D.跨越时间参与塑造外部潮流

3.20 百乐是一家互联网公司，通过各种免费策略打开市场，实现迅猛发展，最终凭借免费商业模式建立起庞大的商业帝国。百乐公司推出永久免费的杀毒软件，但向企业客户提供的安全存储器及一对一远程服务等则收取费用。下列各项中，属于百乐公司的盈利模式的是（　　）。

A.增值服务收费模式　　B.广告模式

C.交叉补贴模式　　D.非货币市场模式

3.21 某轮胎制造商为汽车制造商和农用拖拉机制造商分别生产两种安全标准不同的轮胎，其中为汽车制造商生产的轮胎安全标准高于为农用拖拉机制造商生产的轮胎安全标准。该轮胎制造商进行市场细分的依据是（　　）。

A.用户的行业类别　　B.用户规模

C.用户的地理位置　　D.用户购买行为

3.22 某软件开发公司专注于为不同行业的企业提供定制化的管理软件解决方案。该公司在研究市场细分变量时考虑到不同企业对产品交货速度有不同的偏好，决定有针对性地开发重交付产品和轻交付产品，以应对突然要求交货的客户。其进行产业市场细分的主要变量依据是（　　）。

A.采购方法变量　B.情境因素变量　C.企业特征变量　D.经营变量

3.23 近年来，电动汽车的消费市场越来越大。梦想公司意识到，不同的消费群体有着不同的消费需求，电动汽车行业的消费客群细分已经成为未来的大趋势。因此梦想公司专门针对中国三胎家庭的出行需求，推出了一款特大型SUV电动汽车，这款车型一举成为爆款。梦想公司采用的目标市场选择策略是（　　）。

A.无差异性营销策略　B.差异性营销策略

C.集中性营销策略　D.低成本营销策略

3.24 随着商旅人士消费水平的提高与消费观念的转变，酒店行业的高端消费市场迅猛扩张。专注三、四线城市经济型连锁酒店的优尚公司意识到，商旅消费群体存在不同的消费需求，酒店行业细分已经成为产业发展的大趋势。因此，该公司开始尝试拓展业务与品牌，进军中高档酒店，不断挖掘细分人群的需求。优尚公司采用的目标市场选择策略是（　　）。

A.无差异性营销策略　B.差异性营销策略

C.集中性营销策略　D.低成本营销策略

3.25 在国内高端白酒市场被众多老牌酒业瓜分的情况下，西涌酒业率先选择去开拓一个新的市场，专注于低端平价的白酒市场。西涌酒业主打的"青小白"从诞生之日起，就有明确的定位——满足年轻消费者需求的白酒。根据以上信息，西涌酒业的市场定位策略是（　　）。

A.避强定位　B.迎头定位　C.取代定位　D.领先定位

3.26 青叶清风饮品将凉茶和药品区别开来，将凉茶重新定位成可以预防上火的功能性饮料，并通过打出"不上火，沁心清润，选青叶清风"的广告语，使其品牌形象融入顾客心中，再次成为饮品行业的一线品牌。青叶清风凉茶选择的市场定位策略是（　　）。

A.避强定位　B.迎头定位　C.取代定位　D.领先定位

3.27 某城市为了解决上下班高峰时段地铁拥挤问题，制定了非高峰时间段低于高峰时间段票价的方案。根据价格策略，该方法属于（　　）。

A.产品组合定价策略　B.差别定价策略

C.折让定价策略　D.心理定价策略

3.28 某飞机制造企业决定将气流中的压力条件与固定浮力作为其定向研究方向，以加深对气体力学领域基础知识的认识和理解。该企业的研发层次是（　　）。

A.基础性研究　B.应用型研究　C.开发型研究　D.发展性研究

3.29 甲公司是一家家用电器生产企业，其生产的蓝光播放机首次投放市场，为了扩大蓝光播放机的销量，甲公司对其首次上市定价采用了低于其他企业价格的策略。甲公司对蓝光播放机首次上市采用的产品定价策略是（　　）。

A.渗透定价策略　B.温和定价策略　C.心理定价策略　D.撇脂定价策略

3.30 喵喵公司在网络商城销售宠物用品。作为一家新创企业，喵喵公司通过研究竞争对手的定价，帮助自己确定相关产品在市场上的价格合理范围。在竞争对手降价时，喵喵公司也会适当调整自己产品的价格，防止顾客流失。在本案例中，喵喵公司的定价策略是（　　）。

A.需求导向定价法　　B.成本导向定价法

C.低定价策略　　D.竞争导向定价法

3.31 K公司是一家印制用品生产企业，该公司最为畅销的打印机产品的定价区间在100～150元，而与其配套使用且消耗较多的墨盒售价却也达到了85元左右。下列各项中，属于K公司采用的定价策略是（　　）。

A.系列产品定价　　B.现金折扣　　C.捆绑定价　　D.关联产品定价

3.32 M公司为一家蓝牙音响制造企业，该公司进行生产运营，首先要确定以何种产品来满足市场需求。M公司在产品选择时，下列所需要考虑的因素中，说法错误的是（　　）。

A.考虑当前音响市场的总体状况和发展趋势

B.分析企业目前所掌握的与蓝牙通信有关的专利

C.测算音响产品开发和生产所需的投资

D.市场部的销售目标完全依赖生产部门的产品选择

3.33 企业需要通过关注生产运营从而获取产品优势，下列有关影响生产运营竞争力的表述中，错误的是（　　）。

A.企业需要按时向客户提交商品，从而提升顾客满意度

B.企业生产过程的质量应以产品质量零缺陷为目标，以保证产品的可靠性

C.企业应当通过降低生产、制造与流通环节的成本，提高企业产品竞争力

D.企业应当坚持大批量生产单一品类的商品，以降低生产的复杂度

3.34 美家公司是一家从事家具生产的企业。其新推出的环保家居系列上市后深受消费者喜爱，导致产品供不应求，经常需要订货，企业一直处于超额生产状态。为满足持续增长的订单要求，公司决定增加一条生产线来提高产能。美家公司所实施的产能计划属于（　　）。

A.滞后策略　　B.匹配策略　　C.维持策略　　D.领先策略

3.35 北极人公司是一家电热毯制造和销售企业。2022年初，公司管理层预计今年冬天全球能源价格将会持续高企，欧洲能源供应问题严峻，且短期内无法缓解，电热毯的出口销量较前两年大幅增长。因此，北极人公司决定加大公司上半年的产量，以应对未来需求的增长，北极人公司采用的平衡产能与需求的方法是（　　）。

A.库存生产式生产　　B.资源订单式生产

C.准时生产式生产　　D.订单生产式生产

3.36 米尼公司主要通过线上网店销售家饰礼物、家用香薰等家居用品，其所售卖的各类产品的供应商不尽相同。近年来，米尼公司的香薰成为热卖单品，于是其打算与该香薰供应商英国TD公司签订长期协议，计划由TD公司负责米尼公司未来5年的香薰供应。同时，英国TD公司决定以更优惠的价格向米尼公司供货。该策略涉及的交易策略是（　　）。

A.市场交易策略　　B.短期合作策略

C.功能性联盟策略　　D.创新性联盟策略

3.37 晓时公司创立于2018年，自创立之日起就坚定了走特色化、差异化路线的决心。公司凭借精致、创新、健康的家电产品享誉千万家庭，成为创意家电领导品牌。根据以上内容，适合晓

时公司选择的人力资源策略是（　　）。

A.主要从外部招募员工　　B.要求员工具有广泛的知识和技巧

C.员工薪酬采用基本薪酬　　D.设立企业大学或者组织员工定期培训

3.38 立华公司是一家日用洗涤品生产企业。该公司在市场调研中发现，线上采购日用洗涤品的年轻消费群体对品牌的忠诚度不高，但对价格变动非常敏感。目前，立华公司的主要竞争对手的各类产品与该公司的产品大同小异。下列关于立华公司最可能选择的竞争战略及其对应的人力资源策略的表述中，正确的是（　　）。

A.从人力资源获取的角度，立华公司更适宜从外部招聘员工

B.从培训与开发的角度，立华公司往往利用外部培训机构对团队进行培训

C.从绩效评估的角度，立华公司的评估范围宽广，评估信息丰富

D.从薪酬策略的角度，立华公司更强调对内公平

3.39 甲公司某年的投资资本回报率为5%，销售增长率为6%。经测算，甲公司的加权平均资本成本为7%，可持续增长率为8%。该年甲公司的业务属于财务战略矩阵中的（　　）。

A.减损型现金短缺　　B.增值型现金剩余

C.增值型现金短缺　　D.减损型现金剩余

3.40 日丰公司是一家家电生产企业，该公司的投资资本回报率为8%，投资成本为5%，同时销售增长率为9%，可持续增长率为7%。日丰公司预计上述情况将持续较长时间，因此决定采用新的财务战略。下列各项中，适合日丰公司采用的财务战略是（　　）。

A.增发股份，增加权益资本　　B.增加股利支付

C.增加内部投资　　D.对家电业务进行彻底重组

3.41 国内家电企业宏浩集团在2020年6月宣布，将斥资45亿美元收购发达国家G国工业机器人制造商K公司。K公司是该国市场上领先的专注于工业制造流程数字化的企业，其研发的机器人已经被用来装配轿车和飞机。宏浩集团收购K公司的动机是（　　）。

A.寻求市场　　B.寻求效率　　C.寻求现成资产　　D.寻求资源

3.42 T公司是一家业务覆盖全球的跨国汽车公司，主要深耕于汽车产业链上的研发环节与售后服务环节。近期，T公司与Y国的四家整车组装公司达成合作，这四家企业的主要业务是按照T公司提供的技术方案进行简单组装并交付产品，无须自行修改方案。T公司与其他供应商所形成的分工模式是（　　）。

A.科层型价值链　　B.市场型价值链

C.俘获型价值链　　D.关联型价值链

3.43 雪燕公司是国内一家滑雪用具生产企业，该企业主要负责为北欧的一线雪具品牌提供代工。为谋求价值链升级，雪燕公司聘请了国外专业技术团队，对现有的生产技术进行了革新，同时提高了生产管理效率并降低了生产成本。雪燕公司的企业升级类型是（　　）。

A.工艺升级　　B.产品升级　　C.功能升级　　D.价值链升级

3.44 P公司是一家生产经营日化用品的跨国公司，其母公司设立在U国，在其他国家设立了20余个子公司。在该公司的经营过程中，母公司将产品的研发技术和新产品提供给各个子公司，子

公司也会把在当地畅销的产品提供给母公司和其他子公司。P公司国际化经营的战略类型属于（　　）。

A.跨国战略　　B.全球化战略　　C.多国本土化战略　　D.国际战略

3.45 网汇公司是一家在多国经营的会员订阅制的流媒体播放平台，依靠其精准的推荐引擎广受用户好评。公司于2013年凭借其出品的《纸片屋》席卷全球。随后该公司与法国、西班牙、韩国、泰国以及巴西等地的视频平台签订许可协议，并凭借其准确的口味预测与高水准的制作能力，推出了一系列以本土为背景采用当地语言录制的剧集，海外订阅量稳步提高。网汇公司采取的国际化经营战略类型是（　　）。

A.全球化战略　　B.跨国战略　　C.国际战略　　D.多国本土化战略

3.46 甲公司是一家玩具制造商，其业务已扩展到国际市场。甲公司在劳动力成本较低的亚洲设立玩具组装工厂，在欧洲设立玩具设计中心，产品销往全球100多个国家和地区。甲公司国际化经营的战略类型属于（　　）。

A.跨国战略　　B.全球化战略　　C.多国本土化战略　　D.国际战略

3.47 莉亚公司主要经营高端家具的生产与出口，其产品销往多个国家和地区。为确保产品质量，莉亚公司在牛皮生产大国美国与巴西境内建立统一标准的皮革加工厂，在国内广东省对所有五金件进行最高规格的加工处理，并在加拿大与瑞典建立原木干燥室。根据以上内容，莉亚公司选择的国际化经营战略是（　　）。

A.多元化战略　　B.全球化战略　　C.多国本土化战略　　D.跨国战略

3.48 国际日化巨头的销售规模不断扩大，市场占有率不断提升，国内日化品牌压力与日俱增。面对严峻的竞争威胁，家祥公司凭借对中国消费者特殊喜好的了解，开发出了以中药材为原料的系列产品——生姜洗发水、药皂等，这些产品一经推出就获得了大众的喜爱。从战略选择角度看，家祥公司扮演的角色可称为（　　）。

A.防御者　　B.躲闪者　　C.抗衡者　　D.扩张者

3.49 飞翔公司是国内一家奶粉生产企业。近年来，很多具有品牌优势的国外奶粉制造商纷纷涉足中国市场，竞争十分激烈。飞翔公司为了自身的长期发展，与新西兰乳品巨头甲公司结成战略联盟，双方以50%：50%的股权比例合资成立一家新的公司，产品从奶粉扩展到各类奶制品。从战略选择角度看，飞翔公司扮演的角色可称为（　　）。

A.防御者　　B.躲闪者　　C.抗衡者　　D.扩张者

3.50 T公司是墨西哥最大的一家西班牙语肥皂剧生产商。经过调研，管理层认为T公司自己的节目可以在墨西哥以外的西班牙语国家为其带来可观的收入，于是便将节目的出口市场定位于拉美、西班牙、与墨西哥接壤的美国各州以及佛罗里达州，并大获成功。之后，T公司又开办了自己的新闻节目，并与其他公司合作，向全球的西班牙语市场输送节目，反响良好。根据以上信息，T公司作为新兴市场本土企业所选择的战略是（　　）。

A.“防御者”战略　　B.“抗衡者”战略

C.“躲闪者”战略　　D.“扩张者”战略

二、多项选择题

3.51 易贝公司是M国的一家电子商务公司。该公司于2016年收购了N国一家主营电子商务业务的奇雅公司，从而正式进军N国市场。易贝公司收购奇雅公司涉及的发展战略的类型有（　　）。

A.横向一体化战略　　B.市场开发战略

C.产品开发战略　　D.相关多元化战略

3.52 肯德基快餐店自1987年进入北京市场以来，不断发展加盟连锁店，迅速占领了北京快餐市场。至今，肯德基在中国拥有上千家门店，且在过去几年全面实施本土化策略，推出了符合中国人饮食习惯的产品，并持续输出其关注营养均衡的品牌理念，受到了各年龄层消费者的青睐。从密集型战略来看，肯德基快餐店采取的战略类型有（　　）。

A.市场渗透战略　　B.市场开发战略

C.产品开发战略　　D.多元化战略

3.53 2021年初，甲公司经营陷入困境。面对困境，甲公司采取了以下措施：高管减薪，加强广告宣传，委托其他公司生产本公司的产品。这些措施所体现的收缩战略的方式有（　　）。

A.削减成本　　B.调整营销策略

C.分包　　D.资产互换

3.54 近年来大数据和云计算的快速发展，使主营传统数据库业务的甲公司受到极大冲击，经营业绩大幅下滑。2022年初，甲公司裁员1 800人，并重组开发团队和相关资源，大力开拓和发展云计算业务，以改善公司的经营状况。甲公司采用的总体战略类型有（　　）。

A.稳定战略　　B.转向战略

C.市场开发战略　　D.紧缩与集中战略

3.55 万合公司为一家国内上市的地产企业。2017年，该公司董事长对内发文称，国内房地产市场已见顶，公司需要调整经营策略。公司将进一步加强现金流的控制，与银行重新签订偿还协议，缩小华中地区子公司的规模并出售西北地区的子公司。上述举措包含的收缩战略方式有（　　）。

A.紧缩与集中战略　　B.转向战略

C.失败战略　　D.放弃战略

3.56 淑女坊公司在2011年上市失败后女装业务持续严重亏损，库存积压严重。2014年初，该公司决定关闭女装事业部并进行清算。消息一传出，立即引发了全国各地门店的抗议。当地政府要求该公司就职工补偿和重新安置提出方案。公司股东则担心其服装生产线专用性程度高，难以对外出售。淑女坊公司关闭女装事业部碰到的退出障碍有（　　）。

A.固定资产的专用性程度　　B.退出成本

C.感情障碍　　D.政府和社会约束

3.57 罗锤公司智能手机业务的经营持续严重亏损。2018年，罗锤公司决定全面停止智能手机业务的生产和销售。由于智能手机的生产线难以转产，所以罗锤公司拟通过破产的方式退出。消息一传出，立即引发了员工的抗议，要求罗锤公司就职工补偿和重新安置问题提出解决方案。在上述案例中，罗锤公司面临的退出障碍有（　　）。

A.退出成本　　B.政府与社会约束

C.固定资产的专用性程度　　D.感情障碍

3.58 亚强公司的前身是主营五金矿产进出口业务的贸易公司。2014年，公司在"将亚强从贸易型企业向资源型企业转型"的战略目标指引下，对北美N矿业公司发起金额60亿美元的收购。其收购资金中50亿美元由国内银行贷款提供。亚强公司对北美N矿业公司的并购类型包括（　　）。

A.纵向并购　　B.产业资本并购

C.杠杆并购　　D.金融资本并购

3.59 从事能源工程建设的百川公司在并购M国一家已上市的同类企业后发现，后者因承建的项目未达到M国政府规定的环保标准而面临巨额赔偿的风险，股价一落千丈，其核心技术人员因对百川公司的管理措施不满而辞职。百川公司为挽救被并购企业的危局作出各种努力，均以失败告终。下列各项中，属于百川公司上述并购失败原因的有（　　）。

A.并购后不能很好地进行企业整合　　B.决策不当

C.跨国并购面临政治风险　　D.支付过高的并购费用

3.60 甲公司是一家提供社交媒体服务的互联网公司，乙公司是一家著名的电子商务公司。2015年，甲公司和乙公司签署交换彼此30%股份的战略合作协议。根据协议，双方将在网络支付服务方面进行合作，并由甲公司向乙公司提供社交媒体客户端的一级入口位置及其他主要平台的支持。甲公司和乙公司结成的战略联盟的特点有（　　）。

A.有利于扩大企业的资金实力及长久合作　　B.联盟内成员之间的沟通不充分

C.双方具有较好的信任感和责任感　　D.企业对联盟的控制能力差

3.61 吉星公司是一家从事家具制造的公司。为了满足更多年轻消费者的需求，吉星公司与国内一家从事软件研发的高新技术企业小度科技通过签订技术交流协议建立合作关系，希望借助小度科技强大的技术能力推出更智能化的家具，为消费者提供更加美好的家居体验。吉星公司和小度科技结成的战略联盟的特点有（　　）。

A.经营灵活性和自主权更高　　B.有利于扩大企业的资金实力及长久合作

C.双方具有较好的信任感和责任感　　D.企业对联盟的控制能力差

3.62 夏德公司为光伏产品出口企业，其主要市场为欧洲与美国。该公司拟采用战略联盟的方式提高企业竞争力，下列说法符合战略联盟形成动因的有（　　）。

A.与尚普公司共同开发新技术产品以分担研发费用

B.与德国头部企业合作，降低市场开发与技术创新的风险

C.与澳大利亚某大学光伏研究所合作，有效利用企业的研发中心，共同提升光伏发电效率

D.与意大利光伏生产企业Z公司以价格战的方式在西班牙光伏市场开展竞争

3.63 S公司是一家全球知名的网络基础设施提供商。S公司牵头成立了由11家相关行业领导企业组成的网络弹性联盟，以帮助提高整个行业网络硬件和软件的安全性。S公司拟进一步引入2～3家与网络安全领域相关的成员企业，在评估时需要考虑的因素有（　　）。

A.在网络安全业务领域的优势　　B.与现有联盟成员企业的业务内容的重叠度

C.与其他拟进入企业的战略相容性　　D.与现有联盟成员企业的合作历史

3.64 20世纪90年代，GL公司在中国推出微波炉产品。GL公司利用市场对微波炉产品价格的高度敏感，通过集中生产少数品种、减少各种要素成本、不断改进产品工艺设计等多种手段降低

成本，以“价格战”不断摧毁竞争对手的防线，抬高行业的进入门槛，使自己成为微波炉行业的“霸主”。GL公司采用该竞争战略所面临的风险有（　　）。

A.新技术的出现可能使过去改进工艺设计的投资与积累的经验一笔勾销

B.消费者群体直接的需求差异变小

C.产业内其他企业不断发布更具智能化、更有设计感但价格相当的产品

D.市场需求从注重价格转向注重产品的品牌形象

3.65 Y国的F公司是一家专门生产高档运动自行车的企业，其产品在Y国高档运动自行车细分市场上的占有率高达80%以上。下列各项中，属于F公司竞争战略实施条件的有（　　）。

A.购买者群体之间在需求上存在差异

B.目标市场上在市场容量、成长速度等方面具有相对的吸引力

C.产业规模经济显著

D.产品具有较高的价格弹性，市场中存在大量的价格敏感用户

3.66 甲公司是一家享誉世界的家电制造巨头，在其涉足的各项家电业务领域，一直坚持差异化战略，强调原创技术、性能卓越、品质不凡且价格高昂。但甲公司近年连续出现亏损。从差异化战略的风险角度分析，甲公司亏损的原因可能包括（　　）。

A.竞争对手推出了性能更好的差异化产品

B.甲公司形成产品差异化的成本过高

C.随着家电行业的发展和成熟，消费者对产品的差异化需求下降

D.家电行业技术扩散速度加快，竞争对手的模仿能力迅速提高

3.67 近年来，随着汽车销量的上升，洗车行业迅速发展。由于洗车业务不需要复杂的技术和大量的投资，且消费者需要的洗车地点分散，因而洗车公司数量大量增加，洗车行业呈零散状态。根据以上信息，造成洗车产业零散的原因有（　　）。

A.成本的迅速变化　　B.进入障碍低

C.技术的不确定性　　D.市场需求多样化导致高度产品差异化

3.68 国豪旅行社专注于为老年人提供旅游服务。近年来，该社除通过增加门店扩大实地旅游业务外，还借助互联网在业内率先增加“坐地游天下”的线上服务项目，实现线上与线下互动，有效扩大了顾客群体。从零散产业的战略选择角度看，该旅行社战略选择的类型有（　　）。

A.克服零散——获得成本优势　　B.增加附加价值——提高产品差异化程度

C.技术创新创造规模经济　　D.专门化——目标集聚

3.69 近年来，“预制菜”走入了大众视野。据不完全统计，我国预制菜行业已经进入了快速发展期，多家企业宣布入局预制菜市场。预制菜火爆的同时面临着两个问题：一是产品生产。关于产品标准化、口味、安全、健康的质疑不断，甚至出现了“猪狗食”这样的形容，专业的烹饪设备也不充足；另外一个问题是消费场景，也就是如何刺激消费者购买。从新兴产业的发展障碍角度看，预制菜行业面临的发展障碍有（　　）。

A.顾客的困惑与等待观望　　B.原材料、零部件、资金与其他供给的不足

C.被替代产品的反应　　D.缺少承担风险的胆略与能力

3.70 经营电影院线的虹光公司面对不同电影院线之间同质化竞争异常激烈的局面，独辟蹊径地将

旗下的一部分影院改造成家庭影院，按照消费者预定的时间、影片乃至餐席提供服务，使他们在影院欣赏影片的同时享受亲友团聚和美味佳肴，结果大大提高了该公司的竞争力和市场占有率。依据红海战略与蓝海战略的关键性差异，本案例中虹光公司体现的蓝海战略的特征有（　　）。

A.拓展非竞争性市场空间　　B.创造并攫取新需求

C.打破价值与成本互替定律　　D.同时追求差异化与低成本

3.71 亚新公司仅用短短几年时间就发展成为国内最大的图书零售商，给传统书店带来严峻挑战，这显示出其新型商业模式所释放的强大生命力。根据商业模式画布理论，下列可以作为价值主张因素的有（　　）。

A.需求创新　B.提升品牌　C.优化定价　D.问题解决

3.72 联盛公司是一家大型的日化用品生产企业，共有五大产品线，分别是护肤产品、个人洁肤产品、护发产品、洗涤产品和护齿产品，合计有30种不同的细分产品项目，虽然这些产品在生产工艺上略有不同，但均会经由相同的商超渠道进入市场。上述案例涉及了产品组合策略中的（　　）。

A.宽度　B.长度　C.深度　D.关联度

3.73 企业确定中间商数量有三种可供选择的分销策略：独家分销、选择性分销和密集分销。下列关于这三种分销策略的表述中，正确的有（　　）。

A.独家分销适用于日常消费品的分销

B.选择性分销比独家分销能给消费者购物带来更大的方便

C.相对于密集分销，独家分销更能够对中间商的服务水平保持控制

D.密集分销的渠道管理成本很高

3.74 户外露营逐渐成为一种受欢迎的周末休闲方式。NK公司主打各类户外露营用品的销售，在各类露营社交账号上对其睡袋产品进行推广。同时，NK公司定期面向会员举办户外露营活动，持续增强用户黏性，并向参加活动的会员提供抽奖或赠送周边。在上述活动中，NK公司采用的促销组合要素有（　　）。

A.营业推广　B.广告促销　C.人员推销　D.公关营销

3.75 乐融旅行社定期开展会员俱乐部活动。活动期间，该社向参加活动的会员提供免费茶点，并安排了多名资深导游为他们介绍旅游新项目。另外，旅行社还不定期组织多场公益旅游知识讲座，树立了良好的公众形象。在上述活动中，乐融旅行社采用的促销组合要素有（　　）。

A.广告促销　B.营业推广　C.公关营销　D.人员推销

3.76 在促销时，企业可以选择两个基本的促销策略——推式策略和拉式策略。下列有关这两个促销策略的表述中，正确的有（　　）。

A.推式策略大多面向销售人员和中间商展开

B.推式策略主要通过广告来刺激市场需求

C.推式策略可以通过折扣、满减等活动刺激消费者的购买欲望

D.企业可以将推式策略和拉式策略配合起来使用

3.77 华星是一家专注智能产品研发的创新型企业，为了应对激烈的市场竞争，公司开始进行新产

品开发。下列各项中，新产品开发成功须具备的基本条件有（　　）。

A.具有独特性的优质产品

B.与顾客保持密切的沟通，深入了解他们真正的需求

C.采用开放式新产品开发模式

D.合理配置资源

3.78 优居公司所有产品如电视、音响、灯管、剃须刀、显示器等都使用“优居”品牌名称。该品牌策略的优点有（　　）。

A.节省了新产品上市的宣传推介费用

B.能够避免品牌的负面株连效应

C.可以清楚地将各类产品区别开，避免互相混淆

D.增强了品牌影响力和传播力

3.79 芯达公司是一家芯片研发企业。企业依靠自己的资源独立研制和开发新技术、新产品，并对研发成果拥有完全的知识产权。根据企业研发的模式，属于芯达公司研发模式优点的有（　　）。

A.缩短研发周期

B.企业不需要对研发投入太多的精力

C.有利于技术秘密和知识产权的保护

D.产品差异化程度高，可以避免行业产品同质化现象

3.80 维愿集团是亚洲颇具规模的卫生用品企业。为了进一步提升核心竞争力，公司计划建立高效供应链体系。下列有关高效供应链体系的说法中，正确的有（　　）。

A.追求降低“实物成本”

B.追求降低“市场协调成本”

C.适用于品种多、产量低、难以预见的市场环境

D.适用于品种少、产量高、可预见的市场环境

3.81 生产农用运输车辆的江陵公司将柴油发动机的生产授权给一个供应商。下列各项中，属于该公司货源策略优点的有（　　）。

A.能够取得更多的知识和专门技术

B.采购方能够就规模经济进行谈判

C.有利于信息的保密

D.有利于获得更高质量的产品

3.82 天飞百货公司在成立初期的所有塑料袋都采购自同一家塑料袋生产企业，但考虑到持续供应的问题，百货公司管理层正在考虑多选几家供应商来应对这一风险。根据上述信息，下列说法中正确的有（　　）。

A.天飞百货公司成立初期的货源策略能产生规模经济

B.天飞百货公司成立初期的货源策略使企业的议价能力增强

C.天飞百货公司正在考虑采用多货源少批量策略

D.天飞百货公司正在考虑采纳的货源策略能够获得更多的知识和技术

3.83 高效的招募、甄选与录用人才是企业获得持续竞争优势的关键。企业应选择与其竞争战略相

匹配的人力资源获取策略。下列有关表述中，正确的有（　　）。

A.成本领先战略下，员工的晋升阶梯狭窄、不宜转换

B.成本领先战略下，技能是甄选员工的重要标准

C.差异化战略下，员工的主要来源是外部

D.集中化战略下，企业会用心理测试的方法来甄选员工

3.84 企业的竞争战略不同，所采取的薪酬策略也会有所差异。下列有关企业竞争战略与薪酬策略的表述中，正确的有（　　）。

A.实施成本领先战略的企业强调对内公平

B.实施差异化战略的企业强调对外公平

C.实施成本领先战略的企业强调集权，通过高层作出决策

D.采用集中化战略的企业根据市场和企业实力采用不同的决策方式

3.85 甲公司是一家制造和销售洗衣粉的公司。目前洗衣粉产业的产品逐步标准化，技术和质量改进缓慢，洗衣粉市场基本饱和。处于目前发展阶段的甲公司具备的经营特征有（　　）。

A.财务风险高　　B.股利分配率高

C.资金来源于保留盈余和债务　　D.股价迅速增长

3.86 景园是一家幼托机构，主打一线城市核心区域的幼托服务，已在当地赢得较好的口碑。该机构分店数量由2018年最初设立的2家，迅速发展为20家，并争取在3年内获得当地最大份额。下列说法中，属于景园应采用的财务战略有（　　）。

A.新设分店的主要融资方式为权益融资　　B.主要投资者为风险投资家

C.选择低财务风险战略　　D.股利分配的比率较低

3.87 乙公司财务数据显示，其资本成本为8%，投资资本回报率为7%，可持续增长率为9%，销售增长率为6%。乙公司目前应采取的措施有（　　）。

A.提高投资资本回报率　　B.降低资本成本

C.增加短期借款　　D.增加权益资本

3.88 小富公司是一家传统的皮鞋制造企业。近年来，小富公司的产品竞争力逐渐下滑。虽然目前其业务能产生足够的现金流量维持自身发展，但业务的增长反而会降低企业的价值。在上述情况下，小富公司可以选择的财务战略有（　　）。

A.提高投资资本回报率　　B.降低资本成本

C.出售业务单元　　D.彻底重组

3.89 2023年，主营服装生产销售的SY公司首次将时尚服装销售到南美洲的A国市场。2024年，SY公司与南美洲C国当地制造商合作，采用生产外包的方式在C国进行服装生产和加工，以获得低成本优势。SY公司采用的国际化经营的主要方式有（　　）。

A.非股权形式　　B.对外直接投资　　C.推广和营销　　D.出口贸易

三、简答题

3.90 2010年，规模位列国内钢铁行业第13位的SZ钢铁公司已连续3年盈利能力低于6%。究其原因，SZ钢铁公司长期采用的“集中式”战略（即生产组织仅局限于钢铁冶炼流程）已不能适应近年

来国内外钢铁产业企业竞争转换为产业链竞争态势之需要。

一方面，世界钢铁企业通过对原料企业的整合使得钢铁原料矿石、煤粉等资源处于被垄断地位，进口铁矿石价格连年暴涨，带动国内铁矿石价格不断攀升，导致SZ钢铁公司原料供应受制于人。另一方面，钢铁市场的需求虽然依旧十分旺盛，但下游客户面临的选择越来越多，对用料的要求也越来越高。SZ钢铁公司固守于钢铁冶炼阶段，对客户需求的变化缺乏敏感性，导致公司结构性产能过剩。

目前钢铁产业链中的上游原料的销售利润率可以达到15%，而下游产品的销售利润率可以达到7%～10%。SZ钢铁公司在以往的经营过程中，与上下游企业业务联系密切，因而可以在现有人才和技术不需要做大的投入和调整的前提下，实现纵向一体化的整合。

SZ钢铁公司纵向一体化战略的实施正在从以下两个方面展开：

（1）前向整合。与Q公司等石油公司签订集研发、生产、销售为一体的合作协议，待条件成熟，进行合资生产；收购Y造船厂；参股G造船厂；与D窗帘线制造厂签订合作协议。

（2）后向整合。SZ钢铁公司开始着手在远东地区建立铁矿资源生产企业，确保公司铁矿资源的长期稳定供应；与L煤炭集团建立长期合作协议，解决煤炭资源供应问题。

要求：

（1）简要分析SZ钢铁公司实施纵向一体化战略的动因（或优势）。

（2）简要分析SZ钢铁公司实施纵向一体化战略的适用条件。

3.91　远洋时代成立于2011年，站在新能源市场的风口，以及核心技术实力加身，市场占有率与产能规模不断跃升，被成功贴上“全球动力电池领跑者”的标签。2017年至2020年，远洋时代动力电池销量连续四年问鼎全球。远洋时代2018年上市，发行价格25.14元/股，市值近500亿元。不到3年时间，远洋时代股价一路高涨，目前已实现万亿市值。

动力电池行业的竞争逻辑，回归根本是基于核心技术的竞争。硬核的技术实力与先进的技术储备也是远洋时代构筑万亿电池帝国的根基。在远洋时代早期发展阶段，正是依托于扎实的技术实力，斩获吉利早期订单，成为宝马、宇通客车等的核心供应商，为其后续快速市场腾飞打下坚实基础。

持续的高研发投入也成为远洋时代保持技术领先的优势所在。从远洋时代历年的研发投入，也可一窥其在技术方面的沉淀与储备。根据年报显示，过去几年，远洋时代在营收不断跃升的同时，研发投入金额也在不断增加，研发投入占营收比例维持在6.5%以上。

除了持续高研发投入之外，远洋时代还通过产业链投资，在全球范围内拓展自己的业务，来确保掌控产业链话语权。在远洋时代的投资布局中，计划投资的都是一些有一定行业地位和具有发展潜力的企业。在上游资源领域，远洋时代已相继投资国内外锂、钴、镍资源，投资标的包括天宜锂业、北美镍业、青美邦等。

在下游车端，远洋时代与北汽蓝谷、跃薪智能、蔚来、享道出行等合作开启新应用领域的探索。特别是在自动驾驶领域，远洋时代也已经开始布局。2020年12月30日，中华人民共和国交通运输部公开发布了《关于促进道路交通自动驾驶技术发展和应用的指导意见》，文件指出，在自动驾驶载货运输服务方面，鼓励在港口、机场、物流场站、交通运输基础设施建设工地等环境相对封闭的区域及邮政快递末端配送等场景，结合需求，开展自动驾驶载货示范应用，并在做好风险评估和应急预案的前提下，视情况推广至公路货运、城市配送等场景。这也意味着物流行业即将会成为最快商用自动驾驶的领域，从这点来看，远洋时代的这几笔投资成功预见了风口，可能会带来更多的收益。

要求：

简要分析远洋时代实施的一体化战略类型及其适用条件。

3.92 江天味业是国内专业的调味品生产企业，拥有悠久的历史。公司内部领导层表示，线下渠道的布局是公司规模化发展的“重要抓手”，其销售网络覆盖全国，营收重度依赖经销商渠道。数据显示，2020年经销模式实现收入占其营收的95%。因此，江天公司通过渠道销售，积累了大量的资金。而在线上渠道，江天味业并未取得太大成绩，线上销售收入只占当期营收的1.76%。江天公司管理层认为，调味品行业趋于成熟，增长缓慢，核心产品增长进入瓶颈期，这也是公司主营业务增速疲软的主要原因。因此，为了寻求新的业绩增长点，公司必须开拓新的市场。

和众多消费行业参与者一样，江天味业尝试通过高端化、多元化策略，来突破发展瓶颈，于是火锅底料、食用油等均进入了它的视野。为了最大限度利用市场机会和公司在调味品行业的优势地位，江天公司开展了一系列并购活动。2019年12月，江天味业以1.69亿元获得芝麻油企业合肥燕庄公司67%股权；2020年8月11日，推出了旗下首款火锅底料产品，随后推出自创的火锅底料，包含新疆番茄和云贵酸汤等口味。江天公司CEO王明表示，希望利用公司品牌效应、规模效应、渠道话语权，获取更多的利润。然而，江天味业的经销商却并不买账，他们认为火锅底料产品并不好卖，且相关市场竞争激烈，产业压力明显。

要求：

简要分析江天公司实行多元化经营的动因（即采用多元化战略的优点）。

3.93 1991年，以电脑软件开发为主营业务的JR公司注册成立。公司发展很快，于1993年成为国内第二大民营高科技企业。

1994年，JR公司领导层发现，计算机市场发展日新月异，如果继续仅从事电脑软件开发，扛不过猖獗的盗版活动，于是把一部分注意力转向了国内正在起步且市场潜力很大的保健品市场，希望利用公司的品牌优势，最大限度地利用市场机会。公司保健品项目开始起步。

1995年，JR公司将开发的12种保健品一起推向市场，投放1亿元资金展开广告攻势，JR公司的保健品受到市场的广泛关注。但是评估结果表明，广告攻势虽然提高了公司知名度和关注度，但广告效果几乎为零，因为公司根本不知道消费者需要什么，光靠无的放矢的广告攻势不可能收到刺激消费者购买欲望的效果。此外，公司内部管理混乱，各项规章制度形同虚设，沟通激励机制不健全，欺上瞒下成风，1996年公司保健品销售额为5.6亿元，但烂账却有3亿多元。资金在各个环节被无情地吞噬。

1996年，JR公司在1994年初动土兴建的“JR大厦”资金告急，由于预算与实际出入太大，公司领导层决定将用于保健品业务的全部资金调往JR大厦，保健品业务因资金“抽血”过量，再加上管理不善，迅速盛极而衰。1997年初，JR大厦未按期完工，各方债主纷纷上门，JR公司现金流彻底断裂，负债2.5亿元，陷入破产危机。

公司陷入破产危机，痛定思痛，决心从保健品市场寻找出路，JR公司领导层总结过去市场调研不足的教训，与300位保健品潜在消费者进行了深入的交流，调研了解保健品市场营销中可能遇到的各种问题。之后，公司选择距离两个大城市较近，而投入广告成本低得多的一个县级市作为公司东山再起的根据地；同时，公司通过前期调研，发现老年消费者对公司产品有需求，但希望子女们提供，于是将广告的创意定位在“向爹妈送礼”，这一广告历时十年经久不衰，累计带来了100多亿元的销售额。

针对过去公司内部管理混乱导致的问题，公司领导层从两个方面进行整改。

首先是严格落实各项管理制度，打造过硬的管理团队。历经破产危机的JR公司锻造队伍执行力的第一步，就是从管理好现金流开始。为了实现“让企业永远保持充沛的现金流”，做保健品业务时，总部把货卖给各地的经销商，且坚持全部先款后货，而促销、市场维护等工作主要由JR公司各地分公司负责。分公司经理坚决不能碰货款。同时，公司还通过制度安排，形成若一个分公司经理没有按总部制度办事，其他分公司经理都要受到牵连的利害关系，这样再也没有人敢拿公司的制度当儿戏。公司还建立了内部稽查队，长期进行市场稽查，一旦发现分公司弄虚作假或隐瞒问题，就会对分公司进行处罚。省级分公司也有稽查队稽查市级市场，市级稽查队又稽查县级市场。正是这种安排，让JR公司的营销团队在各终端都非常强势，摆脱了一般保健品企业对于经销商的严重依赖。10年来JR公司保健品销售额100多亿元，但坏账金额仍是0。

其次是建立完善的沟通激励机制。公司陷入破产危机后，调集全国分公司精英到偏僻地区闭关，分析失败原因，研究下一步变革方向。进而通过召开员工大会的方式将变革的思想传达给公司全体员工。公司召开表彰大会，对在保健品销售战役第一阶段作出重大贡献的一批“销售功臣”予以重奖，同时倡导“有奖必有罚，奖罚必配套”的企业文化。公司内部良好的沟通和激励造就了团队的超强凝聚力，不论是在公司强盛时还是在面临破产危机时，总是有一支管理团队不离不弃。

就这样，不到三年时间，JR公司又重新站立起来。2000年，保健品业务为公司创造了13亿元的销售奇迹，并建立了全国拥有200多个销售点的庞大销售网络，规模超过JR公司之前的鼎盛时期。

要求：

（1）简要分析JR公司两次实施收缩战略的原因。

（2）简要分析JR公司两次实施收缩战略所采用的方式。

3.94 汇鑫公司是C国最大的肉类加工企业，在屠宰和肉制品加工领域的市场地位和管理能力均居于国内第一位。

S公司是世界第一大猪肉生产商，是发达国家U国排名第一的猪肉制品供应商和出口商，拥有U国十几个领先品牌。但是近年来由于企业内部管理存在诸多问题，公司经营一直处于举步维艰的境地。汇鑫公司和S公司在2002年开始业务上的接触。S公司拥有的国际一流的品牌、技术、渠道以及规模和市场地位，都令汇鑫公司极为感兴趣。此外，S公司拥有两座绿色猪肉生产基地，如果汇鑫公司并购S公司，有助于开拓和巩固C国国内市场。

为慎重起见，汇鑫公司聘请了在跨国并购方面有着丰富经验的国际知名会计师事务所和律师事务所担任财务顾问和法律顾问，对S公司的经营、财务、法律进行全面的调查。

汇鑫公司于2013年5月29日发表声明与S公司达成收购要约。根据U国股市信息估算，S公司当时的市价约为36亿美元，而汇鑫公司收购所有股东股票的价款为47亿美元，溢价31%。

考虑到未来资产协同效应价值及共同分享国内外巨大的市场等因素，会计师事务所专家认为，汇鑫公司溢价收购S公司100%的控股股权，收购价格属于正常范围。

汇鑫公司收购S公司，采用了杠杆融资的模式。参与此次银团贷款的银行包括8家信誉很高的中外资银行。采用这种模式可以使银行分散一些风险，但高额利息支付使汇鑫公司短期内财务压力增加，对企业未来现金流量的需求会很大。

汇鑫公司曾发表声明，一是承诺收购后不裁员不关厂；二是S公司的原管理团队和职工队伍将继续保留原位；三是S公司的经营管理方式不变。汇鑫公司期望通过这些政策措施防止技术人员及客户流失，降低在管理、文化、经营方面的整合风险。

但是，也有专家指出，汇鑫公司在收购协议中承诺不裁员不关厂，而随着整合的进行，后期汇鑫公司若要裁员会面临重大阻力，会造成企业人力成本居高不下。

要求：

（1）简要分析汇鑫公司并购S公司的类型与动机。

（2）简要分析汇鑫公司并购S公司所面临的主要风险以及汇鑫公司规避风险所采取的措施。

3.95 2001年，正值中国印刷产业技术改造的高潮，尤其是印后设备的技术改造正在如火如荼地进行。越来越多的印刷厂家开始关注印后设备。整合优化产业链成为当时中国印刷机制造企业提升竞争优势的重要战略举措。

B集团公司是中国印刷机制造业的龙头老大，多年来积累了品牌、营销网络、规模、人力资源、技术及资金等方面的优势。为了适应市场竞争的需要以及赶上国家技术改造的高潮，B公司决定对其业务进行拓展和整合。B公司一直从事中间环节印刷机的制造，没有涉及印后（折页装订、模切、包装等）设备制造。面对印后设备技术改造高潮的市场机遇与挑战，B公司决定进入印后设备领域，确立做印刷行业的系统供应商、提高企业的综合竞争能力的发展战略。

日本T公司创立于1966年，公司在印后设备领域拥有优秀的专业技术人员和各类最先进的加工设备，已跻身于世界装订机械行业的前沿。T公司6年前就在中国的F市设立了工厂，但是由于种种原因，印后设备的销售非常困难，始终未能打开中国市场。T公司迫切希望能改变在中国举步维艰的困境。

B公司在一次展销会上与T公司开始交往。B公司的真诚、诚信以及双赢的理念深深打动了T公司。于是2001年9月底，T公司管理层来到B公司就双方的合作展开了正式的谈判。

双方在谈判之前先进行思想沟通，就合作的理念、价值观等方面达成一致，随后双方对具体的合作方式进行了进一步的探讨。由于T公司已经在中国独资建立工厂，与B公司采用合资等股权参与的方式合作已经不具有可能性，所以双方经过协商之后签署了以OEM方式合作的意向书。

2001年11月，B公司和T公司就OEM的具体合作事宜进行谈判。谈判的主要内容包括：

（1）取消T公司的商标，使用B公司的商标。

（2）降低价格。

（3）把T公司的销售渠道仅限制在国内两省。

（4）确定B公司的分成比例。

谈判的过程异常艰苦，由于要取消T公司的商标以及降低其产品的价格，T公司在感情上很难割舍也难以接受，导致谈判陷入僵局。B公司坚持"真诚、双赢"的原则，为推动谈判的顺利进展最终作出了一些让步。

2002年1月，B公司和T公司召开隆重的新闻发布会，并且在全国各大报纸上刊登了B公司和T公司开展OEM合作的事项。新闻发布会获得了巨大的成功，取得了良好的宣传效果。

此后，B公司根据自己的品牌优势和较强的销售网络迅速制定了销售策略，成立销售公司，招聘相关的销售人员和技术人员开展产品的销售和售后服务。

B公司和T公司双方为了增加彼此的信任和更有效地合作，通过探索建立起了正常的沟通和交流机制，合作中出现的问题采取磨合和沟通的方式解决。B公司严格遵守双方的承诺，拒绝了欧洲优秀印后设备制造商的合作邀请以及日本其他印后设备制造企业的合作愿望。B公司的诚信深深打动了日本T公司，双方建立在诚信和双赢基础上的合作很成功。

要求：

简要分析B公司与T公司结成战略联盟的类型、动因以及管控举措。

3.96 雨鸿公司是国内防水行业的领头羊，在全国多地拥有生产基地。该公司于2008年上市，当年便实现营收7.12亿元。雨鸿公司主要从事大型工程的防水项目，如小汤山医院、水立方、鸟巢、奥运村、顺义水上项目等。公司于2006—2007年开始进军高铁领域，并拿下了多个标段。2008年上市之后，公司承接了众多国家级重点基建项目，如人民大会堂、京沪高铁、武广专线等，逐步在基础设施领域赢得了较高的市场占有率和品牌口碑。

雨鸿公司原有的销售策略是直销、工程渠道与零售渠道相结合。由于防水领域难以通过打造差异化的产品成为行业领军者，于是雨鸿公司开始拓宽销售渠道，采用事业合伙人等模式，充分调动工程渠道和销售人员的积极性。同时，公司在山东、江西等地投资建立区域总部基地，集中生产新型防水材料、节能保温材料、特种砂浆及绿色建材等产品，以更具规模化的方式提高生产效率。此外，由于防水材料具有一定的运输半径限制，建立区域总部基地可以进一步降低运输费用，从而压低价格，提升市场份额。

最近几年，雨鸿公司也面临了不少挑战。地产和基建投资领域出现断崖式下滑，高速增长的市场开始失速，国内市场对于高端化防水产品的需求日益明显，低端产品对基建与地产大客户已不再具有吸引力。

然而，雨鸿公司仍坚持聚焦地产大客户，在守住主业的同时，大力开发家装渠道客户，并通过渠道下沉和品牌赋能，挤压非标产品的市场空间，提升终端的数量和质量。同时，公司充分利用基建客户与地产客户对防水产品建材价格的高度敏感，适当调低价格，吸引更多客户。另外，公司积极举办行业技术交流会，研讨防水、涂料、保温、砂浆板块等应用及施工，不断改进产品工艺，更大程度激发产能。

对于非核心业务，公司则采用业务外包等手段，减轻公司的运营负担。

要求：

从市场情况和企业资源能力两个方面，简要分析雨鸿公司防水产品实施成本领先战略的条件。

3.97 1992年，以家电研发、生产和销售为主业的信达公司确立了“技术立企”的发展战略。公司董事长程静说过：“那些只引进不研发，落伍了再引进的企业，没有追求，必死无疑”。信达公司拒绝参与彩电行业价格战，每年将销售收入的5%投入研发。公司实行奖金与开发成果挂钩的制度，将技术开发人员工资涨到一线工人的3倍。几十年来，在信达公司彩电业务的发展过程中，经历了4个关键的转折点。

（1）2005年研发成功“中国芯”，中国首块拥有自主知识产权并产业化的数字视频处理芯片“信芯”在信达诞生，彻底打破了国外芯片的垄断地位。2013年国内首款网络多媒体电视SOC主芯片研制成功并实现量产，2015年发布VP画质引擎芯片，使信达公司正式比肩行业巨头，成为中国拥有自主高端画质芯片的电视机企业。

（2）建成中国电视行业第一条液晶模组线，彻底扭转了中国液晶模组几乎全部依赖外企的状况，率先完成了平板电视上游产业链的突破。

（3）UL电视与激光电视并行，其中，“UL显示技术”是信达公司10年来对电视行业上游垄断发起的第3次突围战，凭借历时7年研发的激光电视提前锁定主动权，在全球大屏幕电视市场赢得了一席之地。

（4）转型布局智能电视。2017年，信达公司推出的V5智能系统由简单的单向人机交互向更简洁的触控交互、智能交互发展，主动感知用户需求，实现智能化推荐。

信达公司以强大的研发实力为后盾，以优秀的销售团队为支撑，产品销售额与营销收入实现稳步增长。根据有关部门提供的信息，2018年，信达公司电视机的营销收入位居全球品牌第三位，国内品牌第一位。

2005年，信达公司加大了国际化步伐。与一些企业采取“OEM”方式开发国际市场不同，信达公司国际化经营一开始就选择了打造自主品牌的道路。2007年以来，信达自主品牌产品在海外收入同比增长21.3%。其中，信达冰箱在南非市场占据第一的位置，信达冰箱、信达电视在大洋洲市场份额居第一，信达品牌产品在美国及欧洲市场呈现两位数高速增长态势，在日本市场也是本土品牌之外市场份额最大的品牌。

2015年，信达公司在美洲收购XP公司在墨西哥的电视工厂及其电视业务。2017年11月，信达公司收购DZ公司的电视业务，进一步巩固信达电视业务在全球的领先地位。目前，信达公司在海外建有18个公司实施本土化经营，覆盖欧洲、美洲、非洲、大洋洲及东南亚等地市场；建有3个生产基地实施区域化生产，产品远销130多个国家和地区；在全球设立了12个研发机构，面向全球引进高端人才。

要求：

简要分析信达公司所实施的竞争战略类型，并从资源和能力角度，分析信达公司实施这一竞争战略的条件。

3.98 随着“互联网+”的日益普及，原来单一的线下摄影行业发生着深刻的变化。童趣影像馆顺势创建了“实体店+微店”摄影新模式，在需求多样、竞争激烈的摄影行业中开辟了一片新天地。

面对市场上各具特色的影像馆，童趣影像馆聚焦于儿童摄影。“亲亲我的宝贝，给Ta温馨的童年回忆”这一宣传口号展示着公司清晰的产品定位。

不同于传统影像馆，童趣影像馆注重个性与时尚。利用免费拍照吸引大量顾客进店体验；拍照时无须摄影师指点，宝宝、家长可以随心随性，一边玩一边拍；影像后期制作附加各种如梦如幻的虚拟现实的场景，给孩子一个无限想象的空间。童趣影像馆实现了线上线下完美互动，用户可以在童趣手机微店在线预约、选择样片、定制礼品、在线支付，再到线下实体店体验。新颖便捷的经营模式为顾客增添了更多的附加价值。

童趣影像馆以连锁经营或特许经营的方式不断增加实体店的数量，以满足顾客就近体验的需求，获得规模经济效应。为了吸引更多的加盟者，童趣影像馆对加盟店提供保姆式的帮扶和一系列优惠措施，如专利支持、整店输出、品牌支持、技术支持和设备支持等。

要求：

简要分析童趣影像馆在零散产业——摄影业中选择和实施的三种基本竞争战略。

3.99 爱丽客是一家轻医美公司，拥有国内唯一一款针对颈纹注射用的玻尿酸产品——轻体。2004年公司成立时，轻医美行业杂乱无序，众多非正规医美机构纷纷设立，产业链的上中下游都没有形成完整形态，原材料价格波动频繁。爱丽客没有跟风开设莆田系医院，而是投身产业链上端的原料产品研发。虽然医美行业的研发投入大、周期长，且面临着很大的不确定性，但是爱丽客坚持生物医用材料的研发和转化，致力于重组蛋白和多肽等生物医药的开发，经历五年终于开发出名为“轻体”的注射用玻尿酸产品，并顺利搭建技术转化平台，实现产业化发展。

爱丽客的研发技术很快获得了业界认可，但由于产品价格过高，新技术很难迅速推广。于是，爱丽客通过自建销售团队和寻求与经销商密切合作相结合的方式，迅速扩大了面向专业医疗机构的销售，既实现了产品价格的降低，也获取了更大的市场份额。然而，韩国进口产品依旧占据国内最大份额，在消费者心目中有很强影响力，如何促使消费者接受国产产品显得格外重要。爱丽客高薪聘请了更为专业的管理团队，进一步增强产品运营能力，很快便推出了爆款产品“欣美”，仅两年就达到2.42亿元的销售收入，增速极快。爱丽客的成功很快吸引了多家企业进入市场。预计未来几年，其他公司的类似产品将会陆续取得注册证，行业竞争将逐步加剧。

要求：

作为新兴产业，简要分析医美产业内部结构的共同特征。

3.100 2008年，旭辉公司决定上马国内第一款新能源汽车。此举在同行眼中无异于一种“逆风而上”的冒险行为。

其一，对传统汽车企业而言，研发新能源汽车是一个全新的挑战。新能源汽车的驱动原理与传统燃油车有着本质区别，技术的不确定性以及业务创新对技术和人才储备的要求都是对企业严峻的考验。

其二，新能源汽车的运营模式、行业规范和服务体系等方面也无法仿照传统燃油汽车，存在诸多不确定性。

其三，新能源汽车供应链处于初建期，企业原材料、零部件及其他供给不足，分销渠道、充电设备、维修保养、保险业务等服务很不完善。

其四，传统汽车企业的竞争与消费者的等待观望。2014年下半年，政府推出一系列扶持新能源产业的政策，而此前传统汽车企业大都采取深耕传统燃油汽车的策略以降低被新能源汽车替代的风险。消费者普遍认为新能源汽车技术尚不成熟、服务设施尚不完善、价格过高且伴随规模经济与经验曲线的形成肯定会大幅度降价，第二代或第三代产品将迅速取代现有产品，因而采取等待观望的态度。在这种情况下，企业市场营销的中心活动只能是选择顾客对象并诱导初始购买行为。

旭辉公司以一往无前的勇气和高瞻远瞩的眼力，坚守十年时间，实现了对新能源汽车领域核心技术的掌控与完整的产业链布局，也迎来了新能源汽车销量在国内外的全面爆发。到目前为止，旭辉汽车公司是全球唯一一家同时掌握新能源汽车电池、电机、电控及充电配套设施、整车制造等核心技术以及拥有成熟市场推广经验的企业。旭辉公司物美价廉的新能源汽车已遍布全球六大洲的50个国家和地区。截至2018年，旭辉公司连续5年摘得全国新能源汽车生产和销售桂冠，连续4年蝉联世界新能源汽车销量冠军。

要求：

（1）作为新兴产业，简要分析新能源汽车行业内部结构的特征。

（2）作为新兴产业，简要分析新能源汽车行业所面临的发展障碍。

3.101 元气绿洲成立于2016年，是一家“互联网+”的饮料公司，目前主要产品为燃茶和气泡水。在品牌定位上，元气绿洲在诞生之初就决定要抢占“无糖饮料”的领先者地位。

元气绿洲主要聚焦两大细分市场：一是无糖茶饮领域，推出燃茶，主打“无糖解腻喝燃茶”；二是气泡水领域，推出苏打气泡水，主打“0糖0脂0卡”。与可口可乐、红牛等品牌相比，元气绿洲普遍要比同类产品贵50%，整体定价中等偏上，既保持了产品调性，又符合了年轻人的消费能力。元气绿洲首批选择进入的渠道是全家、罗森、盒马这种互联网型的连锁便利店，获得了第一批“目标用户”。

在线上，元气绿洲选择进入天猫、京东等核心电商平台，并通过其线上运营能力获得规模销量。元气绿洲还通过一大波流量明星代言及综艺植入，成功激活品牌的年轻化形象，并利用背后的粉丝经济来塑造品牌的认知度。比如冠名综艺《努力的少年》，创新、有冲劲的节目调性与元气绿洲的形象十分契合。

要求：

从设计营销组合的角度，简要分析元气绿洲的营销策略。

3.102 C国北方机床集团于1993年成立，主导产品是两大类金属切削机床。销售市场覆盖全国30多个省、自治区、直辖市，并出口N国、G国等80多个国家和地区。

G国S公司是一个具有140多年历史的知名机床制造商，其重大机床加工制造技术始终处于世界最高水平。但S公司内部管理存在诸多问题，其过高的技术研发成本造成资金链断裂。2004年初，S公司宣布破产。

2004年10月，北方机床集团收购了S公司全部有形资产和无形资产，北方机床集团在对S公司进行整合中颇费思量，首先采取“以诚信取信于G国员工”的基本策略，承诺不解雇一个S公司员工，S公司的总经理继续留任；其次，北方机床集团与S公司总经理多次沟通，谋求双方扬长避短、优势互补，使“混合文化形态”成为S公司未来的个性化优势，以避免跨国并购可能出现的文化整合风险；其三，在运营整合方面，仍由S公司主要负责开发、设计及制造重要机械和零部件，组装则在C国完成，力求实现S公司雄厚的技术开发能力和C国劳动力成本优势的最佳组合。

整合后第二年，S公司实现2 000多万欧元的销售收入，生产经营状况已恢复到S公司历史最高水平。

然后，2008—2009年，受世界金融危机的影响，加上S公司内部原有的管理问题尚未彻底解决，公司陷入亏损困境。北方机床集团不得不开始更换S公司的管理团队，逐渐增加北方机床集团在S公司的主导地位。2010年，S公司经营情况有所好转，实现3 500万欧元的销售收入，但仍然处于亏损状态。

2012年，由于受到国内下游需求方——汽车、铁路等固定资产投资放缓的影响，北方机床集团销售收入同比下降8%。尽管如此，北方机床集团仍然表示将继续投资S公司项目，因为S公司承载着北方机床集团孜孜以求的核心技术和迈入国际高端市场的梦想，而且由于并购后在技术整合上存在缺陷，北方机床集团尚未掌握S公司的全部核心技术。集团计划到2015年对S公司投入近1亿欧元，同时招聘新的研发人员。

要求：

简要分析北方机床集团跨国并购G国S公司国际化经营的动因。

3.103 C国亚威集团是一家国际化矿业公司，其前身是主营五金矿产进出口业务的贸易公司。

2004年7月，亚威集团在“从贸易型企业向资源型企业转型”的战略目标指引下，对北美N矿业公司发起近60亿美元的收购。当时国际有色金属业正处于低潮，收购时机较好。2005年5月，虽然并购双方进行了多个回合沟通和交流，但N矿业公司所在国政府否决了该收购方案，否决的主要理由有两点：一是亚威集团资产负债率高达69.82%，其收购资金中有50亿美元由C国国有银行贷款提供，质疑此项收购有C国政府支持；二是亚威集团在谈判过程中一直没有与工会接触，只与N矿业公司管理层谈判，这可能导致收购方案在管理与企业文化整合方面存在不足。

Z公司原来是澳大利亚一家矿产上市公司，其控制的铜、锌、银、铅、金等资源储量非常可观。2008年，国际金融危机爆发，Z公司面临巨大的银行债务压力，于当年11月停牌。之后Z公司努力寻求包括出售股权在内的债务解决方案。亚威有色公司是亚威集团下属子公司，主营业务为生产经营铜、铅、锌、锡等金属产品。2009年6月，经过双方充分协商，亚威有色公司以70%的自有资金，成功完成对Z公司的收购，为获取Z公司低价格的有色金属资源奠定了重要条件。

要求：

（1）根据并购的类型，从不同角度简要分析亚威集团和亚威有色公司跨国并购的类型。

（2）简要分析亚威集团并购N矿业公司失败的主要原因。

（3）简要分析亚威集团和亚威有色公司通过跨国并购实现国际化经营的主要动机。

3.104 羊乐火锅成立于1999年8月。羊乐火锅以其风格多样的美味锅底、无须蘸料的特色和旨在“让消费者到处能看到我的店”的全国连锁经营布局赢得消费者的喜爱。2002年，羊乐火锅的营业额达到25亿元，一跃成为国内本土餐饮业的佼佼者。2008年6月，羊乐火锅登陆香港交易所主板上市。

2011年，国内最大的餐饮企业千百集团领导层判断，中餐市场的发展势不可挡，而火锅占中餐市场三分之一，羊乐火锅又位居国内火锅企业中的龙头地位，因而加快了收购羊乐火锅的步伐。

2012年2月，千百集团以6.5港元/股的注销价格（溢价30%）、总额近46亿港元现金完成了对羊乐火锅的高价收购，持股比例高达93.2%，剩余的6.8%股权则由羊乐火锅两位创始人持有。一年后，千百集团再次加码，以现金收购羊乐火锅全部股权。曾经的“国内火锅第一股”的称号也随着羊乐火锅从交易所退市而隐匿。

正式收购羊乐火锅后，千百集团启动了标准化品牌升级工作，发布了全新品牌形象和运营标准，将传统厨艺与先进的管理理念相结合，努力将羊乐火锅打造成为知名火锅连锁品牌。

然而，收购后的几年中，羊乐火锅的运营情况不尽如人意，客流量与门店数量不断下滑。在国内一项行业评比中，收购前一直名列前茅的羊乐火锅仅位列第9位。业内人士分析，造成这种状况的原因如下：

（1）收购后的标准化管理未必适合饮食文化多元化的中餐，即使对于形式相对简单的火锅也不例外。经过多年的发展和改良，火锅种类的划分更加细化，作为一种餐饮文化，很难用标准化的管理模式去“经营”。消费者对口味的感受需要多元化的体验。羊乐火锅标准化管理的升级着重于将店面的装修风格和菜品的精致程度向千百旗下的外资餐饮企业看齐，而羊乐火锅原来引以自傲的“美味锅底无须蘸料”的特色被改掉，没有及时更新菜品，不能针对不同顾客提供差异化服务（如南北方消费者对调料的不同需求），使得消费者失去了以往享用羊乐火锅的乐趣。

（2）千百集团运用“关、延、收、合”四字诀对羊乐火锅的加盟店进行整顿，使得原来羊乐火锅的门店数量大幅缩减，又没有及时对羊乐火锅门店开展新的布局，因而失去了羊乐火锅旨在“让消费者到处能看到我的店”打造的规模经济优势。

（3）2013年，千百集团收购羊乐火锅两位创始人持有的剩余股权后，羊乐火锅原创团队离开，之前多年积累的企业竞争优势也随之消失殆尽。例如，羊乐火锅当时完全有能力去整合M省肉羊全产业链，而原创团队散伙后，这一功能被M省另一家企业取而代之。

（4）中国庞大的火锅餐饮市场吸引着新的企业不断加入，火锅业态近几年涌现不少实力强大的竞争对手。这些公司各自以其鲜明的特色不断地推陈出新，其清晰的市场定位及不断拓展的门店布局赢得了日益挑剔的消费者的青睐，对羊乐火锅的市场地位形成巨大的威胁。

要求：

（1）依据并购战略“并购失败的原因”，简要分析千百集团收购羊乐火锅效果不尽如人意的主要原因。

（2）依据“零散产业的战略选择”，结合本案例，简要分析餐饮企业应当如何选择和实施波特三种基本竞争战略。

3.105 蜜糖冰城是一家成立于1997年的茶饮连锁品牌，总部位于郑州，由于在十几年前抓住了消费者“从瓶装饮料到现制饮料”的升级需求，推出10元以下的超低价爆款，实现快速扩张。如今，蜜糖冰城门店数约一万家，二、三线及下沉城市门店占比达到80%以上，2019年门店销售额65亿元。在昂贵而精致的喜茶、奈雪的茶之外，蜜糖冰城闯出了一条自己的路。

回看蜜糖冰城的发展历程会发现，它崛起于一波“消费升级”前浪，在十几年前零食、冰饮相对匮乏的年代里，蜜糖冰城可能是一部分下沉城市人群喝到的第一杯现调茶饮。据调查显示，消费者对18元和15元的定价感知可能并不敏感，但蜜糖冰城的单杯定价在8元左右，还有3元的甜筒和4元的柠檬水，一下子击穿了“用户心智”，让蜜糖冰城收获了大量下沉市场的用户。2007年，为实现进一步扩张，蜜糖冰城开放加盟，在商场周边、办公区附近、学校周围甚至是社区、街道都开设了大量门店。目前蜜糖冰城的加盟店已达到万店规模。

2019年，蜜糖冰城的营业收入达到65亿元，比喜茶还高，净利率在10%左右，是个不折不扣的“现金牛”。首先，蜜糖冰城设置了统一的加盟商管理制度，在确保增速扩张的同时，更要保证运营的标准化、规范化，获得规模效应。同时，随着品牌规模的不断提升，蜜糖冰城在上游供应链端的议价能力也愈发强大，甚至可以跳过中间环节直接到源头采购。也正是这种规模化为蜜糖冰城带来了低成本，低成本又支撑了低定价，从而给加盟商留出了盈利空间。

不过，扩张之路也并非一片坦途。作为国内第一家门店数量过万的茶饮品牌，蜜糖冰城被称作是“10元以下无对手”，但近年来，一些更具特色的地域品牌开始崛起。例如，一家成立仅5年的安徽茶饮品牌甜啦啦，同样定价在10元以下，产品结构和蜜糖冰城类似，而且开店费用和加盟费用都比蜜糖冰城便宜。同时，随着下沉市场消费意愿的不断升级，一些地域品牌开始推出更具功能性、用料更为丰富的饮品，有的从差异化产品如烧仙草入手，有的还增添了健康的轻食套餐，收获了大量的年轻用户。幸运的是，万店规模的蜜糖冰城大概率还可以通过压缩上游原材料成本，控制终端零售价，否则它就该思考转型了。

要求：

（1）简要分析蜜糖冰城在零散产业——茶饮业中选择和实施的基本竞争战略。

（2）运用五种竞争力模型，分析蜜糖冰城面对的机会和威胁。

3.106 2003年，从国内名牌大学毕业的李轩开始以“眼镜肉店”老板的身份在X市农贸市场卖猪肉，成为备受关注的“最有文化的猪肉佬”。多年的教育背景让李轩把卖猪肉这个生意做到了很高的水准，他从来不卖注水肉，品质不好的肉坚决不进货，也从不缺斤少两，慢慢地积攒了诚信经营的口碑，一天能卖出十几头猪。

2008年，李轩与同是经营猪肉生意的本校校友张生相识。张生于2007年在G市创办猪肉连锁店，同样因为“国内名牌大学”和“猪肉”的名号，引起大众关注。

李轩和张生开始联手打造“特号土猪”的猪肉品牌。他们自己养猪，自己卖猪。他们选择口感颇受国内百姓喜爱的优良土猪品种；猪场采用半开放式的大空间，让猪自由活动，猪场里设有音响，专门给猪听音乐。他们认为，猪和人一样，只有心情愉悦，才会长得又肥又壮，肉质也会更加鲜美。

“特号土猪”公司日益发展壮大。从2010年5月开始，李轩和张生凭着自己多年经营猪肉的经验，开办了培训职业屠夫的“屠夫学校”，培养目标是“通晓整个产业流程的高素质创新型人才”。“特号土猪”公司每年都会招聘应届大学生，经过“屠夫学校”40天培训，再派往各店铺工作。

2015年，“特号土猪”销量超过10亿元，成为国内土猪肉第一品牌。2016年，在互联网大潮引领下，“特号土猪”登陆国内最大电商平台，成为第一个面向大众消费者的“互联网+”猪肉品牌。线上与线下同时发力，“特号土猪”品牌影响力进一步扩展，销量也更上一层楼。

2019年，“特号土猪”品牌连锁店开到全国20多个城市，共有2 000多家门店。十几年来，李轩和张生专心致志，将“特号土猪”高端品牌做到极致。

要求：

（1）简要分析李轩和张生在零散产业——猪肉经营中是如何实施竞争战略的。

（2）从差异化战略实施条件（资源能力）角度，简要分析李轩和张生将“特号土猪”高端品牌做到极致的原因。

3.107 在汽车产业电动化、智能化、网联化、共享化融合变革之际，被称为“造车新势力”之一的家家智能汽车公司于2015年正式成立。家家智能汽车公司的董事长兼创始人王向认为，汽车制造业已经进入2.0数字时代，其特征是“电机驱动+智能互联”；而汽车3.0时代是人工智能时代，其特征是“无人驾驶+出行空间”。为了赢得2.0时代，并参与3.0时代的竞争，家家智能汽车公司开始全面布局：通过三轮融资获得资金，拥有了自己的制造基地，与国内最大的出租车网约平台合作切入共享出行领域，积极投资产业链（包括投资孵化自动驾驶系统供应商公司、专注自动驾驶中央控制器的ZX公司以及研发生产激光雷达的LK公司等）。

王向认为，未来企业竞争的关键要素是具备快速成长能力的公司组织。他把60%的时间用于组织管理，以是否具备创新能力与正确价值观而非是否来自成功大企业为标准选拔人才，帮助团队中每一个人成就心中的事业追求，去挑战自己和团队成长的极限。家家智能汽车公司的第一款产品SUV面向国内外共享汽车使用群体，续航里程将超过100公里。但是，两年筹备之后，由于低速车的合法性以及海外分时租赁市场实际容量的局限，这个雄心勃勃的计划，还是夭折了。面对挫折，王向立即将公司产品开发重心转移到中大型SUV的“家家智造ONE”。为了实现“没有里程焦虑”，“家家智造ONE”采用全新的形式——增程式电动。王向认为，相对于U国TL等电动车采用的充电桩/换电站等方式，中国消费者更需要从产品本身去解决问题产品。2018年10月18日晚，备受汽车及科技界人士瞩目的家家智能汽车公司新车“家家智造ONE”于B市正式发布。这场发布会没有明星大腕捧场助阵，全程由王向一人直接以大量数据对比和充满硬核知识的干货完成了自我演绎，让消费者在各类新产品中有了清晰的比较。王向表示，“家家智造ONE”定价不会高于40万元，而增程式电动技术显著难于纯电动车，因而“家家智造ONE”的性价比具有优势。

2018年12月，家家智能汽车公司以6.5亿元收购LF股份公司所持有的C市LF汽车公司100%股权，被业界称为家家智能汽车公司“完美避开进入门槛”，取得了新能源汽车的生产资质，以实现王向掌控并引领新能源汽车市场的梦想。此举对于LF股份公司而言是其战略重组的一部分，将经营不善的C市LF汽车公司剥离出去，以应对流动资金不足的困境。家家智能汽车公司与LF股份公司还签署了为期3年的框架合作协议。双方将通过资源互补、技术互补等方式，在新能源技术开发、车联网、人车交互及数据共享等领域形成技术联盟。

要求：

（1）简要分析王向统领家家智能汽车公司所克服的智能汽车新兴产业中的发展障碍。

（2）简要分析家家智能汽车公司收购C市LF汽车公司的动机。

（3）简要分析LF股份公司采用收缩战略的原因和方式。

3.108 “趣尚书”创立于1997年，现已由单一地经营木梳发展成为拥有比较完整的产品系列的企业。公司以生产梳理用品为主，产品延伸至储物盒、花瓶、果盘和台桌、座椅类等，形成一个庞大的产品系列网。

传统的梳子生产经营企业往往采用价格战作为竞争的主要手段。“趣尚书”凭借其对市场敏锐的观察力，捕捉到消费群体日益增大的追求生态、时尚的偏好和需求，采用天然纯木和牛角作为制作原料，将传统手工艺与现代的抛光插齿技术相结合，赋予梳子防静电、保健顺发的特殊功能。纯天然与保健的概念提高了梳子的身价，加上精细的做工和时尚的设计，确定了“趣尚书”梳子的中高档定位。

“趣尚书”的品牌标识在于其个性化的品牌名称和专卖店内外装潢。具有浓厚中国式古典气息的名称与专卖店风格独特的古香古色的装潢，使得坐落在人流量大且消费能力高的闹市区内的“趣尚书”专卖店，仿佛一座曲径通幽的禅房，为拥挤的世界提供了一个放松沉淀的场所。

“趣尚书”采取专卖销售的统一定价模式，剔除了批发、超市、便利商店等分销方式，避免了这些分销模式可能导致的产品定位低下。分销商在批发零售过程中会为争夺市场而擅自变更商品的销售价格，从而造成市场价格紊乱，在降低利润的同时也破坏了产品的品牌形象。

“趣尚书”并没有投入大量的广告经费，而是通过提高产品质量和售后服务以及招商等形式提高产品的知名度。2009年12月29日，“趣尚书”成功上市。

要求：

（1）依据红海战略和蓝海战略的关键性差异，简要分析“趣尚书”怎样体现蓝海战略的特征。

（2）依据设计营销组合四个要素，简要分析“趣尚书”如何运用设计营销组合策略实现其发展战略。

3.109 2013年12月，红宝宝公司以海外购物攻略为切入点，建立了一个分享境外购物经验笔记和攻略的UGC（用户创造内容）手机App社区平台。在这一阶段，平台围绕社区建设，注重培养跨境购物领域KOL（关键意见领袖），社区积累了大量优质内容，获得了第一批具有真实跨境购物需求的用户。

随着中国经济的迅速发展，消费者境外购物的需求不断增加。2014年7月，政府有关部门相继出台两个关于规范和监管跨境贸易电子商务的公告，从政策层面上认可了跨境电商业务。2014年12月，红宝宝公司正式上线电商渠道，结合社区和数据选品实现商业闭环。在这一阶段，公司着重加强电商板块，并充分发挥前期社区优质内容的深厚积累，社交功能与网购功能并行。经过对商业模式的摸索，公司找到了自己的定位——社交内容电商平台。借助迅猛发展的数字技术，公司实现了智能内容分发，通过个性化推荐提升转化率，电商品牌也从海外逐渐拓展到本土。

红宝宝公司基于其目标人群的特征，即一、二线城市的年轻女性，将其内容定位为：标记自己的生活，把与生活息息相关的事物或经验传递给他人。平台将内容细分为：时尚穿搭、护肤、发型、彩妆、动漫、音乐、食谱、运动健身、旅游、摄影、明星等30余个类别，以满足年轻女性日益增长的对于时尚、娱乐、情感交流以及精致生活的全方位需求。通过普通用户对这些内容的分享和传递，引起其他用户内心的共鸣，产生对该产品的购买欲，之后即可以直接在红宝宝商城进行购买。公司开创的社交内容电商平台，充分挖掘了消费者、商家、创造者和平台方的价值创造潜力，引领着价值共创共享的时代潮流。

截至2019年7月，红宝宝平台用户突破3亿人，未来依旧有较大发展空间。

要求：

（1）从宏观环境（PEST）角度分析红宝宝公司所抓住的发展机遇。

（2）简要分析红宝宝公司采用的消费者市场细分变量。

（3）依据蓝海战略重建市场边界的基本法则（开创蓝海战略的路径），简要分析红宝宝公司开创生存与发展空间的主要路径。

new

多项选择题

3.110 瑞峰科技是一家专注于智能制造的高新技术企业。近年来面临核心技术人员流失问题，公司决定调整薪酬体系，将基本工资提高至行业前20%水平，并增加补充商业保险、员工持股计划及弹性工作制，但取消季度绩效奖金，仅保留年度效益分红。下列各项中，正确的有（　　）。

A.基本薪酬调整体现了竞争性原则，但违反经济性原则

B.补充商业保险属于间接薪酬，有助于提升员工保留率

C.取消季度奖金会削弱可变薪酬的激励作用

D.员工持股计划属于广义薪酬，能增强长期激励效果

3.111 绿源餐饮集团实施成本领先战略，采用标准化中央厨房模式。其薪酬体系以岗位工资为主，但提供免费的职业资格培训、快速晋升通道和员工宿舍。关于该战略下薪酬水平策略的说法中，正确的有（　　）。

A.既能保证企业在劳动力市场上的竞争力，又能够有效控制人力成本

B.较难吸引和留住高素质人才

C.更适合发展相对成熟的企业

D.需要提供更好的员工宿舍以及培训机会

第四章　战略实施

一、单项选择题

4.1　贝乐玩具公司成立十年来，其生产和经营规模逐步扩大，玩具产品的品种不断增加。为了提高工作效率并实现规模经济，该公司应采用的组织结构是（　　）。

A.M型组织结构　　B.事业部制组织结构

C.创业型组织结构　　D.职能制组织结构

4.2　华胜公司是生产经营手机业务的跨国公司，其组织按照两维结构设计，一维是按照职能专业化原则设立区域组织，它们为业务单位提供支持、服务和监管；另一维是按照业务专业化原则设立四大业务运营中心，它们对应客户需求来组建管理团队并确定相应的经营目标和考核制度。华胜公司采取的组织结构是（　　）。

A.事业部制组织结构　　B.战略业务单位组织结构

C.矩阵制组织结构　　D.职能制组织结构

4.3　某大型玩具生产厂家经营多种玩具产品。为了更好地经营和管理各产品的生产，企业以产品为基础设立若干产品部。后来企业的规模进一步扩大，企业总部又分别成立了营销部、财务部、人力资源部、生产部等职能部门，并由各职能部门委派人员到各产品部工作。该企业的组织结构类型为（　　）。

A.职能制组织结构　　B.事业部制组织结构

C.矩阵制组织结构　　D.H型结构

4.4　BA公司是一家大型娱乐公司，其业务包括音乐制作、影视剧拍摄以及游戏开发等项目。该公司入股了多家小型电影公司，这些子公司所拍摄电影的题材均不受母公司干预。根据上述情况，BA公司的横向分工结构是（　　）。

A.M型组织结构　　B.H型结构

C.矩阵制组织结构　　D.战略业务单位组织结构

4.5　木棉农场是一家从事果蔬种植、水产养殖的企业，设有种植部、养殖部、采购部、销售部和财务部等业务管理部门，各部门主管直接对农场总经理负责。下列各项中，属于木棉农场采用的组织结构缺点的是（　　）。

A.难以培养职能专家　　B.难以提高工作效率

C.不利于董事会监控各个部门　　D.难以确定各项产品盈亏

4.6　L公司是H国一家主营智能照明系统研发和制造的企业，在全球20多个国家设有分部。每个分部都凭借母公司先进的电磁调压及电子感应技术，独立设计、生产和销售各种智能灯具、光源等产品，以满足所在国的市场需求。L公司国际化经营组织结构的类型应是（　　）。

A.国际部结构　　B.全球区域分部结构

C.全球产品分部结构　　D.跨国结构

4.7 ZX公司是一家致力于通信行业的高科技企业。为了进一步压缩产品上市时间，ZX公司率先应用了业界领先的集成产品开发体系（IPD），所有研发人员都要按照该体系所规定的岗位职责、研发流程、操作手册等进行产品研发，以实现协调。ZX公司所采用的组织协调机制是（　　）。

A.相互适应，自行调整　　B.工作过程标准化

C.工作成果标准化　　D.技艺（知识）标准化

4.8 风华公司的主营业务是生产、销售体育运动器材。从去年起，该公司在保留原有业务的同时寻找新的市场机会，开发出适合个人使用的运动健康补测仪并尝试性投放市场，该仪器可随时把使用者在运动中的有关生物指数显示并记录下来，从而帮助使用者了解自己的健康状况并选择适当的运动方式，风华公司适宜采取的组织战略类型是（　　）。

A.开拓型战略组织　　B.防御型战略组织

C.反应型战略组织　　D.分析型战略组织

4.9 众望公司是一家家用净水器生产企业。多年来，该公司一直秉承着“技术改变生活”的理念，不断钻研技术，致力于让消费者喝上放心的水。为激发员工潜能，众望公司采取扁平化管理，鼓励跨部门合作，并倡导重大技术创新与突破。众望公司所采取的组织的战略类型属于（　　）。

A.防御型战略组织　　B.开拓型战略组织

C.反应型战略组织　　D.分析型战略组织

4.10 冠兔公司是一家生产经营糖果的企业。冠兔公司推出的“小白兔”奶糖深受各地消费者的喜爱。近年来，冠兔公司在保持传统糖果业务的同时，进军化妆品市场寻求新的突破，“小白兔”奶糖口味的护唇膏和护手霜一经发售便成为市场爆款。冠兔公司所采取的组织的战略类型属于（　　）。

A.防御型战略组织　　B.开拓型战略组织

C.反应型战略组织　　D.分析型战略组织

4.11 志铭公司是一家小型咨询公司，有20多名员工。员工既负责从市场上承揽咨询项目，又根据自己的特长和爱好选择并完成咨询任务。公司为员工顺利开展工作提供必要的条件和服务。志铭公司企业文化的类型属于（　　）。

A.人员导向型　　B.权力导向型　　C.任务导向型　　D.角色导向型

4.12 方科公司是一家生产高端五金件的龙头企业。该公司创始人20多年来凭借着独到的眼光和魄力，建立起了庞大的家族产业，成为当地知名企业家。公司员工人数超过300人，其中半数以上都是在职10年以上的老员工。由于工作压力大、福利待遇低且日常管理只罚不奖，很多骨干员工蠢蠢欲动，打算离职。方科公司的企业文化类型是（　　）。

A.权力导向型　　B.角色导向型　　C.任务导向型　　D.人员导向型

4.13 J国的S公司是一家全球500强企业，依靠严格的规章制度进行精细化管理，内部等级分明，决策权主要集中在上层，资历在员工晋升中发挥了重要作用。S公司的企业文化类型属于（　　）。

A.任务导向型　　B.人员导向型　　C.角色导向型　　D.权力导向型

4.14 家电制造商东岳公司于2015年并购了一家同类企业，在保留被并购企业原有组织的同时实行了新的绩效考核制度，结果遭到被并购企业大多数员工反对。本案例中，东岳公司在处理被

并购企业战略稳定性与文化适应性关系时正确的做法是（　　）。

A.加强协调作用　　B.以企业使命为基础

C.重新制定战略　　D.根据文化进行管理

4.15 诺力公司曾是一家著名的手机及相关设备制造企业，其生产的手机曾是世界第一品牌，占据将近一半的市场份额。2013年该公司启动战略转型，将业务聚焦于模拟机业务上，而越来越多的消费者更青睐不断改进的智能手机。后来在智能手机制造巨头的竞争挤压下，诺力公司的经营跌入谷底并一蹶不振，最终在手机市场上被淘汰出局。诺力公司实施战略转型失效的原因是（　　）。

A.战略实施过程中各种信息的传递和反馈受阻

B.战略实施所需要资源条件与现实存在资源条件间出现了较大缺口

C.企业外部环境出现了较大变化，现有战略一时难以适应

D.企业内部缺乏沟通，企业成员之间缺乏协作共事的愿望

4.16 2020年，小王在市区黄金位置开了一家咖啡店，由于经营有方，小店开业不到一个月就创造了销售佳绩。正在小王准备大干一场时，社会上一场流行性疾病袭来，小店经营陷入困境。小王采取各种措施试图挽救失败后，不得不关闭了咖啡店。根据战略失效理论，小王创业没达到预期目标属于（　　）。

A.前期失效　　B.正常失效　　C.偶然失效　　D.晚期失效

4.17 在以下关于战略控制与预算控制的表述中，正确的是（　　）。

A.战略控制的期限通常在一年以内

B.预算控制通常在预算期结束后采取纠正行为

C.预算控制采用定性与定量结合的办法

D.战略控制的重点是企业内部

4.18 甲公司是国内一家大型农业生产资料集团，近年来致力于推进横向一体化和纵向一体化战略，以保持国内规模优势。甲公司对其各子公司实行预算管理，并通常使用增量预算方式进行战略控制，子公司预算需要经甲公司预算管理委员会批准后执行。2009年9月，甲公司在化肥市场低迷时期，收购了乙化肥厂。甲公司收购乙化肥厂后更换了其总经理和财务总监，并计划全面改变乙化肥厂的经营策略。2009年11月，甲公司启动2010年度预算编审工作，此时甲公司应要求乙化肥厂编制（　　）。

A.增量预算　　B.零基预算　　C.动态预算　　D.静态预算

4.19 克兰清洁能源公司专注于开发和提供海洋能源解决方案，致力于通过创新技术减少对环境的影响，同时提升社会福祉和实现良好公司治理。该公司在进行ESG评价时，考虑行业特点和需求，针对自身的特殊情况选择合适的评价指标和方法。下列各项中，符合克兰公司ESG评价原则的是（　　）。

A.独立性　　B.一致性　　C.客观性　　D.适宜性

4.20 Superlion是一家专注健康生活方式的健身品牌，提供瘦身塑形、拳击、舞蹈和瑜伽等近100种高品质的健身团体课和24小时自助健身服务。顾客主要通过手机App的预约方式前来

门店进行健身。Superlion决定采用平衡计分卡进行绩效管理，下列属于顾客角度的内容是（　　）。

A.资产回报率　　B.新客户开发率

C.数字化信息系统覆盖率　　D.健身教练的满意度

4.21 先锋公司是一家从事海洋科学研究和探险活动的企业。多年来该公司不断拓展自身的技术边界，积极投入海洋科学研究和探险领域。其运用的技术可以在很短的时间内完成对数以万计的数据的处理，从而形成强大的网络服务。这一数字化技术应用领域是属于（　　）。

A.大数据　　B.物联网　　C.云计算　　D.区块链

4.22 尽管受到了疫情的冲击，但宙斯百货的业绩不降反增。宙斯百货逆势发展的主要原因是源自其制定的新零售战略方针。通过数字化布局，宙斯百货将线下消费者加入线上会员系统，通过线上线下的完美融合，宙斯百货得以突破时空的局限，实现O2O全渠道运营，开辟出线上的第二条增长曲线。在本案例中，最能体现数字化技术对宙斯百货经营模式影响的是（　　）。

A.互联网思维的影响　　B.多元化经营的影响

C.差异化经营的影响　　D.消费者参与的影响

4.23 数字化转型升级是企业谋求高质量发展，提升自身竞争力的必经之路。然而在实际转型过程中，还存在着许多阻碍企业进行数字化转型的因素。对于一个具有多事业部的企业而言，每个事业部都有各自的数据，事业部之间的数据往往都各自存储，难以进行信息共享。这一困难反映的是（　　）。

A.网络安全问题　　B.数据容量问题

C.“数据孤岛”问题　　D.核心数字技术问题

4.24 远洋公司为一家国际海运企业，主要负责货物的洲际运输与部分集装箱的生产。该公司的货运量于2022年实现了高速增长。为进一步提高生产与货运效率，公司计划进行数字化战略转型。下列各项中，不属于数字化战略转型下管理变革的是（　　）。

A.通过可视化加强业务数字化管理　　B.通过自动作业编码优化生产流程

C.通过运用大数据实现精准营销　　D.通过新兴技术提升数据安全

4.25 伽特公司是一家专注于提供3D打印服务和定制化制造解决方案的企业。为了不断提升解决方案的技术水平和创新性，该公司拟开展数字化转型。下列各项中，不属于数字化战略转型主要任务的是（　　）。

A.打破“数据孤岛”，打造企业数字化生态体系

B.加强核心技术攻关，夯实技术基础

C.构建数字化组织设计，转变经营管理模式

D.组织结构向平台化转型，构建传统与数字的融合结构

二、多项选择题

4.26 大众火锅店规定10万元以下的开支，每个分店的店长就可以做主。普通的一线员工，拥有免单权，而且可以根据客人的需求赠送水果盘。根据组织纵向分工结构集权与分权理论，大众

火锅店这种组织方式的优点有（　　）。

A.降低管理成本　　B.提高企业对市场的反应能力

C.易于协调各职能间的决策　　D.能够对普通员工产生激励效应

4.27 中联公司是一家粮油企业，拥有员工超过2 000人。该公司原有的组织结构自上而下共分为10层。为加强粮油类产品的质量控制，公司决定施行一系列的改革举措。组织结构经过改革后，公司自上而下共分为4层。根据组织纵向分工结构理论，中联公司发生的变化有（　　）。

A.提高企业的反应能力　　B.降低管理费用

C.有利于内部控制　　D.企业战略难以实施

4.28 千羽公司是一家高科技生物医药企业，其生物制剂产品畅销全球。该公司拥有世界一流的药物研发能力，所有专利技术均源于公司自研项目。千羽公司将不同类型生物制剂的生产安排在若干个人工成本低、原材料有价格优势的国家进行。根据以上信息，关于千羽公司的战略类型及其组织结构的说法中，正确的有（　　）。

A.千羽公司战略类型的特点是全球协作程度高，本土独立性和适应能力低

B.千羽公司的战略缺少对东道国当地需求的敏感反应和灵活性

C.千羽公司所采用的组织结构是全球区域分部结构

D.在千羽公司的结构下，下属公司并没有太大自主权，通常被视为供货的来源

4.29 我国电信业正由高速成长期进入较为平缓的成熟发展期。华信公司是国内一家二级电信运营商，专注于宽带接入业务。华信公司当前的产品比较单一，主要目标是服务于居民小区，占领当地市场。根据以上信息，华信公司采取的组织战略类型的特点有（　　）。

A.可采用竞争性定价的方式来阻止其他二级电信运营商抢占当地市场

B.常采取“机械式”结构机制

C.适合于较为稳定的产业，不会对市场环境做重大改变

D.往往不局限在现有的技术能力，而是根据现在和将来的产品结构确定技术能力

4.30 富友公司实行全面预算管理，每年年底不受以往预算安排的影响，而是根据未来的需求编制预算。富友公司编制预算采用的方法的优点有（　　）。

A.编制工作量较少，相对容易操作

B.有利于调动各个部门和员工参与预算编制的积极性

C.鼓励企业管理层和部门经理根据环境变化进行创新

D.为各个部门的经营活动提供了一个相对稳定的基础

4.31 吉香食品公司每年12月底计算公司全年毛利率和净利润率水平，评价其盈利能力，并结合流动比率、存货周转期等指标衡量企业流动性。下列各项中，属于该公司采用上述绩效评价指标的主要原因的有（　　）。

A.激励、控制的人员范围非常广泛

B.信息获取较为容易

C.比率适合用作业绩目标

D.通过比较不同时期的比率可以很容易地发现它们的变动

4.32 建筑玻璃生产商英利公司采用销售量及其年增长率、市场份额、主要客户数量及其年增长率等指标衡量该公司的市场营销业绩。下列各项中，属于英利公司采用上述做法的原因的有（　　）。

A.比使用财务衡量指标提供企业业绩信息更为及时

B.有利于避免短期行为

C.能够激励、控制对财务结果无任何责任的人员

D.能够避免外部环境中某些因素的变化造成不能真实衡量和反映企业业绩

4.33 利邦公司为国内知名家装建材生产企业。下列企业设定的绩效衡量指标中，符合ESG评价指标体系的有（　　）。

A.木材资源损耗率　　B.员工职业道德培训评分

C.客户收货时长　　D.建材成品破损率

4.34 威客公司是一家图像传感器生产公司，致力于提升其可持续发展水平，并计划根据国际认可的ESG披露标准公开其环境、社会和治理方面的绩效。下列关于不同ESG披露标准特点的描述中，正确的有（　　）。

A.GRI标准包括通用标准和议题专项标准，涉及治理、环境和社会领域的79项指标

B.ISO 26000标准为所有类型的企业提供指导，涵盖社会责任的定义、原则、核心议题等

C.SASB标准采用独有的行业分类，为77个行业提供具体的可持续发展议题指南

D.TCFD标准主要针对金融行业，提供与气候相关的财务信息披露指导

4.35 顺通公司是一家快递公司，2016年，顺通公司开始使用平衡计分卡衡量公司业绩，并选取了销售增长率、顾客满意度、数字化技术采用率、设备利用率等指标作为业绩衡量指标。上述指标涵盖的角度有（　　）。

A.创新与学习角度　　B.顾客角度

C.内部流程角度　　D.财务角度

4.36 硕达公司是一家专注于企业级安全、云计算及IT基础设施的产品和服务提供商。2021年，为提高企业整体管理效率，硕达公司开始使用平衡计分卡，重点关注新客户开发率、订单准时交付率、利润增长率和主要员工满意度等指标。上述指标涵盖的角度有（　　）。

A.创新与学习角度　　B.顾客角度

C.内部流程角度　　D.财务角度

4.37 空中物流公司主营智能化的空中物流系统业务。该公司通过大量的统计分析方法对公司战略进行研究，并形成统计分析报告。下列关于统计分析报告的说法中，正确的有（　　）。

A.逻辑严密、脉络清晰、层次分明　　B.主要以统计数字来反映事物之间的联系

C.具有独特的表达方式和结构特点　　D.有助于企业管理者开拓战略视野

4.38 数字化技术的发展对企业经营产生了深刻的影响。下列各项关于数字化技术发展历程的表述中，正确的有（　　）。

A.数字化的基本功能是开发信息资源

B.信息化是数字化的高阶阶段，是数字化的广泛深入应用

C.智能化的本质特征在于智能的协同发展和应用

D.智能化是数字化技术发展的必然趋势

4.39 佳星百货借助数字化技术进行全面升级。佳星百货开通了线上销售渠道，并通过建立数字化库存管理体系，极大地提升了发货效率。同时，佳星百货还会根据顾客在线下门店的购买行为、线上商城的搜索和浏览记录，识别顾客的个性化需求，从而提供不同的商品推荐和服务。在本案例中，佳星百货运用数字化技术实现管理变革的主要方面有（　　）。

A.业务数字化管理　　B.生产数字化管理

C.财务数字化管理　　D.营销数字化管理

4.40 叙时家居是一家以消费者需求为导向的家居生产企业。为了提高在线销售业绩，该公司拟投资三千万元用于数字化转型项目。项目建设成功后，该公司将拥有对消费者进行深度洞察与精准分析的能力，并且可以进一步提高产品设计与开发的精确度，从而实现精准营销。另外，该项目可大幅缩短原材料的采购周期，降低交易成本，并提升运营质量。下列各项管理变革中，属于该公司数字化战略转型的主要方面的有（　　）。

A.业务数字化管理　　B.生产数字化管理

C.财务数字化管理　　D.营销数字化管理

三、简答题

4.41 突如其来的新冠肺炎的广泛传播，令餐饮行业遭受重创。据有关机构估算，受此次疫情影响，餐饮零售业仅在今年春节7天内的损失就可能高达5 000亿元。

2月初，北贝餐饮董事长贾国龙的一句“贷款发工资也只能撑3个月”，暴露出餐饮行业所面临的危机。但与此同时，一场自救行动也正在展开。北贝利用5天时间拿到银行4亿元的授信，并迅速将线下业务转移到线上。疫情之前，北贝只有100多家门店经营外卖业务，但疫情之后，线上业务被倒逼成为主力，体量已是原来的2倍。同时，北贝对菜单进行调整，向适合外卖点餐的方向优化，将家庭聚餐的牛羊鱼大菜放后，能够更好满足基本能量和营养的主食类菜品、蔬菜类菜品提前，同时加大折扣、满减力度。

值得一提的是，在北贝发力外卖业务的过程中，除了美团、饿了么等外卖平台外，企业微信也扮演了至关重要的角色。首先，北贝可以通过企业微信与顾客进行深度连接。北贝通过把线上服务的链接放到员工企业微信的详情页中，使用户通过联系的工作人员就可以直接下单，促进了线上服务的转化。其次，通过企业微信开放的API接口，北贝把企业微信和公司的CRM进行了打通。这样一来，员工通过企业微信就能看到相应的用户画像，比如用餐习惯、喜好、多久未到店等。北贝会员运营高级经理表示：“顾客在其他线上平台下单，北贝和顾客之间是分割的，只是做好了食物通过中间平台送到顾客手中，但通过企业微信，北贝能够沉淀用户的数据，基于这些信息，北贝便可以为顾客提供更精准的服务。”另外，对于像北贝这样的连锁企业而言，上下行动一致尤为重要，而北贝便通过企业微信实现了集团、分部、门店的“三位一体”。

要求：

简要分析北贝餐饮所采用的互联网技术（企业微信）对经营模式的影响。

4.42 2005年之前，金宝集团着重于公用事业，主要围绕城市燃气来推动企业发展。从2005年开始，金宝集团专注于清洁能源的开发和利用，依托技术创新和商业模式创新，形成从能源开发、能源转化、能源物流到能源分销的上中下游纵向一体化的产业链条，为客户提供多种清洁能源组合的整体解决方案，形成了强有力的差异化优势。

为实现进一步扩张，金宝集团继续在印度、菲律宾和其他国家进行能源开发，并开始创新性地运用金融工具进行能源证券化，一方面帮助其客户避免价格风险，另一方面为能源生产商提供融资服务。

随着集团清洁能源战略目标的日益清晰，金宝集团于2006年初进行了重大调整：一是调整组织结构，将金宝集团的原有3大产业集团调整为能源分销、能源装备、能源化工、生物化工等产业板块，总部下设的支持保障机构也做了相应的变更；二是人力资源政策调整，实施以科技牵引集团发展清洁能源的战略升级。金宝集团启动科技人才梯队建设，努力实现拥有科研人员、工程设计人员、技术管理人员、项目管理人员、技术工人五类人才和领军人物、核心人才、骨干人才三级智力网络的优秀科技人才梯队。

要求：

（1）简要分析金宝集团从2005年开始启动的战略创新类型。

（2）简要分析钱德勒“组织结构服从战略”理论在金宝集团的战略变革中是如何应用的。

（3）简要分析金宝集团在当前的竞争战略下应当采取的人力资源开发与培训策略。

说明：本题第（3）问涉及第三章人力资源战略的相关知识点，可待学习完对应内容后再来作答。

4.43 从21世纪初起，三镇钢铁集团为了提高产品质量、降低成本、减少能源消耗、最大限度地满足客户个性化需求，使用先进的信息技术，实现了产品的优化设计、制造和管理。集团通过对钢铁生产过程中的原料运输、储存、投料到焦化、冶炼、连铸、轧钢等基础信息资源进行深度开发和利用，实现了管理高度集中、产销高度衔接、数据高度一致和信息高度安全。

精准的温度控制是钢铁生产中保障产品质量、降低能耗的关键环节。传统钢铁厂因各生产环节衔接不畅，导致温度不稳定。2016年，三镇钢铁集团引进并开发了数字监测和分析系统，实现了对高炉铁水、炼钢钢水、出钢钢坯等各工序温度情况的实时跟踪，并基于模型预测目标温度，为铁水指吊、出钢节奏、精炼加热升温提供指导。

2018年，三镇钢铁集团在现有技术基础上引进5G专网技术，利用5G网络低时延、大带宽、广连接等优势，打通厂区内的信息孤岛，并与国内数据服务商和云服务商开展全方位合作，构建了钢铁工业数据收集平台和私有云监测平台，实现了数据双向互通、数据融合，在市场预判、交易节点、产品结构、硬件健康状态等方面提供全面实时的数据支撑和量化监测。2019年，集团建成三镇智慧中心，下设7个工作岛，实时收集分析生产区35万个互联设备的数据，监测、调度8大工序、30个系统，替代了原来的42个中控室，让400多名员工撤出操作现场。2020年，集团打造了全国钢铁行业首个智能环保无人原料场、无人码头系统、智慧铁水运输系统。2021年，集团在钢铁工业大数据平台基础上，打通了基于分布式数据存储中心的管控架构，打造了一个具有去中心化、不可篡改、全程留痕、公开透明等特点的产业协同体系，实现了降本增效。

要求：

（1）简要分析三镇钢铁集团数字化技术的发展历程。

（2）简要分析三镇钢铁集团数字化技术的应用领域。

第五章 公司治理

一、单项选择题

5.1 能帮助企业获得稀缺性资源的利益相关者往往能在企业中获得更多的话语权，即资源的依赖状况决定企业内部的权力分配状况。这一观点属于公司治理理论中的（　　）。

A.利益相关者理论　　B.不完全契约理论

C.委托代理理论　　D.资源依赖理论

5.2 三杉公司近年来效益不佳，连续多年没有分红。然而，2017—2019年，包括董事长在内的公司高管合计从公司领走3 023万元薪酬，该金额已超出同期净利润水平。三杉公司存在的公司治理问题属于（　　）。

A.股东与经理层之间的利益冲突　　B.大股东与中小股东之间的利益冲突

C.“隧道挖掘”问题　　D.股东与其他利益相关者之间的利益冲突

5.3 近日，兴阳公司发布公告，拟购买甲公司100%股权，由于甲公司拥有元宇宙概念，所以发布公告后10个交易日内股价大涨70%。发布公告前几天，星科集团（系兴阳公司控股股东）的实际控制人张某买入兴阳公司股票200万股，并在公告发布后卖出，获利600多万元。经查，张某买卖股票的时间都属于证监会认定的敏感期。张某的行为属于（　　）。

A.掠夺性融资　　B.内幕交易

C.掠夺性资本运作　　D.关联性交易

5.4 佳宝公司是一家上市公司，最近连续两年亏损，经营陷入困境。经审计发现，佳宝公司的重大决策权一直被控股股东控制，控股股东把佳宝公司当作“提款机”，占用佳宝公司的资金累计高达10亿元。佳宝公司存在的公司治理问题属于（　　）。

A.股东与经理层之间的利益冲突　　B.“内部人控制”问题

C.大股东与中小股东之间的利益冲突　　D.股东与其他利益相关者之间的利益冲突

5.5 博格集团作为上市公司博格科技的大股东，涉嫌通过注册商标，以“合法”的外衣侵占上市公司资产，并在长达八年的时间中，对上级监管部门的整改要求消极怠工，损害中小股东利益，这体现了公司治理的主要问题中的（　　）。

A.股东与经理层之间的利益冲突

B.大股东与中小股东之间的利益冲突

C.股东与其他利益相关者之间的利益冲突

D.外部治理问题

5.6 公司治理机制的不完善为内部人控制提供了有利条件。下列各项中，不属于治理股东与经理层之间的利益冲突问题（或内部人控制问题）基本对策的是（　　）。

A.完善公司治理体系　　B.加强内部审计工作

C.完善和加强外部监督体系　　D.建立表决权排除制度

5.7 建安集团是一家上市公司，公开信息显示该公司2016年实现净利润3.8亿元。当年该公司股价波动区间为12～22元，市盈率波动区间为6～11倍，公司以每股5元的价格向控股股东定向增发1 000万股。从掠夺性财务活动角度分析，建安集团的上述定向增发行为属于（　　）。

A.内幕交易　　B.费用分摊活动

C.掠夺性资本运作　　D.掠夺性融资

5.8 江南公司是一家大型机械制造企业，六陆集团系江南公司的控股股东。近年来，江南公司主要从六陆集团所控股的其他子公司处采购原材料，价格比市场价高出25%。江南公司“隧道挖掘”问题的主要表现是（　　）。

A.直接占用资源　　B.通过关联交易进行利益输送

C.内幕交易　　D.滥用公司资源

5.9 甲公司在2017年完成发行上市后的首次定增，以每股1元的价格向两名控股股东发行5 000万股。当时该公司股价为每股5元。甲公司披露的2017年报显示，当年有净利润12亿元，市盈率为28倍。从终极股东对于中小股东的“隧道挖掘”问题角度看，甲公司的上述做法属于掠夺性财务活动中的（　　）。

A.掠夺性融资　　B.内幕交易

C.直接占用资源　　D.商品服务交易活动

5.10 嘉陵制药公司于2013年完成了对宏泰医药公司的收购，并获得了公司56%的股权。2017年，嘉陵制药公司拟将其所持股份中的3 000万股质押给民西理财公司，以满足自身的融资需要。依据宏泰医药公司的相关规定，嘉陵制药公司代表不得在股东会上参与此项股权质押事项的表决。从保护中小股东权益的角度看，宏泰医药公司的上述做法属于（　　）。

A.累积投票制度　　B.股东民事赔偿制度

C.表决权排除/回避制度　　D.代理投票权制度

5.11 科锋公司是一家国际性制造公司，主要从事电子产品的生产。多年来，该公司一直受到来自各方面的关注，因其工厂存在安全隐患，劳工可能在缺乏适当安全措施的环境中工作，这体现了公司治理的主要问题中的（　　）。

A.股东与经理层之间的利益冲突　　B.大股东与中小股东之间的利益冲突

C.外部治理问题　　D.股东与其他利益相关者之间的利益冲突

5.12 公司内部治理结构是一个责权利相互制衡的制度体系。下列各项中，不属于公司内部治理结构主体的是（　　）。

A.股东会　　B.经理层

C.经理人市场　　D.董事会

5.13 某跨国公司正在考虑调整其公司治理结构的模式，以提升公司的治理效率和市场竞争力。关于内部控制主导型治理模式的说法中，正确的是（　　）。

A.该模式实行单层董事会制，即不设立监事会，董事会兼具决策职能和监督职能

B.该模式公司的所有权和经营权通常由家族掌握，家族管理企业的日常活动

C.该模式融资方式主要是通过法人及银行进行债务融资

D.该模式不存在掌握绝对控制权的大股东来控制公司，股权流动性较高

5.14 董事会作为公司行使经营决策权的常设机关，其职权不包括（　　）。

A.决定公司内部管理结构的设置

B.决定公司的经营计划和投资方案

C.制定利润分配方案

D.审议和批准监事会的报告

5.15 森然公司是一家互联网公司，截至目前累计共发布了5款App。2019年度中期报告显示，森然公司App产品的月活跃用户数增长速度不及预期。报告公告后，森然公司股价应声大跌。根据公司治理外部治理的市场机制，这最能体现（　　）对公司的监控和约束。

A.资本市场　　B.经理人市场　　C.产品市场　　D.期权市场

5.16 精研公司是一家特种电磁线生产企业，其主要产品包括特种导体、漆包铜线、聚晶拉丝模具以及多头镀锡铜并线等。公司总部经由客户企业反馈得知，一批用于汽车装配的多头镀锡铜并线质量不符合标准，存在安全隐患。公司总部紧急更换了多头镀锡铜线厂的经理，并与客户企业协商退款事宜。根据公司治理外部治理的市场机制，这最能体现（　　）对公司的监控和约束。

A.资本市场　　B.经理人市场　　C.产品市场　　D.期权市场

5.17 2019年3月15日，中央电视台“3·15”晚会爆出“虾扯蛋”品牌辣条虽然在包装上醒目地印着虾和蛋，但其实“虾扯蛋”辣条里既没有虾，也没有蛋。除了面粉，就是各种调味用的添加剂，且生产现场传送辣条的机器上沾满了油污。新闻一经爆出，消费者纷纷提出抗议，并要求退货和赔偿。这最能体现公司外部监督机制中的（　　）。

A.中介机构执业监督　　B.司法监督

C.行政监督　　D.舆论监督

5.18 在公司治理失效的情况下，往往容易出现公司违法生产经营、公司管理层肆意损害公司和股东利益等违法违规现象，甚至形成规模化的公司舞弊和证券欺诈行为。下列机制中，无法形成有效监督的是（　　）。

A.股东监督　　B.行政监督　　C.司法监督　　D.舆论监督

5.19 下列关于公司治理相关理论的表述中，属于利益相关者理论的主要观点是（　　）。

A.明确的产权界定能够促进资源的有效配置，减少交易成本，提高经济效率

B.企业的经营管理者为综合平衡各个利益相关者的利益要求而从事管理活动

C.需要通过获取环境中的资源来维持生存

D.资源的依赖状况决定企业内部的权力分配状况

二、多项选择题

5.20 随着生产经营规模的扩大和资本筹措与供应途径的变化，企业的形式经历了“业主制—合伙制—公司制”的发展，其中属于公司制的特点有（　　）。

A.股东承担有限责任　　B.股东财产所有权与企业控制权分离

C.规模增长和永续生命　　D.不具有法人资格

5.21 当前，在国内上市公司中，终极股东对中小股东的“隧道挖掘”问题有多种表现形式，其中包括（　　）。

A.过高的在职消费

B.大股东以高于市场价格向上市公司销售商品

C.以对大股东有利的形式转移定价

D.扩股发行稀释其他股东利益

5.22 各国公司治理结构都有履行监督职能的机构或人员，不同模式下，其股东会、董事会、监事会、经理层的设置和功能有所不同。下列说法中正确的有（　　）。

A.单层董事会制下，董事会既有监督职能又有决策职能

B.双层董事会制下，分别设立监事会和执行董事会

C.外部控制主导型模式会抑制企业的创新动力

D.内部控制主导型模式下，股东可以通过“用手投票”监督经理人员

5.23 国有企业是中国特色社会主义的重要物质基础和政治基础，是党执政兴国的重要支柱和依靠力量。为加强公司党建工作，根据《中国共产党国有企业基层组织工作条例（试行）》，下列说法中错误的有（　　）。

A.党委（党组）书记、董事长一般由两人分别担任

B.重大经营管理事项应当先由董事会决定，再提交党委（党组）讨论

C.党委书记不能由党员总经理担任

D.符合条件的党委（党组）班子成员可以通过法定程序进入董事会、监事会、经理层

5.24 近日，泰信基金被曝出存在“老鼠仓”行为，即基金从业人员利用内幕信息非法进行股票买卖并获利。该行为令公众对公司失去信心，各大媒体争先对此事进行了报道。该类行为引起了证监会的高度重视，目前正同会计师事务所、公安司法机关密切配合，严打“老鼠仓”，对涉案人员作出处罚，对涉案公司责令整改。根据以上信息，下列说法中错误的有（　　）。

A.媒体是公众舆论监督的实现途径和输出管道

B.该从业人员的行为反映了公司治理中的“隧道挖掘”问题

C.证监会作为监管机构，是公司外部治理的市场机制

D.证监会、会计师事务所与公安司法机关的密切配合体现了公司外部治理监督机制的作用

5.25 据调查，猎冰公司存在较为严重的内部人控制问题，公司决定进一步强化监事会的监督职能，形成企业内部权力制衡体系。以下不属于监事会职权的有（　　）。

A.对公司董事、高级管理人员行为进行监督

B.罢免违反纪律的股东

C.提议召开临时股东会会议

D.对股东会决议事项提出质询

做新变 new

一、单项选择题

5.26 清风公司拟利用数字化工具来记录、分析和导出会议纪要，从而简化会议的工作流程，提高会议效率和决策质量。这体现了数智化的发展将有利于（　　）。

A.提升治理效率　　B.提高信息透明度

C.优化企业决策　　D.赋能外部治理机制

5.27 瑞德律师事务所是一家以特殊普通合伙形式运营的律所。最近，一名合伙人在执业中因重大过失导致了巨额债务，公司不得不讨论如何处理这些债务责任。根据特殊的普通合伙企业的相关规定，下列说法中，正确的是（　　）。

A.所有合伙人承担无限连带责任

B.该合伙人承担无限责任，其他合伙人以其出资额为限承担责任

C.该合伙人以其合伙份额为限承担责任，其他合伙人不承担责任

D.所有合伙人承担有限责任

5.28 绿岛汽车公司近期拟与一家AI初创公司进行合并。根据公司内部治理结构的相关规定，有权决定此次合并事项的是（　　）。

A.股东会　　B.董事会　　C.监事会　　D.经理层

二、多项选择题

5.29 科讯公司是一家专注于智能语音技术研发的企业。公司采用双重股权结构，创始人持有高投票权股（B类股），每股拥有10票，而普通投资者持有低投票权股（A类股），每股1票。这种股权结构的特点有（　　）。

A.同股不同权　　B.现金流权与控制权分离

C.股东权益的可变动性不同　　D.利益分配权不同

5.30 某互联网公司采用双重股权结构后，创始人对公司拥有绝对控制权，即使其持股比例较低，也能获得投票权和决策权的倾斜。然而，这一结构可能让企业面临的风险有（　　）。

A.利益冲突加剧　　B.市场监督弱化

C.融资更加不便　　D.投资价值减低

第六章　风险与风险管理概述

一、单项选择题

6.1　2019年8月，亚津公司7号仓库703仓间西墙立柱上方的视频监控系统电气线路发生故障，产生的高温电弧引燃线路绝缘材料，燃烧的绝缘材料掉落并引燃下方存放的润滑油纸箱，随后蔓延成灾。根据上述材料，下列关于风险构成要素的说法中，错误的是（　　）。

A.仓库管理人员遗漏了监控系统的检查属于心理风险因素

B.燃烧的绝缘材料掉落并引燃下方存放的润滑油纸箱属于风险事件

C.事发当晚风力强劲属于有形风险因素

D.火灾所导致的财产损失和修建费用损失属于间接损失

6.2　DT公司是一家专业风险咨询公司。该公司受雇于以零售为主业的德尚公司，并为其量身定制内部控制、网络安全与合规支持等方面的解决方案。应客户要求，DT公司近期将其所有负责内部控制方案设计的员工派往德尚公司总部所在地，通过与客户充分的讨论与沟通，共同构建解决方案。根据以上描述，德尚公司进行风险管理时所体现的特征是（　　）。

A.战略性　　B.全员化　　C.专业性　　D.二重性

6.3　天选公司要求全体员工都要有风险意识，并且要求风险管理由企业治理层、管理层和所有员工参与，天选公司的上述做法体现的风险管理特征是（　　）。

A.战略性　　B.全员性　　C.二重性　　D.可行性

6.4　下列各项关于企业风险管理的特征的表述中，正确的是（　　）。

A.防范与控制风险是可能的，但无法分散和转移风险成本

B.在成本有效的情况下，风险管理成本越大，风险损失成本可能越低

C.风险管理单位只要能够识别并处理好最主要的隐患，风险管理就能成功

D.当风险损失不能避免时，风险管理单位应该接受可能发生的所有损失

6.5　齐力公司主要从事电子产品的出口业务。2021年，全球最大的跨境电商平台亚马公司提高了平台入驻标准，并对部分店铺进行了封号处理。齐力公司认为传统电商平台的服务将无法满足企业自身的需求，同时国内众多中小企业存在平台转换的需求。齐力公司利用其供应链能力与已经形成合作的跨境物流公司进行战略布局，打造出新一代的海外社媒电商平台，使得公司的利润得到大幅增长。齐力公司的上述做法所体现的风险管理特征是（　　）。

A.专业性　　B.可行性　　C.系统性　　D.二重性

6.6　兴钢公司在设置风险管理的目标时，根据不同职能部门将风险管理目标进行有效的划分。以上描述说明该公司在确立风险管理目标时遵循的原则是（　　）。

A.一致性原则　　B.现实性原则　　C.明晰性原则　　D.层次性原则

6.7　华信保险集团是一家综合性的保险公司，具有丰富的风险管理经验。公司管理层在讨论风险

管理的目标时提出，要将风险管理融入华信保险集团的企业文化。以上描述所体现的风险管理的具体目标是（　　）。

A.基本目标　　B.直接目标　　C.核心目标　　D.支撑目标

6.8 东方稀土公司根据风险管理计划，对风险管理单位的活动及其生产要素进行的分派和组合。以上描述所体现的风险管理的职能是（　　）。

A.计划职能　　B.组织职能　　C.指导职能　　D.控制职能

二、多项选择题

6.9 下列各项关于风险概念的表述中，正确的有（　　）。

A.风险不能简单地理解为最有可能的结果

B.风险是事件本身的不确定性

C.《中央企业全面风险管理指引》按照风险能否管控而将其分为纯粹风险和机会风险

D.基于风险事件的不确定性，风险的结果可以是正面的，也可以是负面的

6.10 下列各项关于风险的要素的表述中，正确的有（　　）。

A.风险事件是导致损失的直接原因

B.固定资产折旧可以被认定为损失的一种

C.风险事件导致经济价值的减少最多的为直接损失

D.风险后果的发生使风险因素和风险事件得以呈现或暴露

6.11 下列各项关于企业风险管理的内涵的表述中，正确的有（　　）。

A.风险管理单位必须是能够主动地、有目的地、有计划地应对风险的经济组织

B.风险管理的核心是降低损失而非创造价值

C.风险分析和风险评价是为了预测风险事件可能造成的损失，预先做好减少损失的安排

D.风险管理的对象可以是纯粹风险，也可以是投机风险

6.12 20世纪90年代，美国COSO委员会发布了COSO《企业内部控制——整合框架》。下列各项中，关于内部控制基本内涵的说法正确的有（　　）。

A.内部控制是一个过程，它是实现目标的手段，而非目标本身

B.内部控制是由人来实施的，涉及组织各个层级人员的活动

C.内部控制可以为主体目标的实现提供绝对的保证

D.内部控制目标包括经营目标、财务报告目标和合规目标等多个彼此独立又相互交叉的目标

第七章　风险管理的流程、体系与方法

一、单项选择题

7.1　盈方公司是一家电子通信设备制造商，其广泛收集风险管理初始信息。该公司发现气候变化可能导致自然灾害风险增加，从而导致供应链中断原材料和零部件供应。盈方公司所收集的风险信息属于（　　）。

A.市场风险　　B.运营风险　　C.战略风险　　D.财务风险

7.2　丰联公司是一家成立不久的制冷设备生产企业。公司拟参照《中央企业全面风险管理指引》对各项业务及流程进行风险评估。下列各项中，属于风险分析这一步骤的是（　　）。

A.查找业务及流程中有无风险　　B.描述风险发生可能性的高低

C.评估风险对企业实现目标的影响程度　　D.评估风险的价值

7.3　甲公司在风险管理过程中，注重对风险管理解决方案的评估。下列关于风险管理解决方案的说法中，正确的是（　　）。

A.风险管理解决方案属于企业核心业务，一般不适合外包

B.外包可以使企业规避一些风险，但同时可能带来另一些风险，应当加以控制

C.内部控制系统既可以针对可控纯粹风险，也可以针对非可控风险

D.内部解决方案应针对所有风险所涉及的各管理及业务流程，制定涵盖各个环节的全流程控制措施

7.4　下列各项关于风险管理解决方案的表述中，错误的是（　　）。

A.风险管理解决方案中的外部解决方案一般是指方案制订的外包

B.风险管理解决方案应有风险解决的具体目标和风险管理工具等方面的内容

C.落实风险管理解决方案必须认识到风险管理是企业价值创造的根本源泉

D.风险管理解决方案中的内部解决方案一般指风险管理策略

7.5　某电商公司为验证新上线的客户订单管理系统是否存在异常，拟在正常运行条件下，将初始订单数据输入内控流程，并执行后续所有流程和环节，最终比对运行结果与设计要求。本案例中，所采用的风险管理监督方法为（　　）。

A.返回测试　　B.穿行测试　　C.压力测试　　D.风险控制

7.6　M国某地区位于地震频发地带，那里的居民具有较强的防震意识，住房普遍采用木质结构，抗震性能优越。不少家庭加装了地震时会自动关闭煤气的仪器，以防范地震带来的相关灾害。根据上述信息，该地区居民采取的风险管理策略工具是（　　）。

A.风险控制　　B.风险转移　　C.风险规避　　D.风险转换

7.7　立高公司是一家船运公司，该公司一直购买灾害保险防止灾害性事件，但公司财务部门经过数据分析后，认为保险公司历年的赔付不足以平衡相应的保险费用支出，因此决定不再续

保。同时，为了应对可能发生的灾害性事件，公司与银行签订了应急资本协议，规定在灾害发生时，由银行提供资本以保证公司的持续经营。立高公司采取的策略是（　　）。

A.风险补偿　　B.风险转换　　C.风险转移　　D.风险对冲

7.8　焦点科技是一家主营外贸B2B电子商务的公司。该公司依赖中小企业形成对外出口贸易的持续稳定增长，并拒绝与信用不好的交易对手进行交易。从风险管理策略的角度看，焦点科技公司采取的策略是（　　）。

A.风险规避　　B.风险转换　　C.风险对冲　　D.风险承担

7.9　2018年底，塔山投资公司对2019年的投资风险进行度量后宣称，在市场波动正常的情况下，该公司有90%的可能性最大投资损失为5 000万元。下列各项中，属于塔山投资公司采用的风险度量方法的特点的是（　　）。

A.适用的风险范围大　　B.对数据要求不太严格

C.计算相对容易　　D.通用、直观、灵活

7.10　亚星公司是一家生产、销售化工产品的企业。由于各类风险发生的可能性难以预测且风险一旦发生危害巨大，因而该公司实施了极为严格的风险管理制度。亚星公司采取的风险度量方法应是（　　）。

A.最大可能损失　　B.概率值　　C.期望值　　D.在险值

7.11　下列各项中，属于企业一般不应把风险承担作为风险管理策略的情况是（　　）。

A.企业管理层及全体员工都未辨识出风险

B.企业从成本效益考虑认为选择风险承担是最适宜的方案

C.企业缺乏能力对已经辨识出的风险进行有效管理与控制

D.企业面临影响企业目标实现的重大风险

7.12　下列关于审计委员会的表述中，错误的是（　　）。

A.审计委员会应定期与外聘及内部审计师会面

B.审计委员会应每年对其权限及其有效性进行复核，并就必要的人员变更向经理层报告

C.审计委员会的主要活动之一是核查对外报告规定的遵守情况

D.确保充分且有效的内部控制是审计委员会的义务

7.13　林奇公司在实施全面风险管理过程中，加强文化建设，培育积极向上的价值观和社会责任感，倡导诚实守信、爱岗敬业、开拓创新和团队协作精神，树立现代管理理念，强化风险意识。董事、监事与经理等公司高层在企业文化建设中发挥主导作用。林奇公司的上述做法所涉及的内部控制要素是（　　）。

A.内部环境　　B.风险评估　　C.内部监督　　D.控制活动

7.14　为提升公司内部控制，波顿公司将企业内部控制相关信息与外部投资者、债权人、客户、供应商、中介机构和监管部门等有关方面之间进行沟通和反馈。上述做法属于内部控制要素中的（　　）。

A.风险评估　　B.控制活动　　C.内部监督　　D.信息与沟通

7.15　众城银行是一家股份制商业银行。自成立以来该银行就建立了反舞弊机制，明确反舞弊工作的重点领域、关键环节和有关机构在反舞弊工作中的职责权限，规范舞弊案件的举报、调

查、处理、报告和补救程序。根据我国《企业内部控制基本规范》，众城银行的上述做法涉及的内部控制要素是（　　）。

A.控制环境　　B.控制活动　　C.风险评估　　D.信息与沟通

7.16 随着全面风险管理意识的加强，甲公司的股东要求管理层建立重大风险预警机制，明确风险预警标准，对可能发生的重大风险条件，制定应急方案，明确相关责任人和处理流程、程序和政策，确保重大风险事件得到及时、稳妥的处理。甲公司股东的要求所针对的内部控制要素是（　　）。

A.控制活动　　B.内部监督　　C.信息与沟通　　D.风险评估

7.17 凌云公司近年来不断加强企业内部控制体系建设，在董事会下设立了审计委员会。审计委员会负责审查企业内部控制，监督内部控制的实施和内部控制自我评价情况，协调内部控制审计及其他相关事宜。根据《企业内部控制基本规范》，凌云公司的上述做法属于内部控制要素的（　　）。

A.风险评估　　B.控制活动　　C.内部监督　　D.控制环境

7.18 下列各项中，属于控制活动要素的是（　　）。

A.企业建立运营情况分析制度

B.企业制定内部控制缺陷认定标准

C.企业根据设立的控制目标，及时进行风险评估

D.董事会下设立审计委员会

7.19 2019年，盛奇公司与当地甲银行签订了一份协议，约定在未来10年内，如果盛奇公司因自然灾害的发生对其经营产生冲击而引发财务危机时，盛奇公司有权从甲银行取得300万元贷款以应对风险。下列选项中，属于盛奇公司采用的上述损失事件管理办法的是（　　）。

A.应急资本　　B.专业自保　　C.风险资本　　D.保险

7.20 宏远海运公司为了加强对损失事件的管理成立了一家附属机构，这家附属机构的职责是用母公司提供的资金建立损失储蓄金，并为母公司提供保险。宏远海运公司管理损失事件的方法属于（　　）。

A.损失融资　　B.风险资本　　C.保险　　D.专业自保

7.21 H公司为一家社交软件公司，该公司在分析主系统漏洞可能造成的信息泄露风险。该公司发现，当主系统产生漏洞后（概率为0.1%），二级防护系统失效的概率为3%，三级系统失效概率为1.5%。三级系统失效后可能造成信息泄露的概率为10%。由此公司分析得出可能出现信息泄露的频率并进一步调整相关系统的设计与运营。H公司采取的风险管理技术与方法是（　　）。

A.事件树分析法　　B.敏感性分析法　　C.决策树法　　D.情景分析法

7.22 蓬勃公司是一家计划向移动互联网领域转型的大型传统媒体企业。为了更好地了解新开发的移动互联网传媒项目中可能存在的风险因素，公司聘用了13位专家对新项目进行论证，并组织专家分别通过电邮向管理层反馈意见。通过反复论证归纳，项目负责人最终得出项目具有可行性的结论。该公司采取的这种风险管理方法是（　　）。

A.德尔菲法　　B.情景分析法　　C.因素分析法　　D.头脑风暴法

7.23 甲公司在实施风险管理过程中，对由人为操作和自然因素引起的各种风险对企业影响的大小

和发生的可能性进行分析，为确定企业风险的优先次序提供分析框架。该公司采取的上述风险管理方法属于（　　）。

A.决策树法　　B.马尔科夫分析法

C.流程图分析法　　D.风险评估系图法

7.24 奥博公司是一家精密仪器制造企业。在新厂房正式投产之前，专业技术人员对生产的每一个环节都进行了研究论证，从中排查潜在的风险，避免可能的损失。该公司采取的上述风险管理方法属于（　　）。

A.风险评估系图法　　B.流程图分析法

C.马尔科夫分析法　　D.德尔菲法

7.25 甲公司是一家白酒生产企业，为了进一步提高产品质量，甲公司通过图表形式将白酒生产按顺序划分为多个模块，并对各个模块逐一进行详细调查，识别出每个模块各种潜在的风险因素或风险事件，从而使公司决策者获得清晰直观的印象。根据上述信息，下列各项中，关于甲公司采取的风险管理办法的描述，错误的是（　　）。

A.该方法的使用效果依赖于专业人员的水平

B.该方法的优点是简单明了、易于操作

C.该方法可以对企业生产或经营中的风险及其成因进行定性分析

D.该方法适用于组织规模较小、流程较简单的业务风险分析

7.26 甲公司是一家大型商场。开业以来，公司积累了丰富的销售数据。公司战略部门每年都会对这些数据进行收集整理，据此推算出未来年度企业的销售风险。根据上述信息，甲公司采用的风险管理方法是（　　）。

A.后推法　　B.前推法　　C.逆推法　　D.正推法

7.27 通达路桥公司拟在某省兴建一座大桥。这项工程将面临诸多不确定因素，如工程总投资、银行贷款、过桥费收入等。公司为了预算这项工程所产生的效益并防范可能发生的风险，组织相关人员分析了上述每一个因素的变化对该项目内部收益的影响。通达路桥公司所采用的风险管理方法是（　　）。

A.敏感性分析法　　B.马尔科夫分析法

C.风险评估系图法　　D.情景分析法

7.28 甲公司拟新建一个化工项目。经过可行性研究，该项目预计净现值为420万元，内部收益率为13%。甲公司进一步分析初始投资、建设期及寿命期的变动对该项目预计净现值的影响及影响程度。甲公司采取的风险管理技术与方法是（　　）。

A.事件树分析法　　B.敏感性分析法

C.决策树法　　D.情景分析法

7.29 为了适应市场需求，甲公司决定投资扩大手机生产规模。市场预测表明：该产品销路好的概率为0.6，销路差的概率为0.4。据此，公司计算出多个备选方案，并根据在产品销路不确定情况下净现值的期望值，选择出最优方案。根据上述信息，甲公司采用的风险管理技术与方法是（　　）。

A.流程图分析法　　B.事件树分析法　　C.敏感性分析法　　D.决策树法

7.30 今年以来，受国内外各种不确定性因素的影响，房地产行业的发展进入了一个新阶段。甲房地产公司从定性和定量的角度，按照很好、较好、一般、较差4种不同的假设条件，预测了本公司本年度将面临的各种不确定因素以及由此给公司带来的各种不同后果。甲房地产公司采用的风险管理技术与方法是（　　）。

A.敏感性分析法　　B.条件预测法　　C.情景分析法　　D.统计推论法

二、多项选择题

7.31 下列各项关于关键风险指标管理的步骤和分解原则的表述中，正确的有（　　）。

A.关键风险指标管理可以管理单项风险的多个关键成因，也可以管理影响企业主要目标的多个主要风险的成因

B.将关键成因量化，确定其度量是关键风险指标管理步骤中的第一步

C.关键风险指标分解时，需要注意各职能部门和业务单位之间的协调

D.关键成因量化后的具体数值即为关键风险指标

7.32 下列各项中，关于企业进行风险评估的表述，正确的有（　　）。

A.进行风险评估时，应将定性与定量方法相结合

B.进行风险定性评估时，应统一制定各风险的度量单位和风险度量模型

C.风险评价是对辨识出的风险及其特征进行明确定义描述，分析和描述风险发生可能性的高低、风险发生的条件

D.企业应对风险管理信息实行动态管理，定期或不定期实施风险评估

7.33 下列各项中，属于《企业内部控制基本规范》对内部环境要素要求的有（　　）。

A.企业应当实施不相容职务分离控制

B.企业应当建立重大风险预警机制和突发事件应急处理机制

C.企业应当制定和实施有利于企业可持续发展的人力资源政策

D.企业应当加强内部审计工作

7.34 下列风险度量方法中，建立在概率基础上的方法有（　　）。

A.在险值法　　B.直观方法　　C.期望值法　　D.最大可能损失法

7.35 下列关于风险管理组织职能体系的表述中，错误的有（　　）。

A.董事会审议并向股东会提交企业全面风险管理年度工作报告

B.董事会审议风险管理策略和重大风险管理解决方案

C.风险管理委员会负责组织协调全面风险管理日常工作

D.风险管理职能部门执行风险管理基本流程

7.36 甲公司是一家非上市大型企业，为了提前实施《企业内部控制基本规范》，正在考虑设立审计委员会。下列各项关于甲公司设立审计委员会的具体方案内容中，正确的有（　　）。

A.在董事会下设立审计委员会

B.审计委员会的主要活动之一是核查对外报告规定的遵守情况

C.确保充分有效的内部控制是审计委员会的义务，其中包括负责监督内部审计部门的工作

D.审计委员会应当每两年对其权限及有效性进行复核，并就必要的人员变更向董事会报告

7.37 金卡公司自成立以来，通过构建优良的企业文化体系，培育了员工积极向上的价值观和社会责任感。另外，该公司还建立了举报投诉制度和重大风险预警机制。根据我国《企业内部控制基本规范》，该公司的上述做法涉及的内部控制要素有（　　）。

A.内部监督　　B.内部环境　　C.信息与沟通　　D.控制活动

7.38 星云公司制造手机所需要的部分零部件由奇象公司提供。星云公司为了防范和应对采购过程中可能出现的风险，与奇象公司签订了严格而规范的合同，其中一项规定是：如果由于外界不可抗力因素造成奇象公司不能按时供货并给星云公司带来损失，只要损失额超过一定数量，那么超过的部分由奇象公司予以赔偿。在上述案例中，星云公司采取的风险管理工具有（　　）。

A.风险规避　　B.风险转移　　C.风险补偿　　D.风险承担

7.39 德宝公司是一家从事海洋石油勘探与开采的企业。该公司自筹资金成立了一家为母公司提供保险服务的子公司，该子公司也可以通过租借方式承保其他公司的保险。下列关于德宝公司采用的措施的表述中，正确的有（　　）。

A.降低运营成本　　B.保障项目少　　C.改善公司现金流　　D.提高内部管理成本

7.40 下列各项关于风险管理信息系统的表述中，错误的有（　　）。

A.企业在信息加工、分析和测试方面，风险管理信息系统应能够进行对各种风险的计量和定量分析、定量测试

B.对输入风险管理信息系统的数据，可以适时更改，以便及时纠正错误

C.风险管理信息系统的信息传递功能只需要满足单项业务以及企业整体风险管理的要求

D.风险管理信息系统在信息报告和披露方面，能够对超过风险预警上限的重大风险实施信息报警

7.41 美邦公司是一家建筑装修企业，该公司的采购总监为了防范原材料和设备采购过程中可能发生的风险，梳理了从采购计划制定、供应商筛选、询议价格、制作订单、部门领导审核、采购合同签订、产品验收入库直到结算等各个环节的潜在风险，并找出导致风险发生的因素，分析风险发生后可能造成的损失。下列各项中，属于该公司采用的上述风险分析方法优点的有（　　）。

A.使用效果较少依赖专业人员的水平

B.生动地体现事件的顺序

C.组织规模越大，流程越复杂，越能体现出优越性

D.清晰明了，易于操作

第八章　企业面对的主要风险与应对

一、单项选择题

8.1 安琪公司曾是移动通信行业的领军企业。在过去的几十年中，该公司以生产可靠、高质量的手机而闻名。但公司现有研发能力、营销能力、生产管理能力等均难以适应智能化的发展要求，无法形成有机组合，最终丧失了行业龙头地位。这体现的战略风险来源是（　　）。

A.战略环境　　B.战略资源　　C.战略能力　　D.战略定位

8.2 佳明公司曾是一家世界著名的照相机生产企业。面对新型照相设备的兴起，佳明公司未能制定出符合市场趋势和企业实力的战略目标。公司对行业变化的预判不足，导致其战略规划与市场需求脱节，使得企业在竞争中失去了方向和动力。上述案例中，佳明公司面临的战略风险的主要表现是（　　）。

A.战略制定风险　　B.战略实施风险

C.战略调整风险　　D.战略复盘整改风险

8.3 斯达集团是一家地产企业。为了应对企业所面临的战略风险，集团内部制定和实行相应的培养战略实施人才、防止战略实施人才流失的政策。上述案例中，斯达集团所采用的管控措施针对的是（　　）。

A.战略制定风险　　B.战略实施风险

C.战略调整风险　　D.战略复盘整改风险

8.4 下列各项中，属于市场趋势风险主要表现的是（　　）。

A.外部市场的改变使现有营销活动丧失吸引力，可能导致企业失去部分或全部市场份额

B.企业未制定完善的品牌战略，未有效细分品牌，未制定有效的品牌管理措施，可能导致企业丧失知名度

C.企业对核心产品过分依赖，或者企业的产品过于单一，可能导致企业不能通过增加品种提高产品附加值，也不能积极应对市场波动

D.企业未能把握监管当局的政策导向及宏观环境、市场环境的变化，可能导致企业产品、服务的推广及销售受到影响

8.5 下列各项中，有关企业应对全面预算管理风险的管控措施，表述错误的是（　　）。

A.企业批准下达的预算应当保持稳定，不得随意调整，但当市场环境导致预算执行发生重大差异确需调整预算的，应由企业预算执行部门逐级向预算管理部门提出书面申请

B.企业应当建立完善的预算执行考核制度，定期组织预算执行情况考核，预算执行与预算考核应当相互分离

C.企业应该明确各部门、各下属单位的预算编制责任，确保企业经营、投资、财务等各项经济活动的各个环节都纳入预算编制范围

D.企业应当严格按照筹资方案确定的用途使用资金，由于市场环境变化等确须改变资金用途的，应当履行相应的审批程序

8.6 下列各项关于企业应对投资管理风险的管控措施的表述中，正确的是（　　）。

A.重大投资项目，应当按照规定的权限和程序实行集体决策或者联签制度

B.企业可将股权类投资与投资项目进行合并管理

C.对于被投资方出现财务状况恶化、当期市价大幅下跌等情形的，企业需计提减值准备，但无须确认减值损失

D.转让投资必须委托具有相应资质的专门机构进行评估，无须报授权批准部门批准

8.7 下列各项中，不属于担保管理相关风险的主要表现的是（　　）。

A.对担保申请人的资信状况调查不深，审批不严或越权审批，可能导致企业担保决策失误或遭受欺诈

B.对被担保人出现财务困难或经营陷入困境等状况监控不力，应对措施不当，可能导致企业承担法律责任

C.担保过程中存在舞弊行为，可能导致经办审批等相关人员涉案或企业利益受损

D.未对投资项目开展有效的后续跟踪和监控，或对投资项目处置不当

8.8 下列各项中，属于企业应对财务报告风险的管控措施的是（　　）。

A.会计人员根据相关凭证登记有关明细分类账，主管会计登记总分类账

B.企业应当根据已批准的全面预算编制财务报告

C.对财务报告可能产生重大影响的会计政策，按规定权限和程序审批后执行

D.财务报告编制完成后，加盖公章由总会计师签名并盖章后即可对外提供

8.9 冰晶公司是一家主营冷冻食品的企业，近期，公司管理层发现有两个部门同时负责质量检测，导致质检出现问题后，难以明确责任部门。根据以上描述，冰晶公司组织架构管理相关风险的主要表现是（　　）。

A.内部机构设计不科学，权责分配不合理，可能导致机构重叠

B.缺乏明确的发展战略或发展战略实施不到位，可能导致企业盲目发展

C.人力资源激励约束制度不合理，关键岗位人员管理不完善，可能导致人才流失

D.安全生产措施不到位，责任不落实，可能导致企业发生安全事故

8.10 下列各项关于企业应对组织架构风险的管控措施的表述中，错误的是（　　）。

A.企业在岗位权限设置和分工安排环节，要坚持不相容职务分离原则，确保可行性研究与决策审批、决策审批与执行、执行与监督检查等不相容职务分离

B.企业的重大事项决策、重大项目安排、重要人事任免及大额资金使用等，须按照规定的权限和程序实行集体决策审批或者联签制度

C.企业组织架构调整需充分听取董事、监事、高级管理人员和其他员工的意见，按照规定的权限和程序进行决策审批

D.通过建立选聘人员试用期和岗前培训制度，对试用期人员进行严格考察，以使选聘人员全面了解岗位职责，掌握岗位基本技能，适应工作要求

8.11 康德公司是一家制造和销售医用穿刺器械的上市公司。近年来，公司研发人力成本整体呈上

升趋势。为了规避这一风险，公司通过提升研发效率、调整产品结构、成立知识产权部等措施，稳定了公司的综合毛利率水平。根据以上描述，康德公司研发管理相关风险的主要表现是（　　）。

A.研发人员自身知识和能力的有限性都可能导致技术的研发面临失败的危险

B.研究项目未经科学论证或论证不充分，可能导致创新不足或资源浪费

C.研发人员配备不合理或研发过程管理不善，可能导致研发成本过高、舞弊或研发失败

D.研究成果转化应用不足、保护措施不力，可能导致利益受损

8.12 下列各项关于企业应对合同管理风险的管控措施的表述中，错误的是（　　）。

A.正式对外订立的合同，应由企业法定代表人或其授权代理人签署并加盖有关印章

B.合同文本一般由法律部门起草，并由总经理审核

C.对于影响重大、跨多业务领域或法律关系复杂的合同文本，企业可以组织法律、技术、财会等专业人员共同参与谈判

D.企业财务部门应当在严格审核合同条款后，按照合同规定进行付款

8.13 亚洲R国H公司推出了一个名为“东大机器人”的项目，该项目的目标是通过R国顶级学府J大学的入学考试。2020年在参加J大学入学考试的过程中，由于H公司的工作人员事先未按照工作手册的要求检查摄像头，“东大机器人”在识别图像上出现偏差，未能通过入学考试。根据以上描述，H公司研发“东大机器人”项目面临的风险是（　　）。

A.战略风险　　B.市场风险　　C.运营风险　　D.财务风险

8.14 甲公司与乙公司签订合作协议，乙公司负责项目开发，将甲公司所产生的工业余热转化成居民住宅和公共类建筑供暖服务，甲公司负责技术支持。在项目实际的开发过程中，甲公司技术转化进度延后，但由于乙公司未能事先做好预案并施加有效控制，导致整体进度推迟。对于乙公司而言，该风险属于（　　）。

A.市场风险　　B.运营风险　　C.战略风险　　D.财务风险

8.15 有关研究机构证实，从事中成药生产的上市公司天康公司的主打产品含有对人体健康有害的成分，该研究结果被媒体披露后，天康公司的股价大跌，购买其产品的部分消费者和经销商纷纷要求退货，致使其经营陷入危机。上述案例中，天康公司面临的风险属于（　　）。

A.运营风险　　B.市场风险　　C.战略风险　　D.财务风险

8.16 汇泊科技是一家全球领先的电信设备和智能手机制造企业。公司在全球范围内与许多电信运营商建立了紧密的业务关系，依赖于各种供应商提供的零部件和技术。然而，U国政府持续对汇泊公司实施制裁和打压，导致其在U国的供应链面临中断的风险。上述案例中，汇泊公司面临的风险是（　　）。

A.财务风险　　B.运营风险

C.法律风险和合规风险　　D.战略风险

8.17 美林公司是一家国际大型保险公司。该公司金融产品部门为房地产抵押贷款提供了大量的担保，但对被担保人的财务困难监督不力，公司利益严重受损。上述案例中，美林公司面临的风险是（　　）。

A.战略风险　　B.运营风险　　C.财务风险　　D.市场风险

二、多项选择题

8.18 Z公司为欧洲一家大型跨国服装品牌公司，该公司在分析市场风险时需要考虑的影响因素包括（　　）。

A.当季服饰品在亚太地区的竞争力有所下降，消费者追赶欧美潮流的热情有所减缓

B.韩国服装H公司扩宽了其在亚太地区的销售渠道，与Z公司的业务形成了直接竞争

C.Z公司员工泄露公司的商业机密，触犯了知识产权法律

D.Z公司过于依赖短期借款，并将大量资金投入高风险的投资项目

8.19 下列各项中，有关企业应对资金营运管理风险的管控措施的表述，正确的有（　　）。

A.企业在生产经营及其他业务活动中取得的资金收入应当及时入账，不得账外设账，严禁收款不入账、设立“小金库”

B.企业应定期执行库存现金盘点，如发现盘盈、盘亏情况，应及时调查原因，进行账务处理

C.企业应定期开展银行对账，编制银行存款余额调节表，确保相关收付款交易均被真实、准确、完整地记录在适当的会计期间

D.企业应当严格贯彻不相容职务分离的原则，严禁将办理资金支付业务的相关印章和票据集中一人保管，印章要与空白票据分管，财务专用章要与企业法人章分管

8.20 下列各项中，属于全面预算相关风险的主要表现的有（　　）。

A.不编制预算或预算不健全，可能导致企业经营缺乏约束或盲目经营

B.预算目标不合理、编制不科学，可能导致企业资源浪费或发展战略难以实现

C.提供虚假财务报告，误导财务报告使用者，造成决策失误，干扰市场秩序

D.预算缺乏刚性、执行不力、考核不严，可能导致预算管理流于形式

8.21 下列各项中，属于合同管理相关风险的主要表现的有（　　）。

A.未与银行签订应急资本合同，可能导致企业经济利益受损

B.未订立合同、未经授权对外订立合同，可能导致企业合法权益受到侵害

C.合同未全面履行或监控不当，可能导致企业经济利益受损

D.合同纠纷处理不当，可能损害企业利益、信誉和形象

8.22 思达公司是一家研发、制造和销售智能手环的上市公司。由于没有掌握信息技术，思达公司只能长期从外部购买芯片。由于智能手环需求变化较大，芯片又属于技术性强且变化很快的零部件，思达公司以定向集中方式而非招标方式进行采购，导致对市场变化适应性不强，采购物资质次价高、存货积压或短缺、存货价值贬损等问题，甚至出现内外勾结的舞弊现象。根据上述案例，思达公司采购业务相关风险的主要表现有（　　）。

A.采购计划安排不合理，市场变化趋势预测不准确，造成库存短缺或积压，可能导致企业生产停滞或资源浪费

B.供应商选择不当，采购方式不合理，招投标或定价机制不科学，授权审批不规范，可能导致采购物资质次价高，出现舞弊或遭受欺诈

C.存货积压或短缺，可能导致流动资金占用过量、存货价值贬损或生产中断

D.无形资产缺乏核心技术、权属不清、技术落后、存在重大技术安全隐患等，可能导致企业法律纠纷、缺乏可持续发展能力

8.23 下列各项中，属于社会责任管理相关风险的主要表现的有（　　）。

A.缺乏诚实守信的经营理念，可能导致舞弊事件的发生

B.促进就业和员工权益保护不够，可能导致员工积极性受挫

C.安全生产措施不到位，责任不落实，可能导致安全事故的发生

D.产品质量低劣，侵害消费者利益，可能导致企业巨额赔偿、形象受损

8.24 下列各项中，属于人力资源管理相关风险的主要表现的有（　　）。

A.人力资源缺乏或过剩、结构不合理，可能导致企业发展战略难以实现

B.人力资源激励约束制度不合理、关键岗位人员管理不完善，可能导致人才流失

C.人力资源退出机制不当，可能导致法律诉讼或企业声誉受损

D.未实施有利于企业可持续发展的人力资源政策，可能导致企业发展战略难以实现

8.25 下列各项中，属于企业应对采购业务风险的管控措施的有（　　）。

A.具有请购权的部门，须严格按照预算执行进度办理请购手续，并根据市场变化提出合理采购申请

B.对于大宗采购，企业通常采用招投标方式，应合理确定招投标的范围、标准、实施程序和评标规则

C.企业需定期对大额或长期的预付款项进行追踪核查，对有问题的预付款项，应当及时采取措施

D.企业应通过函证等方式，定期与供应商核对往来款项，确保会计记录、采购记录与仓储记录一致

8.26 下列各项中，属于信息系统相关风险的主要表现的有（　　）。

A.信息系统缺乏规划或规划不合理，可能造成信息孤岛或重复建设，导致企业经营管理效率低下

B.系统开发不符合内部控制要求，授权管理不当，可能导致无法利用信息技术实施有效控制，甚至出现系统性风险

C.系统运行维护和安全措施不到位，可能导致信息泄露或毁损，系统无法正常运行

D.内部信息传递不通畅、不及时，可能导致决策失误、相关政策措施难以落实

8.27 温中国际工程技术有限公司主要从事海外工程建设。在参与欧洲某项目招标的过程中，该公司未充分考虑当地施工情况而设计了不合理的合同条款，导致投标落选。此外，近期大宗商品与材料价格的大起大落直接增加了相关行业的产业链及供应链的不确定性，进而影响了国际工程项目的开发与执行情况。上述案例中，温中国际工程技术有限公司面临的风险属于（　　）。

A.法律风险和合规风险　　B.战略风险

C.财务风险　　D.市场风险

8.28 甲公司是一家从事手机研发和制造的高科技企业。2015年，甲公司将手机的制造外包给乙公司。此后，市场上发生多起甲公司手机电池爆炸事件，给用户造成人身和财产损失，甲公司也因此收到多起诉讼。甲公司详细调查后发现，乙公司提供的手机电池质量不合格，存在很

大的安全隐患，甲公司将手机的制造外包给乙公司后面临的风险有（ ）。

A.法律风险和合规风险　　B.财务风险

C.运营风险　　D.战略风险

8.29 安晨公司是世界最大的汽车制造商之一。为了加快新车上市速度，抢占市场，部分车辆检测员私自简化检测流程，降低合格标准，导致首批售卖新车的尾气排放未达到国家标准。上述案例中，安晨公司面临的风险属于（ ）。

A.战略风险　　B.运营风险　　C.财务风险　　D.法律风险和合规风险

三、简答题

8.30 主营单晶硅、多晶硅太阳能电池产品研发和生产的益强公司于2003年成立。这是一家由董事长兼总经理李自一手创办并控制的家族式企业。

2010年11月益强公司挂牌上市。在资本市场获得大额融资的同时，益强公司开始了激进的扩张之路。从横向看，为了扩大市场份额，益强公司在欧美多个国家投资或设立子公司；从纵向看，益强公司布局光伏全产业链，实施纵向一体化发展战略，由产业中游的组件生产，延伸至上游的硅料和下游的电站领域。益强公司还大举投资房地产、炼油、水处理和LED显示屏等项目。

为了支持其扩张战略，益强公司多方融资。公司上市仅几个月便启动第二轮融资计划——发行债券，凭借建设海外电站的愿景，通过了管理部门的审批，发行10亿元的“益强债”，票面利率为8.98%，在当年新发债券中利率最高。自2011年2月起，李自及其女儿李丽陆续以所持股份作抵押，通过信托融资约9.7亿元，同时，益强公司大举向银行借债。李自还发起利率高达15%的民间集资。这样，益强公司在上市后三年内，通过各种手段融资近70亿元。

受2008年美国次贷危机和2011年欧债危机的影响，欧美国家和地区纷纷大幅削减甚至取消光伏补贴，光伏产品国际市场需求急剧萎缩。随后欧盟对中国光伏产品发起“反倾销、反补贴”调查，光伏企业出口遭受重创。而全行业的非理性发展已经导致产能严重过剩，市场供大于求，企业间开始以价格战展开恶性竞争，利润急速下降，甚至亏损。

在这种情况下，益强公司仍执着于多方融资扩大产能，致使产品滞销、库存积压。同时，在海外大量投资电站致使公司的应收账款急速增加。欧盟经济低迷，海外客户还款能力下降，欧元汇率下跌。存货跌价损失、汇兑损失、坏账准备的计提使严重依赖海外市场的益强公司出现大额亏损。公司把融资筹措的大量短期资金投放于回款周期很长的电站项目，投资回报期和债务偿付期的错配使公司的短期还款压力巨大，偿债能力逐年恶化。2010年公司的流动比率为3.165，到了2013年只有0.546。公司资金只投不收的模式使现金流很快枯竭。2012年和2013年多家银行因贷款逾期、供应商因货款清偿事项向益强公司提起诉讼，公司部分银行账户被冻结，深陷债务危机。益强公司由于资金链断裂，无法在原定付息日支付公司债券利息8 980万元，成为国内债券市场上第一家违约公司，在资本市场上掀起轩然大波，打破了公募债券刚性兑付的神话。

2014年5月，益强公司因上市后连续三年亏损被ST处理，暂停上市。仅仅三年多的时间，益强公司就从一家市值百亿元的上市公司深陷债务违约危机导致破产重组。

要求：

（1）简要分析益强公司上市后市场风险的来源（考虑因素）。

（2）简要分析益强公司财务风险的主要表现。

8.31 2018年，舒美公司对外发布公告称，其旗下子公司舒美国际拟出资48亿元收购高乐丰中国80%的股权，相关交易只待政府最后审批。作为最早把“大卖场”概念引入中国的零售商，高乐丰凭借高效的商业模式，在中国市场快速崛起。但是随着市场的变幻发展，固守自己商业模式的高乐丰，经历了一系列负面新闻及商业打击开始逐渐衰落，直到如今走上了“卖身”之路。

2007年，高乐丰22名人员被北京警方传唤，其中8名高乐丰经理级员工被警方正式拘留。这些手中有权力的员工们，威胁供应商如果不给促销费就不让他们促销，于是供应商不得不贿赂这些员工，使得他们为自己牟取私利。但根本动摇消费者对高乐丰信任的还是食品安全问题。2012年，高乐丰被曝光将超过保质期限的食品再利用，甚至更改时间后上架；2017年，郑州国贸高乐丰店将三黄鸡充当柴鸡、鸡胗进行返包销售；2018年，深圳梅林高乐丰店袋装米发霉结块，这些新闻使得高乐丰在消费者心中的口碑大打折扣。

屡次的负面新闻给高乐丰带来了冲击，但尚不足以致命。高乐丰败走中国市场，从特定角度看，可能是高乐丰高层守旧的理念以及对过去商业模式过度依赖造成的。

在大卖场的黄金年代，市场渠道单一，高乐丰的商业模式足够高效，但是市场竞争加剧之后，供应链的缺失逐渐成了高乐丰最大的短板。迟迟没有建设物流中心和库存的高乐丰，不仅供货速度慢，产品差异化小，而且也影响卖场销量。

执着于过去的模式也让高乐丰错失了电商与新零售所带来的机遇。2013年，正是电商蓬勃发展的阶段，但是高乐丰中国高层还固执地认为，电商不足为虑，做好自己的大卖场就可以了。2018年，“新零售之风”劲吹，互联网巨头纷纷与传统卖场结成联盟，加速线上线下的融合，腾讯入股永辉，阿里收购联华、大润发，京东与沃尔玛展开合作，而高乐丰却还在拓展自己的网上商城，更谈不上将线上与线下打通融合。在零售行业竞争已趋白热化的年代，掉队的高乐丰连续亏损、资不抵债。一代零售行业霸主，最终走向没落。

要求：

（1）简要分析近年来高乐丰公司市场风险的来源（考虑因素）。

（2）简要分析近年来高乐丰公司运营风险的来源（考虑因素）。

8.32 Y公司是一家投资型公司，主要投资于工业、商业、房地产业项目。近年来，公司的经营状况一直不佳，但与此相悖的是，公司高管近五年的薪酬平均占营业收入的百分比为9.77%，超过行业平均值7.81%。由于高管薪酬优先于中小股东收益列支，因此中小股东权益被严重侵犯，他们决定联合起来向监管机构举报Y公司近年来的一系列违规问题，以保护自身权益。部分违规内容摘要如下：

（1）2017年7月，Y公司与C公司计划进行重大资产重组。然而就在一年过后，此项资产重组事项因为被证监会立案而被叫停，并很快进入了调查阶段。调查显示：资产重组开始时，Y公司的实际控制人张某曾透露相关重组信息给其大学老师林某，而林某通过此次非法交易，买卖股票，获利将近1 470万元。

（2）2018年1月，Y公司发出公告，拟非公开发行10亿股股票，募集55亿元资金，用于收购X教育机构全部股份。调查显示，Y公司非公开发行该股票时的股票市价为10元，且许多非公开发行对象为临时成立，且与Y公司、Z公司以及X教育机构均有着千丝万缕的关系。同时，近年来X教育机构因欺骗性宣传、夸大师资力量和乱收费问题被持续曝光。但Z公司可借助X教育机构的力量，助力自己旗下的多家教育资源。

（3）2017年3月，Y公司为某房地产M公司提供担保服务，财务经理李某亲自受理了该笔申请，并根据公司的担保标准及条件对该M公司进行了资信调查和风险评估，未报经董事会批准，即作出接受M公司担保申请的决定。但是2017年12月，M公司经营陷入困境，要求把担保额提高，李某考虑到对方有反担保财产因素，同意了对方的要求并修改合同，事后通报了财务总监。2018年5月，M公司债权人某银行通过法院起诉Y公司支付其为M公司担保的1 000万元。经法院终审判决，Y公司偿还了其担保的M公司到期债务本息。

要求：

（1）依据“公司治理的主要问题”，简要分析Y公司存在的公司治理问题的类型与主要表现。

（2）简要分析Y公司担保管理的相关风险。

8.33 水泉公司成立于1992年，是国内知名度最高的果汁品牌之一。经过多年的发展，2007年水泉公司成功上市。

2005年，水泉公司公开招标寻求合作，T国最大的食品生产企业宏丰公司立即回应，希望能够与水泉公司共同打造东南亚最大的食品帝国。2005年3月，水泉公司与宏丰公司签约组建合资公司。水泉公司以果汁业务资产入股，占95%。宏丰公司注资3 030万美元，占剩余5%。然而，T国政府4个月后出台的政策规定，T国企业在中国内地投资不能超过资本净值40%，宏丰公司累计在中国的投资，已接近40%的上限。双方签约4个月后，合作夭折。

2008年，U国乐大公司宣布拟收购水泉公司全部股权。为配合乐大的收购，水泉公司砍掉了历时16年建立起的销售体系，并同时开始大规模布局上游。然而，因收购不符合中国反垄断法的相关规定，水泉与乐大的合作被有关部门紧急叫停。

这项没有完成的收购案，成为水泉公司命运的转折点。此后的几年，尽管公司创始人、控股股东刘杰竭尽全力试图挽救水泉公司的命运，但水泉公司还是不可逆转地陷入了持续的困境。2017年8月15日至2018年3月29日，水泉公司向其B市子公司提供42.82亿元短期贷款，以便该子公司应付临时营运资金需要及还债。但是，这件事没得到董事会批准，也没有签订协议，更没有对外披露。由于涉嫌违反上市规则中关于关联交易申报、股东批准及信息披露的条款，水泉公司自2018年4月1日起正式停牌。

除此之外，2019年12月初，公司创始人、控股股东刘杰还因为未按期向合作方履行给付义务，收到了限制消费令，被司法机关列入失信被执行人名单。

要求：

（1）简要分析水泉公司2017—2019年所面临的法律风险和合规风险（主要表现）。

（2）简要分析外部监督机制对水泉公司治理所发挥的作用。

8.34 煌水乳业公司成立于2002年，2013年正式挂牌上市。2016年12月16日，一家国际著名调查机构发布做空煌水乳业的报告，指出煌水乳业在苜蓿草和产奶量等方面数据造假。随后数月，国内一家银行审计发现，煌水乳业大量单据造假，将账上30亿元资金转出投资房地产，无法收回。此外，业内人士也发现了煌水乳业多处编制财务报告的内控缺陷。

（1）煌水乳业在2016年3月报表中显示公司流动资金充足，并对企业的持续经营能力表示肯定。然而2016年度的财务报表显示，煌水乳业2016年的经营活动在收入、成本、借款等方面存在不实问题，企业未来的持续经营能力存在重大不确定性，公司财务报表存在重大错报风险。

（2）煌水乳业在2014年4—6月向迪科种业公司累计购买约685万元的种子，这笔交易并未在中期报告中及时披露，而在后期发现执行董事于坤间接持有迪科种业公司的控股权，该购买行为被证明为关联交易。2014年12月23日，煌水乳业将其当年4月建立的子公司富浩股份转让予新成立的兴旺畜牧公司，后者由刘冰个人100%控股。然而此次交易不具有正当的商业理由，且煌水乳业2015年财务报告并未披露此次处置子公司的作价，业内人士质疑煌水乳业建立富浩公司的目的很可能就是利用关联方转移资产。

煌水乳业频繁出现财务报告虚假与不实问题，与其内部治理结构的缺陷不无关联。煌水乳业自上市以来，董事会主席兼CEO的张凯始终维持公司最大股东身份，对公司具有绝对的控制和管理权力，掌控公司所有的重大事项决策权，并直接负责公司所有业务的运营和管理。煌水乳业未设置监事会，监事会的职能主要由审计委员会以及独立董事履行。煌水乳业的独立董事中，王光和李良都曾是BM会计师事务所的合伙人，而煌水乳业一直以来聘用BM会计师事务所进行外部审计，会计师事务所的合伙人任职客户公司重要岗位，削弱了注册会计师的独立性，煌水乳业的独立董事及其聘用的会计师事务所都没有严格履行其对公司财务报告审核监督的责任。煌水乳业的审计委员会由3名独立非执行董事组成。年报公布的审计委员会两次会议显示，审计费用以及年度和半年度的财务报告审计均被顺利通过，并未发现财务报表和审计过程中存在的诸多问题，审计委员会并没有尽到应尽的职责。

要求：

（1）简要分析煌水乳业财务报告相关风险的主要表现。

（2）简要分析煌水乳业组织架构管理相关风险的主要表现。

（3）简要分析煌水乳业公司内部治理结构存在的主要缺陷。

8.35 随着信息技术和电子商务的兴起，主营连锁实体书店的光华公司销售额每况愈下，经营持续亏损。在层出不穷的新型知识学习和传播工具的冲击下，走入实体书店的顾客日渐减少，光华公司旗下30多家分店的空闲面积越来越大；员工收入走低，骨干员工纷纷跳槽，一般员工则大多人浮于事，抱着“当一天和尚撞一天钟”的消极态度混日子；图书由总部统一采购、统一定价以及各分店员工工资水平大体相当的制度，经常造成图书品种、数量和价格脱离各分店所处地区的顾客需求，挫伤了各个分店的经营积极性；所有管理机构均设立在总部，各分店只有一名店长负责日常经营，缺乏管理自主权；有的分店服务体系不健全，员工对顾客服务态度差，甚至出售缺页、被污损的图书，并拒绝顾客退换，损害了公司声誉。

2018年，光华公司为制止经营滑坡并尽快走出困境，开始采取如下措施：（1）提出并履行“弘扬先进文化，创新服务内容”的新使命。（2）出售5家因地理位置欠佳、管理不善而长期严重亏损的分店，将公司原有业务量削减15%，减少库存积压和各项开支，同时，将节省下来的一部分资源用于开设网上书店，增加音像产品销售、二手书收购和珍藏版书籍展销等业务。（3）建立读者阅读俱乐部，邀请图书作者进行演讲、畅销书推介和签名售书；定期和不定期举办会员知识沙龙，交流读书体会。（4）重新设计、装修店面，突出“学海无涯，淡泊明志，宁静致远”的文化氛围；充分利用空余场地，开设书桌、茶厅，兼顾消费者阅读、购书和休闲的需求。（5）积极开展社会服务，每年为附近学校开展一次赠书活动，为居民无偿举办6场百科知识讲座。（6）适当下放管理权限，在各分店设立相关管理部门，使其在用人、采购、定价、经营项目等方面拥有一定的自主权。（7）倡导“顾客至上，暖心服务”的宗旨，建立健全客户服务标准和流程。（8）总部采用目标管理法对各分店进行绩效考核，并实行与绩效挂钩的薪酬制度，对业绩未达标的分店采取更换店长、减少或取消奖金等措施，对业绩突出的分店在人、财、物上给予优先配置。

2019年底，光华公司实现扭亏为盈，并获得顾客和社会较高赞誉。

要求：

（1）简要分析光华公司于2018年开始采用的总体战略类型及采用该战略的方式。

（2）简要分析光华公司面临的运营风险以及对该风险采取的管控措施。

第九章　综合题演练

9.1　2015年4月，一个水果生鲜类App“聚好货”出现于国人眼中。聚好货公司采取的是一种新颖的拼团模式，需由三方共同完成。首先是由商家推出产品，并提供单买价和拼团价。若顾客希望享受优惠，则需要发起拼单，将产品分享给好友，凑齐所需人数，则拼团成功。拼团模式激发了人们的分享和购买热情，使聚好货公司在几个月中累计活跃用户破千万人，日订单量超百万单。

五个月后，以“聚好货”为基础的“聚好好”诞生了。它将以往的水果产品销售扩展到全面的产品种类，并深入贯彻“聚好货”的拼单模式。强大的社交属性使得聚好好公司在电商领域披荆斩棘，仅用一年时间就获得平台成交金额10亿元的成就。成立的三年内，聚好好公司累计获得四轮融资，并获得大量品牌和平台的进驻。平台内的商品种类众多，涵盖母婴、服饰、食品、电器、美妆等，用户体量达到3亿多。聚好好公司以其独特的社交拼团模式，在众多电商平台中站稳脚跟。2018年7月，聚好好公司在U国上市。

聚好好公司能够在激烈的电商竞争中获得如此迅猛的增长，归功于其所采用的独特战略举措：

（1）运用低价策略，深入开发低端市场需求。聚好好公司把目标人群定位于其他电商尚未顾及的三、四线城市和农村市场中对价格敏感而不太关注品牌的人群，以低价吸引用户。据有关数据统计，聚好好公司约14%的用户在此前没有在互联网上做过任何交易，是其他电商没有渗透的顾客群。从市场规模来看，国内低端城市人口和农村人口的需求空间巨大，同时作为“世界工厂”的供给端也有无限潜力。聚好好公司运用拼单低价策略开发出大量新的顾客群体与尚未实现的市场需求，也因此形成规模经济优势。

（2）采用新颖的电商模式，将社交平台和电商服务有机结合。聚好好公司“社交+电商”模式的关键点在于借助微信强化社交关系，以此刺激社交圈内的消费需求，将个人随机的消费欲望转变成群体性的、有计划的消费行为，发掘了“人多力量大”的优势，增强了与商家讨价还价的能力。对商家而言，这种运营模式减少了营销的费用，做到了“零推广、零广告”。

（3）压缩流通渠道、压缩毛利争抢用户。电商的优势在于突破门店的地理限制，让商家与用户可以跨越空间直接实现商品交易，压缩了中间渠道商的数量，降低了商品价格。聚好好公司与其他电商一样，通过利用压缩流通渠道来降低商品价格。不仅如此，与其他电商不同的是，聚好好公司还通过压缩毛利手段争抢用户。首先是压缩平台自身毛利。与其他电商平台不同的是，聚好好公司不收取任何佣金和扣点，仅收取0.6%的手续费，且该手续费是第三方支付平台收取的支付服务费。在聚好好电商平台的店铺缴纳的保证金比其他电商平台要少很多（退店后退还保证金）。这也是众多商家和低端供应链选择聚好好公司及其商品价格低廉的重要原因。其次是压缩商家毛利。在这种拼单模式下，消费者联合起来增强了讨价还价筹码，规模经济的诱惑使商家以微利经营，主动压缩毛利以获得更多订单。

（4）打造“聚工厂”。“聚工厂”是由聚好好公司牵头，为其线上的爆款产品提供全套代工服务的工厂。在聚好好电商平台低价爆款策略中，每个品牌只销售少量的爆款产品，聚好好公司的商家又多为中小型品牌企业，很难自建全套设备。因此，聚好好公司通过建设和发展“聚工厂”，实现一站式生产，既能保证产能，也能更好地对产品进行质量管理。例如，光洁造纸园区就是聚好好公司打造的典型的“聚工厂”模式。在国内的纸巾市场，四大品牌垄断了大部分市场。聚好好公司打造光洁造纸园区，将中小企业的资源能力进行整合。光洁造纸工厂是整个产业链的上游，负责加工原浆、切割纸巾，为光美、洁净等中小企业提供大量特定种类的多样化的纸巾。工业园区的下游设有光美、洁净等企业的加工车间，负责将裁切好的纸巾塑封、打包和批量发货。这种模式有利于光洁造纸工厂简化造纸流程，专注特定款式，使原料和机器的使用效率达到最高。光洁造纸园区中工厂配件齐全，规模较大。整个园区占地面积为160万平方米，拥有物流、电商园等配套产业。“聚工厂”为聚好好电商平台的中小供应商提供了广阔的市场空间，解决了以往订单少、产量不稳定、生产效率低的问题，在与大品牌企业竞争中获得一席之地，也为聚好好公司低价策略提供了源头支持。

（5）多种营销手段争夺市场。一是聚好好公司花重金将广告投入在各大城市地铁、公交和影视与综艺节目中，并且同步推出洗脑神曲——《聚好好》。不论你身在何方，聚好好公司的广告与“魔音”都会在你眼前“刷屏”。二是聚好好公司大量推出“狂欢节撒红包”“周年庆”“年底清仓”等一系列特价售卖活动，使得平台客流量极速增长。三是聚好好公司建立了自身独特的海淘、助力免单、名品折扣和砍价免费拿等多种促销活动。以“砍价免费拿”为例，这是借用社交平台的一种主要方式。在规定的时间内，用户邀请朋友帮助砍价，一直到砍价成功。这让用户有极大的参与感，同时价格优势也会让参与用户心动。四是聚好好公司开创了“实时信息”营销方法。用户打开商品链接，页面左上方会显示“××正在浏览这个商品”“××秒前开团了”等字样，营造了拼单团购气氛，让使用者产生购买竞争感，增加了消费欲望。正是这些游戏化的设计，促使聚好好公司在短短三年时间内收割了微信的社交流量红利。

然而，伴随着聚好好公司的飞速增长，其面临的风险也在日积月累。

（1）用户投诉率居高不下，对商家产品质量问题处罚无方。高投诉量一直是聚好好公司最严重的问题，投诉项以产品质量为主。2016年聚好好公司的商品投诉量高达13.12%，位居业内第一。2017年，聚好好公司的投诉解决率仅为51%，极大地影响了用户的消费体验。此问题若不尽早解决，聚好好公司就不可能进军一、二线城市，难以满足国内消费升级的市场需求，就连稳住现有流量也会成为问题。此外，聚好好公司早期为吸引商家入驻，承诺“零保证金”和“零门槛”，成为导致产品质量差、假冒伪劣多的一个因素。聚好好公司对遭投诉商家的处理比较简单随便，没有统一的原则和适宜的标准，主要手段是冻结商家的资金，这引起了入驻商家的不满，多次引发合同纠纷。

（2）竞争对手的反击与进攻，独占用户的流失显著。聚好好公司的飞速增长给电商领域的领先者带来威胁，近年来，其他电商相继推出针对聚好好公司的“反击”举措。例如，喜旺公司也上线了低价拼团平台——喜旺拼购，用1%的超低价佣金吸引商家入驻。数据显示，截至2018年9月，聚好好公司与喜旺公司的重合用户数为6 351万，同比增长445%。聚好好公司独占用户的比例在快速下降。

（3）流量见顶，发展空间受限。聚好好公司从社交平台攫取流量红利，获得快速的用户增长，但是当到达一定的用户基数后，其发展遇到“瓶颈”，增速跟不上，奇迹难以为继。聚好好公司财报显示，2018年以来，聚好好公司的活跃买家数量的增速大幅放缓。聚好好公司2018年第三季度一个买家的获取成本是42.9元，而一个买家的一年的消费才894元，从一个买家身上获得的平均收入仅仅为8元。在用户增长不足的情况下，如何对存量用户进行精细化运营，提高单个用户的消费额，成为聚好好公司不得不研究的新课题。

聚好好公司正在进行艰苦的战略转型。具体做法如下：

（1）惩罚假冒伪劣商品，保障消费者权益。聚好好公司在2017年启动“黑名单”机制，严厉惩罚了一批售假商家，同时设立价值为1.5亿元的消费者保障基金，帮助消费者处理售后纠纷并维权索赔。聚好好公司用行动发出了注重产品质量的信号，使消费者有了安全感。

（2）将羽翼伸展到公益事业——扶贫。聚好好公司利用自身贴近底层的优势投入扶贫工作中。2018年1月，聚好好公司发布了《聚好好公司扶贫助农年报》，而后发布了“一起拼农货”的公益计划，该计划旨在帮助贫困地区农民走出困境，聚好好公司也因此树立起勇担社会责任的形象。

（3）适应消费升级需求，发展知名品牌商品。2018年9月，聚好好公司将“名品折扣”升级为“品牌馆”，引入500多个知名品牌。聚好好公司的品牌馆既有厂商的旗舰店入驻，也有众多专卖店进入。品牌馆的上线，也被认为是聚好好公司品牌化的第一步。

（4）进一步扶持代工厂。聚好好公司在2018年12月推出了扶持代工厂的新品牌计划，预计扶持1 000家工厂品牌，首期试点20家，涵盖多个行业。这一计划被认为是与聚好好公司战略理念从“低价”向“低价+品质”转型最重要的举措之一。

要求：

（1）简要说明聚好好公司所采用的基本竞争战略的类型，从市场情况和资源能力两个方面简要分析聚好好公司实施这一竞争战略的条件及风险。

（2）依据蓝海战略重建市场边界的基本法则（开辟蓝海战略的路径），简要分析聚好好公司在竞争激烈的电商领域开创新的生存发展空间的路径。

（3）运用企业资源能力的价值链分析，简要分析“聚工厂”模式如何构筑聚好好公司的竞争优势。

（4）简要分析伴随着聚好好公司的飞速增长，其所面临的市场风险影响因素（或来源）。

（5）依据“企业利益与社会效益”相关理论，简要分析聚好好公司战略转型中所承担的社会责任。

（6）从市场营销组合角度，简要分析聚好好公司所体现的竞争优势。

9.2 作为PC界领头羊，为了充分运用公司在IT行业的研发优势，分散行业发展风险，寻找新的增长点，思翔集团于2002年创建思翔移动，专门从事手机研发和制造。伴随中国手机市场的快速发展，思翔移动的手机业务经历了从功能手机—智能手机—移动互联网转型的过程。相应地，思翔移动的战略定位和转型经历了三个阶段。

第一阶段：2002—2010年，思翔移动定位为功能手机时代的设备提供商。

思翔移动成立伊始的业务起点很高，着手国内先进的彩屏手机、拍照手机的研发与制造，取得了不俗的业绩。2006年，思翔手机在国内市场的占有率排名第四，在国产手机中排名第一。2007年，思翔集团国内PC业务销量和利润大幅增长，而思翔移动的手机业务出现持续亏损，不断蚕食着集团的整体盈利。思翔集团领导层认为，在短时间内手机业务难以扭亏为盈，而国内PC机业务正在高速扩张，需要大量的资金投入。因此，2008年1月，思翔集团以1亿美元的价格将思翔移动的全部股份出售给宏大公司。

出售给宏大公司后的思翔移动把产品开发作为战略重点，并将研发部门分成两部分，一部分自主研发手机，另一部分以ODM（Original Design Manufacturer，指品牌企业看中生产企业设计制造的某一产品，生产企业按品牌企业的要求生产该产品）方式与国外手机品牌企业合作研发。通过对公司进行一系列的改革，2008年底，思翔移动终于扭亏为盈。2009年11月，思翔集团回购思翔移动100%的股份。回归后的思翔移动保持独立运营。

第二阶段：2010—2011年，思翔移动转型为中低端智能手机市场的领先者。

随着市场需求的改变和技术的成熟，思翔移动开始向研发和制造智能手机转型。2010年初，思翔移动发布了国内首款智能手机，建立了思翔移动应用商店以及思翔移动互联网投资基金，从移动设备研制、应用到商务生态系统创建全面布局。思翔移动正式开启了向移动互联网时代迈进的战略转型。

2010年4月，思翔移动组建了智能手机事业部和通用手机事业部。这两个部门业务界限分明。智能手机事业部定位于开拓智能手机市场，并逐步向高端智能手机市场延伸，与国际高端品牌竞争；通用手机事业部则集中精力运营传统的功能手机，进一步扩大功能手机的市场份额。思翔移动领导层如此安排是遵循公司业务“以老养新、以新带老”的战略理念——传统的功能手机业务能够为思翔移动带来相对稳定的市场份额和现金流，同时其所积累的技术、渠道等资源可以促使思翔移动在智能手机时代顺势而为，探索新的智能手机业务；而智能手机业务的探索和推进又可以为功能手机的研发提供创意和技术支持，为思翔移动带来新的利润增长源。

然而智能手机事业部在研发新产品过程中，没有深入理解和贯彻高层关于两个业务板块协同发展的战略理念，忽视对原功能手机业务拥有的技术、渠道等资源的利用，加上具有明显优势的国际高端品牌的强力竞争，导致智能手机事业部向高端智能手机业务的进军受挫，经营举步维艰。

与此同时，市场上传统功能手机的售价及利润都受到智能手机的严重挤压。思翔移动通用手机事业部意识到功能手机市场在迅速萎缩，发展智能手机才是出路。该部门一方面将此信息反馈给思翔移动领导层，说服思翔移动领导层同意在通用手机事业部下成立一个跨部门的项目组，整合资源专攻中低端智能手机的研发；另一方面鼓励员工利用功能手机业务的技术、渠道等资源，积极探索中低端智能手机的创新。通用手机事业部的上述举措推动了思翔移动向中低端智能手机业务的全面战略转型。

2011年7月，思翔移动发布了由其通用手机事业部定制的千元双卡智能手机。该产品从定义到上市的周期只有5个月，领先竞争对手3～4个月的时间，市场销量大大超出预期。思翔移动总裁曾自豪地表示：“我们赢得了先机，在那3个月时间之内独步天下，没有人可以有相同的或者可以跟我们竞争的产品”。这一时期，国内智能手机中低端市场容量迅速扩大，而中高端市场容量仅略有增长。伴随通用手机事业部的中低端智能手机在思翔手机中的比重日益加大，思翔移动在智能手机市场上的份额快速增长。

2011年9月，思翔移动调整组织架构，将智能手机事业部和通用手机事业部合并为掌管全部手机业务的手机事业部，由原通用手机事业部负责人掌舵。手机事业部成立后立即调整产品战略，全面开发中低端智能手机市场。

第三阶段：2011年至今，思翔移动全面布局移动互联网。

伴随手机行业从智能手机时代进入移动互联时代，思翔移动的智能手机业务成为一个能够为公司开发新业务提供技术、资金、渠道等资源支持的成熟业务。思翔移动“以老养新、以新带老”的战略理念又体现为：具有稳定的市场占有率的智能手机，能够为移动互联的软件产品研发提供智能设备的载体，而软件产品探索的成功可以带动智能手机销量的增长。

为了在智能手机时代发展移动互联网业务，思翔移动管理层设立了E2E（端到端生态系统）事业部，以利于在开发智能手机的同时，在手机设备上预装具有思翔特色的软件产品。但E2E事业部发现软件产品在思翔手机中的预装率并不高，其原因是E2E和手机事业部是并列的两个单位，各自的考核目标不一样。2012年4月，思翔移动任命E2E事业部负责人兼任手机事业部研发负责人，重新梳理E2E事业部和手机事业部研发的所有软件产品，并根据软件的特性重新分配这两个事业部各自负责研发的产品。同时精简产品测试团队资源，避免两个部门之间重复测试。一番变革之后，E2E事业部的产品落地，与手机事业部的手机研发实现了协同发展。思翔移动的智能手机所具有的渠道和客户资源给E2E软件产品带来了数以千万计的用户，使得E2E的软件产品有了共计过亿的用户。思翔移动在促进手机硬件产品销量增长的同时，努力为用户提供端到端的应用服务，这反过来进一步推动了硬件销售业绩的增长。

要求：

（1）简要分析思翔集团创立思翔移动属于发展战略的何种类型；简要说明采用该种战略的意义（优点）与风险。

（2）简要分析思翔移动在出售给宏大公司后所采用的发展战略的类型和途径。

（3）依据波士顿矩阵理论中“明星”业务、“问题”业务与“现金牛”业务之间资源配置的关系，简要分析思翔移动领导层在2010—2011年组建智能手机事业部和通用手机事业部、2011年组建E2E事业部所遵循的“以老养新、以新带老”战略理念的理论依据。

（4）简要分析思翔移动智能手机事业部发展中高端智能手机运营风险的来源（考虑因素）。

（5）依据“企业资源能力的价值链分析”理论，简要分析思翔移动在其发展的第二阶段通用事业部开发中低端智能手机，第三阶段布局移动互联网业务获得成功的理论依据。

（6）简要分析思翔移动在其发展的第二阶段2011年9月调整组织架构、第三阶段2012年4月调整手机事业部研发负责人所应对组织架构相关风险的主要表现。

9.3　20世纪90年代，亚洲H国有近百家自行车生产企业转移到亚洲自行车C国。留在H国的自行车生产企业采用多种路径实现了整体产业升级。这些路径主要有：

（1）产业重新定位，形成产业分工模式。H国排列前三位的自行车厂商均在C国设厂。基于对自行车商品在“后工业社会”“休闲社会”大背景下的功能、特性以及消费特点的重新认识和深刻理解，H国自行车企业将留在本国的企业定位于生产中高价位的多品种车型，致力于自动化生产与研究开发，而将设在C国的企业定位于生产中低价位、以交通工具为主的少品种车型，以充分利用C国劳动力成本低、生产效率高、规模经济显著、生产能力利用程度高等优势。明确的分工使H国自行车企业摆脱与C国的低价竞争，奠定了其在全球高级自行车供应领域的领先地位。

（2）研发新材料与新工艺，实现产品与技术的跨越升级。面对日益挑剔和多样化的国内外消费者对自行车产品的需求，H国自行车企业集中力量在新材料和新工艺上实现了技术跨越，积极研发设计和生产关键零部件，引进了美国模块化技术与日本供应链模式。1983年至今，H国自行车材料从钢管发展到钛合金、镁合金，甚至碳纤合金，重量由原来的30千克降低到7千克；制造技术从铜焊发展到氩焊，从一体成形发展到无氧化电弧焊接，实现了产品轻量化，同时保持高标准的刚性、韧性和强度。

（3）在发展自有品牌的同时注重品牌并购，获取新市场机会与新技术。H国第二大自行车厂商“星友”通过并购发达国家U国自行车品牌SP和D国品牌CE，以较低的成本和较短的时间获得发达国家的许多市场机会和先进技术，其订单掌握度、生产安排效率及欧美高档车市场占有率大幅提高。

（4）从OEM到ODM再到OBM，沿着价值链升级。原始设备制造商（Original Equipment Manufacturer，OEM）是指品牌厂商提供设计图纸，制造企业按单生产；原始设计制造商（Original Design Manufacturer，ODM）是指品牌企业看中生产企业设计制造的某一产品，生产企业按要求生产该产品；原始品牌制造商（Original Brand Manufacturer，OBM）则是指制造企业做自有品牌。H国自行车企业普遍实现了从模仿到更有创新性的改进，再到领先的产品设计与创新的过程。通过这一过程，H国自行车企业将研发开发、生产制造、市场营销三个主要环节在企业发展不同阶段采用不同模式进行资源配置与整合。例如，H国第一大自行车厂商“天空机械”原本以OEM为主发挥其生产制造的优势，进而为发达国家U国CH公司做ODM，打造自身设计能力。之后，“天空机械”开始创建自有品牌，在不断提高自身设计与营销能力的同时，将其具有自主品牌和研发优势的一部分零部件和整车的生产制造以OEM方式向C国企业转移。现在“天空机械”自有品牌销售收入占其总收入的比重为70%，其ODM客户均为全球知名品牌。

（5）组织创新，建立新的网络型战略联盟。H国自行车企业实现从OEM到ODM再到OBM的升级，网络型战略联盟发挥了重要作用。2003年H国第一大自行车厂商“天空机械”联合其主要竞争对手“星友”及11家零部件生产企业组成行业战略联盟“ATC”。“ATC”具有如下功能：

第一，形成大企业带动小企业、中心厂带动卫星厂的“中心卫星体系”。这一体系内的两大厂商“天空机械”和“星友”以“ATC”为载体，与零部件生产企业形成中心卫星体系。卫星企业订单稳定，完全致力于专业性生产，同时借助中心企业的协助并按照合约要求提高生产力，而中心企业集中力量开展市场调研与拓展、研发、检验、装配等工作。相互的整合活动，带动了整个产业向高技术、高附加值升级和发展。

第二，高度的互动学习机制。“ATC”打破了竞争对手不该彼此交换信息的旧模式，降低了企业在产业内的交易成本和信息不对称的程度。通过高度的互动学习机制，横向促进成员紧密交流，纵向共建产业链并加强合作，确保各方优先共享先进经验和提高信任程度。联盟内频繁的活动及由此产生的组织学习，使零部件企业在产品开发初期就能参与研发活动；各个企业的研发力量集合起来，同步工程缩短产品上市时间，联盟内部知识的消化能力变得更强大。

第三，协同发展战略。“ATC”规定优先供应成员间具有竞争力的产品，协助作业流程改善，提供辅导与培训，鼓励成员创新设计和参与特殊车种的合作开发，参与各种自行车会展，并与科研院所合作建设信息平台。“ATC”为成员企业提供了良好的技术开发和服务环境，实现成车企业及零部件企业的协同发展。

2003年成立的“ATC”仅有22家成员企业，在H国343家自行车厂商中只是少数，但其销售收入占比却达到六成至七成。对比表明，“ATC”企业的绩效明显优于非“ATC”企业。例如，“ATC”企业在2006年的出口平均单价约为350美元，大大高于行业平均单价206.6美元。另外，“ATC”成员中有95.2%是以自有品牌销售，而行业水平是55.46%，说明“ATC”有效推动了产业整体升级。

H国自行车产业的发展经过重大调整与转型，实现了整体升级，目前已在全球占据高端、高附加值市场。H国第一大自行车厂商“天空机械”的自有品牌已成为欧洲市场的三大品牌之一，全球销售网络分布在50多个国家和地区，拥有10 000多个经销服务点，是全球企业组织网分布最广、最绵密的公司之一。H国第三大自行车厂商“神飞”，2003年以自有品牌扩展到美国与亚洲市场。

C国和H国均是全球自行车市场的重要产销地。1991年C国自行车外销数量首度超过H国，2000年起外销量与出口值更是双双超越H国，近年来C国自行车出口量占全球贸易量的60%。虽然C国自行车出口数量近年有大幅度的增长，但是这种增长更多是以价格下降为代价的。2000—2009年，H国年均出口数量仅为C国的十分之一，但年均出口总值已达到C国的一半。

近年来，C国自行车产业也面临产业升级的压力。一方面，人们生活观念的变化以及收入水平的提高，使自行车不再是单纯的交通工具，而是演化为集健身用品、休闲用具、玩具、高档消费品于一体的商品。由此，出现了对自行车产品新的需求，形成了多个新的细分消费市场。C国用途单一的低端自行车生产线的优势在国际市场受到巨大挑战；另一方面，由于C国劳动力成本大幅上升，自行车产业低端产品开始向劳动力成本更低的东南亚转移。业内人士指出，C国自行车产业升级转型势在必行。

要求：

（1）说明H国与C国的自行车企业所实施的竞争战略的类型，并从资源和能力角度简要分析H国与C国实施该种竞争战略的条件，以及C国自行车企业所实施的竞争战略面临的风险。

（2）运用价值链分析方法，简要分析H国自行车企业是如何实现“从OEM到ODM再到OBM，沿着价值链升级”的。

（3）简要分析H国自行车第一大厂商“天空机械”联合其主要竞争对手“星友”及11家零部件生产企业组成的行业战略联盟ATC的类型与动因。

（4）依据钻石模型，简要分析H国自行车产业的竞争优势。

（5）简要分析H国自行车企业进入欧美市场的动机。

（6）依据企业发展战略可采用的三种途径，简要分析H国自行车企业进入欧美市场所采用的发展战略的途径。

（7）简要分析H国自行车企业在参与全球价值链分工中所实现的企业升级。

9.4　1979年，中国恢复奥委会会籍，国家提出了以奥运会为核心的体育发展大战略。1993年，国家体委发布《关于深化体育改革的意见》，中国体育用品产业自此走向市场化道路。改革开放大潮中的中国经济得以迅速发展，中国社会消费品零售额及服装鞋帽针织品零售额快速提高。同时，公民生活的质量大大提高，大众对体育健身产品的爱好与日俱增，运动鞋服市场需求不断加大。上述种种因素，为中国体育用品产业展示了广阔的市场前景。

中国著名奥运体操冠军苏健退役后于1989年创立苏健体育用品公司。苏健公司从创建之日起坚持自有品牌，构筑自身竞争优势。中国F省J地区有“鞋都”之称，在这里诞生了成百上千家运动企业，这些企业早期的业务大多以OEM方式为国外跨国公司生产运动鞋，而苏健公司创立品牌后把“苏健”二字印在服装上，以其他企业难以模仿的中国奥运冠军“苏健”品牌为其主要发展动力，成为国产体育用品品牌先驱。

苏健公司率先打造中华文化品牌形象，并将中华文化根植于企业文化中。苏健公司的产品从1990年开始就活跃在国内外运动赛场上，1992年，苏健公司成为首个出现在奥运会上的国产体育用品品牌赞助商，而后苏健公司又拿到了1996年、2000年、2004年奥运会赞助资格，其中2000年悉尼奥运会上具有中华文化特征的“龙服”和“蝶鞋”被评为“最佳领奖装备”。

2004年苏健公司成功上市后，始终位于中国国产体育用品品牌第一位。2010年，苏健公司的营业收入和净利润达到顶峰，分别为94.85亿元和11.08亿元。

2010年，苏健公司启动了一次重大的品牌重塑工程，放弃了使用10年之久的“一切皆有可能”的广告传播语，更改为“让改变发生”，这一变革被业界看作是苏健公司目标市场从广泛的体育爱好者群体转向“品牌年轻化”——全面拥抱“90后”年轻受众。然而，这一变革使苏健公司失去了之前伴随和见证“苏健”品牌成长的“70后”和“80后”的广博群体，苏健公司为“90后”消费者重塑的新产品由于未能体现时代潮流也不被年青一代所接受。

随着“苏健”品牌价值的不断提升，其销售收入与NK、AS等国际品牌的差距逐渐缩小，苏健公司开始进军高端市场，“苏健”品牌的产品价格与NK、AS等国际一线品牌接轨。2011年以后，“苏健”品牌主打产品单价从250元提高到390元以上。然而，苏健公司与国内其他品牌一样，多年来，营销力度大、设计研发投入少，消费者对于缺少设计研发能力而强行拔高价格的产品并不买账，而AS和NK等国际品牌有几十年的研发历史和设计经验，科技性和品牌口碑更受消费者信任。

苏健公司长期以来采取“直营门店+加盟门店”的模式，并加速扩张经销渠道。苏健公司为求扩张采取大力压货的方式，只将产品批发到经销商手上，而很少关注从经销商到消费者的环节。2011—2014年，苏健公司加盟店的货品库存积压严重，过季商品占比过高，经销商只能加大折扣力度。此外，苏健公司对经销店铺的形象和零售能力缺乏统一的规划和引导，其经销商店铺形象陈旧，销售水平低下。

经历了2008年的奥运热之后，国内运动鞋服行业规模增长速度自2011年开始下滑，2013年行业规模缩小。2011年以后，国际体育用品品牌的市场占有率开始遥遥领先于国产品牌。2011年，苏健公司的市场占有率被国产品牌步迅公司超过。2012年，苏健公司销售额跌落到67.39亿元，亏损创纪录地达到19.79亿元。2012—2014年公司连续三年亏损，总亏损达30亿元。

经历了重大挫折的苏健公司在2015年重新启用“一切皆有可能”的广告语，开始了新一轮的战略转型。

（1）人员调整。2015年初，苏健重新回到公司董事会，担任总裁兼CE0，全面接管苏健公司的管理事务，同时对人员进行调整，重新任用一批对公司有更高忠诚度的离职老员工。这些举措稳定了公司的局面。

（2）产品结构调整。苏健公司重新聚焦篮球鞋服、跑步器材、女子健身用品等专业运动市场，专注于“苏健”品牌，剥离掉对主业帮助不大的副线品牌。

（3）创新设计，引领时尚潮流。在聚焦的专业运动市场上，苏健公司强化新技术的使用、研发和产品的创新设计。“苏健”品牌将功能性及时尚潮流元素同时融入产品设计之中，并将中华传统文化与炫酷的现代风格结合起来。这种民族特色与时尚的个性化情感表达相结合的设计风格，赢得了年轻消费者尤其是“90后”和“00后”的热捧，大大提升了他们对于本土品牌的认同度。苏健公司2010年重新定位的目标市场——“品牌年轻化”，此时终于获得成功。

（4）采取一系列手段优化渠道结构、提升渠道效率：①通过对核心经销商的塑造和管理，把握加盟店的数量的信息反馈，为其他经销商作出参照；②关闭亏损店铺，改造低效店铺，推进商店位置优化和铺面整改，着力于建设盈利能力强、具有体验概念的大型店铺，提升终端运营效率；③开拓线上销售渠道，完善线上线下一体化运营模式，为消费者带来全渠道购物体验。

2018年，苏健公司经营业绩超过了曾经的“巅峰”。根据苏健公司在香港发布的2018年财务报告，苏健公司当年营业收入和净利润分别达到105.11亿元、7.15亿元。

要求：

（1）从宏观环境（PEST）角度，简要分析苏健公司成立后20年间获得稳健增长所抓住的外部机会。

（2）从资源的不可模仿性角度，简要分析苏健公司成立后20年间获得稳健增长所具备的竞争优势。

（3）简要分析2010年后，苏健公司所面临的市场风险影响因素（或来源）。

（4）简要分析2010年后，苏健公司所存在的运营风险影响因素（或来源）。

（5）从差异化战略实施条件（资源能力）角度，简要分析苏健公司2010年后推行产品全面高档化不成功的原因。

（6）简要分析2010年前后苏健公司目标市场选择的不同类型。

（7）依据蓝海战略重建市场边界的基本法则（开辟蓝海战略的途径），简要分析苏健公司2015年后创新设计而大获成功的途径。

9.5　资料一

“XM将成为一条蜿蜒奔涌的长河，流过全球每个人的美好生活，奔向所有人向往的星辰大海。”这是XM公司创始人李军在XM十周年演讲中对全世界说出的热血文字。李军是中国第一代中关村创业者之一，他是一名天才程序员，也是少年成名的创业者。他20世纪90年代进入金山软件公司，经历了办公软件WPS（文字处理系统）最如日中天的年代。后来在与微软的竞争中，金山溃败。2007年他离开金山。2010年4月6日，李军再次创业，成立XM。他40岁选择创业的理由很多，但根结还是在于他心底的使命感，这种使命感让他心中的“硅谷之火”不因功成名就而熄灭，并成为他改变中国手机制造业山寨特征的动力。

对创业公司来而言，组建创始团队最为关键。李军需要一批成熟的、业内经验丰富的、价值观一致并且相信共同愿景的人和他一起奋斗。李军选人时坚持的标准是：候选人有没有创业心态，愿不愿意接受降薪而持有公司的期权。他知道，只有那些愿意冒险的人才会真心创业，只有相信未来的人才会全力以赴。而林斌、黎万强、黄江吉等人对这一切都有着一致的理解，他们的共同目标就是做一款自己喜欢、觉得够酷的智能手机。也正是出于这份热爱，XM的创新能力持续提升，打败了市场上绝大多数的竞争对手。XM不在乎是否赚钱，更期待超出预期。

除了热爱，XM的创新基因中还有精益求精。对XM而言，做到现有的标准还不够，还要建立更好的标准，不惜一切代价要达到这个目标，让竞争对手追赶不上。XM每年都有召开数百次质量讨论会，几乎每天都有质量改进会，正是因为死磕质量的决心和韧劲，才有了坚如磐石的品质。当然，最重要的创新源泉来自用户，XM愿意和用户真心交朋友。李军在XM成立初期就带领所有人在社区倾听用户声音，收集了2.1亿个帖子的建议和资料，并把互联网快速迭代引入了硬件产品的研发，把手机系统做到了每周迭代。李军说："和用户交朋友需要达到一种境界，即让用户愿意闭着眼睛买XM产品。如果有朝一日用户能够闭着眼睛买我的东西，那么我就赢了"。

资料二

然而，XM的发展也并非如预期的那样一帆风顺。

2018年7月9日，XM在港交所敲钟成功上市，发行价定在每股17港元。李军夸下海口，要让当天买股票的人收益翻倍，并号称XM是年轻人的第一支股票。结果，XM在爬上高点22港元后，便一路下跌，股价长期低于发行价，甚至较长时间都在10港元以下。在之后一年多时间里，XM股价一直萎靡不振，一年后直接腰斩。股价波动背后，反映的是XM在手机业务上的疲软。在智能机换机潮来临时，XM正好赶上智能机换新潮的风口期，但是现在这股风潮已经基本结束。

2014年至2015年，国内手机市场的格局是华为和XM两强争霸，但是2015年之后，XM的高增长突然中止。根据IDC统计，2016年第一季度，XM失去中国智能手机出货量冠军，被华为、OPPO、VIVO、苹果超越，仅排在第五。在高端市场，XM面临苹果和华为，中端市场则面临OPPO和VIVO。四面楚歌之下，XM的性价比战略在激烈竞争中逐渐失去优势。一味追求低价，也给XM品牌造成了一定伤害，很多人调侃XM为"屌丝机"。

所以，当XM一直以来的"性价比"标签不再吸引用户时，它决定重组现有业务，向高端进发。2020年12月28日，李军在一年一度的"XM家宴"上说，"2020年是XM十周年，也是XM正式冲击高端市场第一年"。从目前来看，XM转型有一点效果，但是并不意味着它已经站稳脚跟。毕竟从低端起家的XM，在很多的战略打法上都已经固定，存在路径上的依赖，在这种背景下让XM做高端，是有一定挑战的。

被贴上"高性价比"XM的高端之路可谓步履维艰。从2016年XM出货量极速下跌开始，XM便开始了第一次向高端机试探。2016年XM推出XMmix1全面屏手机，却因为难以量产，错失了这次向高端机转型的窗口。再一次向高端冲击是2019年，XM试探性地将XM9的价格提到3 000元以上，让它成为XM向高端机起步的手机。2020年XM10价格全面攀升至4 000元以上。总之，XM选择走高端路线的初衷是希望能够带来进一步的增长。但是随着种种业务的天花板已现，寻找新的增长点，已经成为一个迫在眉睫的动作。

资料三

在2021年初的XM新品发布会上，李军宣布正式进军智能电动汽车市场，并霸气表示，XM"亏得起"，因为账上还有1 080亿元现金余额。可是，XM为什么选择造车？

首先，从数据上看，新能源汽车的确有较大的发展空间。据中国汽车工业协会预计，2021年中国新能源汽车有望达到40%的增长。根据国务院印发的《新能源汽车产业发展规划（2021—2035年）》文件要求，新能源汽车新车销售量，将在2025年达到汽车新车销售总量的20%。更重要的是，随着中国的碳达峰目标以及全球趋势，未来十年、二十年之后，人们将更倾向于购买电动汽车，这无疑是一个巨大市场，仅中国包括私家车在内的汽车保有量就接近3亿辆。从全球来看，这更是一个巨大的市场。

据专家预测，在未来十年，整体的终端、信息中心可能从手机变成智能汽车。而这也是XM造车的另一原因。随着造车复杂程度的不断降低，用电动机代替内燃机，再加上汽车整体的智能性，自动驾驶、物联网等，汽车很可能成为下一个信息中心。“XM不想错过这个浪潮。”XM的供应链能力以及公司目前所积累的市场声誉、人脉资源、行业资源都会在一定程度上助力其造车。

但是，造车并非易事。虽然XM有足够的理由和动机来造车，但是XM造车仍然面临着诸多问题。例如，XM要造一辆什么车？XM1 080亿元的资金是否足够？XM造车有哪些优势，又有哪些挑战？造车是一项庞大且复杂的过程，涉及巨额的资金投入以及强大的研发水平，更包括整合上下游产业链资源的能力和服务体系。尽管目前XM基本掌握算法等方面的核心技术，但相较于手机行业的供应链整合和渠道铺设方式，智能汽车行业的技术壁垒显然更高。而且，XM造车的业务跨度很大，说到底XM还是一家手机公司、电视公司，造车需要巨大的财力和精力，未来能否兼顾不同业务的平衡发展，是一个值得忧虑的问题。

但是李军对造车的想法早有端倪。2013年，李军去硅谷参加CMIC大会时拜访了马斯克，试驾了特斯拉。2012年3月，李军创立顺为资本，它也承担了李军对汽车的一系列布局。2012年起，顺为资本投资了一些与汽车领域相关的智能设备，也在汽车供应链、自动驾驶等方面进行了大量投资。此外，XM还一直与整车厂商进行合作。2018年XM与一汽集团签署战略协议，打造智能汽车；2020年12月11日，XM与比亚迪集团进行合作。事实上，无论是XM还是顺为资本，一直都在做与汽车相关的布局。从XM和顺为资本的动作来看，至少XM这辆车，并非闭门造车。但前有深耕多年的车企，后有来势汹涌的“造车新势力”，所以XM的进入，从时间上就晚了很多。十年前，李军杀入智能手机市场时，刚刚40岁，如今再次带队创业，李军已过50岁。最后一战，李军能否打赢？仍然危机重重。

要求：

（1）简要分析XM公司战略创新赖以实现的关键情境。

（2）简要分析XM公司的手机业务在发展进程中市场风险的来源（考虑因素）。

（3）简要分析XM公司决定重组业务向高端进发所采用的战略类型，并说明实施该战略的原因、具体方式以及遇到的实施障碍。

（4）简要分析XM造车所采用的发展战略类型、发展途径、动因以及所面临的风险。

（5）简要分析XM选择进入智能电动汽车新兴产业所需克服的发展障碍。

9.6　20世纪90年代，GL公司在中国推出微波炉产品。GL公司充分利用市场对微波炉产品价格的高度敏感，通过集中生产少数品种、规模经济，减少各种要素成本、提高生产效率、不断改进产品工艺设计、承接外包等多种手段降低成本，以“价格战”不断摧毁竞争对手的防线，抬高行业的进入门槛，使自己成为微波炉行业的“霸主”，国内市场占有率超过70%，全球产量占比超过30%。国内微波炉生产厂商从200多家迅速下降到不足30家。

1999年，在众人的质疑声中，MD公司宣布大举进入微波炉行业。MD公司当时的战略决策是基于两点理由：一是从制造技术角度看，微波炉和电饭煲以及由电饭煲引申出来的电磁炉等产品都是使用电能转换加热系统，其技术研发、生产制造和营销网络都有着极其便利的条件和经验，有利于微波炉项目少走弯路，还可以利用MD公司在其他厨具小家电市场上树立的品牌优势开拓市场；二是MD公司的主打产品是空调、风扇等，销售旺季集中在每年的3～8月，在余下的时间里资金的配置和经销商资源的利用都明显不足，而推出微波炉产品正好可以弥补这一缺陷，有利于优化整体运作和产品结构，找到新的增长点。

对于MD公司的挑衅，GL公司再次祭起了“价格战”的大旗，并且同时宣布大举进军MD公司已有的优势产业空调、冰箱产业及风扇、电暖器等，以彼之道还彼之身对MD公司微波炉进行全面围剿。针对GL公司的围剿以及价格血洗形成的行业规模壁垒，MD公司的微波炉确立了“低成本、规模化”的跟随发展策略，利用MD公司强大的品牌优势、国内市场强大的销售网络和集团长期以来的资源支持，以“低价渗透”的方式与GL公司开展国内外市场的激烈对抗，开启了微波炉行业“格美争霸”征程。

在与GL公司竞争力对比分析中，MD公司非常清楚自身竞争优势的差距。MD公司微波炉多年以来一直被迫接受价格战，其付出的代价是未能从根本上树立起与GL公司相抗衡的专业化品牌形象。2005年，在一次公司经营策略高层研讨会上，与会人员对微波炉行业的发展趋势和公司应对策略形成了统一的认识和判断。

与电饭煲年均接近4 000万台的需求量相比，国内市场的微波炉只能算是刚起步，潜在空间巨大。就微波炉自身的使用价值而言，它不仅能快速加热或烹调食物，而且没有油烟，更能保持食物的原汁原味与减少营养损失，很有实用价值。而在中国，80%以上的家庭主要用微波炉进行饭菜加热，微波炉在中国家庭厨房中只是一个加热的工具。如果这种价值能通过产品创新得到快速认可，消费者的认知能得到快速普及，那微波炉市场将进入另一个高速发展期。所以，国内市场未来竞争的焦点主要是消费者潜在需求的挖掘和满足。

在国际市场，根据公司对全球微波炉产销调研情况显示，日韩企业垄断了中高端制造，中国企业控制了微波炉中低端市场的制造，而全球微波炉市场中低端制造向中国转移已经基本接近尾声。随着材料成本、物流成本的加速上涨，微波炉行业的利润空间将进一步下降，日韩企业由于在规模、产业链的配套等方面不如中国企业，成本劣势将进一步突显，预计将逐步退出制造领域，因此其目前控制的中高端制造将是中国企业出口增长的主要机会。

基于对行业发展趋势的判断和对MD公司微波炉自身优劣势的分析，与会人员一致认为公司应该从过去以跟随为主的“低成本”竞争战略向“差异化”竞争战略转变。公司竞争的焦点应该由关注竞争对手向关注消费者、客户的需求转变。

MD公司2006年推出国内第一款具备着“蒸功能”的“食神蒸霸”产品，实现了中国传统烹饪习惯与微波炉功能优点的有效融合。通过将近一年的循环推广，市场反响很好。潜在发展空间巨大。之后，MD公司微波炉以“蒸”为主题的产品得以持续升级和品牌推广。

2007年，MD公司第二代“蒸功能”产品——“全能蒸”微波炉推出。可以实现8大菜系的代表性菜式烹饪通过MD公司微波炉“全能蒸”实现，将时尚、健康、营养、杀菌、安全完美地结合在一起。

2008年，MD公司微波炉又发布了5个系列14款“蒸功能”新品。该产品在第二代“蒸功能”的基础上智能化、时尚设计方面进行了升级，并针对不同细分市场推出的系列新品。

2009年，MD公司第三代“蒸功能”产品“蒸立方”面世，该款产品创造了三项纪录：首创纯蒸技术，即由蒸汽将食物蒸熟，不借助其他器具；首创炉腔内蒸汽温度达到300℃，使食物脱脂减盐，更有效地保留营养；首创自动供水、排水系统不浪费电能，也不产生抽水噪声。

2010年，MD公司微波炉发布第四代“蒸功能”系列新品，该系列新品以350度高温蒸汽，达到“脱脂减盐”的效果，更好地满足消费者营养烹饪方式的需求，同时顺应时代节能、绿色、环保的潮流，率先将历时4年开发的变频功能应用于微波炉上，产品更加节能。同时，MD公司宣布，退出300元以下微波炉市场，主流变频“蒸立方”产品价格集中在3 000～5 000元，最高端变频高温产品的零售价高达10 000元。

2012年，MD公司发布了半导体、太阳能和云技术微波炉三大创新产品，并宣布把“蒸立方”作为独立的高端品牌。MD公司同时宣布，从2012年起，超市系统将停止销售399元以下的产品，在3C连锁系统中将停止销售599元以下的产品。MD公司解释，从MD公司掌握的数据看，国内市场的高端化消费趋势已非常明显，超低端产品对消费者已不具有吸引力。

为了加快“蒸功能”的市场认知，配合产品不断升级，公司投入超过3亿元巨资开展持续“蒸功能”以及“营养与健康”功效的推广活动，加快“蒸功能”的普及和推广。

2006年，公司开启了以“食尚蒸滋味”为主题的全年推广活动，首次在各大电视台开展了“食尚蒸滋味”的电视广告营销活动，同时在全国主要市场开展“蒸功能”产品的循环演示推广活动。2007年，MD公司向中国家用电器协会等机构以及同行企业发出呼吁与倡议书，期望各机构与同行企业共同关注微波炉“蒸功能”的发展。2008年，MD公司微波炉开启了“蒸夺营养冠军”的全国推广活动。2009年，MD公司推出“全蒸宴”的全国演示推广活动。2010年，MD公司微波炉推出“蒸出营养与健康——MD公司蒸立方微波炉”的电视形象广告片。

配合线上的品牌广告推广以及线下的循环演示活动，2010年，MD公司微波炉耗费巨资在国内主要城市的核心终端开辟了1 000个“蒸立方”产品专柜。全国统一装修标准和出样标准，配置经过统一培训的专职导购进行终端的演示推广。2012年，公司再次进行终端升级，在全国重点终端开辟了“蒸立方”品牌专柜，公司对终端升级投入几千万元的专项补贴。

2011年，公司新开发线上营销管理系统，新系统的使用实现了全国主要终端的销售、库存动态更新，公司能及时了解市场销售变化情况。新系统的使用也使得公司的另一项变革得以推行。2012年，MD公司推出了“变以产定销为以销定产”的重大变革措施，订单由终端提出，客户汇总，分公司提交，总部按订单生产发货，改变了以往打款压货的营销方式，2012年第一季度工厂库存就下降了60%。

自2007年，MD公司微波炉在海外前15大市场分别设立了专门的国家经理，同时专门针对各不同区域以及各区域内的主流客户设立了专门的产品开发团队。公司还在前8大市场分别设立分支机构，派驻业务人员进行本地化服务和市场拓展。到2010年，MD公司微波炉在15个国家中的10个国家市场上市场份额排名首位。

为了提升自主创新能力，拥有自主的核心技术，MD公司着手如下工作：

（1）确定公司五大技术发展方向以及技术发展路线。2009年，公司制定了三年技术路线图。在这份技术路线图中，不仅规划出了公司主要技术发展方向，同时将产品的关键制造技术纳入到技术发展规划中，形成基础研究、核心技术研究、产品开发的阶梯式创新模式，实现了技术与市场的有效对接，为公司产品不断创新和拓展奠定了基础。

（2）开展广泛的技术合作。2008年，MD公司耗资2 000万元引进了日本东芝变频及高温蒸汽技术。通过一年多的消化吸收，树立了MD公司在“蒸功能”上的绝对技术领先地位。此外，公司广泛开展与国内外科研院校、零部件供应商的合作。公司还与部分单位建立联合实验室，开展长期的合作研究。

（3）投入巨资改善软硬件条件。到2012年底，研发体系人员从转型前的约100人增加至240人，形成了10多个关键技术研究团队。为了鼓励工程师从事基础技术研究，营造创新文化，公司调整了研发项目激励方式，将原来以新产品开发为主的研发项目奖励体系调整为新产品开发项目激励和基础研究项目激励两部分，提高了基础研究项目的激励比例。同时公司调整了科技人员的薪酬结构体系，减少年底绩效，提高固薪，以稳定研发队伍。此外，公司在硬件设施也进行了不断地充实和完善，先后投资3亿多元，建立了从零部件测试到整机性能寿命、消费者体验研究、营养分析等全球最先进最完善的研发测试体系。

（4）大刀阔斧的组织变革。为了推动公司向中高端的进一步转型升级，快速形成在中高端上的竞争优势，从2009年之后，公司不断完善基于市场、客户为导向的矩阵式管理模式：各产品、客户经理对经营结果负责，并拥有相应的产品企划和定价、供应商选择、人员选择等关键决策权力。

（5）学习、考核机制变革。公司加大了对培训的投入力度，同时转变培训方式。公司每年强制要求中高层每年必须不少于4次市场走访，倾听市场和客户的声音。同时公司每年定期组织中高层去日韩合作企业进行学习交流取经。公司每年投入超过1 000万元的培训经费用于员工的专业技能培训。公司出台了专项政策，鼓励员工进行再学习、再深造。公司还经常组织读书活动分享会，书目都是公司总经理亲自选定，与公司当期推动各阶段的工作重点在绩效考核导向方面进行了不断地调整和优化。

（6）提升成本竞争力。为了避免差异化成本过高，MD公司微波炉的升级转型过程中通过加大部件自制、精益运营、加强价值链信息共享和协同降低运营成本等手段，解决成本与结构升级的矛盾，应对资源要素价格的持续上升，保证成本优势。

通过7年的努力，在2010年MD公司成功超越GL公司成为微波炉出口冠军，在2012年国内市场上品牌价格指数全面超越GL公司，由行业追随者成功升级为行业领导者，促成行业跳出“价格战”恶性循环，并获得了企业业绩持续增长。MD公司微波炉战略转型已经取得显著成效。

要求：

（1）简要分析MD公司实行多元化经营进入微波炉产业的动因（即采用多元化战略的优点）。

（2）简要分析GL公司微波炉产品实施成本领先战略的条件（从市场情况、资源能力两个方面）与风险。

（3）简要分析MD公司微波炉产品战略转型、实施差异化战略的条件（从市场情况、资源能力两个方面），以及MD公司如何防范差异化战略的风险。

（4）简要分析GL公司为阻止MD公司进入微波炉产业所设置的行为性障碍。

（5）依据市场营销组合四个要素，简要分析MD公司是如何运用市场营销来实现战略转型的。

9.7　广源天药集团是一家专门生产医药产品，并且拥有独一无二的国家级保密配方和百年老字号品牌的医药企业，其核心产品广源天药在治疗出血、消炎等方面有非常好的疗效，在国内外享有很高声誉。

广源天药集团最初生产销售的粉剂产品，产品结构较为单一。随着人们经济生活水平逐渐提高，医药企业竞争日趋激烈，消费者对医药产品功能的要求也日益多样化。广源天药集团顺应时代发展对药品剂型、便捷性、准确性等多方面的需求。从1975年开始，在广源天药秘方原有剂型的基础上研制出系列新剂型、新品种，历经30多年时间，逐步开发构建了广源天药完整、庞大的产品群，如主打止血消炎的广源天药膏、广源天药酊，用于外伤止痛的广源天药气雾剂，具有止血功效的创可贴等。同时，广源天药集团深入挖掘创新以天然植物为原料的民族药物，成功研发出具有地方特色的新产品，如脑脉通口服液、宫血宁胶囊等。广源天药集团公司坚持稳老扶新，循序渐进的优化产品群结构，将自身独特的技术优势与多变的市场需求相结合，不断开发出新的高品质药品，赢得了消费者的信赖。

广源天药集团新产品开发最具有代表性的产品是广源天药创可贴。2000年，创可贴市场占领者国际品牌BD创可贴仅仅是一种卫生消毒材料，没有对伤口的止血和愈合的功效。而广源天药的药性具有很强的止血和愈合功效。如果将广源天药的药性与创可贴的功效结合起来，可与其他创可贴形成功能性差异。但是当时广源天药集团不具备生产透皮方面的技术，为了快速推出此类产品，广源天药集团选择暂时不进行自主研发，与国外创可贴企业合作，广源天药提供创可贴的敷料部分，国外企业负责成品生产。2001年3月，广源天药集团投资成立专业透皮研究部门，主要对创可贴进行研究开发，引进日本更先进的生产透皮技术，委托国内企业加工生产8 000多万张，产量比2000年增长了近100倍。随后投资300万元建立广源天药创可贴生产线，并投资2 000多万元组建医药电子商务公司，完善创可贴销售网络。2004年，广源天药创可贴年销售额达到4 000万元。2006年，广源天药集团继续加大宣传攻势，着重宣传广源天药创可贴弥补了其他同类产品只能护理不能治疗的缺陷，彻底打破了BD独霸创可贴天下的局面，当年广源天药创可贴与BD创可贴的市场比率由2000年的1∶10涨到1∶2.6。随后广源天药集团成立了主要生产经营透皮产品的事业部，并于2011年收购国内一家制药厂，作为与透皮事业部相配套的生产企业。2012年，广源天药创可贴销售额再创新高，达到4亿元。到目前为止，广源天药集团仍然是创可贴行业的翘楚。

广源天药集团并没有止步于药品系列的开发。广源天药集团管理层认为：一方面，广源天药集团进入国家基本药物目录的药品在价格上受到限制，招标采购模式也使得药品维持在一个较低的价格水平，毛利率较低；另一方面，一种药品从立项、临床报批到进入市场需要很长的周期和大量资金投入，进入市场的结果也存在着未知的风险，一旦产品销售不佳，会对广源天药集团产生较大的影响。因此，广源天药集团希望开发非药品业务作为公司新的利润增长源泉，这样，一方面可以获取足够的资金支撑企业研发新的医药产品，另一方面也可以抵御医药市场的竞争压力，规避产业发展风险。此外，广源天药集团管理层还期望充分发挥企业在药品经营中各种有形资源和良好的品牌声誉优势，进一步扩大公司生存发展空间。

早在2002年，广源天药集团就开始进军日化产业。先从牙膏产品入手。一般传统牙膏的主要功能是解决牙齿防蛀和清洁问题，而80%左右的成年人或多或少都有的口腔溃疡或者牙龈萎缩出血等问题。广源天药集团开始研发广源天药牙膏，利用天药的活性成分，开发出一种能帮助消费者减轻牙龈出血等口腔问题的独特的药物牙膏。2004年，广源天药牙膏开始投放市场，市场反映良好。2005年，天药牙膏销售收入接近8 000万元。在此基础上，广源天药集团又对产品进行不断改进和完善。2014年，广源天药牙膏销售额突破19亿元，在国内所有牙膏品牌中的市场份额位列第三。

开发广源天药牙膏的成功激励着企业进入其他日化领域。2008年初，与日本高端品牌化妆品企业S公司签订化妆品转让技术，进行护肤类化妆品研究、开发、生产和销售。2010年，广源天药集团投资500万元组建健康产品事业部，主要进行健康护理产品类的生产经营。从2009年到2014年，公司相继推出健康类个人护理产品沐浴素、洗发水、护发素、面膜、护手霜、卫生棉等新产品。

2003年以来，国内房地产行业突飞猛进，房地产的巨大利润吸引了广源天药集团。2006年，广源天药集团投资成立100%控股的广源天药置业有限公司，主营房地产开发，注册资本1 000万元。2011年，又成立了物业服务有限公司，为集团的房地产公司提供配套物业服务。2012年，集团又投资38亿元修建集旅游、休闲、养生、娱乐为一体的度假村。2013年7月，广源天药集团出售了广源天药置业有限公司所有股份。

广源天药集团多元化经营的各个领域的经营状况呈现出多种不同态势。

（1）医药板块稳步增长。公司医药产品中已经有6种产品销量过亿元，其中最高的销售额超过10亿元。

（2）日化板块仅有牙膏一枝独秀，其他产品业绩不佳。2004—2014年广源天药牙膏的销售额从3 000万元上升到19亿元，成为广源天药集团利润增长的主要产品之一。然而，其他的日化产品都销售不佳，发展势头萎靡不振。几种主要产品市场占有率大大低于外资品牌，也低于国内其他著名品牌。目前市面上已经很少能看到广源天药集团的沐浴素、洗发水、护发素、面膜、护手霜等产品的踪迹。

究其原因，广源天药集团日化产品的开发和发展，虽然都能够依托集团公司强势的品牌效应，但是，只有牙膏产品，能够将广源天药集团的核心竞争力真正体现出来。其一，广源天药牙膏运用公司的关键资源——广源天药粉的神奇功效，使得广源天药牙膏具有独特的治疗功能；其二，广源天药牙膏首先采用的销售渠道是医院和药房、网络销售渠道，随后才进入超市等渠道。这样有利于在产品问世时显现出药企的背景，让消费者觉得质量有保障，并且巧妙避开了与行业龙头的直接竞争，还可降低前期的销售费用，而其他日化产品由于其产品的功能和特点无法体现广源天药粉的独特优势，因而难以成功。

（3）房地产板块经营不善。广源天药集团在2006年房地产行业发展得热火朝天的大好形势下进入房地产行业，但是房地产业务与广源天药集团的主营业务不存在联系，在生产技术、市场、营销等方面也无法产生协同效应。广源天药集团没有强大的资源和人才来支撑这个庞大的房地产业务体系，致使房地产业务在5年内有4年都是严重亏损的，侵蚀了集团的资源，占用了人力，还占据了企业大量资金。广源天药集团管理层没有审时度势和合理分析房地产业的未来走势，没有结合集团房地产业务连续数年亏损的实际和房地产整个行业的发展现状及时作出调整，却于2012年反其道而行耗资38亿元兴建度假村。直到2013年才出售广源天药置业有限公司退出不良业务。

近年来，广源天药集团由于多元化经营资源分散，不仅导致其在缺乏核心优势的产业中经营绩效不佳，而且对其主业带来了负面影响。2007—2014年广源天药集团有4种药品进入国家药监局不合格药品名单，其中影响最大的是2012年国内某省药监局查出广源天药胶囊的水分不合格，相关产品被召回，广源天药集团被列入医药企业黑名单，该省药物采购联合办公室取消了广源天药胶囊的中标权利和网上采购资格，并且在2013—2016年严格禁止广源天药胶囊进入该省基本药物统一招标采购目录。从2007年至2016年的9年间，广源天药集团至少10次因为部分药品质量不合格、夸大广告疗效等原因导致负面消息，这些负面消息无疑给广源天药集团的企业形象和口碑造成了不良的影响。

要求：

（1）依据市场营销组合的产品策略，简要分析广源天药集团医药板块产品组合策略的类型。

（2）简要分析广源天药集团开发广源天药创可贴过程中所实施的发展战略的几种途径。

（3）简要分析广源天药集团实施多元化战略的动因（即多元化经营的优点）与风险。

（4）简要分析广源天药集团在医药板块、广源天药牙膏两个领域研发的类型、动力来源与研发定位。

（5）简要分析广源天药集团运营风险的来源（考虑因素）。

9.8　晨德是一家消费电器、暖通空调、机器人与自动化系统的科技集团，提供多元化的产品种类与服务。公司的前身是创办于1968年的一家乡镇企业，曾生产过塑料瓶盖、汽车刹车阀、柴油发电机等产品。1980年，晨德正式进入家电业，并开始使用晨德品牌。目前，晨德集团员工13万人，旗下拥有晨德、小天鹅、威灵等十余个品牌，跻身全球白色家电制造商前五名，成为中国最有价值的家电品牌。探寻晨德成功之路，成本领先战略是其制胜的一个关键法宝。

晨德是从生产电风扇开始进入家电行业，后来生产空调、冰箱、微波炉、洗衣机等产品。随着企业品类与规模的不断扩大，晨德可以使用更大型、更有效率的机器设备，规模成本指数逐步降低。同时，规模化生产也极大增加了晨德的原材料采购量，增强了晨德在要素市场上的地位，大大降低采购成本。当然，成本领先不仅仅是简单的生产费用的领先，要想保持持续的优势，必须依托生产工艺上的创新。2004年，晨德与东芝组建合资公司，联合开发国际领先的直流变频技术和相关产品，从此晨德掌握了空调生产的核心技术。同时，晨德也在不断加强自身的研发能力，建立国内一流的研发基地和实验中心，确保工艺水平的领先地位。

2011年，在全球制造业遭遇严冬的季节，晨德集团提出了“效率驱动”的转型策略，系统化推进晨德在组织、机制和管理上的变革与创新。晨德过去的盈利模式以“要素驱动型”为主，靠大规模、低成本盈利。但是随着市场竞争进入到白热化阶段，以产能为核心的成本效益不再会构成企业的核心竞争优势，而应当由“要素驱动”转变为“效率驱动”。因此，晨德开始对一些生产基地进行减少改良——晨德关闭了在天津、江门、邯郸、合肥等城市的生产基地。与此同时，晨德还对业务进行了调整，突出更具竞争力的主业，减少规模小或经营欠佳的品类，停止生产低端或低毛利率的产品。另外，晨德要求全体员工参与降本增效，通过将成本指标进行逐级分解，建立全员、全方位、全过程的责任成本体系。应用以上这些方案，晨德的各类家电业务实现了有机整合，销售规模进一步扩大，而营销费用和生产成本均得到了有效的控制，生产效率大幅提高。

自晨德成立以来，就一直坚持“必须走出国门”这一思路。1985年5月，晨德公司高管考察日本市场。1986年，晨德电风扇便开始出口，并获得突破。这是晨德作为民企“出海”驱动的始点。

从此，晨德全球化布局之路就再也没有停过。2011年，晨德基于收购了位于巴西的开利拉美空调业务公司，掌握了对该公司的控制权；2012年，晨德与开利公司合资成立印度公司。也正是2012年起，晨德将“全球经营”作为其转型的三大主轴之一。

2016年开始，晨德进一步加快了国际化的步伐，先后收购了东芝白电主体公司、库卡集团以及以色列高创公司等。其中，晨德收购全球领先的工业机器人制造商库卡公司的海外并购案在国内甚至全球都引起了不小轰动。

库卡机器人有限公司成立于1989年，是世界上领先的工业机器人制造商之一。与发那科、安川、ABB并列为全球四大工业机器人公司。根据库卡机器人公司公开的数据，其在全球拥有超过4 000项的相关专利技术。为慎重起见，晨德集团聘请了在跨国并购方面有着丰富经验的知名会计师事务所和律师事务所担任财务顾问和法律顾问，对库卡公司的经营、财务、法律进行全面的调查。最终，晨德集团溢价了36.2%的收购价，以292亿元的价格拿下了94.55%的股权，实现了绝对控股。考虑到未来资产协同效应价值及共同分享国内外巨大的市场等因素，会计师事务所专家认为，晨德集团溢价收购库卡公司股权的收购价格属于正常范围。

晨德集团收购库卡机器人公司，除了看好工业机器人市场之外，与晨德集团自身产业也有着很大的关系。作为国内的家电巨头，多元化发展的晨德集团在营收规模上已经超越了格力与海尔，而其自身的家电生产，实际上此前也是属于劳动密集型产业。而近些年来，晨德集团的各个车间已经开始大规模应用各自工业机器人，而收购库卡将让晨德在智能制造领域的能力空前提升。同时，收购库卡可以帮助晨德在汽车制造机器人市场上获取更大的市场份额，相较于本地传统的汽车制造商而言，可以更快地投入使用自动化流水线，获得先发优势。除此之外，库卡机器人公司在全球拥有20多个子公司，大部分是销售和服务中心，渠道和销售资源更是遍及美国、墨西哥及绝大多数欧洲国家。此次收购将让晨德更为顺利地在“难啃”的欧洲市场开辟疆土，品牌影响力和高端制造形象也将在全球领域极大加强。

然而，这一场并购也并没有想象中的那么顺利。各种质疑和担忧一直伴随左右，甚至成为阻力。晨德会关闭工厂，裁掉员工吗？中国人会带走库卡技术吗？德国制造业的核心技术流入中国是明智的吗？在德国和欧盟，不少政界人士表示了担忧。

为此，晨德做了大量的工作。为了尽可能减少并购库卡可能对德国政府带来的担忧，晨德也在要约收购的同时作出了多项“承诺”：晨德不会主动寻求库卡申请退市，尽力维持库卡上市地位，同时全力保持库卡的独立性。针对德国政府对于企业机密技术外流的担心，晨德和库卡6月28日签订了《投资协议》，内容共5条，都没有涉及技术转让，反而强调尊重库卡品牌和知识产权。同时，为了保证并购整合后的顺畅发展，晨德并未采用对待其他被并购方的“主导”角色，而是退居幕后，从拓展市场资源和获取产业政策支持等方面帮助库卡减少运营成本，并以库卡为主体，在机器人本体生产、工业自动化方案、系统集成以及智能物流等领域进行全面布局。

截止到2017年，晨德几乎跟全世界顶尖的家电企业都有合作，这份合作名单中包括德国的博世、韩国的酷晨以及日本机器人制造商安川电机等众多品牌。一系列全球资源并购整合及新产业拓展的有效完成，进一步奠定了晨德全球运营的坚实基础及晨德在机器人与智能自动化领域的领先能力，同时，公司通过全球领先的生产规模及经验、多样化的产品覆盖以及遍布世界各大区域的生产基地，造就了集团在正在崛起的海外新兴市场中迅速扩张的能力，强化了海外成熟市场竞争的基础。晨德海外销售占公司总销售40%以上，拥有15个海外生产基地及数十家销售运营机构。通过国际业务组织变革，从平台化走向实体化，晨德全球经营体系进一步完善，通过对海外业务持续加大投入，以当地市场用户为中心，强化产品竞争力，自有品牌业务获得持续发展。公司对海外市场的产品特色及需求的深入认知，使公司善于把握全球合资合作的机会，有效推动海外品牌构建与全球区域扩张，稳步提升全球化的竞争实力。

近年来，国家发布了《国务院关于深化“互联网+先进制造业”发展工业互联网的指导意见》《国务院关于印发新一代人工智能发展规划的通知》等一系列宏观政策，制造业的转型升级作为国家产业变革、提高生产效率的重要驱动力，逐渐被提上日程。另据国际机器人联合会（IFR）的预测，全球对机器人自动化的需求将进一步增加，预计2018年至2020年之间的平均年增长率至少为15%。同时，随着中国人口老龄化加剧、劳动力短缺及用工成本攀升，工业企业对包括工业机器人在内的自动化、智能化装备需求快速上升，国内机器人行业将迎来广阔发展空间。

在这一背景下，晨德在2018年提出“人机新世代”发展战略，这标志着晨德将以机器人、工业互联网和人工智能开启人机交互新时代。

一直以来，晨德坚持倡导“智慧家居+智能制造”为核心的“双智”战略，晨德已持续对人工智能、芯片、大数据、云计算等技术领域进行研究与投入，建立了家电行业规模最大的人工智能团队。同时，晨德还在持续关注更加前沿且发展非常迅速的新兴技术领域，如智能网关、5G、数字仿真等。除此之外，晨德还致力于以大数据和AI技术为驱动，赋予产品、机器、流程、系统以感知、认知、理解和决策的能力，最大限度消除人机交互的多余载体，打造以“没有交互”为目标的真正智能家电新品。2018年10月，晨德正式对外发布了晨德工业互联网平台“M.IoT”，并成为国内首家集自主工业知识、软件、硬件于一体的完整工业互联网平台供应商。

从改革开放“晨德”商标注册到如今的工业互联网布局，四十年弹指一挥间，但是晨德对创新变革的探索从未停歇。

要求：

（1）从企业资源和能力角度，简要分析晨德集团实施成本领先战略的条件。

（2）简要分析晨德集团在2011年所采用的收缩战略（撤退战略）的主要方式。

（3）简要分析晨德集团并购库卡公司的动机。

（4）简要分析晨德集团并购库卡公司所面临的主要风险以及晨德集团规避风险所采取的应对措施。

（5）简要分析晨德集团采取的国际化经营战略类型以及为了实现组织结构与国际化经营战略的匹配，晨德集团应采用的组织结构类型及其特征（优点）。

（6）运用PEST分析方法，简要分析晨德集团开启人机交互新时代所面临的宏观环境。

（7）简要分析晨德集团为实现“人机新世代”发展战略转型采用的举措（或任务）。

9.9　2010年4月，由6名工程师、2名设计师组成的联合团队创建的睿祥科技公司正式成立。公司成立之初，时任CEO的霍兵与他的合伙人们就有一个想法：要做一款设计好、品质好而价格又便宜的智能手机。

2010年的手机市场，还是国际品牌的天下，功能机仍是主体，智能手机的价格至少也要在

3 000～4 000元。虽然也有一些国产品牌手机，但大多是低质低价的“山寨机”。

为了开发物美价廉的智能手机，睿祥公司一是运用互联网工具，让用户参与到手机硬件的设计、研发之中，通过用户的反馈意见，了解消费者的最新需求，此前其他公司的研发模式都是封闭式的，动辄一两年，开发者以为做到了最好，但其实未必是用户喜欢的，而且一两年过去，市场很可能已经变化；二是坚持做顶级配置，真材实料，高性能，高体验，强调超用户预期的最强性价比；三是以品牌和口碑积累粉丝，靠口口相传，节省大量广告费用；四是开创了官网直销预订购买的发售方式，不必通过中间商，产品就可以直接送到消费者的手上，省去了实体店铺的各种费用和中间的渠道费用。

2011年8月16日，睿祥公司发布了第一款睿祥手机，这款号称顶级配置的手机，其定价只有1 999元，几乎是同配置手机价格的一半。睿祥手机2012年实现销售量719万部。2014年第二季度，睿祥手机成为国内智能手机市场的第一名，睿祥公司在全球也成为第三大手机厂商。

短短5年时间，睿祥公司的估值增长180倍，高达460亿美元，睿祥成为国内乃至全球成长最迅猛的企业，一度是全球估值最高的初创企业。霍兵总结睿祥公司成功的秘诀是“用互联网思维做消费电子，这是睿祥在过去5年取得成绩的理论基础”。在霍兵看来，“互联网思维”体现在两个关键点上：一是用户体验，利用互联网接近用户，了解他们的感受和需求；二是效率，利用互联网技术提高企业的运行效率，使优质的产品能够以高性价比的形式出现，这样才能做到“感动人心、价格厚道”。

睿祥的成功模式成为各行各业观摩学习的范本，大量企业开始对标睿祥，声称要用“睿祥模式”颠覆自己所在的行业，“做××行业的睿祥”，成为众多企业的口号。

然而，在2015年，迅猛增长的睿祥遇到了前所未有的危机。一方面，销量越来越大就意味着要与数百个供应商建立良好高效的合作协同关系，不能有丝毫闪失，而睿祥的供货不足、发货缓慢被指为“饥饿营销”，开始颇受质疑；另一方面，竞争对手也越来越多、越来越强大，H公司推出的互联网手机品牌R手机成为睿祥手机强劲的对手，O公司和V公司也借助强大的线下渠道开始崛起。芯片供应商G公司的“一脚急刹车”成为导火索。在经历了5年的超高速增长后，2015年下半年，睿祥停止了飞速前进的脚步。由于市场日趋饱和，整个智能手机行业的增速在下滑，虽然睿祥手机2015年7 000万部的销量依然是国内出货量最高的手机厂商，但霍兵在年初喊出的8 000万部销量的目标没能实现。

睿祥的下滑并没有止住。2016年，睿祥首次跌出全球出货量前五，在国内市场，睿祥手机也从第一跌到了第五，季度出货量跌幅一度超过40%，全年出货量暴跌36%。而这一年，以线下渠道为主的O公司和V公司成为手机行业的新星，其手机出货量不仅增幅超过100%，而且双双超过睿祥进入全球前五、国内前三。

因为增速放缓，一直被顶礼膜拜的睿祥模式在这一年开始遭遇前所未有的质疑。睿祥公司似乎自己也乱了节奏，在渠道、品牌和产品等方面都出现了不少问题。

睿祥公司认识到过于迅猛的发展背后还有很多基础没有夯实，亟待主动减速、积极补课。2016年，睿祥内部开始进行架构和模式多维调整：

（1）霍兵亲自负责睿祥手机供应链管理，前供应链负责人转任首席科学家，负责手机前沿技术研究。这意味着睿祥公司从组织架构上加大对供应链的管理力度。

（2）开启“新零售”战略。所谓新零售就是指通过线上线下互动融合的运营方式，将电商的经验和优势发挥到实体零售中。让消费者既能享用线下看得见摸得着的良好体验，又能获取电商一样的低价格。截至2018年3月10日，全国范围内已经有330个实体店睿祥之家，覆盖186座城市。

（3）早年一直坚持口碑营销从未请过代言人的睿祥公司在2016年开始改变策略，先后请来几位明星作为代言人，赢得了不少新老用户。

2017年，睿祥公司开始重新恢复了高速增长。2017年第二季度，睿祥手机的出货量环比增长70%，达2 316万部，创造了睿祥手机季度出货量的新纪录。2017年第四季度，在其他全球前五名的智能手机厂商出货量全部负增长的情况下，睿祥手机出货量增长了96.9%。

2014年，霍兵开始意识到“智能硬件”和“万物互联（Internet of Things，IoT）”可能是比智能手机还要大的发展机遇。于是，睿祥公司开启了睿祥生态链计划，运用睿祥公司已经积累的大量资金，准备在5年内投资100家创业公司，在这些公司复制睿祥模式。

睿祥公司抽出20名工程师，让他们从产品的角度看拟投资的创业公司，通过与创业公司团队的沟通，了解这家公司的未来走向。睿祥生态链团队不仅做投资，而且是一个孵化器，从ID、外观、结构、硬件、软件、云服务、供应链、采购、品牌等诸多方面给予创业公司全方位的支持。这些创业公司有一大半是睿祥生态链团队从零开始孵化的。但是，睿祥公司并没有控股任何一家睿祥生态链公司，所有的公司都是独立的。这样有利于在统一的价值观和目标下，生态链企业各自发挥技术创新优势，同时降低睿祥公司整体的内部协调整合的成本，规避经营风险。

睿祥生态链的投资主要围绕以下5大方向：（1）手机周边，如手机的耳机、移动电源、蓝牙音箱；（2）智能可穿戴设备，如睿祥手环、智能手表；（3）传统白电的智能化，如净水器、净化器；（4）极客酷玩类产品，如平衡车、3D打印机；（5）生活方式类，比如睿祥插线板。

2016年，睿祥生态链宣布启用全新的麦家品牌，除了手机、电视、路由器等继续使用睿祥品牌，其他睿祥生态链的产品都将成为“麦家”成员。2016年，睿祥生态链企业的总营业收入超过了150亿元。至2018年5月，睿祥已经投资了90多家生态链企业，涉足上百个行业。在移动电源、空气净化器、可穿戴设备、平衡车等很多新兴产品领域，麦家的多个产品已经做到了全球数量第一，睿祥生态链公司也出现多个独角兽（指那些估值达到10亿美元以上的初创企业）。

由于睿祥品牌给人们高性价比的印象已经根深蒂固，因此不少人认为睿祥生态链企业的产品无法赢利。但实际上，睿祥生态链企业已经有多家实现盈利。这是因为睿祥公司利用其规模经济所带来的全球资源优势帮助这些生态链公司提高效率，睿祥公司运用其全球供应链优势能够让生态链上的小公司瞬间有几百亿元的供应链提供的能力。

睿祥公司还建成了全球最大消费类IoT平台，连接超过1亿台智能设备。正是通过这种独特的战略联盟模式，睿祥投资并带动了更多志同道合的创业者，围绕手机业务构建起手机配件、智能硬件、生活消费产品三层产品矩阵，睿祥公司也从一家手机公司过渡到一个涵盖众多消费电子产品、软硬件和内容全覆盖的互联网企业。

2018年7月，睿祥公司成功上市。

要求：

（1）简要分析睿祥公司从初创时期和上市之前企业宗旨的变化。

（2）依据“战略钟”理论，简要分析睿祥智能手机与睿祥生态链产品所采用的竞争战略类型。

(3) 简要分析睿祥公司在2015年所面临的市场风险的来源（考虑因素）。
(4) 简要分析睿祥公司2016年所采用的收缩战略（撤退战略）的主要方式。
(5) 简要分析睿祥生态链所采用的发展战略的类型、途径及动因（或优点）。
(6) 简要分析睿祥公司的企业能力。

9.10 资料一

2003年，在个人音响领域经营多年的张煌创立了力益公司，进军国内需求旺盛的MP3播放器市场，推出力益公司的开山之作MX系列。力益公司创立之初就推崇“小而美”的策略，致力于开发优质的MP3产品。张煌对于上市产品的审核标准十分苛刻，多款开发的产品因“不够完美”被否定。力益公司对产品品质的严格把控受到市场认同，其产品成为国产MP3高品质的代表，也因此拥有了大量忠实用户，并创造了国内MP3历史上多个“第一”。2006年，力益公司的MP3播放器在国际市场已经是一个很出名的品牌。风格活泼、时尚的产品远销欧美日韩等数十个国家，进一步巩固了力益公司在国内MP3市场的领导地位。

2006年初，国内MP3产业还正处于繁荣时期，张煌却看到了全球MP3产业的衰势，开始着手战略转型。进入2007年，国内MP3市场盛极而衰。此时，力益公司破釜沉舟地放弃了国内MP3市场“领头羊”的地位，转向互联网智能手机的研发。

2008年，力益公司开始在智能手机领域投入全部的精力，致力开发高端智能手机。2009年2月18日，国内第一款大屏幕全触屏智能机力益M8正式上市。凭靠着“国产智能手机先驱者”的名号，2009年，力益M8站稳了国产智能手机的领先地位。

2010—2014年，力益公司延续着做MP3产品时的策略，崇尚“小而美”，不追求扩大市场份额，专注制造精品。力益公司的智能手机新品种在不断创新中脱颖而出。与产品开发同步，力益公司强化营销体系建设，在实施多重营销策划方案的同时，不断扩展专卖店和维修中心。2013年，力益公司国内专卖店数量超过1 000家，维修中心数量突破100家。力益公司内部采取员工股票和期权激励制度，吸引和鼓励更多人才致力于公司的技术和产品创新。

资料二

随着通信网络技术的发展，智能手机行业迎来了巨大的机遇。自2009年开始，各大手机厂商纷纷发力智能手机，疯抢市场份额。

2009—2013年，在国内智能手机发展的初期，智能手机的销量与国内三大电信运营商密切相关。凭借与三大电信运营商良好的合作关系，“中旺”“华夏”“盟进”“联展”（简称“中华盟联”）四大厂商的手机常常与电信运营商套餐绑定，迅速占据了大部分市场份额。

2013—2016年，在“中华盟联”统治市场的后期，“OO”“VV”“XM”等手机厂商开始异军突起。他们凭借出色的营销渠道网络和庞大的广告投放，不断从线下和线上掠取智能手机市场份额。与此同时，一些传统电信运营商手机厂商也开始谋求转变，如华夏公司对线下与线上都非常重视，在维持自身传统优势的同时，在营销上充分借鉴“OO”“XM”等友商成功的销售策略，“华夏”成为“中华盟联”中唯一转型成功的公司。然而，“力益”这个国产智能手机的先驱者却迷失了方向。公司实施“小而美”策略，既没有在前期抓住与三大电信运营商合作的机遇，也没有在后期强化营销扩大市场份额。公司一年只开发上市两部精品手机，广告投入与渠道建设也停滞不前。

力益公司逐渐失去市场份额，成为一个小众品牌。

在规模经济显著且已进入成熟期的产业中，产品差异逐渐变小，投资者和供应链都开始拒绝“小而美”。小众厂商如果无法拿出很好的企划方案，很难说服投资方，而新一轮的手机技术竞争，需要大量投入，才能够作出高端产品，消费者也情愿为高端产品买单。供应链对于销量甚少的小众厂商，态度难免“势利”，因为体量大、销量预期稳定的公司，才是供应商的大客户。此外，在产品定价上，小厂商也非常被动。

资料三

2014年，力益公司全年手机销量不到400万台，而彼时的“学徒”、现在的竞争对手“XM”公司全年手机销量则超过6 000万台，成为国内第一。在严峻的市场形势下，2014年底，张煌重新出山，担任力益公司董事长。力益公司启动了新一轮战略转型。

（1）调整发展理念，摒弃“小而美”，启动“大而全”。力益公司接受了两家大公司的投资总计6.5亿美元，确立了大力提高市场份额的战略目标。

（2）实施机海战术，全面扩大产品线。2015年全年，力益公司发布了6款手机，覆盖了高、中、低三种不同档次和价格的产品线。

（3）对内理清管理职责，对外加大营销力度。配合公司战略调整，力益公司重新设计内部的管理职责，提高管理效率。同时，运用新的投资，扩张线下门店，广告、公关宣传等营销手段在线上线下全面展开。

然而，自2016年起，力益公司再次遭受重创。主要原因是专业经验不足与评价体系不完善，力益手机大量使用了“LFK”的手机芯片。“LFK”芯片用料廉价，CPU核心技术落后，与竞争对手“GT”芯片相比差距明显。力益公司巨资开发的PR6系列和PR7系列由于“内芯”这一致命缺陷，市场并不买账。2018年，力益手机全年销量仅405万台，市场占比仅有0.1%，形势异常严峻。

2018年底，在公司生死存亡关头，张煌又一次重新调整企业战略：确立了新的品牌口号——追求不止，只因热爱，改用“GT”芯片，跟进全面屏技术，提升产能等。营销策略上，线上启用新的意见领袖，在各大平台上投放广告，不断制造热门话题。线下大力投入整合专卖店；积极开展地铁、车站等地推广活动。多方发力作用下，力益手机一定程度上挽回了前几年的销售颓势。2019年，公司新产品16X发布仅半个月，销量就超过10万台，进入热销机型TOP8，16X有可能成为力益手机的“续命之作”。业界人士认为，在激烈的市场竞争和孱弱的底子下，力益公司依旧面临严峻考验。要想绝境求生，公司不仅需要继续强化产品的投入与创新，进一步优化营销策略也是重要的着力点。

要求：

（1）从差异化战略实施条件（资源能力）角度，简要分析力益公司开发高端MP3和高端智能手机成功的原因。

（2）简要分析力益公司对高端MP3和高端智能手机的研发类型、动力来源、研发定位。

（3）运用“与电信运营商密切程度”和“营销力度”两个战略特征，各分为“高”“低”两个档次，将智能手机生产厂商“中旺”“华夏”“盟进”“联展”“OO”“VV”“XM”“力益”进行战略群组划分。

（4）依据集中化竞争战略的风险，简要分析力益公司在2010—2014年实施“小而美”策略失败的原因。

（5）简要分析2009—2014年与2015年以后，力益手机市场营销组合的变化。

（6）简要分析2013年以后力益手机运营风险的来源（考虑因素）。

9.11 资料一

米迪集团是一家以消费电器为主要业务的科技集团，提供多元化的产品与服务。公司由何亨健先生于1968年创立，从5 000元起家到如今4 000亿元市值的规模，走过半个世纪的历程，米迪创造了自己的精彩。

在中国家电行业的起步阶段，由于人均收入有限，行业格局以“电视为王”。而后到了2003年，随着地产新政的出台，空调的重要性越发明显，因此米迪开始将精力聚焦在空调。但由于空调是最易受到天气或库存影响的白色家电，其难免对业绩产生波动性，因此，米迪最大限度利用市场机会和公司在空调领域的优势地位，陆续上马了冰箱、洗衣机等产品项目。虽然米迪很清楚这是一个“空调为王”的家电时代，但依然坚持了“多腿走路”模式。

随着业务的成熟以及品牌知名度的提升，米迪积累了大量的资金，因此米迪自2011年起大举进入小家电领域（如电饭煲、电压力锅、微波炉、电风扇、饮水机、电磁炉等），希望寻求新的利润点。这种“有序的产品矩阵组合”潜力巨大，稳定性也强。当然，除了单纯的增加家电品类以外，米迪自2018年底起还陆续向不同的消费分层推出多品牌组合与套系化产品，具体包括高端品牌COLMO、互联网品牌布谷、年轻品牌华凌等。

卓越的产品离不开尖端的技术。作为一家全球运营的科技集团，米迪一直着力于构建具有全球竞争力的研发布局和多层级研发体系，目前已具备以用户体验及产品功能为本的全球一流研发实力。同时，公司拥有全球领先的生产技术及经验，并且在世界各大区域设有生产基地，公司在多个产品类别皆是全球规模最大的制造商或品牌商之一。

与此同时，米迪通过国际业务组织变革，从平台化走向实体化，米迪全球经营体系进一步完善，通过对海外业务持续加大投入，以当地市场用户为中心，强化产品竞争力，自有品牌业务获得持续发展。公司对海外市场的产品特色及需求的深入认知，使公司善于把握全球合资合作的机会，有效推动海外品牌构建与全球区域扩张，稳步提升全球化的竞争实力。

反观国内市场，米迪已形成了全方位、立体式市场覆盖。在成熟的一、二线市场，公司与大型家电连锁卖场一直保持着良好的合作关系；在广阔的三、四线市场，公司以旗舰店、专卖店、传统渠道和新兴渠道为有效补充，渠道网点覆盖全市场，同时公司品牌优势、产品优势、线下渠道优势及物流布局优势，也为公司快速拓展电商业务与渠道提供了有力保障，公司已是中国家电全网销售规模最大的公司。

资料二

近年来，随着电商的蓬勃发展，米迪开始主攻线上，并玩起了新潮的“直播带货”，以期带动产品销售。米迪拥有一个900多平方米的直播基地，搭建了21个直播间，每个直播间通过色调、布置等细节的设计，搭建了不同的直播场景。然而，“直播”只是米迪渠道数字化的一个革新举措，从传统电商到电商直播，看似只是前端的一个改变，实际上这对企业整体的价值链都会带来一定影响。“其实这几年我们一直在推进数字化，在电商平台刚起来时，我们把线上线下都变成了‘一盘货’，把用户数据、营销数据打通。本质上来讲，我们的后端其实已经具备应对快速变化的机制，所以当直播这个形式出现以后，只要找到前端分场景的形式，去找各种规模合作，后端调度会非常简单。”米迪直播业务负责人说道，而这种具有灵活应变的弹性经营其实是米迪第二次战略转型的初步成果。

米迪于2020年启动了两个全面的核心战略，即“全面数字化、全面智能化”。其核心内容是米迪将以用户为中心，以尖端技术为手段，实现贯穿研发、制造、营销、售后的全价值链条数字化。一方面是企业内部横向价值链的数字化、智能化，例如在营销方面，结合面向ToB的美云销平台，同时面向ToC的“米迪到家”、米迪商城以及微信服务号为零售商赋能，实现线上线下的融合。再比如在研发端，米迪构建了以用户为中心的创新型研发组织，搭建用户全流程参与的开发模式，挖掘不同场景下的用户潜在需求，依靠创新给用户带来超预期的产品。另一方面，“两个全面”战略对米迪与经销商、供应商之间的纵向价值链也提出了更高的要求，例如持续借助拓展渠道协同系统（CCS）、美云销系统等，推进代理商的优化与赋能，降低渠道库存，提升渠道效率。

除此之外，米迪围绕“人和家庭”推出IoT开发者平台，以构建智能家居领域的开发生态圈，更好地为入口型、产品型、服务型、技术型等外部伙伴进行科技赋能。目前，米迪已经与亚马逊、阿里、腾讯、华为、百度、OPPO、vivo、创维、公牛等企业开展互联互通的物联网合作，实现云云对接，打破了智能家居连接壁垒。

资料三

然而，2020年新冠疫情暴发，国内消费和生产在短期内都受到了一定影响，米迪线下零售客流明显减少。如果本次疫情持续较长，可能会对公司2020年的经营发展带来挑战。但从中长期来看，产业结构升级、国民收入稳定、消费多元化、国家政策对绿色、智能产业发展引导以及家电行业产品标准的升级都带来了新的机会点和增长点。与此同时，疫情进一步加强了消费者对于健康家电的需求，如空气净化器和新风系统，具备杀菌消毒洗护功能的洗衣机等家电产品，都将迎来市场的更多关注。

不过整体来看，全球经济贸易增速放缓、中美贸易冲突全面加剧、国内经济增速回落等趋势依然严峻，米迪需要时刻关注其他方面的潜在风险。例如，公司核心部件产品的主要原材料为各种等级的铜材、钢材、铝材和塑料等，且家电制造属于劳动密集型行业，若原材料价格出现较大增长，或因宏观经济环境变化和政策调整使得劳动力、水、电、土地等生产要素成本出现较大波动，将会对公司的经营业绩产生一定影响。另外，随着公司海外布局的深入，公司产品出口收入已占公司整体收入的40%以上，若汇率大幅波动，不仅可能对公司产品的出口带来不利影响，同时可能造成公司汇兑损失，增加财务成本。同时，海外市场拓展可能面临的当地政治经济局势是否稳定、外汇管制制度是否发生重大变化、生产成本是否大幅上升等无法预期的风险。

与此同时，由于“逆全球化”思潮再次兴起和贸易保护主义日趋严重，中国出口贸易面临着更多不确定不稳定的因素。部分核心市场的贸易壁垒和摩擦，影响短期出口业务和中长期市场规划和投入。因此，面对复杂多变的内外部环境和风险，公司将严格按照《中华人民共和国公司法》《中华人民共和国证券法》和中国证监会有关法律法规的要求，不断完善公司法人治理结构，提高公司规范运作水平，强化内部控制体系，有效预防和控制各类风险，确保公司持续、稳定、健康发展。

要求：

（1）简要分析米迪集团在家电领域所采用的发展战略的类型及动因（或优点）。

（2）简要分析米迪集团的企业能力。

（3）运用价值链分析方法，简要分析米迪集团“两个全面”战略是如何通过运用价值链分析自身的资源和能力而构筑其竞争优势的。

（4）从宏观环境角度，简要分析米迪集团当前所面临的机会与威胁。

（5）简要分析米迪集团当前市场风险的来源（考虑因素）。

9.12 20年前，欧洲N公司的产品线很长，除移动通信产品以外，还生产电视机、电脑、电线甚至胶鞋。1992年，N公司新任总裁欧先生一上任就抓住时机达成共识，专注电信业务，推行以移动电话为中心的专业化发展新战略，将造纸、轮胎、电缆、家用电器等业务压缩到最低限度，甚至忍痛砍掉了当时规模已做到欧洲第二的电视生产业务，集中90%的资金和人力加强移动通信器材和多媒体技术的研究和开发。

在战略变革中，N公司注重对人的培养，通过各种渠道创造优越条件，让员工去实现其个人价值。N公司始终在寻找和保持一种领导与管理之间的平衡，也就是通过领导的影响力，使企业的价值观渗透到员工的价值观中去。

这种独特的企业文化，把广大员工凝聚到一起。N公司以其超强的成本控制能力、快速的市场反应、持续的产品创新、严格而完善的质量控制与检验、人性化的售后服务等优势，在手机市场独占鳌头。

正是这些组织惯例使得N公司在2G时代以最快的速度和最新的技术为用户研制出最为需要的高质量产品，型号的更新速度更是令人应接不暇，层出不穷的每一款N公司手机都代表着一次经典性创新，最终N公司把欧洲另外两家手机生产企业赶下马，坐稳了全球手机市场老大的位置，成为2G时代当之无愧的市场“霸主”。

早在20世纪90年代，N公司CEO欧先生就曾预言，进入互联网时代，通话将成为手机的一个附加功能。2006年底，N公司原首席财务官K先生接任CEO后，清晰地提出互联网与手机的未来将融合在一起，N公司要“站在这一新时代的前沿”，成为一家移动互联网公司。

然而，正如N公司一位高管曾说：“N公司醒悟得很早，但是N公司当时并没有考虑清楚自己要做什么类型的互联网公司，也不清楚互联网公司的内涵是什么，自己也说不清楚想怎么干”。在2006—2007年期间，N公司对在线业务投入高达100多亿美元，一会儿是游戏平台，一会儿是在线音乐商店，一会儿又是邮件服务平台，不断地变化让用户无法对N公司的互联网形象形成记忆。

拥有5 000名创新人员和专业研究机构的N公司，不仅早就有人预见到未来手机行业的发展，而且大量被当前的智能终端所普遍采用的技术如纳米科技、可视化、感应器、触控等在N公司的研发都成熟到了可应用的地步。但是，由于企业内部缺乏沟通，对新技术的认识不能在组织内部达成一致，管理层也没有通过集体学习加强信息交流促使组织达成共识，致使N公司产品开发指导思想还停留在做手机的阶段，产品所解决的问题还是如何更好地实现通信功能。公司研发的新技术被束之高阁，甚至出现在竞争对手的产品上，成为竞争对手产品的关键特色。

N公司的互联网战略仍然惯性地保持着2G时代的战略思维：做手机意味着卖硬件，互联网是手机式的互联网，要以手机为主导。2003年N公司买入塞班操作系统，但在实践中，N公司发现塞班操作系统不适合3G时代的网络，它扛不住互联网庞大的流量。

在面对以3G为标志的移动互联模式和以“硬件+软件+移动服务”为商业模式的手机行业新的游戏规则面前，N公司显得力不从心。面对发展迅速的中国移动网络的合作要求，N公司也因相当傲慢的态度失去了占据中国3G市场的绝佳时机。

2007年以前，发达国家的U公司还只是混音乐圈的，G公司也只是搞搜索引擎的。然而，2007年，U公司第一款iPhone诞生，并迅速成为手机界的一朵奇葩；紧接着，G公司也带着刚刚买来的安卓系统，从一串外形变来变去的字母化身成一个绿色的小机器人，强势踏进了通信领域。从这一刻起，N公司的好日子结束了。根据统计显示，截至2010年末，安卓在智能手机系统的市场占有率已经超过了塞班系统，成为世界最受欢迎的智能手机操作系统。与此同时，手机的品牌界限正逐渐消失，很多曾经名不见经传的手机品牌因为搭载了安卓系统，从而与知名品牌一起，对N公司构成了巨大威胁。2G时代N公司面临的只是众多手机厂商的竞争，到了3G时代，有线、无线、图像视频、娱乐、电子商务等在不断融合，N公司将要面临更多未确定的竞争对手。

面对巨大的挑战，N公司不得不再次进行新的战略变革。

第一步是放弃塞班，改投微软。N公司宣布与微软合作开发Windows Phone系统后不久，与A公司达成战略合作协议，A公司将负责提供塞班系统的软件研发和支持服务，并接收大约3 000名N公司雇员。放弃塞班可以为N公司每年节省大约14亿美元的开支，而微软则是N公司在研究出可以替代塞班的新智能手机系统之前的过渡系统。

第二步是用节省出来的开支加大对新兴市场的投入，特别是在亚非国家拓展N公司的低端手机市场。据统计，仅2010年，N公司在亚非市场的销售收入已占N公司全部销售收入的33%。

第三步是实施大规模的人员调整计划。N公司计划将于2012年底在全球范围内裁减雇员4 000人。

2011年6月，N公司首席技术官离职，A先生走马上任，要打造一支自己的开发团队，而这支开发团队将成为这个名叫“变革未来”新团队的核心，他们的任务是为N公司开发出塞班的替代软件。

要求：

（1）简要分析1992年N公司新任总裁欧先生上任后所实施的总体战略的类型。

（2）简要分析3G时代N公司战略实施过程中战略失效的原因。

（3）依据文化与绩效的关系，简要分析N公司在2G时代和3G时代文化对企业绩效的不同影响。

（4）简要分析3G时代N公司研发管理相关风险的主要表现。

9.13 资料一

华明基因是一家全球领先的生命科学前沿机构。成立以来，华明基因以“产学研”一体化的发展模式引领基因组学的创新发展，通过遍布全球100多个国家和地区的分支机构，与产业链各方建立广泛合作，将前沿的多组学科研究成果应用于医学健康、资源保存、司法服务等领域。同时，在基因测序、精准医疗等领域提供先进设备、技术保障和解决方案。

在基因测序领域，大数据是基石，而大数据主要来自对真实世界数据的捕捉。华明基因参与了多项与大数据相关的重大科研课题，并将其转化为基因测序的成果。比如，华明基因率先完成了第一个亚洲人的基因组图谱绘制、全基因组测序、全外显子测序等共十项独特的基因测序产品，锁定了基因测序行业的霸主地位。截至2019年6月30日，华明基因的基因测序产品已累计服务近900万人次，样本积累优势明显，华明公司的测序技术已成为基因测序所依赖的“基础设施”。华明基因还通过与各大医院的医学工作者合作的方式，构建了多个基因数据库，并利用基因数据库开发分析能力更精准的测序产品。

后来，华明基因开始将基因测序产品定位于极具发展空间的生育健康市场，使用者可以通过孕前、产前的基因检测和基因筛查，极大减少流产可能，降低遗传病发生的风险概率，保障孕妇和新生儿的生命健康安全。截至目前，华明基因的营收增长中有占比超过一半为新开展的生育健康业务。除了用于精准医疗的基因测序业务以及生育健康业务，华明基因高管还表示，目前正在商讨如何与地方政府合作，建立健康小镇。该项目计划形成医疗、养老、研发、公共服务于一体的健康平台。健康小镇的建成，将为华明公司带来全新的业务模式。

资料二

华明基因不断开拓新模式的动力源自基因测序行业不确定性高的特征。基因测序行业属于高成长性的新兴经济，行业的发展特点集中体现在研发和市场推广的巨大投入，许多世界领先的生物医药类公司往往都呈现销售费用和研发费用“双高”的特征，技术研发存在不确定性。同时，由于大众对基因科技的认知相对有限，基因测序公司在市场推广方面的力度需要更强，甚至需要在一定程度上承担行业科普的角色。在基因检测行业中，新产品的开发与推广都极具风险性。目前，境外基因检测类企业能够实现盈利的较少，多数处于亏损状态。2019年第三季度，华明基因的净利润仍保持为正，但也出现了小幅度的下滑。为了维持公司净利润水平，华明基因开始关注基因测序在肿瘤早筛上的应用。

传统肿瘤早筛的主要技术是医学影像学检查等。相比之下，基因测序技术更适于从大规模人群中进行肿瘤的早期筛查，而传统肿瘤早筛技术在价格上仍具有优势，且有价格不断下降的趋势。华明基因分析，目前利用基因测序技术参与肿瘤早筛业务可分为两大类。第一类是覆盖从肿瘤早筛到癌症诊断用药的全产业链业务。全产业链下，利用基因测序发展肿瘤早筛业务能够借助技术优势更好地推广产品，也更容易得到客户认可。但这需要技术上具有极佳的前瞻性与风险承担的能力。第二类则是只专注于发展肿瘤早筛业务，不进行其他相关业务。这种方式能够集中公司的研发力量，专注于技术攻关，产品研发规划更合理，产品推广和对外宣传更具有针对性。华明基因拟采取第一类方式进入肿瘤早筛业务。

资料三

基因测序的运用离不开上游供应商提供的测序仪器和试剂。国内基因测序公司在产品开发与服务客户方面具有明显优势，但上游仪器设备供应长期被外资厂商垄断。数据表明，数家美国公司占据了绝大部分仪器和试剂的供应份额，其中LUMA占据了全球测序仪器市场71%的份额。2010年，华明基因从LUMA公司购置了100多台基因测序仪，并借助这些专业设备在基因测序市场站稳脚跟，同时这批采购也让华明基因看到了产业链上游企业LUMA的垄断优势地位。高昂的价格、漫长的供应周期以及严苛的使用条件使得华明基因的发展受到极大限制。华明基因研究院院长徐瑞表示：“华明基因想要往上游拓展，参与测序仪器和试剂的生产，是因为确实遇到了技术壁垒。上游厂商对新技术分享的有所保留，同时也会利用垄断优势压低下游基因测序行业的利润。”

为了冲破上游垄断，华明基因选定了通过并购的方式实现国产化。华明基因选定了当时只有一百多人的美国企业CG公司。CG公司既有测序服务，也有制造测序仪器和试剂的能力。彼时，

CG公司与LUMA公司因专利纠纷，处于敌对状态。LUMA公司曾试图通过收购解决专利纠纷，但被CG公司拒绝。CG公司拒绝LUMA公司的收购提案给了华明基因机会。华明基因于2013年完成对CG公司的全额收购。收购完成后，华明完整保留了CG在基因测序领域被广泛认可的DNA纳米球技术，同时利用CG公司已有的技术，在其体系下新开发了COOLMPS技术。这是一场击破LUMA的“反垄断”之战。

在获取CG核心技术的基础上，华明自主研发出了国产测序仪器和试剂，实现了基因测序工具的自主可控，再也没有“卡脖子”之忧，并占据了国内市场在测序仪器和试剂生产上的主导地位。为了避免可能产生的专利纠纷与确保信息安全，公司随即成立了知识产权部，并聘请了100多名专门从事知识产权相关工作的科研人员与负责商标等业务的律师，制定并组织实施专利规划、商标管理以及建立公司内部的知识产权管理制度，以保证测序仪器和试剂的顺利生产。

尽管并购CG公司使得华明基因获得了技术上的突破，华明基因仍然面临许多挑战。跨国研发涉及的过程管理与人员调度上的不足，依然有可能影响华明公司后续研发的成功率。此外，在并购CG公司的过程中，LUMA由于即将失去华明基因主要供应商的地位，恶意抬高供货价格，从而导致华明基因2014年未能达到承诺的业绩。与此同时，管理层没有及时补救出现的其他决策失误。2015年10月，华明基因CEO胡俊因与董事长汪林存在理念不合，辞去了CEO的职务。华明基因CFO李英、CTO吴春、CIO李浩跟随胡俊出走。随后，华明基因子公司华明医学CEO梁烨将接替胡俊的职位。

但由于梁烨不具备精准医疗相关的大数据背景，华明基因的战略方向举棋不定。在基因测序市场不断变化的外部条件下，梁烨选择延续并固守现有的经营模式，即聚焦与地方政府或者三甲医院签约的商业模式。华明基因选择放弃发展渠道商，错失了进一步扩张的机会。

另外，国内针对基因测序行业的政策变动也是华明基因所面临的主要风险。在2013年，华明基因曾因其在中国各医院推行无创产前基因检测而陷入“灰色运营”风波。深圳药监局当时调查发现，华明基因未能对其使用的美国LUMA公司生产的测序仪及其配套试剂提供国内注册证明文件。

华明基因也曾对此在公开场合称，其重点推行的无创诊断方法，当时不符合任何法律法规。2014年2月9日，国家市场监督管理总局与国家卫健委办公厅发文，紧急叫停基因测序相关产品和技术在临床医学上的使用。直到2015年1月，国家卫健委妇幼司发布了《关于产前诊断机构开展高通量基因测序产前筛查与诊断临床应用试点工作的通知》，无创产前基因检测才得以在全国各试点医院重启。华明董事长汪林表示，前沿技术的突破不光要有市场行为，也要有政府的先导行为，没有政策法规制定者的认可，前沿技术无法得到应用，同时也会造成行业同行对技术缺乏认知。

要求：

（1）简要分析华明基因所涉及的创新类型。

（2）作为新兴产业，简要分析华明基因遇到的发展障碍。

（3）作为新兴产业，简要分析华明基因的战略选择。

（4）简要分析华明基因运营风险的来源（考虑因素）。

（5）简要分析华明基因并购CG公司的动因。

（6）简要分析华明基因研究与开发风险的主要表现。

9.14 资料一

2005年，王浩在大学就读时将自己毕业论文的题目定为“直升机自主悬停技术”，终于在2006年1月成功做出了第一台样品，并在航拍爱好者中广受好评。

王浩开始了自主创业，他同两位一起做实验课题的伙伴，共同创立了天志公司，主营业务围绕航模飞控，致力于为航模飞行器提供精确的姿态感知和控制系统。经过不懈的努力，2008年，第一个较为成熟的直升机飞行系统XP3.1在天志公司问世，中国的直升机自主悬停技术在天志公司取得突破性的进展。

由于直升机自主悬停技术在民用市场十分稀缺，天志公司的技术很快就获得了业界认可，一个单品在当时卖到了20万元的售价。但是潜在的危机也随之而来。航拍爱好者购买了天志直升机后，相机还要另外购买，使用比较麻烦，而且产品价格过高，天志公司的新技术很难迅速推广。

天志公司开始了相机飞机一体化的研发设计，终于在2012年，天志精灵PH1横空出世，高度的集成一体化很快就获得了第一批消费者的认可，引爆了整个无人机领域的使用需求。随着生产技术的不断成熟，产品价格日趋下降，天志公司从此走上无人机领域的巅峰。截至2018年底，天志公司在全球无人机领域占据了74%的份额，牢牢锁定无人机市场的霸主地位。

资料二

天志公司的无人机产品和技术使得更多的人获得了认识世界的全新视角，让人们从地面的二维平面上升到三维空间去观察思考，其产品和技术也因此点燃了更多领域的创新。影视航拍、农业、能源、电力、测绘、安防等产业与无人机产业深度融合，天志公司的无人机技术成为这些产业创新所依赖的“基础设施”。在这一过程中，天志公司与各产业中的专业人员密切合作，优势互补，开辟了一个又一个新的发展空间。例如，天志公司推出第一代精灵无人机时，电网的工程师、第三方开发者和天志公司的研发人员一起，解决了许多技术问题，在2017年推出了能够执行电力巡逻任务的经纬M200系列无人机平台。又如，在农业植保领域，天志公司研发制造出用来进行农业植保作业的无人机。结合软件、地面站、RTK差分定位和人工智能，来实现自动化的精准喷洒。再如，天志公司与U国一家航空公司合作，使用便携式无人机进行民航客机的检修。

在全球范围内，已有越来越多的用户使用天志公司的产品和解决方案。全球有约10万名无人机技术开发者通过天志公司的平台完成各种各样的开发项目，有些项目远远超出了人们想象，伴随而至的是对天志公司技术深化及制造管理提出新的任务和要求。由于天志公司技术和管理的不断深化和创新，竞争对手不易模仿，更难以超越。

资料三

然而，天志公司这只迅猛成长的无人机独角兽，近年来却不得不面对内部暴露出的诸多问题。天志公司2019年1月18日的内部反腐公告称，在2018年由于公司供应链贪腐造成平均采购价格超过合理水平20%以上，保守估计造成超过10亿元人民币的损失。在公司运作的各个领域（采购、财务、研发设计、工厂制造、行政管理以及销售）均出现了舞弊行为，可见这次串通勾结行为范围极广，危害程度极大。该公告披露涉贪采购人员和研发人员采用的主要手法有：

（1）让供应商报底价，然后伙同供应商往上加价，加价部分双方按比例分成。

（2）利用手中权力，以技术规格要求为由指定供应商或故意以技术不达标把正常供应商踢出局，让可以给回扣的供应商进短名单，长期拿回扣。

（3）以降价为借口，淘汰正常供应商，让可以给回扣的供应商进短名单并做成独家垄断，然后涨价，双方分成。

（4）利用内部信息和手中权力与供应商串通收买验货人员，对品质不合格的物料不进行验证，导致质次价高的物料长期独家供应。

（5）内外勾结，搞皮包公司，利用手中权力以皮包公司接单，转手把单分给工厂，中间差价分成。

不仅如此，2017年一名安全研究员在天志公司的网络安全方面发现了一个非常严重的漏洞。这个漏洞会导致天志公司的所有旧密钥毫无用处，从而可能造成天志公司服务器上的用户信息、飞行日志等私密信息能够被下载。尽管天志公司之后采取了合理的保密措施，但该次事件依然给天志公司造成116.4万元的经济损失。

业内人士分析，天志公司内部接连出现如此严重的问题，是由于以下几个原因：

（1）公司治理结构相对混乱。天志公司领导层面对业务的迅速扩张，将注意力集中在极力扩大经营规模、追求足够的市场份额和企业利润，而忽略组织内部治理，致使腐败、泄密等问题频繁产生。

（2）缺乏内部信息的披露。作为一家非上市的民营企业，天志公司没有对外披露重大事项的要求和压力，导致公司内部治理缺乏良性运行和监督机制，在信息不对称的情况下，舞弊、泄密等问题极易产生。

（3）“重结果，轻人才”的管理模式。公司创始人兼CEO王浩搞技术出身，对产品至上有着独特情怀，赛马机制一直是团队竞争发展的管理模式。产品在开发时由两个团队分头去做，谁的产品好就用谁的，产品未被选用的团队会被公司淘汰。这一管理模式带来诸多问题，如研发过程中两个团队恶性竞争、人才流失严重、被选用的团队为防以后被淘汰而滋生腐败动机等。“重结果，轻人才”的文化氛围大大地降低了员工的归属感，难以形成凝聚力、向心力，离职员工对天志公司负面评价很多。

天志公司管理层已经认识到解决公司内部问题的重要性和紧迫性，强化公司内部治理、打击职务腐败正在天志公司全面展开。

要求：

（1）简要分析天志公司所创建的无人机新兴产业内部结构的共同特征，以及天志公司在无人机新兴产业中的战略选择。

（2）简要分析天志公司研发的类型、动力来源、研究定位，并从安索夫矩阵角度，分析天志公司研发的战略作用。

（3）简要分析天志公司运营风险的来源（考虑因素）。

（4）简要分析天志公司需关注的组织架构管理相关风险的主要表现。

（5）简要分析天志公司需关注的人力资源管理相关风险的主要表现。

（6）简要分析天志公司需关注的采购业务管理相关风险的主要表现。